U0946610

2012
中国汽车市场展望

国　家　信　息　中　心
国家发展和改革委员会产业协调司　编

机　械　工　业　出　版　社

本书是研究中国汽车市场2011年现状与2012年发展趋势的权威性书籍。

本书是汽车及相关行业众多专家、学者分析研究成果的集萃。全书分为汽车市场宏观环境篇、市场预测篇、细分市场篇、市场调研篇、专题篇及附录（与汽车行业相关的统计数据）六大部分。

该书全面系统地论述了2011～2012年中国汽车市场的整体态势和重、中、轻、微各型载货汽车，大、中、轻、微各型载客汽车，中高级、中级、普通级、微型等各种档次轿车市场的发展态势，汽车市场的重点需求地区和主要需求区域的市场运行特征。

集研究性、实用性、资料性于一体的《2012 中国汽车市场展望》，是政府部门、汽车整车制造商、零部件制造商、汽车研究部门、汽车相关行业、金融证券等领域研究了解中国汽车市场和汽车工业发展趋势的必备工具书。

图书在版编目（CIP）数据

2012中国汽车市场展望／国家信息中心，国家发展和改革委员会产业协调司编．—2版．—北京：机械工业出版社，2012.3

ISBN 978-7-111-37685-9

Ⅰ．①2…　Ⅱ．①国…②国…　Ⅲ．①汽车－国内市场－市场预测－中国－2012　Ⅳ．①F724.76

中国版本图书馆CIP数据核字（2012）第042642号

机械工业出版社（北京市百万庄大街22号　邮政编码100037）
责任编辑：何月秋　封面设计：饶　薇
责任印制：李　妍
北京振兴源印务有限公司印刷
2012年3月第12版第1次印刷
184mm×260mm 1/16 · 31.5印张 · 515千字
0001－2500册
标准书号：ISBN 978-7-111-37685-9
定价：180.00元

《2012 中国汽车市场展望》

主办单位　　国家信息中心　国家发展和改革委员会产业协调司
承办单位　　国家信息中心经济咨询中心
参加单位　　中国第一汽车集团公司
一汽-大众销售有限责任公司
一汽丰田汽车销售有限公司
天津一汽夏利汽车股份有限公司
东风汽车有限公司
神龙汽车有限公司
东风日产乘用车公司
上海上汽大众汽车销售有限公司
上海大众汽车有限公司
上海通用汽车有限公司
上海汽车乘用车公司
广汽本田汽车有限公司
北京现代汽车有限公司
奇瑞汽车销售有限公司
中国重型汽车集团有限公司
重庆长安汽车股份有限公司
哈飞汽车工业集团有限公司
沈阳华晨金杯汽车有限公司
东风裕隆汽车销售有限公司
江铃汽车股份有限公司
郑州日产汽车有限公司
北京北辰亚运村汽车交易市场中心
山东省汽车流通协会
中国进口汽车贸易有限公司
中国公路车辆机械有限公司
中国汽车技术研究中心
中国汽车流通协会

《2012 中国汽车市场展望》
编委会成员

《2012中国汽车市场展望》
编辑工作人员

主　　编　徐长明　陈建国

副 主 编　李　钢　黄路明　刘明

编辑人员　潘　竹　马　莹　李伟利　丁　燕
张振翼　王泽伟　李晓庆　蔡志云
包嘉成　王光磊　张子峰　许宏伟
钟　晨　胡　清

特约编辑　张俊杰　一汽-大众销售有限责任公司奥迪销售部
郝英瑞　一汽轿车股份有限公司海外事业部
周明生　东风汽车有限公司商用车规划总部
王晓翔　上海上汽大众汽车销售有限公司

前　言

2011年，在国内经济运行出现新的矛盾和问题以及国际环境复杂多变的情况下，我国继续大力推进经济结构的战略性调整，夯实经济长期可持续发展的基础。国民经济继续朝着宏观调控的预期方向发展，经济平稳减速，GDP增速连续四个季度回落，全年GDP同比增长9.2%。紧缩性的货币政策和经济增长速度的回落对我国汽车产业也产生了较大的影响，与此同时，购置税减免、汽车下乡和以旧换新等一揽子刺激汽车消费的政策也集体退出，这导致我国汽车市场需求的增长速度大幅度下滑，2011年我国国产汽车累计生产和销售1841.89万辆和1850.51万辆，分别增长0.84%和2.45%，产销增速为进入21世纪以来的最低水平。

2012年是我国实施“十二五”规划承上启下的重要一年，也是国内外经济形势异常复杂的一年，影响增长的诸多不确定、不稳定因素明显增加。从国际环境来看，世界经济复苏的不稳定性和不确定性明显上升，发达国家发展形势严峻依旧，随着欧洲主权债务危机的蔓延和美国经济陷入高失业、高负债的困境，其对全球经济的拖累已经开始显现。中东和北非部分阿拉伯国家政局出现明显动荡，国际原油价格创下两年来新高，国际石油供应和价格不确定性因素加大。从国内来看，经济增长下行压力和物价上涨压力并存。经济增长速度逐季回落，部分企业生产经营困难，宏观经济面临下行压力。与此同时，物价问题仍不容乐观，国内用工成本、原材料成本都处于上升通道，电、气等资源性产品价格存在上调空间，发达国家继续实施宽松的货币政策，国际大宗商品价格上涨压力仍然存在。面对如此复杂的国内外形势，中央经济工作会议明确指出2012年的总体方针是：要坚持统筹兼顾，切实把握好各项目标、任务之间的平衡，稳中求进，将继续实施积极的财政政策和稳健的货币政策。在国家正确的政策措施作用下，2012年我国经济增长仍将能保持较快增长，但增速将会在稳定中略有下降。

2012年，汽车产业发展面临的政策环境和消费环境也在发生变化。近几年来，汽车爆发式增长所带来的交通拥堵、城市污染以及能源消耗等诸多问题日益加深，部分城市不得不出台相关措施以限制汽车消费的过快增长，国家也加大了节能、环保法规标准的实施力度，2012 年新车船税法、乘用车第三阶段燃油限值标准、国 IV 排放标准等相继出台实施，汽车市场需求、产品供给结构、企业竞争格局都将会受到不同程度的影响。虽然我国汽车市场面临较为不利的外部环境，但我国汽车市场内在增长基础依然牢固，我国广大的二、三线城市已成为我国汽车市场的新增长点，我国三线城市人口规模占全国 60%以上，汽车市场需求的市场份额逐年攀升，而且这些城市市场刚刚进入第一个高速增长时期，市场需求发展潜力巨大。因此综合判断，2012 年我国汽车市场需求增速将回归至合理正常水平，大约为 10%。

为使社会各界对 2012 年我国汽车市场发展趋势有一个深入的认识和了解，国家信息中心和国家发展和改革委员会产业协调司联合组织编写了《2012 中国汽车市场展望》，期望本书能为汽车行业主管部门和生产经销企业提供有价值的决策参考依据。本书将汽车市场与宏观经济运行环境紧密结合在一起，采用定量与定性相结合的研究方法，从不同角度对 2012 年的汽车市场进行了深入分析和研究，由于时间仓促，书中难免有疏漏之处，敬请读者批评指正。

2012 年 2 月 28 日

目　录

细分市场篇

市场调研篇

专 题 篇

附 录

宏观环境篇

稳中求进　科学发展
保持经济社会发展良好势头
——2012年宏观经济政策取向

2011年是“十二五”时期的开局之年。面对严峻复杂的国内外经济形势，面对各种矛盾和困难，全国上下在党中央、国务院的坚强领导下，围绕科学发展这个主题和加快转变经济发展方式这条主线，实施了积极的财政政策和稳健的货币政策，正确处理了保持经济平稳较快发展、调整经济结构、管理通胀预期的关系，有针对性地解决了突出矛盾和问题，巩固和扩大了应对国际金融危机冲击的成果，促进了经济增长由政策刺激向自主增长的有序转变，国民经济继续朝着宏观调控的预期方向发展，呈现了增长较快、物价趋稳、结构优化、效益较好、民生改善的良好态势，实现了“十二五”时期的良好开局。展望2012年，世界经济形势总体上仍将十分严峻复杂，世界经济复苏的不稳定性、不确定性上升。我们要充分认识国际金融危机给我国发展带来的机遇和风险，增强机遇意识、忧患意识，加强战略谋划，增强应对能力，扬长避短，趋利避害，不断提高我国的综合国力和国际竞争力。

一、2012年我国面临的国内外经济环境

2012年是我国实施“十二五”规划承上启下的重要一年，国际政治经济环境复杂多变，国内经济运行面临不少新情况新变化。

1．从外部环境看，国际政治经济不确定不稳定因素很多，国际金融危机还在深化蔓延，地区形势复杂多变，世界经济形势总体上仍将十分严峻复杂，世界经济复苏的不稳定性不确定性上升，我国面临的国际环境依然严峻

走出衰退的世界经济在2012年仍处于复苏阶段。2011年以来，国际金融危机的深度影响仍在继续，全球经济增长明显放缓，国际贸易增速回落，国际金融市场剧烈动荡，发达国家经济复苏乏力，特别是欧洲主权债务危机不断升级，给

世界经济带来了深远的影响。当前，世界经济下行风险加大，国际货币基金组织甚至认为世界经济处在新的危险阶段，近期将 2012 年世界经济增速预测下调至 4.0%。从发展态势看，虽然欧洲主权债务危机仍有可能深化，甚至拖累欧洲乃至全球经济复苏，但只要有关国家携手有效应对，世界经济有可能避免出现二次衰退，2012 年世界经济有望维持低速增长态势。

第一，2012 年全球经济整体保持稳定增长的可能性较大。美国经济复苏仍将保持缓慢态势，再次陷入衰退的可能性不大。受全球经济增速趋缓、南欧诸国财政状况持续恶化、欧债危机可能进一步升级，以及大宗商品价格仍旧高企等因素影响，2012 年欧元区经济增速将明显回落，甚至可能出现负增长，欧元区经济下行风险加大。日本经济有望逐步缓慢复苏，但仍面临世界经济复苏放缓、日元升值和内生增长动力不足等挑战。受发达经济体增速放缓的拖累，以及通过紧缩政策抑制通胀，加上国际资本流动方向、规模和速度扑朔迷离，新兴经济体增速将可能放缓，但仍将保持较快增长。

第二，全球通胀压力仍然较大。2012 年全球大宗商品价格走势受供求基本面、全球流动性状况、国际金融市场稳定性、美元汇率走势以及突发事件等因素影响，仍将高位剧烈震荡。由于新兴市场国家经济增长势头较为强劲，将为大宗商品需求增长提供稳定支撑，预计 2012 年大宗商品价格整体仍将处于高位。

第三，国际金融市场剧烈波动。欧洲主权债务危机不断深化和扩散，并与美国财政风险相伴而来，加剧了全球投资者和消费者的不安情绪，全球经济面临的风险进一步上升。特别是一旦美国和欧元区银行体系的资产负债表再次恶化，将导致全球经济增速大幅度下滑，大宗商品价格可能会重现 2008 年金融危机后的高速回落状态。

第四，全球贸易保护主义进一步抬头。美国经历债务危机，欧盟依然深陷泥沼，欧美需求疲软。为缓解其国内经济及就业问题，欧美滥用反倾销、反补贴、特保措施，保护本国实体经济，打压进口产品。全球超过 30%的反倾销和美国一半的贸易调查都是针对来自中国的产品，仅 2011 年前 9 个月，中国就遭受贸易救济调查 50 起，涉案金额达 30 亿美元。

此外，2012 年，美国、法国等主要发达经济体及俄罗斯、墨西哥、韩国等主要新兴经济体将举行大选，领导人的更换也可能导致政策调整，竞选本身会凸显或淡化某些特定的议题与政策选项，从而直接或间接地成为影响世界经济平稳运行的因素。

2．从国内环境看，当前我国经济发展势头总体良好，但经济发展中不平衡、不协调、不可持续的矛盾和问题仍很突出，经济增长下行压力和物价上涨压力并存，部分企业生产经营困难，节能减排形势严峻，经济金融等领域也存在一些不容忽视的潜在风险

2011 年我国有效巩固和扩大了应对国际金融危机冲击的成果，经济增长由政策刺激向自主增长有序转变，物价上涨势头初步得到控制，经济增长呈平稳减速态势，实现了“十二五”时期经济社会发展的良好开局。一是国民经济保持平稳较快增长。据国家统计局初步测算，2011 年我国国内生产总值（GDP）达 471564 亿元，增长 9.2%。分季度看，一季度同比增长 9.7%，二季度增长 9.5%，三季度增长 9.1%，四季度增长 8.9%。GDP 的逐季回落，有政府主动调控的因素，在很大程度上符合宏观调控的目标。在欧洲主权债务危机不断发酵和扩散、世界经济复苏步履维艰、主要经济体经济持续萎靡不振，新兴经济体增速回落和物价上涨交织在一起的大背景下，我国经济保持 9%左右的增速来之不易。二是物价上涨势头得到有效控制。2011 年，党中央、国务院把稳定物价总水平摆到了宏观调控的首要位置，采取了控制货币供应量、发展生产、保证供给、搞活流通、稳定市场、监管市场等一系列稳定物价的政策举措。随着政策效应的逐步显现，居民消费价格同比涨幅自 2011 年 8 月份开始连续 4 个月回落，11 月份，居民消费价格同比上涨 4.2%，涨幅比 7 月份回落 2.3 个百分点，3 月份以来首次回落至 5%以内；居民消费价格（CPI）全年上涨 5.4%，宏观调控首要任务取得成效。2011 年的物价趋于稳定，是在经济保持平稳较快增长的情况下取得的，尤为难得。三是粮食生产实现“八连增”。粮食生产扶持进一步加大力度，国家主要用于粮食的农业“四补贴”规模扩大到 1406 亿元，增长 17%，加之播种面积增加、抗灾及时有效、科技服务到位、农业气候条件总体偏好，我国粮食生产再获丰收。初步统计，2011 年全国粮食总产量达到 5712 亿公斤，比 2010 年增产 247.5 亿公斤，增长 4.5%，创造了新的历史纪录。粮食再获丰收为国民经济平稳运行和稳定物价奠定了坚实的基础。四是经济效益较好。在经济保持较快增长的同时，财政收入和企业利润均实现了较快增长。2011 年 1～11 月份，全国财政收入同比增长 26.8%，规模以上工业企业实现利润同比增长 24.4%。五是人民生活继续改善。城乡居民收入稳定增长，农村居民收入增速快于城镇。2011 年，城镇居民人均可支配收入实际增长 8.4%，农村居民人均现金收入实际增长 11.4%，农村居民收入实际增速比城镇居民高 3 个百分点。2011 年前三季度，全国城镇新增就业 994 万人，完成全年 900 万人目标的 110%。全年农民工总量 25278 万人，比上年增加 1055 万人，增长 4.4%。

2012 年，我国经济社会发展具有许多有利条件，同时也面临一些突出矛盾和问题。从短期看，近期经济运行中出现了一些新情况和新变化。一是工业增速连续两个月回落。2011 年 10 月份、11 月份，规模以上工业增加值同比增速分别比上月回落 0.6 个百分点和 0.8 个百分点，回落幅度逐月加大。二是出口增速连续 3 个月回落。2011 年 9 月、10 月、11 月，出口同比增速分别比上月回落 7.4 个百分点、1.2 个百分点和 2.1 个百分点，出口下降幅度逐月增大，沿海地区出口加工型中小企业经营困难。三是企业利润增速回落明显。2011 年 1～9 月份、1～10 月份、1～11 月份，规模以上工业企业实现利润同比分别增长 27.0%、25.3%和 24.4%，制造业效益下滑，部分企业出现亏损。四是制造业采购经理指数 11 月份回落至临界点以下。2011 年 11 月份，制造业采购经理指数为 49.0%，比上月下降 1.4 个百分点，是 2009 年 3 月以来首次降至临界点以下；12 月份虽然又回到临界点以上，但景气水平仍较低。此外，近几个月物价涨幅大幅回落也在一定程度上反映了市场需求趋于收缩。经济下行与物价处于高位并存，外部市场萎缩与企业综合成本上升碰头，加大了宏观调控的难度。

从中长期看，制约我国经济稳定快速增长的矛盾和问题还很突出。一方面，物价上涨的中长期压力仍然不容忽视。国内部分农产品供求紧平衡的格局依然存在，流通环节多、费用高的问题较为突出。特别是随着工业化和城市化的持续推进，我国已经进入长期性价格上涨压力凸显的发展阶段，劳动力、土地、资源等要素价格和环保成本呈上涨趋势，要素成本上升压力将是长期的、刚性的。同时，国际市场流动性过剩依然突出，经济复苏缓慢使发达国家可能长期维持量化宽松的货币政策，输入性通胀压力依然较大。另一方面，我国经济发展中的不平衡、不协调、不可持续的问题依然突出。主要是经济增长的资源环境约束日益增强，投资与消费关系不够协调，收入分配差距较大，科技创新能力还不强，制约科学发展的体制机制障碍仍然较多等。

综合分析国际国内形势，2012 年我国仍处于发展的重要战略机遇期，经济发展的基本面是好的，进一步发展具备不少有利条件，但世界政治经济不确定性不稳定性上升，国内经济发展和社会管理存在不少困难和挑战，长期矛盾与短期问题相互交织，结构性因素与周期性因素相互作用，外部挑战与国内困难相互叠加，增大了保持经济平稳较快发展的难度。我们必须保持清醒的头脑，加强风险评估，及早准备预案，及时采取措施，有效化解各种风险。

二、2012 我国宏观经济政策的取向

面对复杂多变的国际政治经济环境和国内经济运行的新情况新变化，只有坚定信心，切实按照中央经济工作会议的要求，把握好稳中求进的工作总基调，才能更好地应对国际金融危机等带来的困难和挑战，破解面临的复杂问题，巩固经济社会发展的良好势头。

2011 年中央经济工作会议在全面分析当前国际国内经济形势的基础上，明确提出了 2012 年经济工作的总体要求、大政方针和主要任务。就 2012 年宏观经济政策取向而言，就是要实施积极的财政政策和稳健的货币政策，保持宏观经济政策的连续性和稳定性，增强调控的针对性、灵活性、前瞻性，继续处理好保持经济平稳较快发展、调整经济结构和管理通胀预期三者的关系，加快推进经济发展方式转变和经济结构调整，着力扩大国内需求，着力加强自主创新和节能减排，着力深化改革开放，着力保障和改善民生，保持经济平稳较快发展和物价总水平基本稳定，保持社会和谐稳定，以经济社会发展的优异成绩迎接党的十八大胜利召开。

推动 2012 年经济社会发展，要突出把握好稳中求进的工作总基调。稳，就是要保持宏观经济政策基本稳定，保持经济平稳较快发展，保持物价总水平基本稳定，保持社会大局稳定。进，就是要继续抓住和用好我国发展的重要战略机遇期，在转变经济发展方式上取得新进展，在深化改革开放上取得新突破，在改善民生上取得新成效。同时，要坚持统筹兼顾，切实把握好各项目标、任务之间的平衡，稳中求进。要把稳增长、控物价、调结构、惠民生、抓改革、促和谐更好地结合起来。稳增长，就是坚持扩大内需、稳定外需，努力克服国内外各种不稳定、不确定因素的影响，及时解决苗头性、倾向性问题，保持经济平稳运行。控物价，就是继续采取综合措施，保持物价总水平基本稳定，防止价格走势出现反弹。调结构，就是突出主题，贯穿主线，有扶有控，提高经济增长质量和效益，增强发展的协调性和可持续性。惠民生，就是把保障改善民生放在更加突出的位

置，集中解决紧迫性问题，切实办成一些让人民群众看得见、得实惠的好事实事。抓改革，就是以更大的决心和气力推进改革开放，着力解决影响经济长期健康发展的体制性、结构性矛盾，在一些重点领域和关键环节取得新的突破，以开放促改革、促发展、促创新。促和谐，就是正确处理改革发展稳定关系，积极有效化解各种矛盾和风险隐患，促进社会和谐稳定。

1．继续加强和改善宏观调控，促进经济平稳较快发展

统筹处理速度、结构、物价三者的关系，特别是要把解决经济社会发展中的突出矛盾和问题、有效防范经济运行中的潜在风险放在宏观调控的重要位置。要深入分析经济发展和运行趋势变化，准确把握宏观调控的力度、节奏、重点。一是继续实施积极的财政政策和稳健的货币政策。财政政策要继续完善结构性减税政策，加大民生领域投入，积极促进经济结构调整，严格财政收支管理，加强地方政府债务管理。货币政策要根据经济运行情况，适时适度进行预调微调，综合运用多种货币政策工具，保持货币信贷总量合理增长，优化信贷结构，发挥好资本市场的积极作用，有效防范和及时化解潜在金融风险。二是财政政策和信贷政策都要注重加强与产业政策的协调和配合，充分体现分类指导、有扶有控，继续加大对“三农”、保障性住房、社会事业等领域的投入，继续支持欠发达地区、科技创新、节能环保、战略性新兴产业、国家重大基础设施在建和续建项目、企业技术改造等。要加强预算管理，严格控制“三公”等一般性财政支出。三是着力扩大内需，特别是消费需求。进一步落实和完善政策，合理增加城乡居民，特别是低收入群众的收入，增强居民消费能力。拓宽和开发消费领域，积极培育消费热点，促进居民文化、旅游、健身、养老、家政等服务消费。大力优化消费环境，加强城乡市场流通体系建设，提高流通效率，降低物流成本，强化监管和服务，坚决打击商业欺诈、制假售假行为，让广大群众放心消费、安全消费，促进消费需求持续增长。四是优化投资结构，继续保持合理的投资规模。重点抓好在建和续建工程，确保国家已经批准开工的在建水利、铁路、重大装备等项目资金需求。中央投资要优先保障国家重点续建项目尤其是收尾工程，确保按时竣工投产，有序推进“十二五”规划确定的重大项目开工建设，加大对保障性安居工程、教育、卫生、水利、新疆、西藏和四川省藏区发展等方面的投入力度，重点支持“三农”、节能减排、社会事业和社会管理等领域的基础设施建设。要在引导经济结构调整中，重视发展和保护实体经济，严控“两高”和产能过剩行业盲目扩张，严格执行项目建设标准，强化稽查监管。认真落实鼓励和引导民间投资的“新36条”意见，抓紧完善配套措施和实施细则，支持鼓励民间投资进入铁路、市政、金融、能源和教育、医疗等领域。五是加强煤电油气运行调节，为扩大国内需求提供有力支撑。全力做好煤炭供应保障，增加有效供应。统筹做好电力生产供应，落实电煤资源，优化电网调度，确保冬季运行方式下电网安全稳定和电力供需平衡。继续加强电力需求侧管理，大力推动节约用电，确保居民生活用电需求。组织好成品油生产和调运，增加资源供应，特别是柴油和低凝点油品。提前做好春耕用油准备工作。落实迎峰度冬天然气供应保障工作部署，科学调用储气资源，优化用气结构，优先保障居民生活等重点需求。加强综合协调，统筹安排好煤炭、粮食、化肥等重点物资运输。加强应急管理，提前制定完善煤电油气运应急预案，尽量降低恶劣天气、自然灾害和突发事件的不利影响。

2．建立健全稳价安民的长效机制，努力保持物价总水平基本稳定

当前价格运行的国内外环境比较复杂，稳定价格水平、推进价格改革，强化价格监管、改善价格服务的任务十分繁重。要继续把稳定物价总水平作为宏观调控的重要任务，进一步完善价格调控政策，为促进经济平稳较快发展创造良好的价格环境。一是建立健全长效机制。稳步提高粮食最低收购价，落实好“米袋子”省长负责制和“菜篮子”市长负责制。加强重要商品，特别是生活必需品的产运销衔接，充实粮油库存，合理安排收储投放，保障市场供应。二是规范流通秩序，降低流通成本，防止价格走势出现反弹。抓紧制定降低流通费用的综合性工作方案，支持蔬菜流通体系和农产品仓储物流设施建设。三是完善应对市场价格异常波动的预案，合理把握政府管理价格调整的时机、节奏和力度。四是加强民生价格监管。深入开展价格和收费检查，清理教育、医疗、银行、房地产、电信、有线电视等领域的不合理收费，严肃查处各类价格违法行为，规范价格行为，加强反价格垄断执法。五是加大价格行政执法力度。强化市场价格监管和反垄断执法，大力整顿规范市场价格秩序，规范市场价格行为，保障消费者的合法价格权益。

3．坚持不懈地抓好“三农”工作，增强农产品供给保障能力

坚持把解决好“三农”问题作为各项工作的重中之重，落实中央扶贫工作会议精神和新 10 年扶贫开发纲要，加大强农惠农富农政策力度，大力发展现代农业，加快农业科技进步，努力促进农业增产、农民增收、农村发展。第一，毫不放松地抓好粮食生产。组织实施好全国新增千亿斤粮食的生产能力规划，进一步提高主要粮食品种的最低收购价，增加粮食生产直接补贴，加大粮食主产区利益补偿力度。第二，扎实推进农业基础设施建设。抓好水利基础设施建设，重点推进大江大湖治理，加快实施一批重大水利工程，加强中小河流治理、病险水库除险加固、山洪地质灾害防治和小型农田水利设施建设，新建一批高标准农田。第三，强化农产品全程质量安全管理，完善储运和市场体系，规范流通秩序，降低农产品流通成本。第四，坚持科教兴农战略，增强农业科技攻关和自主创新能力，加快农业技术推广。第五，深入推进社会主义新农村建设。加快农村饮水安全工程、农村电网改造和农村公路建设步伐，大力发展农村可再生能源，积极推进农村危旧房改造和游牧民定居工程，改善农村生产生活条件。办好农村义务教育和中等职业教育，提高新型农村合作医疗筹资标准和农民受益水平，实现新型农村社会养老保险制度全覆盖。第六，稳定和完善农村基本经营制度，稳步探索农村集体经济的有效实现形式，鼓励发展农民专业合作社，健全农业社会化服务体系，为农户提供低成本、便利化的生产经营服务。第七，大力发展农村二三产业特别是农产品加工业，努力促进农民持续增收。

4．加快经济结构调整，促进经济自主协调发展

充分发挥市场配置资源的基础性作用，发挥科技创新的支撑作用，发挥规划计划、产业政策、政府投资的引导作用，大力推进经济结构战略性调整。第一，着力推进产业结构优化升级。坚持创新驱动，强化知识产权保护，促进产学研结合，全面落实国家中长期科技发展规划纲要，加快实施重大科技专项。全面实施国家自主创新能力建设规划，注重推动重大技术突破，注重增强核心竞争力，加快培育发展战略性新兴产业和高技术产业。继续实施重点产业振兴和技术改造投资专项，严格产业政策导向，推进传统行业跨区域、跨行业、跨所有制兼并重组，制定分解淘汰落后产能目标任务，进一步淘汰落后产能，推动产业布局合理化，改造提升传统产业。加快发展服务业特别是现代服务业，发布实施“十二五”服务业发展规划，研究进一步推进服务业综合改革试点的支持政策，营造良好的政策体制环境，建立公平、规范、透明的市场准入标准。壮大文化产业，推动文化事业蓬勃发展。加快重点能源生产基地和输送通道建设，积极有序地发展新能源。

第二，下更大力气抓好节能减排。严格目标责任和管理，完善评价考核机制和奖惩制度。强化政策引导，抓紧出台能源消费总量控制实施方案，加大差别电价、惩罚性电价实施力度，适当提高氮氧化物等污染物排放收费标准，严格实施固定资产投资项目节能评估和审查制度，抑制高耗能行业过快增长。认真落实“十二五”节能减排综合性工作方案，推进节能减排绩效管理。继续深入开展节能减排全民行动，启动万家企业节能低碳行动，开展重点用能单位能源消耗在线监测体系建设试点。加快实施节能改造、节能技术产业化示范、节能产品惠民、合同能源管理推广和节能能力建设等重点工程，继续实施重点生态保护工程，加强重点区域生态治理。加强环境保护，重点抓好大气、水体、重金属、农业面源污染的防治。积极促进循环经济发展，加大清洁生产推行力度。坚持建设性参与应对气候变化的国际谈判和合作，扎实做好应对气候变化工作，全面推进低碳发展试验试点，积极参与国际谈判。第三，推动区域协调发展。实施好区域发展总体战略和主体功能区战略。全面实施西部大开发“十二五”规划，研究制定新十年东北振兴的政策措施，出台进一步实施促进中部地区崛起战略的若干意见，加强对中西部地区、东北地区等老工业基地发展的支持。东部地区要更加自觉地率先转变经济发展方式，加快转型发展，努力提高经济发展的质量。积极支持西藏、新疆等地区跨越式发展，加强对口支援工作的协调与指导。加大对革命老区、边疆民族地区、库区和移民安置区、集中连片特殊困难地区发展的支持力度，切实改善革命老区、民族地区、边疆地区、贫困地区生产生活条件。加大扶贫开发投入，增加以工代赈、易地扶贫搬迁规模。全面落实全国主体功能区规划，抓紧出台配套政策。根据全国主体功能区规划确定的功能定位推进发展，科学引导城市群发展。

5．深化重点领域和关键环节改革，提高对外开放水平

一方面，深化重点领域和关键环节改革。更加重视改革的顶层设计和总体规划，围绕消除制约科学发展的体制机制障碍，加大攻坚克难力度。第一，继续深化国有企业、行政管理体制、文化体制等的改革和事业单位分类改革。加快落实促进非公有制经济健康发展的政策措施。第二，深化财税体制改革。调整财政转移支付结构，加强县级基本财力保障。推进营业税改征增值税和房产税改革试点，合理调整消费税范围和税率结构，全面改革资源税制度，研究推进环境保护税改革。第三，深化金融体制改革。推进利率市场化改革和汇率形成机制改革，保持人民币汇率基本稳定。深化农村信用社改革，积极培育面向小型微型企业和“三农”的金融机构。完善多层次资本市场。第四，积极稳妥地推进资源性产品价格改革。完善原油成品油价格形成机制，择机推出成品油价格改革方案，出台天然气价格改革试点方案，逐步理顺煤电价格关系。试行居民用电阶梯价格制度，推进水资源等收费改革，建立主要污染物排放权交易制度。第五，制定实施“十二五”医药卫生体制改革规划，完善全民基本医保制度，巩固扩大覆盖面，提高补助标准。巩固基层医疗卫生机构综合改革成果，推进以县级医院为重点的公立医院改革，鼓励引导社会资本开办医疗机构。加快全科医生制度建设。进一步完善基层医疗和公共卫生服务体系。第六，加强改革的总体指导和统筹协调，继续推进各类综合配套改革试点。

另一方面，实施更加积极主动的开放战略，不断拓展新的领域和空间，努力促进对外经济稳步发展。第一，保持外贸政策连续性和稳定性。深入实施科技兴贸、以质取胜和市场多元化战略，稳定和完善出口退税、加工贸易等政策，保持出口平稳增长，推动出口结构升级，加强和改进进口工作，积极扩大进口，促进贸易平衡。第二，提高利用外资的质量和水平。落实新修订的外商投资产业指导目录和中西部地区外商投资优势产业目录，完善外商投资项目管理制度，引导外资到中西部地区投资，扩大服务开放。第三，扩大境外投资合作。统筹做好境外投资的战略布局，加强与重点国家和地区的投资合作，积极防范境外投资风险。第四，加强同周边国家基础设施的互联互通，反对各种形式的保护主义，妥善处理贸易摩擦，努力改善我国发展的外部环境。

6．大力保障和改善民生，加强和创新社会管理

加强以改善民生为重点的各项社会事业建设。第一，落实就业优先战略，坚持更加积极的就业政策，多渠道开发就业岗位，加强就业扶助，推进基层就业服务设施、创业服务设施和公共培训基地建设，支持劳动密集型产业和小型微型企业发展。第二，完善社会保障体系，扩大养老等各类社会保险覆盖范围，提升社会保险统筹层次和保障水平，提高社会保障公共服务能力，落实好各项保障措施和救助机制。努力实现新农保和城镇居民社会养老保险的全覆盖。第三，积极支持各类教育发展，增加教育投入，完善教育收费政策，提高教育质量，推进义务教育均衡发展、布局优化。第四，继续做好医药卫生体制改革工作，加快推进以县级医院为重点的公立医院改革试点，加快全科医生培养。第五，实施重点文化惠民工程，发展壮大传统文化产业，积极培育新兴文化业态，推动社会主义文化大发展大繁荣。加强旅游基础设施建设，大力发展红色旅游。组织实施国家基本公共服务体系规划，不断加强和创新社会管理。第六，重视农民工在城镇的工作生活问题，帮助他们逐步解决在就业、居住、医疗、子女入学等方面遇到的困难，有序引导符合条件的农民工进城落户。第七，建立健全保障性安居工程投融资、建设、营运、分配和管理机制，扎实推进保障性安居工程建设，逐步解决城镇低收入群众、新就业职工、农民工住房困难。坚持房地产调控政策不动摇，巩固和扩大房地产市场调控成果，促进房价合理回归，加快普通商品住房建设，扩大有效供给，促进房地产市场健康发展。第八，落实中央关于加强和创新社会管理的各项部署，妥善解决群众合法合理的诉求，有效防范和坚决遏制重特大事故发生，加强食品、药品、生产安全监管，强化社会监督，依法打击违法违规行为，坚决纠正损害群众利益的行为。

（作者：杨洁）

2012年中国经济展望和宏观调控政策取向

2011年，世界经济呈现新兴经济体复苏较快、通货膨胀压力增大但发达经济体复苏乏力、失业率居高不下的分化走势，国内经济出现经济增速同比下降但物价涨幅同比上升的复杂局面。我国抓住经济运行中的主要矛盾，将稳定物价总水平作为宏观调控的首要任务，推动经济增长由政策刺激向自主增长有序转变，宏观调控取得积极成效，物价上涨势头初步得到控制，经济增长减速平稳，预计全年GDP同比增长9.2%左右，CPI同比上涨5.4%左右。2012年，受发达国家债务危机拖累，世界经济延续缓慢复苏、低速增长走势，国内外因素要求我国加快经济结构调整的压力进一步增大，我国应继续实行积极的财政政策和稳健的货币政策，更加着力调整经济结构，将进一步激发自主增长活力。2012年，预计GDP增长8.5%左右，CPI上涨3.5%左右。

一、当前经济运行中存在的主要问题

1．国际金融危机引发世界经济结构进入深度调整，我国外贸减速加大经济下行风险

国际金融危机从发生到现在已经4个年头，但危机并未过去，发达国家金融机构仍然身陷评级不断被下调的风暴中，超常规的扩张性财政刺激政策又将欧盟许多国家政府也卷入危机风暴中，不少国家主权信用等级被不断下调，欧债危机甚至从南欧边缘国家向北欧核心国家蔓延，但欧盟的“民主”政治决策机制使欧债危机至今没能出台真正令市场认可的解决方案，危机正从欧债危机向欧元危机发展。美国和日本同样面临政府债务负担率过高的财政债务风险，发达国家财政政策普遍失去支持经济复苏的扩张能力，过度扩张的货币政策不能解决结构性失业难题，但却刺激出全球通货膨胀压力。发达国家经济可能较长时间陷入滞胀困境，2012年世界经济受发达国家拖累将复苏乏力，全球经济增速甚至可能低于2011年。美国等发达国家在危机后产业结构向上调整缺乏科技成果储备支撑，错误地将再工业化、出口翻番等贸易保护主义、投资保护主义等产业结构向下调整

作为政策主攻方向，与新兴市场国家争夺市场和就业机会。2012 年我国对外贸易将要经受新一轮残酷的国际竞争考验。2011 年 11 月份，制造业出口订单指数下降到 45.6%，受出口订单指数大幅下降的影响，当月我国制造业采购经理指数出现国际金融危机以来第二次下降到临界点以下的紧缩区间。国际环境的转差，大大增加了我国经济下行的风险。

2．物价较快上涨的势头虽得到控制，但食品价格周期性大幅波动的深层次矛盾并未有效解决

进入新世纪以来，我国已经历了三次以食品价格引起的物价总水平大幅波动，食品价格波动越来越频繁，波动幅度和涉及面越来越大。尤其是 2010 年以来的这一轮价格波动中，食品价格出现了从粮食、蔬菜到猪肉、蛋制品的轮番上涨，大蒜、绿豆等小品种食品更是成为炒作对象。现行的小农家庭经营方式劳动生产率提高很慢，难以用技术进步来消化不断上升的成本，只有靠涨价来消化。当农产品价格上涨受阻时，农民只能以缩小生产规模来减少风险，而缩小生产规模又成为下一轮农产品价格上涨的起点。食品价格的周期性大幅波动越来越暴露出我国农业以家庭为单位的小生产和城市化水平提高后的大市场之间的矛盾。现代技术、金融、流通和管理要素难以与非企业化经营的小农家庭生产方式对接，而如果没有现代技术、金融和管理要素参与到农业现代化过程中去，农业生产组织方式将束缚农业生产力的大发展。因此，要解决我国食品价格引起的物价总水平频繁波动，必须要进一步深化农业生产经营方式的改革，在充分保护农民利益的前提下，鼓励农业生产走向现代企业制度，通过现代技术、金融、流通和管理要素与农业的有效对接，辅以财政对现代农业设施和装备建设的一定补贴，进一步提高农业劳动生产率，提高农产品（尤其是食品）的价格稳定性。

3．成本推动型价格上涨压力仍然较大，以货币政策为主应对物价上涨的政策有效性减弱

随着我国货币政策的及时转向，货币对物价上涨的刺激因素有所减弱，这一轮物价上涨幅度有望止步于温和水平，但劳动力等成本推动因素并不受货币政策控制，人口结构变化因素可能使我国未来几年人工成本上升较快。成本推动型涨价压力将使我国这一轮物价总水平的回落比过去慢，可能在 3%～6%的温和通胀水平运行数年。成本压力持续上升将使部分劳动密集型中小企业经营困难加剧，甚至出现一部分企业因劳动生产率提高速度低于工资成本上升速度而倒闭的现象，经济增长速度也会随之下降，这是我国不得不经历的结构调整阵痛期。这种不同于历史上以货币因素为主的单一需求拉动型通货膨胀的局面，是我国宏观调控的新难题。面对企业结构调整的阵痛，我国决不可贸然以放松货币的方式药不对症地解决中小企业难题，否则将重蹈日本覆辙。但进一步收紧货币对控制物价的边际作用越来越小，我国长期沿用的以货币政策为主应对物价上涨的政策路径面临挑战。

4．房地产销量价格双双下降，房地产调控进入关键、敏感期

从 2010 年年底开始，住房和城乡建设部公布了第一批限购城市名单，房地产调控进入了限购政策主导的新阶段。限购政策对部分城市的成交量影响明显，随着投机投资性需求逐渐被挤出市场，房地产成交量锐减。限购政策对房价产生了明显影响。三季度以来，全国多数城市出现房地产销量和价格双双下降的现象。一方面，虽然房价停涨，但多数城市商品住宅售价与居民收入相比过高，房地产去泡沫化远远没有到位。另一方面，房价下降的幅度具有不确定性；土地市场和房地产市场如出现深幅调整，对宏观经济有较大影响，房地产调控进入关键、敏感期。

5．国内部分地方和企业对全球经济调整的趋势性要求反应迟钝，我国经济结构调整进展不大

世界经济将步入较长时间的低速增长期，世界经济结构正在展开深度调整，欧美发达国家的政府债务危机迫使国民和政府都不得不改变过度消费、寅吃卯粮的经济模式，发达经济体的政府、企业和居民家庭的“去杠杆化”将减弱对我国出口产品的需求，各国贸易政策都趋向保守。世界经济的再平衡将同样要求我国经济结构作出相应调整，来自国外的结构调整倒逼压力越来越大。然而，国内许多地区对全球经济调整的趋势性要求反应迟钝，在国内甚至全球产能过剩的背景下，仍然在大上重化工投资项目，指望形成原材料进口、临港工业区加工、返销国际市场的重化工业国际大循环。这种经济循环对国内的节能减排危害极大，将高能耗高污染留在国内；对国外则可能面临反倾销、反补贴、碳关税等各种贸易摩擦，甚至成为全球经济结构调整的牺牲品。我国“两高一资”产品出口退税刺激政策退出滞后，全国节能减排形势十分严峻。当前的投资结构将固化未来数十年的产业结构，我国面向国际市场的重化工业投资隐藏巨大风险。

二、2012 年中国经济发展趋势展望

1. 我国经济增长的有利因素

（1）2012 年，“十二五”规划第二年进入投资项目集中建设阶段，将在一定程度上带动投资及经济增长　从“六五”到“十一五”的经验看，一个五年规划中各年的平均投资增速分别为 17.3%、24.1%、28.5%、18.8%、19.8%，受投资建设周期影响，五年规划第二年往往是建设项目进入投资高峰期。在重大规划项目建设的带动下，固定资产投资仍将保持较快增长。

（2）战略性新兴产业的相关规划陆续出台给经济增长增添新的动力　在 2010 年国务院发布《关于加快培育和发展战略性新兴产业的决定》的基础上，2011 年 7 月 23 日，国家发展和改革委员会发布了《鼓励和引导民营企业发展战略性新兴产业的实施意见》，此外，《节能环保产业发展规划》、《环境服务业“十二五”规划》也将陆续出台。未来在建设创新型国家战略的推动下，我国将充分发挥国内储蓄资源丰富、学习追赶型科技后发优势和国内企业建设国际竞争新优势积极性高涨等一系列有利条件，以优惠政策动员国内更多战略资源投向产业结构升级，传统产业将加速固定设备更新换代，战略型新兴产业发展将进一步加快，我国经济将在产业结构向上调整中获得新的增长动力。

（3）在区域协调发展和主体功能区战略的作用下，中西部不断承接东部产业转移，逐步成为带动经济增长的新亮点　随着区域发展政策体系不断完善，全国主体功能区规划发布实施，支持民族地区发展力度进一步加大，对口支援西藏、新疆、青海省藏区的指导意见、兴边富民行动规划、进一步促进内蒙古经济社会又好又快发展的若干意见逐步贯彻，中西部承接东部产业转移的能力不断提高，对经济增长将发挥重要的积极作用。

（4）扩大居民消费政策的不断完善将进一步扩大消费对经济增长的贡献　“十二五”规划中提出，要建立扩大消费需求的长效机制，把扩大消费需求作为扩大内需的战略重点。2011 年出台了一系列扩大消费需求的政策。“十二五”国内贸易规划即将出台，也将有力促进国内贸易和完善流通体系；央行关于第三方支付平台的新规定以及银联推出的无卡支付平台等政策都将为网络消费和银行卡消费等新兴消费模式提供良好环境。此外，随着个税改革的不断推进、中央针

对中低收入者的补贴力度不断加大、最低工资标准的不断提高，社会保障体系不断完善，城乡居民收入也将稳步提高，消费购买力较强的城镇人口比重上升，政策因素和人口结构因素等将有利于我国消费需求保持稳步加快的增长态势。

2. 国内经济增长的不利因素

（1）*房地产投资和销售的调整将使得社会总需求扩张速度放缓* 2012年控制物价总水平的任务仍十分艰巨。假设2011年居民消费价格上涨5.4%，对2012年的翘尾因素影响约为1.7个百分点，如果要将全年物价总水平控制在3.5%左右，则要求新涨价因素要比2011年的2.8个百分点低1个百分点。考虑到逐步消化巨额货币存量的需要，货币政策有必要继续保持总体“稳健”，灵活操作的取向，针对外汇占款渠道投放基础货币的新变化，保持社会融资总量合理增长。2012年不采用扩张性货币政策刺激经济，房地产调控政策在2012年仍将延续，受资金和市场预期等因素影响，房地产及相关行业投资将可能出现明显减速，进而带动投资增速放缓。

（2）*地方财政债务压力和土地市场交易趋冷对地方投资融资能力形成制约* 根据国家审计署公布的全国地方政府性债务审计结果，我国地方政府财政风险尽管总体可控，但部分地区短期流动性风险正在不断聚集和暴露，对地方政府融资平台的管理将进一步严格规范。此外，土地收入方面也不容乐观，2011年以来地方政府加大了供地力度，但由于受到房地产调控政策及资金链问题影响，土地市场交易数量却在降低，大部分成交土地为底价成交。因此，地方政府融资能力相对于庞大的投资建设任务将更显不足，这将对投资以及经济增长形成抑制。

（3）*节能减排等对经济增长的质量提出新要求，将制约粗放型增长* 2011年，高耗能行业增加值和投资增速较快，使得节能减排形势日益严峻。2011年9月7日，国务院发布了“十二五”节能减排综合性工作方案，方案明确了未来五年节能减排的目标，要求在单位国内生产总值能耗、化学需氧量、二氧化硫、氨氮和氮氧化物排放量方面，均较“十一五”有显著下降，并且对各地方、各行业节能减排下达了任务分解目标，这将推动经济发展方式转变，对“两高一资”产业的增长形成一定的制约。

（4）*资源、劳动力成本上升抬高了经济增长的成本* 资源价格和劳动力成本上升是我国经济运行将要长期面对的问题，在这些因素的推动下，投资和生产经营的成本提高。在物价上涨初期，由于需求动力仍然稳定，以名义价值量计算的增加额可能还会上升，然而随着物价上涨时间进一步持续，将对需求形成抑制，进而使经济增长的实际量和名义量同时下降。

3．2012 年中国经济增长前景预测

根据上述国内外经济发展环境分析，我们将三种不同世界经济增长背景和三种不同宏观调控政策组合为假设条件，经模型测算，预测 2012 年中国经济增长高中低的三种不同情景如下。

（1）GDP 增长 8.5%左右的基准情景，概率 50%　如果 2012 年欧美债务危机在一定程度上得到控制，主要发达经济体整体不出现二次衰退，发展中经济体通胀压力得到一定缓解，世界经济继续保持低速增长态势，全球 GDP 增速同上年基本持平，全年通货膨胀水平不超过 2011 年。同时，我国注重处理好保持经济平稳较快发展、加快经济结构战略性调整和保持物价总水平稳定三个宏观调控主要着力点的关系，在经济增速和物价水平小幅双降、总量矛盾有所缓解的背景下，总量政策保持稳定性和连续性，继续实行积极的财政政策和稳健的货币政策，把“调结构”放到宏观调控的突出位置，认真将“十二五”规划的主题、主线落实到年度经济社会发展计划中。财政赤字规模与上年基本持平，财政扩张力度有所减弱。货币政策进一步强调实质性稳健，M2 增长 15%左右，“社会融资总量”增长规模在 14 万亿元左右，从社会融资总量角度对“流动性闸门”加以控制。严格限制高耗能行业投资，积极引导高加工度行业、新兴产业和民生工程投资快速增长。严格落实《“十二五”节能减排综合性工作方案》的节能减排目标以及全年单位国内生产总值能耗下降 3.5%的节能目标。在这一国际环境和政策假设情景下，经模型测算，我国经济可望在结构调整中保持平稳较快增长态势，GDP 增长 8.5%左右；经过精心调控，妥善应对输入性通货膨胀压力，可以将居民消费价格上涨幅度控制在 3.5%左右，工业生产者出厂价格涨幅控制在 4%。虽然经济增长略有放缓，但成本上升压力减轻，企业利润和财政收入状况不会明显转差。固定资产投资增速略为放缓，全年增长 20%左右，同比增幅回落 5 个百分点；社会消费品零售总额增长平稳，因物价涨幅回落，消费品零售实际增速比上年略有提高。出口增速由 2011 的 21%下降到 2012 年的 15%，进口增速由 2011 年的 25%下降到 2012 年的 17%，贸易顺差由 2011 年的 1600 亿美元减少到 1400 亿美元，同比

下降 12%。

（2）GDP 增长 9%的高增长情景，概率 25% 如果 2012 年欧美债务危机得到有效控制，市场信心得到较快恢复，主要发达经济体经济复苏加快，不再推出放松货币的新举措，国际大宗商品价格趋于稳定，发展中经济体通胀压力得到较好控制，不再推出进一步紧缩政策，世界经济增长速度快于上年，国际贸易环境较上年有所改善。同时，我国宏观调控政策更加注重稳定增长，继续实行积极的财政政策和稳健的货币政策，财政赤字率与上年基本持平，财政赤字规模扩大，地方政府债券发行规模增加较多；货币政策在稳健中对部分薄弱环节实行定向宽松政策，全社会融资总量继续处于稳中偏宽的状况。加快“十二五”规划重点建设项目的开工，不再出台新的房地产调控紧缩需求措施，保障房和普通商品房建设资金得到保证，固定资产投资继续保持较快增长。出口增速大体保持 2011 年水平。在这一国际环境和政策假设情景下，经模型测算，我国经济可望保持 9%左右的较快增长态势；但通货膨胀压力相对较大，预计居民消费价格上涨幅度将在 4.5%左右，工业生产者出厂价格上涨 6%左右。由于快速增长中落后产能难以淘汰，节能减排形势仍然不乐观。

（3）GDP 增长 8.0%左右的低增长情景，概率 25% 如果 2012 年欧洲债务危机继续发酵并向核心国家蔓延，金融市场继续动荡，主要发达国家财政状况进一步恶化，同时，通胀压力上升使得货币政策缺乏空间，主要发达经济体经济出现个别季度负增长甚至部分国家出现二次衰退。发展中经济体为应对通胀压力而继续收紧政策，世界经济增速明显低于 2011 年，国际贸易环境进一步恶化。而我国宏观调控政策继续以“控通胀”为首要任务，实行财政和货币“双稳健”政策，财政政策力度较上年有所收缩，财政赤字率和赤字规模明显下降，地方政府发债受到债券市场冷遇；货币政策在严控表内业务的同时加大对表外融资的监控力度，继续加息缩小负利率，使社会融资总量增长出现明显下降。在这一国际环境和政策假设情景下，经模型测算，我国出口增速将由 2011 年的 21%大幅下降到 10%，贸易顺差同比减少 18%左右，固定资产投资增速下降 9 个百分点，全年增长 16%。GDP 增长将明显减速至 8%左右；由于产业结构进入深度调整，落后产能较快得到淘汰，节能减排形势明显好转；总需求收缩使通货膨胀压力相对缓和，预计居民消费价格上涨幅度将在 2.8%左右，工业生产者出厂价格上涨 2%左右。

三、2012 年宏观调控政策建议

根据以上预测，2012 年我国出现经济增速和物价涨幅呈双双小幅下降的概率较大，经济运行的总量矛盾有所缓解，国内外多重两难甚至三难因素的挑战使我国宏观调控总量政策无论进一步收紧还是放松的空间都很小，巩固宏观调控的积极成果需要坚持积极的财政政策和稳健的货币政策，在“控物价”和“稳增长”之间寻找恰当的政策平衡点。同时，国际经济再平衡进入制度变革的新阶段，发达国家需要修正过度负债、过度消费的制度性缺陷，新兴市场国家需要改变过度依赖出口和投资的发展模式，我国促进国民经济内外平衡和投资消费均衡增长的结构调整压力加大，能否在调结构、转方式方面迈出实质性步伐，不仅关系到 2012 年中国经济的稳定发展，更关系到长期发展的可持续性。建议 2012 年将调整经济结构放在经济工作更加突出的位置，通过积极主动深化改革进一步激发自主增长活力。

1．继续实行积极的财政政策，发挥财政政策对结构调整的引导作用

2012 年，受经济增速有所放缓和价格水平高位回落的影响，财政收入增速将低于前两年。随着工业生产和社会消费品零售总额增速放缓，主要以工业增加值和商业增加值为税基的国内增值税增速将有所回落；随着国内外需求增长放缓导致进出口减速，进出口环节税收增速也将回落；企业经营环境偏紧影响到企业效益，企业所得税增长面临困难；汽车销售增长维持低水平，国内消费税和车辆购置税增长也难有起色，综合考虑到资源税等增税因素和结构性减税因素，初步预计 2012 年全国财政收入增长 15%左右。2012 年，政府在建项目和保障性住房建设需要继续投入大量资金，社会保障、就业、医疗等民生方面需要进一步加大财政投入，“十二五”规划重大项目、“三农”、节能减排、区域协调发展等经济结构调整也需要财政支持，需要财政支出保持较高增长。在财政收入增速放缓，财政支出依然保持较高增长的背景下，有必要继续实施积极的财政政策，保持适当规模的财政赤字。建议 2012 年继续支持部分财政状况较好的省级政府直接到债券市场融资试点，适当扩大地方债券发行规模。财政支出结构的安排中，要在压缩行政支出、保证政府在建项目支出的同时，推动财政支出大力向社会保障倾斜，向改善民生倾斜，不断提高其所占比重。政府投资要在确保在建项目投资顺利完成的同时，严格控制新开工项目。除确保“十二五”规划中的国家级重点建设项

目陆续开工外，严格控制一般性的地方政府投资项目的开工，防范地方债务和地方政府融资平台风险过度积累。适当提高中央财政对保障性住房的补助水平，进一步加大中央财政对保障性住房的支持力度，调动地方政府的积极性。

2．适当降低增值税和部分消费税名义税率，推动经济结构调整

财政政策对促进经济结构调整作用较大，积极的财政政策执行重点应由扩大政府投资支出转向结构性减税。建议适当降低增值税名义税率，同时逐步取消名目繁多的增值税优惠政策。消费税制改革在坚持对一些过度消费会损害健康和环境的商品继续课以重税外，其他诸多商品的消费税率应适度下调，部分已成为日常生活不可或缺的商品已不再适合课征消费税，部分传统上视为奢侈品的商品的消费税率也应大幅下调。第一，有利于降低商品国内售价，促进居民消费。我国税收以间接税为主，间接税在很大程度上都会通过税负转嫁的形式由最终消费者承担。增值税和消费税等价内税率的下降将有助于降低商品售价，一方面有利于控制物价总水平，另一方面，商品降价有利于扩大居民消费，有利于增强企业应对成本上升能力，使企业有能力提高劳动者报酬水平，从而改善政府、企业与居民的收入分配关系。第二，取消名目繁多的增值税优惠政策，有利于帮助中小企业获得公平税负环境。我国增值税名义税率偏高，但外资企业和国内大企业往往可以通过各种办法获得不同名目的优惠税率，真正承受高税负的是国内中小企业。降低名义税率同时逐步取消优惠税率，有利于公平税负，明显减轻中小企业在结构调整中的经营压力。第三，降低增值税名义税率必然下调部分商品出口退税率，有利于促进内外需平衡。近年来，我国陆续出现部分国产商品国内售价高于国外售价的不正常现象，除流通费用等其他原因外，内销与外销的税负不同是重要原因之一。为了进一步扩大内需，减少来自国外的反倾销反补贴贸易摩擦，有必要适当降低增值税内销税率，同时适当下调部分商品出口退税率。下调增值税和部分消费税名义税率的同时逐步取消增值税优惠税率对实际税收影响较小，但对公平税负、调整结构影响较大。

3．进一步改善物价调控，更加重视运用经济手段

在 2011 年的物价调控中，较多借助于约谈生产企业等行政性手段，物价调控中屡屡出现“摁倒葫芦起了瓢”这样顾此失彼的现象。行政干预在强行压制短期通胀压力的同时，还导致远期通胀压力进一步积聚。2012 年需要采取多种措施，进一步改善物价调控。一要更加重视经济手段、市场化手段的运用。2012年我国迎来难得的汇率和利率形成机制市场化改革的历史机遇，应不失时机推进汇率利率市场化改革措施，取消信贷规模行政管制措施，让国内资金要素价格找到真正的市场定价，在此基础上有助于形成市场基础的均衡汇率水平。富有弹性的人民币汇率可以调节进出口供求关系，为利用国际资源稳定币值创造条件。二要改进对通货膨胀形势的判断标准。除考察CPI外，还应将核心CPI、"低收入群体CPI"等纳入考察范围。需要看到，我国农产品价格上涨将是长期趋势，是工业化、城市化推进以及居民膳食结构改善升级的必然结果。而且我国石油对外依存度较高，随着我国工业化的进一步推进和居民消费结构升级，石油对外依存度会进一步上升。当前，我国CPI持续上升的主要力量来自于食品，而国际油价上涨成为我国输入型通胀的主要来源。仅通过CPI走势来判断全面通胀形势，就会造成对通胀压力的过分渲染和过度担心。从现阶段我国国情来看，需要改进对通胀形势的判断标准，除了继续将CPI走势作为重要的判断依据外，还需要将剔除了食品和石油价格影响的核心CPI纳入考察范围。此外，由于低收入群体恩格尔系数高，还需要特别关注"低收入群体CPI"，以更加真实、准确地了解物价上涨对低收入群体的影响。货币政策应更多关注核心CPI趋势和资产价格走势，财政补贴政策更多关注"低收入群体CPI"，提高政策的针对性。三要注重促进农业企业化、规模化经营。在确保农民对土地长期承包经营权的前提下，鼓励农民将土地经营权以入股、出租等方式流转到农业企业，对商业银行、流通企业、科技企业的涉农金融、流通、科技等经营活动给予营业税减半等政策优惠，实现农业生产与现代金融、现代流通和现代科技的对接，提高农业生产科技水平，增加对农业的金融投入，加快实现农业大生产与城市大市场的有效对接，畅通鲜活农产品运输"绿色通道"，降低农产品流通成本；完善粮食、猪肉、食用植物油等大宗农产品储备制度和调节机制，从生产、金融、科技、流通等多环节有机结合着手稳定食品价格。

4．立足于提升居民消费能力，全方位扩大消费

国际经济调整对我国提高居民收入、扩大国内消费形成新的压力，这也成为我国经济结构调整的重中之重。要积极推动收入分配的实质性改革，通过政府减税、企业让利为提高劳动者报酬形成制度性保障，在我国经济实力逐步增强时期让居民收入大幅增长。同时，要通过提高存款利率和稳定证券市场促进居民财产性收入的增值保值，提升消费信心。应果断降低中高档消费品进口关税，释放高端消费需求，让高收入群体的高端消费需求留在国内，有助于扩大消费总量。要建立食品等消费品安全的严查重罚制度，让居民放心消费。我国已进入物品供应极为丰富的阶段，必须多部门配合，建立精细化、标准化、诚信安全的生产流通和法律监管机制，为消费者创造便利、安全的消费环境，促进终端消费需求持续扩大。

（作者：范剑平）

2011 年世界经济形势分析及 2012 年展望

2011 年世界经济复苏步伐放缓，但发达国家工业仍然保持相对较快的增长；新兴市场经济体通胀持续高企，发达国家通胀压力逐步显现；除德国之外的发达国家失业率居高不下，新兴市场国家就业状况有所改善；发达国家主权债务危机严重，但企业和银行资金相对充裕。预计 2012 年世界经济将延续低速增长的局面，继续在周期底部徘徊，但全球经济不会出现二次探底现象。面对世界经济格局调整带来的机遇与挑战，我国应继续加强扩大内需政策，加强对外合作和交流，引进先进技术，提升走出去水平，积极防范金融和债务风险。

一、2011 年世界经济形势分析

1. 世界经济复苏步伐放缓，但发达国家工业仍然保持相对较快的增长

2011 年前三个季度，美国 GDP 季度增速分别为 0.4%、1.3%和 2%（均为环比折年率），低于上年 3%的水平。欧元区 2011 年二季度经济环比增速由 2011 年一季度的 0.8%下滑至 0.2%，呈现下行态势。日本经济则因地震和核泄露已连续三个季度负增长。以“金砖四国”为代表的新兴市场和发展中经济体经济增速也有所放缓。巴西 2011 年前三个季度 GDP 同比分别增长 4.2%、3.1%和 2.1%；印度则延续上年初以来增速逐季放缓的态势，2011 年二季度经济增速降至 7.7%，2011 年三季度下降至 6.9%；俄罗斯 2011 年二季度 GDP 同比仅增长 3.5%，但 2011 年三季度上升至 4.8%。

但是，从工业生产数据来看，发达国家工业生产仍然保持旺盛的增长势头。以美国为例，2011 年前十个月，工业生产同比增长均在 3.2%之上，是 2001 年至 2008 年从未出现过的现象；从制造业新增订单来看，同比增长都在 10%以上，这也远远超过危机爆发前的水平。另外，美国权威行业研究机构供应管理协会的数据显示，2011 年 10 月 ISM 指数上升至 52.7%，制造业活动连续第 27 个月扩张。欧元区情况与此类似，2011 年 8 月份，欧元区工业生产继续 7 月份的回升势头，环比增长 1.2%，同比增长 5.3%，2011 年前八个月平均水平也同美国一样超过历

史同期，显示欧元区实体经济基本面尚好；受欧洲债务危机影响，2011年9月份欧元区工业生产环比下降但同比仍增长2%。出现这一现象的主要原因有三：一是国际金融危机后各国更加注重实体经济发展；二是国际金融危机和主权债务危机直接冲击的是居民、金融机构和国家财政，对企业影响是间接的，发达国家企业的现金流仍然充足，技术水平仍然领先；三是新兴市场国家的发展对发达国家的投资品依然具有较大的需求。

2. 新兴市场经济体通胀持续高企，发达国家通胀压力逐步显现

2011年中，“金砖四国”中印度和俄罗斯的通胀率均高达9%以上，巴西和中国的通胀率也分别达到了7%和6%以上的水平。2010年，发达国家通胀率持续低位徘徊，一些国家甚至出现了通缩，但2011年通胀压力则逐步显现，截至11月份，美国消费者价格指数已经快速升至3.8%，接近2008年金融危机全面爆发前的水平，核心通胀率也达到了2%的警戒目标；欧元区通胀率则连续11个月超过2%的警戒线，英国通胀率更是高达4.5%。

货币泛滥是影响世界各国通胀的共同原因，但在各国又有不同的传导机制和表现形式。中国和印度主要表现为农产品供给相对不足；巴西农产品供给充足，但紧缩性货币政策导致部分工业品供给不足而影响价格上涨；在国际油价相对平稳的情况下美国汽油价格上涨推高了物价，原因在于炼油能力利用率下降。

3. 德国之外的发达国家失业率居高不下，新兴市场国家就业状况进一步改善

2011年11月份美国失业率为8.6%，但之前一直保持在9%以上，欧元区失业率在10%左右徘徊，而德国失业率明显低于世界经济繁荣时期。根据德国劳工署统计，德国9月份失业人数降至279.6万，近20年以来首次少于280万人；10月份失业人数进一步下降到219万人，失业率下降到6%；而2006年8月德国失业率还高达10%，这说明德国经济基本面已经发生根本性变化。出现这种现象主要有两方面的原因：一方面，上世纪德国产业国际转移没有像美国和法国那样彻底，新兴市场国家对先进技术设备的需求拉动了德国出口；另一方面，德国用工制度相对欧洲国家而言比较灵活，早在上世纪90年代，德国就修改了有关法律，使临时工合法化，中小企业因此受益。据德国复兴开发银行的研究，2005年至2010年间，此间德国新增180万就业人口，都由中小企业提供，中小企业发展有力推动了德国就业和经济增长。

2011 年 10 月，巴西失业率下降到 5.8%，比世界经济繁荣时期的 2007 年 10 月下降 2.9 个百分点。巴西失业率下降，固然与经济增长有关，但更受到政策影响。自卢拉执政以来，巴西以加速经济增长和提高就业为目标制定经济和社会政策，其中一项重要的政策是“第一次就业计划”，主要针对 16～24 岁第一次就业的低学历青年人。目前的成绩说明该政策取得了较好的效果。作为世界第二人口大国，近年来印度工资出现普遍上涨，涨幅最大的一年出现在2007年，达15.5%，2009 年和 2010 年工资涨幅分别为 6.6%和 11.7%，预计 2011 年涨幅将接近 13%。尽管印度没有详细的就业统计数据，但从工资上涨情况来看，就业状况在明显改善。俄罗斯情况也大致如此，2011 年 9 月失业率为 6%。

4．发达国家债务危机严重，但美国企业和银行资金相对充裕

2011 年，欧美国家主权债务危机愈演愈烈，阻碍了世界经济复苏的步伐。但从整体上来看，以美国为代表的发达国家企业和银行资金依然充裕。据美国商务部经济分析局统计，2011 年上半年，美国企业对外直接投资 2292.37 亿美元，同比增长 26.26%。另外，美国联邦储蓄保险公司公布的数据显示，2011 年第三季度，美国银行业利润比上年同期增加 48.3%，为连续第九个季度同比增长；联邦储蓄保险公司承保的银行机构中有 63%净收入同比出现增长，有 14.3%出现净亏损，低于上年同期的 19.5%；衡量利润率的标杆数据平均资产回报率从上年同期的 0.72%升至 1.03%；贷款损失准备金为 186 亿美元，低于上年同期的 351 亿美元。

二、2012 年世界经济发展趋势及影响因素分析

受国际金融危机和主权债务危机影响，未来世界各国将会更加注重结构调整，发达国家将会进一步采取措施以降低债务危机的影响，关注就业并注重实体经济的发展，日本地震对全球经济的影响将明显削弱；新兴市场和发展中经济体将会进一步刺激内需，促进国际收支平衡，实现经济的可持续发展，并继续成为世界经济增长的动力和源泉。但是，未来一段时期世界经济发展面临的不利因素依然较多，发达国家缺乏新的经济增长点，主权债务危机的影响将持续存在，贸易摩擦不断加剧。预计 2012 年世界经济将继续延续 2011 年低速增长的局面，仍然在周期底部徘徊，但全球经济不会出现二次探底现象。

1. 2012年世界经济发展的有利因素

（1）发达国家将更加重视实体经济发展　为了提振美国经济，奥巴马政府提出了五年使其出口额翻一番、重振制造业等计划，虽然这些计划实现起来有一定难度，但去工业化趋势将会停止，再工业化的步伐已经缓慢开始。因此，从现实条件来看，实现目标的可能性依然存在。一方面，美国的劳动生产率较高，在发展中国家工资上涨的情况下，一些商品在美国制造具备了一定成本优势；另一方面，美国还具有大量剩余产能，2011年10月美国工业产能利用率为77.8%，这意味着在不增加固定资产投资的情况下仍可提高工业产出。

（2）新兴市场和发展中经济体将继续成为世界经济增长的动力和源泉　当前新兴市场和发展中国家仍处于资本积累快速增长的周期，在技术上又可发挥后发优势，人口众多且年轻，消费意愿和能力在不断增强，这也是新兴市场国家历经全球金融危机和发达国家债务危机后仍然持续保持快速增长的原因。上述因素在短期内不会消失或减弱，并将继续推动发展中国家和发达国家的经济增长。一方面，发展中国家之间的互补性在逐步增强，贸易往来和直接投资快速增长。就我国而言，2010年我国对发展中国家出口占出口总额的比重已经由“十五”末期的42.7%提高到48.3%；另一方面，以中国和印度为代表的新兴市场经济国家都处于转型时期，均需先进的技术和设备，由此带动了发达国家的对外贸易。在当前形势下，新兴市场和发展中经济体将继续成为世界经济增长的动力和源泉。

（3）全球通货膨胀压力趋缓但将长期存在　从需求方面看，世界经济将持续处于低速增长状态，这意味着未来对原材料大宗商品的需求将较为温和，降低需求对通货膨胀的压力。从供给方面看，新兴市场和发展中国家更强调结构调整和供给管理，从而抑制物价上涨。比如，在2011年出台的五年经济发展规划中，印度政府发展重点放在产品及服务的供给方面，以在防范通胀的同时满足未来五至十年经济快速增长的需要。俄罗斯和巴西也采取了类似措施。我国也在不断优化农业生产结构，保障农产品供给。但是，由全球流动性泛滥导致的通胀压力将长期持续存在。

2. 2012年世界经济发展的不利因素

（1）就业市场疲软仍将制约经济复苏　就业市场疲软是以美国为代表的发达国家经济复苏的最大障碍。因为美国经济增长主要靠消费者开支带动，而失业率居高不下使得民众无法增加支出，从而使美国经济的持续复苏面临挑战，同时也对发展中国家的出口造成一定影响。尽管美国政府一直以来均表示会采取一切可能的办法刺激就业，然而就业市场的实际情况却迟迟未见明显起色。截至 2011 年 11 月，仍有 1330 万美国民众无法找到工作，失业率下降的原因之一在于失业者退出劳动力市场；未充分就业人数（包括求职者及希望全职工作的兼职人员）的比例为 15.6%。以目前情况来看，近期内美国失业率不会出现明显下降，一段时间内仍将保持在较高水平，回归自然失业率可能需要数年时间。而且，从周期角度看，就业通常慢于整体经济复苏。

（2）*汇率变动对全球贸易是此消彼长的零和乃至负和博弈，贸易摩擦此起彼伏* 1973 年，布雷顿森林体系正式解体，浮动汇率取代固定汇率，汇率变动对经济周期的形成发挥了重要作用。历史事实表明，某国或经济区域通过本币贬值会形成出口导向的经济增长，但一定会有相反的结果在其他国家产生，在浮动汇率制度下贸易摩擦将此起彼伏，两次“广场协议”能够更清晰地说明问题。

1985 年，“广场协议”决定降低美元汇率，这把美国制造业带向繁荣，东亚地区则因货币与美元挂钩，出口导向的制造业取得了前所未有的繁荣。与此同时，日本和德国制造商开始经历长期的危机而不能自拔。1995 年，为了避免日本经济危机的爆发，美、日、德三国签署了所谓的“反广场协议”，允许日元贬值、美元升值，日本和德国制造业走向复苏之路，但美国制造业利润不可避免地受到侵蚀。东亚则陷入了本币升值、出口停滞、股市泡沫膨胀的困境，并以金融危机的爆发告终。今后，由于市场竞争更为激烈，汇率矛盾和贸易摩擦将会加剧。

需要指出的是，未来汇率竞相贬值的后果将变成负和游戏，原因在于汇率变动在短期内不可能调整国际产业格局，由此只能导致贸易萎缩、价格上涨，从而对发达国家经济复苏造成负面影响。

（3）*发达国家仍然没有发现新的经济增长点* 上个世纪的后 50 年，西方每次经济衰退之后，美国都可以通过制造新的经济增长点来带动经济复苏，而不是靠原有的增长点，它反映出美国的经济是有活力的。但美国历次新的经济增长点都不是靠政府发现的，而是通过市场经济靠竞争形成的。比如 IT，即通信和计算机行业，在上世纪 90 年代后期对美国经济带动非常强劲，使美国政府财政由赤字变成了顺差，其作用确实非常明显。但这要靠企业和政府等多方面长期的投资，而科研是一个慢慢积累的过程。目前看不到美国具体的某一个行业可作为新的经济增长点，下一个经济增长点来自哪个领域，在什么时候能够发生，仍然很难预测。在这种情况下，发达国家经济将持续低迷。

（4）国际金融危机和主权债务危机的影响将继续存在　历史经验表明，临时性的经济刺激政策效果有限，彻底摆脱经济危机的影响需要重大政策或技术方面的突破，即便罗斯福新政也不例外。1933 年罗斯福新政实施，1934～1937 年GDP 均实现了连年增长。但 1938 年 GDP 再度出现负增长，跌至 1929 年的水平，同年私人投资萎缩了 41%。这说明，扩大财政支出、兴建大型工程等举措可以在一定程度上减弱危机的负面影响，但不可能取代经济增长本身所需的动力。二战的爆发促使美国经济再次进入快速增长轨道，但是战争结束后，1945～1947 年美国经济再次陷入持续衰退，产能严重过剩，战后的欧洲经济濒于崩溃，美国产品也失去了国际市场。在此背景下马歇尔计划应运而生，该计划促进了欧美经济复苏，并为第三次技术革命奠定了物质基础，从此资本主义经历了长达四分之一世纪的持续繁荣。当前发达国家应对金融危机和债务危机的政策大多是短期的，经济结构调整和社会矛盾的化解不可能一蹴而就，国际金融危机和主权债务危机的影响将继续存在。

三、对我国经济的影响及其对策

2012 年，世界经济持续低迷将对我国经济产生不利影响。一方面，贸易保护政策和发达国家的进口需求不振将直接影响我国出口，从而影响到我国经济运行；另一方面国际金融市场的波动也会迅速传导至我国，并进一步影响我国实体经济发展。针对国际经济的新形势，我国政府有必要采取应对措施，促进经济平稳较快发展。

第一，继续加强扩大内需的经济政策。在税收方面应进一步降低企业增值税税率，以减轻国内企业税负，降低内销产品价格，从而扩大内需，降低对外部市场的依赖程度，促进国际收支平衡。同时，应积极探索经济增速减缓情况下的就业增长模式。2011 年，德国和巴西的经济增速都在回落，但失业率却创历史新低。我国应借鉴其经验，探索经济增速下降情况下的就业增长模式，促进经济和社会的和谐发展。

第二，应加强与新兴市场经济体的合作和交流。由于我国同其他新兴市场国家在经济方面存在较强的互补性，相互影响越来越大，随着世界经济格局的变化，这种趋势在未来将不断加强。因此应加强对新兴市场经济体与发展中国家的投资与金融支持，通过扩大对外投资带动面向发展中国家的出口。

第三，通过扩大技术和设备进口促进国内产业升级，同时拉动发达国家出口。发达国家为了扩大外部需求，对我国的技术封锁会有所减弱，为我国引进先进技术和设备提供了较为有利的条件。当前，我国应当加强装备制造业、节能节水和环保技术、高新技术以及传统制造业高端产品和技术的引进，淘汰落后产能，实现相关设备的更新换代，提高劳动生产率，使我国的整体生产水平上一个新的台阶。与此同时，可以充分利用国际人力资源，吸收一些专家和技术人员到我国企业从事研发、生产和教育培训工作，加快我国对先进技术的消化吸收过程。

第四，积极参股发达国家企业，提升走出去水平。有的发达国家虽然经济规模较小，但是科技发达，产业创新能力很强，我们应抓住当前有利时机，通过多种方式吸收这些国家先进的生产技术和管理经验。例如，挪威的炼油设备世界领先，该国的石油公司具有独特的技术创新理念和管理方法；瑞典拥有高质量的机械行业，机械产品具有精密、耐用和工艺水平高的特点。这些国家经济保护主义和经济民族主义势力相对来说比较弱，国际开放程度非常高。通过在主权债务危机这样特定时期的战略收购，不仅可以将以金融资产形式存在的外储转变为企业股权，而且能够缩小我国与西方技术水平的差距。

第五，进一步加强内外债管理。一方面，借鉴欧美债务危机教训，加强地方政府融资平台的监管，防范地方政府出现债务危机；另一方面，控制外债规模，截至 2011 年 6 月末，我国外债余额为 6425 亿美元，在当前我国国内资金充裕的情况下，应尽可能降低外债规模，防范国际资本市场波动对我国经济的影响。

（作者：张亚雄 程伟力）

2011 年金融运行分析与 2012 年展望

2011 年货币政策由“适度宽松”重回“稳健”，将稳定物价总水平作为首要任务。上半年货币政策紧缩措施频繁出台，存款准备金率六次上调，加息三次。下半年调控对象由表内信贷转为表外融资，通过将包含承兑汇票、信用证、保函三部分的保证金存款纳入存款准备金缴存范围，来回笼和锁定流动性，并控制银行表外业务过快扩张。从紧的货币政策效果明显，流动性闸门得到控制，物价过快上涨势头受到抑制。

一、2011 年货币信贷增长明显放缓，流动性闸门得到控制

1．货币供应量增速明显下滑，M2 的统计比实际状况有所低估

央行多次上调存款准备金率和银监会对信贷投放总量的控制使货币供应量增速明显下滑。2011 年 9 月末，M2 余额同比增长 13.0%，比上年末低 6.7 个百分点；M1 余额同比增长 8.9%，比上年末低 12.3 个百分点（见图 1）。

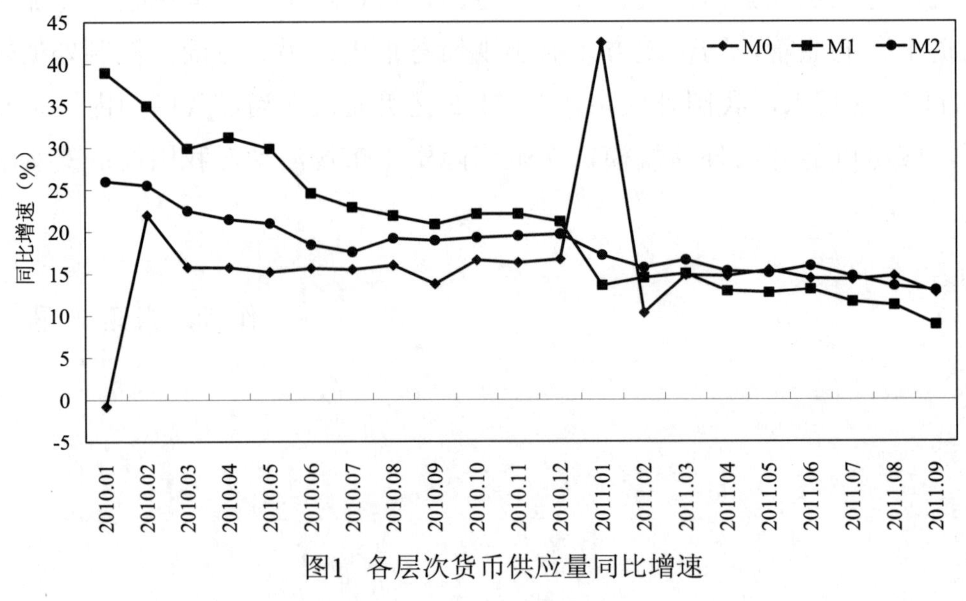

图1　各层次货币供应量同比增速

（注：数据来源于中国人民银行网站）

目前国内金融创新不断增多，公众资产结构日益多元化，特别是 2011 年年初以来银行表外理财业务迅速发展，加快了存款分流，这些替代性的金融资产没有计入 M2，使得目前货币统计比实际状况有所低估。

2．社会融资总量下半年增长放缓

2011 年上半年社会融资规模为 7.76 万亿元，比上年同期少 3847 亿元，但第三季度社会融资总量增长明显放缓，2011 年前三季度社会融资规模为 9.80 万亿元，比上年同期少 1.26 万亿元。这主要是由于下半年以来央行与银监会加大对商业银行理财业务和票据业务的监管与调控，导致表外融资被挤压。2011 年上半年，表外融资（信托贷款、委托贷款及银行承兑汇票）占比 27.3%，比上年同期略有下降，前三季度占比进一步下降到 21.8%，其中，银行承兑汇票占比下降幅度最大，由上半年的占比 17.1%下滑到前三季度的占比 10%。三季度银行承兑汇票融资净减少 3000 多亿元。

3．人民币贷款投放受到控制，贷款结构有所改善

受金融调控影响，人民币贷款增速持续放缓，但外币存款仍增长较快。2011 年 9 月末，本外币贷款余额同比增长 16.0%，比上年同期低 3.8 个百分点。其中，人民币贷款余额同比增长 15.9%（见图 2），比上年末低 4.0 个百分点；外币贷款余额同比增长 24.4%，比上年末高 4.9 个百分点。2011 年前三季度人民币贷款增加 5.68 万亿元；同比少增 5977 亿元；外币贷款增加 734 亿美元，同比少增 302 亿元。

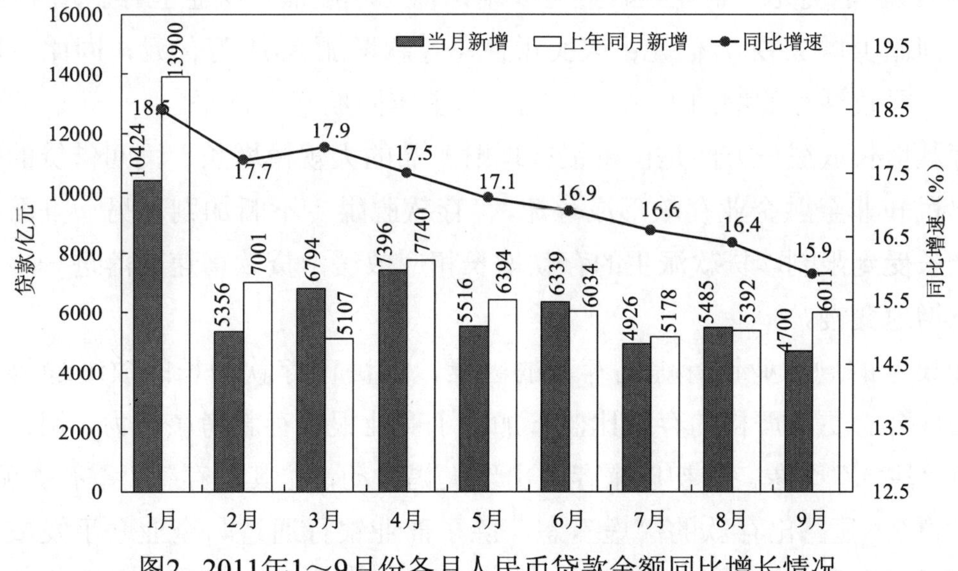

图2 2011年1～9月份各月人民币贷款余额同比增长情况

（注：数据来源于中国人民银行网站）

贷款投放体现“有保有压”，信贷结构有所改善。一是企业中长期贷款少增较多，流动资金贷款（包括短期贷款和票据融资）保持多增。2011年前三季度本外币企业及其他部门中长期贷款增加1.77 万亿元，同比少增1.87 万亿元；短期贷款及票据融资增加2.09万亿元，同比多增1.78 万亿元。流动资金贷款增长主要体现为短期贷款，票据融资月度新增规模较小，甚至有的月份仍在减少。二是住户消费性贷款出现少增，2011年前三季度增加1.14 万亿元，同比少增3585 亿元。企业中长期贷款与住户消费性贷款少增与政府加强房地产市场调控和清理地方政府融资平台有关。随着贷款中长期化的趋势减弱，贷款期限结构有所改善。三是中小企业贷款增长较多。2011年前三季度人民币中小企业贷款（含票据贴现）增加2.26 万亿元，占全部企业新增贷款的68.4%。四是房地产贷款增速继续回落，保障性住房开发贷款增量占比大幅提升。2011年前三季度人民币房地产贷款累计增加9923 亿元，同比少增7439 亿元；保障性住房开发贷款累计增加1150 亿元，占同期房地产开发贷款增量的52.3%。

4. 存款增长明显放缓，存在虚增现象

2011年9月末，本外币存款余额同比增长13.9%，比上年末降低5.9个百分点。存款增长乏力主要体现在人民币存款上，外币存款增长平稳。2011年前三季度人民币存款增加8.11万亿元，同比少增2.09万亿元；外币存款增加300亿美元，同比多增88亿美元。企业存款显著少增，前三季度非金融企业存款增加1.30万亿元，同比少增2.32万亿元；人民币住户存款增加3.63万亿元，同比少增0.32万亿元；财政性存款增加1.16万亿元，与上年同期基本持平。

存款增长放缓一方面是由于银行理财产品的大规模增长、民间借贷的空前活跃对居民和非金融企业存款形成分流，“存款脱媒”不断加剧。另一方面是由于贷款增长受到限制，贷款派生的存款增长相应放缓，贷款增速回落进一步导致派生存款增速变慢。

如果考虑到商业银行虚增存款的因素，人民币存款增长的放缓趋势更为严重。2011年，更为严格的存贷比监管加大了商业银行存款考核压力，银行普遍存在存款“注水”现象。年初以来存款出现大幅波动，尤其是存款“季初大幅回落、季末冲高”，显露出存款的“虚”态。除了商业银行通过与企业联手发放虚假贷款来虚增存款等可能因素外，在银行理财产品募集期或到期后，理财资金会在银行形成部分沉淀存款，因此，商业银行通过大力推广短期理财产品来争夺存款，理财产品大量“吸”金和到期“吐”金也成为存款大幅波动的推手。

5．银行体系流动性趋紧，银行间市场利率上升

影响银行体系流动性变化的短期因素既有存款准备金率调整、公开市场操作及中央国库现金管理商业银行定期存款招标等政策因素，也有财政存款、外汇占款增长等非政策因素。就政策因素看，2011 年前三季度存款准备金政策调整约回收资金 2.4 万亿元；共展开 8 期国库现金管理商业银行定期存款招标操作，累计投放资金 2700 亿元；公开市场操作以净投放资金为主，除 3 月份实现资金净回笼外，其他各月份均为资金净投放，2011 年前三季度累计净投放资金 2.1 万亿元。因此，虽然存款准备金率不断上调，但由于央行公开市场操作持续净投放资金，政策性因素形成的资金回笼规模和投放规模基本持平，货币政策操作对银行间资金面的影响是“稳”而不是“紧”。就非政策因素看，2011 年前三季度财政性存款增加 1.2 万亿元，外汇占款增加 2.9 万亿元，财政存款增加形成的流动性回笼与外汇占款增加形成的流动性投放相抵，非政策性因素共形成短期流动性投放 1.7 万亿元。

从影响因素看，银行体系短期流动性是增加而不是减少，但银行资金面仍较为紧张，货币市场利率有所上升。2011 年 9 月份银行间市场同业拆借月加权平均利率为 3.74%，质押式债券回购月加权平均利率为 3.75%，分别比上年 12 月高 0.82 个百分点和 0.63 个百分点。事实上，银行资金面紧张不是以上短期因素造成的。主要有三方面原因：一是法定存款准备金率上调除了要求商业银行按照当前的存款规模补缴准备金，形成短期内流动性回笼效应外，还要求商业银行在吸收新的存款后，留存更多的准备金，形成长期持续的流动性锁定效应，从而减少商业银行的可用资金。二是存款“负利率”和银行理财产品的火爆发行等促使银行存款被大量分流。三是从 2011 年年初到 5 月份，银监会不断提高存贷比监管要求，由原先的季末考核改变为月末考核再变为日均考核，并提出日均存贷比不得高于 75%的监管标准。存贷比要求的提高增加了商业银行对存款的渴求，也使银行资金面进一步承压。

6．人民币对美元持续小幅升值

2011 年人民币对美元保持小幅升值态势，2011 年 1～9 月份，人民币对美元中间价累计升值4.2%。依据国际清算银行数据，2011年1～9月份人民币实际有效汇率累计升值4.2%。其中，2011年前7个月人民币实际有效汇率保持平稳，8月份、9月份连续走高，8月份当月环比升值2.4%，9月份当月环比升值3.77%，升值速度明显加快。

二、2012年金融调控面临的不稳定、不确定因素增多

1. 欧美经济问题相互交织，世界经济复苏缓慢

从2009年希腊债务危机以来，欧洲债务危机已持续两年多，2011年下半年进一步恶化。2011年10月底欧元区达成一揽子解决方案，但欧债危机并未彻底消除，仍可能再次深化和扩散，存在继续向欧盟核心国家传染、向银行危机转化以及威胁欧元稳定性等风险。虽然8月初国债法定上限的及时上调使美国暂时躲过了债务危机，但美国债务负担过高的问题依旧，美元和美国仍可能面临信任危机。而且美债法案除了提高债务上限外，还要求政府削减财政赤字，从而影响到依靠政策刺激的经济复苏势头。美国两党在国债问题上的互不相让，反映出美国国内政治分裂严重，政治乱局也不利于经济问题的解决。总体来看，未来欧债危机、美债危机仍可能进一步发展，欧美经济问题相互交织，继续冲击国际金融市场和影响全球经济复苏。

新兴市场经济体将继续面临国内通胀压力上升和经济增长放缓的双重问题，由于各国情况存在差异，新兴市场各国宏观经济政策分歧在进一步加剧。为刺激经济增长，2011年8月份以来，巴西、土耳其与印尼相继降息，而印度、泰国、韩国等国家央行仍未放弃加息。

面对主权债务危机，美欧国家财政和金融政策空间有限，发达经济体目前尚未找到刺激增长和解决就业的有效手段，因而缺乏内生增长动力，失业率居高不下，经济增长难有起色。新兴经济体受发达国家需求不振和日本地震导致全球产业链受损的影响，2012年经济增速将有所放缓。根据IMF最新预测[①]，2011年和2012年全球经济增速均为4.0%，发达经济体经济增速仅分别为1.6%和1.9%，新兴经济体增速分别为6.4%和6.1%。

---

① 《世界经济展望》，IMF，2011年9月20日。

2．新兴经济体需警惕国际短期资本逆流

2011 年 9 月份以来，由于欧债危机加剧，国际短期资本加快从新兴市场国家的股市、债市撤出，导致许多新兴市场国家股市动荡，货币贬值。当月菲律宾、泰国、印尼等亚太主要股市累计下跌超过 10%，韩元、印度卢比、巴西雷亚尔、俄罗斯卢布和南非盾等兑美元均有明显贬值。2011 年 9 月底，海外人民币对美元 NDF 价格出现下跌，当月一年期人民币对美元 NDF 报价约贬值 2%。对此轮国际短期资本外流和本币贬值，印度、巴西、韩国、泰国等国家已采取干预措施，以避免本币汇率和资金流向大幅波动。在欧美主权债务危机深化和扩散，全球经济复苏前景面临重大不确定性的情况下，未来短期国际资本可能会从新兴市场国家大进大出，并带来潜在经济金融动荡风险。

3．国内经济增长放缓，通胀压力持续存在

2011 年我国经济增速与物价涨幅均逐季回落。2011 年前三季度 GDP 各季同比增速分别为 9.7%、9.5%和 9.1%，基本稳定在 9%以上的较高水平。2012 年，在外围经济低迷导致外需减少、国内刺激政策力度和效应持续减退的影响下，我国经济增长将继续小幅放缓，但仍将保持 8%以上的较快增长。

2011 年下半年 CPI 增速逐月回落，但环比仍在上升，这说明 CPI 同比涨幅的下降主要是由于翘尾因素的减弱，新涨价因素仍在增强，通胀压力仍较大。从影响物价的因素看，2012 年随着经济增速小幅放缓，产出缺口有所缩小，需求对物价的拉动减弱，但国内劳动力成本上升带来的成本推动型涨价压力以及国际大宗商品价格高位运行带来的输入性通胀仍持续存在。此外，我国高货币存量和高通胀预期同时存在构成通胀隐患。虽然 2011 年以来货币供应量增速持续放缓，但金融创新使货币统计比实际状况有所低估，而且货币供给对物价的影响存在滞后效应和持续效应，2009～2010 年货币供给的急剧扩张对物价水平的影响可能持续到 2012 年。居民对未来物价上涨预期依然强烈，2011 年前三季度居民未来物价预期指数持续攀升。

按照 2011 年 CPI 月度环比变化率推算，2012 年 CPI 同比涨幅中的翘尾因素约有 1.8 个百分点。这说明要将 2012 年 CPI 涨幅控制在 4%左右的温和水平，需要将新涨价因素控制在 2.2 个百分点。从影响物价因素看，2012 年通胀压力持续存在，要将全年新涨价因素控制在 2%左右，CPI 涨幅控制在 4%左右，还需要付

出更多努力。

4. 银行业存在两大风险源，金融脱媒“乱象”待解

前期信贷迅猛增长埋下了银行业不良资产隐患，目前主要集中在两大领域。一是地方政府融资平台贷款不良风险。根据审计署公布的全国地方政府性债务审计结果，截至2010年末，全国地方政府性债务余额共10.72万亿元，其中银行贷款为8.47万亿元。据估计，2011年和2012年是地方债务偿还高峰期。2011年上海、云南、山西等地政府融资平台公司已出现贷款偿付困难的情况，平台贷款不良风险正在暴露。2012年仍是平台贷款的集中还款期，平台贷款不良风险仍将威胁到银行业的资产质量。另一是房地产贷款不良风险。受政府限购令等调控政策影响，目前房地产市场已陷入“量减价滞”的困局，在国家统计局监测的70个大中城市中，2011年9月份新建商品住宅（不含保障性住房）价格环比下降的城市有17个，持平的城市有29个，房价滞涨的地区占比约2/3，未来房价出现拐点的可能性在上升。根据2011年二季度进行的房地产贷款压力测试结果，即使房地产抵押品重度压力测试下跌40%，覆盖率仍高于国际通行的110%标准①。目前房贷风险总体可控，但仍不可掉以轻心。近两年，商业银行不断收紧对房地产开发商的贷款投放，但开发商仍通过信托和银行理财产品等渠道获取了大量资金，据统计，2011年已有2000亿元信托资金流入房地产开发投资领域，这些信托资金和理财资金也存在较大的偿付风险。

表外融资和民间借贷等“金融脱媒”现象愈演愈烈，相关金融风险也不容忽视。2011年商业银行理财业务激增，普益财富数据显示，前三季度银行理财产品发行规模约13.35万亿元②，比上年全年超出6.3万亿元。民间借贷规模迅速扩大，高利贷化的倾向越来越明显，温州等地已出现多起民间借贷资金链断裂，借款人“跑路”的案件。据中金公司估计，2011年中期民间借贷余额达3.8万亿元，同比增长38%。随着经济增速下行，银根收紧效应进一步显现，表外融资与民间借贷的偿还风险也将逐步加剧，一些银行资金可能被牵涉其中，成为金融运行的不稳定因素。

---

① 《刘明康：房地产贷款达10.4万亿元 风险总体可控》，中国证券报，2011年10月20日。

② 《2011年前三季度超短期理财产品占三成》，中国经济导报，2011年10月31日。

三、稳健的货币政策进一步求“稳”，加快结构性调整

2012年国内和国际形势愈加复杂，金融调控面临的不稳定、不确定情况增多，需要应对多重任务、多重挑战。金融调控要继续处理好速度、结构和物价的关系，在“控通胀”和“保增长”之间寻找恰当的政策平衡点，适时、适度加快推进“调结构”步伐。为此要继续实施稳健的货币政策，把握好调控的方向、力度和节奏，在保持政策连续性、稳定性的同时，提高政策的前瞻性、针对性和灵活性，切实防范金融风险，维护金融稳定。

1．继续实行稳健的货币政策

2012年应继续实行稳健的货币政策，在具体执行中进一步强调“稳健”，以达到“稳增长”、“稳物价”的目的，政策基调可定为“谨慎观察、灵活应对”，政策取向应做到“总量上中性偏紧，结构上定向宽松”。从具体措施看，传统的货币政策工具运用空间越来越有限，法定存款准备金率已升至历史高位，加息掣肘于人民币升值压力，而且考虑到货币政策效应往往滞后出现，很容易产生政策超调，为避免与前期紧缩效应产生叠加，货币政策不宜进一步出台紧缩措施，数量和价格型工具的运用要非常慎重。同时，应继续以加强金融监管、防范金融风险为突破口，通过“疏堵结合”治理表外融资和民间借贷，从社会融资总量角度对“流动性闸门”加以控制。

2．加强对流动性闸门的控制，保持货币信贷与社会融资总量适度增长

虽然2011年货币供应量增速明显放缓，但过高的货币存量水平仍成为潜在的通胀隐患。为此，2012年的货币供应需要保持稳中适度偏紧，避免货币供应量在已有的高水平上继续过快增长，过度累积。现实中，高货币存量导致居民通胀预期强烈，“通货膨胀本质上是货币问题”的观念已深入人心，稳中偏紧的货币供应也有助于缓解高涨的通胀预期。2011年前三季度M2增速明显放缓，预计四季度M2增速仍将保持较低水平，全年增速在14%左右。综合考虑上年同期基数较低、经济增速放缓、物价涨幅维持较高水平，以及较高的通胀预期加快货币流通速度等因素，预计2012年M2余额将增长15%左右。

近两年我国金融创新明显加快，在银行信贷投放规模受到控制的同时，包括表外融资等直接融资规模快速膨胀，“社会融资总量”处于较高水平。因此，对社会流动性闸门的控制需要从“社会融资总量”的角度加以把握。2011年下半年

以来，随着监管层加强对银行理财和银行承兑汇票业务的清理和规范，表外信贷受到压缩，社会融资总量增势也有所减弱。预计 2011 年全年社会融资总量约 13 万亿元。目前，由于银行信贷投放仍受到控制，同时表外融资被限制、民间借贷资金链开始断裂，社会整体流动性已经较为紧张，未来流动性调控不宜再进一步收紧，以防止金融风险集中暴露，经济出现大的波动。预计 2012 年社会融资总量将增长 14 万亿元左右。

3．信贷政策坚持“有扶有控”，落实定向宽松

在加强信贷总量控制的同时，要实行差别化对待，按照“有扶有控”的要求，对政府在建项目、重点项目、保障性住房建设、中小微型企业、“三农”、节能减排、战略性新兴产业、就业、助学等重点领域和薄弱环节进一步扩大信贷支持，执行好差别化房贷政策，加强对地方政府融资平台和房地产的放贷管理，严格控制对高耗能、高排放行业和产能过剩行业的贷款。

4．加强流动性管理，防范“热钱”异动

2012 年新兴市场国家面临国际资本大进大出的风险。跨境资金流向的不确定性使我国防范“热钱”异动的任务更加复杂而艰巨。一方面，需要密切关注国际经济金融形势变化和国际资本市场变动，加强对短期国际资本跨境流动的监测、预警和管理。另一方面要充分估计“热钱”流动变化对国内流动性状况的影响，适时调整公开市场操作及存款准备金率政策操作方向，保持银行体系流动性平稳、充裕。

5．加强对表外融资的治理

从控制流动性闸门、防范金融风险出发，要疏堵结合，加强对表外融资的治理。具体来说，一是要在银行表内表外业务间建立有效的“防火墙”，对银行表外业务进一步加以规范。二是可考虑将部分表外业务并表监管。三是逐步将保证金存款、结构性存款、理财产品、基金公司存款、保险公司存款甚至金融机构发行的债券等逐步纳入准备金的计提范围，以杜绝商业银行通过表外业务来规避准备金缴纳的行为和动机。

6．加强对民间借贷市场的规范，防范民间金融风险

民间借贷的飞速发展有其客观需求，对盘活民间资本市场、满足中小企业和

民营企业资金需求有着积极意义。但民间借贷利率高企，一旦借款企业无力还本付息，将导致大量的民间借贷资金血本无归，进而影响到金融秩序与社会稳定。对于当前空前活跃的民间借贷，需要强化监管机制，建立民间借贷法规制度，加强对民间借贷市场的规范：一是引导民间资本合法化，让民间借贷浮出水面；二是培育龙头型市场化主体；三是扶持优秀的小额贷款公司和担保公司；四是要协调监管，目前民间金融机构的监管分布在不同的部门，如典当行由商务局监管，小贷公司由金融办监管，而担保公司则存在监管空白，建议赋予有关部门管理职能，对其进行集中管理和研究。与此同时，还要推动商业银行等正规金融给予中小微型企业和民营企业更多的资金支持。

参考文献：

[1] 中国人民银行货币政策分析小组. 二〇一一年第一季度中国货币政策执行报告.

[2] 中国人民银行货币政策分析小组. 二〇一一年第二季度中国货币政策执行报告.

（作者：李若愚）

2011 年外贸外资形势分析及 2012 年展望

2011 年，虽然面临主要发达经济体经济复苏放缓和新兴经济体经济减速的挑战，但我国外贸外资仍呈现平稳增长的态势，外贸结构更趋平衡，利用外资规模持续提高。展望 2012 年，世界经济持续低迷将使得我国外贸增速有所放缓，而中国经济的良好表现则会继续推动我国利用外资保持较快增长。对此，应大力推进出口结构和利用外资结构的调整，促进贸易平衡，为“十二五”转变经济发展方式奠定坚实的基础。

一、2011 年外贸外资运行特点

2011 年，虽然面临主要发达经济体经济复苏放缓和新兴经济体经济减速的挑战，但我国外贸外资仍呈现平稳增长的态势，外贸结构更趋平衡，利用外资规模持续提高。

1．外贸增长前高后低，贸易结构更趋平衡

2011 年以来，我国进出口增速呈现前高后低的走势，但总体上仍然保持了较快增长态势。

2011 年全年累计，外贸进出口总值达到 36420.59 亿美元，同比增长 22.5%。其中出口 18986 亿美元，同比增长 20.3%；进口 17434.6 亿美元，同比增长 24.9%；贸易顺差为 1551.4 亿美元，同比收窄 14.5%（见图 1）。

（1）贸易方式结构持续优化，一般贸易出口比重提高 2011 年，一般贸易出口 9171.2 亿美元，同比增长 27.3%，高于出口总体增速 7 个百分点，占出口总值的 48.3%，为 2001 年加入 WTO 以来首次超过加工贸易出口（见图 2）；一般贸易进口 10074.6 亿美元，同比增长 31.2%，高于进口整体增速 6.3 个百分点，占进口总值的 57.8%。同期，加工贸易出口、进口分别增长 12.8%、12.5%，占整体出口、进口比重为 44.0%、26.9%，同比分别降低 2.9 个百分点和 3.0 个百分点。

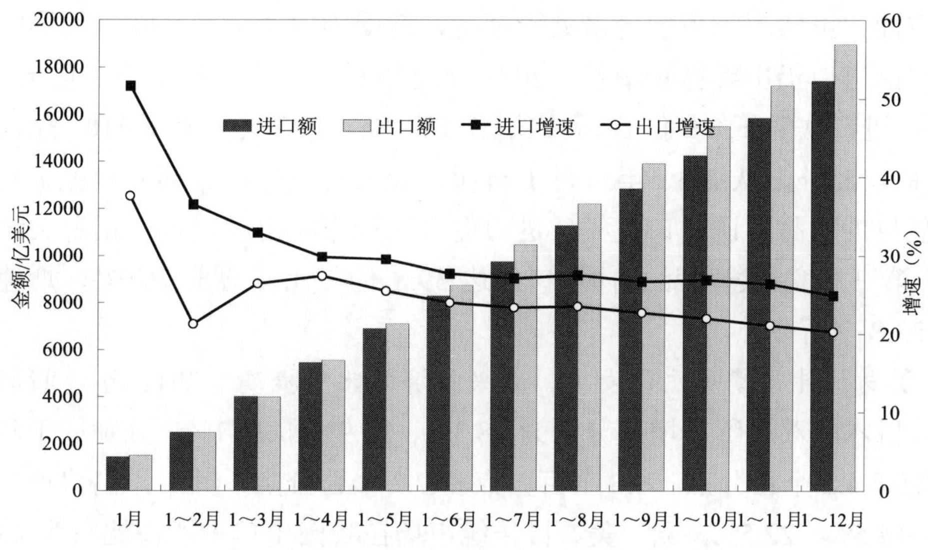

图1　2011年我国进出口情况

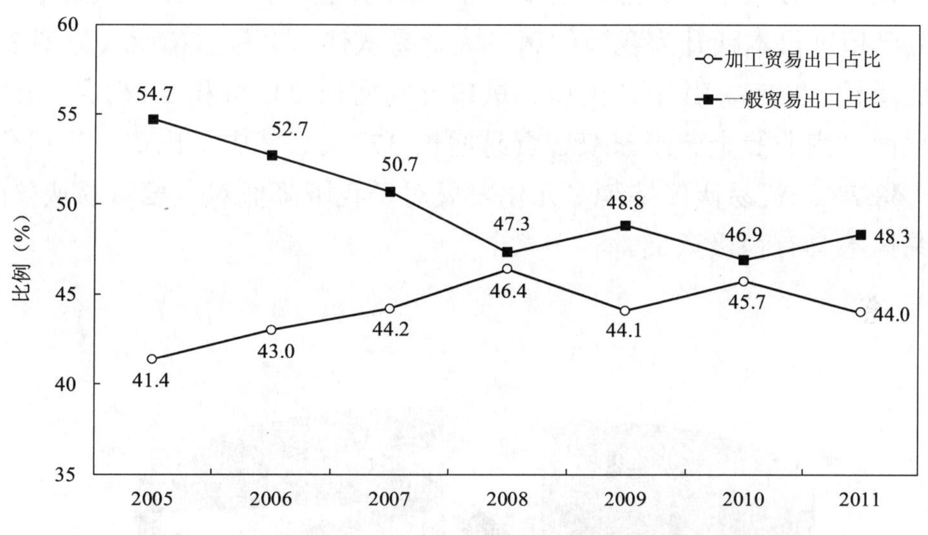

图2　2005～2011年一般贸易出口占出口总额的比重

（2）**传统优势产品出口量价齐升，初级产品进口稳步增长**　出口方面，受国内技术升级、产业转型、劳动力以及能源原材料成本上升的影响，出口商品价格较以往有了较大幅度的提高，我国外贸出口呈现出价格和数量同步增长的新变化。根据 HS2 测算的分类指数显示，2011 年 1～11 月累计，我国出口平均价格上涨 9.9%，较上年同期高 7.3 个百分点；扣除价格因素，实际出口数量增长 10.4%，比上年同期回落 20.6 个百分点。其中纺织服装、鞋帽、箱包等劳动密集型产品的议价能力得到普遍提升，出口价格分别上涨 22.8%、17.8%和 30.2%；扣除价格因素，实际出口数量增长 3.1%、1.6%和 3.3%。

进口方面，虽然国际市场价格处于高位，但受国内经济需求旺盛的影响，能源资源类产品进口仍出现稳步增长。2011年全年累计，进口原油2.5亿t，同比增长6.0%；进口铁矿石6.9亿t，同比增长10.9%；进口天然橡胶210万t，同比增长12.9%。此外，从2011年7月1日起，我国对成品油、部分有色金属原料等33个税目的商品下调进口关税，进口促进政策影响再度显现。据海关统计，仅2011年第三季度上述商品总体进口已达59.8亿美元，增长76.9%，增速较上半年提升23.8个百分点。

（3）贸易伙伴持续多元化发展，新兴经济体比重提高　2011年，我国对欧盟、美国、日本的双边贸易增速分别为18.3%、15.9%和15.1%，分别低于我国总体进出口增速4.2个百分点、6.6个百分点和7.2个百分点，其中，出口增速分别为14.4%、14.5%、22.5%，欧、美、日传统市场在我国出口中所占比重为43.7%，比上年同期降低1.7个百分点。同期，中国与东盟、金砖国家的双边贸易增长迅猛。东盟已超过日本跃升为我国的第三大贸易伙伴，份额占10%（见图3），双边贸易同比增长23.9%。其中，出口、进口分别增长23.1%和24.6%；与印度、俄罗斯、巴西、南非等金砖国家双边贸易增长37.7%，其中，出口、进口分别增长27.3%和48.7%。贸易伙伴持续多元化发展对于我国降低对主要贸易伙伴的依赖、分散贸易风险具有积极意义。

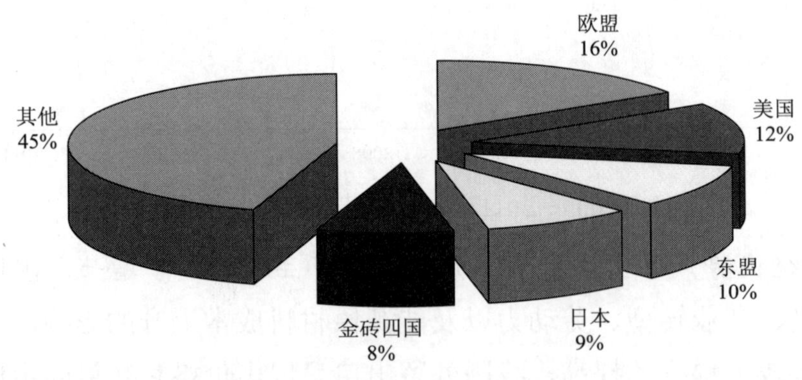

图3　2011年主要贸易伙伴情况

（4）贸易顺差回落，外贸更趋平衡　目前，从全球经济增长速度来看，我国的经济增速明显高于其他主要经济体，导致我国国内需求明显优于外部需求。2011年，我国进口增速快于出口增速4.6个百分点，外贸顺差同比收窄14.5%，减少 264 亿美元，对全球经济的拉动作用明显；贸易顺差与外贸总值的比值为 4.3%，同比降低 1.9 个百分点，我国对外贸易向着更加平衡的方向发展。

考察贸易顺差结构可以发现，顺差主要来源于加工贸易，2011 年，加工贸易顺差 3656.2 亿美元，一般贸易项下则出现贸易逆差 903.4 亿美元。而从贸易对象看，美国、欧盟仍然是我国外贸顺差的主要来源地，2011 年，我国对美国、欧盟顺差为 2023.4 亿美元和 1448.3 亿美元，分别增长 11.6%、1.45%；受日本大地震后我国对日出口增加的影响，对日本贸易逆差较上年同期收窄 16.8%；对金砖国家则由上年的顺差 61.8 亿美元大幅增长到逆差 134.9 亿美元；对东盟的贸易逆差也大幅增长 38.7%。

2．利用外资增长平稳，结构更趋优化

2011 年，随着我国经济在全球经济增长中的地位和作用日益突出，国内市场对于外国资本的吸引力日益增加，外商直接投资延续了 2010 年以来的平稳态势，但受全球经济复苏乏力的影响，呈现前高后低的走势。2011 年 1～11 月份，全国新批设立外商投资企业 2.51 万家，实际利用外资金额（金融领域除外，下同）1037.7 亿美元，同比分别增长 3.2%和 13.2%（图 4）。

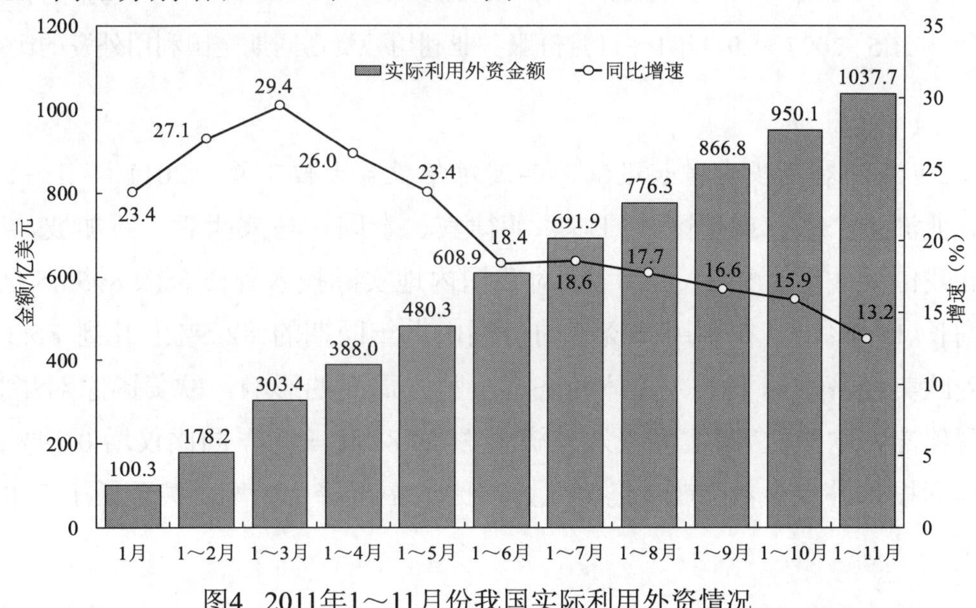

图4 2011年1～11月份我国实际利用外资情况

（1）服务业利用外资持续增加，占比首超制造业 2011 年，我国服务业利用外资规模继续加大，服务业利用外资步伐持续加快。2011 年 1～11 月份累计，全国服务业实际使用外资金额 487.68 亿美元，同比增长 18.5%，高出利用外资总体增速5.3个百分点。服务业利用外资占同期全国利用外资总量的47.0%（图5），首次超过制造业占比，成为利用外资最大的领域。其中，广播电影电视业、社会福利保障业、旅游业、管道运输业、航空运输业、市内公共交通业等实际利用外资增幅较大。而同期制造业实际利用外资金额为 473.15 亿美元，同比仅增长7.56%，占比降至45.6%（图5）。

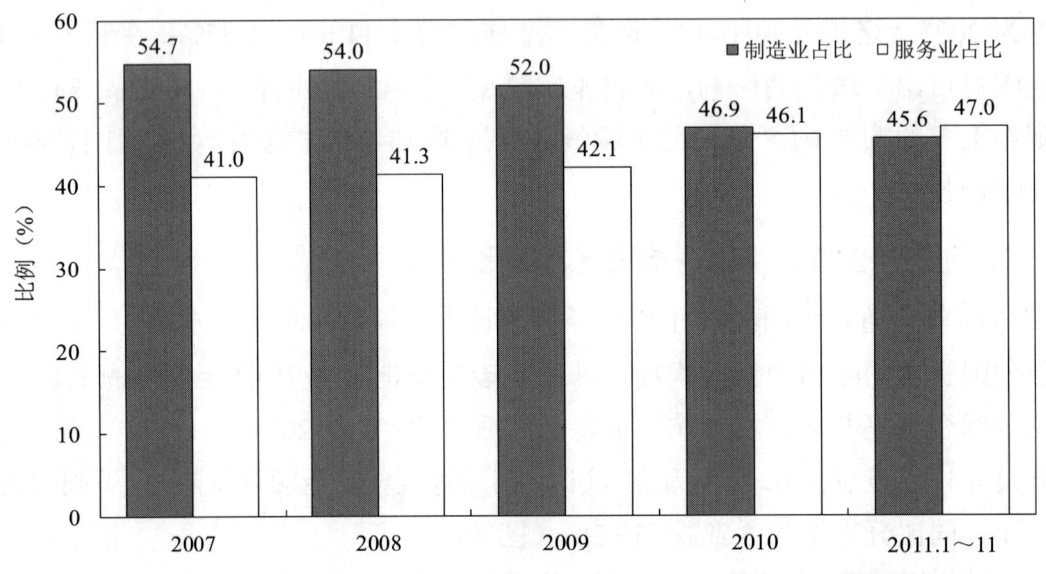

图5 2007～2011年1～11月份服务业利用外资占同期全国利用外资的比重

（2）亚洲对华投资增长迅猛，美国对华投资大幅下降 2011 年 1～11 月份累计，亚洲十个国家或地区（日本、菲律宾、泰国、马来西亚、新加坡、印尼、韩国和我国的香港、澳门、台湾省）对我国内地实际投入外资金额895.85亿美元，同比增长 18.0%，其在利用外资中的份额由上年同期的 82.5%上升到 86.3%。同期，受欧美经济增速下滑、实体经济资金紧张局面的影响，欧美国家对华投资增长出现停滞，欧盟27国实际投入外资金额59.82亿美元，同比仅增0.29%；美国对华实际投入外资金额27.39亿美元，同比大幅下降23.1%，甚至低于2009年同期水平。

二、2012年外贸外资影响因素及趋势分析

1．国际因素

（1）世界经济走势仍将低迷 当前，世界经济仍处于金融危机后的恢复期，

延续了自2010年年中以来增长乏力的态势。发达经济体仍旧缺乏自主增长动力，普遍面临失业率居高不下和通胀水平开始攀升的窘境，同时深受债务问题和财政紧缩的困扰，经济复苏放缓，正逐步陷入滞胀泥潭；新兴经济体则受制于通货膨胀高企的压力，普遍采取紧缩的宏观调控政策，经济增速也有所回落。预计2012年世界经济仍处于恢复期，将继续维持低速增长的格局。同时，2011年10月份以来，欧债危机逐步向意大利、法国等欧元区核心经济体蔓延，欧洲各国融资成本急剧攀升，欧债危机的持续恶化已成为增加全球经济下行风险的核心因素。据欧洲央行的最新月度报告预计，受欧债危机的影响，2012年欧元区经济存在切实的下行风险，经济增速将在-0.4%～1%之间。虽然欧盟至今仍未找到解决欧债危机的有效手段，但是因债务违约而造成金融市场失控、全球经济再次出现2009年那样的整体负增长的可能性不大。根据联合国发布最新经济预测报告的测算，2012年世界经济增速下调至2.6%，低于2011年2.8%的水平。

（2）国际大宗商品价格波动加大　一方面，为应对经济下行风险，在前期政策刺激结束后，以美国为代表的主要发达国家实施新一轮刺激政策已经摆上日程。日前，美联储已决定至少在2013年年中之前，继续维持联邦基准利率在0～0.25%区间的历史低位，并在2012年6月前，实施4000亿美元的“扭转操作”；欧洲央行也在最近两个月中连续下调基准利率至1%，再度降至历史最低水平。这将推动全球流动性宽松的局面进一步持续，从而维持国际大宗商品价格维持高位运行。另一方面，金融危机后，世界经济持续低迷的走势、不断加大的下行风险，已严重打击了国际市场信心，世界经济一旦出现风吹草动，国际大宗商品价格极易受到影响，从而呈现大起大落的走势。国际大宗商品价格高位波动加剧将直接影响中国进出口商品价格指数，从而不利用我国外贸外资稳定运行。

（3）全球贸易保护主义抬头　金融危机以来，各国为保护本国经济，抑制外来竞争，在自由贸易与贸易保护的天平上，逐渐向贸易保护倾斜，贸易保护主义重新在世界范围内抬头，中国已成为国际贸易保护主义的最大受害国和首要目标国。而随着世界经济的持续低迷，中国面临贸易保护主义的形势更加复杂。第一，美国等发达国家除了继续在“双反调查”方面加大对华贸易保护力度外，将加大新型贸易保护政策的使用，如涉及知识产权的“337调查”，涉及新能源领域的“301调查”。第二，以印度、巴西为代表的新兴经济体对我国的贸易保护正在加强，巴西政府已从2011年9月开始提高7种制成品的进口关税，以及对一批进口产品实施反倾销制裁，其中5种进口自我国。第三，我国所面临的贸易摩擦已不仅局限于以劳动密集型产品为代表的传统优势产品，资本密集型产品等新兴产业同样将遭遇到其他国家的贸易调查。第四，出于特定的政治和经济目的，美国政府屡屡对中国汇率政策施压，甚至于参议院通过有关人民币汇率的法案，意欲进一步迫使人民币加速升值，这将对中国对外贸易的稳定性带来极为不利的影响。

2. 国内因素

（1）国内经济将保持平稳减速态势　当前，中国经济正经历由政策刺激向自主增长的有序转变，经济增速保持平稳减速的态势。2011年前三季度，我国国内生产总值320692亿元，同比增长9.4%。根据当前国内外经济形势，2011年全年国内生产总值实际增速将达到 9.3%左右。2012 年，受各方面因素的影响，预计我国经济增长速度将略低于2011年水平，GDP增速将达到为8.5%左右，仍旧处于我国潜在增长水平附近，这将对我国外贸平稳运行提供良好的宏观经济环境。

（2）人民币汇率仍将以升值为主，双向波动将加大　自人民币汇率改革重启以来，人民币兑美元汇率稳步上升。截至2011年12月27日，人民币兑美元汇率中间价为6.3152，年内对美元升值幅度已达到4.6%，部分出口企业已感受到人民币升值所带来的压力。虽然近期连续出现人民币兑美元即期汇率盘中触及跌停的现象，但这并不影响人民币兑美元汇率的长期走势。2012年，在美联储持续量化宽松货币政策的影响下，美元疲软的态势仍将持续，预计人民币兑美元汇率仍将保持稳步小幅上涨的态势，但双向波动幅度将加大。汇率上升将会影响我国外贸企业的产品竞争力，影响企业的经营收益，从而对我国对外贸易的稳定增长产生不利影响。

（3）企业生产经营成本进一步提高　当前，出口企业面临的劳动力、资源能源、资金等要素成本处于上升通道，对企业出口利润影响较大。从劳动力成本来看，受人口结构变化因素的推动，我国已进入劳工用工成本快速上升的阶段。自 2010 年开始，全国大部分地区已连续两年大幅提高职工最低工资标准，年度全国平均涨幅均在20%以上，由于工资上涨特有的刚性和惯性，2012年劳动力成本仍将处于上升阶段。从资源能源等要素成本来看，我国资源性产品价格正处于由管制价格向市场价格转变的阶段，相关成本不断升高。按照“十二五”规划纲要要求，未来五年内资源性产品价格改革将提速，并逐步建立健全能够灵活反映市场供求关系、资源稀缺程度和环境损害成本的资源性产品价格形成机制。由此，国家发展和改革委员会已经明确提出：2012 年将积极稳妥地推进资源性产品价格改革，试行居民用电阶梯价格制度，择机推出成品油价格改革方案，出台天然气价格改革试点方案，推进水资源等收费改革，建立主要污染物排放权交易制度。从资金要素成本来看，目前较高的融资成本将持续一段时间。一方面，2012 年央行的货币政策预期不会转向，仍将会强调实质性稳健，贷款利率难以降低；另一方面，由于出口企业特别是中小型出口企业在国内信贷等金融资源可获性方面处于弱势，其资金来源更多地依靠民间借贷，在央行控制社会融资总量的背景下，民间借贷的利率仍将维持高位。

3．2012 年外贸外资前景展望

（1）外贸形势预测　综合上述因素来看，一方面，虽然世界经济走势依旧低迷，但再次出现整体衰退的可能性较小；另一方面，在继续推进转变经济发展方式的背景下，中国经济增长将更趋稳健，预计 2012 年我国外贸仍将处于稳定增长的态势，但在贸易摩擦增加和外贸企业成本上涨压力加大的背景下，外贸增速将可能有所放缓。预计外贸将呈现前低后高的增长态势，预计 2012 年全年外贸出口将增长 15%，进口将增长 17%，贸易顺差在 1400 亿美元左右。

贸易伙伴方面，新兴经济体贸易份额将继续扩大。首先，受发达国家经济增速放缓、需求减弱的影响，我国对美、欧、日三大传统贸易伙伴的出口份额将继续小幅下降，由目前水平降至 42%左右。其次，随着中国—东盟自由贸易区的全面建成运行，我国与东盟间的贸易往来将进一步加深，东盟在中国对外贸易中的份额将进一步上升。第三，金融危机以来，中国更加注重与以金砖国家为代表的新兴经济体之间的经贸往来，并通过“金砖国家领导人峰会”等合作机制增进双边合作，预计我国与金砖国家的双边贸易仍将维持高速增长。

与此同时，随着我国产业结构调整和经济发展方式转变的逐步深化，进出口商品结构将进一步优化。出口方面，机电产品和高技术产品出口仍将占据我国出口的大部分份额，但其增速可能受到国外需求放缓的影响而有所减缓；我国出口传统优势产品将随着议价能力的提升而获得进一步增长的空间；受国内结构调

整、节能减排政策的影响，部分资源型产品、高耗能产品的出口将进一步受到限制，出口增速将显著下降。进口方面，为与我国资源需求和产业结构相对接，农产品、能源资源型产品进口仍将保持高速增长；随着国内扩大消费政策的主板落实，部分消费品进口比重可能上升。

（2）利用外资形势预测　2012 年，中国经济仍将是全球经济增长的主动力之一，良好的经济表现预期使得中国仍将成为发展中经济体接受FDI最多的国家，全年实际利用外资增速与 2011 年基本持平，将达到 14%左右，实际利用外资金额有望接近 1350 亿美元左右。

利用外资结构方面，从行业来看，国内不断上涨的工资和能源、原材料成本，将使得劳动密集型行业对外资吸引力减弱，制造业利用外资所占比重将进一步下降，并将向高端制造业、高技术产业集中；服务业利用外资占比将继续提高，并向现代服务业、服务外包等领域集中。从投资国别看，亚洲仍将保持高速增长，其中，受特殊地缘政治因素影响，香港、台湾地区对内地投资仍将持续增长；而美欧经济面临较大的不确定性，对我国投资虽然会有所反弹，但增幅不会太大。

三、政策建议

2012 年，应继续大力推进出口结构和利用外资结构调整，促进贸易平衡，为“十二五”转变经济发展方式奠定坚实的基础。

1．全面调整“两高一资”出口刺激政策，推进出口结构转变

在保证外贸出口稳定的前提下，以进一步促进国内产业结构调整为出发点，推进出口结构转变。一是尽快调低或取消“两高一资”产品出口退税率，调整出口关税，坚决抑制相关行业产能过快扩张的势头。二是加大对战略性新兴产业的出口信贷、出口信用保险支持，并结合出口退税、出口关税政策调整，推动相关产品出口。三是针对高耗能、高排放、“两头在外、大进大出”的国际大循环加工贸易项目，国家应严格审批制度，严格控制此类项目或园区规划，清理规范加工贸易优惠政策，并不再增加专门针对加工贸易的优惠政策。

2．继续贯彻进口促进战略，推动贸易结构平衡

要转变“奖出限入”的传统思维，加大进口扶持力度，促进贸易平衡增长。一是通过调整进口关税、促进贸易便利化等政策手段，重点推动能源、资源、农

产品等大宗商品进口，以满足国内生产和消费需求，缓解国内所面临资源约束瓶颈。二是制定引导技术改造的优惠政策，扩大战略性新兴产业和传统产业的技术改造、节能减排和低碳技术、高新技术和高附加值产业急需的先进技术、关键设备和稀缺资源性产品进口。三是加大对国外政府和企业前来开展贸易促进活动的支持力度，为国外的消费品在中国市场的经营提供良好的环境，并适当通过关税、消费税政策的调整，扩大消费品进口。

3．深化利用外资结构调整，带动产业结构升级

要以转变经济发展方式为指导，对照新修订的《外商投资产业指导目录》，进一步优化利用外资结构。一是鼓励外资投向高端制造业、高新技术产业、现代服务业、新能源和节能环保等产业，同时严格限制“两高一低”（高投资、高消耗、低效率）项目。二是通过综合实施财政、税收、信贷、土地等政策，鼓励外资在华设立地区总部、研发中心、采购中心、财务中心等功能性、总部性的机构，增强技术、管理的辐射效应，增强自主创新能力。三是继续支持东部地区自主利用外资结构升级，通过税收减免、产业倾斜、开发区规划等政策支持，积极引导外资向中西部地区流动，促进地区利用外资均衡发展。

（作者：高立）

2011年居民消费价格运行情况分析及2012年走势预测

2011年，国际经济形势复杂严峻，我国经济继续保持平稳较快发展，投资、消费、出口、工农业生产、城乡居民就业和收入等主要经济指标表现良好，目前通货膨胀压力已经有所趋缓。预计2012年全国居民消费价格涨幅将高位回落趋稳，明显低于上年价格涨幅，价格总水平运行仍处于总体可控区间。

一、2011年居民消费价格运行情况

2011年前11个月，全国居民消费价格同比上涨5.5%，翘尾因素、新涨价因素贡献率分别约为49%、51%；与上年同期相比，涨幅扩大2.3个百分点。其中，城市、农村居民消费价格同比分别上涨5.4%、6.0%，分别比上年同期扩大2.3个百分点和2.5个百分点。从各月价格同比涨幅变化来看，2011年前7个月居民消费价格涨幅逐月扩大，由年初的4.9%升至7月份的6.5%，为2011年以来的最高点，8月份以后逐渐回落，11月份价格同比涨幅降至4.2%，比7月份下降了2.3个百分点。从各月价格环比走势来看，除了3月、11月环比均下降0.2%外，其他月份环比均为正，2011年前11个月已累计新涨价2.8个百分点。

1．食品价格涨幅明显高于上年同期

2011年前11个月，食品价格同比上涨12.1%，涨幅比上年同期扩大5.1个百分点，对居民消费价格涨幅贡献率约为68%。其中，除了鲜菜价格同比下降0.4%外，粮食、肉禽及其制品、蛋、水产品、鲜果价格同比分别上涨12.7%、23.2%、15.6%、12.3%、17.6%，涨幅分别比上年同期扩大1.3个百分点、21.0个百分点、8.3个百分点、4.5个百分点、3.6个百分点。

2．非食品价格涨幅及上涨范围均有所扩大

2011年前11个月，非食品价格同比上涨2.7%，价格涨幅比上年同期扩大1.3个百分点，上涨范围由上年同期的四类扩大到七类。其中，烟酒及用品、医疗保

健和个人用品、居住价格同比分别上涨 2.7%、3.4%、5.6%，涨幅比上年同期分别扩大 1.1 个百分点、0.3 个百分点、1.3 个百分点；衣着、家庭设备用品及维修服务、交通和通信价格受原材料和人工成本上升等影响，分别由上年同期下降 1.1%、0.1%、0.3%转为上涨 2.0%、2.4%、0.5%；娱乐教育文化用品及服务价格同比上涨 0.4%，涨幅比上年同期缩小 0.2 个百分点。

此外，2011 年前 11 个月工业生产者购进、出厂价格同比涨幅分别为 9.7%、6.4%，分别比上年同期扩大 0.1 个百分点、0.9 个百分点。其中，生产资料、生活资料出厂价格同比涨幅分别为 7.1%、4.3%，分别比上年同期扩大 0.5 个百分点、2.4 个百分点。

二、2012 年价格走势影响因素分析及预测

2010 年下半年以来的新一轮价格较快上涨，是此前几年货币信贷增长过快、成本上升较多、通胀预期较强、输入性通胀压力较大等国内国际多种因素综合作用的结果。从国际上看，当前世界经济不确定不稳定因素明显增多，美国经济疲软衰退迹象明显，欧洲主权债务危机持续恶化并不断蔓延，国际金融市场大幅动荡，世界经济复苏势头明显减弱，经济运行下行风险加大。从国内来看，2011 年以来中央先后几次调整存款准备金率和存贷款基准利率、强化“米袋子”省长负责制和“菜篮子”市长负责制、加强市场监管和企业告诫、降低物流成本等，这些政策措施效应逐步显现。总体上看，2012 年保持价格总水平基本稳定的有利条件较多，抑制市场价格较快上涨的因素明显多于 2011 年，主要表现在：

一是粮食产量实现连续 8 年增产。从往年情况和经验分析，受种粮成本上升（尤其是农村雇工成本上升较快）、粮食最低收购价上调的影响，将对市场粮价稳中略涨形成支撑。据国家统计局最新数据显示，2011 年全国粮食总产量达到 57121 万 t，比上年增产 2473 万 t，增长 4.5%。其中，夏粮、早稻、秋粮总产量分别为 12627 万 t、3276 万 t、41218 万 t，分别比上年增长 2.5%、4.5%、5.1%；稻谷、小麦、玉米总产量分别为 20078 万 t、11792 万 t、19175 万 t，分别比上年增长 2.6%、2.4%、8.2%。这里需要指出的是，2011 年以来玉米和小麦差价逐渐拉大，当年初玉米、小麦全国平均批发价格均为 1.06 元，截至 2011 年 10 月中旬分别为 1.22 元、1.08 元，价差增至 0.14 元。一些大型饲料企业已采用小麦替代玉米，市场预计 2011 年被替代的饲料用量约 1000 万 t，占全年我国玉米产量的

5.48%。而2011年玉米大幅度增产使得我国粮食生产结构、供需总量和结构平衡得到进一步改善，前几年市场粮价上涨预期较强的状况有所缓和，收购主体将更趋于理性，预计2012年粮食收购出现像2010年安徽、山东、河南等地夏粮抢购的可能性不大。另外，蔬菜、鲜果价格除了受市场供需、节日因素明显影响外，还受物流成本、天气因素的较大影响，预计2012年价格涨幅有所趋缓，但仍要密切关注异常天气变化对其运输成本、市场供应和价格变化的短期冲击。

二是国内经济增速有所放缓，房地产价格稳中趋降态势显现。受世界经济复苏乏力、国内货币政策转向稳健、刺激消费政策逐渐淡出等因素影响，2011年以来我国经济增速有所放缓，一、二、三季度GDP同比增速分别为9.7%、9.5%、9.1%；前三季度全国规模以上工业增加值、固定资产投资同比增速分别比上半年回落0.1个百分点、0.7个百分点；2011年11月份制造业采购经理指数（PMI）为49.0%，这是该指数自2009年3月以来首次降至临界点50%以下，分别比上月、上年同期下降1.4个百分点、2.9个百分点。加之，受国际市场需求放缓、国内生产成本上升、人民币升值及国际贸易摩擦的影响，2011年以来我国进出口贸易增速高位回落，前11个月贸易顺差同比收窄18.2%，预计2012年我国经济增速将进一步放缓。另外，从70个大中城市房屋销售价格变化来看，2011年11月份新建商品住宅环比价格下降和持平的城市有65个，同比涨幅回落的城市有61个；二手住宅环比价格下降和持平的城市有63个，同比涨幅回落的城市有40个，房地产市场销售清淡、价格稳中趋降迹象已开始显现，并带动社会公众通胀预期有所下降。

三是目前货币信贷增速已出现明显回落，价格过快上涨的货币基础减弱。美国量化宽松的货币政策和我国近年来货币信贷快速增长的累积效应、时滞效应，已从2010年下半年以来价格总水平过快上涨中显现出来，从目前来看，已经得到了较大程度的释放。而且，受2011年以来货币政策调控的影响，货币信贷增速已出现明显回落，截至2011年11月末，M2、M1余额同比增长分别为12.7%、7.8%，增速分别比上月末低0.2个百分点和0.6个百分点，分别比2010年年末低7.0个百分点和13.4个百分点；11月末人民币贷款余额同比增长15.6%，分别比上月末、上年同期低0.2个百分点和4.2个百分点。

四是输入性通胀压力有所减缓。据联合国经济与社会事务部于2011年12月1日发布的《2012年世界经济形势与展望》预测，美国经济增长在2011年明显放缓，估计只有1.3%，预计2012年增长率将维持在1.3%左右；欧洲经济即使在乐观的假设前提下，将主权债务危机控制在希腊等少数几个国家，预计 2012 年经济增长也只有 0.5%左右；日本灾后重建有望刺激经济在 2012 年增长 2%左右，但是灾后重建所需的资金仍然有很大的不确定性；发展中国家经济在 2011 年增长 6.1%，明显低于 2010 年 7.5%的增长率，预计发展中国家在 2012 的增长将进一步放缓到 5.6%。世界经济增速放缓，将导致国际市场大宗商品需求减缓和价格下行压力较大。据欧佩克组织最新月度全球石油发展前景报告，发达国家采取严紧的经济计划措施使中国和印度石油需求大幅减少，预计 2011 年和 2012 年全球石油需求增长放缓。其中，2011 年全球石油日均需求为 8788.1 万桶，比 2010 年增加 88 万桶；2012 年全球石油日均需求同比增长 110 万桶，比此前预测的减少了 10 万桶。

此外，上年翘尾因素影响 2012 年居民消费价格同比上涨约 1.6 个百分点左右，比 2011 年缩小约 0.9 个百分点。

但同时也要看到，随着工业化、城镇化进程的加快推进，除了市场需求因素外，社会成本增加较快也将对市场价格上涨形成较强支撑，包括劳动力、土地等要素成本，交通运输等物流成本、能源资源环境成本等。数据显示，2010 年全国 30 个省份上调了最低工资标准，平均增长幅度为 22.8%，到 2011 年 9 月底又有 21 个省份再次上调了最低工资标准，平均增幅也在 20%以上；2011 年前 11 个月我国社会物流总费用达 7.1 万亿元，同比增长 18.5%，增速较快反映出社会经济发展的物流成本仍然较高。

综合上述分析，初步判断，如果国际经济形势不发生显著变化，国内不出现大范围严重自然灾害和重大突发事件，预计 2012 年全国居民消费价格涨幅将高位回落趋稳，明显低于上年价格涨幅，价格总水平运行仍处于总体可控区间。

三、几点建议

当前，我国经济发展中不平衡、不协调、不可持续的矛盾和问题仍很突出，经济增长下行压力和物价上涨压力并存。各地各部门要认真贯彻落实好中央经济工作会议精神，统筹处理好速度、结构、物价三者的关系，把稳定物价总水平作为宏观调控的重要任务，继续实施积极的财政政策和稳健的货币政策，进一步抓好各项政策措施落实，为促进整个国民经济平稳较快发展创造良好的价格环境。

1. 根据国内外经济形势变化，及时对货币政策进行预调微调

目前我国价格总水平已经高位回落，但保持市场价格稳定的基础还不牢固，

同时国内经济增速也呈现放缓趋势，中小企业资金紧张局面凸显，为此 2012 年要继续实施好稳健的货币政策，根据国内外形势复杂变化的科学研判，适时适度进行预调微调，着力增强调控的针对性、灵活性、前瞻性。尤其要注意把握好政策的节奏和力度，切实做到有保有压，加强信贷政策与产业政策的协调配合，加大对经济结构调整特别是农业、中小企业的信贷支持，保持货币信贷总量和社会融资规模合理适度增长。稳步推进利率市场化改革和人民币汇率形成机制改革，密切关注国际形势变化对资本流动的影响，加强对重点地区民间借贷的监测分析和风险防范。

2．切实抓好农业生产和市场供应，保障主要农产品价格基本稳定

要把各项强农惠农政策落到实处，及早安排农资供应，搞好种子余缺调剂，切实抓好农作物田间管理，强化病虫害防控，及时发布农业防灾减灾预警信息，密切关注秋粮收购市场和价格走势变化。组织实施好全国新增千亿斤粮食生产能力规划，加大粮食主产区利益补偿力度，抓好农田水利基础设施建设，继续落实“米袋子”省长负责制和“菜篮子”市长负责制，抓紧制定降低流通费用综合性工作方案，支持蔬菜流通体系和农产品仓储物流设施建设，落实好鲜活农产品绿色通道政策，确保市场供应充足和价格稳定。

3．进一步加强市场监管和舆论引导，着力维护市场秩序和稳定市场预期

要密切关注、科学研判国内外经济和价格形势变化，有效防止苗头性问题演变成趋势性问题、局部性问题演变成全局性问题，并积极稳妥推进能源资源价格改革，全面清理各地针对煤炭征收的各种政府性基金和收费，研究出台成品油价格改革方案和天然气价格改革试点方案，保证煤、电、油气市场供应充足。继续加大价格监督检查力度，大力整顿规范市场价格秩序，警惕个别企业以“成本上涨”由借机乱涨价，甚至串通涨价，严肃查处各种价格违法行为，清理医疗、教育、银行、房地产等领域不合理收费，切实保障消费者合法价格权益。同时，还要加强舆论宣传和市场引导，着力稳定市场预期，并通过上调最低工资标准和社会保障标准、建立其与价格上涨的联动机制、增加临时补贴等多种途径，缓解目前价格过快上涨对低收入群体生活的不利影响。

（作者：王双正）

2011 年我国区域经济运行情况及预测分析

一、2011 年全年地区经济发展的基本情况

1. 中部、西部和东北地区工业总产值增长强劲，东部地区增速和占比均下降

2011 年 1～11 月份，我国东部、中部、西部和东北四大区域工业总产值分别增长 23.60%、38.51%、36.26%和 30.32%，继续保持中部、西部和东北地区增速快于东部地区的发展态势，中部、西部和东北地区增速分别高于东部地区 14.91 个百分点、12.66 个百分点和 6.72 个百分点，中部地区增速领先，东部地区明显低于全国 28.40%的发展速度。与年初相比，除了东部地区工业增长幅度下降 2 个百分点外，中部、西部和东北地区增长幅度均有明显提高，分别为 1.09 个百分点、3.01 个百分点和 1.09 个百分点。同时，中部、西部和东北地区工业总产值占全国比重分别为 18.47%、13.77%和 8.63%，比上年同期提高 1.35 个百分点、0.8 个百分点和 0.13 个百分点；东部地区占比 59.13%，下降 2.28 个百分点（见表 1 和 图 1）。

表 1　2011 年 1～11 月份四大区域工业总产值增长情况

地区名称	产值/亿元		增速（%）	占比（%）	
	2011 年	2010 年	2011 年	2011 年	2010 年
全　国	772611.2	601876.0	28.40	100.00	100.00
东部地区	456846.1	369607.5	23.60	59.13	61.41
中部地区	142712.3	103036.6	38.51	18.47	17.12
西部地区	106399.5	78086.5	36.26	13.77	12.97
东北地区	66653.3	51145.4	30.32	8.63	8.50

注：1. 资料来源于国家统计局公布的数据计算。

2. 国家统计局从 2011 年 1 月起提高工业统计起点标准，规模以上工业统计范围的工业企业起点标准从年主营业务收入 500 万元提高到 2000 万元。

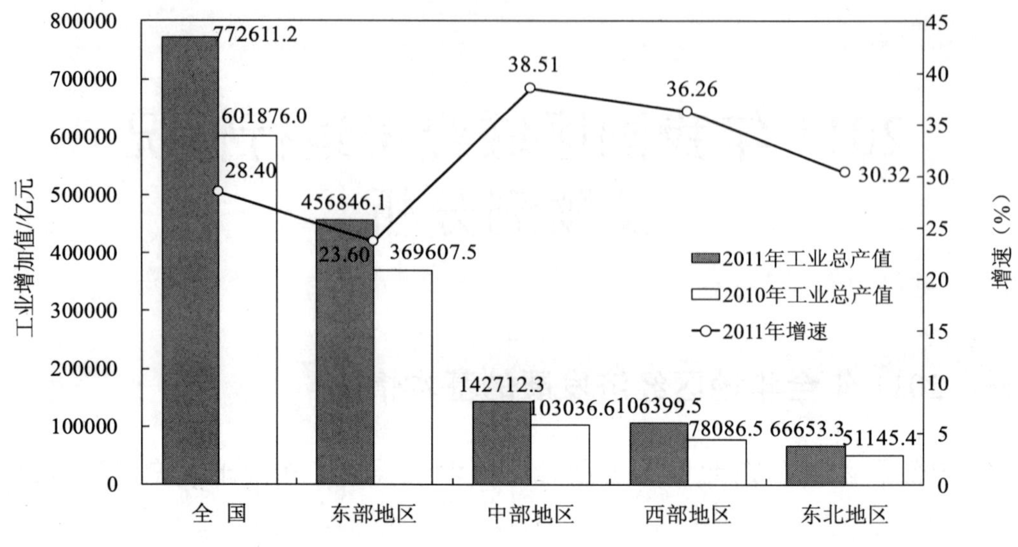

图1 四大区域2011年1～11月份工业总产值和同比增速图

2011 年 1～11 月份，全国 29 个省（自治区、直辖市）工业总产值增速均超过 20.0%，21 个省（自治区、直辖市）的增速快于全国 28.4%的发展速度，17 个省（自治区、直辖市）增速在 30.0%以上。安徽以 46.7%的增速名列榜首，前十位的省（自治区、直辖市）依次还有江西 42.3%、四川 42.1%、湖南 40.7%、广西 39.2%、内蒙古 37.1%、湖北 37.0%、重庆和贵州均为 36.7%、吉林 36.2%，主要集中在中西部地区；增速最低的两个省份为上海 10.3%和北京 7.8%（见图 2）。

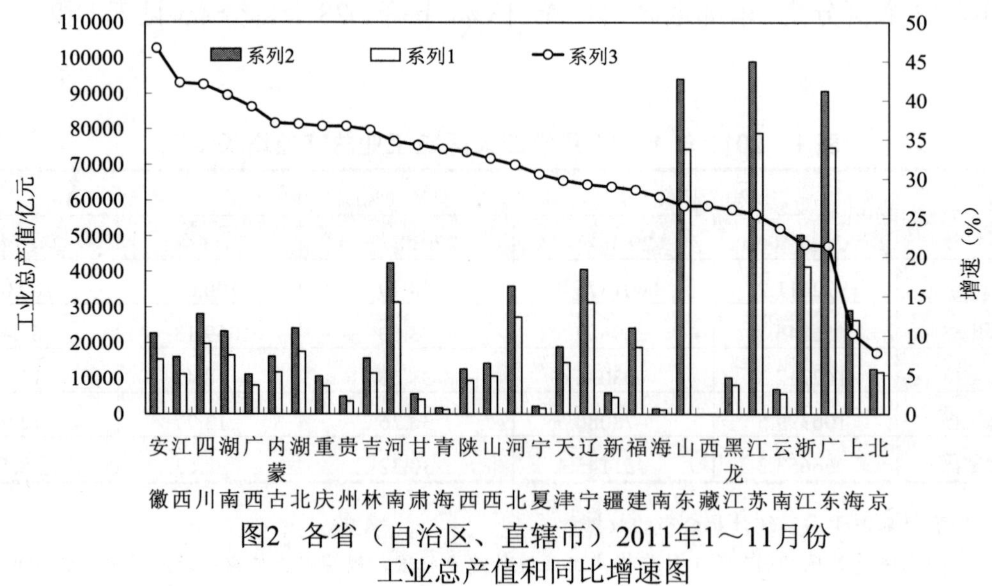

图2 各省（自治区、直辖市）2011年1～11月份工业总产值和同比增速图

中部地区的工业增速领先，六省中的安徽、江西、湖南和湖北 4 省份增速名列前十位，河南、江西和山西 3 省份的工业总产值占全国比重分别由上年的第 6 位、18 位、19 位提升到 2011 年的第 5 位、16 位、18 位。如河南省 2011 年前 11 个月六大高成长性产业加速发展，对全省工业增长的贡献率达 69.8%，其中汽车产业、电子信息产业、装备制造业增加值分别增长 42.5%、193.5%和 24.6%，分别比全省工业增速高 22.9 个百分点、173.9 个百分点和 5.0 个百分点。

2．东北地区固定资产投资增长强劲，东部、中部和西部地区增速逐季回落

2011 年 1～11 月份，东部、中部、西部和东北地区四大区域固定资产投资（不含农户）同比分别增长 20.80%、28.23%、29.20%和 31.16%，东北地区增速下半年跃居领先地位，东部地区增速明显低于其他三个地区。东部、中部、西部和东北地区固定资产投资占全国比重分别为 42.89%、22.46% 、23.77%和 10.87%，东部地区占比下降 1.65 个百分点，中部、西部和东北地区占比分别提高 0.49、0.69 和 0.47 个百分点（见表 2 和图 3）。从全年投资发展来看，四大区域固定资产投资均保持较快增长，东部、中部和西部地区投资增速逐季降低，唯有东北地区表现为逐季提高的发展态势。中部、西部和东北地区固定资产投资增速和占比均高于东部地区，东部地区投资占比从年初的 55.76%下降到 42.89%，中部、西部和东北地区占比均有提高。

表 2　2011 年 1～11 月份四大区域固定资产投资增长情况

地区名称	固定资产投资总额/亿元		增速（%）	占比（%）	
	2011 年	2010 年	2011 年	2011 年	2010 年
全　国	269452.12	210697.80	24.50	100.00	100.00
东部地区	114118.32	94471.70	20.80	42.89	44.55
中部地区	59764.06	46606.77	28.23	22.46	21.98
西部地区	63236.34	48945.82	29.20	23.77	23.08
东北地区	28924.98	22052.59	31.16	10.87	10.40

注：1．资料来源于国家统计局公布的数据计算。

2．国家统计局从 2011 年 1 月起提高固定资产投资统计起点标准，固定资产投资统计项目统计的起点标准，从计划总投资额 50 万元提高到 500 万元。投资范围从城镇扩大到农村企事业组织，并将这一统计范围定义为“固定资产投资（不含农户）”。

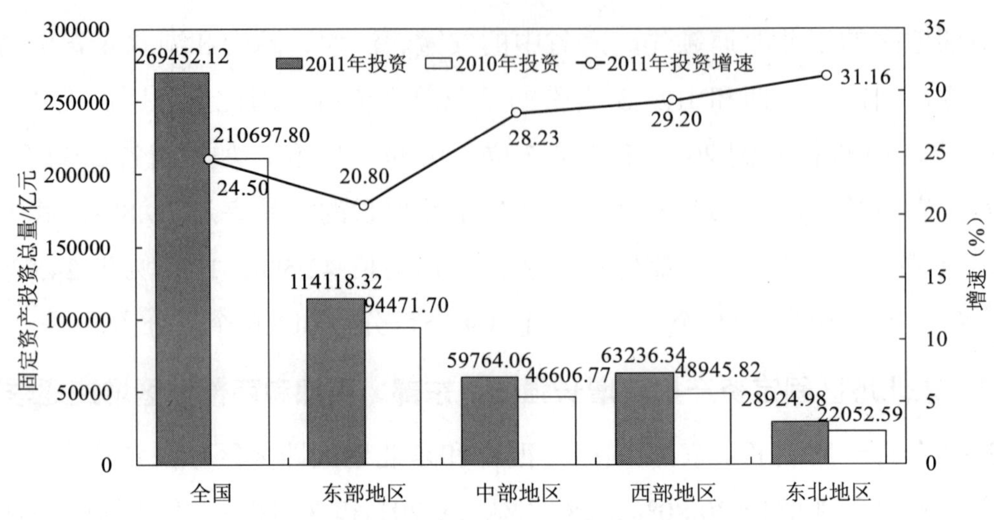

图3 四大区域2011年1～11月份固定资产投资总额和同比增速图

2011年1～11月份，全国27个省（自治区、直辖市）固定资产投资（不含农户）增速在20.0%以上，23个省（自治区、直辖市）的增速快于全国24.5%的投资增速，12个省（自治区、直辖市）的增速在30.0%以上，青海以45.7%的增速位居第一，依次为贵州40.0%、甘肃38.3%、海南36.6%、新疆35.9%、黑龙江34.1%、宁夏33.9%、重庆31.3%、吉林31.0%、山西30.6%、辽宁30.2%和湖北30.0%。15个省（自治区、直辖市）投资增速在20.2%～29.5%之间，经济发达省（自治区、直辖市）的投资增速明显减缓，广东17.5%，北京5.3%，上海为负增长0.2%（见图4）。

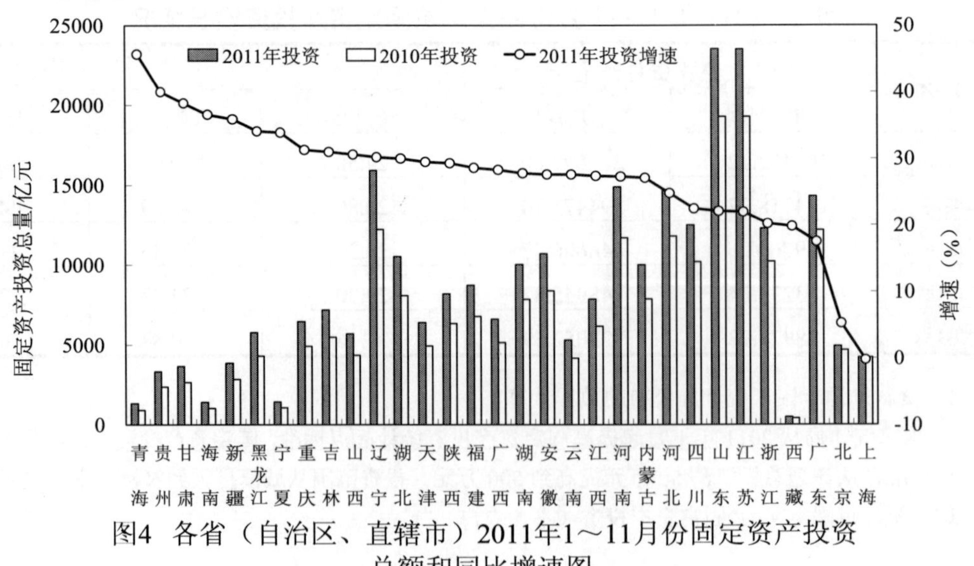

图4 各省（自治区、直辖市）2011年1～11月份固定资产投资总额和同比增速图

投资增速名列前十位的省（自治区、直辖市）西部地区占有6席，充分表明国家区域发展政策效果不断显现，区域产业转移更趋活跃。如青海省，从投资来源来看，民间及港澳台投资比重提高。截至11月底，民间投资增长42.8%，港澳台及外商投资增长1.5倍。从工业投资来看，共实施亿元以上项目437个，累计完成投资796.59亿元，同比增长55.5%，占全部投资额的近六成，对全省经济的带动作用明显增强。最大的亮点是民生领域方面的投资增长快速，在卫生、社会保障和社会福利业投资增长1.66倍，在教育等社会事业方面的投资增长1.21倍，在居民服务及其他服务业方面的投资增长1.37倍。

3．中部、西部和东北地区社会消费品零售总额增速明显快于东部地区，地区之间消费增速差距加大

2011年1～11月份，全国社会消费品零售总额163486.1亿元，同比增长17.0%，比上年同期降低1.4个百分点。2011年1～9月份，东部、中部、西部和东北地区社会消费品零售总额分别增长15.77%、17.78%、17.98%和17.34%（按2009年价推算），中部、西部和东北地区的增长明显快于东部地区近2个百分点，西部地区增速最快，东部地区增速明显下降，二者相差2.21个百分点，增速差距拉大。与上年同期相比，四大区域的社会消费品零售总额增长幅度均有明显下降，东部地区增幅下降2.33个百分点，中部、西部和东北地区增幅分别下降0.82个百分点、0.58个百分点和1.03个百分点（见表3）。从2011年前三季度消费发展来看，四大区域消费市场均呈现前低后高、逐季回升的向好走势。

表3　2011年1～9月份四大区域社会消费品零售总额增长情况

地区名称	社会消费品零售总额/亿元		增速（%）		占比（%）	
	2011年	2010年	2011年	2010年	2011年	2010年
全　国	130810.80	111028.50	17.00	18.30	100.00	100.00
东部地区	60003.38	51830.77	15.77	18.10	45.69	46.10
中部地区	18466.02	15678.21	17.78	18.60	14.06	13.94
西部地区	28316.30	23999.95	17.98	18.56	21.56	21.35
东北地区	24551.10	20923.70	17.34	18.37	18.69	18.61

注：国家统计局从2011年起按季度公布社会消费品零售总额增长速度；2011年社会消费品零售总额按2009年价推算。

2011年1～9月份，27个省（自治区、直辖市）的消费增长高于全国17.0%的增长速度，12个省（自治区、直辖市）增长18.0%以上。西藏增长最快，为18.9%；依次为天津和海南，均为18.7%；重庆为18.5%；陕西、甘肃和宁夏均为18.3%；云南为18.2%；福建和贵州均为18.1%；安徽和河南均为18.0%。主要增长集中分布在中西部地区。增速低于全国平均水平的有4个省（自治区、直辖市），分别为青海16.3%、广东16.1%、上海11.6%和北京11.5%，各省（自治区、直辖市）之间的消费增速差距由上年的2.8个百分点加大到7.4个百分点。与上年同期相比，除甘肃、西藏和新疆3个省（自治区）增幅提高外，其余28个省（自治区、直辖市）的增幅普遍下降，14个省（自治区、直辖市）的消费降幅在1个百分点以内，11个省（自治区、直辖市）的消费降幅在1个百分点以上，降幅在2个百分点以上的分别为上海6.0、北京4.8和浙江2.2（见图5）。

2011年以来，中西部地区消费市场持续活跃，消费结构不断升级。随着农民收入的快速增长，城乡消费增速差距进一步缩小。居民生活质量普遍提高，由衣、食为主的生存性消费向住、行以及金银珠宝类等发展性和享受性消费过渡，其中中西部旅游升温是一大亮点。黄金周呈现出中西部旅游火爆，自驾游、短线游大增的特征，城市周边2～3小时交通圈的旅游资源成长迅速，四川、广西、云南、贵州等地的自驾游游客增幅均在60%以上，同时多数西部景区接待人数与旅游收入均实现40%以上的增长，高于东部地区的景区。

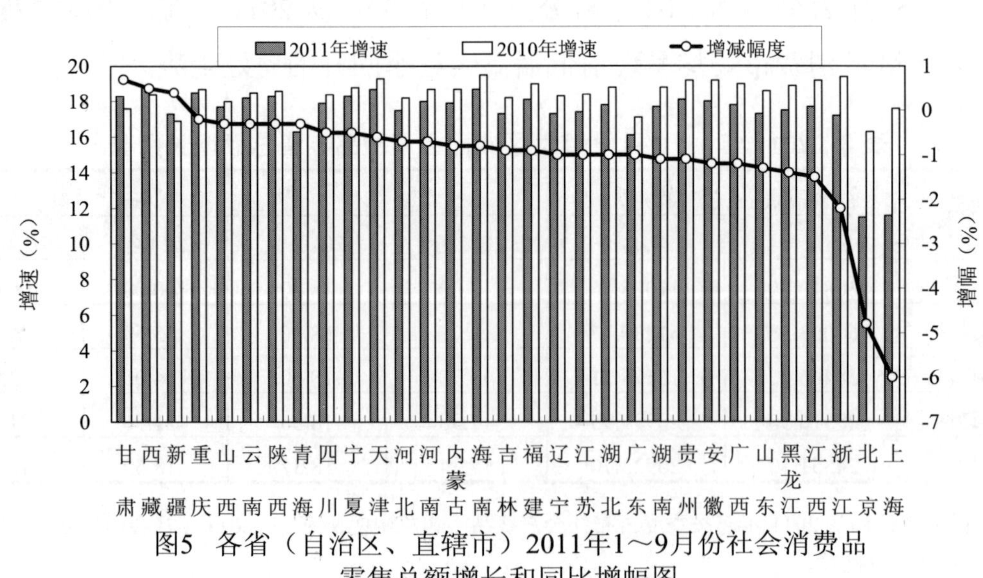

图5　各省（自治区、直辖市）2011年1～9月份社会消费品零售总额增长和同比增幅图

4．中部和西部地区进出口贸易保持强劲增长态势，东部地区占比继续下降

2011 年 1～11 月份，东部、中部、西部和东北地区四大区域进出口总额分别增长 21.59%、39.64%、43.62%和 29.74%，中部和西部地区进出口增长速度依然强劲，除东部地区低于全国 23.60%的平均增速外，中部、西部和东北地区均高于全国增速。与上年同期相比，四个地区进出口增长均有不同幅度的回落，降幅分别为 13.58 个百分点、11.26 个百分点、0.34 个百分点和 10.72 个百分点。从进出口总额占全国比重来看，东部地区占比为 86.23%，比上年同期下降 1.41 个百分点，中部、西部和东北地区进出口总额占比分别为 4.40%、4.96%和 4.40%，占比分别提高 0.51、0.69 和 0.21 个百分点（见表 4 和图 6）。

表 4　2011 年 1～11 月份四大区域进出口总额增长情况

地区名称	总额/亿美元		增速（%）		占比（%）	
	2011 年	2010 年	2011 年	2010 年	2011 年	2010 年
全　国	33096.16	26772.77	23.60	36.30	100.00	100.00
东部地区	28539.65	23471.42	21.59	35.17	86.23	87.64
中部地区	1457.25	1043.57	39.64	50.90	4.40	3.90
西部地区	1642.56	1143.70	43.62	43.96	4.96	4.27
东北地区	1456.70	1122.80	29.74	40.46	4.40	4.19

注：根据中经网公布的月度数据计算。

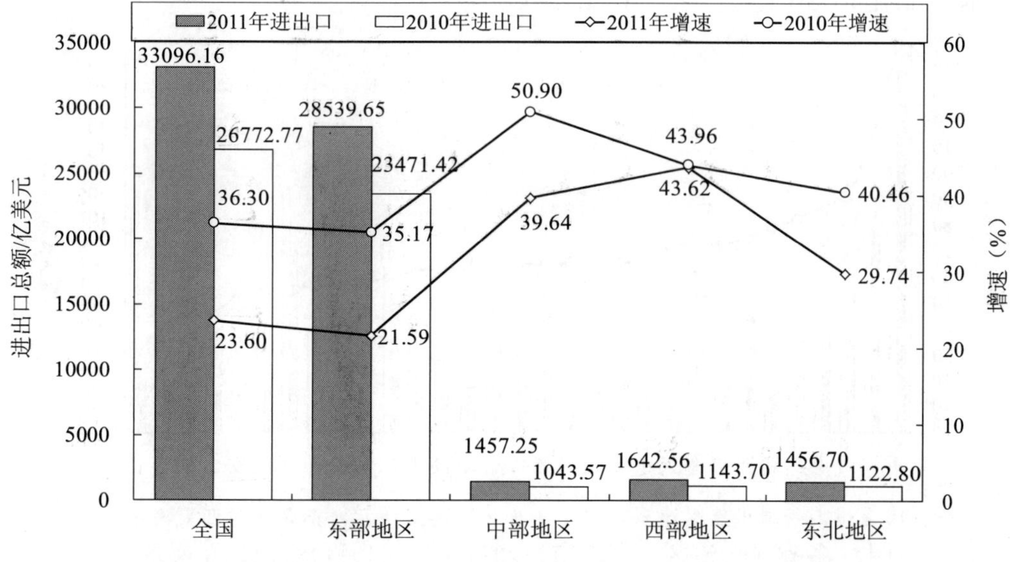

图6　四大区域2011年1～11月份进出口总额和同比增速图

2011年1～11月份，全国20个省（自治区、直辖市）的进出口总额增速高于全国23.6%的速度，17个省（自治区、直辖市）的增速在30.0%以上，9个省（自治区、直辖市）的增速在40%以上，前十位的省（自治区、直辖市）分别为重庆143.3%、河南78.5%、西藏70.1、海南58.9%、贵州54.0%、黑龙江52.6%、江西49.6%、四川44.9%、内蒙古41.3%、广西35.4%，主要集中在中西部地区。与2010年同期相比，仅重庆、河南、贵州、内蒙古、广西和新疆6个省（自治区、直辖市）进出口增幅提高，其他25个省（自治区、直辖市）的进出口总额增长幅度均有大幅度下降，其中有10个省（自治区、直辖市）的进出口总额幅度下降在20个百分点以上（见图7）。

从全年进出口发展来看，东部地区进出口增长逐季降低，比年初增长幅度下降7.15个百分点。全国前10个贸易进出口大省（自治区、直辖市）（广东、江苏、上海、北京、浙江、山东、福建、天津、辽宁和河北）进出口总额占全国比重为88.57%，同比下降1.53个百分点。而中部、西部和东北地区三个地区表现为逐季提高，分别提高2.43个百分点、18.62个百分点和14.32个百分点。如，重庆目前建成国家汽车零部件出口基地、国家科技兴贸创新基地和国家船舶出口基地，摩托车、通机、数字化医疗器械和标准化农产品等一批市级出口基地，进出口增长以1.4倍的超高速度跃居全国第一。河南省进出口贸易结构不断优化，预计2011年出口达到180亿美元，仅机电出口就达85亿美元，接近全省出口额的1/2；高新技术产品出口30亿美元，占16%以上。

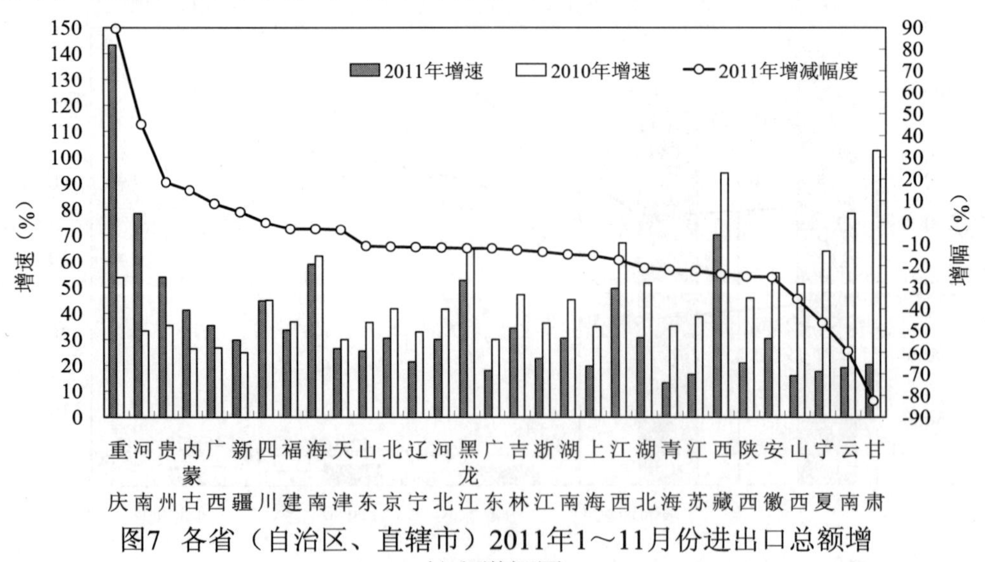

图7 各省（自治区、直辖市）2011年1～11月份进出口总额增长和增幅图

二、区域规划实施情况及近期拟出台规划的基本情况

2011年前三季度，国务院继续推出几个重大的区域规划，已经批复的区域规划的实施也有新进展。准备工作比较充分的几个区域规划有可能在近期出台。

1．2011年以来出台区域规划和指导意见的基本情况

2011年前三季度，为深入实施区域发展总体战略，国务院相继批准实施了《山东半岛蓝色经济区发展规划》、《成渝经济区区域规划》、《浙江海洋经济发展示范区规划》、《海峡西岸经济区发展规划》，颁发了《关于进一步促进内蒙古经济社会又好又快发展的若干意见》和《关于支持云南省加快建设面向西南开放重要桥头堡的意见》，批准设立了浙江舟山群岛新区。除此之外，国家批复珠海横琴岛实行比特区更加特殊的优惠政策，陕西省规划委员会审议并原则通过《西咸新区总体规划》，四川省提出的“天府新区”也积极谋求上升到国家战略层面。

2．已出台区域规划实施的基本情况

为保证区域规划的顺利实施，国务院有关部门及省、自治区、直辖市高度重视，采取了一系列举措指导规划的实施。一是提出规划的分工和实施方案。相关省、自治区、直辖市基本都制定了相应的分工和实施方案（或实施意见），分解落实各项任务，真正做到目标明确、责任到人。二是加强组织领导。如山东省分别成立“黄河三角洲高效生态经济区建设办公室”和“山东半岛蓝色经济区建设办公室”；辽宁省设立“沈阳经济区工作领导小组办公室”。三是强化规划实施的监督检查。国家发展和改革委员会同有关部门加强对规划实施情况的跟踪分析，并积极做好各项政策措施落实的督促检查工作。四是逐步完善了以区域规划为龙头的规划体系。发挥区域规划的统领作用，编制相应的综合规划和专项规划，形成较为完整的规划体系。五是建立保障规划实施的政策体系。为了营造规划实施的良好政策氛围，多数地方都结合自身特点制定出台了一系列的优惠政策。但在规划实施中出现的区域政策差异不明显、生态环境保护重视不够、区域内产业同构以及经济发展方式转型缓慢等问题依然还比较突出。

3．近期内拟出台区域规划的基本情况

国务院根据前期工作基础及相关部署安排，近期内要结合新十年农村扶贫开发纲要，尽快出台《武陵山区经济协作区发展规划》，促进集中连片贫困地区发展；围绕国务院办公厅印发的《兴边富民行动规划（2011～2015）》，加快边境经

济合作区、跨境经济合作区建设，支持边疆经济发展；加快编制《陕甘宁革命老区振兴规划》和《左右江革命老区发展规划》，鼓励革命老区发展；落实《长江三角洲地区区域规划》有关精神，积极推进《淮海经济区区域发展规划》的编制；不断深化区域合作和规划编制，鼓励和指导晋、陕、豫黄河金三角地区开展区域协调发展试验；积极谋划河南中原经济区、贵州黔中经济区的发展，加快规划编制将其建设纳入国家战略层面。

4．当前城镇化发展的主要情况

农民工市民化是当前城镇化发展最突出的特点。广东省人民政府出台《关于开展农民工积分制入户城镇工作的指导意见（试行）》以来，2011 年广东省提出力争让 18 万农民工靠积分入户广东。深圳、佛山、梅州等地也积极开展农民工积分制入户政策。另外，重庆提出两年内解决在城镇有稳定职业和住所的 200 多万农民工及其家属、40 万失地农民和 70 万农村籍大中专学生的户口问题，成都也提出到 2012 年实现全域城乡统一户籍。在看到农民工市民化取得重要进展的同时，也要重视积分制入户政策的覆盖范围比较小、指标体系不合理、门槛过高等问题还需要积极予以改进。

新区建设成为当前城镇化发展的新载体。截止到 2011 年，上升到国家战略层面的新区就有上海浦东新区、天津滨海新区、重庆两江新区和浙江舟山群岛新区等四个新区，陕西的西咸新区、四川的天府新区、广州的南沙新区等也在积极谋划上升到国家战略层面。沈阳浑南新区、河南郑东新区、苏州高新新区、无锡新区等城市的新区，也在积极寻求政府支持加快发展。各地谋求设立新区的过程中，也出现了盲目求大、土地利用效益不高、产业支撑不强、功能配套不够等主要问题，应引起政府部门的高度关注。

5．统筹城乡发展面临的主要问题

农民收入增长较快，城乡收入差距没有明显缩小。2011 年以来，由于农副产品价格大幅上涨和各地纷纷调高最低工资标准，农民现金收入增长较快。2011 年上半年，全国农村居民人均现金收入 8732 元，同比增长 12.4%，比城镇居民人均可支配收入 10.1%的增长速度高 2.3 个百分点。但由于农资产品价格上涨幅度较快，以及农民收入后续增长动力不足，城乡收入差距并没有明显缩小。

财政资金投入不足，农村基本公共服务落后。虽然国家加大了对农村教育、医疗、卫生、就业等方面的投入力度，但由于农村基本公共服务基础薄弱，基本公共服务落后的状况没有得到根本改观。农村基础教育落后、师资队伍素质偏低、人均教育经费不足等问题依然存在，农民看病难、看病贵的问题也比较突出，农村科技推广体系比较薄弱、农村科技人才缺乏现象突出。

农村社会保障体系建设滞后，农民社会保障水平低。虽然国家出台了一系列包括建立农村最低生活保障、新型农村合作医疗保险、医疗救助和新型农村社会养老保险等惠民利民政策，但由于受传统城乡二元结构模式的影响，我国城乡发展极其不平衡，在城市社会保障体系基本建立的同时，农村社会保障却存在着保障水平低、社会化程度低、覆盖范围窄等诸多问题。

三、2012 年区域协调发展的重点

2012 年是我国深入推进区域发展总体战略和城镇化的关键时期，要在转方式、调结构的过程中，充分发挥不同地区比较优势，深化区域合作，促进区域良性互动发展，逐步缩小区域发展差距，更加注重城镇化质量，全面推进城镇化进程。

1．深入实施区域发展总体战略

全面推进西部地区的优势特色产业发展、能源资源优化利用、生态环境保护、基础设施、生态补偿和公共服务均等化建设，促进西部地区资源优势转变为经济优势。东北地区要进一步加快转变经济发展方式，继续深化改革、扩大开放，进一步发挥东北农业优势，促进大小兴安岭林区生态保护和经济转型，改善支撑保障条件，加强社会事业和民生工程建设，统筹推进资源型城市可持续发展和老工业基地调整改造。深入实施《促进中部地区崛起规划》，全面落实各项重点任务和政策措施，进一步加大中部地区“三基地、一枢纽”建设力度，强化“两个比照”政策的贯彻落实，加快推进中部地区城镇化进程，促进产业结构调整和经济转型。发挥东部地区对全国经济发展的重要引领和支撑作用，继续在改革开放中先行先试，在转变经济发展方式、调整经济结构和自主创新中走在全国前列，发挥区域科学发展方面的示范带动作用。进一步加大对革命老区、民族地区、边疆地区和贫困地区的扶持力度。

2．深入实施区域发展总体战略的政策建议

继续推进重点地区的区域规划和重点领域的行业规划工作，发挥规划对区域发展的指导作用。按照“十二五”规划纲要和全国主体功能区规划的要求，继续

加强重点地区的区域规划工作，国家层面要加强跨省级行政区的重点经济区、重点生态功能区、集中连片贫困地区的区域规划工作。同时，继续推进重点行业和领域的专项规划编制和实施，如西部地区能源产业、资源深加工产业、装备制造业和战略性新兴产业的行业规划，中部地区“三基地、一枢纽”的行业规划，全国老工业基地调整振兴规划，全国资源枯竭型城市可持续发展规划等。进一步调整和完善相关的区域政策，按照国家转方式、调结构的要求，提高区域政策的针对性和有效性，重点推进中部地区“两个比照”政策、资源枯竭型城市政策、老工业基地政策、集中连片贫困地区政策的调整和完善。

3．全面推进城镇化发展

进一步优化城市化布局和形态，加强城镇化管理，不断提升城镇化的质量和效益。按照“十二五”提出的统筹规划、合理布局、完善功能、以大带小的原则和“两横三纵”的城市化战略格局，促进我国城镇化的西延北展。重点推进城市群发展，促进东部地区城市群优化升级和集约化发展，积极培育中西部地区的城市群发展，不断提高城市群的综合承载能力，优化城市群内部功能分工，缓解特大城市中心城区压力。积极挖掘中小城市发展潜力，优先发展区域优势明显、资源环境承载力强的中小城市，提高人口和产业的集聚能力。促进中西部地区、边境地区城镇发展，逐步将具备条件的中心镇发展成为中小城市。

4．全面推进城镇化发展的政策建议

着力提升城镇化质量和效益，稳步推进农业转移人口转为城镇居民。积极探索把符合落户条件的农业转移人口逐步转为城镇居民的做法，充分尊重农民进城或留乡问题上的自主选择权，切实保护农民承包地、宅基地等合法权益。不断完善农村社会保障体系，积极探索符合我国国情的城乡社会保障流转机制，稳步推进城乡社会保障一体化进程，为提升我国城镇化质量和效益创造良好的外部环境。推进重点城市群的规划工作，力争在城市群内部基础设施建设、产业布局、市场建设、政策等一体化方面迈出重要步伐。探索建成区新增面积与新吸纳人口挂钩机制，促进城镇化集约发展，选择条件成熟的城市化地区开展试点。合理引导和规范城市新区建设和一体化、同城化发展，强化资源节约和集约开发利用，重在完善功能和合理布局，避免盲目攀比、求大求洋等不良现象。

（作者：高国力 贾若祥 黄征学 祁国燕）

市场调研篇

2011～2012 年汽车市场分析与预测

2011 年，对于中国汽车企业来说是一个非常困难的一年，在国家对经济进行宏观调控和刺激汽车消费政策退出的共同作用下，我国汽车市场需求增速大幅回落，增幅降到新世纪以来的最低点，这给汽车产业高速扩张的产能和准备进一步大发展的信心形成了巨大的现实和心理压力。2012 年，中国汽车市场机遇和挑战并存。宏观经济仍面临不少突出矛盾和问题，国际形势存在很大的不稳定性和不确定性，宏观经济调控的方向和力度很难把握。汽车爆发式增长给城市管理带来了很大难度，多城市的行政性管理措施对汽车市场发展可能产生不利影响。然而，我国经济和汽车发展的大环境不会变，经济仍将保持较快速增长，类似 2011 年多种不利政策交织影响汽车市场的现象不会出现，总的来说，2012 年中国汽车市场将恢复到潜在增长率水平左右，保持较快速增长。

一、2011 年汽车市场形势分析

1. 总体市场

2011 年，我国汽车需求增长速度全面大幅度滑坡，增速成为 1999 年以来的最低水平。据统计，2011 年 1～11 月份国内汽车总需求达到 1682 万辆，同比增长 2.6%，全年预计国内汽车需求为 1893 万辆，同比增长 3.3%（见图 1）。

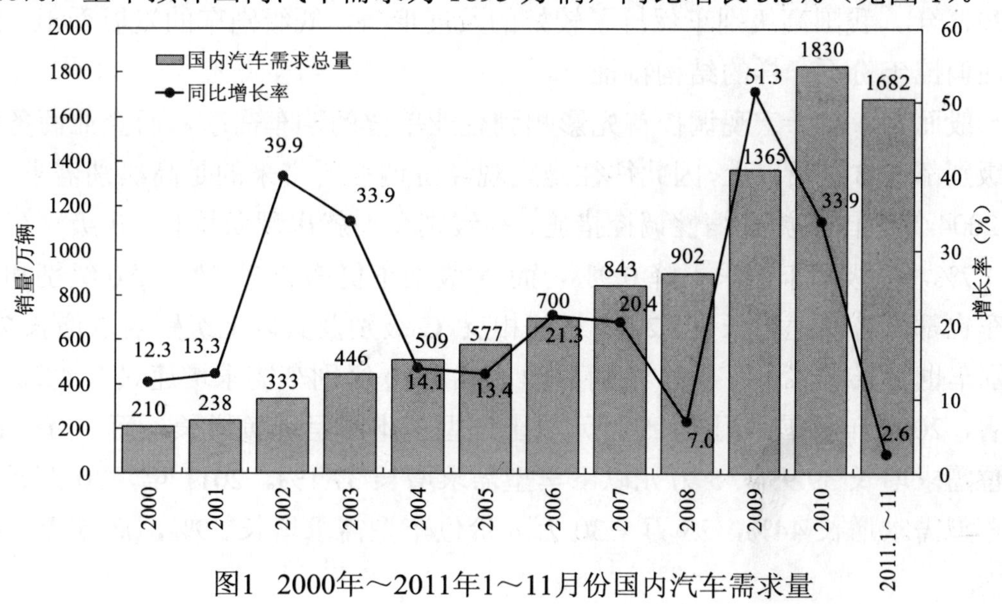

图1 2000年～2011年1～11月份国内汽车需求量

分车型来看，需求、增长速度全面回落，其中许多车型国内市场需求出现了负增长。狭义乘用车需求 1105 万辆，同比增长 8.7%，比上年下降了 28 个百分点，增长率低于现阶段的潜在水平。商用车需求 371 万辆，同比下降 5.9%；微型客车需求 206 万辆，同比下降 9.8%。

2011 年汽车市场增长速度大回落主要有两方面原因：一是鼓励汽车消费的政策集体退出。2009 年为了应对国际金融危机对我国经济的冲击，我国出台了包括车辆购置税优惠、汽车下乡、以旧换新以及养路费取消等多项措施，而 2011 年年初这些政策全面到期不再执行，这直接影响到居民购车意向。二是国家实施紧缩性货币政策、经济增长速度下滑。为了控制物价过快上涨，央行连续 9 次提高存款准备金率，5 次上调存贷款利率，货币流动性得到控制。紧缩性货币政策的实施有效地促进了国民经济继续朝着宏观调控的预期方向发展，投资过热得到控制，经济呈现稳步回落的态势，我国 GDP 一季度增长速度为 9.7%，二季度回落到 9.5%，三季度回落到 9.1%。货币政策对汽车市场需要的影响主要体现在两个方面：一方面货币紧缩影响到固定资产投资，在建项目进度趋缓、新建项目暂缓开工，商用车需求明显回落；另一方面货币紧缩影响到企业特别是中小企业、个体私营业主的生产经营，企业购车需求下降。

虽然我国汽车增长速度明显放缓，但全球地位仍在高位上升。2011 年 1～9 月份，我国汽车销量占全球汽车总销量的比重为 24.2%，比 2010 年提升了 0.6 个百分点。

2. 细分市场

2011 年，我国高级别车保持了较好的发展形势，低级别车的发展受阻。这是与以往调控年份不一样的结构特征。

一般而言，由于宏观调控首先影响到企业单位的购车需求，而企业商务用车一般级别都在 B 级及以上，因此往往是宏观经济调控所带来的是高级别需求下降。比如 2004 年我国实施紧缩性调控措施，高级别车型就出现负增长，B 级别车需求下降 1.7%，C 级别车需求下降 0.9%，而 A 级别车仍增长 28.2%，A0 级别和 A00 级别车也都保持快速增长。但 2011 年却相反，C 级别及其以上级别需求增长 23%，B 级别车也增长 11%，而 A00 级别下降 12%，A0 级别车需求增速只有 4%。分价位来看，2004 年我国乘用车 15 万元以上车型基本都呈现负增长，而 5 万～10 万元价位需求增长 39.9%，5 万元以下车型需求增长 37.1%。2011 年，30 万元以上价位车型需求增长 44%，25 万～30 万元价位车型需求增长 29%，而 5 万元以下车型需求下降 6%，5 万～10 万元价位车型需求增长不到 10%。从国产和进口来看，2004 年国产车增速高于进口车，而 2011 年进口车增速 31%，国产车增速只有 7.4%。从车型豪华度分析来看，2004 年豪华车增长只有 1.4%，普通车增长 14.7%。而 2011 年正好相反，豪华车增长 37%，而普通车增长速度只有 7%（见表 1）。

表 1　2004 年和 2011 年不同细分市场增长率对比

（单位：%）

分类	车型	2004 年	2011 年
级别	A00	15.4	-12
	A0	12.0	4
	A	28.2	12
	B 级别	-1.7	11
	C 级别及以上	-0.9	23
国产和进口	国产	14.1	7.4
	进口	8.7	31.0
普通和豪华	普通	14.7	7.0
	豪华	1.4	37.0
合资和自主	自主	—	0.7
	合资	—	10.5

低级别增速下降快、高级别增速下降慢的原因，主要是由于 2011 年对低级别车不利的因素不仅仅是宏观调控，还有很多不利因素对低级别车产生的负面影响。一方面鼓励政策淡出影响的是低级别车，由于原先的鼓励政策受益最大的是低级别车，所以政策退出后它受到的影响也就最大。另一方面小因素的叠加对低级别车也产生了不利影响，油价的上涨、使用费用的上涨以及城市对汽车总量的控制都不利于低级别车。比如北京实施限购政策，大家好不容易摇到号后，大多人不愿选择购买低级别车。

2011 年自主品牌乘用车的增速下降比较快，1～11 月份自主品牌乘用车的需求增速只有 0.7%，而合资品牌乘用车的增速为 10.5%。自主品牌乘用车的市场大幅下滑除了影响低级别市场因素外，还有三个长期因素：一是规模扩张带来的成本优势合资企业大于自主品牌企业，成本上涨带来的影响，自主品牌企业大于合资企业。合资企业产品是全球平台的产品，规模扩大所带来的成本下降要远大于自主品牌；由于自主品牌产品属于低端，附加价值不高，成本主要来源于原材料成本，如钢板以及劳动力成本，而2011年这两种成本上升得比较快，而合资品牌产品附加值价高，产品溢价主要体现在电子高科技技术，原材料和劳动力成本上升带来的影响较小；二是合资企业上自主品牌，进一步带来成本优势；三是综合费用上涨，如油价、停车费等都对合资品牌车型不利，购买合资品牌车型的用户经济如果承受力不足，一旦使用费用大幅上涨，购车需求将受到抑制。

3．动态特征

从动态看，2011年我国汽车市场二季度形势最严峻，三季度回升，四季度又有所回落。从乘用车市场来看，3月份市场需求同比增长11.3%，销量达到116.6万辆，而4月份市场增幅就滑落到3.4%，5月份达到最低的增幅2.6%；进入7月份市场开始有所起色，7月份市场需求同比增长10.3%，8月份增长9.5%，9月份增长10.2%；而10月份乘用车需求增速又回落到5.8%，11月份增速继续回落，同比增速为3.2%，销量为121.0万辆（见图2）。

从商用车市场来看，动态表现基本与乘用车一致。4月份商用车需求出现-8%的负增长，5月份市场继续下滑，同比下降高达14%，6月、7月市场需求同比下滑12%，进入8月份，市场略有好转，但需求负增长的局面未能改观，8月份市场需求同比下降5.7%，9月份下降5.4%。而进入10月市场又趋于恶化，当月市场需求下降9.4%，11月下降幅度突破两位数，达到12.9%。

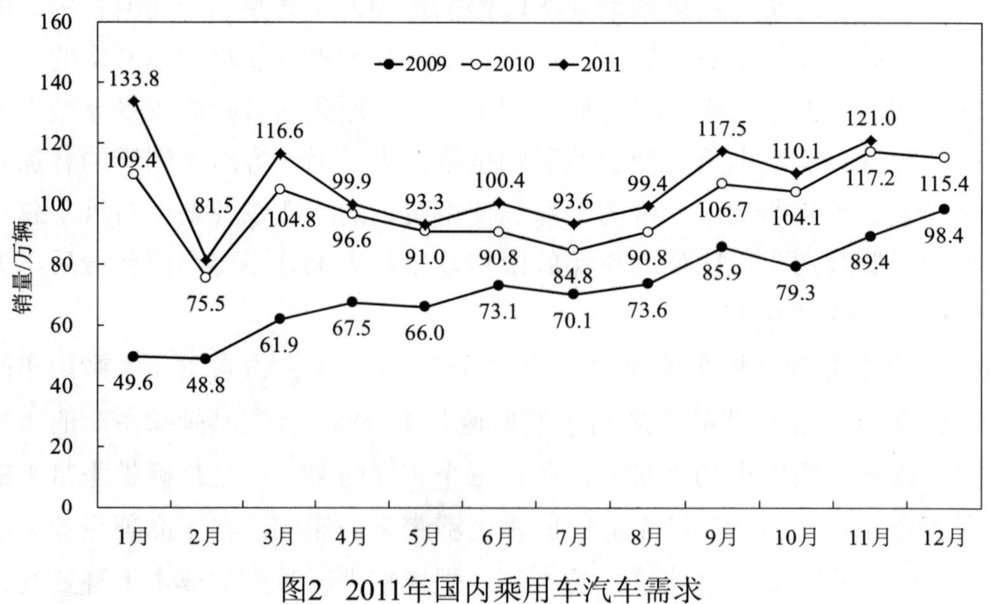

图2 2011年国内乘用车汽车需求

如何看待四季度的同比增长速度重新下降直接关系到我们 2012 年市场需求走势的判断。一方面，四季度市场重新下滑有上年基数的原因。以乘用车为例，2010 年 8 月下旬开始实施节能惠民政策后，乘用车销量直线上升，与此同时消费者对鼓励政策即将取消预期，使得其在 2010 年四季度实现了提前购买，北京市场汽车摇号政策的公布也对 2010 年 12 月的市场需求带来激增效应。上年四季度乘用车需求走势没有按照季度正常曲线发展，这是导致 2011 年四季度市场需求下滑的因素之一。另一方面，我们从需求的环比增长速度来看，10 月份以来，市场确有一定下滑。剔除季节和突发因素的环比增速看，7 月份环比增速最高，达到 2.8%，8 月份环比增速略有下滑，但仍维持了 2.7%的高位。但 9 月份环比增速只有 1.8%，10 月份环比增速下降到 1.4%，而 11 月份环比增速只有 1.1%。

二、2012 年汽车市场预测

1．乘用车预测

2012 年我国乘用车需求主要受三面因素影响：一是乘用车自身的发展规律；二是宏观经济形势；三是政策等。乘用车全国市场波动多数年份是由经济波动引起的，区域市场波动政策的作用也有一定影响。

（1）*发展规律*　从发达国家发展经验来看，汽车发展一般经过两个发展期。第一个高速增长期是千人保有量由 5 辆达到 20 辆左右，这一时期持续时间较短，一般在 5 年左右，但增速比较高，一般在 30%左右。第二个高速增长期是千人汽车保有量由 20 辆达到 130 辆左右，年均销量增长率在 20%左右，一般持续 10 年以上。日本 1960～1964 年为乘用车市场高速发展的孕育期，乘用车销量由 1960 年的 14.5 万辆暴增至 1964 年的 49.4 万辆，年均增长率高达 35.8%；1965 年日本开始进入乘用车普及期，当年乘用车销量 58.6 万辆，到 1973 年普及期结束，销量已经大幅攀升到 300 多万辆，年均增长 22.2%。韩国乘用车市场 1981 年进入孕育期，当年乘用车销量 4.4 万辆，至 1985 年孕育期结束，乘用车销量已达到 12.9 万辆，年均增长 25.0%。1986 年韩国进入乘用车普及期，乘用车销量由 1986 年的 15.4 万辆迅速提升至 1997 年的 115.1 万辆，年均增长 20.0%（见表 2）。

表2 汽车先导国家的发展阶段

国家	发展阶段	开始年份	结束年份
日本	孕育期	1960年	1964年
	乘用车销量/万辆	14.5	49.4
	销量平均增长率（%）	35.8	
	普及期	1965年	1973年
	乘用车销量/万辆	58.6	300.9
	销量平均增长率（%）	22.2	
韩国	孕育期	1981年	1985年
	乘用车销量/万辆	4.4	12.9
	销量平均增长率（%）	25.0	
	普及期	1986年	1997年
	乘用车销量/万辆	15.4	115.1
	销量平均增长率（%）	20.0	

相对日本和韩国而言，我国人口众多并且存在明显的城乡差距、地区差距，由此带来我国收入分布差距巨大，收入分布阶梯化明显，因此我国将会用更长的时间、略低的速度完成汽车普及化。我国的孕育期表现正是如此，我国从2001～2008年花费近9年的时间才完成了乘用车第一个高速发展阶段，乘用车销量由最初的86万辆剧增至2008年的570万辆，增长了近6倍，年平均增长率达30.4%；我国从2009年开始进入乘用车的第二个高速发展阶段，即普及期，预计到2023年普及期结束，普及期的时间长度更长，在此期间，乘用车内需增长率大致相当于GDP增长率的1.5倍左右，保持12%～14%是正常水平。

（2）2012年宏观经济　一般而言，当经济处于景气上升期时，乘用车需求增长率高于长期潜在水平；当经济处于景气下降期时，乘用车需求增长率低于长期潜在水平；当经济处于平稳时期，乘用车需求与长期潜在增长水平最接近。

入世10年，我国经济已与世界经济融为一体，世界经济兴与衰关系着中国经济走势。当前国际金融危机仍在继续发展，发达国家并没有像预期那样走出危机的泥潭，而且出现了许多新的问题，欧洲主权债务危机愈演愈烈，美国失业率仍然处于高位。在严峻的国际环境下，我国作为第二大出口国，必然会受到影响，首当其冲的是我国商品出口增速将会下降，2011年我国外贸出口增速逐步回落，尤其是进入三季度后，逐月下行，9 月份出口增速为 17.1%，10 月份出口增速 15.9%，11 月份出口增速下降到 13.8%（见图 3），尤其是对欧盟的增长乏力，11 月份，我国对欧盟的出口增长 4.9%，低于整体出口增速 8.8 个百分点；1～11 月份，我国对欧盟的出口增长 15.1%，低于整体 6 个百分点。2012 年我国出口增速将继续回落。

虽然 2012 年我国面临的国际形势比较严峻，但国内经济运行的基本面是好的，我国仍处于发展的重要战略机遇期，在国家积极的财政和稳健的货币政策下，我国投资增速和消费需求将能够保持较快增长。当前我国 CPI 逐步回落，但物价总水平仍处于高位，推动物价上涨的因素依然存在，所以货币政策以稳健为基调，不太可能转为宽松。而财政政策将发挥更大作用，保障房建设、农村水利建设以及重大基础项目建设将支撑我国经济稳定发展。国家提出的结构性减税政策也将降低中小企业负担，有助于中小企业发展。收入分配改革力度加大，将会提高居民的收入水平，降低税负，有助于社会消费需求的稳定。但在物价总水平维持高位的背景下，我国宏观调控目标设定为“稳中求进”，意在表明 2012 年我国经济将维持当前的增长速度，从而加大结构调整力度，为经济长期稳定增长提供条件。

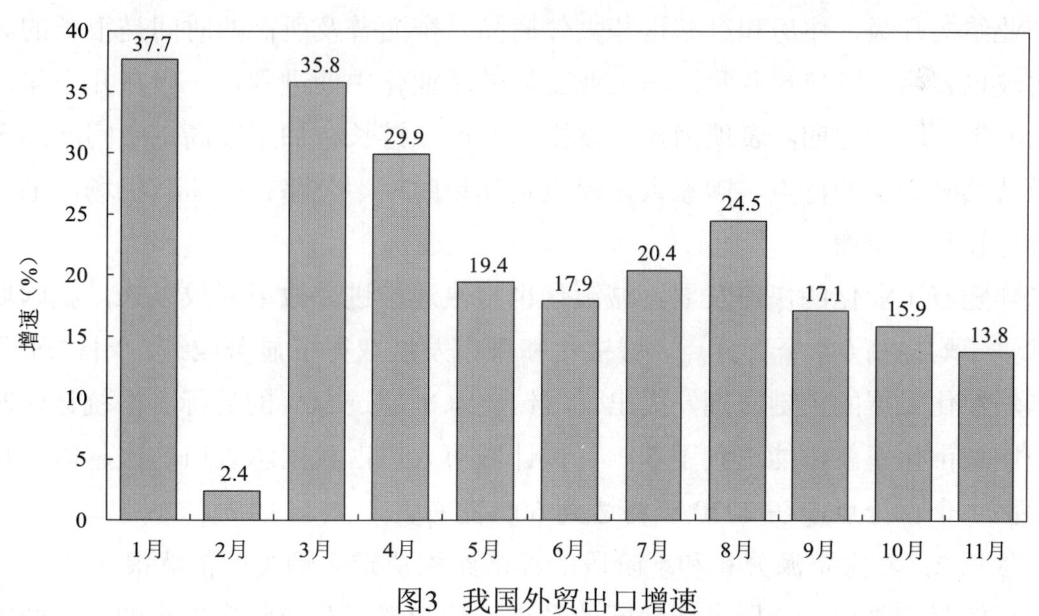

图3 我国外贸出口增速

综合来看，2012 年正向和负向力量共同作用，导致 2012 年经济增长略低于 9%的长期潜在水平，预计为 8.5%。因此，从经济角度来讲，2012 年乘用车市场接近长期潜在增长率，但略低于这一水平的概率更大。

（3）2011 年的汽车政策 全局性的鼓励和限制总量的政策都不会出台，可能会有局部性的负面政策。主要是部分城市治理交通拥堵。当然也可能有局部的有力政策，如 2012 年要扩大内需，汽车是现阶段的主要消费品。

按长期趋势线来看，2012 年乘用车的内需增长率将在 16%左右，但 2012 年的经济环境和消费环境处于相对不利状态，因此预计乘用车增长率在 12%左右。从时间分布上看，由于 GDP 增长率 2012 年是由低到高的过程，所以汽车市场也极有可能出现前低后高的走势。

2．商用车

2011 年商用车市场将基本保持在商用车的长期潜在增长水平，做出以上判断主要依据以下三方面的考虑。

（1）商用车发展规律：2020 年前商用车将保持快速增长，平均增长率在 9%左右

依据 1：2020 年之前，中国经济仍将保持年均 8.5%的增长速度。

我国经济持续高速发展的内在动力主要来自于工业化和城镇化。目前，我国仍处于重化工业发展阶段，这一时期以住房和汽车为主的居民消费结构升级将带动产业结构升级，住房和汽车这些大件商品，全面普及所需的时间是很长的。国际比较也表明，以建筑业和汽车工业支持的工业化中期进程，一般在几十年，至少 20 年，这一时期，表现为投资规模大、产业链长、加工度高、中间产品多、增长持续时间长的特点，国家大规模投资建设时期，公路、铁路、机场、港口等基础建设将大幅增长。

伴随着工业化的快速发展，城镇化也将快速推进。改革开放以来，我国城镇化水平年均提高 0.9 个百分点，城镇化和城市发展取得了显著成绩。“十二五”是我国城镇化发展的关键时期，提出了城镇化水平超过 50%的目标。据统计，2010 年我国城市化率就可能达到了 50%，预计城市人口占我国总人口的比重以后将每年提高 1 个百分点，在 2020 年将达到 60%左右。

依据 2：我国资源分布和现阶段的经济结构决定运输强度依然很高。

运输强度是由一个国家或地区的经济结构和资源分布状况决定的。一个国家资源分布越不均匀，运输强度就越高。而我国正是资源分布很不均匀的国家，我国煤炭主要集中在中西部，2008 年我国原煤产量的 60.9%在中部，中西部原煤产量占总量的比例达到 87.8%。而钢铁生产主要在东部和中部，2008 年我国钢产量的 68.4%在东部，东中部钢铁产量占总量的比例超过 91.4%，这就需要把煤炭从中西部运输到东部，而中西部需要的钢铁和水泥需要从东部运输。

以第二产业为主体的经济结构也是导致我国运输强度比较高的突出原因之一。工业生产用原材料如煤炭、铁矿石、水泥等，工业产成品如彩电、汽车等都会产生大量运输需求。2010 年，我国第二产业在经济中的比重为 46.6，是三大产业中最高的（见图 4）。

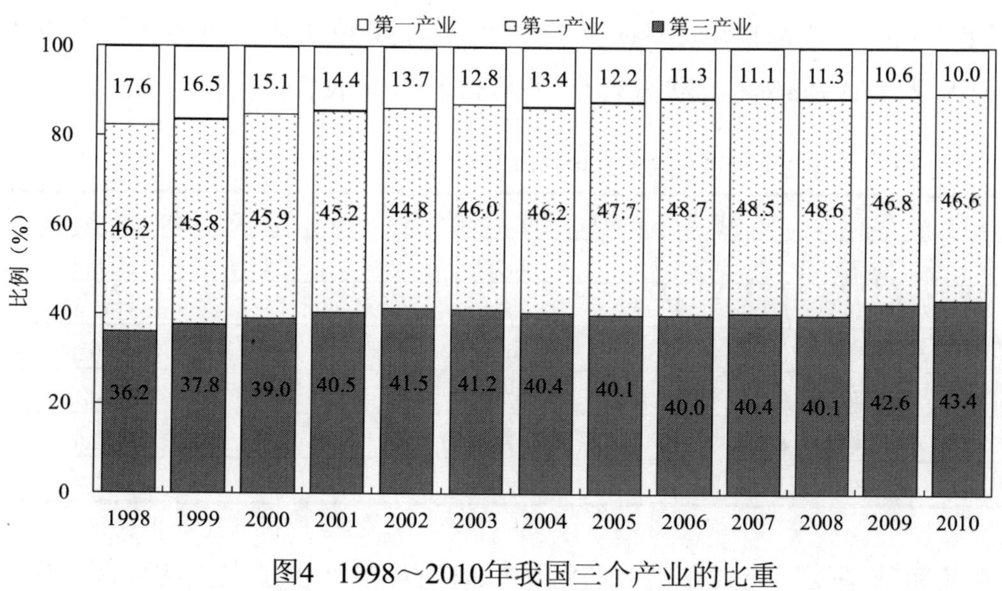

图4 1998～2010年我国三个产业的比重

理论上三个产业比重图的形状未来几年不会有大的变化，一方面，从国内来看，2020 年前我国仍处于重化工业化阶段，经济增长主要依靠重工业和化学工业拉动，住房和汽车是消费的主要增长点，这都是第二产业提供的；另一方面，从国际来看，由于我国劳动力教育水平比较低，无法承担高附加产品的研发制造，在全球分工中，中国还会较长时间内靠低附加值产品在全球竞争，产业升级比较难。

影响未来经济结构变化的一个重要因素是十二五规划提出的转变经济发展方式，如果真转变了，对商用车特别是重型货车市场将产生极大的负面影响。过去 10 年商用车特别是重型货车市场高速增长恰恰得益于粗放的发展方式。所谓粗放就是指依然靠消耗大量资源、能源来支撑经济发展，并以严重的环境污染为代价的。2000～2010年我国GDP年均增长10.5%，而原煤年均增长8.2%，钢铁年均增长15.9%。当前我国GDP总量与日本相当，是美国的1/3，而我国煤炭消耗量占全球消耗的42.6%，日本只占3.9%，美国占17.1%；钢铁消费量占全球的比例也有37.8%，而日本只有6.4%，美国占8.2%。我国单位GDP所对应的资源消耗是非常高的，污染物排放也非常高，2007年我国二氧化碳排放量占全球二氧化碳排放量的21.3%，是全球最大的二氧化碳排放国。

正是由于这种粗放的经济发展方式才带来了对商用车的巨大需求，我国单位GDP所对应的重型货车需求要远大于发达国家，2009年我国重型货车需求888742辆，美国只有199686辆，欧盟只有160088辆（见表3）。

表3　主要国家2009年中、重型货车需求与GDP总量

国家	中、重型货车需求/辆	GDP/万亿美元
俄罗斯	44700	12318.9
欧盟	160088	163745.3
美国	199686	141190.0
巴西	77400	15734.1
印度	197475	13101.7
中国	888742	49854.6

但是粗放型发展方式在消耗资源的同时对环境产生了很大的破坏，中央已经意识到这种发展模式的严重性，胡锦涛总书记2011年2月3日在省部级领导干部研讨班的讲话中强调指出，转变经济发展方式“刻不容缓”。他一连50次使用“加快”的字眼来强调问题的迫切性。这说明旧的发展方式所带来的弊端已严重阻碍了我国经济的发展，到了非解决不可的程度。

转变经济发展方式对于中国来说，并不是一个新问题，1981年全国人民代表大会通过的《政府工作报告》就提出了以提高经济效益为中心的发展国民经济的十条方针，“九五”（1996－2000）计划时期，中央就已经明确提出要“实现经济增长方式从粗放型向集约型转变”，“十五”（2001－2005）计划又把经济结构调整和经济结构升级规定为五年经济发展的“主线”，“十一五”（2006－2010）规划更是把转变经济发展方式作为这一时期的战略重点。但从转变的效果来看，收效并不明显。为什么会发生这样的问题？基本的原因有两个：一是，与旧的经济发展方式相配套的体制基础还顽固地在起作用。比如各级政府仍然掌握着信贷、土地等重要资源的配置权力；仍然将产值的增长速度作为各级官员政绩优劣的主要标志；在财税体制中，各级政府的收入与物质生产部门的产值直接挂钩；大部分生产要素仍然由行政定价并采取低价政策，导致价格信号的严重扭曲。二是，还没有能够建立起有利于创新和创业的经济和社会、文化、政治环境。经过 30 多年的改革和发展，我国的创新能力已经大大增强，许多技术发明已经进入世界前沿。但是由于创新和创业的环境不够完善，这些技术发明往往由于受到制度的压抑而难于顺利地实现产业化。

由此可以得出结论，我国能否加快实现经济发展方式的根本转型，关键在于能否真正推进改革；没有体制与机制上的重大突破，发展方式的转变依然会举步维艰，更谈不上加快根本性的转变。

我们应当清醒地认识到，转变经济发展方式既是当前的迫切任务，也是极其复杂的过程。这就要求我们必须依据现阶段中国的国情，坚定不移地推进改革开放，通过改革开放，建立起一个规范的法治化的市场体系，让市场充分发挥在资源配置中的基础作用。因此，必须以改革来推动转型，同时以转型来保证国民经济又好又快的发展。而且要必须下大的决心和力气。但是，这些实现起来都很难，经济发展转变是一个长期而又艰巨的问题，一时很难转变。

依据 3：公路承担的货运量仍将保持较高水平。

全社会货物运输方式一般分为航空、铁路、水路和公路运输四大类，一般而言，时效要求高、价值量高的商品需要航空运输，而时效要求低，价值量不高的大宗商品的运输用铁路和水路运输，而其他的大量商品都将通过公路运输方式进行。

从 2005 年开始，我国实施以“7918”网为主体的《国家高速公路网规划》，根据规划我国高速公路建成后高速公路通车里程将达到 8.5 万 km，高速公路将连接 20 万以上人口城市，覆盖地区 GDP 占全国 85%，覆盖人口超过 10 亿人，将以北京、上海、广州等为中心形成半日圈、一日圈的高速公路网路体系。到 2010 年年底，我国公路网总里程已经达到 398.4 万 km，五年新增 63.9 万 km。其中，高速公路由“十五”期末的 4.1 万 km 发展到 2010 年的 7.4 万 km，五年新增 3.3 万 km，居世界第二位。

随着我国高速公路网的快速发展，我国商用车运输半径将进一步扩大，公路运输在货物运输中的分担率将保持较高水平。2010年公路承担的货运份额基本稳定或略有上升，比2009年略高1.3个百分点，水路和铁路运输比重分别为47.6%和20.5%，比上年同期都有所降低，民航货运比重基本保持稳定。

（2）经济　中央经济工作会议指出：2012年我国将继续实施积极的财政政策，要继续完善结构性减税政策，加大民生领域投入，积极促进经济结构调整。虽然基本保持了积极性财政政策，但其含义发生了变化。

前两年，为了应对国际金融危机，我国的主要任务是保持经济增长，财政资金主要流向了铁路、公路以及机场等基础建设领域。而当前我们的主要任务是注重经济增长，同时要加快结构调整的步伐。投入民生领域变化意味着同样投资带来的商用车需求要小于基础领域投资。

尽管如此，2012年我国基础建设投资仍将维持高位，“十二五”重大基础建设工程建设、保障在建续建项目建设和农田水利建设等基础建设都将继续进行，一般而言，一个五年计划的第二年、第三年是投资资金实际落实到位的两年，为了保证项目的顺利进行，投资规模都比较大，“六五”到“十五”期间，一个五年计划第二年投资平均增速24.1%，第三年投资平均增速28.5%，都高于五年计划的第一年（见图5）。2012年正好是我国“十二五”规划的第二年，而且各地政府进行了新的换届，投资冲动比较大，投资规模的稳定基本支持商用车的长期潜在增长率。

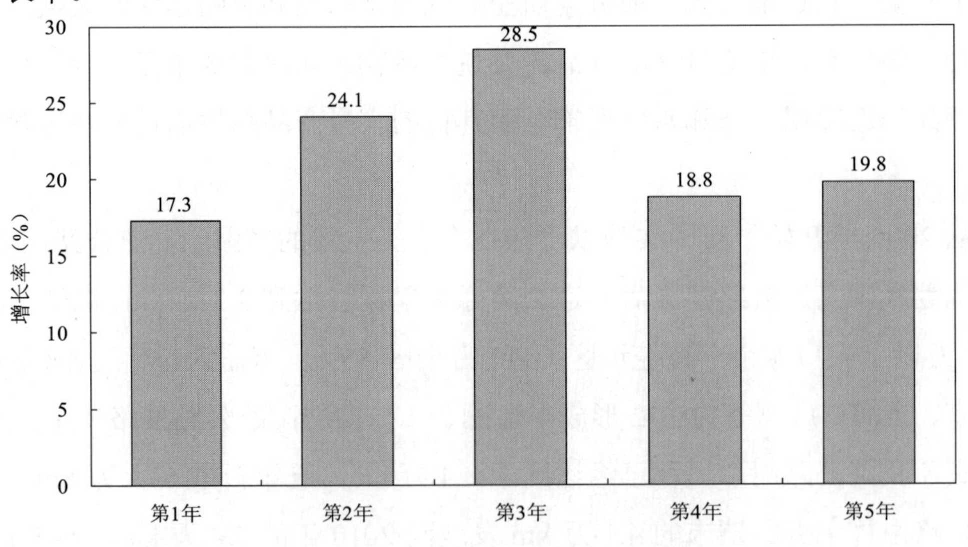

图5　“六五”到“十一五”五年规划各年投资平均增速

（3）政策　2012 年，商用车市场所面临的负面政策不明显，而国家大力推进校车将会对客车市场带来正面促进作用。面对多起校车重大伤亡事故，国务院要求有关部门迅速制订校车安全条例，抓紧完善校车标准，做好校车设计、生产、改造、配备等工作，2012 年可能是校车需求大爆发的一年。

综合以上分析，预测 2012 年我国汽车总需求将达到 2080 万辆，同比增长 9.9%。其中乘用车 1456 万辆，同比增长 12%；商用车 390 万辆，同比增长 5.4%，微型客车 234 万辆，同比增长 4.9%（见表 4）。

表 4　2012 年我国汽车市场需求量预测

	2011 年需求量预测/万辆	2012 年需求量预测/万辆	增长率（%）
乘用车	1300	1456	12
微型客车	223	234	4.9
商用车	370	390	5.4
合计	1893	2080	9.9

（作者：徐长明　李伟利）

2011 年客车市场回顾及 2012 年展望

一、2011 年客车市场回顾

2011 年，中国客车统计信息网的 50 家客车企业累计销售客车 242065 辆，累计增量 20063 辆，增幅为 9.04%。其中，大型客车销售 80110 辆，中型客车销售 80440 辆，轻型客车销售 81515 辆；同比增幅分别为 13.02%、10.96%和 3.67%。从销量数据的变化来看，三大特点十分清晰：一是市场结构变化较大。在大中型客车的强势增长之下，销量结构出现了较大的变化，大、中、轻所占的比例由 2010 年的 31.93%、32.65%、35.42%变化为 33.09%、33.23%、33.67%，已基本形成三个三分之一的市场结构。二是行业格局相对稳定。在宇通同比增长 13.41%和苏州金龙同比增长 12.67%的大力拉动之下，客车行业第一集团“一通三龙”的市场份额由上年的 48.09%上升到 48.93%，虽然只增长了 0.84 个百分点，但维持了客车行业市场格局的相对稳定。三是 2011 年上半年较弱，而下半年很强。由于 2011 年上半年的增幅只有 3.31%，因此，9.04%的增幅主要依靠下半年的强势增长，从销量曲线可以看出，2011 年下半年的 6 个月，全部高于上年同期，特别是 7 月份和 12 月份，7 月份增幅为 23.56%，12 月份增幅为 19.79%。

纵观 2011 年客车行业的总体表现，可用下面的五大关键词来基本概括。

1．刷新纪录

2011 年，刷新自己年度销量纪录的客车企业不少于 20 家，十分壮观。最值得关注的是客车月度销量的变化。2011 年 12 月份，宇通的月度销量达到了 6730 辆（超过大多数客车企业一年的销量），不仅刷新了宇通的纪录，也创造了客车行业的新纪录。另外，2011 年 10 月份，厦门金龙的销量为 2686 辆，苏州金龙的销量为 2657 辆，厦门金旅的销量为 3320 辆，也都创造了各自的月度销量新纪录。

与月度销量有关的因素很多，包括营销网络、订单管理、产品储备、物流供应以及财务结算等等，月度销量的突破，往往标志着企业综合管理水平的提升。个别企业创造纪录并不值得大惊小怪，但是，当刷新纪录成为一个行业的群体行为的时候，则标志着行业的发展环境有了本质的变化。目前，国家政策支持、市场需求拉动和良性的内部竞争格局，这些因素史无前例的和谐，构成了促进客车行业健康发展的有利条件。

2．提高档次

2011 年，共销售高级客车 58169 辆，其中高三级 914 辆，高二级 6266 辆，高一级 50989 辆，虽然总增幅只有 9.09%，但高三级增长 42.81%，高二级增长 58.79%。

全承载客车销量增长使客车档次得到明显提高。根据《营运客车类型划分及等级评定标准 JT/T325—2010（最新版）》的要求，在高级客车中，大型高二、高三，特大型高二、高三级客车都必须是全承载车身结构，这一变化对客车市场产生了极大的影响。2010 年，高三级客车的市场需求为 640 辆，而高二级客车的市场需求为 3946 辆，也就是说，全承载客车的市场需求已由 640 辆上升到 4586 辆，市场空间提升了近 7 倍。2011 年年底，工业和信息化部发布文件，明确要求“车长大于 11m 的公路客车、旅游客车车身应为全承载整体式框架结构”，面临日益严峻的安全形势，全承载客车得到进一步的普及，这不仅仅只是客车档次的提升，对提高客车运输的安全保障也具有很强的现实意义。

从企业的表现来看，宇通高级客车销量为 15655 辆，同比增长 55.06%；苏州金龙销量为 4980 辆，同比增长 15.84%。列行业前两位。

3．强化出口

2011 年，50 家企业中共有 35 家涉及出口，共计出口各类客车 29117 辆，出口金额 90.55 亿元人民币，与上年同期相比分别增长 42.15%和 50.15%，远远高于行业平均水平。35 家企业中，只有 9 家企业同比下降，大部分企业增长，其中有 14 家企业的增幅超过 60%。客车企业强化出口的特征十分明显。分析出口数据，大致有三个特点：一是出口额的增幅高于出口量，出口均价有所增长。2011 年，客车出口均价达到 31.1 万元人民币，比上年同期高出 1.66 万元，导致出口额的增幅比出口量增幅高出 8 个百分点。二是大型公交客车增幅最高。大型公交客车共计出口 5617 辆，出口金额为 25.41 亿元人民币，出口量与出口额的同比增幅分别为 91.18%和 86.39%，在各细分领域增幅最高。其中宇通大型公交客车出口 1148 辆，出口额 6.09 亿元人民币，列第一位。三是中型客车仍然是出口洼地。中型客车共计出口5294辆，出口额仅15.08亿元人民币，同比增幅为20.43%、10.09%。在大、中、轻型客车三大系列中，无论是销量、销售额还是同比增幅，中型客车都排在最后，仍然是名副其实的出口洼地。

4．重视品牌

由于客车行业既无国家操纵的几大几小，也不是国家汽车产业政策的重点，客车行业的市场化程度很高，客车企业都十分适应在激烈的市场竞争中摸爬滚打。众所周知，市场竞争的最高境界是品牌竞争，因此，客车企业对于品牌的塑造格外认真。2011年，客车行业的品牌活动主要聚焦在两家企业：宇通和苏州金龙。

（1）第二届全国交通运输行业“宇通杯”机动车驾驶员节能技能大赛　主要特点为：本届参赛选手的前两名将获得全国“五一”劳动奖章，这项荣誉的分量很重，不仅是参赛选手努力争取的目标，也是各省交通部门的追求。《安节工作法》首创客车驾驶技能理论。短短三个月，协助组织了20场竞赛活动，宇通员工的执行力得到了充分的体现。两年一届，“宇通杯”与宇通产品更新周期相吻合，为寻找适合客车行业发展的客车产品开发规律积累了宝贵的经验。

（2）全国道路客运“海格智慧”科技助力行动　主要特点为：在公路客运市场上逐渐发力，而且找到了一个很好的突破口，公路客运市场是最成熟的客车市场，苏州金龙的成功，说明客车市场仍有很多可以开发的空间。加强了与政府主管部门（包括各省交通运输部门）的联系。注重过程控制，传播安全和节能解决方案。

5．备受关注

2011年年底，客车行业因为校车而备受关注，在未来的发展中，校车虽然会使客车行业的市场空间成倍增长，但也让客车行业感到责任重大，因为，在安全面前，来不得一丝的马虎和大意。关注校车，可以从以下三个方面来展开：

第一，生命无价，在安全面前，成本显得很苍白。

第二，美国是校车制度最完善的国家，安全校车的典范在美国，不在欧洲，也不在日本。

第三，校车问题是社会问题，仅仅依靠客车行业无法解决。最关心校车的是孩子们的家长，听听家长们的意见吧。

二、2012 年客车市场判断

1．基本判断

关于 2012 年客车市场的基本判断是，传统市场在城乡客运一体化政策和“公交都市”试点工程的政策保障下将稳步增长，校车市场已经启动，并将出现快速增长。整体形势虽然很好，但是也存在一些潜在问题。一方面，客车行业准备尚不充分，如产品准备不到位，产能不足；另一方面，外部条件也不够成熟，虽然利好政策已经出台，但是仍需等待政策细则的出台，校车立法也还在制定过程当中。

2．总增幅

预计 2012 年客车市场总增幅在 12%左右（2011 年 10 月份笔者曾预测 2012 年的增幅为 8%左右，但 2011 年 11 月 17 日甘肃校车事件之后，校车市场热启动的趋势已十分明显，笔者判断这一因素将为 2012 年的市场增幅贡献约 4 个百分点），理由有三：

一是经过 2010 年的高增长之后，2011 年客车市场的主要特征是保持平台的稳定和调整市场结构，但全年增幅仍然达到了 9.04%，十分强势。笔者认为，2011 年客车市场应该是两个上涨之间的过渡，主要发挥承上启下的作用。

二是综合判断，客车市场的利好因素占据上风，特别是城乡客运一体化政策的出台，将会成为促进未来 5～10 年保持客车市场增长的大政策。笔者判断，未来的道路客运，是以城镇为节点、以公交化客运模式为主体、用介于长途客车和城市公交客车的新车型为载体的城乡客运一体化的网状结构，城乡客运一体化政策有助于推动未来道路客运网络的逐步实现。因此，从趋势来看，2012 年客车市场的综合增幅不会低于 2011 年。

三是尽管利好因素较多，但 2012 年客车市场并没有特别巨大的直接刺激因素，而且一部分利空因素还具有抵消作用。因此，笔者判断其增幅不应高于 2010 年（当年金融危机的补涨因素和上海世博会的拉动作用优势明显）。

3．各细分市场的增幅预测

公交客车的增幅在 10%左右，非公交客车的增幅在 5%左右（不包括校车）。笔者认为，公交客车在经过政策真空期的修整之后，在城乡一体化政策的作用下，将会重新恢复活力。另外，卧铺客车将逐步退出，非公交市场的结构调整将更加复杂化。

校车市场即将热启动，2012年销量有望达到1万～2万辆，将导致行业增幅提高约4个百分点（关键在于校车法规。校车的公益性已经得到认定，如果明确了政府买单问题，未来几年校车需求将持续实现爆发式增长）。

中型公交客车将迎来新的发展机遇。在农村客车市场上，9m左右的公交客车替代6m左右中巴车的趋势十分明显，但该系列产品的利润空间较小，谨防陷入“赔本赚吆喝”的怪圈。

三、市场驱动因素

1. 公路客运面临新的发展机遇（公路客运的地位）

（1）受高铁事故的影响，动车组大规模降速，铁路客运正在降温 国务院2008年颁发《中长期铁路网规划》之后，铁路客运提出了一些概念，比如“1小时城市圈”、“2小时城市圈”、“3小时城市圈”等等，以北京为例，1小时内能到达天津、石家庄等城市；两小时能到达郑州、济南、沈阳、太原等城市；3小时能到达南京、合肥、长春、大连等城市；4小时能到达上海、杭州、武汉、西安、哈尔滨等城市。除海口、乌鲁木齐、拉萨、台北外，北京到全国各个省会城市都将在8小时以内。这些规划，对公路客运提出了严峻的挑战，逼迫公路客运线路要及时进行结构调整，在调整的过程中，有一大批公路客运企业受到了冲击。

但是，目前这种挑战又产生了一些新的变化，最近有两篇报道值得关注：一篇是《六次大提速后：铁路将全面降速》，报道的核心是“出于安全的考虑，中国高铁将从2011年9月份左右全面降速，除了京沪、津京和沪杭三条高铁线以外，其他高铁或客运专线将全部降回设计时速。”另一篇是《多条铁路推迟通车，安全质量因素成重要考量》，业内人士分析，2011年铁路建设步伐明显放缓，除了年初以来的信贷紧缩、融资困难等宏观经济因素影响外，由“7·23”甬温线动车事故引起的对安全质量问题的重视，是造成一些铁路延缓通车的主要原因。这种变化，为公路客运的进一步发展提供了现实的发展机遇。

（2）公路客运持续增长的趋势仍将延续 “十一五”期间，我国公路客运量年平均增长速度为8.14%；旅客周转量年平均增长速度为10.02%。2011年全国旅客运输总量为328亿人，同比增长10.2%。其中铁路客运量16.8亿人，同比增长9.9%；公路客运量306.3亿人，同比增长10.2%；水运客运量2.2亿人，同比下降 0.7%；民航客运量 2.7 亿人，同比增长 15.8%。公路客运量占全国旅客运输总量的 93.38%；铁路客运量仅仅占 5.12%。道路客运在我国综合运输体系中的主导地位十分明显。这种格局是由我国现阶段的经济发展形势所决定的，笔者认为，只要经济还在发展，公路客运持续增长的趋势就仍将延续。

（3）交通运输部十二五规划描绘了公路客运的宏观发展蓝图

1）公路网络的建设会不断完善，根据规划，至 2015 年，公路总里程将达到 450 万 km（2010 年末为 398.4 万 km）。

2）建设与铁路衔接的综合客运枢纽约 100 个，其中，在 36 个中心城市重点打造约 40 个集公路、铁路、轨道交通、城市公交、出租车等多种方式于一体的现代化大型综合客运枢纽。

综合枢纽对普及公路客运和城市公交都具有推动作用，让公路客车、城市客车与火车实现无缝连接，直接享受客流加大所带来的成果，将进一步扩大客车的市场空间。

3）鼓励发展大中型高档客车，使运输装备专业化、标准化水平显著提升，中高级营运客车比例从 2010 年的 28%上升到 2011 年的 40%。

运输结构的调整势必会促进客车行业的产品结构调整，对于提高整个行业的经营质量具有帮助。

2. 城乡客运一体化政策的积极作用

2011 年 9 月份，交通运输部发布了《关于积极推进城乡道路客运一体化发展的意见》，交通运输部冯正霖副部长要求，当前和今后一段时期，城乡客运一体化发展要突出抓好六方面工作，工作要点分别是进一步明确城乡客运的属性定位，进一步完善法规标准体系，进一步加强城乡客运安全管理，进一步加强城乡客运服务设施建设和网络衔接，进一步推进城乡客运管理制度创新以及进一步做好城乡客运一体化试点工作。

政策的目标非常明确：力争用五年左右时间，全国城乡道路客运一体化发展取得重要突破，城乡道路客运发展更加协调、网络衔接更加顺畅、政策保障更加到位，服务广度和深度逐步提升，服务质量显著改善，可持续发展能力明显增强。具体目标包括：一是基本建成分工明确、衔接顺畅、保障有力、安全高效的城际、城市、城乡、镇村四级客运网络。二是建设一个管理规范、服务优质、衔接顺畅、方便灵活的城际客运系统，有效衔接城市公共交通、农村客运及其他客运方式，不断巩固道路客运的保障能力、竞争优势及其在综合运输体系中的主体地位。三是基本建成能力充分、方便快捷、安全舒适、节能环保的城市公共交通系统，实现地市级以上城市公共交通网络覆盖郊区主要乡镇。四是加快构建覆盖全面、运行稳定、安全规范、经济便捷的农村客运系统，实现全国乡镇通班车率达到100%，建制村通班车率达到92%，100%的中心镇建成客运站、候车亭或招呼站；积极推进农村客运线路公交化改造，力争实现县域内20km范围内的农村客运线路公交化运行率达到30%以上。

笔者认为这项政策将会对未来5～10年客车市场的发展产生深远的影响，具体表现在四个方面：一是城际、城市、城乡、镇村四级客运网络的形成，将成倍扩大客车市场规模。二是逐步实现将城乡客运发展纳入公共财政保障体系，这将大大缓解客车市场的资金压力（目前大多数客车用户的规模很小，抵抗风险和融资的能力较弱）。三是实现客运班线公交化，不仅明确了未来道路客运网络的运营模式，而且对未来客车产品的发展指出了明确的方向。四是政策明确表示，“镇村公交”可参照城市公共交通管理的相关法律法规和标准规范实施，将真正打开农村客车的市场空间。

3. “公交都市” 将保障公交客车的长期发展

2011年11月份，交通运输部下发了《关于开展国家公交都市建设示范工程有关事项的通知》，明确要求，2013年年底前，全部启动30个城市的公交都市示范工程试点工作，在试点城市要达到“常住人口万人公交车车辆保有量达到15标台以上”、“有轨道交通的城市公共交通出行分担率达到45%以上；没有轨道交通的城市公共交通出行分担率达到40%以上”的目标。到“十二五”末，初步建成1～2个具有国际水准的国家“公交都市”和若干个国内领先的国家“公交都市”。

“公交都市”是为应对小汽车高速增长和交通拥堵所采取的一项城市战略，已成为全球大都市的发展方向。东京、巴黎、伦敦、新加坡、香港、首尔、斯德哥尔摩、哥本哈根是世界闻名的八大公交都市。公交都市的共同特点为：具有高达60%及以上的公交分担率；以高快速路引导产业布局、以快速公交走廊引导人居集聚，以公交车站打造城市开发中心；采取全方位的公交优先政策（如财政补贴、公共交通换乘优惠、公交专用道等），保证公共交通的优先发展；采取包括限制小汽车过快发展、引导小汽车合理使用的需求管理措施。

由此笔者产生三点理解：第一，建设“公交都市”是公交优先政策的进一步细化，目标更明确，针对性更强，对客车行业的影响更大。第二，建设“公交都市”政策对未来公交客车的长期发展具有极强的保障作用。第三，交通运输部将通过此项政策真正行使对公交行业的指导和管理职能。

4．校车将成为客车市场新的增长点

（1）安全形势比较严峻　近几年，随着国家经济实力的增强和城市拥堵的加剧，校车需求逐步兴起，但随之而来的问题也越来越多。目前，校车安全正处于风口浪尖，有超载的、有撞车的、有开下河的、有闷死人的，电视节目、报纸杂志、网络专题，新闻媒体口诛笔伐，专家学者痛心疾首。笔者认为，车辆不专业是影响校车安全的最主要原因。“专用小学生校车安全技术条件”是我国首部专门针对校车安全技术条件的强制性国家标准，已于2010年7月1日正式实施。但是，目前市场上从事校车运营的车辆大多数都不是专用校车，有营运车、有改装车、有二手车、有农用车，还有一些三轮车，五花八门，真正符合条件的专用校车却很少。

（2）市场空间巨大　有关资料显示，美国目前有44万辆校车，每天要接送2500万名中小学生（平均每辆校车56.82人），占所有中小学生总数的54%。目前，我国校车的应用主要以小学生和幼儿为主。根据国家教育部发布的数据，截至2009年，我国幼儿园总数为13.82万个，共计86.79万个班，在园人数2657.81万人，小学28.02万所，共计269.36万个班，在校学生达到10071.47万人。以美国为参照系来测算：50%的小学生和幼儿人数为6364.64万人（美国中小学生坐校车的比例是54%，考虑我国民众的消费水平略逊于美国，故按低于美国比例测算），若按平均每辆校车60人计算（美国每辆校车平均核载56.82人，校车服务对象是中小学生，我国则主要是小学生和幼儿，故每辆校车的核载人数应多于美国），未来我国校车的需求总量将达到106万辆。如果每年能够以需求总量5%左右的增长速度来释放校车的市场空间，“十二五”期间，客车的市场规模就会翻番。

（3）校车市场已经启动　近几年虽然校车安全形势很严峻，但真正的标准性事件是甘肃的校车事故，不仅得到了社会的高度关注，也终于触动了高层的决心。因此，可以说，甘肃事件是校车市场“热启动”的催化剂。

校车的市场空间很大，但不会一步到位，具体来看，校车需求的逐步释放有如下几条途径：一是扩大试点范围。6 个试点地区显然不够，覆盖面不够，纵深也不够，试点结果的参考价值就很小。从覆盖面来看，从南到北、从东到西选择试点地区应有代表性；从纵深来看，大、中、小城市和农村、山区差别很大，应该有不同的校车配置方案。二是逐步更新现有的运营校车。根据教育部发布的信息，在运校车已有 28.5 万辆，其中只有 10%是专业校车，至少有 25 万辆需要在短期内更新。从现实情况来看，在运校车不能停是一个大前提，不然会造成混乱，这是国家高层最不愿看到的结果，但这些车辆多多少少都存在安全隐患（辽宁省凤城市校车没有超载，也发生了侧翻，导致 35 人受伤），都需要及时更新。三是地方政府积极推行校车新政。关于校车运营，目前最热门的两个焦点是校车的路权和校车的运营主体，从媒体报道的消息来看，不同地方政府的解决方式出现了惊人的一致。比如重庆，①现有所有校车将全部淘汰，3000 辆国内最安全的校车将上路。②由政府统一配置校车到学校接送学生，主城区由市公交集团负责，非主城区由市交运集团负责，校车将按照公交模式来运行，相近的学校可能共用校车，保证学生都能在主要交通干道上坐上校车。③在国家校车安全标准的基础上，自创了十大新标准。

5．行业热点此起彼伏，客车行业活力十足

（1）社会资本仍然十分青睐客车行业　在此之前，社会资本在客车行业鲜有成功案例，甚至出现过像“美的”这样的“客车杀手”（“美的”进入客车行业，消灭了湖南三湘和云南客车两大著名的客车品牌），但是，由于进入门槛较低，获取技术、人才的难度相对较小，行业发展呈上升态势，市场资源都在明处，因此，客车行业仍然受到社会资本的高度关注，“重汽”生产豪沃客车、“潍柴”入主亚星客车、“中国恒天”重组百路佳客车以及南京金龙组建等都是最明显的例子。

（2）客车“信息化”浪潮从企业到政府席卷整个行业　在 G-BOS、安节通、行车宝、E 管家等车联网客运管理系统纷纷亮相之后，2011 年 3 月，交通运输部、公安部、国家安全生产监督管理总局、工业和信息化部联合发出了“关于加强道路运输车辆动态监管工作的通知”（交运发〔2011〕80 号）。交通运输部 2011 年 4 月在关于“认真贯彻《道路运输车辆卫星定位系统平台技术要求》和《道路运输车辆卫星定位系统车载终端技术要求》（交运发〔2011〕158 号）两项标准的通知”中明确要求：自 2011 年 8 月 1 日起新出厂的“两客一危”车辆，在车辆出厂前应安装符合标准的车载终端。

受交通运输部科技司和道路运输司委托，2011 年 6 月客车分会组织召开了《道路运输车辆卫星定位系统平台技术要求》和《道路运输车辆卫星定位系统车载终端技术要求》两项标准宣贯会，积极推动联网联控系统在客车上的应用，对于规范车联网技术在客车行业的发展具有引导作用。

四、 几个值得思考的问题

1．经营环境依然较差

从国际环境来看，世界主要发达国家复苏进程艰难曲折，尤其是欧洲债务危机迷雾重重，更将影响经济的复苏进程，从而对中国经济产生较大的不利影响。从国内环境来看，地方政府债务到期支付存在较大变数，民间借贷乱象丛生，通货膨胀持续存在，房价依然维持高位等，这些问题将制约我国经济呈现 9.5%以上的快速增长势头，进而对客车制造企业的生产经营产生明显的负面作用。

2．出口增长的持续性有待观察

虽然 2011 年客车出口形势不错，但笔者并不认为客车出口已经全面好转。

首先，2011 年客车出口的增长，很大程度上来自于前几年被压抑的客车需求量的释放。2008 年、2009 年、2010 年连续 3 年中国客车出口在低谷徘徊，其中 2009 年处于最低点，并不是客车需求有实质性的减少，而是因为经济环境的变化使这几年的客车需求出现了延后，一旦经济形势出现积极因素，这些延后的客车需求就会得到有效的释放。目前，危机程度已有所减轻，有些局部甚至已经全面复苏，前几年被压抑的客车需求量得到了一定程度的释放，导致 2011 年客车出口有了一个显著的增长。

其次，全球经济形势并不乐观，客车出口的经济基础并无本质的好转。目前，世界经济发展面临两难境地，美国、欧洲等经济发达地区由于债务危机的影响，尚未真正走出金融危机，需要进一步实施积极的货币政策，而中国、巴西等金砖五国则受制于通货膨胀，需要实施紧缩的货币政策，这两种政策互相矛盾，使世界经济形势变得十分复杂，要完全修复金融危机所带来的创伤，需要时间。

因此，笔者认为，2011年客车出口的增长，只是一个短期的反弹，若要客车出口出现全面好转，还需要世界经济形势出现根本的转变，这种转变才会使客车出口的基础变得扎实，客车出口才能够真正回到持续发展的轨道上来。

3．安全形势严峻会产生严重后果

客车重大道路交通事故的频发一方面会影响乘客的信心，使部分乘客转向铁路等交通方式；另一方面也会降低社会资本进入客车领域的热情。同时，还会招致管理部门更加严厉的监管，比如双层客车和卧铺客车的教训，天津滨保事件对整个客车行业产生了严重后果。

4．新能源客车的扩张速度将放缓

（1）温家宝总理在《求是》杂志上发表了《关于科技工作的几个问题》，对于新能源汽车有十分明确的看法　“部署战略性新兴产业，我们与西方发达国家几乎是同步的。从这点看机遇是抓住了。但是从实施进展情况看，问题还比较突出。一是无序发展，一些地方热衷于铺摊子，重复投入、重复建设；二是缺乏核心技术，许多领域还处于起步和跟踪模仿外国技术阶段；三是条块分割，科技资源分散，产学研脱节。具体到一些领域或产品，技术路线、发展方向还不十分清楚。例如新能源汽车，发展方向和最终目标是什么，现在重点发展的混合动力车和电动车是不是最终产品，并不十分明确。混合动力车现在有了一些进展，但技术上与发达国家还有较大差距。电动车开发刚刚起步，总体上还处于初级探索和跟踪外国技术阶段，主要设备和材料都依靠进口。发展新能源汽车下一步要集中解决哪些问题，包括技术路线问题、关键核心技术问题、投入问题、政策支持问题，必须尽快明确下来。”

（2）新能源客车的自燃事故有较大的负面影响　2010年1月，乌鲁木齐发生了两辆纯电动客车自燃事故。2011年7月18日，上海市中山公园附近一辆825路纯电动公交车发生自燃。2011年9月13日，深圳混合动力大巴自燃。2011年8月18日，科学技术部、财政部、工业和信息化部及国家发展和改革委员会等四部委日前发布了要求加强节能与新能源汽车示范推广安全管理工作的通知（以下简称《通知》），要求各试点城市立即开展全面、系统、彻底的安全隐患排查，通知还强调相关工作措施及检查结果必须在 2011 年 9 月 20 日之前报四部委。

（3）烟台百亿元新能源客车项目深陷“泥潭”，为新能源客车项目的发展敲了一次警钟　据报道，山东烟台中上汽车的新能源产业基地，曾经是当地的一号工程、地方支柱产业、百亿元投资的项目，是地方政府招商引资的重点工程，该公司在 2005 年成立之初，曾计划总投资额为 100 亿元人民币，分 4 年实施，着力打造高技术平台，做大、做强新主导产业。而今 6 年过去了，整个项目只剩下一座荒废已久的烂尾楼和打下暗桩的数百亩荒地。

（4）科技部：暂不新增新能源汽车试点城市　科学技术部有关负责人于 2011 年 9 月 6 日在“2011 中国智能交通年会”上表示，大力发展节能与新能源汽车、发展智能交通系统将是我国中长期科技工作重点支持的方向。未来 5 至 10 年，科技研发与推广示范工作紧密结合是推动节能与新能源汽车发展的重要途径。另外，节能与新能源汽车示范推广试点城市暂时不会增加。

综合以上四个方面，笔者认为，国家有关新能源客车的快速扩张政策将有所降温。

5．客车行业多、小、散的局面将延续

需求突然释放，客车行业的准备并不充分（产能不足，成熟产品不多），客观上需要更多的企业来参与解决现实困难。规模比较大的企业将会以追求企业经营质量为主（选择订单）。长期经营不善的企业得到了喘息的机会。“壳资源”沉渣泛起，株洲时代借壳三一客车生产电动大巴，比亚迪收购美的三湘客车。校车政策的所谓重心下移，将产生新的地方保护，校车企业已有泛滥趋势（很多县级财政实力较弱，能够将税收留在本地是十分不错的结果）。此外，汽车集团纷纷进入客车领域（比亚迪上新能源客车、上汽要出校车、奇瑞已经开始干客车，还有潍柴、重汽等），校车市场也已经引起国外专业校车企业的关注。

（作者：佘振清）

2011 年轻型客车市场分析及展望

一、轻型客车市场发展现状

1. 2011 年轻型客车行业整体状况

2006～2009 年轻型客车行业总销量较为稳定，基本维持在 22 万辆左右，2010 年轻型客车迎来了一个发展高峰，销量达 28 万辆以上。据中国汽车工业协会数据显示，2011 年 1～11 月份，轻型客车行业总销量达 299383 辆，相比 2010 年同期增长 14.6%，预计 2011 年全年轻型客车总销量将达到 33 万辆左右（见图 1）。2011 年 1～11 月份，轻型客车销量占汽车行业总销量的 1.5%，占比较近年水平略有下降。

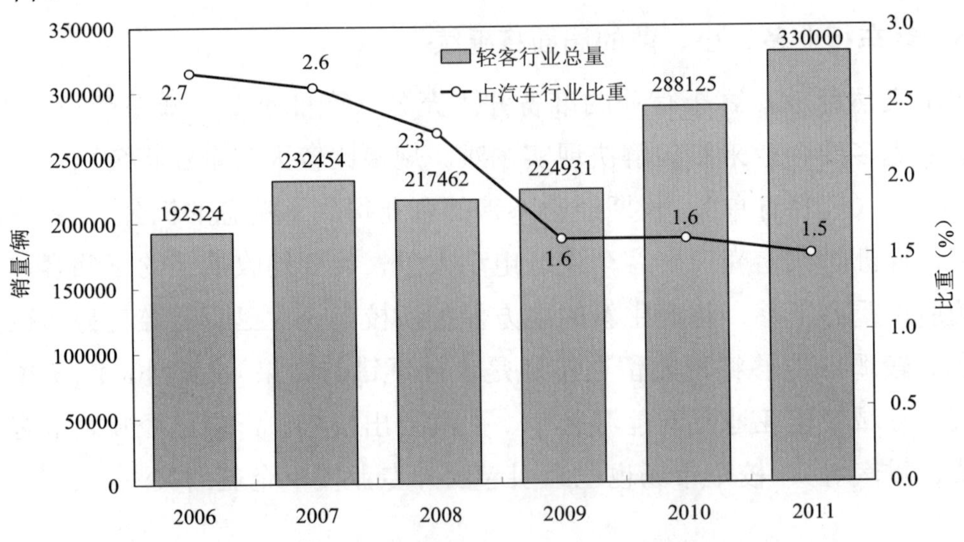

图1 轻型客车总销量及占汽车行业总销量比重

（注：数据来源于中国汽车工业协会）

2. 轻型客车行业的发展特点

（1）轻型客车细分市场发展特点　按用途来划分，轻型客车市场包括：客货两用、商务接待、旅游客运通勤和改装车四大细分市场。客货两用市场是轻型客车中最大的细分市场（见图 2），随着城市物流需求的不断增长，及部分城市皮卡限行的带动，客货两用市场逐年增长，是轻型客车行业成长最快的细分市场。不过，在客货两用轻型客车市场不断发展的同时，受到了来自客货两用微型客车和国产 MPV 的严重挤压。微型客车厂家通过不断推出大尺寸车型来抢占客货两用市场；而国产 MPV 品牌在商务接待市场的竞争能力和品牌形象不佳，也在不断开拓客货两用市场。旅游通勤轻型客车近些年来一直处于下滑通道，主要受到了中巴车型升级的影响，中巴车通过改善乘客座位的舒适性大大提升了在旅游通勤市场的竞争力，但轻型客车在高端精品旅游市场的销售形势呈现上升趋势。由于商务接待市场需求有限，商务接待轻型客车占比最低，保持在 4%～5%之间。同时，轻型客车在商务接待市场中受到了商务 MPV 车型的严重挤压，相比于 MPV 车型，轻型客车在外形、内饰、乘客座位舒适性等方面存在较大劣势。由于个性化的需求不断增强，轻型客车改装车市场相对稳定。近几年，轻型客车市场呈现了往更专业化、高品质化方面发展的趋势。

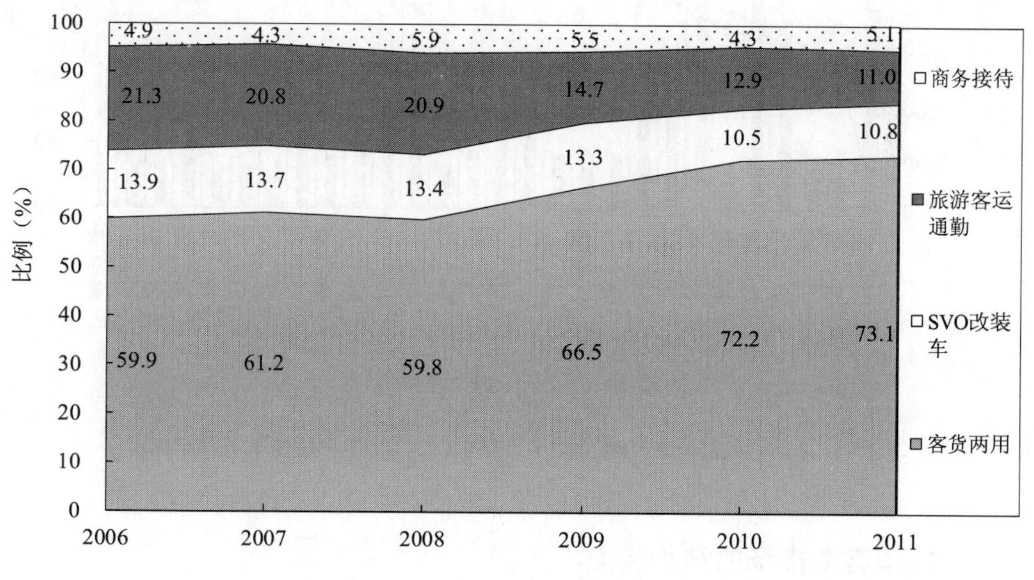

图2　历年轻型客车细分市场占比

（注：数据来源于轻型客车上牌数；且 2011 年仅含上半年数据）

（2）2011 年轻型客车区域市场的新特点　轻型客车在东部及沿海地区的销

售形势下滑。轻型客车的销售区域主要集中在东部及沿海经济发达地区（如江苏、广东、浙江、山东等省份），但2011年受欧债危机、国内通胀压力高涨、经济增速放缓等不利因素影响，东部及沿海地区轻型客车销量增长放缓（其中，北京因9座及以下小客车摇号上牌政策影响，轻型客车销量急剧下降）。而中西部地区（如内蒙古、江西、新疆、河北等省份））销量增长较快（见图3）。

二、三线城市的销售形势普遍好于一线发达城市。一线发达城市受到了政策（如交通压力）等较大不利影响，而部分二、三线城市则是在政策（如皮卡限制进城等政策）影响下，对于轻型客车的需求有明显增加，以致二、三线城市占轻型客车总量比重提升。由于产业转移将继续带动中西部和二、三线城市制造业的发展，中西部地区与二、三线城市仍将是未来轻型客车增长的潜力区域。

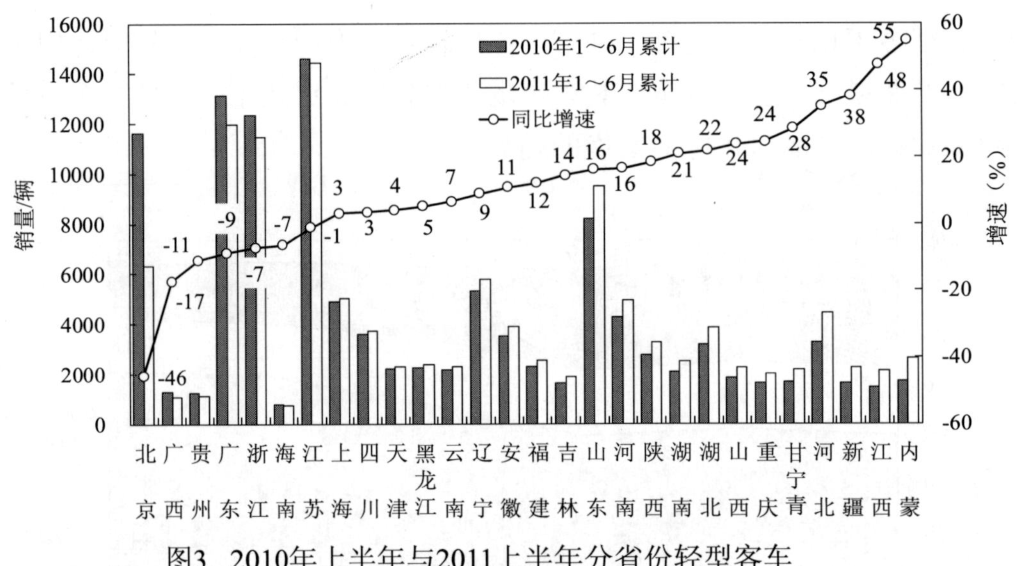

图3 2010年上半年与2011上半年分省份轻型客车销量变化及同比增速情况

（注：数据来源于轻型客车上牌数；且2011年仅含上半年数据）

3．轻型客车市场的结构特点

（1）欧系占比不断提升 轻型客车可分成日系与欧系两大类，日系车以金杯海狮以及福田风景为代表车型，汽油车为主，价格要低于欧系车型；欧系车以全顺、依维柯为代表车型，柴油车为主，价格相对较高。日系与欧系轻型客车的主要区别见表1。

表 1　日系与欧系轻型客车的主要区别

类别	主要品牌	燃油	价格/万元
日系	金杯海狮	汽油为主	低端（<8）
	福田风景		中端（8～12）
欧系	全顺	柴油为主	中端（8～12）
	依维柯		高端（>12）

近几年，随着全顺以及依维柯销量的快速增长，欧系轻型客车比重不断提升，2011 年欧系轻型客车占比达到了 33.7%（见图 4）。

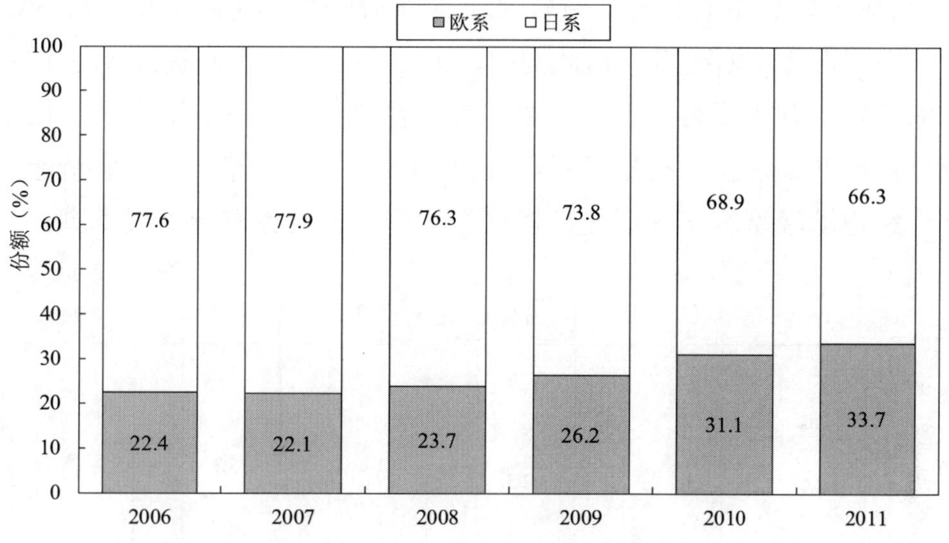

图4　近年来日系及欧系轻型客车份额变化

（注：数据来源于轻型客车上牌数；且 2011 年仅含上半年数据）

轻型客车分品牌来看，2011 年 1～11 月份，主要轻型客车品牌相比 2010 年同期增长 11%（见表 2）。其中，欧系车中全顺及依维柯同比增长；日系车中金杯同比增长，而福田、东南同比出现下降。正是由于全顺及依维柯的畅销带动了欧系车占比的不断提升。

表 2　主要轻型客车品牌销量变化

品牌	2008 年	2009 年	2010 年	2011 年 1～10 月	2011 年同比 2010 年增长（%）
金杯	61104	64060	79566	84567	16
全顺	26604	32577	50780	52751	11
依维柯	24079	25037	32081	39810	20

（续）

品牌	2008年	2009年	2010年	2011年1～10月	2011年同比2010年增长（%）
福田	13775	21365	23810	20864	-5
金龙	8194	13905	26815	26020	6
东南	5948	3297	5571	3817	-28
汇众	2801	3153	3299	1949	-27
合计	142505	163394	221922	229778	11

注：数据来源于中国汽车工业协会。

（2）柴油车比例不断提升　近年来，伴随着欧系车全顺、依维柯的销量大幅增长，欧系车占比不断提升，与此同时，柴油车占比也不断提高（见图5）。柴油车比例的不断提升主要得益于：柴油车具有燃油经济性好、动力大、扭矩强等特点，此外，国产柴油发动机技术提升较快。不过，在国家大力发展新能源汽车的趋势下，纯电动轻型客车等新能源轻型客车产品日后也有望大展拳脚。

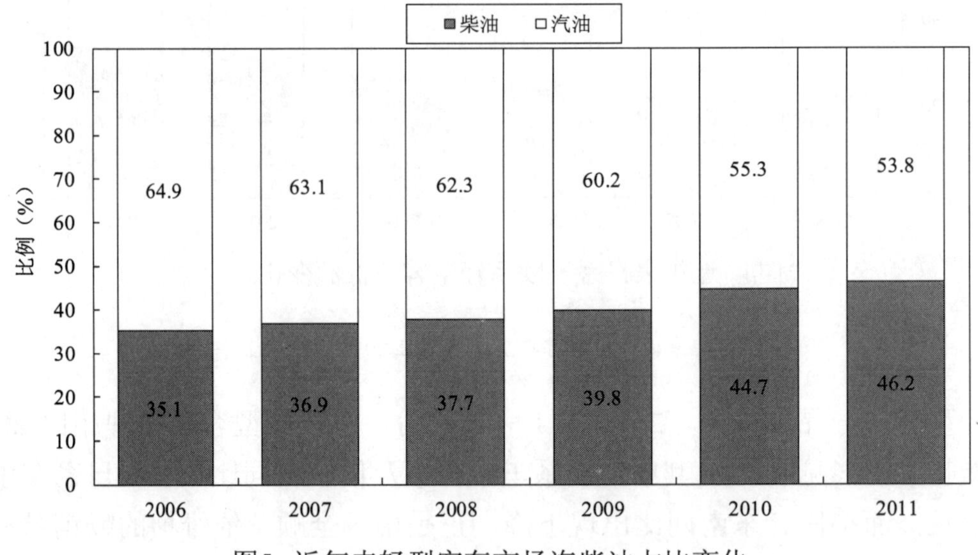

图5　近年来轻型客车市场汽柴油占比变化

（注：数据来源于轻型客车上牌数；且2011年仅含上半年数据）

（3）低端轻型客车占比下滑　由于受到大型微型客车的挤压，近几年，低端轻型客车占比不断下降（见图6）。主要原因是：①低端轻型客车与国产微型客车引进的都是日本车型，车型风格十分相似，而且微型客车车身尺寸不断增大（例如，长安星光的车长已经达到 4.5m），低端轻型客车与国产微型客车之间的产品差异度减小；②政府政策刺激，不过小排量车购置税优惠政策与汽车下乡补贴政策在 2011 年已经停止，未来大微型客车抢占低端轻型客车份额的势头会有所放缓。

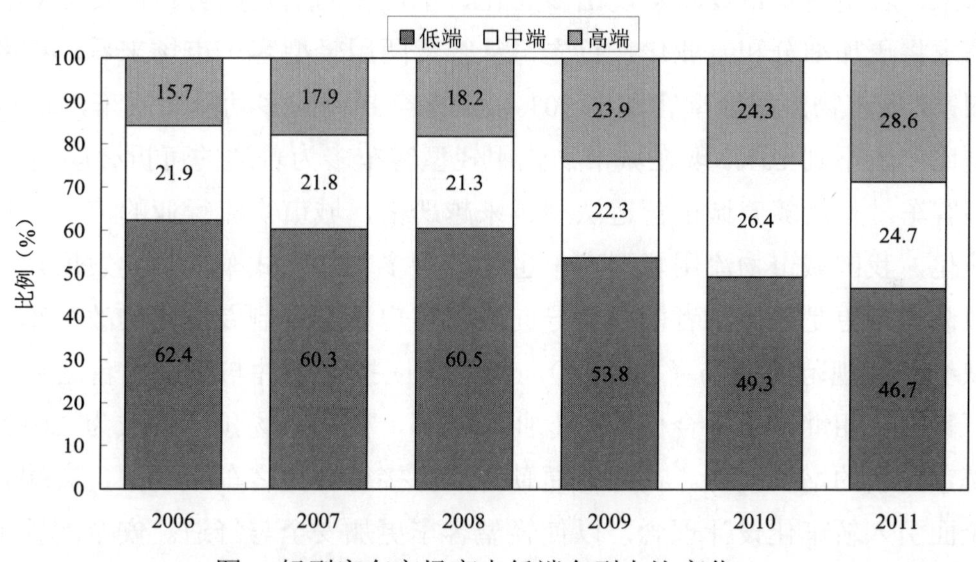

图6 轻型客车市场高中低端车型占比变化

（注：数据来源于轻型客车上牌数；且 2011 年仅含上半年数据）

二、轻型客车行业未来发展方向展望

1. 欧系车占比继续提升，行业竞争程度进一步加剧

相比日系轻型客车，欧系轻型客车不论品牌价值还是单车毛利都相对较高，因此，已经进入和计划进入轻型客车市场的汽车厂家几乎一致性地选择开发欧系轻型客车，这将客观上有利于欧系车份额继续提升。

随着轻型客车新品牌、新车型的入市，未来的轻型客车市场竞争将加剧。上汽大通、江淮星锐、东风御风等新的轻型客车车型已经在上海车展上扎堆亮相，奔驰凌特在广州车展上市，外形无一例外是欧系风格，且以柴油机为主。除了上汽、江淮、东风、奔驰之外，轻型客车市场在未来还将出现更多品牌与车型，比如宇通、一汽通用、长安等都将加入轻型客车行业的竞争。同时，现有的日系轻型客车品牌也在新车型方向朝着做大车身尺寸方向发展，如大金杯。未来，轻型客车市场竞争加剧的同时，也将促使传统轻型客车企业进一步提升其在产品、服务、营销等方面的综合实力。

2．轻型客车产品向专业化方向发展

未来，轻型客车市场将呈现出多元化、个性化的消费趋势，消费者对轻型客车的需求将更加细分和专业化。首先，从客货两用轻型客车市场来看，在欧美等发达国家，城市物流用轻型客车中 90%以上是全封闭的多功能厢式车，而在我国，此车型比例还不到 10%，现在城市物流用轻型客车多为普通的可折叠座椅的 5～7 座轻型客车。相信随着城市营运法规越来越严格，城市物流行业的需求也将越来越专业化，我国城市物流用轻型客车也将朝着多功能厢式车的方向发展。

改装市场更是以消费者需求为导向，为客户量身定制专业化的改装车。对于之前缺少严格规范的市场（如校车），随着相应技术条件与标准出台之后，轻型客车厂家将会相继推出符合标准的专业化校车，校车市场预计将成为 2012 年轻型客车市场新的增长亮点。在旅游通勤与商务接待轻型客车市场中，高端轻型客车将全面引入轿车化设计理念，以使轻型客车更加安全与舒适。安全配置主要表现在：双安全气囊、可视倒车雷达、ESP、ABS、成控电脑系统（如全顺的 CAN-BUS 系统）等；而舒适性配置主要表现在：一体化中控台、高清晰数字仪表盘、DVD+GPS、空调控制系统和噪声方面的 NVH 静音工程等。

总的来看，为满足消费者的不同需求，向消费者提供专业化的产品势必是轻型客车市场未来的发展趋势。

（作者：涂文旺）

2011 年微型客车市场分析与 2012 年展望

2011 年，微型客车仍然是汽车行业各细分市场中的焦点。前两年是因为享受多重优惠又大幅增长成为焦点，微型客车销量的高速增长直接推动了众多汽车集团纷纷投资进入该细分市场。2011 年则是因为出现了显著下滑而成为新进入者和即将进入者之痛。

一、 2011 年微型客车销量回顾

1. 微型客车总销量首次下滑，总量在乘用车中的占比降至近年来最低

从总量来看，2011 年，微型客车全年累计销售 2258291 辆，比上年下滑 9.38%，为近十多年以来首次下滑。从微型客车在乘用车总量中的占比来看，2005 年微型客车的比重一度在 20%以上，但占比呈现逐年下滑；2009 年和 2010 年占比有所回升，但 2011 年微型客车在乘用车中的占比急剧降低至近年来的最低点 15.60%（见图 1）。

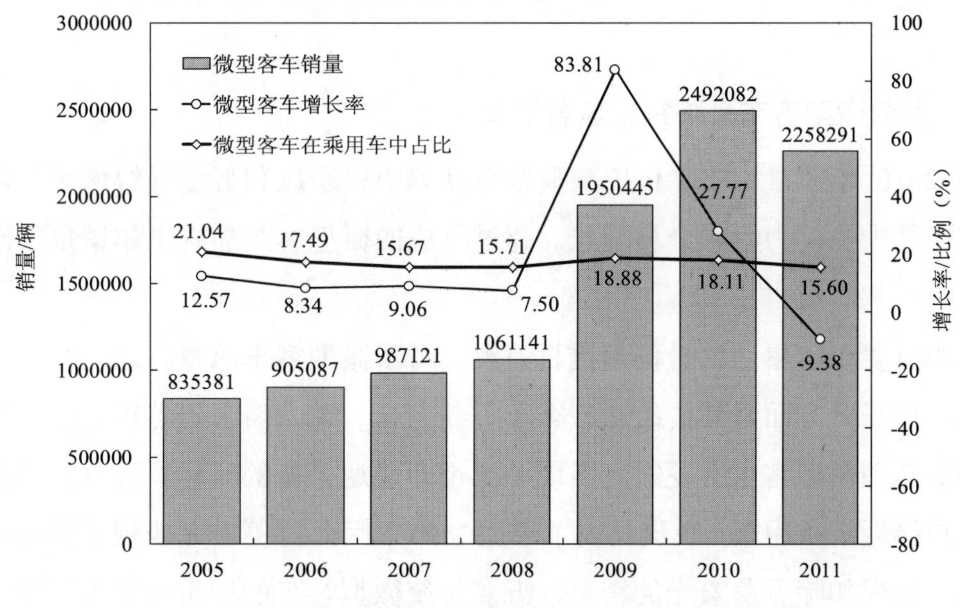

图1 微型客车逐年销量及在乘用车中占比趋势

2．2011 **年微型客车同比下滑势头贯穿全年，但逐月销量走势曲线基本与 2010 年相同，销量走势回归正常**（见图 2）

从逐月销量同比看，2011 年仅一月份同比呈现小幅增长，9 月份微型客车销量与上年同期持平，而其余十个月都呈现下滑，其中六月份同比下滑达 21.2%。但从逐月销量走势图看，2011 年与 2010 年季节性波动规律一致，和 2009 年一路上升的曲线差异较大，因此可以看出微型客车销量走势已经回归到正常轨道。

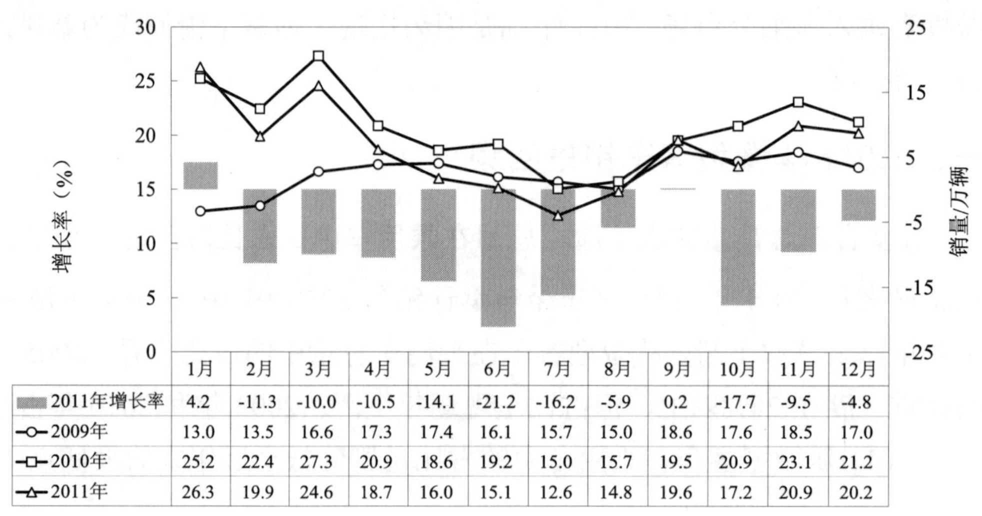

	1月	2月	3月	4月	5月	6月	7月	8月	9月	10月	11月	12月
2011年增长率	4.2	-11.3	-10.0	-10.5	-14.1	-21.2	-16.2	-5.9	0.2	-17.7	-9.5	-4.8
2009年	13.0	13.5	16.6	17.3	17.4	16.1	15.7	15.0	18.6	17.6	18.5	17.0
2010年	25.2	22.4	27.3	20.9	18.6	19.2	15.0	15.7	19.5	20.9	23.1	21.2
2011年	26.3	19.9	24.6	18.7	16.0	15.1	12.6	14.8	19.6	17.2	20.9	20.2

图2　微型客车逐月销量及增幅走势

3．**多数微型客车品牌销量显著下滑**（见表 1）

和 2010 年销量相比，传统微型客车品牌中仅东风和五菱低幅增长，新兴微型客车品牌中也仅力帆和金杯增长。超过六成的微型客车品牌全年销量下滑较明显。

其中五菱全年累计销量仍超过百万辆，占了微型客车总量将近一半。五菱销量能维持增长一方面是其传统微型客车五菱之光、荣光需求仍然较旺盛，但更主要的是其新型微型客车五菱宏光实现了上市即快速上量的目标。五菱宏光在车型特征上更接近于乘用车，应该是属于小型 MPV，因此五菱宏光兼顾了多种用户群的需求。如果扣除五菱宏光的销量，五菱传统微型客车的销量也呈现下滑。

表 1　主要微型客车品牌销量及累计增长率

品牌	2011 年销量/辆	2010 年销量/辆	累计增长率（%）
五菱	1125770	1057804	6.4
长安	509895	722859	-29.5
东风	243053	226198	7.5
哈飞	71891	137109	-47.6
佳宝	62555	70795	-11.6
海马	56487	63462	-11.0
金杯	45013	37003	21.7
昌河	39022	62349	-37.4
奇瑞	33579	57972	-42.1
力帆	23526	9520	147.1
其他	47500	47011	1.0
微型客车合计	2258291	2492082	-9.4

东风小康从 2011 年上半年率先发起降价促销活动，其微型客车主力车型终端售价不足 26000 元，促销力度不小。小康的成本优势决定了其搞低价促销的力度。小康的促销对其销量的提升促进较明显，特别是在华北各微型客车大市场效果更突出。力帆、金杯的增长则完全是新进入品牌的导入性增长。2011 年对于绝大多数微型客车品牌来说都是艰难的。

2011 年微型客车销量下滑是多个因素叠加的结果。

一是因为多重优惠政策集中退出导致的需求回落。过去两年拉动微型客车超常规增长的汽车下乡政策、购置税优惠政策等刺激政策集中退出，虽然节能惠民政策继续，但微型客车本身能享受到节能补贴的车型几乎为零，因此可以说 2011 年在国家政策层面上没有任何政策是利好微型客车的。

二是因为 2009 年和 2010 年的多重优惠对消费需求存在明显透支。由于多重政策鼓励，相当于微型客车优惠幅度非常大，这吸引了较多可买可不买的用户，2011 年，那些可买可不买的用户几乎没有了。特别是在 2010 年最后三个月，在政策限期已经明了后，市场上更是出现了抢购高潮，导致 2010 年第四季度微型客车销量较正常水平多卖了近 20 万辆（见图 3）。

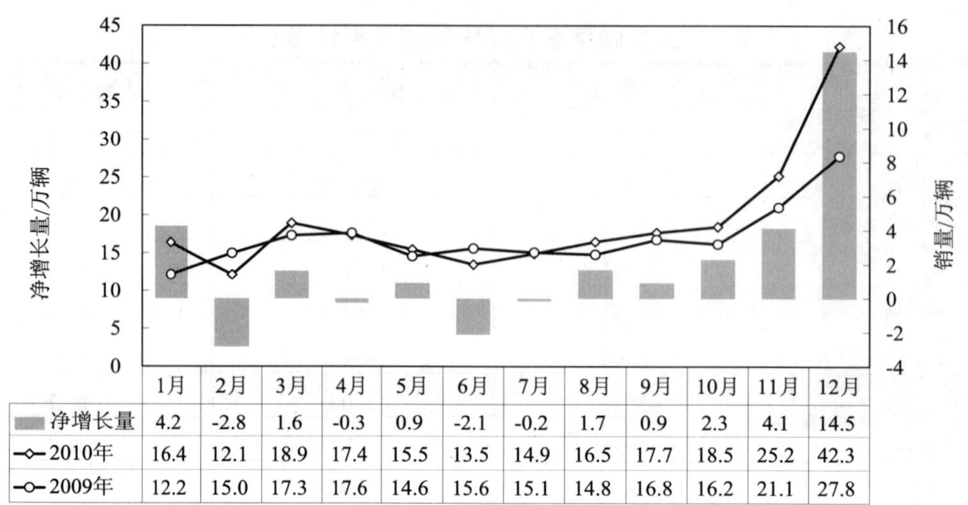

	1月	2月	3月	4月	5月	6月	7月	8月	9月	10月	11月	12月
净增长量	4.2	-2.8	1.6	-0.3	0.9	-2.1	-0.2	1.7	0.9	2.3	4.1	14.5
2010年	16.4	12.1	18.9	17.4	15.5	13.5	14.9	16.5	17.7	18.5	25.2	42.3
2009年	12.2	15.0	17.3	17.6	14.6	15.6	15.1	14.8	16.8	16.2	21.1	27.8

图3 2010年与2009年微型客车逐月销量及净增长量趋势

三是因为地方限购政策的影响。继北京从 2011 年 1 月开始摇号以后，7 月份贵阳也开始实施摇号政策。摇号政策对这两个地方的需求抑制立竿见影：其中过去曾是微型客车十大市场之一的北京，2010 年微型客车上牌量超过 70000 辆，而 2011 年全年微型客车上牌量预计不足 10000 辆，下滑幅度超过 80%；贵阳市 2010 年微型客车上牌量接近 20000 辆，而 2011 年微型客车上牌量预计仅 10000 辆左右，下滑幅度超过 40%。

除了以上三个明显的因素外，2011 年微型客车销量还受到宏观经济环境的影响。其中货币紧缩，中小企业贷款难导致中小企业购买微型客车难度加大；另外使用成本的增加也在一定程度上打击了消费者的购买信心。

相比前两年，2011 年微型客车市场出现了一些新的变化。一是微型客车分化发展趋势日趋明显。微型客车的标准名称为“交叉型乘用车”，即其车型既有乘用车特征又有商用车特征，但近年来微型客车在车型上的商用化和乘用化的分离日趋明显。2011 年，以发动机前置为显著特征的更偏乘用化的五菱宏光和更偏商用化的长安金牛星、长安星光 4500 等大型微型客车逐渐成为微型客车市场的主流车型。二是 2011 年换购、增购用户比重继续增加，特别是大型微型客车和新型微型客车用户中换购、增购用户比重更高。根据长安汽车市场调研数据，2010 年微型客车买车用户中有 10.3%的用户属于换购，6.5%的用户属于增购，而 2011 换购用户比重上升到 13%，增购用户比重上升到 7%。其中大型微型客车长安星光 4500 的换购用户比重达 16%，增购用户比重达 15%；新型微型客车五菱宏光换购用户群高达20%，增购用户比重也达到11%。三是大客户的比重在继续扩大。2011年，大客户的比重达到9.4%，比上一年增加了3.7个百分点，可以看出在2011年个人用户需求减少的情况下，大客户的需求仍然保持较好。根据上牌数据统计，在大客户中仍然主要为工商执法、医疗救护和邮政快递等，但值得关注的是短途线路公交用采购比重上升较快。目前以重庆为代表的个别大城市主城区就有较多补充线路车，主要是存在于公交较繁忙且公交车不便的线路上，政府对这些线路车纳入公共交通的管理，方便市民出行。同时在西部较多城乡之间也将微型客车作为了主要交通工具，由于西部农村人口较分散，人口密度较小，大多数时候城乡之间人口流动量不大，不适合大中型客运车。四是微型客车市场竞争激烈，降价促销贯穿全年。东风小康从年初率先实行"百万传奇"促销活动，拉开微型客车降价促销的序幕，小康主力车型K17终端零售价格降到25900元左右。随后五菱、长安、奇瑞、佳宝等所有微型客车品牌陆续跟进，各品牌基本都进行了全谱系降价促销，各车型平均让利大概在2000元左右。自2007年以来，这么大范围的促销活动还是第一次。五是小尺寸微型客车彻底退出市场。按照汽车市场标准，微型客车的尺寸为车长在3.5m以下。而2011年微型客车总销量中，3.5m及以下微型客车的销量不足1%，而长度在3.9m以上的微型客车占了半壁江山。以2000年上市的老款长安之星为首的短尺寸微型客车和五菱兴旺等平头微型客车在经历了近十年的辉煌后彻底退出了市场（见图4）。

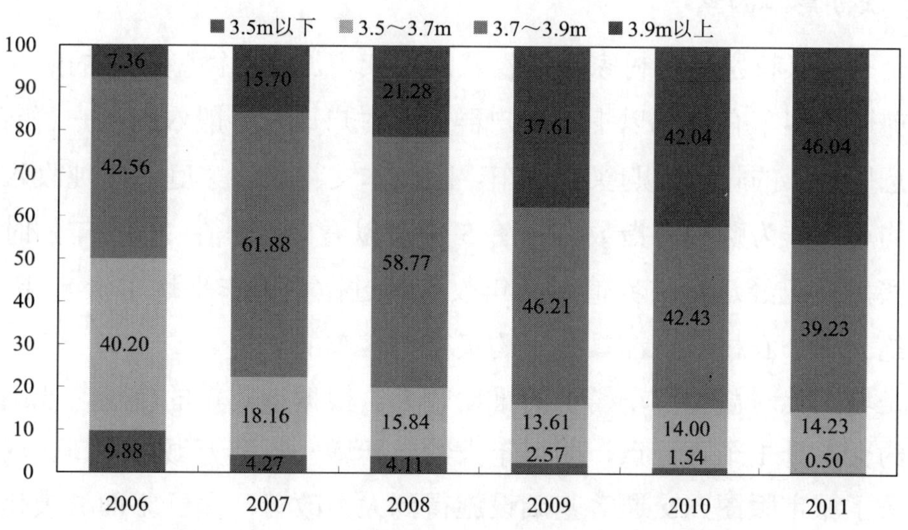

图4 近几年微型客车分尺寸销量结构变化趋势

二、 2012 年微型客车销量预测

经过 2011 年的回调，微型客车市场重新走回了正常的发展轨道，由于微型客车用户群的相对特殊性（主要仍然是个体户，买车来从事经营活动），鉴于汽车保有量的快速增加和相关制约因素制约力度的加大，微型客车要想再现 2009 年和 2010 年的辉煌几乎不可能，但继续下滑的可能性也较小。接下来，我们来看看影响 2012 年微型客车销量的一些因素（见表 2）。

表 2 影响 2012 年微型客车需求的因素

因 素		对微型客车影响	影响权重
长期因素	收入提高	+	★★★
	城镇化	+	★★★★
	产业结构调整	+	★★★★
	就业	+	★★★★
	换购、增购	+	★★★
短期因素	经济增速减缓	-	★★★★
	地方限牌	-	★★★★
	使用成本	-	★★
	新型微型客车	+	★★★★
	竞争促销	+	★★

1. 长期影响因素

一是家庭（特别是农村家庭）收入的持续增加，对微型客车的购买力显著提升。目前微型客车有 70%以上的用户群为农村户口，一般农村用户群有个习惯，就是愿意用两年的收入来购买一辆车。因此本文将农村家庭两年纯收入除以微型客车平均车价作为购买力指数。从图 5 中可以看出，早在 2008 年的时候微型客车的购买力就已经达到临界值（两年收入超过微型客车平均车价），因此可以认为现在绝大部分农村家庭都具备了购买微型客车的能力。

二是城镇化对微型客车需求的推动较大。根据近几年的统计，我国每年城镇化率大约会上升 1 个百分点，即每年大约会新增一千多万城市人口。城镇化一方面是扩大了城市版图，交通等基础设施得到大力改善；另一方面城镇化带来的大量离开土地的农民身份的转变，需要在城市重新就业，而绝大部分新城市居民都

是自主创业，这群人基本上都是选择客货两用的微型客车。

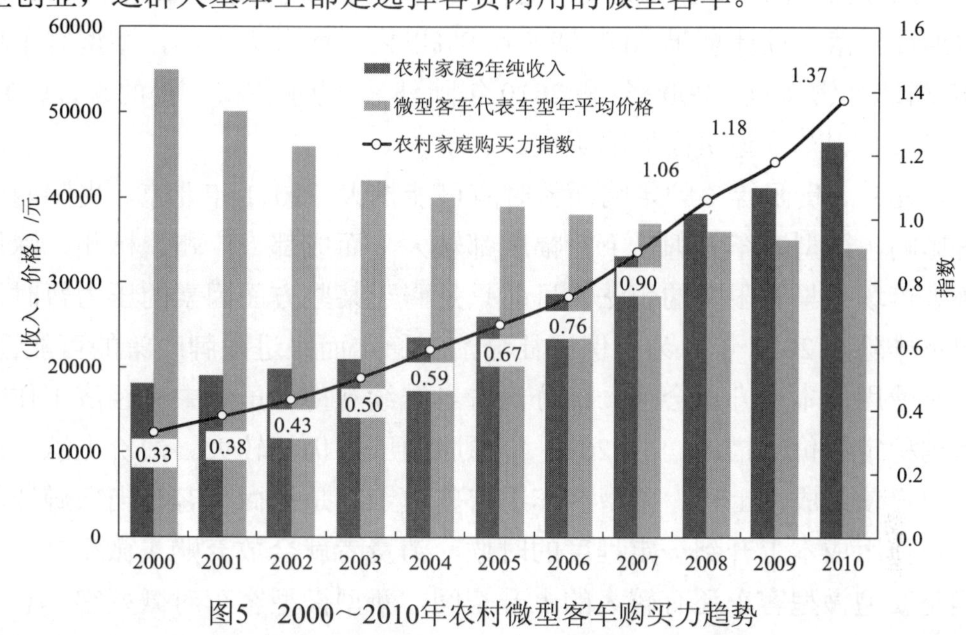

图5　2000～2010年农村微型客车购买力趋势

三是产业结构调整对微型客车的影响。虽然我国现在仍然处于重化工业阶段，第二产业对 GDP 的贡献仍是最大，但近年来第三产业保持了较强劲的增长，未来第三产业在国民经济中的比重也还将增加，个体、服务业、城市物流、批零商业等对微型客车的需求还是比较大的。

四是就业的带动。80 后和 90 后已经成为主力就业新军。由于成长环境和观念的变化，这些在改革开放以后出生的人群普遍独立意识较强，有更多人愿意自主创业。还有一个特殊的人群“农二代”的出现：没有富裕的家庭背景，不愿意再重复父辈的农耕生活，强烈想在城市扎根。这些自主创业者多选择从事服务、流通、批零等行业，对微型客车的需求也比较强烈。

五是微型客车已经进入换购和增购周期。2000 年长安之星上市，随后五菱之光等上市，凸头微型客车迅速普及。前几年微型客车还曾经是较大部分用户的代步车，但近几年，随着轿车普及和微型客车在商用功能上的加强，用户对于微型客车用途越来越侧重于商用，而第一代的凸头微型客车无论是性能上还是空间上都难以满足当前需求，同时第一代凸头微型客车使用年限基本上也都在八年以上了，到了该换代的时候。增购和换购需求对微型客车总量的贡献不可忽略。

2．影响 2012 年微型客车需求的短期因素

一是国民经济面临诸多不确定性因素，GDP 增速减缓。由于欧洲、美国、日本经济的低迷，伊朗、叙利亚等局势充满变数，贸易保护主义抬头等，在全球经济一体化的今天，中国经济难免受一定冲击。目前诸多权威机构预测 2012 年 GDP 增速将继续回落，预计全年 GDP 增速在 9%以内。而过去十年，微型客车增速都与 GDP 增速非常接近（2009 年和 2010 年除外）。特别值得一提的是，GDP 增速下行时，微型客车增速负面影响更大。

二是北京、贵阳等限牌影响面随时有可能扩大。2011 年北京、贵阳两个城市受限牌影响，微型客车上牌量下滑幅度都较大。而成都、广州、杭州、深圳等微型客车大市场也早有限牌的想法，目前只是碍于某些方面因素的压力暂时没有出台，但不排除在 2012 年内为了保证社会治安稳定而跟进限牌政策的可能性。

三是使用成本上升也会使一部分消费者继续观望。虽然中央经济工作会议提出了系列稳定物价的措施，但 2012 年通胀的压力仍然较大。油价上涨、停车费提高，用户使用成本上升。微型客车用户基本上都是把微型客车当做赚钱的工具之一，当使用成本上升到一定程度的时候，消费者就会放弃购买微型客车。

四是新型微型客车还有较大的上升空间，新型微型客车对微型客车总量有较大的助推作用。2011 年五菱宏光上市就实现了快速上量，证明此类型车有较大的市场需求潜力，其再次兼顾了家用、商用功能，很适合中低等收入群体。2012 年长安也将推出一款发动机前置的微型客车欧诺，预计其他微型客车品牌也将加快推出新型微型客车的步伐。

五是 2012 年微型客车市场竞争依然激烈，竞争对微型客车厂家来说是十分痛苦的，但对于用户来说反而是利好。由于 2009 年和 2010 年微型客车增长较好，各微型客车品牌基本都进行了产能扩建，也有较多汽车集团基于不同目的也进入了微型客车领域。据统计，2012 年建成的微型客车产能预计将突破 700 万辆，而微型客车最近几年也就两百多万辆的需求规模，绝大多数品牌年销量不足 10 万辆。传统微型客车品牌要保持领先，而新兴微型客车品牌又有改变地位的强烈愿望，在这种背景下，可以预见，2012 年微型客车市场促销将较频繁。

综上所述，笔者对微型客车需求的判断为：长期向好，需求潜力较大，但 2012 年微型客车仍然将面临一定挑战。

预计 2012 年全年微型客车销售 235 万辆左右，比 2011 年的 225.8 万辆增长 4.1%。其中增长预计主要来自于新型微型客车，而传统微型客车销量基本与 2011 年持平。

（作者：谭辉龙）

2011 年重型载货车市场回顾与 2012 年展望

2011 年中国重型汽车市场没能延续 2010 年的走势，销售形势出现明显回落，具体来看，经济增长放缓、优惠政策退出、银根紧缩、物流成本提高和房地产黄金时代的逐渐落幕等因素共同导致了重型汽车放慢了快速发展的步伐。可以说，目前整个重型汽车行业的发展进入了一个冷静期和调整期，市场也在寻找新的发展机遇，从而重新回到增长轨道。

一、2011 年重型汽车市场回顾

1．汽车产销基本情况

（1）汽车总产销同比略有增长　2011 年 1～11 月份，全国汽车产销量分别为 16728322 辆和 16815647 辆，同比分别增长 2.00%和 2.56%，2011 年全年产销量达到上年水平并实现增长没有悬念。出口市场表现良好，根据中国汽车工业协会统计数据显示，2011 年 1～11 月份汽车整车企业出口数较上年同期增加 27.49 万辆，对同期国产汽车增长的贡献度达 65.43%。

（2）商用车同比出现了较大幅度下滑　2011 年 1～11 月份，商用车产销分别是 3605640 辆和 3712024 辆，累计同比分别下降 8.68%和 5.93%。其中，载货车表现较差，产销持续低迷，而客车表现较好。

载货车分车型来看，重型载货车产销 76.41 万辆和 82.45 万辆，同比分别增长-20.26%和-12.46%；中型载货车产销 26.79 万辆和 26.54 万辆，同比分别增长 8.23%和 5.53%；轻型载货车产销 169.48 万辆和 173.28 万辆，同比分别增长-7.83%和-6.69%；微型载货车产销 44.39 万辆和 44.71 万辆，同比分别增长-11.91%和-9.73%。客车产销 43.50 万辆和 44.23 万辆，同比分别增长 8.78%和 10.42%。

2．重型载货车市场表现原因分析

2011 年 1～11 月份，重型载货车累计产销分别是 764090 辆和 824512 辆，同比分别增长-20.26%和-12.46%。其中，非牵引类重型载货车产销量分别为 53.47 万辆和 58.29 万辆，同比增长-14.05%和-4.09%；半挂牵引车产销量分别为 22.94

万辆和24.16万辆，同比增长-31.74%和-27.68%。2011年，重型载货车成为了汽车行业中增速最低的商用车系列，但是从中长期来看销量依然保持了相对较高水平，此外，重型载货车市场结构以及竞争格局也随着环境的变化发生了较大改变。具体来看，重型载货车出现较大变化的原因主要有以下几点。

（1）固定资产投资增速下滑是导致重型载货车增速下滑的重要原因　截至2011年11月底，全国累计固定资产投资（不含农户）达269452亿元，同比增长24.5%。其中，第一、二、三产业投资同比分别增长28.2%、27.0%和22.4%；制造业投资同比增长31.5%。从项目隶属关系看，2011年1～11月份，中央项目投资16211亿元，同比下降8.5%；地方项目投资253241亿元，同比增长27.5%。从施工和新开工项目情况看，2011年1～11月份，施工项目计划总投资609910亿元，同比增长19.5%；新开工项目计划总投资223005亿元，同比增长24.0%。分行业投资情况来看，2011年1～11月份，公路和水路累计完成固定资产投资12944亿元，同比增长11.0%，与上年同期相比增速放慢7.8个百分点；2011年1～11月份，物流业固定资产投资完成额2.8万亿元，同比增长9.6%，增幅比上年同期回落14个百分点；2011年1～11月份，全国房地产开发投资55483亿元，同比增长29.9%，同比增长比前10月下降了1.2个百分点，同时，全国房地产开发景气指数从年初的102.90下降到11月份的99.87。可以看到，2011年多项固定资产投资增速下滑对重型载货车发展造成了明显的负面影响（见图1）。

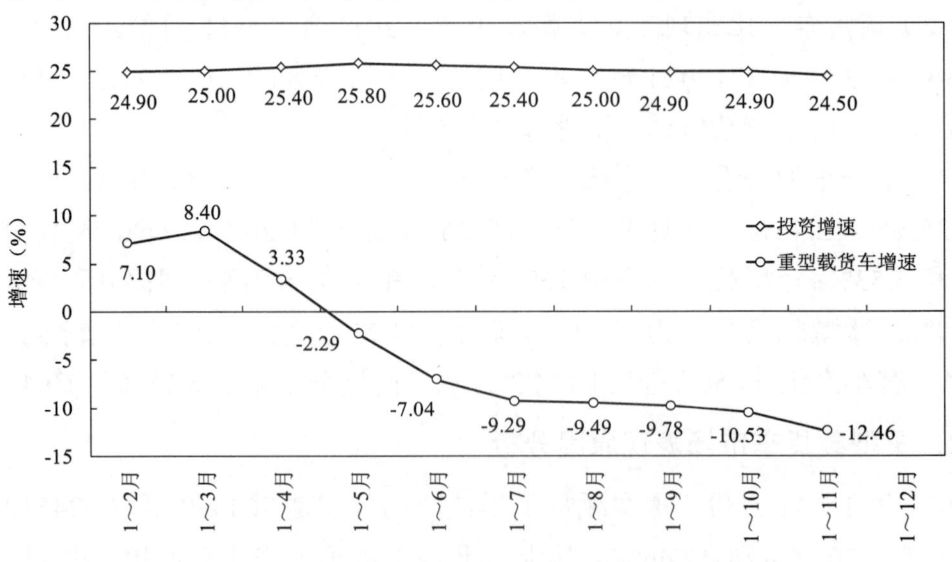

图1　2011年城镇固定资产投资及重型载货车销量月度累计同比增速

（2）**公路货运量和周转量较快增长继续推动重型载货车发展** 根据国家统计局数据显示，2011 年 1～11 月份，公路及水路货物运输量仍保持快速增长。2011 年 1～11 月份，全社会完成公路货运量和货物周转量分别为 255.54 亿 t·km 和 46400.70 亿 t·km，同比增长 15.1%和 18.3%；全社会完成水路货运量和货物周转量分别为 38.7 亿 t·km 和 68573.96 亿 t·km，增长 15.1%和 15.8%。2011 年，公路货运量和货物周转量较快增长继续推动了重型载货车的发展，并有效地带动了重型载货车销量维持在相对较高的水平。

（3）**市场与政策双导向促使重型载货车产品结构发生变化** 2011 年，受市场以及政策等因素影响，重型载货车有向中重型载货车方向发展的趋势，中型载货车市场表现明显好于重型载货车。首先，由于国家经济放缓、优惠政策退出、银根紧缩、物流成本提高等市场环境变化，在一定程度上降低了用户的可支配收入和购车能力，限制了重型载货车的需求增长。其次，交通运输部实施的运输车辆燃料消耗量准入管理措施以及《公路安全保护条例》的出台，在政策层面上对重型载货车市场造成了较大的不利影响。另外，按照“标准车型、标准装载、标准收费；标准车型、超额装载、超额收费”原则的计重收费标准的实施，加速了重型载货车轻量化的趋势。2011 年，正是由于市场环境、政策的变动以及计重收费政策导致的重卡轻量化趋势，使得重型载货车产品结构发生了较大变化。

（4）**市场竞争格局出现较大变化** 2010 年是全国重型载货车市场高速发展的一年，产销量均达到百万辆以上，各厂家纷纷加大了市场预期并提高产能来应对 2011 年的市场需求。但 2011 年市场形势发展却出乎业内预料，全年产销量增长处在持续下降通道，并导致市场竞争不断白热化，重型载货车市场格局也在发生较大变化。

2011 年，重型载货车市场体现了市场集中度高、竞争激烈的特点。2011 年 1～11 月份，总质量 14t 以上的重型载货车累计产销量分别为 76.41 万辆和 82.45 万辆，同比分别增长-20.26%和-12.46%，产销率为 107.90%。其中，重型载货车销量前七家企业累计销售 721704 万辆，占总质量 14t 以上商用车总销量的比重达到了 87.53%，可以看到，重型载货车市场集中度很高，同时这也导致了更加激烈的市场竞争。

此外，重型载货车市场竞争格局也出现了较大变化。从总质量14t以上重型载货车的市场份额来看，东风公司份额为21.37%，同比增加1.82个百分点；一汽集团份额为18.16%，同比下降5.04个百分点；中国重汽份额为16.26%，同比下降2.77个百分点；陕汽重型份额为11.60%，同比增长0.96个百分点；北汽福田份额为12.12%，同比增长1.85个百分点；重庆红岩份额为3.58%，同比增长0.46个百分点；北方奔驰份额为4.44%，同比增长0.02个百分点（见图2）。

通过上述形势分析，可以看出2011年全国重型载货车产销发展态势，纵向与国家宏观经济以及相关行业政策、横向与公路货运市场等经济因素密切相关。

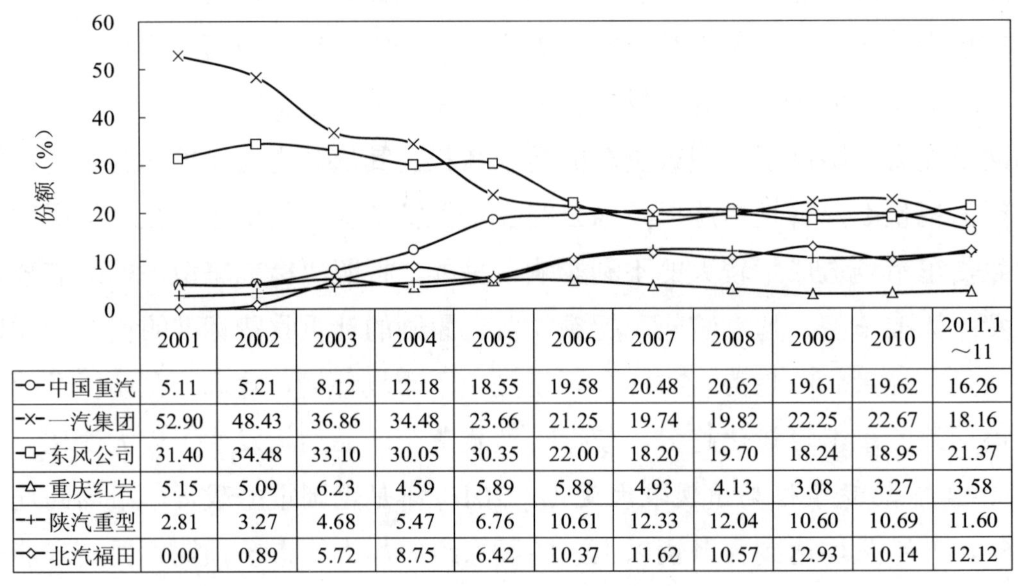

	2001	2002	2003	2004	2005	2006	2007	2008	2009	2010	2011.1～11
中国重汽	5.11	5.21	8.12	12.18	18.55	19.58	20.48	20.62	19.61	19.62	16.26
一汽集团	52.90	48.43	36.86	34.48	23.66	21.25	19.74	19.82	22.25	22.67	18.16
东风公司	31.40	34.48	33.10	30.05	30.35	22.00	18.20	19.70	18.24	18.95	21.37
重庆红岩	5.15	5.09	6.23	4.59	5.89	5.88	4.93	4.13	3.08	3.27	3.58
陕汽重型	2.81	3.27	4.68	5.47	6.76	10.61	12.33	12.04	10.60	10.69	11.60
北汽福田	0.00	0.89	5.72	8.75	6.42	10.37	11.62	10.57	12.93	10.14	12.12

图2 主流重型载货车企业份额变化

二、2012年重型载货车市场形势展望

1. 2012年国家宏观经济形势展望

2011年12月12日召开的中央经济工作会议确定了2012年中国经济调控方向，其主基调是“稳中求进”，是在保持经济稳定增长中追求经济质量的提高。2012年的主要经济工作任务：一是继续加强和改善宏观调控，促进经济平稳较快发展。必须统筹处理速度、结构、物价三者关系，特别是要把解决经济社会发展中的突出矛盾和问题、有效防范经济运行中的潜在风险放在宏观调控的重要位

置。二是坚持不懈地抓好“三农”工作，增强农产品供给保障能力。要加大强农惠农富农政策力度，加快农业科技进步，努力促进农业增产、农民增收、农村发展。三是加快经济结构调整，促进经济自主协调发展。一要着力扩大内需特别是消费需求。二要着力推进产业结构优化升级。三要着力加强节能减排工作。四要着力推动区域协调发展。五是深化重点领域和关键环节改革，提高对外开放水平。六是大力保障和改善民生，加强和创新社会管理。做好 2012 年的经济工作，要坚持统筹兼顾，切实把握好各项目标、任务之间的平衡，稳中求进。要把稳增长、控物价、调结构、惠民生、抓改革、促和谐更好地结合起来。综上所述，2012 年是实施“十二五”规划承上启下的重要一年，国家宏观经济仍将朝着长期平稳较快增长的方向发展。

2．2012 年重型载货车市场形势

2011 年全国重型载货车没能延续 2010 年高速增长的态势，这与国内外复杂的经济环境和经济运行的诸多不确定性有着密切关系，这也给 2012 年全国重型载货车市场发展带来许多不稳定因素，同时也给分析重型载货车全年走势带来很大的不确定性。通过分析国家经济工作会议和所采取的一系列措施，可以帮助找出未来重型载货车发展之路。展望 2012 年重型载货车市场形势，可以从以下几个方面着重分析。

（1）*宏观经济增长将继续带动重型载货车市场发展*　根据国际货币基金组织（IMF）在其最新发布的《世界经济展望》中预计，在国内需求推动下，2012 年中国经济将增长 8%。而根据国家“十二五”规划中的 7%国内生产总值预期年均增长目标，若 2012 年中国经济增长在 8%，将高出平均增长目标 1 个百分点，这也清晰地折射出下一步发展的新理念。从图 3 可以看出，1991 年、2001 年都是形成新一轮增长的起点。根据 2011 年中央经济工作会议提出的继续加强和改善宏观调控，促进经济平稳较快发展的要求，加上“十二五”规划确定的国内生产总值预期年均增长 7%的目标，2012 年有可能又成为下一轮平稳增长的起点。因此，只要国家宏观经济仍保持正常增长状态，这个增长速度就能成为拉动重型汽车增长的外在条件。

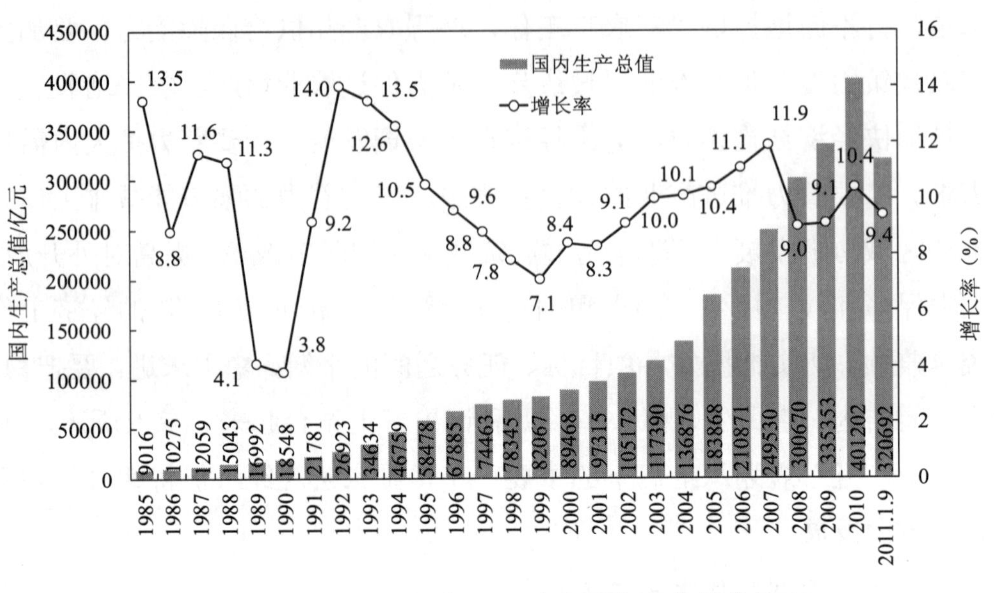

图3 1985～2011年1~9月份国内生产总值情况

（2）投资增长维持较高水平将继续驱动重型载货车市场发展 2012年是我国“十二五”规划承上启下的关键年，各地重大规划项目陆续开工建设，特别是中西部地区基础设施建设空间较大，对基础设施投资增长将形成重要支撑。具体来看，一些重点工程和项目的开工建设将有效带动2012年的投资增长：一是根据2011年12月底召开的全国铁路工作会议上的披露，2012年铁路固定资产投资将达5000亿元人民币，其中基本建设投资4000亿元，新线投产6366km；二是根据中央发布的一号文件安排，为根本上扭转水利建设明显滞后的局面，力争今后十年全社会水利投资年平均投入比2010年高出一倍，而2010年我国水利建设投资是2000亿元，因此，2011～2020年水利投资年均投资额将达4000亿元，未来10年水利建设投资总额将高达4万亿元；三是保障房建设、城镇化建设也是带动投资增长的强劲动力；此外，国家已经形成了环首都、海峡西岸、环渤海、山东半岛蓝色、长三角、珠三角等23个经济区域圈，通过经济圈建设同样能够带动投资的增长。总的来看，多重有利因素将继续推动投资维持较快增长，并带动重型载货车市场发展。

（3）物流业继续带动重型载货车市场向前发展 2011年1～11月份，社会物流总费用达7.1万亿元，同比增长18.5%，增速持续保持较快增长，表明社会经济发展的物流成本仍然较高。其中，运输费用3.7万亿元，同比增长15.7%；

利息费用 1.1 万亿元，同比增长 26%，占保管费用的 41.5%，同比提高 1.1 个百分点，占社会物流总费用的 15%，同比提高 0.9 个百分点，利息费用占比的提升，在一定程度上反映出经济运行中资金成本占比较大，资金利用效率不高。作为重要的生产性服务业，物流业的发展不仅保证了国民经济发展的物流需要，也直接创造了巨大产出。同时物流业作为生产性服务业的重要组成部分，在国民经济中的地位日益凸显，对经济和社会发展的作用进一步增强。2012 年，预计社会物流总费用仍将保持较快增长，而物流业发展将继续带动重型载货车向前发展，尤其是牵引车的增长。

（4）出口业务继续带动重型载货车总体市场发展 2011 年，在国内市场不景气的背景下，许多厂家积极推进海外战略，做大海外市场，中国重汽重型载货车全年出口超过 2 万辆。从 2008 年发生全球金融危机至今已有 3 年多了，随着金砖五国经济的迅速复苏，以及欧美等发达国家经济的逐渐回暖，我国汽车出口市场出现了明显的恢复增长态势，因此，未来重型载货车海外市场有望保持良好的发展态势，带动重型载货车总体市场发展。

（5）重型载货车市场发展存在的制约因素多且复杂 2012 年，虽然重型载货车市场发展存在较多的有利因素，但同时也存在较多且复杂的制约因素，主要表现在：一是虽然中央经济工作会议确定了“稳中求进”的工作总基调，但经济增速放缓是不争的事实；二是优惠政策退出和银根紧缩等导致了靠贷款购车用户的购车需求难以实现；三是政策方面尤其是交通运输部实施的运输车辆燃料消耗量准入管理措施以及《公路安全保护条例》的出台，对于重型载货车销量增长造成了持续不利影响；四是按照“标准车型、标准装载、标准收费；标准车型、超额装载、超额收费”原则实施的计重收费标准加速了重型载货车轻量化的趋势，促使重型载货车产品结构发生较大变化，重型载货车有向中重型载货车方向发展的趋势；五是在重型载货车连续几年得到了快速发展的同时，市场保有量快速提升，导致市场购买力出现一定幅度的下降。上述这些都是制约 2012 年重型载货车市场发展的不利因素，也是摆在重型载货车行业各厂家面前生产经营的现实问题。

通过以上分析，随着国民经济不断增长，未来全国重型载货车市场经过调整后有望继续增长。2012 年，虽然货币政策紧缩的状态将延续，但从全年总体来看，“稳中求进”的经济增长方式仍是国家宏观经济发展的主流。鉴于 2010 年重型载货车市场的大幅度增长，2011 年重型载货车市场向下调整，综合近期多方交流和研究分析，预计 2012 年重型载货车需求总量与 2011 年基本持平或在 15%幅度以内上下调整，考虑到 2012 年宏观经济调整期的背景氛围，重型载货车市场下行的可能性大于增长的可能。

综观 2011 年重型载货车发展状态和根据目前所能掌握的对 2012 年经济环境的预测，2012 年的重型载货车市场的发展仍是值得期待。尤其是上半年和年底将是各厂家重点竞争的关键时期，把握住这些时期将会大有作为，也将推动我国重型载货车市场向前发展。

（作者：赵军）

2011年中重型货车市场分析及2012年展望

一、2011年中重型货车市场综述

我国中重型货车市场在经历了2009年和2010年的高速增长后，于2011年出现深度回调（见图1）。笔者认为主要由以下原因造成。第一，经济增速放缓，货币政策紧缩，投资明显下降，以房地产、铁路为代表的工程建设大幅减少，是造成中重型货车市场下滑的经济原因。第二，金融政策变动，信贷收紧，造成经销商销售和用户购买难度同时增大，对中重型货车的需求形成较大的阻碍。第三，保有量激增，导致运价低迷，人工、油价快速上涨，用户经营困难，运营成本的上涨是需求减缓的主要原因。第四，燃油消耗限值和公路保护条例等政策短期内抑制了对中重型货车的需求。

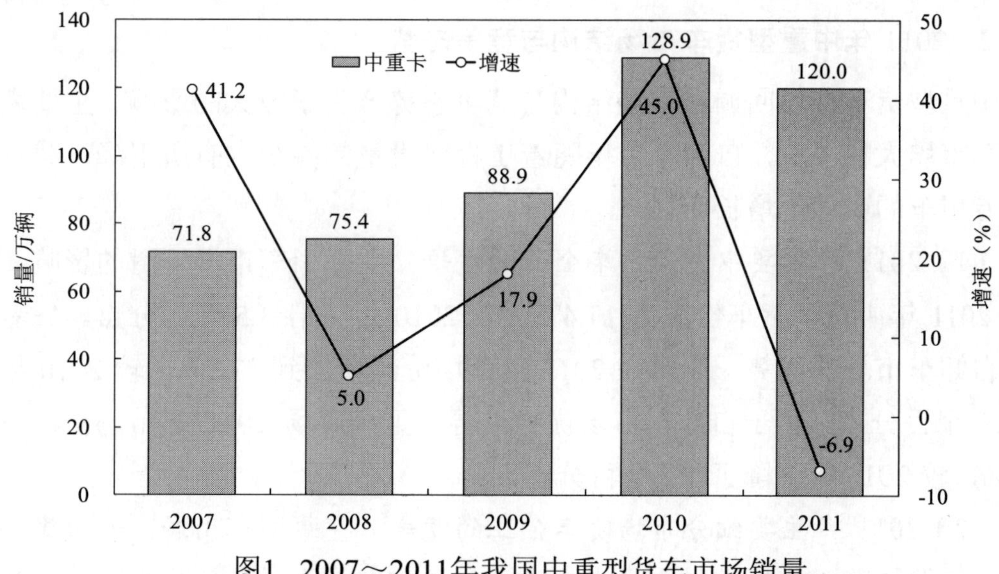

图1 2007～2011年我国中重型货车市场销量

（注：资料来源于中国汽车工业协会产销快讯）

1．2011年中重型货车市场主要影响因素分析

（1）新开工项目情况分析　2011年新开工项目投资情况有所好转，但仍处于低位，难以带动建设市场景气度明显回暖。2011年新开工项目投资增速回升，保证固定资产投资增速维持了较高水平。但是从新开工项目数量来看，从2010年9月到2011年8月，新开工项目数量急剧萎缩，因此下半年建设市场的景气度难以出现明显提升。此外，铁路基建投资的大幅下滑也对建设市场造成了较大的不利影响。

（2）房地产市场状况分析　房价拐点尚未出现，房地产建设市场依然受到较大影响。从2011年房地产市场运行态势来看，房价拐点尚未明显出现，房地产调控政策仍将延续，而且部分二三线城市公布了限购政策，对于房地产建设市场形成了进一步打压，不利于工程类中重型货车需求的增长。

（3）公路货运量分析　中长途货运市场供大于求的局面难以改善，继续抑制了运输类中重型货车需求的增长。由于过去两年包括牵引车在内的运输类中重型货车保有量激增，使得货运市场“车多货少”、运价持续低位徘徊的局面短期难以改善。不过公路货运量和周转量增速仍保持高位，2011年1～8月份，公路货运量及周转量同比增速均保持在15%左右，因此随着前两年新增销量的逐步消化，公路运输类中重型货车市场有望企稳。

2．2011年中重型货车市场结构与竞争态势

中重型货车市场回调对市场结构与竞争态势产生了较大的影响。主要表现为牵引车市场大幅下滑，自卸车市场随着工程建设量的减少也有所下降，载货车市场在专用车的带动下增长明显。

（1）2011年主要中重型货车企业的竞争　受牵引车市场下滑的影响，一汽集团2011年中重型货车份额为17.4%，较2010年下滑3.5个百分点。凭着载货车和自卸车市场的优势，东风在2011年市场份额增加到23.7%，较2010年上升了1.2个百分点。由于自卸车市场优势不再，重汽市场2011年市场份额下降到13.4%，较2010年下降了1.2个百分点。

（2）2011年主要细分市场货车企业的竞争　在牵引车市场，一汽集团仍保持第一，保持着40%以上的市场占有率，东风和欧曼上升势头也很强；在载货车市场，东风保持行业领先，市场占有率保持在30%以上，江淮异军突起，紧跟一

汽集团；在自卸车市场，重汽优势不再，市场占有率大幅下滑，东风崭露头角，陕汽、重汽、欧曼平分秋色，形成群雄逐鹿态势。

二、2012 年中重型货车市场展望

1．2012 年宏观经济基本面仍然向好

从目前看，中重型货车销量的主要影响因素有两个方面：公路货运新增需求；单车运能。而公路货物周转量主要受宏观经济的影响。因此，宏观经济是中重型货车市场的决定性因素。具体看，宏观经济中，投资和消费是市场的主要影响因素。而投资主要指房地产、建筑和基建三大行业的投资。其中：基建行业占的比重最大，其次是房地产行业，建筑业占比非常小。

第一，从投资角度来看，对于中重型货车市场产生主要影响的房地产和基建行业两大类投资未来三年都将保持平稳增长。预计房地产行业在调控的影响下，增速将会持续放缓，但在保障房建设的影响下，预计增速保持在 20%以上。从历史上来看，调控带来的投资下滑不会超过三年，在刚性需求的带动下，预计 2014 年房地产投资会出现回升。基建行业主要由三大行业构成，其中交通运输、仓储和邮政业占据比例最大。伴随铁路投资的减速，交通运输行业投资将会有所减速，但是水利方面投资将会上升，保证了基建投资保持较快的增速。

第二，从消费角度来看，未来三年在经济结构转型带动下，消费将会保持 20%左右的增速平稳较快增长。随着经济的较快发展，煤炭和钢铁产量也将维持较快增长态势。

第三，从公路份额、单车运能来看，伴随铁路的建设，道路运输的份额将会有所下降，单车运能受行业政策和市场变化的短期影响出现过一些波动，但伴随车辆吨位的上升和运输效率的提高，整体仍呈现上升趋势，最终将促使中重型货车增速回归正常。

第四，从政策方面来看，预计会出台的政策主要有中重型商用车燃油消耗限制和国 IV 排放标准。一是中重型商用车燃油消耗限值政策。该政策目前进展较慢，尚没有明确的时间表。而且参照轻型车燃油限值，预计初步出台时政策不会太严格，对于市场影响有限。二是国 IV 排放标准政策。国 IV 排放标准政策预计会推迟到 2013 年实施，但是由于技术升级带来的成本提高幅度相对较小，因此预计对于市场产生的影响有限。

因此，综合来看，未来几年预计政策方面对于市场的影响相对较小。

2．2012 年中重型货车市场将逐步恢复平稳增长

综上所述，经过 2011 年的市场调整后，中重型货车市场将逐步恢复平稳增长。预计到 2014 年中重型货车市场销量将达到 140 万辆（见图 2）。

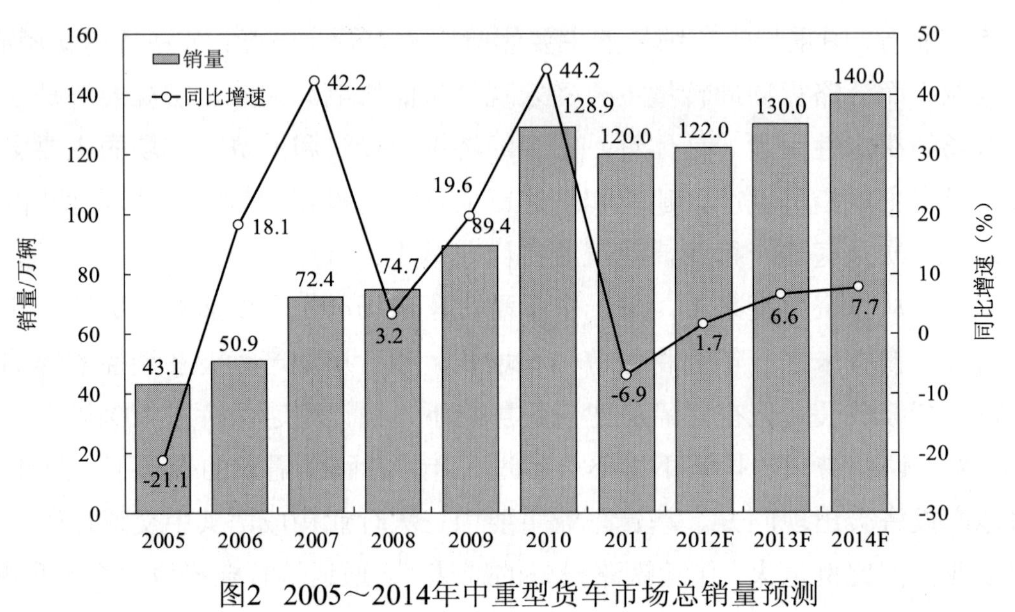

图2　2005～2014年中重型货车市场总销量预测

（注：资料来源于中国汽车工业协会产销快讯）

3．主要细分市场走势预测

（1）2012 年运输型市场平稳发展　未来几年，中国经济将维持较高的增长水平，并带动公路货运需求较快增长，利于牵引车、普通货车的需求释放；同时短期存在运能的供过于求，需要一段时间消化。总之，公路货运需求旺盛，带动牵引车以及普通货车需求增长，但受短期供过于求的影响，增速有所放缓。此外，由于牵引车的运输经济性高于普通货车，牵引车的表现仍将好于普通货车。

（2）2012 年专用车市场异军突起　由于专用车市场具有较好的发展前景以及较高的经济附加值，专用车在中重型货车市场中的份额出现快速提升。未来 5 年中国城市化仍将保持高速发展，预计到 2014 年城市化率将达到 53.5%。城市化进程有利于专用车需求的快速增长，因此未来专用车市场将是中重型货车市场重要的增长点。

（3）2012 年自卸车市场需求受抑　未来几年，受宏观调控的影响，投资仍将处于调整周期，建设市场的景气度将受持续负面影响，不利于自卸车需求的增长。

4．未来重型化趋势仍将延续

随着重型化趋势的发展，重型货车仍是市场的主流产品，份额将占近八成（见表 1）。

表 1　2004～2012 年中重型货车份额对比

（单位：%）

年份	2004 年	2005 年	2006 年	2007 年	2008 年	2009 年	2010 年	2011 年	2012 年 F
中型	40	33	28	29	21	23	22	22	21
重型	60	67	72	71	79	77	78	78	79

注：资料来源于中国汽车工业协会产销快讯。

（作者：姜奇）

2011 年轻型货车市场分析及 2012 年展望

一、2011 年轻型货车市场表现

1．宏观经济环境

2011 年，轻型货车市场面临国际、国内及行业三大环境的影响。从国际环境看，中东、北非的动荡助推了国际油价的高企，带动了大宗原材料上涨；欧债危机蔓延，美国经济增长乏力，导致全球经济复苏缓慢。从国内环境看，银根紧缩导致中小企业流动资金紧张；原材料、人力资源成本上升，厂家制造成本增加。从行业环境看，物流业成本（包括油价、人工成本）攀升，收益下降；2011 年 3 月份起各厂家应对市场下滑的销售策略不断加码，效果未达到预期。

2．2011 年货车市场表现

2011 年货车市场销量整体下滑 7.78%，其中重型货车下滑 12.46%，是货车市场下滑最大的车型，中型货车逆市上涨 5.53%，轻型和微型货车分别下滑 6.69% 和 9.73%（见图 1）。

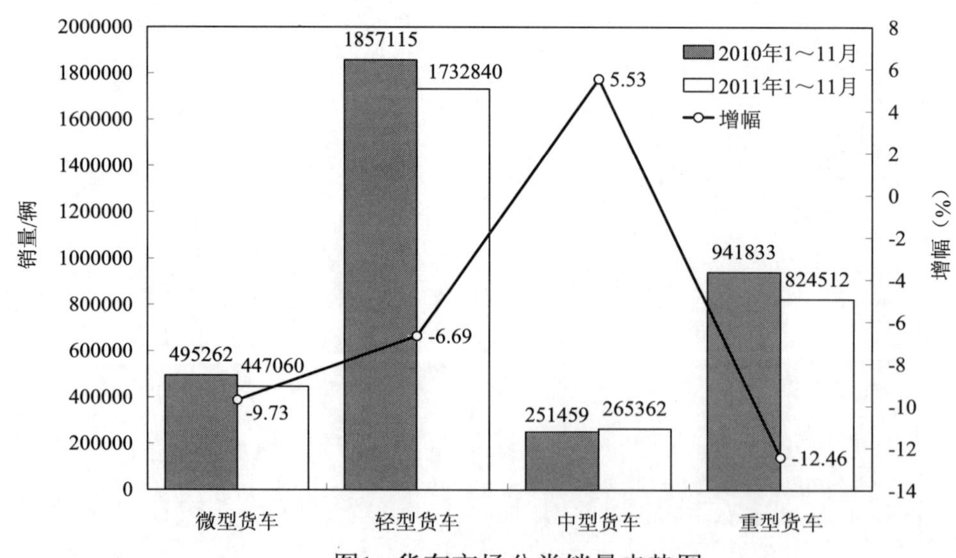

图1　货车市场分类销量走势图

从份额变化来看，轻型和中型货车份额有所增加，微型货车份额基本不变，重型货车份额下降（见图 2）。笔者认为有以下三个原因导致这种现象的产生：第一，2010 年 4 万亿元投资接近尾声及 2011 年银根紧缩等因素导致以重型工程车市场下滑带动的整体重型车下滑。第二，各厂家相继投放中型车新产品（JAC 小亮剑、东风天锦等）导致大吨位轻型货车和小吨位重型货车市场用户转移，中型车逆市成长。第三，2010 年汽车下乡消费透支，导致微型货车和轻型货车下降。

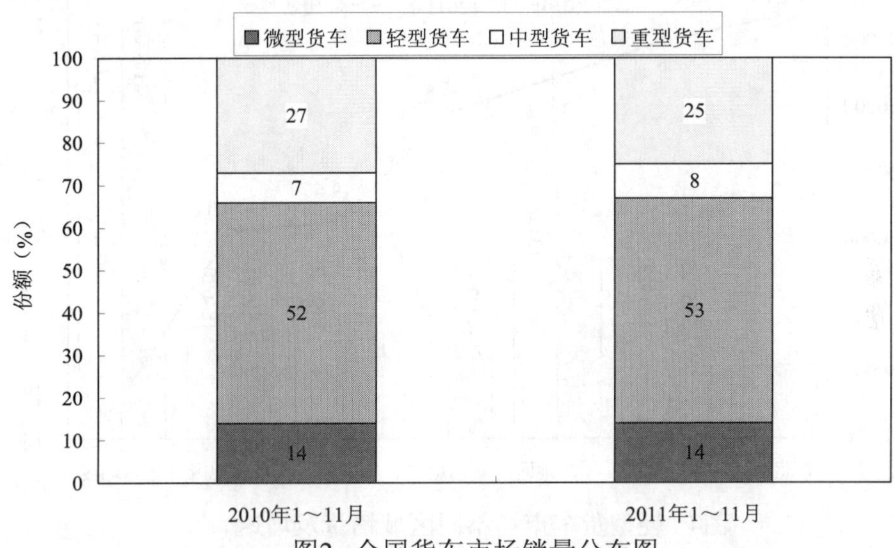

图2 全国货车市场销量分布图

3. 轻型货车市场表现

（1）轻型货车市场分月度表现　从 2011 年 3 月份开始，轻型货车市场开始下滑，尽管各轻型货车厂家不断加大筹码促销，但终因市场增长乏力，对总市场推动未达到预期效果（见图 3）。

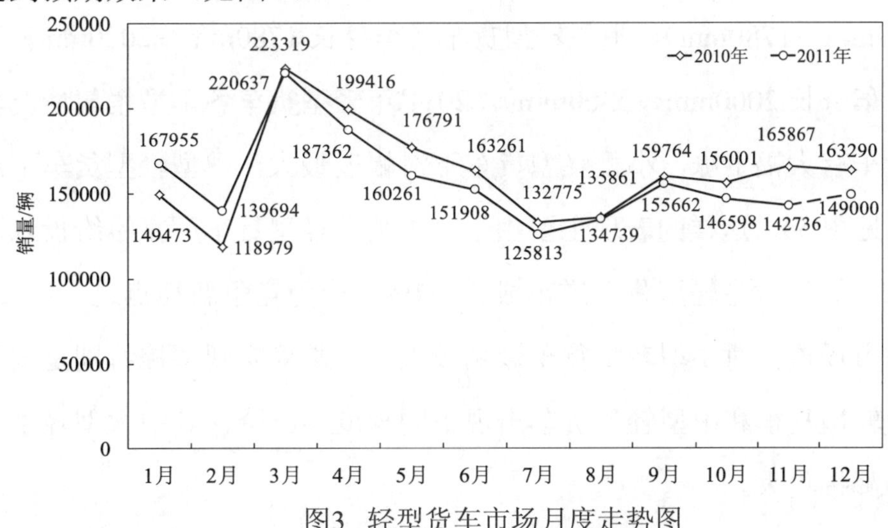

图3 轻型货车市场月度走势图

（2）**轻型货车市场分区域表现** 对于轻型货车市场（纯轻型货车）分区域表现来看，整体下滑 12.1%，各区域均有下滑，但中西部地区市场下滑好于东部地区（见图 4）；从市场表现来看，二三线市场的下滑好于一线市场。

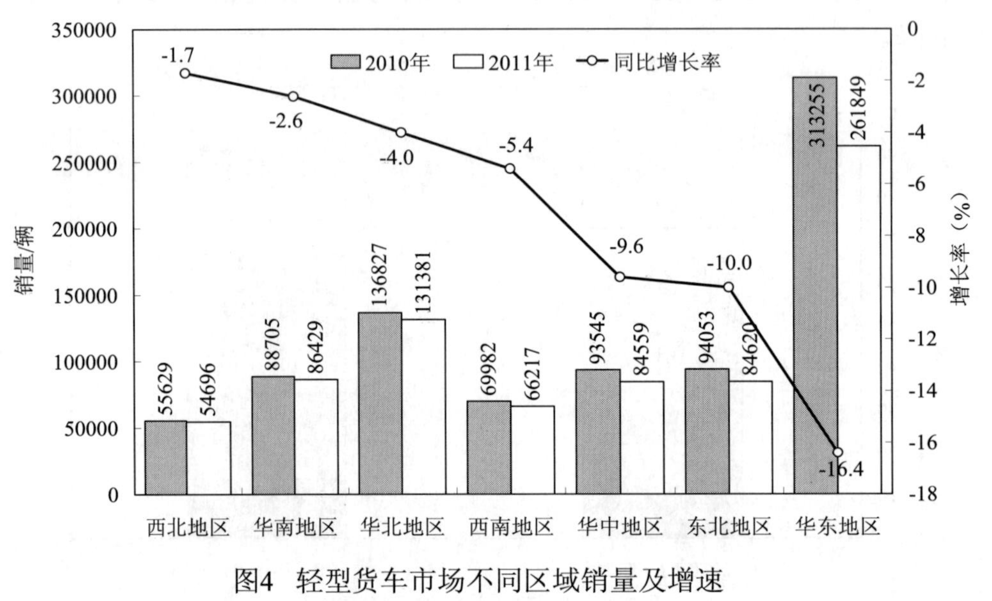

图4 轻型货车市场不同区域销量及增速

（3）**轻型货车市场分车种表现** 笔者从车身宽度不同的角度对整个轻型货车市场进行了划分，再就细分市场的表现进行了分析。从车身宽度分类来看，把整个轻型货车市场分为微型轻型货车（车身长小于 1600mm）、小型轻型货车（车身长 1600mm～1780mm）、中型轻型货车（车身长 1780mm～2000mm）和大型轻型货车（车身长 2000mm～2300mm）。2011 年轻型货车各车型销售情况表现为微型轻型货车有大幅上涨，小型轻型货车下滑幅度最大，中型轻型货车下滑幅度相对较小（见图 5）。这样的表现主要由于：一是各轻型货车厂家纷纷投入微型轻型货车产品，导致微型轻型货车逆市成长 11%，成为竞争新亮点之一；二是 2010 年年底的市场透支对小型轻型货车影响较大；三是受宏观调控特别是银根紧缩影响，大型轻型货车和中型轻型货车出现不同程度的下降，其中大型轻型货车受中型车影响降幅更大。

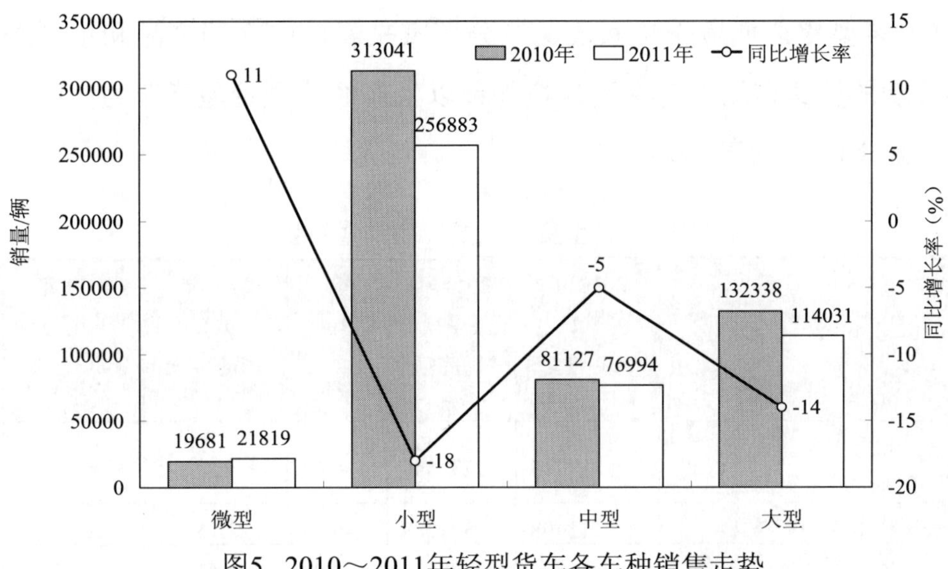

图5 2010～2011年轻型货车各车种销售走势

（4）轻型货车市场分类型表现 从客户类型上分类，将轻型货车市场分为经济型轻型货车市场、主流轻型货车市场和高端轻型货车市场。从 2011 年的表现来看：主流轻型货车市场增幅最大，经济型轻型货车市场降幅最大（见图 6）。市场如此表现主要还是由于：一是轻型货车厂家推出分品系营销策略，高端轻型货车取得了良好的成效；二是换购用户比例增加，经济型到主流、主流到高端。主流轻型货车（新款驾驶室+经济型底盘）普遍受到用户青睐，主流轻型货车稳住了大盘；三是经济型轻型货车受汽车下乡政策退出和用户转移的双重影响，下降幅度最大。

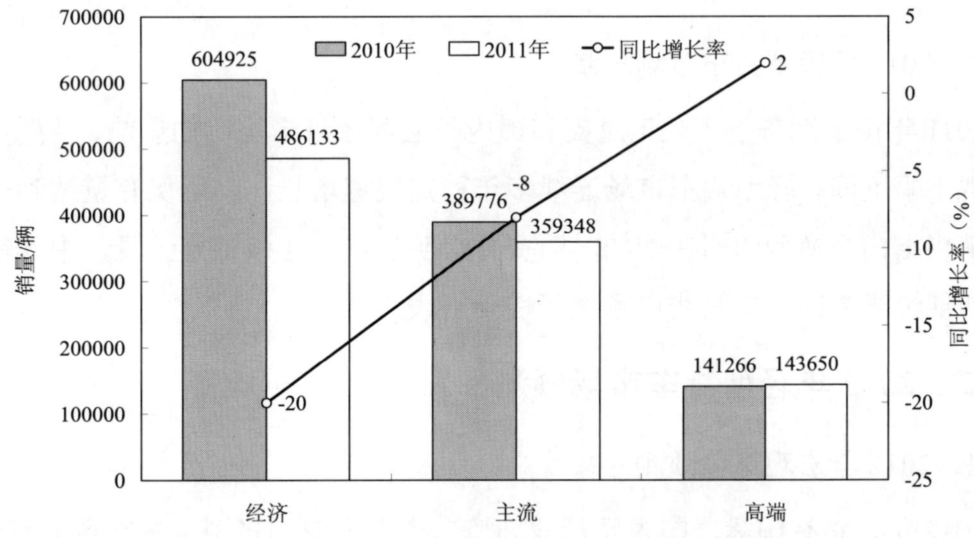

图6 2010～2011年轻型货车各类型销售走势

（5）轻型货车市场分厂家表现　分厂家来看，中高档产品和小型经济型产品取得成功的厂家市场占有率明显增加；以生产经济型轻型货车为主的产家市场占有率明显下降（见表1）。

表1　轻型货车主要厂商销量及变化

汽车厂家	2010年1～11月份销量/辆	2011年1～11月份销量/辆	同比增长（%）	2010年1～11月市场份额（%）	2011年1～11月市场份额（%）	份额变化（%）
轻型货车（含非完整车辆）	1857115	1732840	-6.69	—	—	—
北汽福田汽车股份有限公司	411408	371288	-9.75	22.15	21.43	-0.73
东风汽车公司	211893	209576	-1.09	11.41	12.09	0.68
安徽江淮汽车股份有限公司	167347	176733	5.61	9.01	10.20	1.19
金杯汽车股份有限公司	137698	159361	15.73	7.41	9.20	1.78
江铃控股有限公司	113499	115686	1.93	6.11	6.68	0.56
长城汽车股份有限公司	91704	111876	22	4.94	6.46	1.52
南京汽车集团有限公司	68046	63507	-6.67	3.66	3.66	0.00
山东凯马汽车制造有限公司	85329	61442	-27.99	4.59	3.55	-1.05
庆铃汽车（集团）有限公司	44930	58085	29.28	2.42	3.35	0.93
中国第一汽车集团公司	79850	51772	-35.16	4.30	2.99	-1.31
山东唐骏欧铃汽车制造有限公司	54361	44604	-17.95	2.93	2.57	-0.35

4．2011年轻型货车市场总结

2011年由于汽车下乡政策透支和国内外宏观经济形势等的影响，轻型货车市场出现小幅下降。轻型货车市场连续多年稳定快速增长，市场保有量达到一定阶段，销售结构中换购比例在增加，消费升级明显。从地域特点上看，中部快于东部，西部快于中部，二三线市场增长快于一线市场。

二、2012年轻型货车市场预测

1．2012年宏观环境预测

2012年，将有国际、国内及行业环境三个方面影响轻型货车市场的变化。

（1）国际环境　中东、北非局势逐渐稳定过程中，国际油价、原材料价格仍将高位震荡；欧债危机继续蔓延，美国经济增长起色不大，全球经济继续缓慢复苏。

（2）国内环境　注重发展实体经济；中央经济工作会召开，2012 年经济的主题是稳中求进。稳增长被排为了优先课题。

（3）行业环境　2011 年各厂家促销未取得应有效果以及用户换购比例的增加导致各厂家将更加关注自己的短板市场和服务的提升；农田水利建设投入和省际高速公路网建设的进一步完善对汽车运输行业特别是工程车市场有较大拉动。

2．2012 年轻型货车市场预测

总体来看，预计 2012 年轻型货车市场将微幅增长，增幅不大于 3%。

（1）市场表现预测如下　营销转型：汽车市场已由机会型市场转向完全竞争型市场，各厂家更加关注自身的薄弱细分市场以及客户换购，服务的竞争提到了更高的高度。

车种变化：中高端轻型货车向上延伸（大型化），经济型轻型货车向下拓展（小型化），这将会成为 2012 年新的细分市场增长点。

区域趋势：中西部和二三线市场仍会是 2012 年呈现相对较快增长的区域，但对总市场影响不大。

（2）2012 年轻型货车市场分类型预测（见表 2）

表 2　2012 年不同类型轻型货车增速及结构预测

类型	2012 年增速预估（%）	结构比预估（%）
高端轻型货车	15	17
主流轻型货车	5	39
经济型轻型货车	-10	44
轻型货车总体	＜3	100

（3）2012 年轻型货车分月销量预测　预计 2012 年轻型货车市场将与 2011 年走势持平，表现出前低后高的态势（见图 7）。

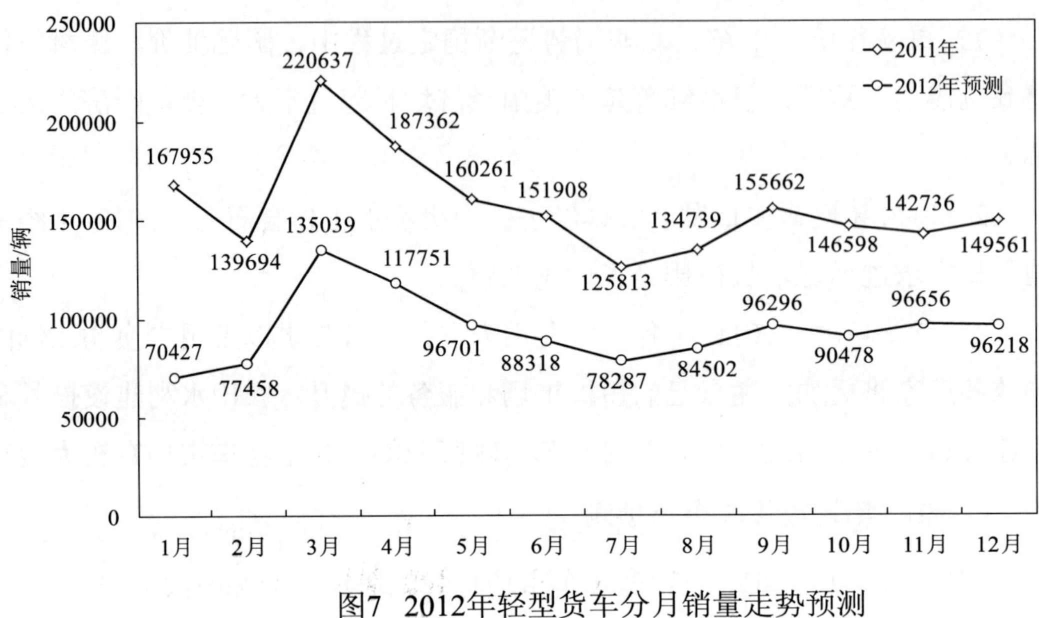

图7 2012年轻型货车分月销量走势预测

（作者：蒋国文）

2011年微型货车市场形势分析与2012年展望

辉煌的2010年车市已经落下了帷幕，2011年的微型车市场出现了严重的销量下滑，在行业总量中的比重明显降低，微型车是2011年下滑最显著的细分市场之一。微型货车的销量也在2009年和2010年的高增长之后出现了大滑坡，2011年销量降幅接近10%。但即便如此，接近49万辆的销售成绩，还是使其超越了2008年的同期水平。除汽车下乡和以旧换新等政策退出造成的影响外，连年的高增长和透支消费以及较高的销量基数，也使得上年微型货车销售数据变得“难看”。 同时，紧缩的金融政策以及持续加息、燃油价格居高不下等外界环境，让很多小型和微型企业运营困难，无力购车。加之，不少城市陆续出台了限购政策，更让微型货车等车型在这类城市中的发展空间受到了很大限制。2011年出台的新政策对微型货车销售几乎没有促进作用，尤其引人关注的车船税改革对微型货车部分基本没有做出太大的调整，反而是部分省份把微型货车的收费标准还进行了上调。

预计短期微型货车的销量走势将维持平稳发展，不会出现较大波动，市场竞争将更加激烈，目前容量增加主要是依靠出口作为推动力。

一、产销数据分析

1．行业走势分析

（1）*产销总量分析*　2011年微型货车的产销都出现较大下降，其中2011年产量较上年同期下降17.19%、销量下降13.16%（见表1）。

表1　2011年产销统计分析表

车　型	产　量			销　量		
	本期累计/辆	同期累计/辆	同比增长（%）	本期累计/辆	同期累计/辆	同比增长（%）
微型货车	489848	591506	-17.19	494947	569935	-13.16
全行业	18418876	18264761	0.84	18505114	18061936	2.45

（2）**产销量月度分析** 2011年，微型货车平均月产量超过4.08万辆，销量达4.12万辆，较上年都有了超过5000辆的下降。从分月产销量图可以看出，除3月份产销增长较明显，达到了5.77万辆的历史最高水平外，4～8月份的整体低迷对全面销量的下滑影响巨大，政策的退出和油价的上涨以及2010年的透支消费等综合因素，使得2011年销量没能继续维持上扬态势，有明显的年中淡季现象的出现；结合图1可以看到“金九银十”增长势头也不够强劲（见图1）。

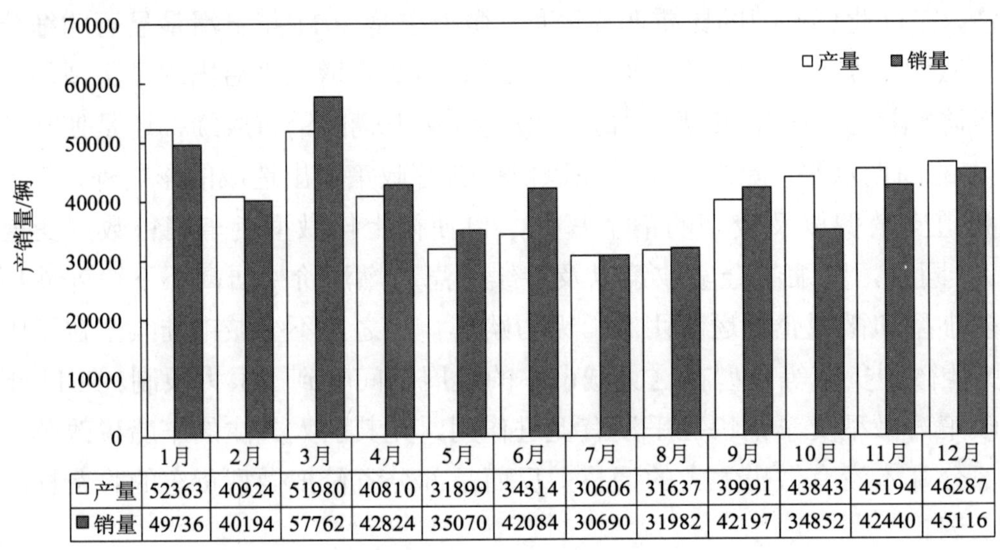

	1月	2月	3月	4月	5月	6月	7月	8月	9月	10月	11月	12月
□产量	52363	40924	51980	40810	31899	34314	30606	31637	39991	43843	45194	46287
■销量	49736	40194	57762	42824	35070	42084	30690	31982	42197	34852	42440	45116

图1 2011年微型货车月度产销情况

2011年生产同比变化情况：由于2010年各微型货车企业任务完成好，有部分企业将2010年四季度部分销量预留到2011年，导致2011年1月生产和销售同比能与2010年持平，且2011年前两个月产量大于销量，主要是为3月份和4月份的旺季做准备，3～12月微型货车出现较大幅度下降，其中3月到7月销量缺口逐步扩大。综合2010年和2011年可以看出，微型货车市场受经济环境和政策因素的影响非常巨大。

2011年1～4月份销售同比增长与生产基本吻合，5月份起波动较大，尤其下半年起市场反应库存压力较大，而厂家迫于生产任务又不得不增加生产，导致9～10月份背离较大，很多经销商资金周转出现了一定困难（见图2）。

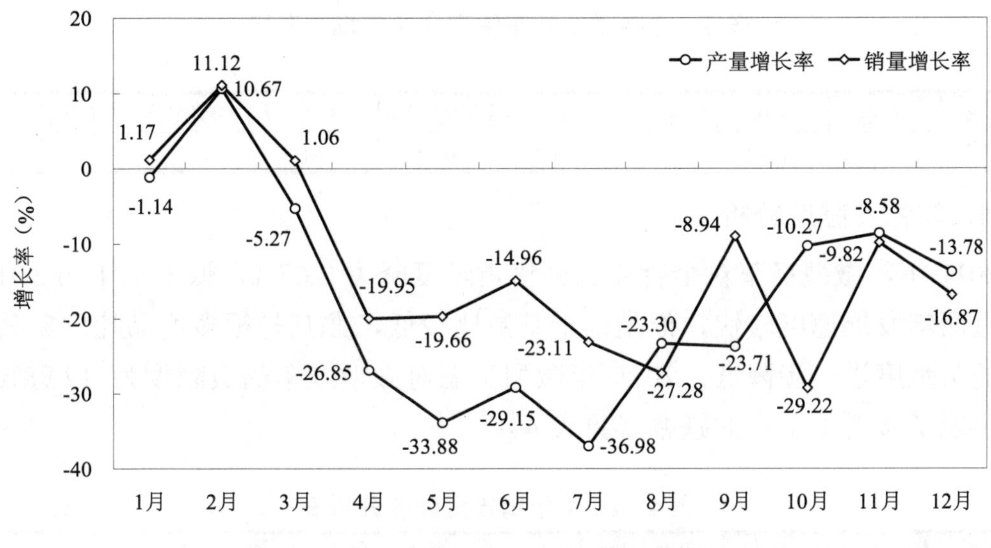

图2 2011年微型货车月度产销量增长率变化

2．生产集中度分析

2011 年，微型货车生产集中度为 88.78%（见表 2），高于 2010 年的 86.59%，生产集中度相对较高。2004 年年初生产微型货车的厂家为 9 家，到 2005 年增加到 19 家，2006 年为 21 家，2007 年为 19 家，2008 年为 16 家，2009 年为 13 家，2010 年为 14 家，2011 年共有 17 家，其中 8 家几乎没有销量。微型货车生产最多的企业中，长安汽车年销量为 10 万辆（不包括哈飞和昌河）；前五位的微型货车厂家产量超过 80%，新的淘汰和重组已经成为必然的趋势。

表 2 主要微型货车生产企业生产集中度对照表

（单位：%）

企 业	长安	福田	东风	五菱	哈飞	一汽	奇瑞	昌河	合计
微型货车	21.78	19.73	21.63	16.17	9.47	3.42	1.29	1.11	94.61

3．市场占有率分析

市场占有率的集中度与生产集中度基本一致。东风市场占有率为 21.68%，位居第一，第二位长安为 21.15%，第三位福田为 20.84%，第四位五菱为 15.55%，第五位哈飞为 9.51%，五者加起来 88.73%。虽然大长安集团整个是排在第一的，但可以看到，东风小康在微型货车领域的成长是快速、惊人的（见表 3）。

表3 主要微型货车生产企业市场占有率

（单位：%）

企　业	长安	福田	东风	五菱	哈飞	一汽	奇瑞	昌河	合计
微型货车	21.15	20.84	21.68	15.55	9.51	3.61	1.18	1.12	94.63

4．销售贡献度分析

2011年，微型货车对全行业的销售贡献度降为2.67%，低于上年的3.18%。虽然近两年发展速度较快，但是由于基数比较低，尤其是很多产品吨位提高后对行业的贡献度进一步降低，2011年微型货车对微型汽车的贡献度为17.98%，较上年出现了接近1个点的跌幅（见表4）。

表4 2011年销售贡献度分析表

车　型	本期累计/辆	同期累计/辆	同比差额/辆	微车贡献度（%）	微型货车贡献度（%）
全行业	18505114	18061936	443178	14.88	2.67
微型汽车	2753238	3062017	-308779	—	17.98
微型货车	494947	569935	-74988	—	—

5．微型货车市场销售企业排名

从排名来看，重庆长安在微型货车市场首次跌为第二，较2010年有较大下滑，东风小康首次排在了第一，福田汽车位列微型货车第三名，五菱排名下降到第四名，哈飞仍位列第五名。值得注意的是东风、福田、五菱在2011年的销量都是正增长的，而长安和哈飞出现了一定的下降（见图3）。

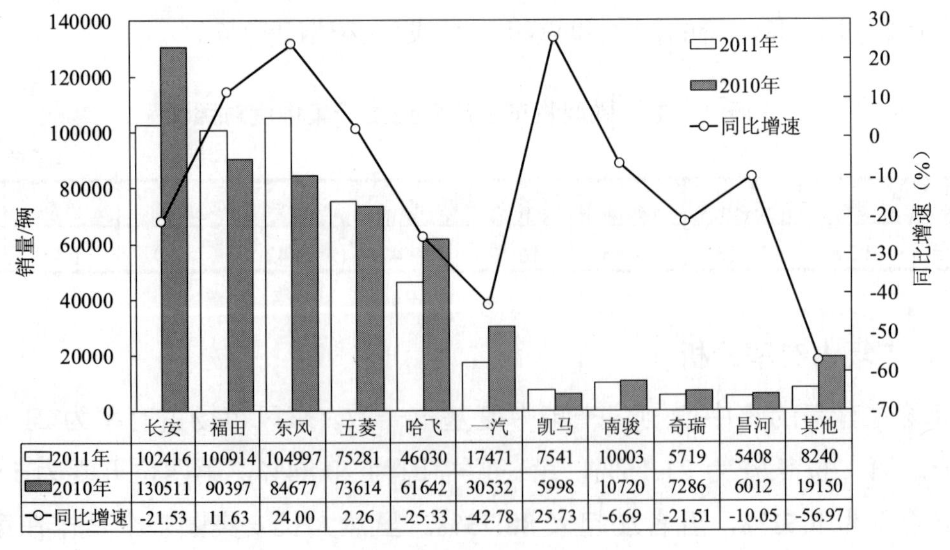

	长安	福田	东风	五菱	哈飞	一汽	凯马	南骏	奇瑞	昌河	其他
2011年	102416	100914	104997	75281	46030	17471	7541	10003	5719	5408	8240
2010年	130511	90397	84677	73614	61642	30532	5998	10720	7286	6012	19150
同比增速	-21.53	11.63	24.00	2.26	-25.33	-42.78	25.73	-6.69	-21.51	-10.05	-56.97

图3 微型货车主要厂商销量及增速

6. 传统微型货车行业排序

2011 年，六大微型汽车企业在微型货车的行业排序与 2010 年同期已发生微妙变化。东风微型货车销量增长迅猛，销量已升至第一位，产销结合虽 2011 年仍排在第二的位置，但依照目前形势，超越长安升至第一位已经只是时间问题。“五大微型汽车企业”的内涵已发生了较大变化，除长安、哈飞和五菱排名和占有率相对比较稳定外，昌河的销量萎缩非常严重，这也是分散化的结果，同时新进入者势头迅猛，对传统微型货车企业发起了密集的冲锋（见表 5）。

表 5　微型货车行业产销排序表

企　业	2010 年	2011 年
长　安	1	1
哈　飞	5	5
五　菱	4	4
东　风	3	2
一　汽	6	6
昌　河	11	10
福　田	2	3

二、相关企业态势分析

微型货车在五大微型汽车企业中基本以单、双排货车销售为主，各企业增长率虽然差别很大，但是合计增长率为负值，说明微型货车 2011 年的增长形势相对于 2010 年出现了较大变化，传统“五大微型汽车企业”的称谓在微型货车已经发生重大变革。

长安：2011 年，长安微型货车销量同比下跌 21.53%，较 2010 年变化之快，跌幅超过了微型货车行业的平均水平。

哈飞：2011 年，微型货车销量同比下跌 25.33%，下降的幅度也超过了行业的平均水平，且出口占的比重较大。

五菱：2011 年，微型货车销量同比增长 2.26%，2010 年增长率为 8.45%。增长率高于行业平均水平，五菱货车虽然整体销量较大，但是占有率提升不容乐观，新进入者对老牌微型汽车生产企业的威胁与日俱增。

昌河：2010，微型货车销量同比下滑 10.05%，2010 年同比增长 80.87%。2010

年昌河微型货车原老型单、双排恢复生产，同时前凸福瑞达货车的贡献直接带动其货车同比的大幅增长，而2011年却没有亮点可言。

一汽：2011年，微型货车销量同比下滑-42.78%，2010年增长21.83%。

经历了2010年微型货车市场疯狂的增长之后，2011年市场出现了理性回归，其变化的亮点是东风货车销量和排名的迅速攀升。市场在回归理性之后，一些企业出现了销量的大幅度下滑，这是增长之后调整的必然，但同时也是及时的警醒，顺势而为是运道，逆势上扬才是实力。

三、2012年预测

1. 宏观经济与政策法规

（1）宏观经济企稳回升　2012年，中国经济受国际金融危机的影响将进一步加强，欧洲债务危机的持续发酵给全球经济走势带来了诸多不确定性。中国会加大出口和农村基础设施建设的宏观调控力度，GDP增长速度预计为8.5%左右，而农村经济的投入将在国家财政中占到更加大的比重。

（2）汽车无新利好政策　对于微型货车而言政策无疑是保证微型货车较高增长的重要支撑，但2012年不会出台全局性的刺激政策，2012年微型货车销量的增长将是重大利空，已经新出台的政策对微型货车也基本没有刺激作用。

（3）国家加大农村基础设施建设　13亿人口的中国市场，70%在乡镇农村，这个巨大的低端市场，将是微型货车的天下，但是目前我国的农村用车市场才刚刚起步。县域城乡经济体系建设进一步完善，县级道路和农村道路的加快改进，使农村的内需更加强劲，微型货车已经开始向农村市场转移并扎根三、四线市场。

（4）购买力向西部转移　到2020年，三线城市汽车保有量将占全国55%左右。从国家宏观经济发展趋势而言，二三线城市将成为经济发展的重点。东部经济地区存在产业转出的趋势，加速向二三线城市进行转移；与此同时，我国的中西部地区具有良好的产业承接条件，比如具有劳动力条件优势等等。

2. 生产企业产品研发方向

（1）承载力更强　2011年，微型货车的承载力和载货空间仍然是微型货车升级的主要方向，其中东风小康、长安和五菱等企业都会相继或即将推出宽体微型货车产品，其承载能力完全可以与轻型货车同台竞技。

（2）*动力性更强*　微型货车用户对动力性尤为关注，动力强劲也是用户关注的重点。国内微型货车排量主要集中在 1.0～1.3L，发动机功率集中在 38～60kW。五菱 B 系列发动机、长安 C 系列发动机、哈飞 M 系列发动机的应用将为微型货车动力树立新标杆。

3．增长速度预测

综上所述，由于 2011 年刺激政策基本取消，且 2011 年初销量释放而形成较高销量基数，2012 年一季度不容乐观，2012 年全年微型货车完全向常规增长回归，增长率会逐渐放缓，预计 2012 年与 2011 年微型货车销量基本持平或微幅增长，数量将达到 50 万～55 万辆。

（作者：徐洪飞）

2011年皮卡市场分析及2012年展望

一、2011年皮卡市场分析

1. 中国皮卡市场整体运行状况

2011年是“十二五”开局之年，经济形势异常复杂。从国际上来看，世界经济增长放缓，国际贸易增速回落，国际金融市场剧烈动荡，各类风险明显增加，欧债危机不断加剧，美国经济复苏乏力。从国内来看，中央政府按照“稳经济、调结构、控通胀”的经济发展思路，实施积极的财政政策和稳健的货币政策，国内经济总体保持稳健增长的态势。2011年中国经济形势可谓喜忧并存。喜的有：一是物价涨幅高位回落，CPI拐点或已来临；二是前8个月外贸出口实现年初的两个目标，外贸增长呈现价格和数量协调拉动的新变化。忧的有：一是9月份中国制造业PMI降至49.4，已经连续3个月低于50的经济荣枯线，中国经济进一步减速的预期有所增强。二是当前我国经济发展中不平衡、不协调、不可持续的矛盾和问题仍很突出，经济增长下行压力和物价上涨压力并存，部分企业生产经营困难，节能减排形势严峻，经济金融等领域也存在一些不容忽视的潜在风险。同时，世界经济增长放缓，国际贸易增速回落，国际金融市场剧烈动荡，各类风险明显增多。根据经济形势的变化，央行近期下调了存款准备金率。

2011年，我国汽车累计销量为1850.5万辆，同比增长2.45%，较上半年累计增速3.35%的水平下降0.9个百分点，2011年10月份、11月份、12月份的汽车销量分别达到152万辆、165.6万辆、168.9万辆，比上年同期有所下降。主要原因有：一是宏观经济增速下滑，政府实行稳健的货币政策（实际上是适度从紧）导致居民购车意愿下降，消费者出现持币待购的现象；二是国家取消一系列2010年以来鼓励汽车消费政策（如购置税优惠年底取消、汽车下乡、对不合理税费的清理），使购车成本和使用成本增加，部分用户放弃购车计划；三是许多固定资产投资项目推迟上马，导致对生产资料用车需求减少。2011年汽车市场增速低，是由于宏观经济不景气造成乘用车与商用车的同步减速，其中微型车、重型货车、轻型货车较大程度的下滑拉低了 2011 年汽车市场的增速。12 月份的乘用车增速受到微型客车拖累而有所回落，12 月份商用车更是同比下滑 10.86%，基本反映了当前的经济运行状况。

作为一个重要的细分汽车市场，2011 年皮卡市场保持平稳态势，2011 年销量增长 5.8%，好于整体汽车行业 2.5%的增长水平，也远好于商用车-5.9%的增长水平，但相比 2010 年 49%的增速下滑明显。主要原因包括以下几个方面。

（1）面对严峻的经济形势和国际经济环境，皮卡市场墙内开花墙外香，出口成为拯救皮卡市场的重要稻草　2011 年国内皮卡市场保持平稳，而以长城、中兴为代表的企业在出口市场快速增长。仅长城皮卡由 2010 年的 24900 辆出口增加至 2011 年的 36317 辆，同比增长 45.85%；而中兴也在伊朗建设 KD 工厂，用于伊朗方面替换掉原先合作的日本马自达皮卡平台，成为国内率先通过技术输出登陆海外市场的汽车企业。此外，中兴在埃及 KD 工厂和东南亚 KD 工厂都已运行投产，南美和东欧的 KD 工厂目前正在筹建，模式也由单纯的整车出口转变为 CKD 等多种形式并存。

（2）汽车厂家针对二、三级市场制定适合自身企业发展的市场营销战略，销售渠道与重心纷纷下移，营销方式不断创新　长城在细分市场精耕细作，不断提升销售网点、终端服务等方面的管理水平，在全国进行分网销售，将原有网络一分为三，分别建立了 SUV 和轿车的单独网络，以及一个销售风骏等商务车、皮卡的网络；同时，在全国推出“1=2 创富加速工程”和“千县千展”活动，进一步完善了终端二、三级市场销售和服务网点建设。江铃在渠道规划方面也将裂变为三个渠道，分别是福特商用车渠道、轻型货车渠道、皮卡和新 SUV 渠道；在资源配置上也有所侧重，减少了大型车展的参与，积极开展“中国百强县市巡展”和“溪桥工程”，鼓励代理商进入乡、镇巡展，并给予一定的补贴，以贴近客户和灵活实用的促销手段，进一步刺激了二、三级市场的消费需求，取得了显著的市场效果。而县、乡销售网点和服务网点的完善，也进一步方便了农民购车，扩大了市场容量。

（3）竞争手段从单纯的价格战逐步演变为以价格为先导、服务为攻坚的战斗　2011 年各大皮卡企业开展的价格战、促销战此起彼伏，从年初一直持续到年末。中兴汽车在 12 月 16 日启动了“龙腾虎跃 · 威虎系列最高让利 7000 元”的市场活动。此外，江淮、福田也都推出了不同形式的促销活动。

从 2011 年每月销售情况看，2011 年皮卡销售呈现逐月下降趋势，从 3 月最高销售39254辆开始逐月下滑，至10月30498辆的最低月销售纪录，在年末才回升至3.6万辆/月的水平，全年皮卡销量为401377辆（见图1），同比增加5.8%。其中长城汽车销售121736辆，远高于排名第二的郑州日产皮卡和第三的江铃宝典皮卡销量，继续以较大优势保持领头羊的位置。郑州日产销售62053辆，排在第二位；增速达到16%。排在第三至第八位的企业分别是：江铃宝典销售56332辆，中兴皮卡销售50152辆，北汽福田销售29005辆，庆铃汽车销售24415辆，黄海汽车销售19359辆，吉奥汽车销售14152辆。其中郑州日产2011年重返销量亚军的位置，福田由第六位上升至第五位，而长城、郑州日产、北汽陆铃等保持了较快增长（见表1）。

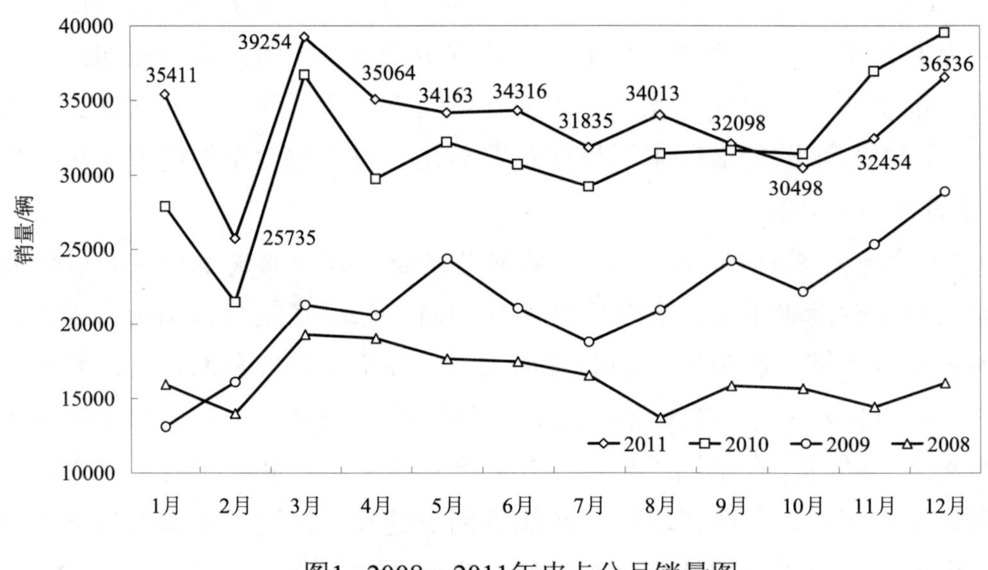

图1 2008～2011年皮卡分月销量图

（注：资料来源于中国乘用车联合会）

表1 2008～2011年皮卡企业销量

（单位：辆）

厂商名称	2008年	2009年	2010年	2011年
江铃汽车	26120	31606	54007	56332
长城汽车	54280	69209	103181	121736
郑州日产	32374	38822	53393	62053
中兴	24438	33848	46071	50152

（续）

厂商名称	2008 年	2009 年	2010 年	2011 年
福田	13146	19308	28115	29005
庆铃汽车	15135	18169	19936	24415
长丰扬子	7780	6576	8211	9968
吉奥	15216	17206	29451	14152
黄海汽车	14116	13405	22721	19359
主要品牌总销量	201843	248148	365086	351304
美亚汽车	20	0	4490	3080
北京汽车	4173	5757	9638	13243
全年预计	206036	253906	379214	394345

2011 年，长城、郑州日产、庆铃成为了皮卡市场的最大赢家，拉动整个皮卡行业的增长。其中，仅长城皮卡销售增量高达 18555 辆，占整个皮卡市场增量的 84%；而吉奥汽车出现 15299 辆的下降，主要是浙江吉奥并入广汽集团，业务模块和管理机构（李凤煜出任吉奥汽车销售有限公司总经理）正在调整，对吉奥的生产销售、组织出口产生影响。

2．主流皮卡市场分析

2007～2011 年，皮卡前四强市场集中度分别为 71%、66.6%、68.3%、67.7%、72.3%。长城皮卡连续五年都获得市场第一。排名在 2～4 名之间的争夺比较激烈，五年中江铃获得一个第二，两个第三，两个第四；郑州日产获得三个第二，两个第三；而中兴皮卡获得一个第二，一个第三，三个第四。

从市场集中度来看，2011 年长城、江铃、郑州日产、中兴四家的市场份额为 72.3%，比上年份额上升 4.6%，达到近五年的最高份额，市场集中度进一步向优势企业集中，而第三阵营的黄海汽车、浙江吉奥、天津美亚的市场份额萎缩。

（1）长城汽车　2011 年长城皮卡销量为 121736 辆，比 2010 年同期增长 15%，呈现出一路领跑的态势。在新的品牌规划下，原有的迪尔、赛铃等皮卡进行改型并归入风骏 3 系列，原来的风骏 5 定位为中高端，完成了对老产品的替代升级，形成高、中、低端齐全的价格体系。

在产品上实施“聚焦战略”和“三高战略”。即以高科技装备和高性能设计为支撑，开展国际化的技术合作。2011 年来，长城在发动机、变速器、整车设计方面与博世、德尔福、法雷奥、美国天合马勒、里卡多、法国达索、日本 YARK、博格华纳等知名公司合作，为实现“三高战略”做出了保障。

长城汽车在皮卡营销上主要是采用优惠促销方式，并加大节油推广的宣传。2010年年末至2011年年初，风骏皮卡“万试如意，品冠有礼”展示试驾活动中，试驾就有礼品赠送；在4月30日前购风骏的客户即可享受最高8000元现金优惠。从2011年5月1日～5月31日，组织经销商开展“风骏皮卡好礼加加加”优惠促销活动，最高优惠6000元。2011年12月份，长城风骏推出了现金优惠最高8000元加送礼包活动，时间为期一个月。

在服务方面，风骏皮卡为用户定制的“服务快递”品牌，在“服务快递·冬日暖心”服务节中，风骏为用户提供上门服务，对车辆实行免费检查等，以及工时、部分材料费打折服务。在2011年4～5月份，长城开展“风骏皮卡耐力长征行”的品牌促销活动，推广长城皮卡的品质；在10～11月份，长城汽车开展了“冬季保养”巡展活动，免费检测并送礼品等；控制更换机油机滤费用在200元左右，更换机油三滤费用在350元左右。

（2）郑州日产皮卡　2011年，郑州日产皮卡销量为62053辆，比2010年同期增长13.9%，位列皮卡行业第二名。郑州日产2011年销量较快增长的主要原因在于双品牌战略的成功实施，东风品牌的贡献率接近六成。郑州日产利用外方在产品结构、技术、管理、销量等方面的优势，借助日产工厂全球的统一标准及管理模式对现有的中牟工厂进行改革，使得其产品技术、产能发展、质量把控和品牌建设等方面都有了突破性进步，中牟工厂在2011年11月获得日产全球工场管理水平最佳质量控制奖。

郑州日产从2010年开始由传统的大宗式营销向“大宗+大众”模式转型，其核心是网络建设的覆盖和销售网点数量的提升。2011年，郑州日产拥有一级网点257家，二级网点651家，网络覆盖率达到92.5%。并对一级网点进行优化，实现网络形象和规模的升级，以及管理能力和运营质量的提升；针对二级网点大力推行直营化建设，引导其向区县等三级市场进行延伸。

在市场推广活动方面，2011年6月份，郑州日产推出了搭载Nissan ZD30柴油发动机的锐骐皮卡（进口博世电控高压共轨+进口EGR技术），采用日产原装进口静音链条传动结构，使得噪声更低。8月份，开展锐骐ZD30“你买车 我养车”活动之后，对购买锐骐ZD30的消费者赠送郑州日产价值3000元的售后服务券。2011年8月10日～10月31日，郑州日产开展补贴购车用户3000元下乡优惠促销活动。2011 年 9 月 20 日又将开展“万里追骐”行动。从 9 月 20 日到 11 月 20 日，对锐骐搭载 ZD25、ZD30、ZG24、QD80发动机车型的客户，提供免费检查、维修工时优惠、配件优惠、免费洗车等服务；寻找锐骐行驶公里数最高而没有过大故障的明星车主。10 月 28 日，“郑州日产锐骐 ZD30 柴油皮卡全国媒体深度试驾会”在海口举办大规模皮卡车型媒体深度试驾活动。

（3）江铃宝典　2011 年江铃宝典皮卡销量为 56332 辆，比 2010 年同期增长 4.1%，位列皮卡行业第三名。

2011 年，江铃将主要资源投放倾斜在新上市 SUV 驭胜上，对皮卡的支持乏善可陈，只是抢在 2011 年年末率先打响了降价的第一枪。2011 年 12 月份，江铃汽车推出“将超值进行到底——宝典超值版、经典版柴油皮卡年末限时钜惠 5000 元”活动，其中在皮卡市场上备受好评的江铃宝典超值版，最低售价仅为 7.18 万元起，瞬间点燃了市场消费者的热情。

品质方面，江铃宝典时尚版车身采用高强度优质冷轧钢板，车身漆采用阴级电泳漆，十年防锈，同时采用的吸能 T 型车架和原装匹配的底盘系统，也为时尚版宝典的安全耐用性提供了可靠的保障。由此，江铃宝典时尚版也成为了皮卡行业中的“耐用精品”。江铃不断强化“省油、耐用”的核心理念，突出宝典的百公里油耗仅为 6L，每年开展全国性的节油大赛，宣传推广节油产品。

在服务品牌的建设上，江铃汽车参照福特“Service2000”的全球服务系统，以“江铃服务 全程呵护”为主题，推出了 JMC cares 个性化服务体系。实行“十项承诺”，围绕“以顾客为中心、以满意为标准”的理念，以轿车的专业服务模式来服务商用车。通过全国二、三级市场 400 多家销售服务网点，开展一系列服务活动，如“3·15”优质服务月和江铃安全行车宣传月。此外，江铃在夏季、秋季、冬季都会推出符合季节特色的服务提升活动，给予消费者更多的关怀和实惠。如开展夏日送清凉、秋季送关怀等活动。

（4）中兴皮卡　2011 年，中兴皮卡销量为 50152 辆，比 2010 年同期增长 8.1%，在皮卡行业排名第四。

2010 年中兴“渠道年”，超额完成当年经营目标；2011 年中兴“品牌年”，皮卡产品结构继续向中高端转移，确立了质量作战和服务作战两个提升重点，加速实现品牌跨越。

在营销活动上，中兴市场活动大打季节营销牌。2011 年 1 月 10 日，中兴汽车启动“报春·送福”市场活动，购车优惠最高达 7000 元。2011 年 3 月 27 日，中兴汽车推出威虎 F1 高端皮卡，价格覆盖了从 8.68 万～10.98 万元的价格区间；同时，中兴原有皮卡全系降价 5000 元。其中，旗舰 A9 价格为 5.49 万元，优惠了 5000 元；旗舰 A9 电控王 5.69 万元，优惠 2000 元；威虎售价为 7.68 万元和威虎 G3 售价为 7.98 万元，分别降价 3000 元和 2000 元，形成一个高、中、低端完备的价格体系。秋季“礼悦国庆•惠满中秋”活动，对威虎海外版优惠 7000 元，进店客户也有机会享受到中兴汽车提供的三重大礼。在 11 月份又启动了冬季“激情燃冬”促销活动，凡在 2011 年 11 月 1 日至 12 月 31 日期间，购买旗舰 A9 柴油款、长铃皮卡柴油款、威虎海外版柴油款的用户，分别可享受到 5000 元、4000 元和 7000 元的优惠。全系皮卡不同程度优惠后，旗舰 A9 柴油款价格为 5.49 万元，长铃皮卡柴油款价格为 6.39 万元，威虎海外版柴油款价格为 7.68 万元。而借势利比亚的政治危机，中兴皮卡在非洲大陆一路驰骋的身影，中兴皮卡做足宣传文章，突出产品品质和产品形象。

在售后服务方面，2011 年 1 月 10 日至 1 月 31 日中兴开展“无限关爱”的亲情服务，新老购车用户均可享受到多项免费检查，维修保养享受工时八折、配件九折的优惠，以及中兴汽车赠送的新年礼品一份；2011 年 6 月 10 日至 7 月 9 日期间，中兴汽车推出“夏季关爱·中兴服务在您身边”主题活动。针对夏季车辆经常遇到的保养问题，提供免费检测和优惠服务。

二、2012 年皮卡市场展望

1. 整体和细分市场走势

众多专业机构预测：2012 年中国 GDP 增速在 8.5%左右，经济增速低于 2011 年 9.2%的水平，CPI 预计将回落至 4.6%。我国经济增速放缓的趋势在 2012 年仍将延续，2012 年 GDP 实际增速将保持在 8.5%左右，经济增长呈现前低后高的走势。

汽车经过过去一年的调整，业内普遍认为从 2012 年开始，国内车市将恢复正常增长。中国汽车工业协会预计，2012 年国产汽车销量约在 2000 万辆左右，增长率为 8%。大量二三线城市、城乡结合部和广大农村地区，存在巨大的发展潜力。笔者预计 2012 年汽车行业的增速可能在 10%。皮卡作为轻型货车的一个细分市场，增速可能维持近四年的平均略低水平，增速大概在 12%，高于全国商用车的平均增长水平。

2．产品趋势

2012年，皮卡产品将更加丰富，产品向高端发展的趋势将不可逆转，除部分年度改款车型出现外，全新平台的高端皮卡也可能在年末或下年初推向市场；原有低端皮卡厂家纷纷涉足利润较高的中、高端皮卡市场，推出中、高端的皮卡产品组合，形成齐全的价格体系。

2011年，长城、福迪、福田等自主品牌均陆续推出了新款皮卡，例如长城的2.2L的风骏5大双豪华版、郑州日产搭载Nissan ZD30柴油皮卡、福迪的2011改款小超人、福田的全新拓路者等，无一不在外观造型、内饰做工、安全舒适等方面与以前产品相比做了改进和提升。皮卡市场呈现内饰豪华趋向轿车化（舒适性）、节油动力趋向柴油化（环保性），销售市场趋向国内和国外两个市场（国际化）。

每年的年末，各皮卡厂家会推出年度的改款车型，其主要变化在于前脸、大灯、内饰的改进和功能件的升级，底盘和发动机等关键部位主要是调校，车型平台基本不变。但部分厂家也在规划全新车型，如北汽福田的P201高端皮卡，外形酷似丰田全球畅销皮卡海拉克斯（Hilux），将在福田佛山南海萨普皮卡基地投产，将主攻东南亚、中南非等海外市场，首批车型搭载福田康明斯2.8L柴油发动机，之后会考虑搭载正处于研发中的福田自主发动机。江铃也在开发一款高端皮卡，市场定位高于现有产品，借用成熟的高端SUV底盘，预计在2012年年底推出首款车型，搭载的美国福特发动机，由福特全球资源提供技术支持开发，这款车将引领中国皮卡的消费升级并推向全球市场。

3．市场趋势

当“得二、三级市场者得天下”日益成为共识，三级市场迅速启动，已经出现攀比消费，对于皮卡生产厂家而言，赢得三级市场和乡镇市场才能赢得未来。各皮卡汽车企业积极实施渠道下沉，长城汽车、江铃汽车等渠道领先者早已经将触角伸向了四五级市场。

各皮卡生产厂家纷纷加大对销售渠道、服务网点的建设力度。长城、江铃皮卡网络逐渐从原有网络中剥离出来；以长城汽车为代表的厂家，在全国推出了“1=2创富加速工程”和“千县千展”活动，进一步完善了终端二、三级销售和服务网点建设、车辆配送体系建设等方面，推出了适合广大农民使用的高性价比的皮卡车型，给农民客户创造了更好的购车条件；江铃在全国二、三线城市建立了 400 多家销售网点，使销售重心下移，覆盖百强县和重点城镇。

4．皮卡出口

近年来，皮卡出口成为商用车中最重要和活跃的组成部分。排名前列的皮卡厂家都规划并布局出口市场，已取得了较好的社会效益和经济效益，出口成绩斐然。2011 年，长城皮卡出口达到 36317 台，同比增长 45.85%，远高于国内市场 16%的增速；郑州日产出口 3620 辆，增速高达 63%；北汽福田皮卡的整车出口也达到近 3000 台，出口增速高达 103%，市场表现中规中矩也是由于出口未能达到出口目标，江铃和中兴皮卡销售中增长乏力，尤其值得一提的是：浙江吉奥出口大幅下滑 51.9%，拖累了整个皮卡市场的增长。

长城汽车已在俄罗斯、印尼、伊朗、越南、埃及等国家和当地合作伙伴建有组装厂，并在开拓保加利亚、委内瑞拉、马来西亚等新兴项目。目前已在 70 多个国家建立了 500 余家维修网点，保有量较大的区域服务半径控制在 300km 以内。此外，长城汽车还与南非、巴西、泰国、土耳其等国家的合作伙伴达成了建厂意向。在产品上，2009 年长城汽车四款车型（含风骏）获得欧盟 WVTA 认证。2010 年 1～10 月份已实现出口 4.7 万辆，同比增长 60%以上。

中兴也在伊朗建设 KD 工厂，用以伊朗方面替换掉原先合作的日本马自达皮卡平台，成为国内率先通过技术输出登陆海外市场的汽车企业。此外，中兴在埃及的 KD 工厂和东南亚的 KD 工厂都已运行投产，南美和东欧的 KD 工厂目前正在筹建，模式也由单纯的整车出口转变为 CKD 等多种形式并存。

据福田汽车规划，福田将逐步实现《2011～2015 年“5＋3＋1”的全球推进战略》，将在 2015 年前完成在俄罗斯、巴西、墨西哥、印度、泰国 5 个重点发展中国家建厂；实现欧盟、北美和日本 3 个发达国家区域市场的开发及实现轿车业务中国国内市场的重大突破。

2012 年的皮卡出口将成为整个皮卡营销的重要战略，各厂家在坚持 2011 年积极扩大整车出口的策略的同时，将高举国家“走出去”的战略，大力推进 CKD 出口，通过与所在国政府和企业的合作，通过技术输出在当地建厂，从而规避当地法规的限制，登陆海外市场。

（作者：邓振斌）

2011 年普及型轿车市场回顾与 2012 年展望

在经历了两年来井喷式增长后，2011 年中国车市仍稳坐世界头把交椅，但增长速度明显回落。受利好政策暂告段落、大城市治堵等限制政策出台、日本地震对行业冲击等影响，2011 年中国车市经历了跌宕起伏的一年。

一、2011 年普及型轿车市场回顾

2011 年普及型轿车累计销售 502 万辆，同比增长 5.8%（见图 1）。近两年普及型轿车增速显著回落，2011 年增速已经低于整体市场销量增速，甚至达到了近十年来最低值。普及型轿车已经回归理性发展，步入平稳增长时期。

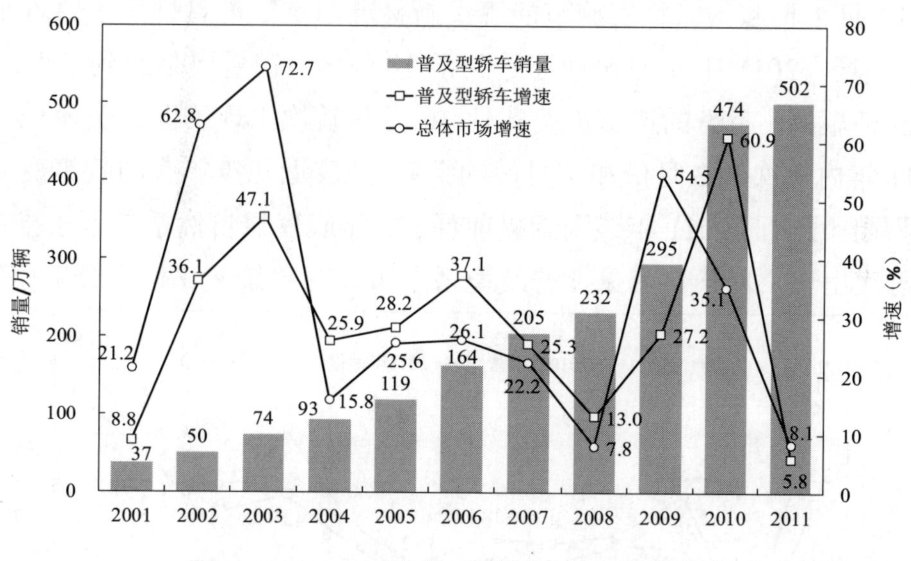

图1 2001～2011年普及型轿车销量及增长率

2005～2009 年普及型轿车占乘用车总需求比例逐年增加，近三年主要由于利好政策逐步淡出，占比趋稳（见图 2）；目前市场结构已基本稳定，说明普及型轿车市场已进入平稳发展时期，相对其他市场最先步入成熟发展阶段。但普及型轿车也面临较大的压力，虽然它有最好的群众基础，保有量占整体市场近一半，但随着近几年车型的多样化，传统型轿车的市场份额终将被新兴车型所稀释，未来普及型轿车的占比将会缓慢下降，但市场的主导地位不会发生改变。

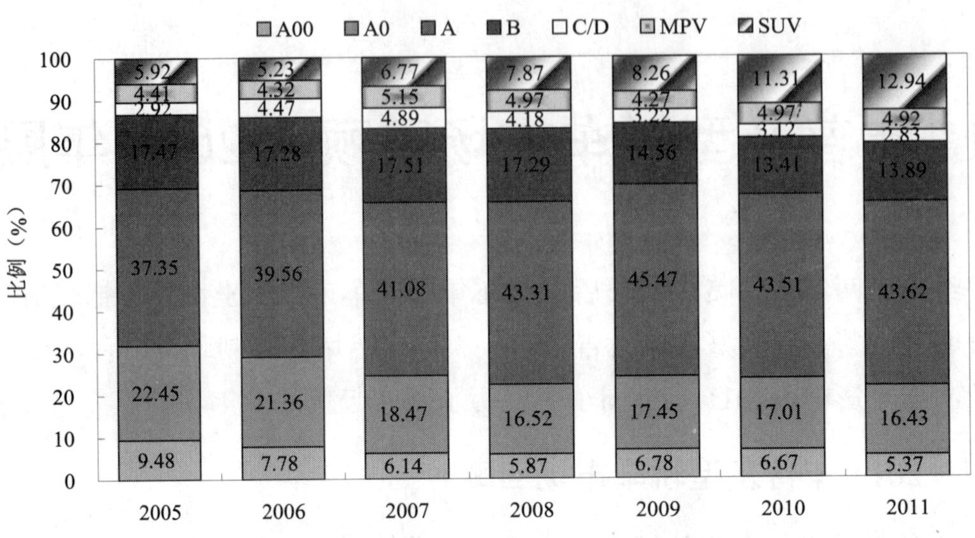

图2　2005～2011年乘用车市场各级别销量占比

2011 年 1～8 月份普及型轿车各月销量均高于上年同期水平（见图 3）；然而 2011 年 10 月 1 日起国家将实施节能惠民新标准，这一消息推高了原本平稳的普及型轿车市场，2011 年 9 月份增速达到了 14.08%，销量更是达到了仅次于 1 月份的 48.9 万辆；9 月份的透支消费致使 10 月份首次出现了同比负增长，逆势出现了 2011 年内仅次于 2 月份和 7 月份的销售谷底；近几年年底的政策变动带来了明显的翘尾因子，而 2011 年该因素提前释放，年底仅靠自然季节因子推高，导致 12 月份再次出现负增长。可见，普及型轿车市场对政策变化仍十分敏感。

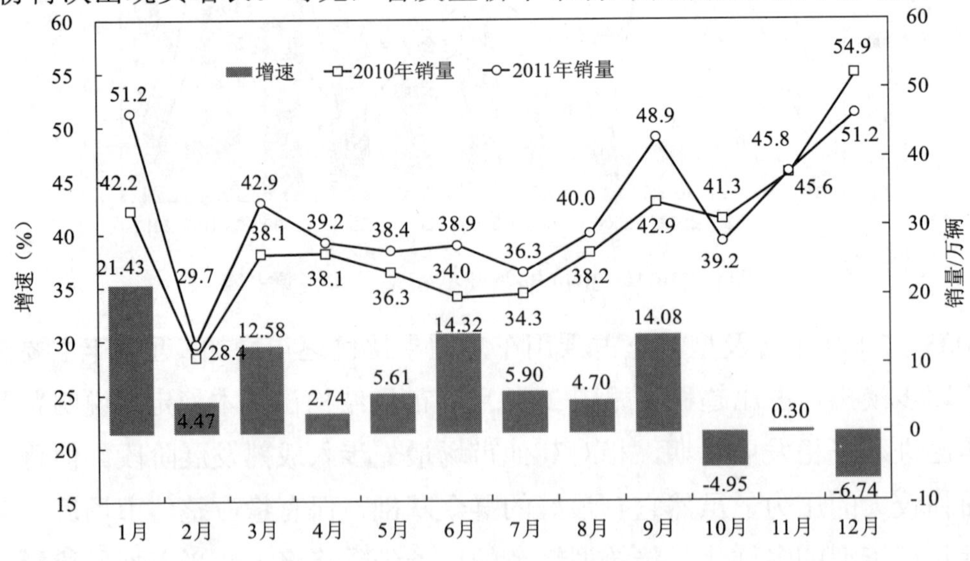

图3　2010年和2011年普及型轿车市场月度销量走势
及2011年月度同比增速

从系别来看，普及型轿车中发展最快的当属自主品牌（见图 4）。较有代表的车型有一汽奔腾的 B50、上汽荣威的 550 和 350、吉利帝豪的 EC7 以及长城汽车的腾翼 C30 等，均是在近两三年上市且表现较好的自主品牌车型。大量高性价比产品的注入带来了自主品牌车型在普及型轿车市场的快速发展，目前已经可以达到与德系车并驾齐驱的水平。

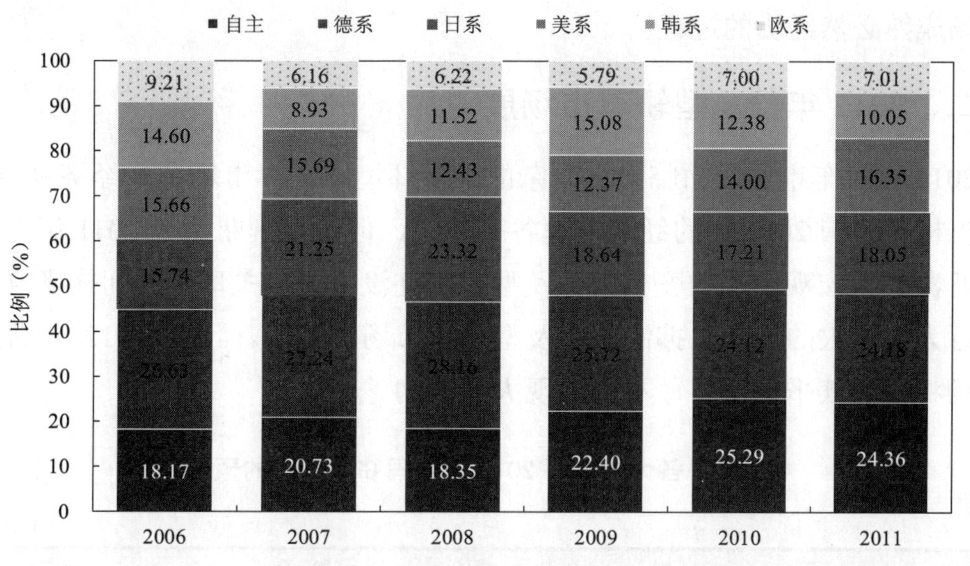

图4 2016～2011年普及型轿车各系别发展

2010年排名前十位的车型仅有四款在2011年排位上升，但有八款车型在2011年仍然位居前十位（见图 5）。第一名的凯越 2011 年累计销售 253514 辆，超过了上年第一位的朗逸，单车销售能力再度提升。

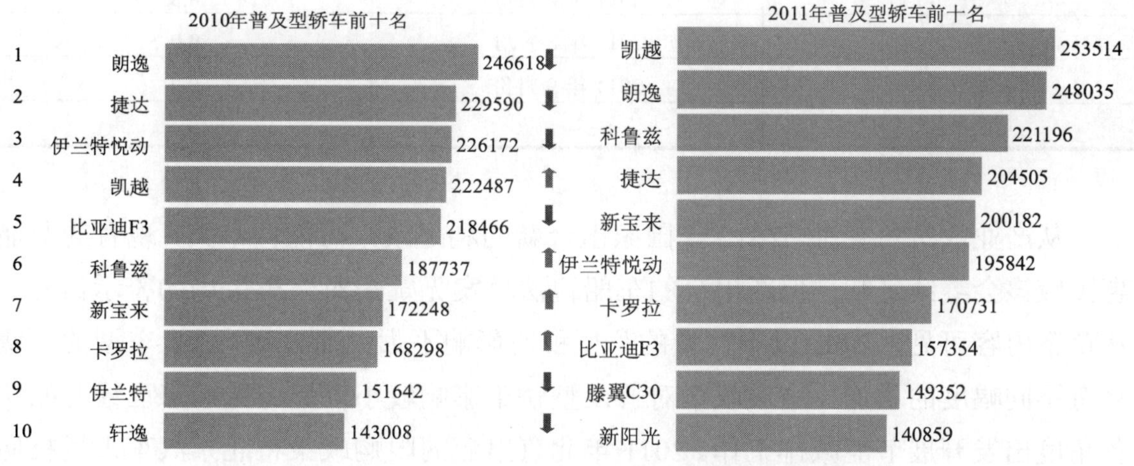

图5 2010和2011年普及型轿车销售（辆）排名状态

值得关注的是 2011 年的销售排行榜中自主品牌不再只有一款比亚迪 F3，滕翼 C30 上市的第一个完整销售年就以 149352 辆的好成绩排名普及型轿车第九位，可谓是普及型轿车中的一匹黑马，同时也让我们看到了自主品牌汽车企业在不断地努力做强做大，而且正逐步被消费者认可。2011 年普及型轿车中前十位的销量占比已经由 2010 年的 41.5%下降到 38.7%，可见市场集中度正在逐步下降，这也是市场成熟必然经历的过程。

二、2012 年普及型轿车市场展望

2012 年汽车市场将面临更加复杂的经济环境。国际市场宏观经济复杂多变，各大机构对中国 2012 年的经济增速各有看法，但总体判断为较 2011 年将有所下降（见表 1）。宏观经济的变化与普及型轿车并没有直接关联，但间接影响着消费者的行为，从大的方向上抑制了普及型轿车市场的发展。预计 2012 年普及型轿车市场将会继续平稳发展，不会出现大的波动。

表 1　各大机构对 2012 年中国 GDP 增速的预测

（单位：%）

预测机构	预测时间	2012 年 GDP 增速预测
IMF	2011 年 9 月份	9.0
世界银行	2011 年 4 月份	8.7
汇丰银行	2011 年 8 月份	8.6
花旗银行	2011 年 8 月份	8.7
摩根士丹利	2011 年 8 月份	8.3
德意志银行	2011 年 8 月份	9.0
国家信息中心	2011 年 9 月份	8.7
平均	—	8.7

从产业政策角度讲，2012 年国家出台新的利好政策可能性不大，现有的节能惠民应该会继续延续，但新出台的车船税法草案无疑是对汽车市场的警示信号。从草案内容可见，2.0L 以下排量的车型税费影响不大，而 2.0L 以上车型的税费将有不同幅度的增加。这项政策对普及型轿车影响较小，但可见国家已经开始从各角度出发开展节能减排工作。2011 年北京出台的限购政策将北京汽车市场推向了冷冬，而 2012 年限购政策是否向其他大城市蔓延尚难确定。从目前各一线城

市路况来看，治堵已经是势在必行，但会以何种方式治理到何种程度并不好说，倘若都以北京出台政策的力度开展，中国汽车市场将可能面临负增长态势。一旦限购对低端车型将更加不利，普及型轿车将可能成为各个家庭入门级车型的首选，但若总量下降，普及型轿车的下降也在所难免。

从供给角度来看，2012 年普及型轿车的全新车型并不多，多以中期改款和年型居多。2012 年各家企业对主力普及型轿车的销量诉求均高于对总体市场增速的判断，可见 2012 年普及型轿车市场的竞争将更加激烈。

总之，2012 年普及型轿车增速预计将进一步平稳回落至 4.9%左右，仍低于整体市场增速，在乘用车市场的占比将继续波动下降。面对激进的厂家销量目标、激烈的市场竞争环境，普及型轿车价格的下滑将在所难免，市场正面临新一轮的严峻考验。

（作者：许琳）

2011年国内SUV市场分析和2012年发展趋势展望

一、2011年中国乘用车市场及SUV市场运行状况

1. 乘用车市场运行态势

根据中国汽车工业协会发布的数据，2011年1～11月份，国内汽车销售完成1682万辆，同比仅增长2.6%。其中乘用车销售1310.4万辆，同比增长5.3%。我国2011年汽车市场运行下降的态势一直没有根本的改变和改善。优惠政策的淡出、货币政策的紧缩和宏观调控的影响是导致2011年车市下滑的主要因素。

2011年国内汽车的销售走势波动较大，1～5月份是逐月下滑，6～9月份又连续3个月产销正增长，10月份到年底又连续出现了负增长。与汽车整体走势基本相同，乘用车市场也在连续3个月的产销正增长后，10月份出现了较大幅度的下滑。

2. 乘用车各细分车型市场运行态势

从增幅来看，SUV在2010年101%巨幅增长的基础上，2011年1～11月份仍有18.4%的增幅，其市场表现依然强劲，实属不易；MPV在2011年1～11月份有14.3%的增幅，其市场表现也属上乘；轿车在2011年1～11月份取得了7.0%的增幅，尚属平稳增长态势；交叉型乘用车在2011年1～11月份则出现-9.8%的负增长，主要受政策退出影响较大，基本上在预料之中（见图1）。

从市场份额来看，轿车变化不大；SUV和MPV两板块均有一定的增长；交叉型乘用车的份额下降较大。

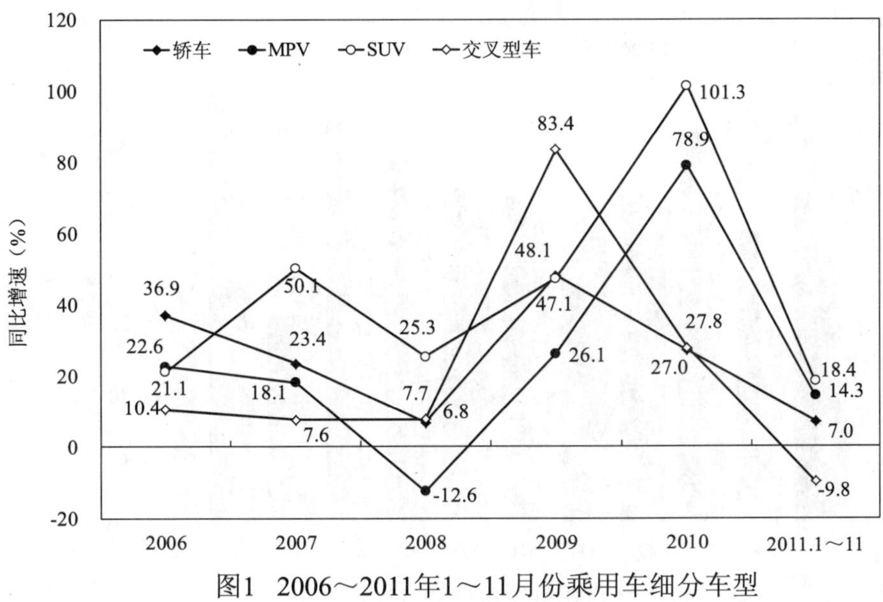

图1 2006～2011年1～11月份乘用车细分车型销量同比增速变化

3．国内 SUV 市场

2011 年 1～11 月份，国内 SUV 销量达 142 万多辆，同比增长 18.4%，在整体市场出现大幅下滑的形势下仍表现突出，SUV 车型近几年已成为国内汽车市场的领军板块（见图 2）。从 2011 年逐月的走势来看，除去 5 月、6 月受日本大地震的影响出现较低的增幅外，基本上都保持了两位数以上的增幅（见图 3）。乐观预计国内 SUV 市场销量 2011 年全年将达到 160 万辆左右。

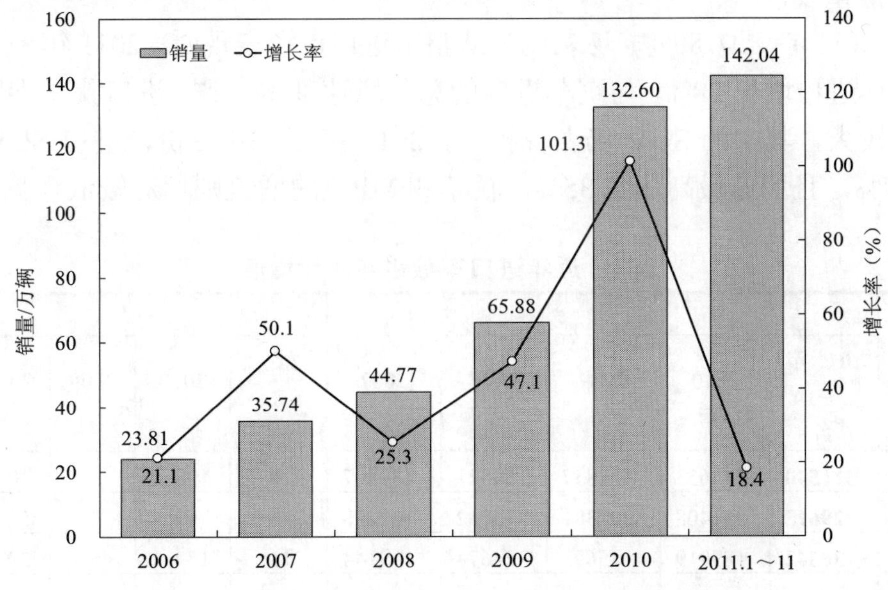

图2 2006～2011年1～11月份SUV销量与同比增速变化

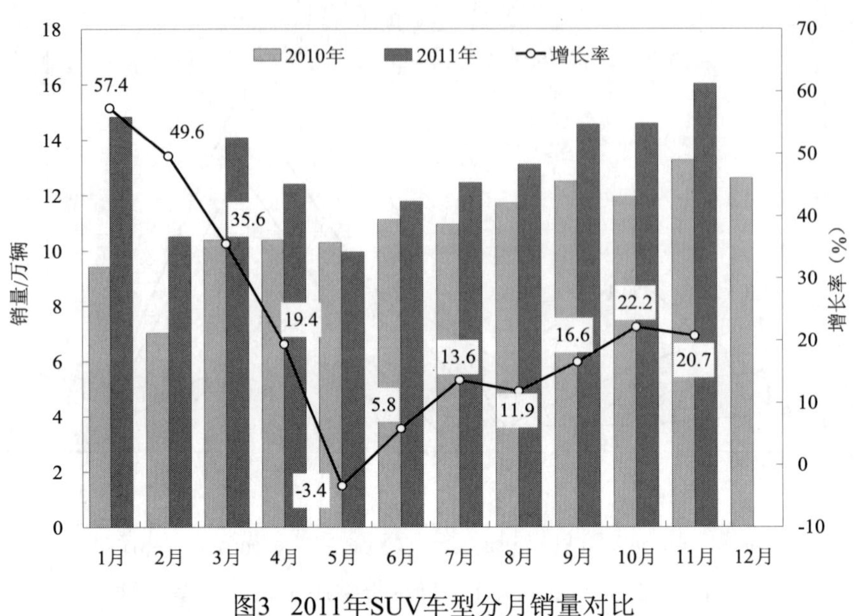

图3 2011年SUV车型分月销量对比

2011 年 1～9 月份，国产 SUV 累计出口 23184 辆，同比增长 50.23%。SUV 出口主要是自主品牌，这些厂家出口的目的地一般都是消费能力相对偏低的发展中国家，因此对中低端车型较青睐。

4. 进口 SUV 市场

进口 SUV 市场近几年快速发展，已占据国内 SUV 市场约 1/4 的份额，分析研究该市场的现状和未来的发展趋势，对研究国内 SUV 市场总需求的发展变化显得愈来愈重要。

（1）2011 年进口 SUV 市场表现 从整车进口市场表现看，2011 年 1～10 月份狭义乘用车进口增长 28%，与汽车进口的总体增速基本一致。进口狭义乘用车的刚性需求仍较大，其中的 SUV 仍表现较强。2011 年 1～10 月份，进口 SUV 占进口车型的 57%，且增速最高达到 35%，轿车和 MPV 的增速则相对较低（见表 1）。

表 1 近年进口车数量与同比增速

车型		进口量/辆					增幅（%）				
		2011 年 1～10 月	2010 年	2009 年	2008 年	2007 年	**2011 年 1～10 月**	2010 年	2009 年	2008 年	2007 年
狭义乘用车	轿车	**311540**	343653	164837	154521	139867	**20**	108	7	10	25
	SUV	**429615**	351408	207381	215062	142228	**35**	69	-4	51	65
	MPV	**36342**	89919	35693	24674	19144	**21**	152	45	29	-6
	小计	**777497**	784980	407911	394257	301239	**28**	92	3	31	38

从进口 SUV 的排量变化来看，2011 年 1～10 月份，SUV 排量结构继续下移，2.5～3.0L、2.0～2.5L 已占据近 70%的份额（见图 4）。

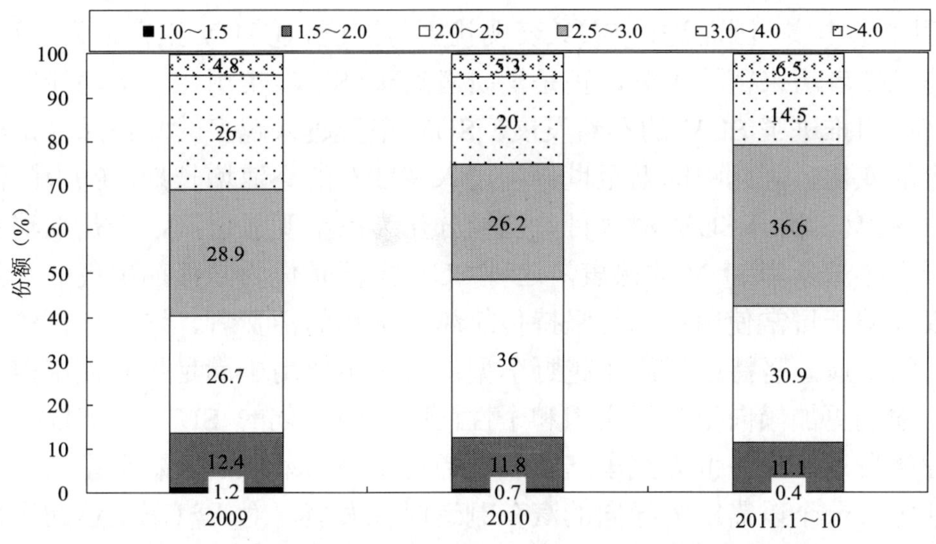

图4 2009～2011年1～10月份中国进口SUV分排量份额变化

从进口 SUV 的品牌表现看，2011 年 1～9 月份的进口车表现差异较大。欧系品牌表现突出，如宝马、奥迪、沃尔沃、雷诺及保时捷等，而日系的雷克萨斯和斯巴鲁等表现较差（见图 5）。

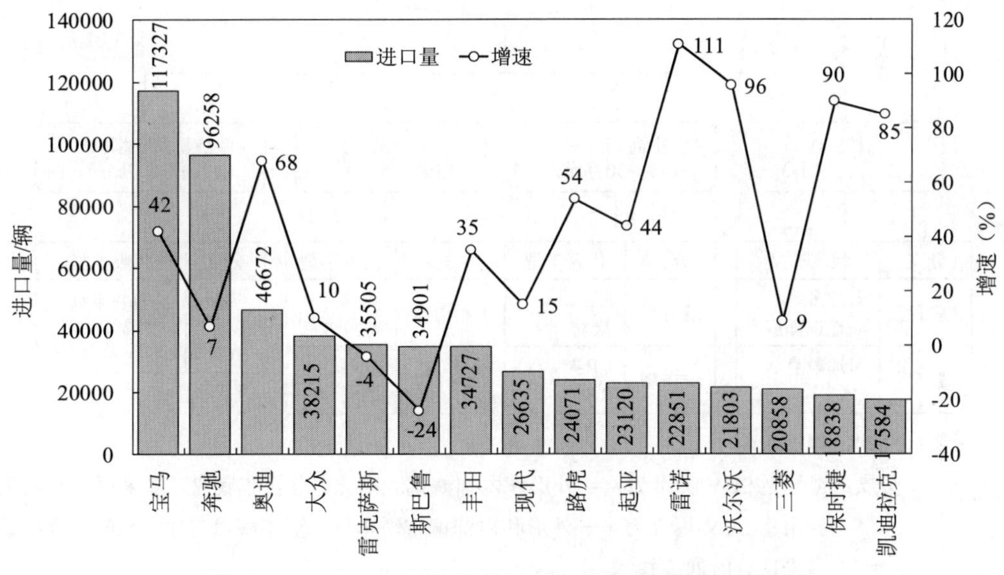

图5 2011年1～9月份进口SUV分品牌市场表现

（2）**进口 SUV 市场快速增长的成因分析** 随着中国进入汽车的更新高峰，汽车消费市场的换购和增购需求增加，SUV 由于其底盘高、功能多、视野好、个性强等优势成为市场的消费热点，SUV 车型受到偏爱的趋势仍将继续，加之国产 SUV 车型不够丰富，因而进口 SUV 表现就更为出色。①SUV 正在成为主流车型。产品与需求二者历来密不可分，正是消费者对于 SUV 实用化、多功能的需求导向使生产厂商推进了 SUV 的不断发展。SUV 车型越来越多的真正原因是消费者消费理念的变化，因此中国乃至世界将进入 SUV 的高速增长期。②中国消费者钟情进口 SUV。我国 SUV 消费目前已经分化为三个明显层次，一是高消费层次人群对于大排量豪华 SUV 的热衷，这种 SUV 主要是作为奢侈品出现的，主要功能并不仅局限于日常使用；二是坚持传统越野文化的消费者，这部分群体坚持回归 SUV 的本质，坚持选择硬派越野车型；三是主要用于满足日常使用需求的消费群体，他们更加倾向于为了实用和个性而购买轿车化的 SUV。③SUV 促进了汽车产业的发展。作为世界汽车产业发展历史中最为璀璨的一颗车型明星，SUV 的风靡注定了一个以需求为导向的汽车制造时代发展，对于汽车工业的进化起到了积极作用。尽管我国快速跳跃型消费依然存在着诸多不合理因素，但 SUV 的风靡依然坚定地揭示着一个不断追逐和超越梦想的发展历程。

二、国内 SUV 整体市场运行特征

1．分类原则（见图 6）

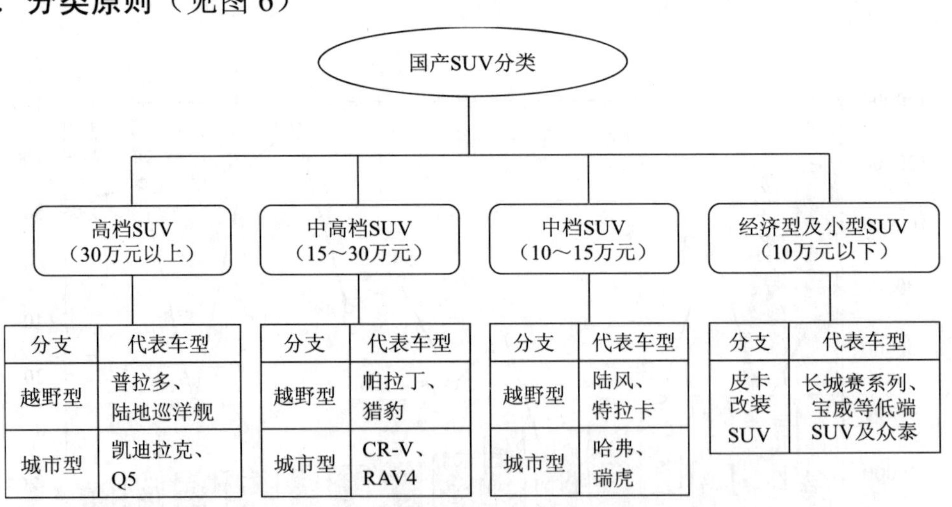

说明：档次：根据价位

分支：越野型 SUV 标准为——外形和内饰偏重运动化、非轿车底盘，多采用分时四驱技术。

城市型 SUV 标准为——外形和内饰偏重轿车化、轿车底盘、独立悬架、全承载车身，多采用分时四驱技术。

图 6 国产 SUV 的分类

图 6 中的分类原则已经沿用多年，基本上可以较确切地描述国内 SUV 市场的运行状况。 目前在乘用车联合会内部正在探讨一种 SUV、MPV 车型按轿车级别的分类原则：A0 级 SUV 主要以 1.3L/1.5L 为主；A 级 SUV 主要以 1.8L/1.8T、2.0L/2.0T、2.4L 为主；B 级 SUV 主要以 2.0T、2.4L、2.7L、3.0L 为主；C 级 SUV 主要是 2.7L、 3.0L、3.6L、4.0L 及以上。主要理由是绝大部分 SUV 大都是在相应排量和尺寸级别的轿车平台上发展的，当然 MPV 车型也可基本按照上述原则分类。

2．分品牌市场

与 2010 年相比，2011 年 1～11 月份自主、合资品牌 SUV 市场销量比重关系已发生 4%的转移，合资品牌上升，自主品牌下降（见图 7）。在合资品牌内部，由于欧美 SUV 新车型，如 Q5、途观等的强势进入且增速迅猛，日、韩、欧美车系的格局也有了新的变化，日系车型份额较上年有所减少（见图 8）。

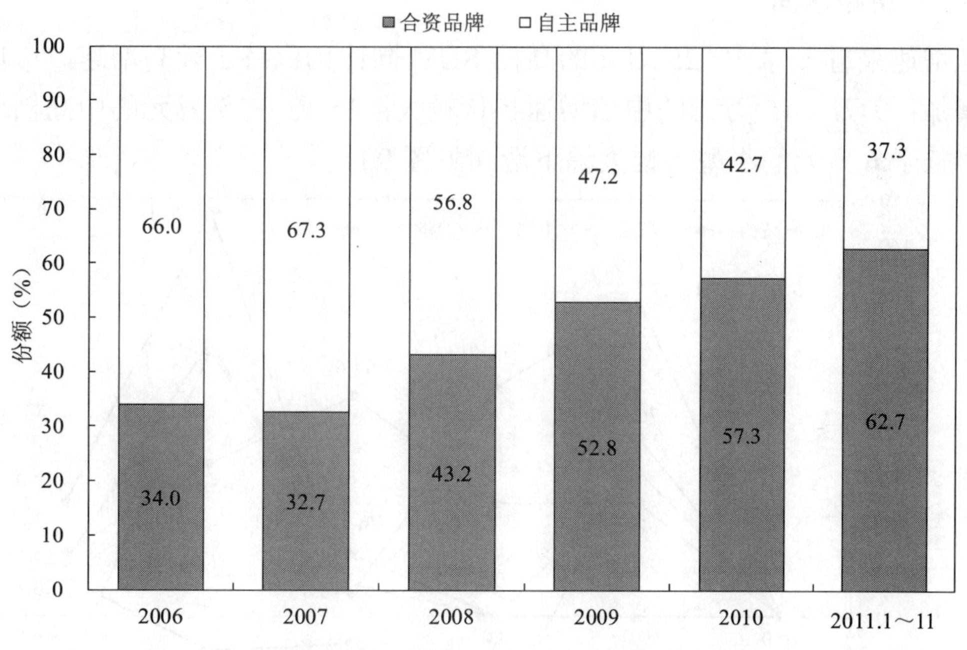

图7 近年来分品牌SUV的市场份额变化

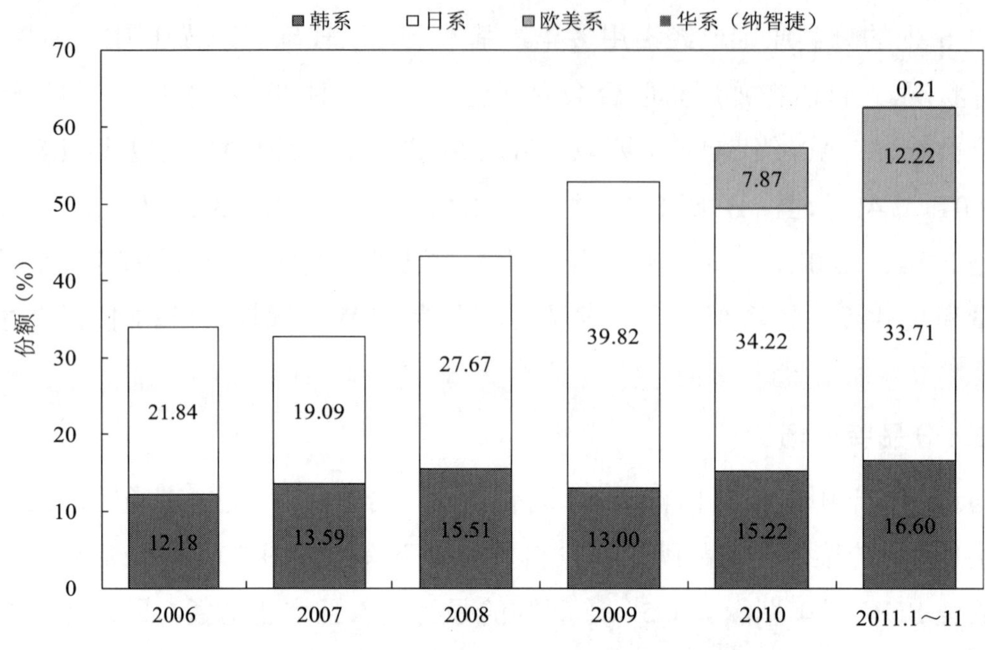

图8 近年来合资品牌SUV的市场份额变化

3．分价格区间

从增速来看， 高于25万元的高档SUV同比仍保持了较高增速，市场份额不断增加；9万～15万元的中档增速起伏较大；15万～25万元的中高档增速较平稳；低于6万元的小型增幅大幅下滑（见图9）。

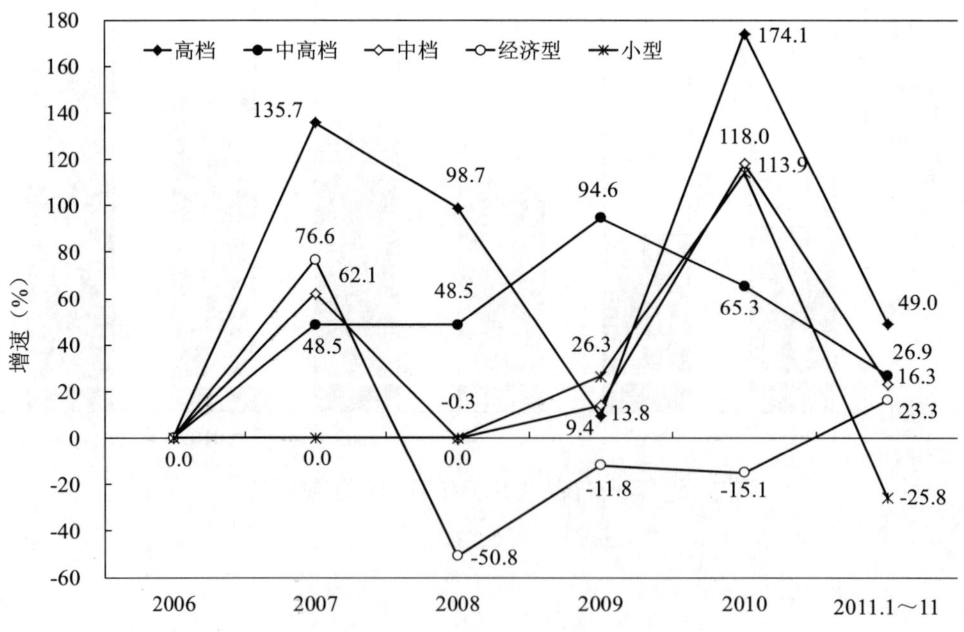

图9 各价格区间近年SUV销量增速对比

从销量比重来看，6 万～15 万元经济型尤其是小型 SUV 的市场份额大幅萎缩，2011 年小型 SUV 市场份额下降有悖于前几年的发展趋势； 15 万～25 万元中高档份额已基本稳定保持在 55%以上（见图 10）。

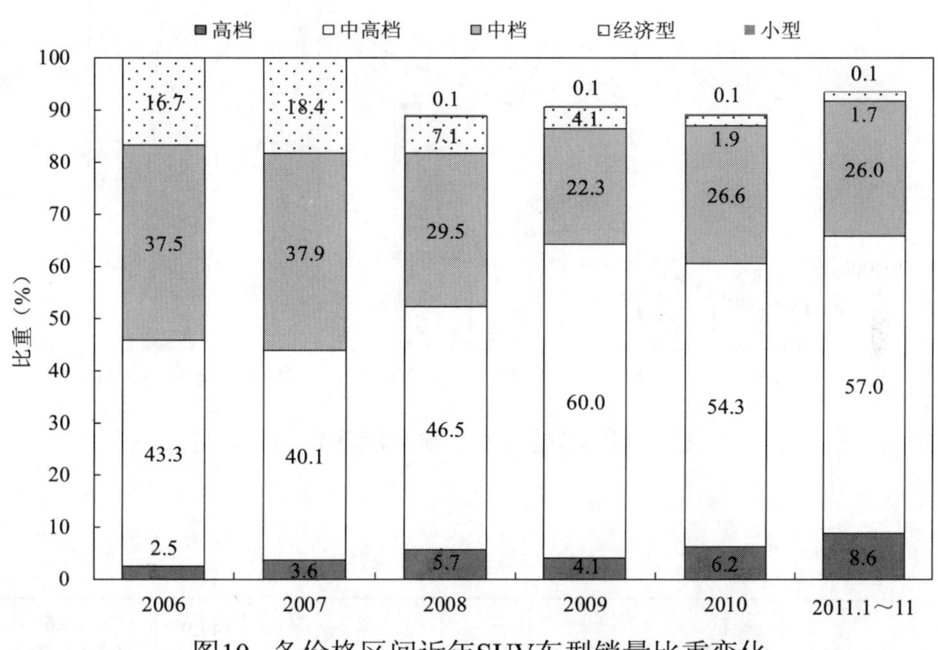

图10 各价格区间近年SUV车型销量比重变化

4. 分使用方式

从增速来看，2011 年 1～11 月份，城市型 SUV 仍保持了较高增长，稍高于 SUV 市场的整体增速。越野型 SUV 则从 2010 年约 40%的增幅滑落至负增长（见图 11）。越野型 SUV 的市场份额在逐年萎缩，目前已低于 10%，正逐步演变为边缘化车型，市场潜力增长乏力，发展前景不乐观（见图 12）。

近两年国内共有 20 多款新车型上市，大多数都属于城市型 SUV，众多城市型 SUV 为中高档细分板块注入了强大的增长活力，拉动城市型 SUV 市场份额不断扩大。SUV 市场已从低价格・自主・越野型为主→转变为高端・都市型・全球化车型竞相争夺的市场。

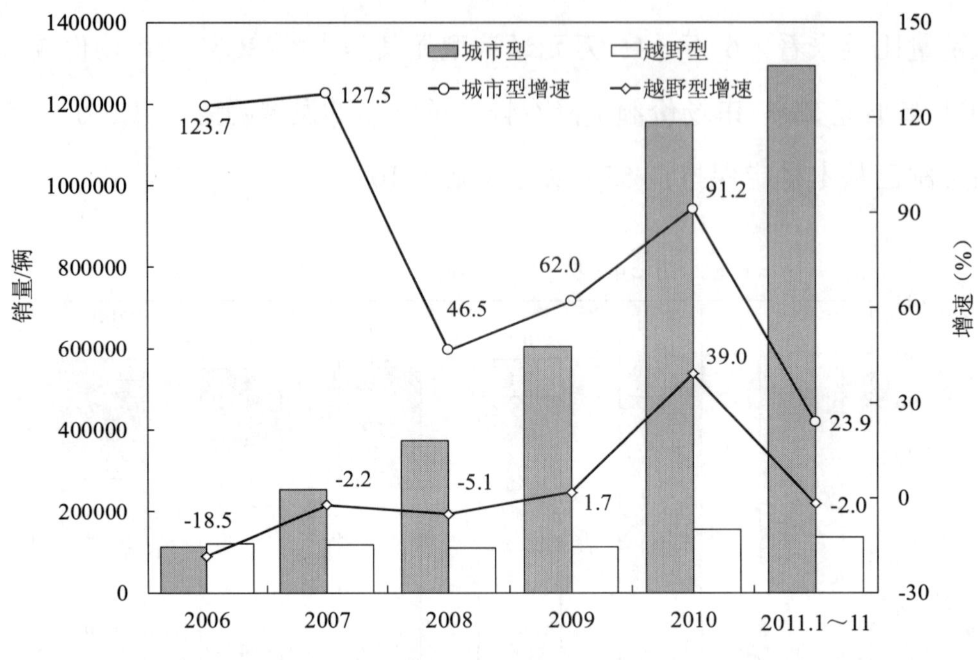

图11 近年城市型、越野型SUV增速对比

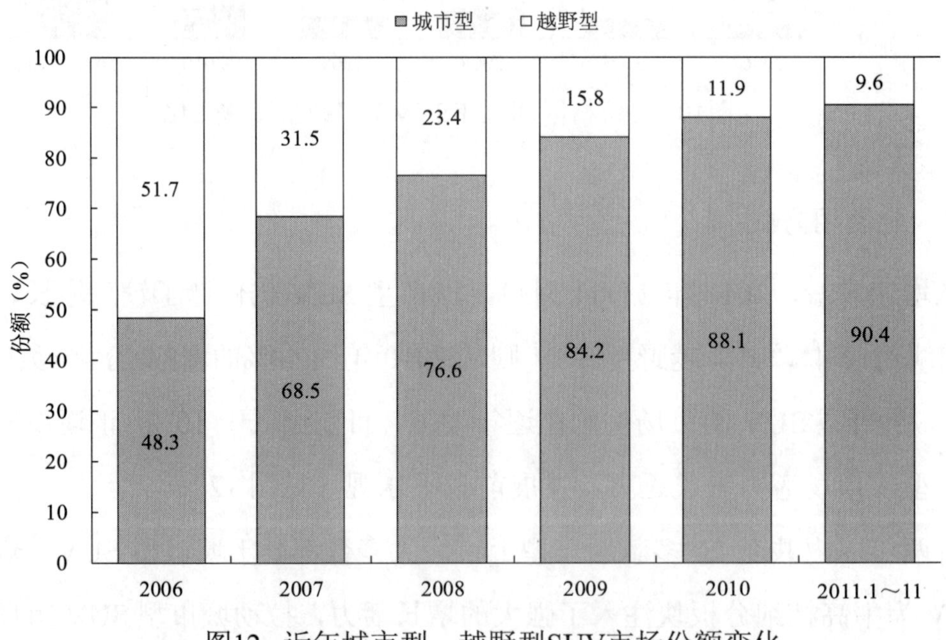

图12 近年城市型、越野型SUV市场份额变化

5．分排量比重

2011 年 SUV 车型从排量分布上，1.6～2.0L 排量的销量最大，增速也最快；

2.0～2.5L 排量的次之；2.5L 以上排量的仅占约 10%（见图 13）。随着 SUV 车型受到越来越多消费者的钟爱，1.8～2.5L 中低排量 SUV 车型占据了国产 SUV 的主流，市场份额约 78%，其研发和生产也将得到各类企业的重视（见图 14）。

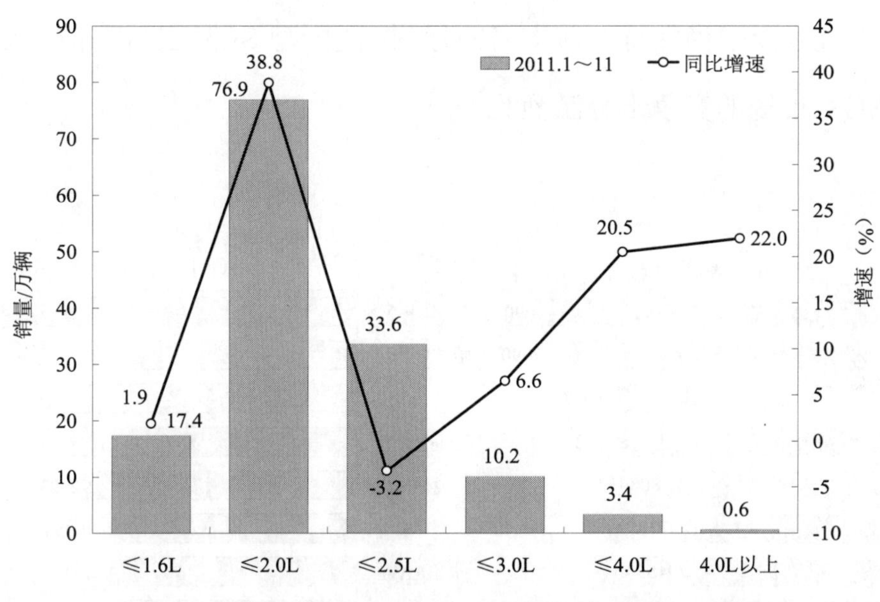

图13　2011年1～11月份SUV分排量销量及同比增速

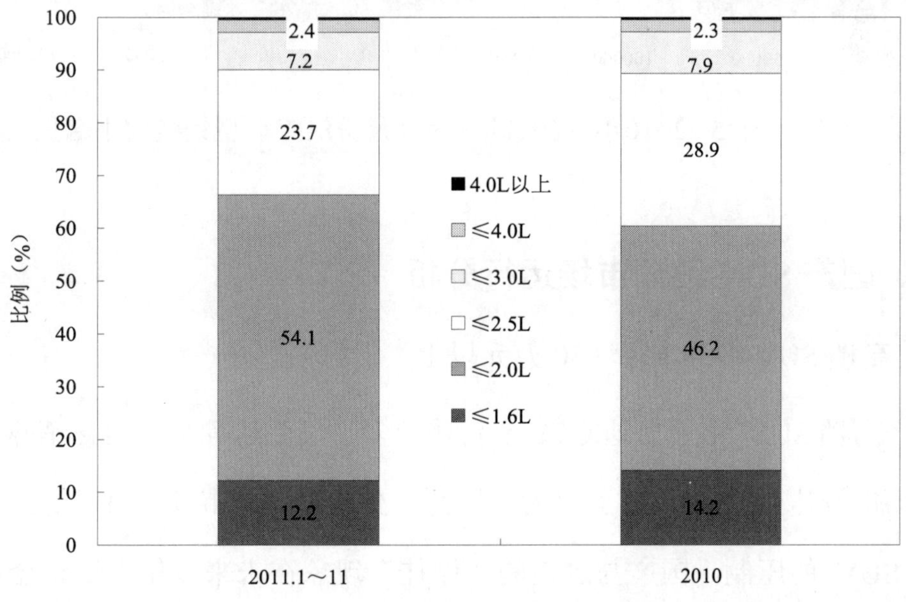

图14　SUV排量结构变化

6．车型销量前十名

除多年来 CR-V 一直位居首位外，2011 年 SUV 市场前十名的排名又发生了较大变化。值得注意的是途观跃居第三位，逍客跃居第四位；自主品牌中的哈弗 H 系列和瑞虎及众泰尚保持在前十名的行列；越野型 SUV 已排在前十名之外（见图 15）。SUV 市场的竞争十分激烈！

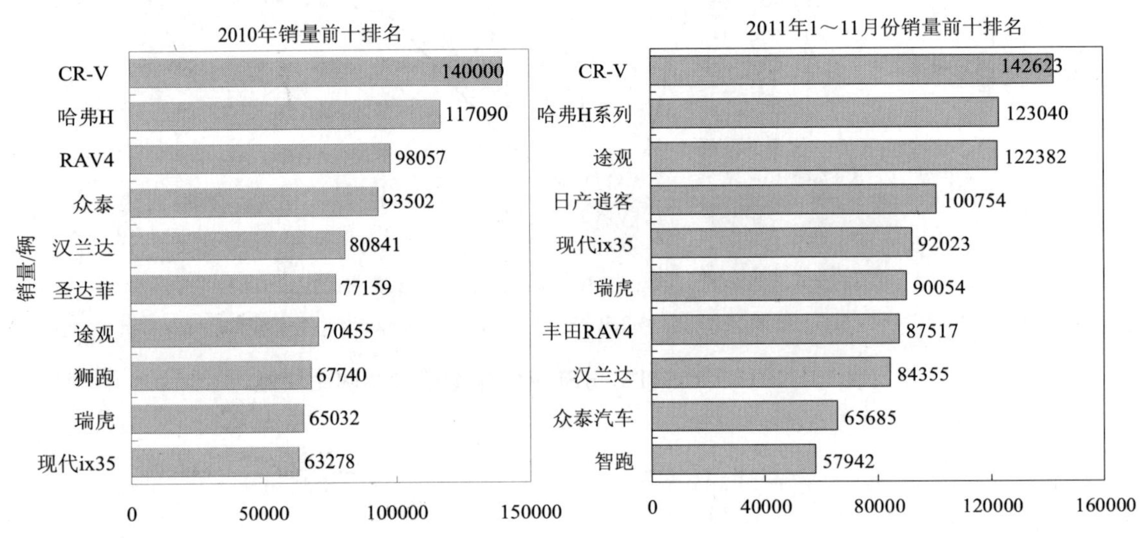

图15　2010年及2011年1～11月份SUV车型销量前十名

三、国产 SUV 细分市场运行分析

1．高档 SUV 细分市场（30 万元以上）

国产高档 SUV 由于奥迪 Q5、全新普拉多、汉兰达等车型的畅销热卖，2011 年的市场份额达到 8.6%，有了较大的提升。在这个细分市场，由于受大量进口高档豪华 SUV 的压制，国产与进口的“倒挂”现象在未来多年里还将会持续下去（见图 16）。

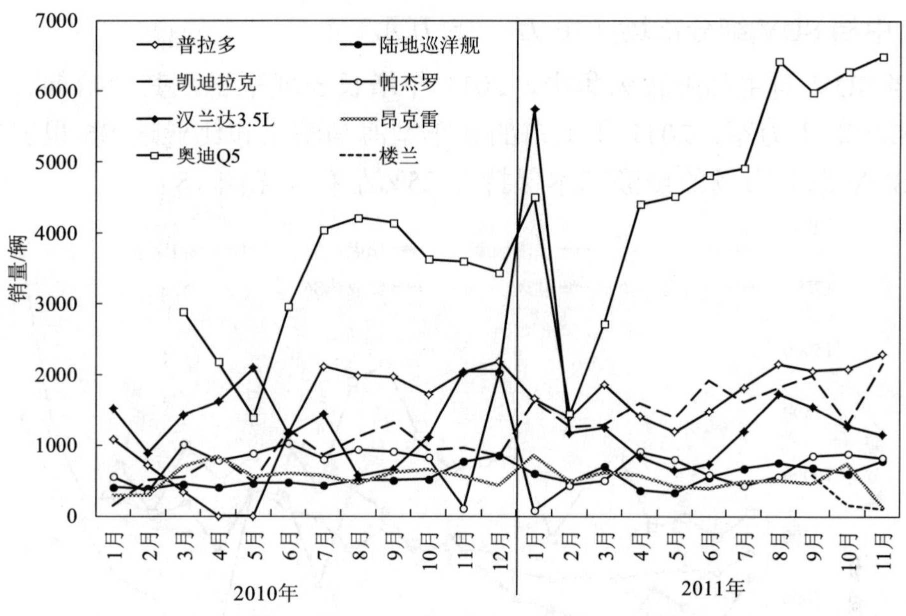

图16 2010～2011年高档SUV分月销量走势

2．中高档 SUV 细分市场（15 万～30 万元）

中高档 SUV 由于大都是合资品牌的城市型产品，该细分市场近年来一直都是国产 SUV 增长的主力军。尤其是日系的所谓 SUV 市场“三剑客”——CR-V、RAV4、奇骏，再加上逍客，市场表现亦一直突出，再加之 2010 年上半年新投放的德系途观和现代的 ix35 表现又非常抢眼，整个细分市场份额已接近国产 SUV 市场的 60%（见图 17）。

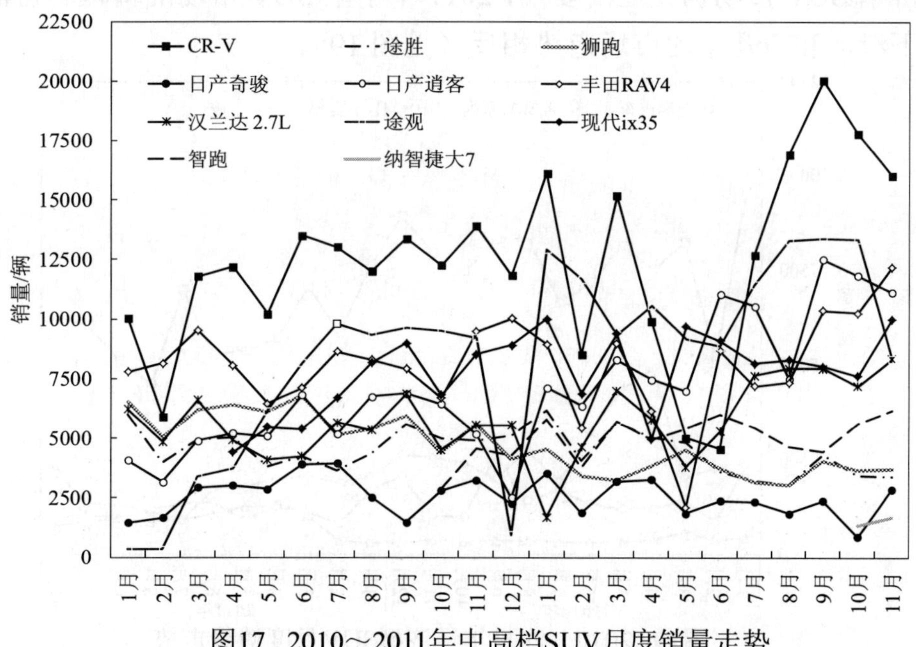

图17 2010～2011年中高档SUV月度销量走势

3．中档SUV细分市场（10万～15万元）

中档SUV自主品牌较为集中，2011年增长表现平稳，其中哈弗、瑞虎都是该细分市场的主力军，2011年上市的新车型海马骑士和比亚迪S6也表现不俗，目前占SUV总体市场的份额基本保持在25%左右（见图18）。

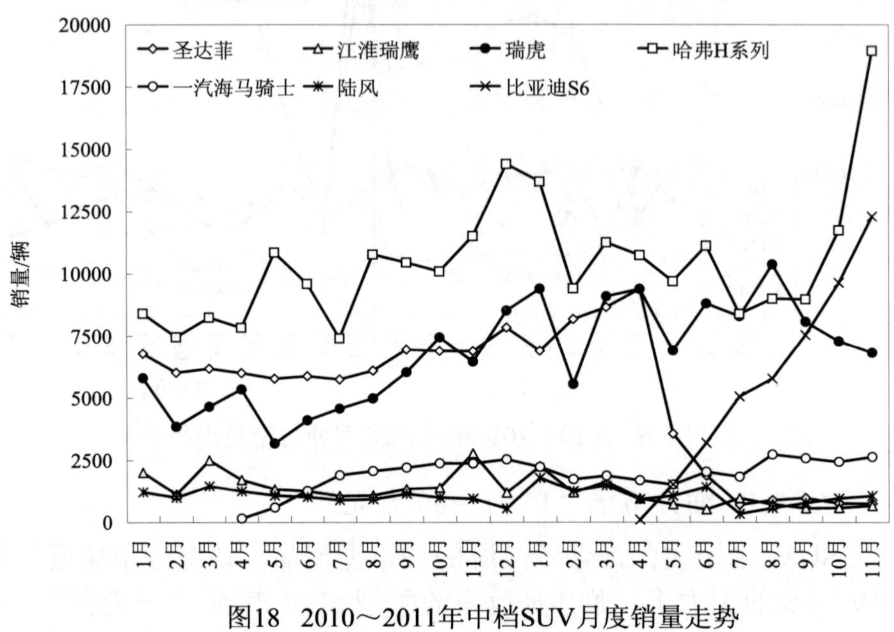

图18 2010～2011年中档SUV月度销量走势

4．经济型SUV细分市场（10万元以下）

经济型SUV市场仍在逐渐萎缩，2011年小型SUV市场的增幅和份额均出现大幅的下滑，和前几年的市场走势相反（见图19）。

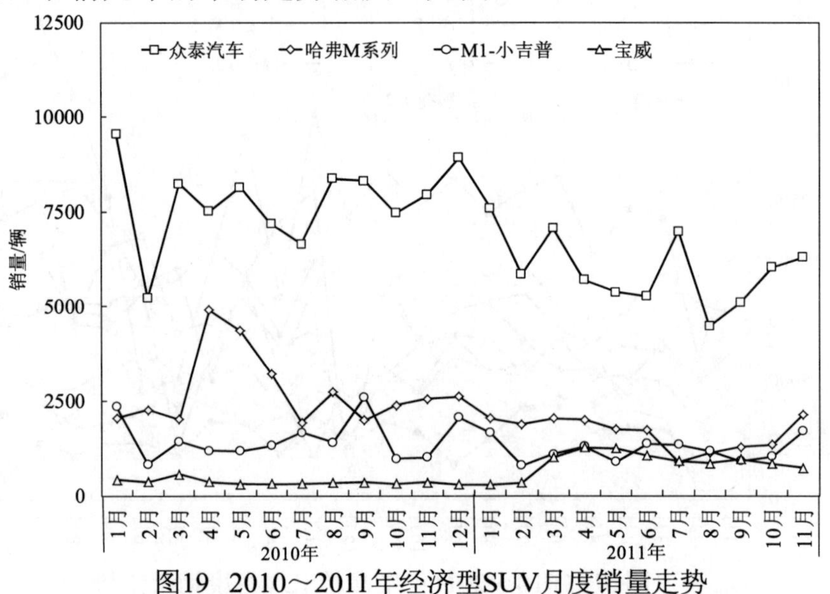

图19 2010～2011年经济型SUV月度销量走势

四、国内 SUV 市场的分析和思考

1. SUV 已成为领涨中国汽车市场发展的新板块

纵观十年来 SUV 车型在中国的迅猛发展历程，基本上可以分为三个发展阶段：2001 年前～2002 年为导入期；2003～2006 年为成长-调整期；2006 年至今为成长-成熟期（见图 20）。

2003 年前国内没有 SUV 的概念，期间都是以越野车和皮卡平台上的厢式车的名义出现；2003～2004 年是国内 SUV 元年，市场上明确导入 SUV 概念，大量越野车型进入，部分车型相继退市，但没有明显的市场细分，期间 CR-V 开创了都市型 SUV 的先河；2006 年后，各类型的 SUV 定位逐渐明确，用户群体相对清晰，进入以城市型为主时期，家庭和私人市场启动，众多新车型不断上市。尤其是近两年，每年都有近 20 款新车型或改款车型陆续上市，市场规模迅速扩张，日益成熟，SUV 已成为领涨中国汽车市场发展的新板块。

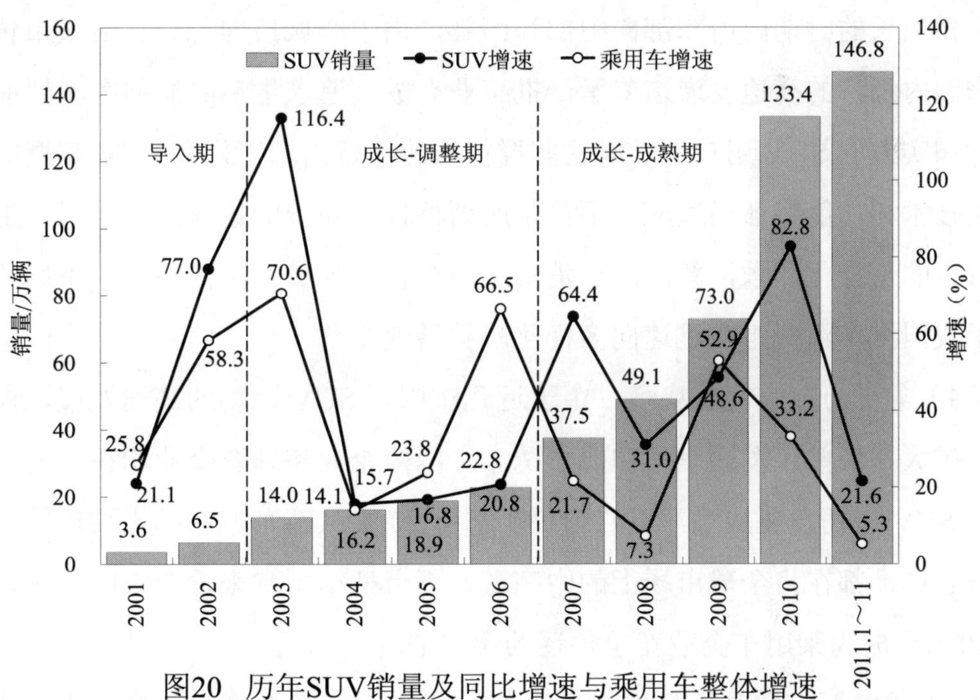

图20 历年SUV销量及同比增速与乘用车整体增速

2．国内SUV市场持续快速发展的支撑因素分析

（1）良好的市场环境　连续多年国民经济持续健康发展，国内汽车市场一直处于高速发展期，国民对汽车增购换购的时期已经到来，良好的市场环境正在形成。如今的SUV市场已今非昔比，通过技术提升和降低排量，改变了传统SUV"油老虎"的形象。加之吸取轿车的舒适性和MPV的大空间，更多的城市型SUV及全新概念的CROSSOVER车型纷纷面世，使国内SUV市场持续焕发着新的生机和活力。

（2）必经的发展规律　西风东渐，世界发达国家汽车产业SUV和MPV车型曾经有过的大发展，这也是中国汽车产业SUV市场必经的发展阶段，国内SUV市场虽经过近几年的高速发展，但目前中国SUV份额仅为10%，而发达国家大都在30%左右，仍有较大的需求发展空间。在中国当轿车车型极大丰富后，必然会带来SUV和MPV车型市场的快速增长。

（3）成熟的消费理念　中国区域经济差异化带来不同层面需求的多元化，并会在相当长的时期内由东部向中部和西部，由中心城市向二、三线城市传递；多年来国内经济的高速发展造就了一批事业有成、追求生活品质并有着超前的消费理念和实力的SUV用户群，而这些群体新的消费需求正好和SUV车型所具备的鲜明技术和功能特征相适应，不再是所谓特权和身份的象征，满足了其生活和工作形态的差异化要求，新的汽车消费价值观正在形成。国内SUV市场的崛起映射了我国汽车消费正在迅速向多样化趋势转变。

（4）集中的企业发展战略　由于近几年国内SUV市场的高速发展，市场规模迅速扩大和成熟，发展空间和前景诱人，国内企业和外资企业均在全面谋划进入国内SUV市场发展战略，近几年每年都有20多款新车型相继投放市场。尤其是合资企业，都在将全球市场上的中高端、都市型车型拿来抢滩中国市场，国内SUV市场已成为乘用车企业竞争角逐的第二战场。

（5）相对宽松的政策环境　国内相对宽松的政策和使用环境、相对较低的油价、国家未出台对大排量豪华车和SUV车型严格的限制政策；使得近两年在

没有任何国家优惠政策支持的情况下，中高档 SUV 依然能一枝独秀大幅增长，随着经济的持续健康增长，可以预见其发展速度还会加快。

3．影响 SUV 市场发展的因素及存在的问题

（1）国内汽车市场将回归常态　2011 年国内 SUV 市场基本上未受到国家刺激政策的惠及，但仍然取得了较快速度的增长；对 2012 年的中国汽车市场，业内外都有着强烈的被调整的预期，比较乐观的观点认为国内汽车整体市场将回归至正常的增长态势，增速将会保持在 10%左右，预计国内 SUV 市场的增速也会有所回落，竞争局面将会加剧。

（2）政策调整将影响 SUV 市场的发展　从停车难和交通堵塞的用车环境到《乘用车燃料消耗量限值》第三阶段标准的实施，再到按排量征收的车船税的颁布实施，再加上车辆使用费和油价逐年攀升，这些政策法规的贯彻和实施都会直接或间接地影响国内 SUV 市场的发展，包括进口市场的增长也将回归到理性状态。

（3）自主品牌 SUV 市场将面临威胁　虽然各内外资企业都制定了大举进入 SUV 市场的战略，但在 SUV 车型的技术、研发及市场基础方面，自主品牌相比众多合资企业有着相当大的弱势和差距。相比一般的轿车，自主品牌 SUV 车型还将会受到外资和合资企业更为严重的打压和冲击。

五、国内 SUV 市场的发展和预测

1．对 2011 年和 2012 年国产 SUV 市场发展预测

（1）国产 SUV 市场　2011 年汽车整体市场及乘用车市场均已走出大幅调整的态势，SUV 市场在 2010 年 101%的增幅下，也急剧调整到 2011 年的约 21.6%的增幅，预计全年销量将会达到约 160 万辆。

预判 2012 年中国汽车市场将会回归常态增长，国内 SUV 整体市场仍将会保持较高速增长，预计全年国产 SUV 市场的增速将会在 15%左右，销量将突破 185

万辆。

（2）进口汽车市场展望

1）总量：预计2011年进口车上牌82万辆，同比增长27%，其中SUV车型将会达到50万辆，同比增长会保持在35%左右。2012年中国汽车市场包括进口汽车市场增长都将回归理性，上牌量有望接近100万辆，进入一个新的市场局面，市场增速在20%左右，但结构会有较大调整；SUV车型将会保持25%左右的增速，进口量会达到60万辆以上。

2）车型：SUV将继续保持进口车中57%以上的市场占有率，SUV排量结构继续下移，旅行版和Cross车型进入市场培育期。

3）排量：《乘用车燃料消耗量限值》第三阶段标准对进口车燃油消耗的单独核算，将进一步加快排量下移趋势。

4）品牌：豪华品牌汽车整体将有所降温，但入门级豪华汽车增速将超过整体进口车市场增速；欧系品牌具备技术优势，其市场份额将会继续提升。

2．SUV市场未来的运行趋势

第一，城市型SUV受关注度越来越高，逐渐成为换车人群的首选。

第二，高档SUV的消费群体有所扩大，进口SUV将继续加快加大对国内中高档SUV市场的抢滩攻势。

第三，合资SUV仍将是主角，在SUV呈井喷式增长态势下，诸多车企纷纷进入该市场，今后几年中的国内SUV市场始终将处在激烈的竞争局面之中。

第四，在城市型SUV热销的形势下，越野型SUV细分市场销售空间将继续萎缩，整体份额有所下滑。

第五，目前国内SUV市场已逐步形成了三足鼎立的局面，在高端SUV市场以进口豪华SUV为代表，如宝马X5、奥迪Q7、保时捷卡宴等，牢牢占据了高端SUV的地盘，将在长期内保持与国产高端SUV销量和份额严重倒挂的局面；在中高档SUV市场则以合资品牌为代表，如日系的CR-V、RAV4、汉兰达、奇骏、逍客等车型，韩系的途胜、ix35、狮跑等车型，加之德系的途观，这些车型大都在全球市场有着良好的表现，投放国内市场后其表现会更加发扬光大；而在中低档和小型 SUV 市场，基本上以自主品牌为主。这种发展趋势在今后相当一段时期内将会一直保持。

（作者：帖福祥）

2011年MPV市场分析及2012年预测

2011年中国车市呈现出前高后低的格局。下半年车市迅速进入下行通道，主要是受前两年需求的透支、宏观调控、房市股市不景气、地方政府限购限牌、通胀压力持续发酵、汽车消费刺激政策退出以及节能惠民补贴门槛提高等因素的影响。加上国内消费者求大求优的心理，从2011年1～11月份的乘用车销量来看，合资品牌的销量依然强劲，其经营前景仍被业界普遍看好；而对以中低端市场为主的自主品牌厂商来说，2011年的日子确实不太好过。

2011年年底召开的中央经济工作会议为2012年的经济工作明确了方向，定调为“稳中求进”，具体体现在“稳增长、控物价、调结构、惠民生、抓改革、促和谐”等方面，会议勾勒出2012年经济发展的轮廓，维持了积极的财政和稳健的货币政策，重新调整了“消费、投资、出口”三驾马车的次序，重点在于挖掘国内消费潜力。

一、车市概况

2011年1～11月份，汽车销售达1681.5万辆，同比增长2.6%；狭义乘用车销售达1104.7万辆，同比增长8.6%；其中，轿车销售917.4万辆，同比增长7.0%，低于狭义乘用车的平均增长率；SUV销量142万辆，同比增长18.4%；MPV销售达45.29万辆，同比增长14.3%，个性化车型（SUV和MPV）的增长率均高于狭义乘用车平均增长率（见表1）。

表1　2011年1～11月份狭义乘用车及汽车销量比较

国产销售	2011年11月份销量/辆	2010年11月份销量/辆	同比增长（%）	2011年1～11月份销量/辆	2010年1～11月份销量/辆	累计增长（%）
轿车	927678	933897	-0.7	9174302	8573504	7.0
MPV	46737	42150	11.0	452958	396316	14.3
SUV	160296	132757	20.7	1420352	1199822	18.4
乘用车	1134711	1108769	2.3	11047612	10169642	8.6
汽车	1655958	1697041	-2.4	16815647	16395437	2.6

注：数据来源于《产销快讯》，下同。

在 MPV 月度销售走势图中，2011 年 11 月份销量为 46737 辆（见图 1），同比增长 11.0%；从季度走势看，MPV 二三季度销量还在“趋势线”之下，第四季度预计恢复到趋势线以上（见图 2）。2011 年的累计增长率曲线比较平坦，前 11 个月累计增长率为 14.3%（见图 3）。

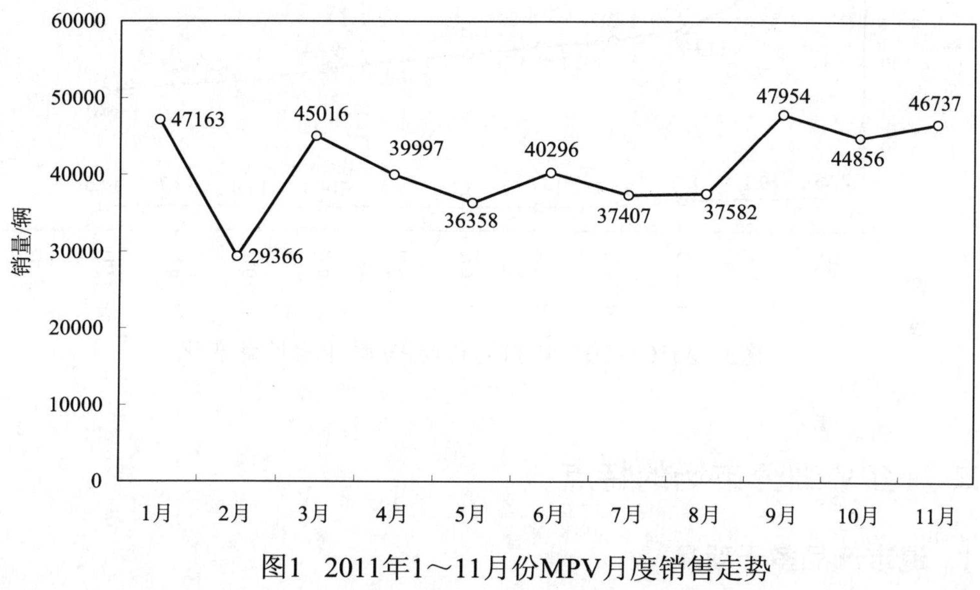

图1　2011年1～11月份MPV月度销售走势

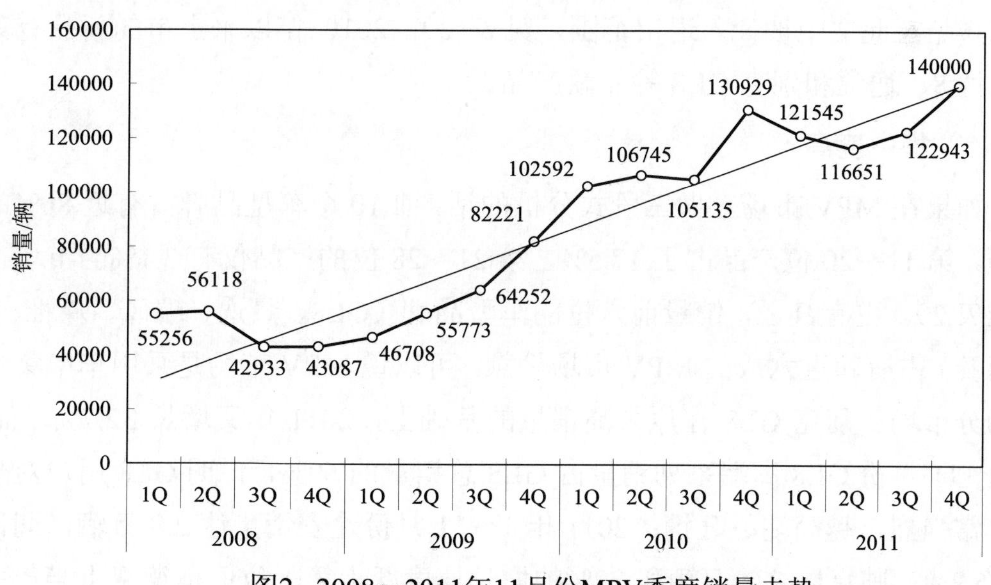

图2　2008～2011年11月份MPV季度销量走势

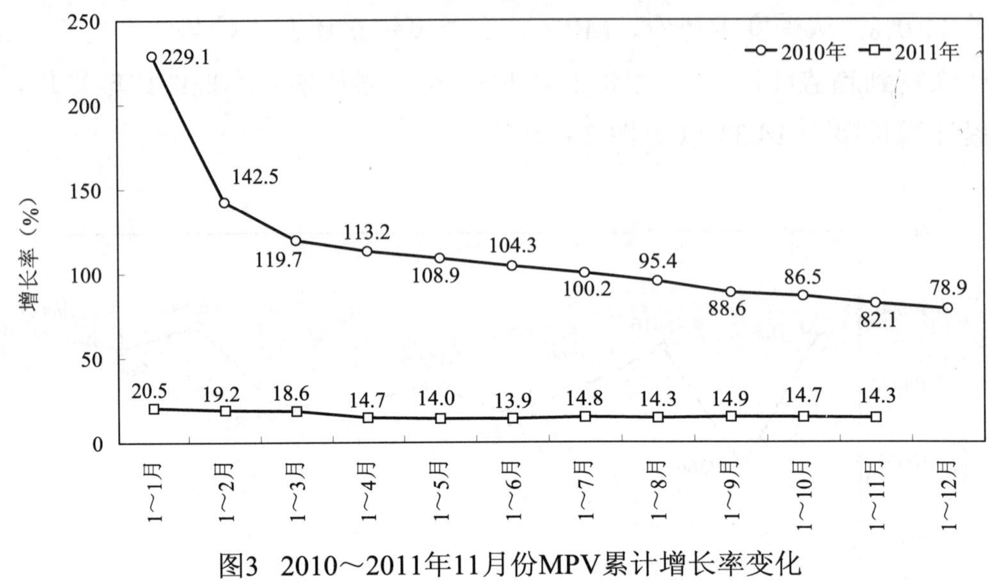

图3 2010～2011年11月份MPV累计增长率变化

二、MPV细分市场的特点

1．退市产品多于新品

目前国产MPV可供产品共有28个（累计销量小于10辆、月均销量小于1辆的产品在此文中被计入退市范围，见表2）。2010年以来上市的新品有朗悦、马自达8、逸致和别克GL8等4款产品。

2．集中度高

如果在MPV市场上做三段式分析的话，前10个车型品牌占有近80%的市场份额，第11～20位产品占了17.5%，第21～28位的产品仅有3.1%的市场占有率（见表2）。更有甚之，销量前六位的车型品牌（GL8、景逸、瑞风、森雅、途安、奥德赛）占有超过六成的MPV市场份额，可以说MPV市场是乘用车中集中度最高的分市场。别克GL8在原来高销量的基础上，2011年又增长32.7%，而2011年1～11月份GL8高端系列销量占GL8总销量的69%，说明GL8用户对形象追求非常强烈，越高端越旺销；2011年1～11月份途安销量达2.8万辆，同比增长了45.2%；帅克以2.2万辆和32%的增长速度跃上第七位；奥德赛上半年受日本地震影响，下半年急起直追，从7月份起有了较强劲的增长，平均月销量近2500辆；景逸以MPV之名，行家轿之实，在市场上取得了骄人业绩，景逸以亲民的价格为大众所接受，平均交易价为 6.69 万元。

3．正增长车型数达近 1/2

在 2011 年的 MPV 市场中，13 个车型品牌实现了正增长（含新车），这些车型占 MPV 销量的 61%；少数车型品牌正在加速扩张其市场占有率。2011 年 1～11 月份，MPV 市场月均销量达到了 4.1 万辆（见表 2）。

表 2　2011 年 1～11 月份 MPV 市场销量及同比增速

No.	厂家	车型	2011 年 1～11 月/辆	2010 年 1～11 月/辆	增长率（%）	占有率（%）	集中度（%）	月均销量/辆
1	东风柳州	景逸	66566	19538	240.7	14.7		6051
2	上海通用	GL8	63715	48031	32.7	14.1		5792
3	江淮瑞风	瑞风	55180	61757	-10.6	12.2		5016
4	一汽吉林	森雅	37132	41823	-11.2	8.2		3376
5	上海大众	途安	28118	19369	45.2	6.2	79.5	2556
6	广州本田	奥德赛	27561	40911	-32.6	6.1		2506
7	郑州日产	帅克	22452	17005	32.0	5.0		2041
8	东风柳州	风行菱智	22322	21971	1.6	4.9		2029
9	一汽海马	普力马	19850	25926	-23.4	4.4		1805
10	华晨金杯	阁瑞斯	16991	16582	2.5	3.8		1545
11	郑州日产	NV200	14217	9813	44.9	3.1		1292
12	广汽丰田	逸致	13820	0	—	3.1		1256
13	湖南江南	朗悦	11114	2034	—	2.5		1010
14	奇瑞汽车	开瑞优雅	9490	17380	-45.4	2.1		863
15	福建戴姆勒	唯雅诺	6622	6777	-2.3	1.5	17.5	602
16	一汽轿车	M8	5647	0	—	1.2		513
17	奇瑞汽车	奇瑞 V5	5341	10971	-51.3	1.2		486
18	长城汽车	滕翼 V80	4972	3768	32.0	1.1		452
19	福田汽车	迷迪	4393	7647	-42.6	1.0		399
20	福建戴姆勒	威霆	3463	2456	41.0	0.8		315
21	福田汽车	蒙派克	3126	4333	-27.9	0.7		284
22	长安福特	S-max	3041	4704	-35.4	0.7		276
23	比亚迪	M6	2787	1522	83.1	0.6	3.1	253
24	东风日产	骏逸 1.8	2461	3712	-33.7	0.5		224
25	郑州日产	御轩	1322	2078	-36.4	0.3		120
26	江铃汽车	风尚	952	433	119.9	0.2		87

（续）

No.	厂家	车型	2011 年 1～11 月/辆	2010 年 1～11 月/辆	增长率（%）	市占率（%）	集中度（%）	月均销量/辆
27	奇瑞汽车	优翼	157	640	-75.5	0.0		14
28	一汽红塔	自由风	125	1230	-89.8	0.0		11
29	东南汽车	凯领*	10	952	-98.9	0.0		1
30	长丰汽车	骐菱*	8	21	-61.9	0.0		1
31	东南汽车	大捷龙*	2	79	-97.5	0.0		0
32	悦达起亚	嘉华*	1	455	-99.8	0.0		0
33	湖南江南	梦迪博朗*	0	2383	—	0.0		0
34	长安汽车	杰勋*	0	15	—	0.0		0
合计			452958	396316	14.3	100.0	100	41178

注：表格中标注*的车型为退市车型。

4．低排量车型受欢迎

2011 年在国产 MPV 中，1.0～1.6L 排量的小型 MPV 占有 46.4%的市场，同比增长了 67.4%，其市场占有率比 2010 年同期增加了 14.7 个百分点；其他排量的 MPV 销量同比都是负增长；销量排名第二的 2.0～2.5L 排量的中档 MPV 占有 32.1%份额 （见表 3）。目前小型 MPV 用途广泛的特性已经被普通用户所认可，加上前三个季度鼓励消费的绿色节能惠民政策在 9 月底退出，使 2011 年小排量 MPV 需求大幅增长，出现透支性销售。

表 3 2011 年 1～11 月份 MPV 市场分排量档次的销量及同比增速

排量	2011 年 1～11 月销量/辆	2010 年 1～11 月销量/辆	同比增速（%）	2011 年份额（%）	2010 年份额（%）	份额变化（%）
1.0～1.6L	210168	125535	67.4	46.4	31.7	14.7
1.6～2.0L	67751	86316	-21.5	15.0	21.8	-6.8
2.0～2.5L	145233	151973	-4.4	32.1	38.3	-6.3
2.5～3.0L	29806	32492	-8.3	6.6	8.2	-1.6
合计	452958	396316	14.3	100.0	100.0	0.0

5．跨界车型冲击 MPV 市场

以骊威、天语、和悦 RS 为例，它们都不计入 MPV 销量的统计中，是“以轿车之名，行兼用型 MPV 之实”。它们都是低排量车型，在国家鼓励汽车消费的 2009 年和 2010 年，上述三个品牌的车型都有超过 30%的高速增长，三个品牌 2011 年 1～11 月份合计销量达到 188220 辆（见表 4），如果将它们加入到表 3 销量中的话，则 1.6L 以下排量的需求量将有惊人的增长。由此我们可以说国内 MPV 市场潜力非常大，特别是针对家庭用途的车型在跨越式增长。

表 4　跨界车冲击 MPV 市场

（单位：辆）

车型	2007 年	2008 年	2009 年	2010 年	2011 年 1～11 月份
骊威	41341	69992	98735	100245	88211
天语	21379	38886	50409	60715	61589
和悦 RS	—	—	—	35317	38420
小计	62720	108878	149144	196277	188220

6. 自主品牌占多数

2011 年自主品牌（中系车）销量达到了 28.4 万辆，占有 62.8%的份额，在市场中独占鳌头，其份额比 2010 年同期下降了 2.6 个百分点；德系车得益于福建戴姆勒的唯雅诺和威霆上市，与上海大众的途安共同筑就了 3.8 万辆的销量，增长 33.6%，高于 MPV 的平均增长，市场份额也达到 8.4%；美系车是 2011 年份额增长较快的车系，增长了 24.2%，份额达到了 14.7%；日（韩）系车由于日本“3.11”地震的原因，各日系车型品牌上半年的销售受到一定影响，但仍增长了 16.1%，市场份额达到 14.1%。总之，中系车丢失的份额分别被德系、美系平分，而又被日系车小幅瓜分了（见表 5)。很明显，合资企业在强大外方品牌和技术支持下，市场份额得到提升，而同期自主品牌汽车企业则没有这两大因素的支持，特别是在市场增速放缓和消费升级的大背景下，自主品牌汽车企业很难找到往上的突破口，人们也感觉到其与合资厂家的差距在扩大，难以实现弯道超车。

表 5　2011 年 1～11 月 MPV 市场分车系销量、同比增速及份额

来源地	2011 年 1～11 月份销量/辆	2010 年 1～11 月份销量/辆	同比增速（%）	2011 年份额（%）	2010 年份额（%）	份额变化（%）
中系	284280	259057	9.7	62.8	65.4	-2.6
德系	38203	28602	33.6	8.4	7.2	1.2
美系	66768	53766	24.2	14.7	13.6	1.2
日韩系	63707	54891	16.1	14.1	13.9	0.2
合计	452958	396316	14.3	100.0	100.0	0.0

注：“日韩系”中包含了韩系的嘉华销量，但嘉华已经停产，所以以上数据可以基本认为就是日系车。

7. 出口MPV大幅增长

2011年1～11月份，我国出口MPV达1.29万辆，虽然同比增长61%，但MPV车型目前仍是出口的小车种，仅占我国出口乘用车总量的3.1%，也只有进口MPV总量的10%。

8. 车型结构变化

目前MPV出现同一车多种排量并存、车身规格大型化的趋势。首先，在国家政策频出的形势下，汽车企业为了生存，有针对性地增配了发动机排量，如帅克增加了1.5L排量车型，达到节省成本惠顾用户的目的；其次，为了兼顾到更多用户的使用方便，厂家往往把比较小的车型设计成大型化，既拉长也拉高，如一些新产品一上市就以大尺寸示人，博得满堂彩。

三、MPV竞争态势分析

在MPV市场中，我们一般将其分为合资商务、合资兼用、自主商务、自主兼用四个子市场（见表6）。

合资商务MPV由合资商务型和进口MPV构成。2011年前11个月国产合资商务型MPV销量达到了9.3万辆，进口MPV达到了12.5万辆（1～10月数据），国内MPV高端市场的进口量已经超越了国产量。定位高端的别克GL8以其良好的用户口碑和别克关怀的售后服务品牌，牢牢吸引着国内商务界用户，在国产合资商务MPV中独占鳌头。NV200是郑州日产寄予极大希望的车型，希望能销售到2.5万辆以上，但2011年以来仅销售了1.4万辆，虽然同比增长了45%，但没有达到厂家的预期；同样维雅诺虽有不俗表现，但也没有达到厂家的预期。

合资兼用MPV2011年前11个月累计销售了7.5万辆，同比增长了9.2%，其中主力车型奥德赛的恢复性增长和丰田逸致的上市成为该细分市场的亮点。途安2011年累计销量首次超过奥德赛，成为强有力的竞争者。简而言之，合资兼用MPV主要是由于价位高而商务气息不足，导致其成为MPV中销量最小的一族。

自主商务MPV细分市场中目前有10个品牌，2011年前11个月累计销售12.9万辆，同比下降6个百分点。自主商务目前还是MPV第二大子市场，市场需求增长出现了瓶颈。其中瑞风一枝独秀，占有自主商务市场的43%，销量达到了5.5万辆；另外可圈可点的是销售势头较好的郑州日产帅克，它以小排量、大容量、一车抵三车的鲜明定位吸引了中低端客户，最近又添新成员，郑州日产为其配置了 1.5L 发动机，为销量添砖加瓦做好了准备。

自主兼用 MPV 是 2011 年销量最大的子市场，前 11 个月累计销量达 15.4 万辆，同比增长 27.7%。2011 年该子市场销量排行前三的车型品牌是景逸、森雅和普力马，分别达到了 6.6 万辆、3.7 万辆和 2 万辆；另外，众泰公司以朗悦垂直替换梦迪博朗，销量达到 1.1 万辆，是上市比较成功的案例。宜商宜家的特点是该子市场较受欢迎的原因，自主兼用 MPV 已经初显成为交叉车型升级换代目标车型的潜质，也将成为富有发展前景的蓝海市场。

表 6　2011 年 1～11 月份 MPV 各功能车型销量及同比

功能	2011 年 1～11 月份/辆	2010 年 1～11 月份/辆	同比增速（%）	2011 年份额（%）	2010 年份额（%）	份额变化（%）
合资商务	93677	68563	36.6	20.7	17.3	3.4
合资兼用	75001	68696	9.2	16.6	17.3	-0.8
自主商务	129803	138089	-6.0	28.7	34.8	-6.2
自主兼用	154477	120968	27.7	34.1	30.5	3.6
合计	452958	396316	14.3	100.0	100.0	—

四、2012 年 MPV 市场前瞻

2011 年是我们入世 10 周年，回顾这 10 年，我国国产 MPV 销量从原来 1 万辆的规模，飙升到 2011 年预计的 50 万辆规模，增长了 49 倍，而同期乘用车只增长了 15 倍。MPV 基数小，增长比较快，预计未来几年 MPV 仍将以高于乘用车的速度发展，特别是小型 MPV 进入家庭将会有很大的增长空间。

目前国内乘用车普及率达到每千人 40 辆，用户消费开始向个性化发展。从近三年来的数据可以看出，个性化（MPV+SUV）车型的销售增长率远高于乘用车平均增长。2011 年前 11 个月，在国产 MPV 销售 45 万辆的基础上，出口仅 1.29 万辆，而进口已经达到了 12.5 万辆（进口数据为 1～10 月份，同比增长 79%），且进口单价较同期又有较大增长，这说明进口 MPV 消费结构越来越高端化。国内进口车需求猛增，一方面说明国内用户收入提高后对生活质量的强烈追求，另一方面也表明人们的生活观念更国际化、个性化，一些留学归国的人们也带来了国外的消费理念和方式。纵观 2011 年 MPV 销量趋势，高端大型 MPV 和兼用型

低端 MPV 都很旺销，MPV 需求呈现哑铃状增长态势。

展望 2012 年，世界经济形势依然十分严峻，欧洲经济在欧债面前“前途未卜”；美国经济在后金融危机时代显得“步履维艰”，日本多年经济不振，依然“风雨飘摇”，世界几大经济体都难以快速走出阴影。国内经济增速已逐季回落，正像温总理最近说的，我国 2012 年第一季度可能会出现比较困难的局面。目前家电以旧换新政策已经退出，一季度如果经济不好，为了启动国内消费，不排除以其他方式出台鼓励性消费政策。但对于汽车方面的鼓励政策，由于汽车消费关系到城市的交通、停车、环境等综合问题，估计 2012 年难以出台；所以 2012 年应该是低速增长的年份，应该是回归到正常增长的年份。预计汽车增长在 5%以内，乘用车增长在 6%～8%之间，由此可见 MPV 增长也不会高，可能在 10%左右，不过进口车将继续高速增长。

（作者：唐奕奕）

2011 年乘用车自主品牌发展现状分析及 2012 年展望

一、2011 年乘用车自主品牌发展现状分析

2011 年是汽车行业尤其是自主品牌乘用车非常艰难的一年，受行业政策调整、宏观经济趋紧、市场竞争加剧等多重因素影响，中国汽车市场告别了 2009 年和 2010 年的高速增长，汽车市场在 2011 年驶入低速发展的轨道。

在总体市场表现低迷、增速骤减的情况下，作为小排量车型占主导地位的自主品牌汽车企业受到了比合资、进口品牌更大的冲击，市场份额不断被合资品牌企业侵蚀。2011 年前 11 个月，自主品牌乘用车共销售 350 万辆，占乘用车销售总量的 31.4%，市场占有率同比下降 1.6%。根据 2011 年前 11 个月的数据估计，国内的主流汽车合资厂商基本完成了 2011 年的销售目标，而多数自主品牌汽车企业离 2011 年年初制定的目标相距甚远。

从以上数据来看，自主品牌汽车企业在发展的道路上似乎遇到了很大的困难，回顾已过去的跌宕起伏的 2011 年，自主品牌汽车企业在各种不利因素的共同作用影响下缓步前行。那么，自主品牌乘用车目前的发展现状到底如何呢?首先，自主品牌乘用车国内销量第一次出现了负增长。2009 年年末，预计 2010 年中国汽车市场增速在 10%～15%左右，结果当年的井喷式增长让人们惊喜不已；2010 年年末，同样预测 2011 年增速在 10%～15%左右，结果却迎来了一个急刹车，让人始料未及。

同样，自主品牌汽车企业历经 10 余年发展，也曾经历市场的多次降温与调控，包括 2004 年的宏观调控以及 2008 年的金融危机，虽然都对自主品牌汽车企业造成了沉重打击，但自主品牌汽车企业仍在缓慢前行。而 2011 年随着购置税优惠、节能惠民补贴等产业刺激政策的逐步退出或提高门槛、GDP 增速回落、通货膨胀的日趋严峻以及使用环境的更加恶劣，自主品牌乘用车第一次出现环比负增

长（见图 1）。

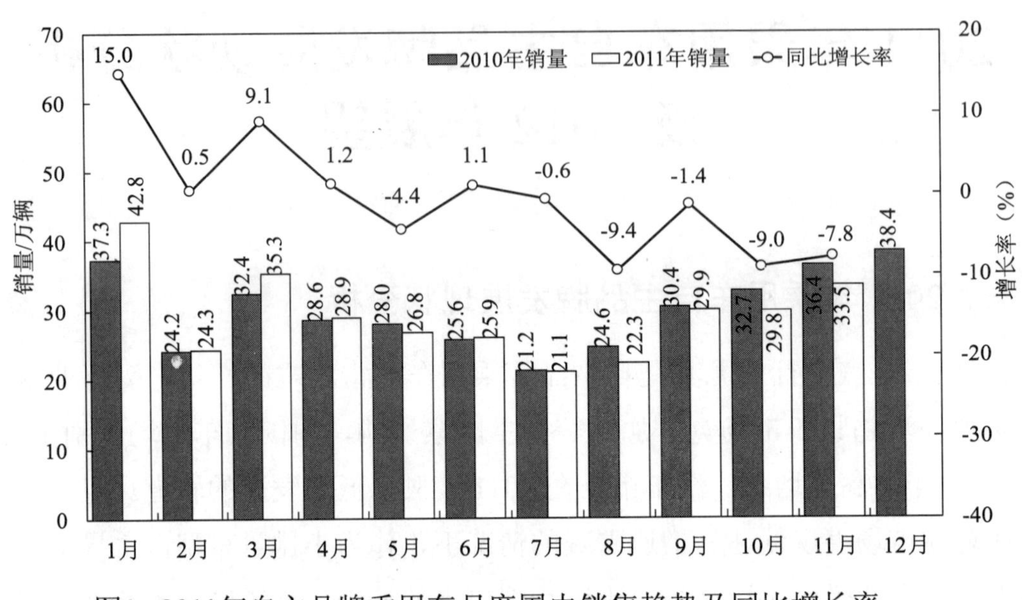

图1 2011年自主品牌乘用车月度国内销售趋势及同比增长率

（注：数据来源于乘用车联合会）

另外，自主品牌汽车企业抗市场风险能力依然较差。2004 年初宏观调控，大量工程停工停产，间接影响中高档车需求。而银行对中小企业惜贷，以及金融信贷的收紧影响了中小私营企业的中低档车的消费。接着，厂商开始竞相降价，据不完全统计，当年至少有 58 个车型参与降价。由于频繁降价导致消费者的消费心理逆转，从而产生了消费对抗力。两种力量共同作用最终导致中国乘用车市场井喷扩张戛然而止，车市增长骤然放慢：2004 年乘用车总体销售仅 250 万辆，同比增长 16%。而这场降温让自主品牌汽车企业处境更加艰难：2004 年自主品牌乘用车销售不到 55 万辆，同比增长仅 1%，几乎停滞不前。

2008 年全球遭遇金融危机，乘用车市场受危机影响，增速也出现骤降，增幅由 2007 年的 25%降至 2008 年的 6%，而自主品牌乘用车更是惨淡，增速仅为 3%。再一次说明自主品牌汽车企业对市场风险的抵抗能力明显弱于合资企业。2011 年国家采取宏观调控和货币紧缩政策，自主品牌乘用车增速再一次出现骤降，增速明显低于整体（见图 2）。

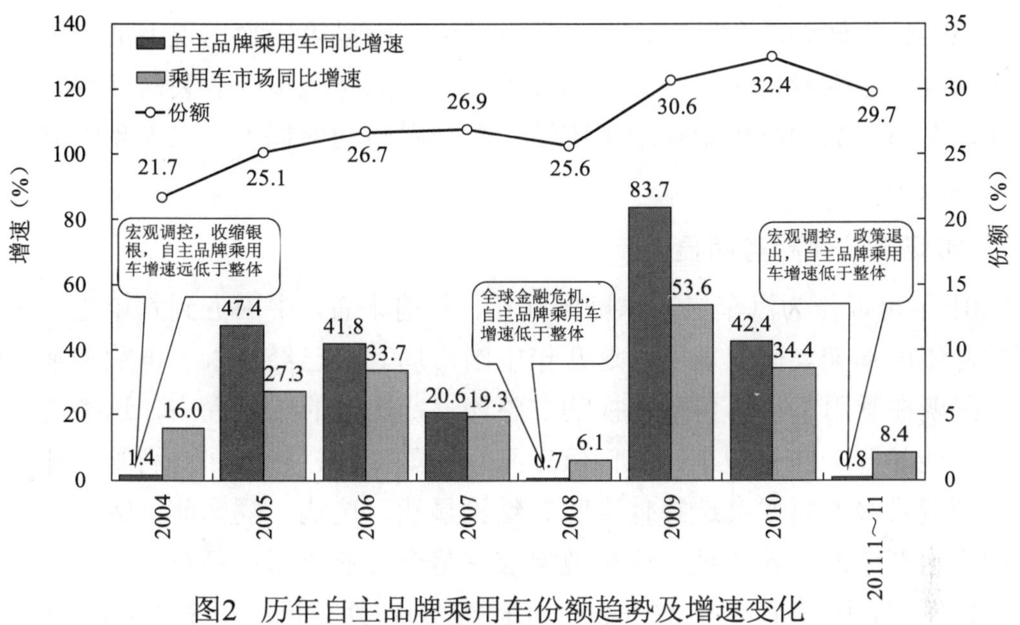

图2　历年自主品牌乘用车份额趋势及增速变化

（注：数据来源于乘用车联合会数据）

最后，自主品牌乘用车向高端冲击的效果也不理想。十年风雨，转眼即逝，自主品牌汽车企业经过十几年的发展，车型层出不穷，在低端市场已经得到了充分的发展，10 万元以下市场出现较快速度的增长，其中 5 万～10 万元市场由 2006 年的 41.8%提升至 2011 年的 62.1%。但价位在 10 万元以上的自主品牌车型却寥寥无几，2011 年 10 万元以上市场的自主品牌乘用车份额仅为 13.5%，较 2006 年份额不仅没有提升，甚至出现了下降（见图 3）。

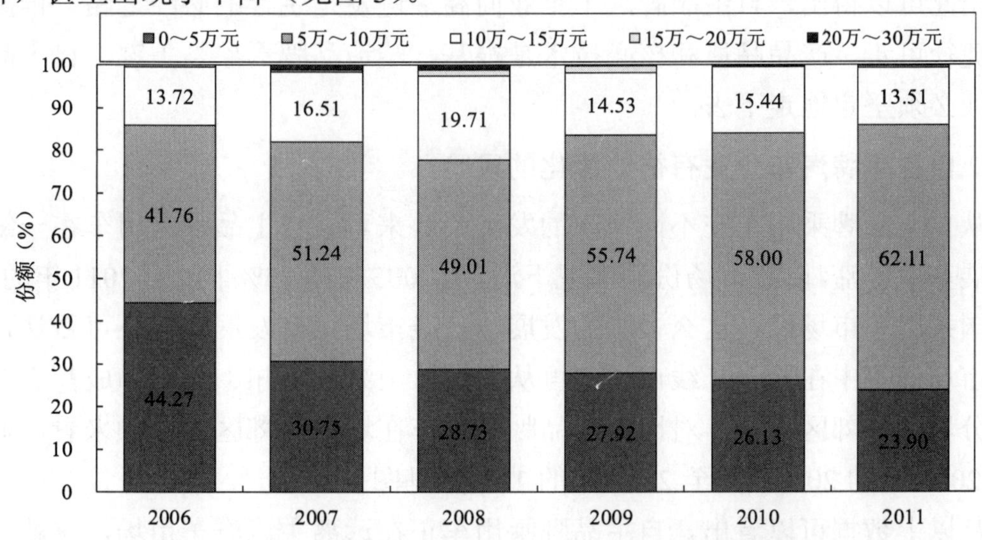

图3　2006～2011年自主品牌车型分价格份额推移趋势

（注：数据来源于乘用车联合会数据）

在 2011 年低迷的车市中，自主品牌乘用车销量第一次出现下滑的情况说明了自主品牌汽车企业抗风险能力依然较差，自主品牌汽车企业突破高端之路的成效缓慢，在自主品牌汽车企业遭遇困境与备受考验的前提下，自主品牌究竟遇到了哪些挑战呢？

1.市场高端化趋势明显

2001 年可以作为汽车进入家庭的元年，目前来看，中国五到六年是一个换购或消费升级的周期。研究表明，这几年中国市场其实已经进入了再购和换购的高峰，中国现在乘用车市场再购和换购占整体消费比例的 25%左右，这类消费人群过去有可能是开一些小型车，入门级车型，比如 QQ、旗云、夏利等，那么他们在产品消费升级的时候会选择什么呢？结论显然，选购一辆比前一辆车更高档的车型成为消费者的普遍心理，这种现象放在整个行业里面也是有普遍性的。而随着经济的发展，居民消费水平的提高，消费者的首款车已经不是 A00、A0 这样的微型车，而是目前市场竞争最激烈的 A 级车。

2011 年的各种市场特征，又更加促进了这种趋势的发展。首先，通货膨胀持续加剧，而根据规律，高通胀又往往会引发奢侈品消费；其次，北京限购以及购置税优惠等刺激小排量汽车消费措施的全面退出等，都在一定程度上刺激了高级车的消费；最后，国家对抑制大排量汽车消费的有效措施或政策的缺失，也间接促进市场向高端化发展。

由此可以得出，自主品牌汽车企业向高端进发是生存的必经之路。推高端品牌无捷径可走，产品品质和核心技术是根基，塑造品牌形象是关键，自主品牌汽车企业必须坚定地走下去。

2.自主品牌汽车企业有被边缘化的风险

从自主品牌乘用车在不同地区的发展趋势来看，自主品牌乘用车在一线地区的发展基本停滞，以致市场份额出现下滑，由2005年的23%下滑至2011年的21%。而中国乘用车市场经过这么多年的发展，三线市场虽有发展，但不可否认，目前主流市场仍集中在一、二线市场。再从北京、上海、广州、深圳和成都五个一线城市分城区和郊区来看，对比自主品牌乘用车在城区与郊区的份额来看，城区份额由 2005 年的 20%下降至 2011 年的 16%（见图 4）。

从以上数据可以看出，自主品牌乘用车正在远离主流汽车市场，这就是自主品牌汽车企业被主流汽车市场边缘化之忧。

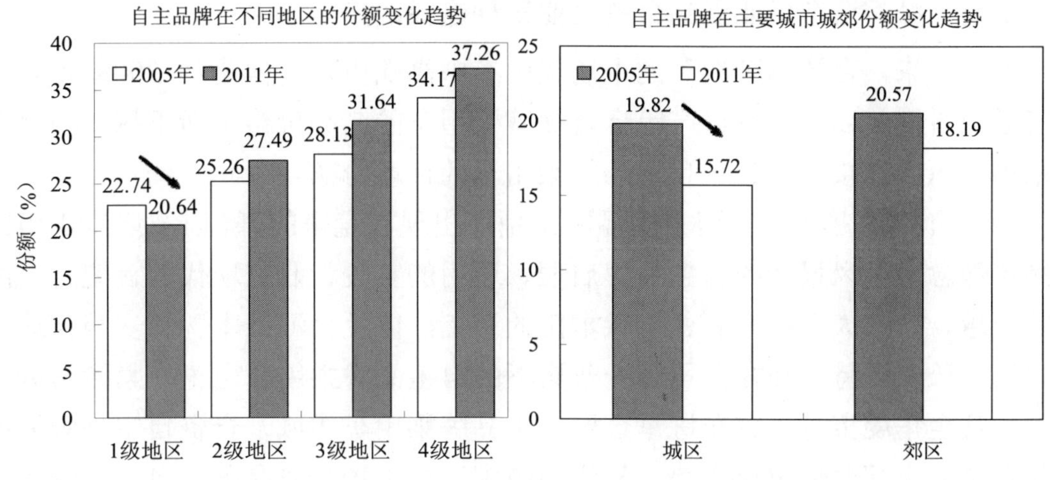

图4　自主品牌乘用车在不同区域的份额变化

（注：①主要城市包括北京、上海、广州、深圳、成都；②数据来源于上牌数）

3.自主品牌乘用车竞争力不足

笔者对自主品牌汽车企业车型的单月各销量段车型分布进行分析后发现，市场上自主品牌车型截止到 2011 年 12 月 1 日共有 130 款车型，而销量超过 5000 辆的仅有 21 款，只占车型总量的 16%。而销量排前十位的车型中，自主品牌车型寥寥无几，仅有的一两款车型，产品优势主要集中在价格方面，在品牌、质量和外观方面仍有比较明显的劣势，一旦面临比较强的合资品牌的竞争，竞争优势就很容易被打破。而在整个 10 万元以上的细分汽车市场，都找不到一款自主品牌车型。因此，自主品牌汽车企业提升竞争力的工作任重而道远。

4.自主品牌乘用车的“让价”空间进一步趋窄

自主品牌乘用车在短短几年时间内就获得了迅速发展，可以说是“天时地利人和”等诸多因素的共同作用。但不可否认的是，自主品牌乘用车初期发展如此迅速的一个强有力的武器是靠价格取胜，低价策略不仅使其自身在汽车市场迅速占据了一定地位，而更重要的是促使合资产品价格趋于正常，对车型价格虚高起到了合理的抑制作用。但随着价格战的持续升温，原材料成本的持续上涨，自主品牌乘用车的降价幅度已不断收窄。从市场价格监测看出，2011 年整体乘用车价格下降 3.03%，而自主品牌乘用车价格仅下降 1.09%，表明自主品牌乘用车的“让价”空间已越来越窄。自主品牌乘用车如果不能在低端市场提高销量，从而提高附加值，那么将面临越来越严峻的生存环境。

5.自主品牌汽车企业受到合资企业三种途径的挤压

长期以来，合资品牌汽车的市场集中在中高端市场，但是从 2009 年开始，上海通用雪佛兰以及东风日产等合资品牌乘用车的产品价格不断下探，与自主品牌乘用车短兵相接，侵蚀了自主品牌乘用车的市场份额。

2011 年越来越多的合资自主品牌乘用车出现在竞争的舞台上：广汽本田的自主品牌理念、东风日产的自主品牌启辰、通用的宝骏、北京现代的首望、上海大众的天越、一汽大众的开利、东风本田的思铭，以及昌河铃木、长安马自达、一汽丰田、长安福特、神龙公司等企业旗下的自主品牌乘用车也正在紧锣密鼓的筹备中，甚至华晨宝马也宣布进军合资自主品牌乘用车领域，合资自主品牌乘用车已从星星之火演变成燎原之势。其作为中国汽车市场合资品牌、自主品牌之间的第三方势力出现，使得汽车市场的竞争更加激烈。“两代同堂以及多代同堂”也已成为合资品牌乘用车抢夺自主品牌乘用车份额的一个强有力的武器，令自主品牌汽车企业压力倍增。自主品牌汽车企业要阻击合资企业的威胁与挑战，要向上发展，提升产品力与增强品牌力是制胜的关键。

6.新产能的不断投放，市场竞争将更加激烈

近几年的爆炸式增长，也引来产能扩张的新一轮高潮。据国家发展和改革委员会委托中国汽车技术研究中心与汽车产业政策研究室对汽车企业集团进行的第 5 次汽车产能情况调查指出：我国 20 家汽车企业集团和 10 家整车企业未来 5 年，即在 2015 年年底规划产能为 3124 万辆，增长达到 123.9%。企业根据当前市场情况制定产能扩张计划，往往很难准确预测市场需求，投资行为具有较大的盲目性，这将导致市场恶性竞争，经济效益下滑，开工不足等一系列的问题。这些风险的出现对抗风险能力差的自主品牌汽车企业更加不利，这也就是自主品牌汽车企业面临的产能过剩之忧。

2011 年，中国汽车市场在各种不利因素的共同作用下缓慢前行，面对如此恶劣的环境，如此多的挑战，敢问自主品牌汽车企业路在何方？自主品牌汽车企业战斗的有力武器又在哪里？自主品牌汽车企业又面临着什么样的机遇呢？近几年，自主品牌汽车企业的产品力得到了迅速的提升。自主品牌汽车企业主要以低端车起家，产品价值主要满足初级用车所需，造成了自主品牌被严重固化到低价低质，品牌形象难以提升，产品溢价能力差，严重影响了自主品牌汽车企业的可持续发展。自主品牌汽车企业急需向上突围，各大自主品牌汽车企业积极提升自身产品竞争力，目前也取得了一定成绩。2011 年，自主品牌汽车企业已经推出一

些具有竞争力的车型，如中华汽车首款 SUV 车型中华 V5、长城汽车推出的腾翼 C50、哈弗 H6，以及比亚迪的 S6、奇瑞的瑞麒 G3 等，即将推出的吉利汽车全球鹰 GX7、风神 A60 也均被业界看好。另外，自主品牌车辆的可靠性也显著提高，在 2011 年 12 月 16 日，J.D. Power 亚太公司发布的 2011 年中国车辆可靠性研究 SM（VDS）报告指出，与 2010 年相比，中国自主品牌乘用车与国际品牌乘用车在车辆可靠性方面的差距缩小了 34%，中国自主品牌车型获得三个细分市场奖项。

自主品牌乘用车在部分关键技术上面也取得了一定的成绩，当前，各自主品牌汽车企业在研发上实现了一些技术上的突破：VVT 技术在大部分自主品牌汽车企业的产品中得到了应用；GDI（缸内直喷）技术甚至 TGDI（涡轮增压缸内直喷）技术也在奇瑞新车型上得到应用；CVT 技术在奇瑞已经成熟，并且已投产；机械增压技术、6 速自动挡技术也将在奇瑞车型上应用，双离合技术开始装备力帆车型，一键起动等技术在奇瑞、吉利、比亚迪车型上得到运用。

自主品牌乘用车在 A 级车中所占的份额已有所突破。合资品牌乘用车长久以来都在 A 级车市场对自主品牌乘用车形成强大的竞争压力，自主品牌乘用车甚至长期受困于利润低的 A00 和 A0 级车市场，但随着自主品牌乘用车在设计、研发和制造水平上的不断进步，当前已经展现出突破重围之势。帝豪 EC7、奇瑞 E5 等自主品牌车型都有不俗的表现，自主品牌乘用车在 A 级车的份额由 2006 年的 21%提升至 2011 年的 30%（见图 5）。

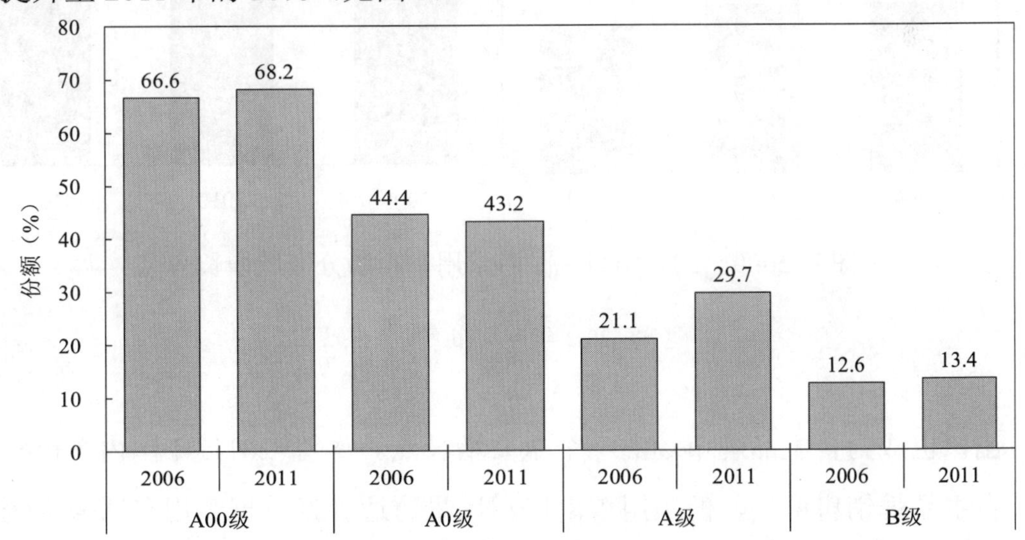

图5 2006年和2011年自主品牌乘用车在各级别市场的份额推移

（注：数据来源于乘用车联合会国内批发数）

自主品牌乘用车的机遇还是在二、三类以及县域市场。以北京为首的大城市限购以及使用环境的恶化都使一类城市增长力不足，据研究表明，二、三类城市以及县域市场已成为未来几年自主品牌乘用车新的增长点，而自主品牌乘用车在二、三类城市深耕多年，近两年，在购置税优惠、汽车下乡政策的推进下，自主品牌乘用车在低级别城市已经逐步占据了主要阵地，小排量、低价格车型获得了二、三类城市消费者的青睐（见图6）。更可喜的是，据J.D.POWER关于汽车经销商售后服务满意度调查的报告，自主品牌乘用车的售后服务质量整体提升，以奇瑞、东风风神为代表的自主品牌乘用车的售后服务水平在行业中进步很快，在二、三类城市有了良好的口碑，这些因素都对自主品牌乘用车有利。

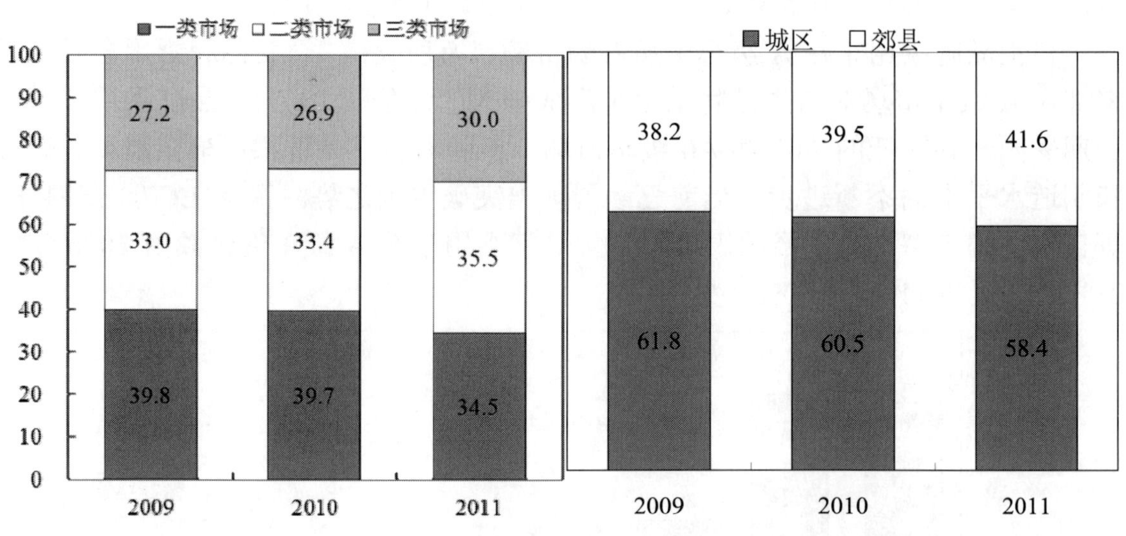

图6 2009～2011年自主品牌乘用车市场分区域增长情况

（注：2011年为1～6月份数据）

出口也成为自主品牌市场的一个重要增长点。尽管2011年国内车市整体下滑，自主品牌销售惨淡，但乘用车出口却风景这边独好。据乘用车联合会统计的乘用车整车企业出口数据，2011年1～11月份乘用车出口累计达34.4万辆，同比增长达81.4%（见图7）。

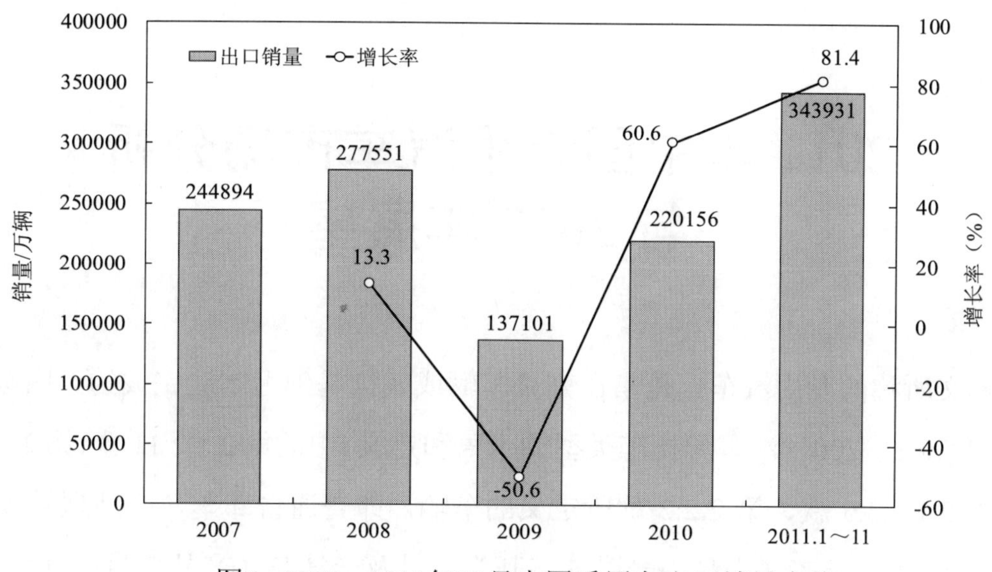

图7 2007～2011年11月中国乘用车出口销量走势

由于政策鼓励，预期 2012 年整车出口将成为中国车市新的增长点。在国内车市低迷、竞争日趋激烈的形势下，基于“产能将过剩”的预期，扩大出口成为了自主品牌汽车企业的一个重要增长点。

二、2012 年乘用车自主品牌市场展望

2011 年的车市已经成为历史，而 2012 年的车市序幕正式开启。在刚刚过去的一年里，乘用车市场整体发展放缓，销量上也呈现缓慢发展态势，而 2012 年的中国乘用车市场又将怎样呈现呢？自主品牌乘用车的发展环境将发生怎样的变化？这些问题已经摆在我们的面前。根据各机构对乘用车市场的深入研究，2008 年中国乘用车市场开始进入起飞期，从日本、韩国两个成熟汽车市场的发展规律来看，起飞期将持续 10 年左右的时间，这也意味着 2011 年中国乘用车市场仍处于市场发展的起飞阶段，市场仍将保持 15%左右的增长。但中国乘用车市场在发展规律的前提下，受国家宏观政策的影响也相当大，2011 年的乘用车市场整体发展低迷已深刻地印证了这一规律。从目前的市场形势来看，2012 年维持 2011 年缓慢增长的态势的可能性较大，出现井喷式发展的可能性几乎没有，除了众多补贴政策退出市场之外，新的车船税政策对于自主品牌乘用车又是新的打击，因此自主品牌乘用车 2011 年将面临更严峻的考验。在市场环境的变化下，预计 2012 年乘用车增长率为 10%左右，乘用车总量在 1350 万辆左右，自主品牌乘用车略微增长，增长 5%左右，预计销售 375 万辆。

（作者：许友天）

2011年中国专用汽车市场分析与2012年展望

本文所称的专用汽车，是指在完整车辆或底盘基础上制造完成的、国家标准GB/T 3730.1—2001《汽车和挂车类型的术语和定义》中的第2.1.2.11款、第2.1.2.3.5款、第2.1.2.3.6款、第2.2.2款所定义的车辆，即普通自卸车（产品型号以3字开头）、专用改装车（产品型号以5字开头）以及半挂车（产品型号以9字开头）的统称。

2011年，我国汽车产销分别为1841.89万辆和1850.51万辆，产销同比分别增长0.84%和2.45%，产销增速为13年来最低。汽车产销增速之所以大幅回落，主要受到了国家宏观调控、鼓励政策的退出、上年基数较高和北京等城市限购等多重因素的叠加影响，其中国家宏观调控和鼓励政策的退出是主要因素。作为国民经济建设与运输直接参与者的专用汽车，市场规模同比增速也出现了大幅下滑。

一、2011年专用汽车市场统计分析

1. 2011年专用汽车市场规模分析

根据国家机动车合格证数据中心的统计数据显示，2011年1～11月份，专用汽车实现生产148.01万辆（见图1），比2010年同期下降了21.70%。其中，普通自卸车的产量为45.84万辆，同比下降20.04%；专用改装车的产量为80.30万辆，同比下降15.08%；半挂车的产量为21.87万辆，同比下降41.13%。预计2011年全年专用汽车的产量将与2009年持平，达到160万辆，同比下降27%左右。

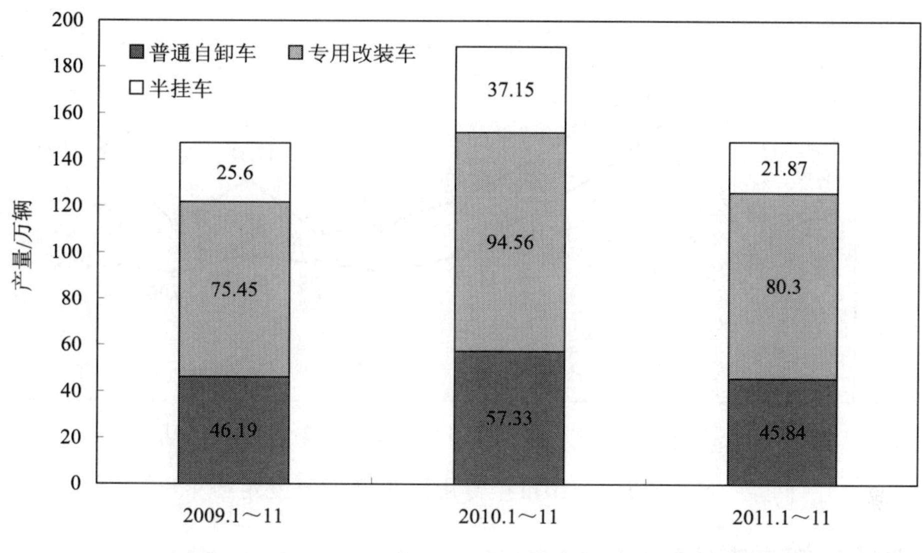

图1 2009～2011年1～11月份专用汽车市场规模

2. 2011 年专用汽车市场月度产量分析

2011 年专用汽车高开低走，市场需求急剧萎缩。2011 年第一季度，专用汽车走势良好，在 2 月份实现了同比正增长 2.58%。从 3 月份开始，道路运输车辆燃料量达标车型过渡期结束，企业才开始争相送车检测，希望更多车型进入到达标车型表中，但是分批次发布的车型无法满足企业生产和市场购买的需求，产量同比下降明显。

另外，2011 年 7 月 1 日正式实施的《公路安全保护条例》后，各地执行情况尚不明朗，多数用户都持观望态度，这也在一定程度上阻碍了专用汽车的发展。2011 年 1～11 月份最低产量出现在 10 月份，仅有 10 万辆，还不及 2010 年多个月份的一半水平（见图 2）。2011 年 1～11 月份同比降幅最大的月份是 11 月份，为 45.31%。预计 2011 年 12 月份不会出现 2010 年 12 月的年底大冲量的现象，同比降幅加剧。

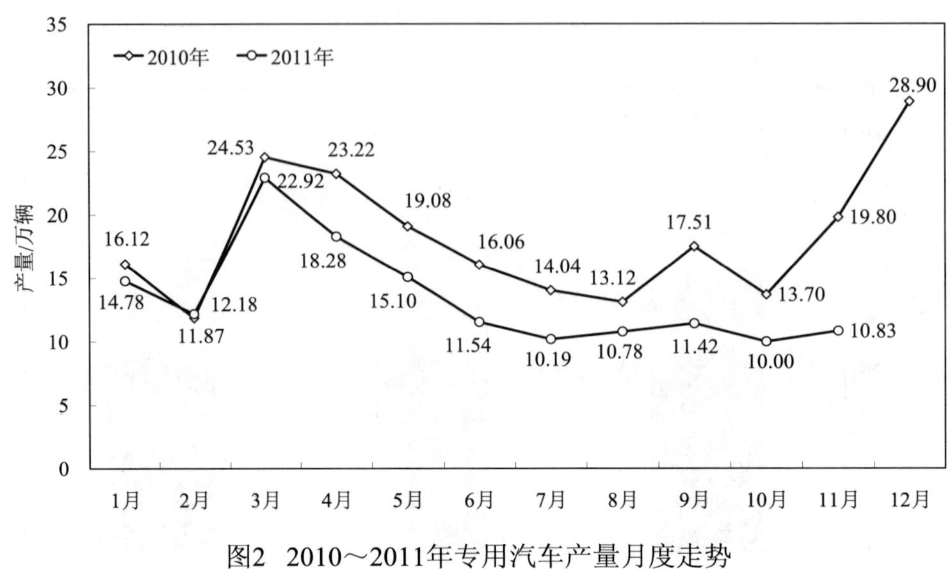

图2 2010～2011年专用汽车产量月度走势

3．普通自卸车市场特征

（1）普通自卸车市场月度走势分析 2011 年第一季度，受宏观景气影响，普通自卸车表现较好，产量较2010年实现了微小增长。3月份一度达到了全年的峰值，单月生产8.46万辆。但是从3月份开始，同比增幅开始转为负数。在通胀压力持续加大、固定资产投资增幅放缓的影响下，从第二季度开始，普通自卸车呈现出明显颓势，产量一路下滑，到7月份降到2.48万辆，此后，产量一直维持在2.5万辆左右（见图3）。到11月份，同比降幅扩大到57.54%。

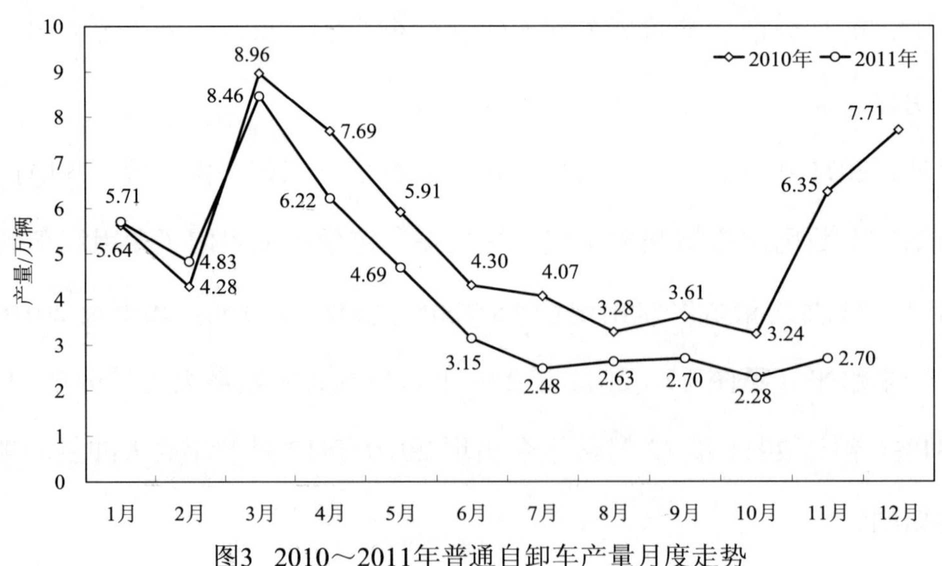

图3 2010～2011年普通自卸车产量月度走势

（2）*普通自卸车市场竞争格局分析* 2011 年 1～11 月份，前八家普通自卸车企业的市场集中度超过了 70%，达到 78.42%。因此，普通自卸车市场属于极高型寡占市场，几家生产规模较大、技术开发能力较高、产品系列化的大型企业集团控制着全国大部分的普通自卸车市场。其中，规模最大的北汽福田是唯一一家产量超过 10 万辆的企业，市场份额超过 20%（见表 1）。

在寡占市场中，大规模生产占有强大的成本优势，小企业无法进入到普通自卸车市场中，这有利于生产秩序的规范。同时，极高型的寡占市场也使得每家大公司都拥有相当程度的垄断力量，因此在市场开拓方面会倾向采用共赢的方式，而非竞争方式，以获得自身的最大利益。

表 1 2011 年 1～11 月份普通自卸车前八家企业产量、市场份额及同比增长率

序号	企业名称	2011 年 1～11 月产量/辆	2011 年 1～11 月市场份额（%）	同比增长率（%）
1	北汽福田汽车股份有限公司	100152	21.85	-9.50
2	东风汽车公司	62426	13.62	-38.46
3	中国重型汽车集团有限公司	57525	12.55	-16.32
4	陕西汽车集团有限责任公司	50124	10.93	11.28
5	四川南骏汽车有限公司	36266	7.91	48.38
6	中国第一汽车集团公司	21053	4.59	-25.46
7	上汽依维柯红岩商用车有限公司	17877	3.90	-7.26
8	包头北奔重型汽车有限公司	14017	3.06	36.25
9	其他企业	98944	21.58	-40.09
合计		**458384**	**100.00**	**-20.04**

4. 专用改装车市场特征

（1）*专用改装车月度走势分析* 在运输类专用改装车低迷的带动下，2011 年专用改装车月度产量均低于 2010 年同期。第一季度，月度产量与 2010 年同期差距较小，2 月份的产量和同比降幅均最小，产量几乎与 2010 年同期持平，仅下降了 0.55%。此后，产量持续下滑。从 6 月份开始，月度产量开始保持平稳，均在 6.5 万辆左右（见图 4）。

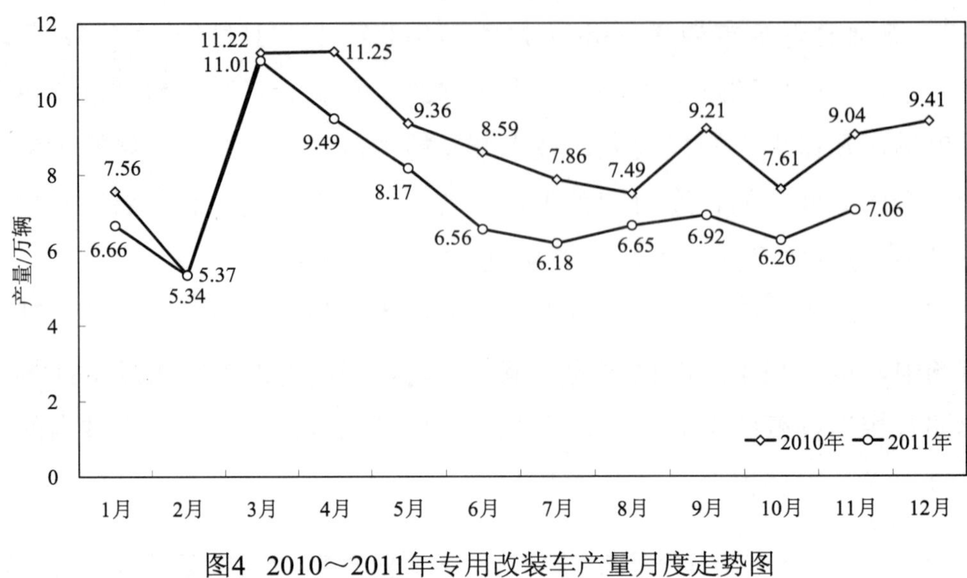

图4 2010～2011年专用改装车产量月度走势图

（2）运输类专用改装车市场分析 运输类专用改装车各典型车型中，除个别车型有小幅上涨外，其他车型同比均有10%以上的下降幅度，直接带动了专用改装车整体市场的下滑。

2011年1～11月份，厢式运输车和仓栅式运输车依然保持着主力地位，但产量比同期分别下降21.19%和18.54%，分别为34.49万辆和18.88万辆（见图5）。

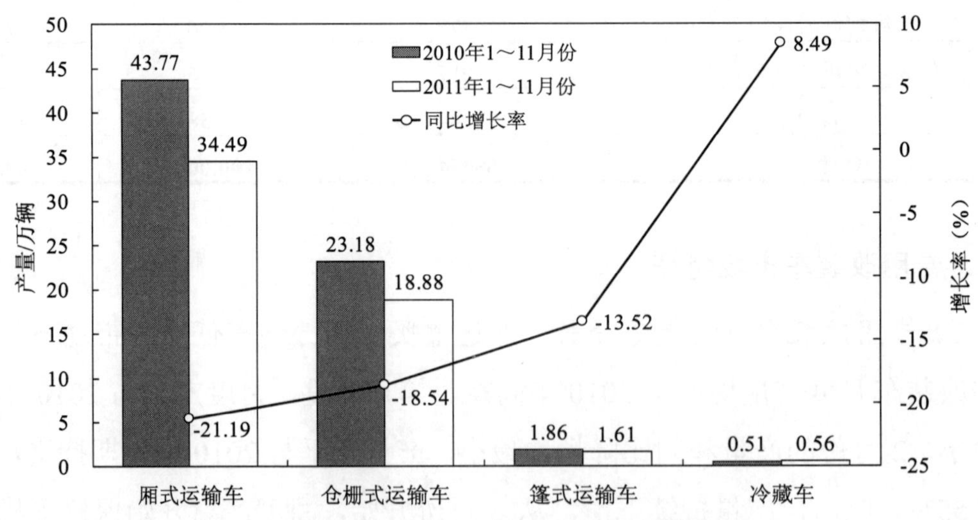

图5 2010～2011年1～11月份专用改装车运输类典型车型的产量及同比增长率

从 2011 年 2 月 1 日起，国家对篷式运输车的外形尺寸和货厢尺寸进行限制，并对公告中不符合要求的产品进行了清理，以达到治理超载超限的目的，在此影响下，篷式运输车的产量同比下降 13.52%，达到 1.61 万辆；在 2010 年实现同比增长 55%之后，冷藏车仍能逆市增长，虽增长幅度不大，但仍可看出市场对冷链运输的需求旺盛。

（3）**工程类专用改装车市场分析** 随着国家 4 万亿元投资计划项目的陆续完工，固定资产投资的力度减弱，工程类专用改装车的各类产品开始出现小幅下滑。

混凝土搅拌运输车 2010 年实现了爆发式增长，在 2011 年 1～11 月产量同比略有下降，达到 6.2 万辆（见图 6）；汽车起重机车保持稳固增长，2011 年 1～11 月达到 3.39 万辆，同比增长 4.16%；近年来，国内基础设施建设的持续发展带动了国内混凝土行业的腾飞，施工规模和范围的扩大促进了混凝土输送机械的高速发展，为混凝土泵车提供了广阔的发展空间，继 2010 年同比增长 99.24%之后，混凝土泵车在 2011 年 1～11 月依然保持了较高增幅，同比增长 49.28%，产量为 1.5 万辆；粉粒物料运输车的需求继续萎缩，2011 年 1～11 月同比下降 26.12%，而 2010 年同比下降 10.91%。

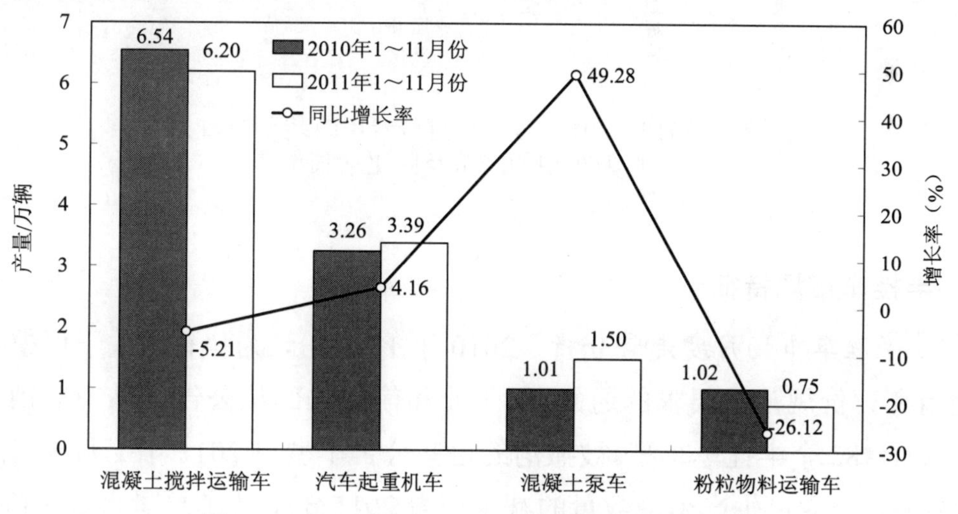

图6 2010～2011年1～11月专用改装车工程类典型车型的产量及同比增长率

（4）**市政类专用改装车市场分析** 随着我国经济社会的高速发展、城市化进程的加快、公路里程的增加及城市规模的不断扩大，市政类专用改装车发展迅猛。

2011年1～11月份，洒水车依然是市政类专用改装车的第一大车型；城市生活垃圾产量的不断增长使得生活垃圾处理成为城市管理和公共服务的重点，各类垃圾车需求旺盛，其中自卸式垃圾车的增速最快，同比增长99.22%，体现了市场对无二次污染的现代垃圾处理方式的极大需求；清障车的产量为4856辆，同比增幅相对较小，仅为10.74%；扫路车能很好地解决传统清扫方式在效率、安全、经济等方面的问题，近年来的产量也在平稳增长，2010年同比增长34.98%，2011年1～11月同比增长37.49%（见图7）。

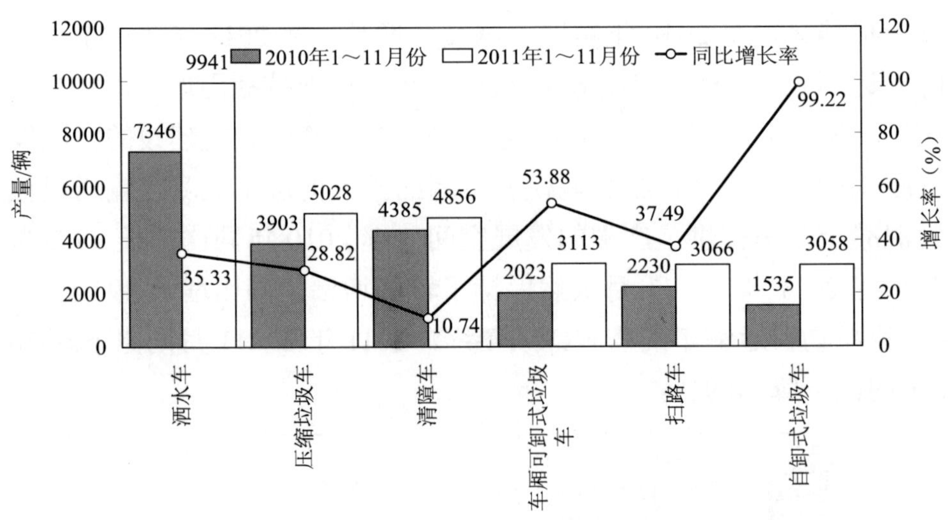

图7 2010～2011年1～11月份专用改装车市政类典型车型的产量及同比增长率

5. 半挂车市场特征

（1）*半挂车市场月度走势分析* 2010年12月份，为执行《关于调整半挂车轮胎使用和评价规范性要求的通知》，工业和信息化部从公告产品中撤销了119家企业共计182个半挂车车型。被撤消的这些公告车型自2011年1月1日起不得生产和销售。企业可生产车型数量的减少使得2011年半挂车总量直线下降，月度产量走势相对平稳且均低于2010年同期，基本维持在4万辆以下的水平，而在2010年有5个月的产量超过了4万辆。2月份是同比降幅最小的月份，只下降了9.53%。在商用车传统旺季的3月份，半挂车市场产量也同步实现了冲量，完成生产3.44万辆，成为单月产量冠军。之后，产量连续下滑，到11月份产量已经下探到 1.07 万辆，出现了近两年来的“低谷”。由于 2010 年 12 月多家企业在短期内批量上传了大量的合格证，冲量现象显著，因此 2011 年全年产量同比下降幅度最大的月份将出现在 12 月，同比将有 80%以上的降幅（见图 8）。

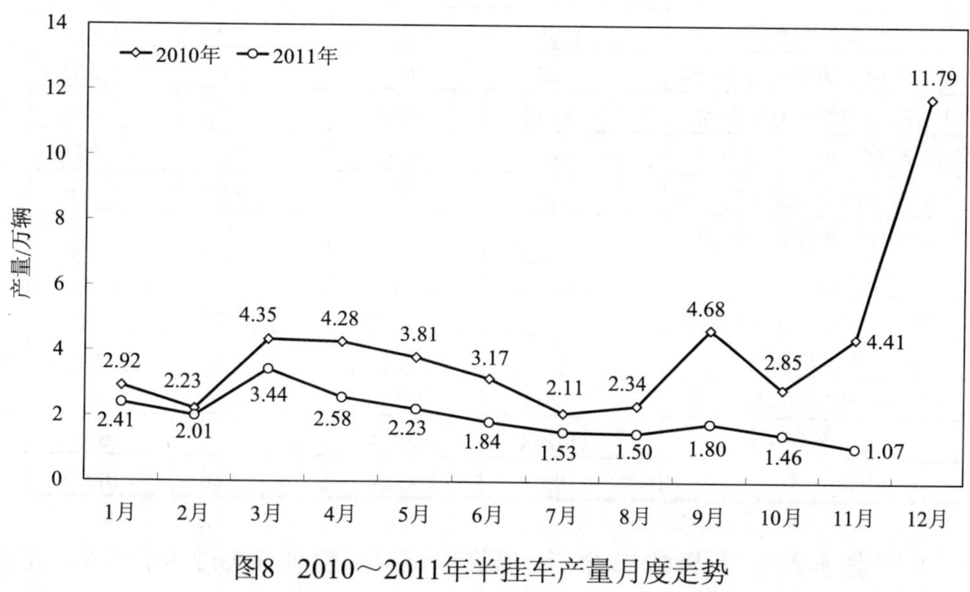

图8 2010～2011年半挂车产量月度走势

（2）半挂车市场竞争格局分析　受国家对半挂车相关产品技术条件的调整和规范，以及半挂车整体市场冷淡的影响，半挂车市场竞争格局更加激烈，主要体现在以下几点：① 投产企业的数量明显减少。2011 年实际投产的企业数量维持在 210 家左右，而 2009 年和 2010 年均维持在 240 家左右。② 市场集中度不断加强。2011 年 1～11 月份，前十家半挂车生产企业的市场集中度达到了 46.12%，而 2010 年同期为 34.73%。③ 优质企业的抗风险能力较强。与 2010 年同期相比，2011 年 1～11 月份有三家企业依然保持着行业前十的地位，这三家企业同时也是 2011 年 1～11 月份半挂车市场的前三甲。中集集团一直保持着行业龙头的地位，虽产量比 2010 年下降了 42%以上，但依然占领了 20%以上的市场份额；京驼伟业和安徽开乐的市场份额也有不同程度的上涨，其中京驼伟业的产量还实现了同比 33.93%的正增长（见表 2）。实力雄厚的企业在市场步入“寒冬”之后，仍能保持旺盛的生命力。

可见，半挂车生产企业要想在有限的增量中努力扩大自身的市场份额，必须努力加强技术改造和提高产品服务水平。

表 2 2010～2011 年 1～11 月份半挂车前十家企业产量、市场份额及同比增长率

序号	企业名称	2011 年 1～11 月份产量/辆	2010 年 1～11 月份产量/辆	2011 年 1～11 月份市场份额（%）	2010 年 1～11 月份市场份额（%）	同比增长率（%）
1	中集车辆（集团）有限公司	44263	76899	20.24	20.70	-42.44
2	北京京驼伟业挂车有限公司	19588	14626	8.96	3.94	33.93
3	安徽开乐专用车辆股份有限公司	7220	9855	3.3	2.65	-26.74
4	河北宏泰专用汽车有限公司	6074	5406	2.78	1.46	12.36
5	中国重型汽车集团有限公司	4928	5782	2.25	1.56	-14.77
6	梁山华信专用汽车制造有限公司	4897	3923	2.24	1.06	24.83
7	山东梁山华宇集团汽车制造有限公司	4164	6181	1.9	1.66	-32.63
8	利辛县江淮扬天汽车有限公司	3556	3778	1.63	1.02	-5.88
9	赣州汽车改装厂	3209	30	1.47	0.01	10596.67
10	蒙阴九州机械车辆有限公司	2966	2567	1.36	0.69	15.54
11	其他企业	117854	242474	53.88	65.27	-51.40
	合计	**218719**	**371521**	**100.00**	**100.00**	**-41.13**

（3）**半挂车细分市场需求分析** 虽然半挂车整体市场大幅下滑，但是细分市场却出现了“冰火两重天”的景象。2011 年 1～11 月份，罐式半挂车、低平板半挂车实现了同比正增长，其他车型均有不同程度的下滑，其中，车辆运输半挂车和集装箱运输半挂车同比下降幅度较大，同比分别下降 87.0%和 64.4%（见图 9）。

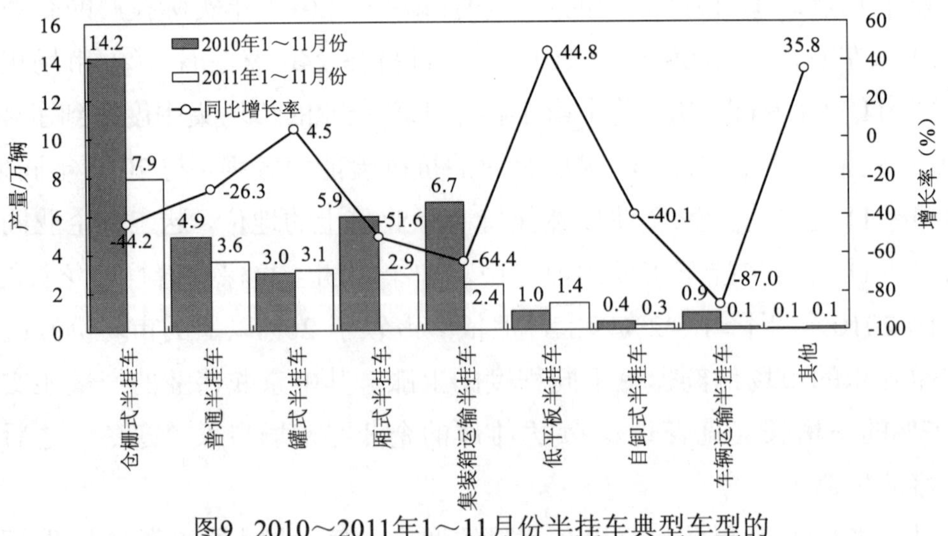

图9 2010～2011年1～11月份半挂车典型车型的产量及同比增长率

二、 2011年专用汽车市场发展特点分析

1．专用汽车行业秩序更加规范，市场环境得以改善

2011年，国家相关部门加强管理，出台和实施了一系列的政策法规，在很大程度上整顿和规范了专用汽车的行业秩序，改善了专用汽车的市场环境，对专用汽车技术进步以及行业健康发展起到了积极的促进作用。主要体现在以下几点。

（1）加大对专用车生产企业的准入管理，维护专用汽车市场竞争秩序 受2009年6月底发布的《专用汽车和挂车生产企业及产品准入管理规则》和2010年12月底发布的《商用车生产企业及产品准入管理规则》影响，进入2011年，工业和信息化部对新增企业（尤其是专用汽车企业）准入资格的审批速度明显放慢，公告中新增专用汽车企业大幅减少。2011年，只新增了5家专用汽车企业（见表3），而2009年和2010年新增的专用汽车企业数量分别为35家和9家。

表3 2011年公告中新增的专用汽车企业及相关产品

序号	企业名称	批次	专用汽车产品范围
1	阜新永生解放专用汽车制造有限公司	第225批	道路清雪车、道路清障车、多功能救援车、公铁两用作业车、道路清扫车
2	福建蓝海专用汽车制造有限公司	第228批	救护车
3	鄂尔多斯市东胜区中兴特种车辆制造有限责任公司	第228批	矿山用车、草原多功能作业车、挂车
4	兰州林峰石油机械制造有限责任公司	第230批	压裂车、混砂车、洗井清腊车、锅炉车、固井水泥车
5	龙岩华洁环卫机械有限公司	第232批	环卫专用车（医疗废物转运车、密封自卸式垃圾车、微型自卸式垃圾车和摇臂式垃圾车）

（2）加强对道路机动车辆合格证的监管，规范生产环节秩序 继2010年9月对成都新大地汽车有限责任公司倒卖合格证进行处罚之后，2011年7月，工业和信息化部又对河北昌骅专用汽车有限公司的同样行为进行通报，责令公司6个月内不得申报新产品和上传产品合格证信息，并撤消了该公司违规使用的35个型号共394张合格证，并在227批公告批文中撤消了该公司的33个半挂车产品。工业和信息化部表示，今后将继续加强对道路机动车辆合格证的管理工作。

（3）规范和调整产品技术参数，促进专用汽车产品的结构调整和升级 2011年，中机车辆技术服务中心（简称“中机中心”）分别在半挂车产品轮胎使用和评价规范性要求、篷式运输车（含篷式运输半挂车）产品的技术条件、载货类车辆轮胎使用规范性要求、线轴结构低平板半挂车产品规范性要求、集装箱运输半挂车额定载质量的技术要求等方面进行了调整和规范，并完成了对公告内相关产品的审查和清理工作。

（4）加强对道路运输类专用汽车的安全管理，提高危险品和放射性物品等的安全运输水平 2011 年，中机中心对公告内不符合 GB 20300—2006《道路运输爆炸品和剧毒化学品车辆安全技术要求》、GB 21668—2008《危险货物运输车辆结构要求》的车型进行了清理。交通运输部对运输爆炸、强腐蚀性、剧毒等危险货物的罐式专用汽车的罐体容积和车辆核载的上限进行了限制；规定从事放射性物品道路运输的专用车辆必须为核定载质量在 1t 及以下的厢式或封闭货车，车辆配备要满足在线监控的要求；规定从 2011 年 8 月 1 日起新出厂的“两客一危”车辆（包括旅游包车、三类以上班线客车和运输危险化学品、烟花爆竹、民用爆竹物品的道路专用车辆）应安装符合道路运输车辆卫星定位系统标准的车载终端。

2．同比增长率创十年新低，专用汽车行业进入平稳理性发展阶段

近十年来，我国经济的高速发展和粗放式的发展模式，使得专用汽车实现了快速发展，产品品种逐渐增多，生产企业数量显著增加，生产能力也得到长足发展。2000 年专用汽车产量为 29.5 万辆，到 2010 年，产量达到了 217.9 万辆，年平均增长率为 22%，比汽车整体市场的年平均增长率高 3 个百分点；在 2009 年和 2010 年，产量分别达到了 100 万辆和 200 万辆的量级。但是只追求数量和规模的非理性高增长态势不可能长期持续。2011 年，专用汽车行业告别一路狂飙，产量出现明显下滑，2011 年 1～11 月份同比下降 21.7%，同比增长率为近十年来最低水平（见图 10）。实现结构调整将成为未来一段时间内专用汽车行业应对增速放缓局面的有效手段。

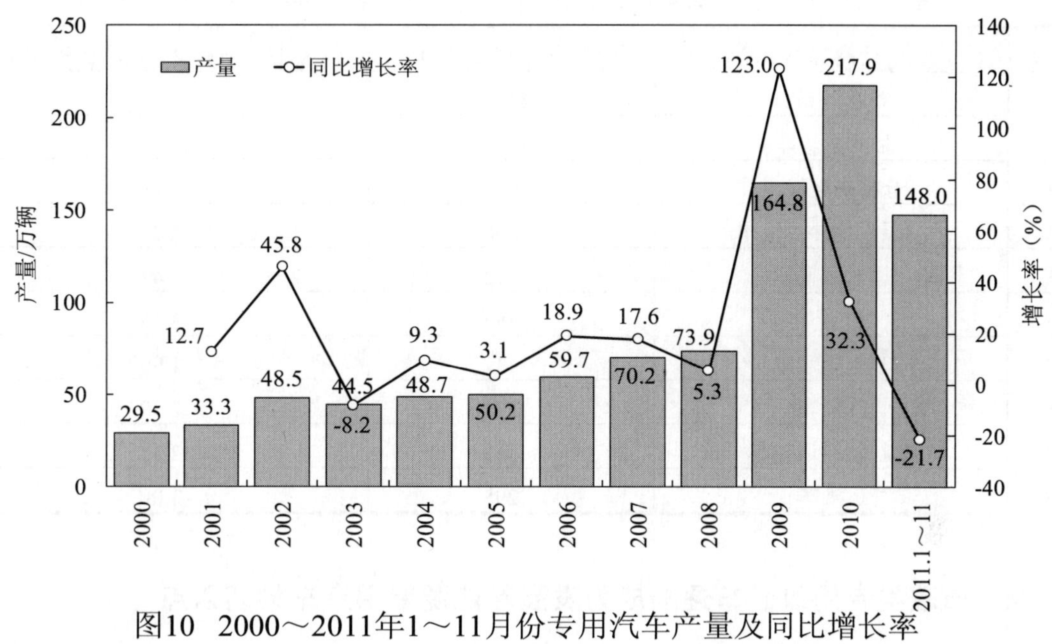

图10 2000～2011年1～11月份专用汽车产量及同比增长率

3．专用汽车的产品更加符合节能减排要求

根据《道路运输车辆燃料消耗量检测和监督管理办法》（交通运输部令 2009 年第 11 号）有关规定，从 2009 年 11 月 1 日起，不符合道路运输车辆燃料消耗量限值标准的车辆，不得用于营运。在经过一段时期的过渡之后，2010 年 7 月 2 日开始正式发布了《燃料消耗量达标车型表》，只有进入《燃料消耗量达标车型表》的车型才允许进入道路运输市场。自 2011 年 3 月 1 日起，拟进入道路运输市场的新购车辆，全部要求从《燃料消耗量达标车型表》中选取、购置，并按相关要求进行核查。

相比 2010 年公布的达标车型，2011 年专用汽车车型占达标车型总量的比例显著提高。2010 年，在公布的 6 批次共 1198 个车型中，专用汽车车型有 566 个，占比为 47.25%。而 2011 年在公布的 11 批共 23377 个车型中，专用汽车车型有 14763 个，占比达到 63.15%。可见，专用汽车生产企业已经开始从控制产品燃料消耗量入手，积极开展技术研发工作，促进专用汽车产品不断向节能减排的方向发展。2011 年燃料消耗量达标的专用汽车前十种产品、数量及占比见表 4。

表 4 2011 年燃料消耗量达标的专用汽车前十种产品、数量及占比

序号	产品名称	达标车型的数量/个	占专用汽车车型总数的比例（%）
1	普通自卸车	4453	30.16
2	厢式运输车	3440	23.30
3	仓栅式运输车	2526	17.11
4	混凝土搅拌运输车	866	5.87
5	篷式运输车	512	3.47
6	加油车	467	3.16
7	随车起重运输车	437	2.96
8	冷藏车	353	2.39
9	粉粒物料运输车	345	2.34
10	运油车	295	2.00

4. 市政类专用改装车逐渐成为发展新能源专用汽车的切入点

新能源汽车作为战略性新兴产业，是“十二五”期间的发展重点之一。纯电动汽车是解决我国汽车能源和环境问题的根本途径，是我国汽车动力系统发展的战略重点和主要方向。但是我国纯电动汽车仍处于起步阶段，各方面技术还不成熟，尤其是在续航里程上存在短板。市政类专用改装车通常是定点、定线运行，行驶距离是点对点的短途。纯电动的市政类专用改装车对于动力电池以及电动机的要求不高，符合国内新能源的技术能力现状，逐渐成为新能源专用汽车发展的切入点和突破点。

为鼓励在公交、出租、公务、环卫和邮政等公共服务领域率先推广使用节能与新能源汽车，国家从 2009 年开始推行节能与新能源汽车示范推广应用工程，并陆续发布了多批推荐车型。2009～2011 年，《节能与新能源汽车示范推广应用工程推荐车型》共发布了 29 批。2011 年，在 11 批共 174 个车型中，新能源专用汽车车型（全部是纯电动汽车）有 34 个（见表 5），其中，环卫类车型有 23 个，占新能源专用汽车车型总数的 68%。而在 2010 年只有 40%的新能源专用车车型是市政类专用改装车，2009 年这个比例只有 30%。纯电动专用汽车在市政环卫领域取得了显著突破。

表5　2011年节能与新能源汽车示范推广应用工程推荐车型及生产企业

序号	车型名称	数量/种	生产企业
1	纯电动桶装垃圾运输车	9	北京华林特装车有限公司、北汽福田汽车股份有限公司
2	纯电动自卸式垃圾车	6	北京华林特装车有限公司、东风汽车公司、北汽福田汽车股份有限公司
3	纯电动厢式运输车	6	重庆瑞驰汽车实业有限公司、金华市康迪新能源车辆有限公司、东南（福建）汽车工业有限公司、北京汽车股份有限公司
4	纯电动车厢可卸式垃圾车	3	武汉九通汽车厂、江西江铃汽车集团改装车有限公司、东风汽车公司
5	纯电动洒水车	2	北京华林特装车有限公司、北汽福田汽车股份有限公司
6	纯电动仓栅式运输车	2	重庆瑞驰汽车实业有限公司、柳州五菱专用汽车制造有限公司
7	纯电动扫路车	1	福建龙马环卫装备股份有限公司
8	纯电动邮政车	1	东南（福建）汽车工业有限公司
9	纯电动售货车	1	重庆瑞驰汽车实业有限公司
10	纯电动压缩式垃圾车	1	北汽福田汽车股份有限公司
11	纯电动自装卸式垃圾车	1	北京华林特装车有限公司
12	纯电动餐厨垃圾车	1	长沙中联重工科技发展股份有限公司

5．合资合作的国际化趋势明显

目前我国的专用车行业正处在由粗放式向集约化、高技术含量方向发展的进程中。通过与拥有先进技术的国外企业开展全面的合资或合作，国内的专用汽车企业可以更好地引进和学习先进技术，加快高附加值产品的研发进程，生产出世界级的高端产品。2011年，专用汽车行业国际间的合资合作呈现增多趋势，且主要以研发和生产新产品为主（见表6）。

表6　2011年专用汽车行业的国际间合资合作项目

序号	内资企业	外资企业	合资合作方式	合资合作领域
1	中集车辆集团	沙特 Zahid 集团	在沙特成立合资公司	半挂车
2	东风汽车有限公司	德国史密斯股份公司	成立合资公司	半挂车

（续）

序号	内资企业	外资企业	合资合作方式	合资合作领域
3	陕汽子公司陕西广太专用车有限公司	德国德安公司	共同研发	新能源道路清扫车
4	永强汽车制造有限公司	意大利VE公司	技术合作和转让	新能源全地形特种汽车
5	中大集团	韩国KCP公司	在中国成立合资公司	混凝土泵车
6	江淮汽车	法国PVI公司	共同研发	新能源环卫车
7	冀中能源石家庄煤矿机械有限责任公司	韩国东海机械航空株式会社	合作生产	新型SMJ系列高空作业车
8	沈阳德通路桥机械设备有限公司	美国道格拉斯动力股份有限公司	在中国成立合资公司	除雪车辆及设备

6．专用汽车进口市场继续萎缩，出口反弹明显

随着我国专用汽车技术水平的不断提升、国内自主研发实力的不断加强，国产专用汽车已经能对原本需要进口的产品形成很好的替代，专用汽车进口市场逐渐萎缩。2011年1～11月，国内专用改装车进口数量为190辆，同比下降34.7%（见图11）。但是，一些高技术含量、高附加值的专用汽车产品依然需要依赖进口，2011年1～11月进口金额为1.94亿美元，同比只下降8.27%。

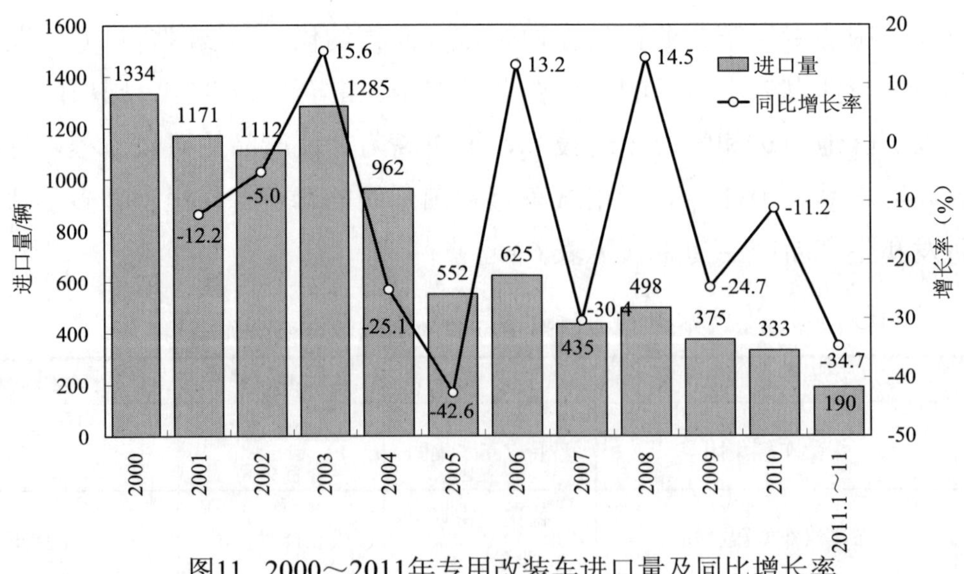

图11 2000～2011年专用改装车进口量及同比增长率

2011 年，全球经济加速回暖，我国专用汽车企业也在努力开拓国际市场，取得了较好的经营业绩，专用汽车出口实现了大幅增长。2011 年 1～11 月，专用改装车出口数量为 11568 辆，同比增长 47.2%（见图 12），全年有望超过 2008 年的历史最高水平；出口金额为 10.70 亿美元，同比增长 48.80%。

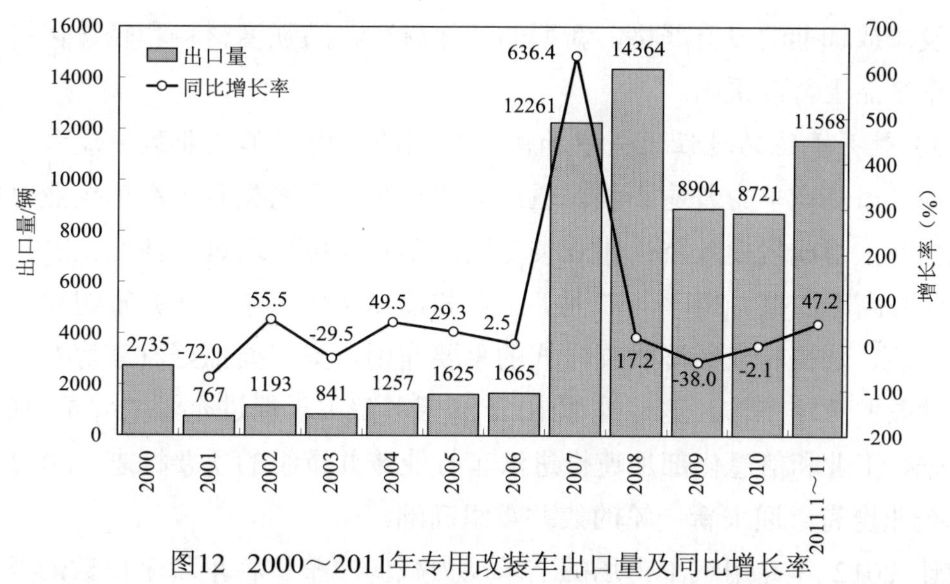

图12 2000～2011年专用改装车出口量及同比增长率

三、2012 年专用汽车市场发展预测

1. 宏观环境预测

2012 年，我国专用汽车市场外部环境将发生以下变化：一是 2012 年我国经济调控的主基调是“稳中求进”，要在保持经济稳定增长中追求经济质量的提高。预计 2012 年 GDP 的增速将保持在 9%左右。二是《公路安全保护条例》的有力实施，使物流用户度过观望期后，将购买新车增加运力，产生新一轮销售热潮。三是保障性住房项目的开工建设，将有力拉动工程类专用汽车的平稳发展；四是甩挂运输的试点和推广，将提升半挂车的社会保有量，为半挂车的市场销售提供契机。

2. 市场特点预测

2012 年，我国专用汽车市场将呈现以下几个基本特点。

（1）细分市场将持续冷热不均　工程建设用途的专用汽车仍是主力车型，但增长将更加趋于理性；物流运输用途的专用汽车将实现恢复性增长；市政类专用汽车上升的空间依然很大。

（2）产品不断涌现，新材料得以应用　专用汽车企业将通过不断研发新产品，逐步实现产品的专业化、智能化、高档化和差异化。随着国家对节能减排的要求以及排放标准的日益严格，新型的环保材料、高强度材料和轻量化材料将在专用汽车产品上得以采用。

（3）兼并重组的进程进一步加快　我国的专用汽车企业数量众多，市场集中度较低，市场竞争力普遍不强。通过兼并重组，运输类专用汽车企业可以实现批量化生产，形成规模效益；作业类专用汽车企业可以通过专业化生产扩大产品品种，获取高额回报。2011 年 7 月，工业和信息化部重申了兼并重组对于推动工业转型升级、加快转变经济发展方式的重要作用，提出要抓好汽车等八大重点行业企业的兼并重组工作。这是继 2010 年《国务院关于促进企业兼并重组的意见》发布以来，工业和信息化部加速推进汽车行业兼并重组的重要标志。2012 年，专用汽车企业也有望迎来新一轮的兼并重组高潮。

预计 2012 年专用汽车市场的需求动力减弱，整体将呈现个位数的低速增长态势，产量将超过 160 万辆。

（作者：左培文　邵丽青）

细分市场篇

北京汽车市场2011年交易特点及2012年市场展望

一、2011年北京汽车市场交易特点分析

2011年是北京实施治堵新政的第一年，北京汽车市场从门庭若市到门可罗雀，经历了冰火两重天！新政之年是北京汽车从业者最困惑、最茫然、最艰难的一年，更是汽车经销商绝地逢生，寻求应对之道，焕发创新斗志，积极主动拓展的一年，也是业绩最显著的一年。北京新政促动了全国汽车营销模式的变革，其政策示范效应、市场应对措施以及变化趋势受到业界的广泛关注，为全国汽车市场的预期变化提供了宝贵经验，为北京汽车市场的理性回归和良性发展奠定了基础。

从治堵新政对北京汽车市场影响的总体评价看，治堵新政对自主品牌汽车的影响程度大于合资品牌汽车，对合资品牌汽车的影响程度大于进口车。受治堵新政影响，二手车市场迎来了极好的发展机遇。

1. 治堵新政给北京新车市场带来的六个变化

（1）北京新车市场资源总量严重萎缩　受总量控制，北京新车销售严重下滑。北京2011年全年累计交易新车403500辆，同比累计下降56%。2011年全年销售呈前低后高逐月缓慢回升的走势（见图1），环比平稳理性增长。上半年交易量占全年38%，下半年占62%。新政开创了北京汽车市场的三个历史先河。第一，2011年1月份，北京经历了有史以来第一个不能上牌照的销售购车真空期；第二，2月份是自汽车进入家庭以来，汽车市场商气、人气最淡的“早春二月”；第三，新政前夜，北京经销商和汽车市场平生第一次开展了预订新车和库存二手车的备案审核工作。

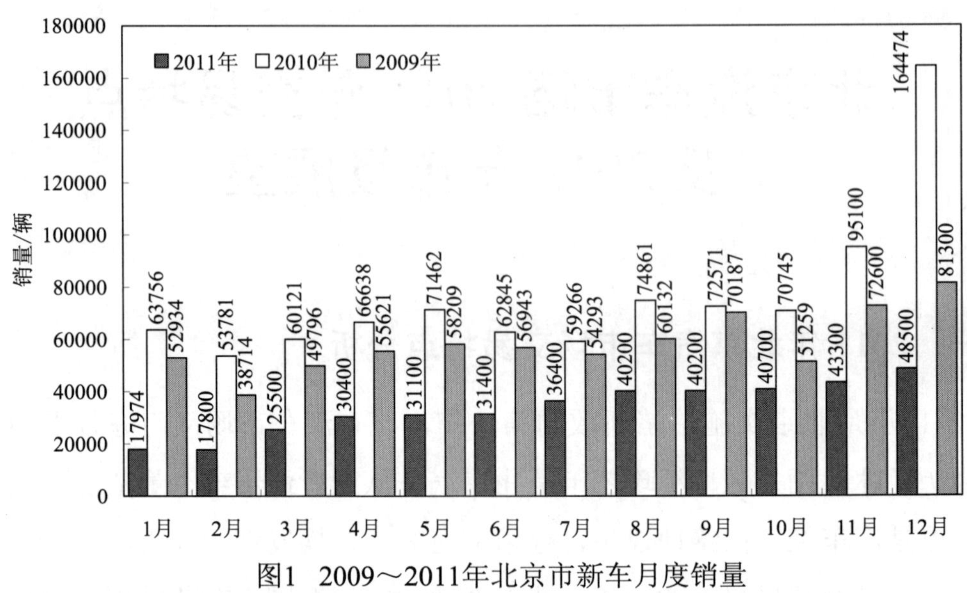

图1 2009～2011年北京市新车月度销量

（2）客户结构巨大调整，资源竞争异常严酷 配置个人指标市场、更新市场和外埠市场是经销商必保必争的三个目标市场。配置个人指标市场全年总规模就24万辆，2011年前6个月指标释放率不足90%。而治堵新政及个税起征点调整使90%的外地在京人员无缘在京购车，京籍人士增购车辆也几乎不可能。这种客户结构的变化是始料未及的，北京650多家汽车专卖店面对快速紧缩的客户资源，竞争异常严酷。

（3）以旧促新成为提升销量的有力手段 新旧车置换市场成为新车经销商获取增量资源、增加存量客户的必争之地，是汽车商业模式变革的推动力。北京保有500万辆汽车，其中130万辆是8年以上老旧机动车，这为新车市场提供了雄厚的置换资源。特别是2011年8月1日颁布的北京市老旧机动车淘汰更新《方案》，对8年以上老旧机动车淘汰提供近万元的淘汰更新现金补助，大大地激发了消费者的置换更新热情。2011年8～12月份共淘汰老旧机动车13万辆，占全年淘汰量22.4万辆的58%。

亚运村交易市场新车一站式数据显示:更新上牌数占总上牌数比例从2月份不足5%，上升到11月份的60.87%。亚运村交易市场月度消费者调查也显示：消费者以旧换新比例从年初的34.5%上升到43%。从经销商的角度看，其置换业务也从10%～15%提升到了50%以上。

（4）经销商逆市外延拓展求发展　面对新政后的严峻市场，北京经销商发挥各自优势，以规模化的品牌效应提升企业的核心竞争力，通过以下四种方法进行业务的外延拓展，谋求更大发展。一是利用产品、渠道、客户资源方面的优势，积极开拓外埠市场。包括在外埠二、三线城市建立多品牌汽车超市，传播北京汽车文化和市场理念；采取联营合作方式多渠道营销。二是经销商集团抓住机遇兼并重组，提高区域市场份额。由于豪华车是2011年的市场亮点，经销商集团注重豪华车品牌的扩张发展，抢占豪华车市场份额。新政之年，北京新建近20家专卖店。三是多品牌经营，扩展业务，降低运营成本，增强抵御风险能力。四是延伸汽车业务链，开拓二手车、维修、租赁、金融、保险、物流等领域，采取多元化经营，提高增值服务收入。

（5）经销商经营理念与模式发生深刻变化　经销商正视严酷现实，调整浮躁心态，改漫灌为滴灌，从资源型发展向内涵服务管理型发展转变，从一味追求增量效益向争取存量效益转变。经销商开始注重品牌口碑建设，加强岗位培训，珍惜人才，稳定骨干队伍；完善客户服务体系，开展管家式贴心服务，提高满意度指标，稳定基盘客户，用售后服务收入支撑企业的日常运行。

（6）经销商与厂家的关系日趋平衡　新政后主机厂对北京市场更加关注，厂家强势格局虽然没有根本改变，但为了稳定销售网络，厂家更能倾听和尊重经销商的意见，通过调整政策对商家给予关心、照顾和激励。2011年67%的经销商库存趋于合理。

2．2011年北京新车市场需求结构的变化

（1）进口车市场表现突出　北京60%以上进口车销往外埠，因而进口车市场受新政影响较小（见图2）。2011年全年北京进口车累计交易41300辆，累计同比下降35%，降幅低于新车20个百分点。2011年进口车占新车销量的比重远高于2010年同期水平（见表1）。特别在1月份北京市场真空期时进口车支撑了整个的市场销售，弥补了1～2月份的市场业绩及效益的缺口。

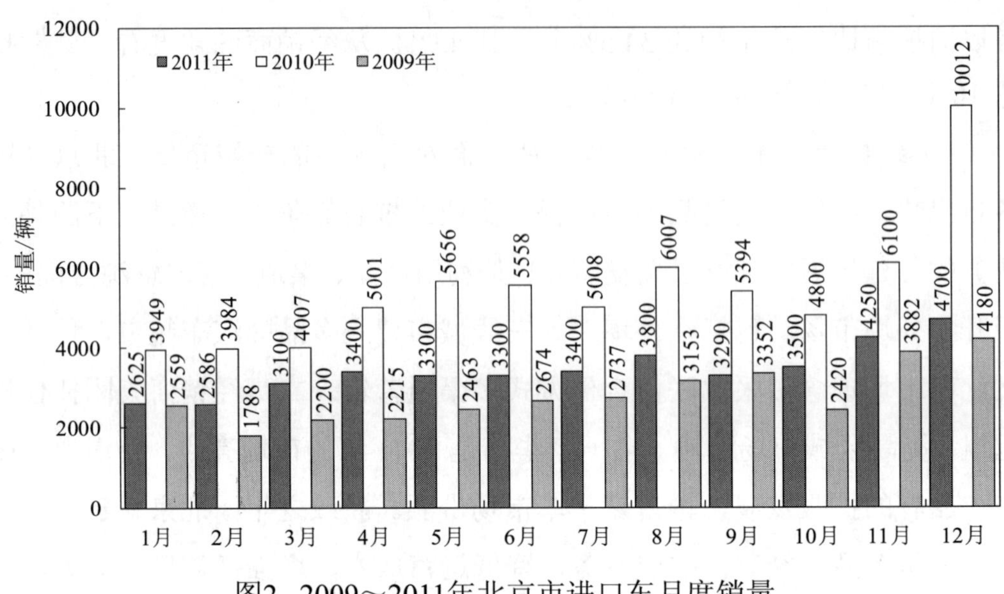

图2 2009～2011年北京市进口车月度销量

表 1 进口车占新车销量的比重

（单位：%）

月份	2010 年	2011 年
1 月	6	15
2 月	7	15
3 月	6	12
4 月	7	11
5 月	7	11
6 月	8	10
7 月	8	9
8 月	8	10
9 月	7	8
10 月	6	8.6
11 月	6	9.8
12 月	6	9.7

进口车加价现象普遍，且时间长、范围广、幅度大。加价车型范围达 55%，加价最高达 70 万元/辆。亚运村交易市场车型紧俏指数显示：2011 年尽管 11 月份进口车指数下降了 5 个百分点，进口车库存增长的经销商比例达 45.71%，但仍有 83%的进口车商在加价售车。

从进口车的销售结构上看，SUV 一枝独秀，占进口车交易量的 58.4%。2.6L 以下小排量进口车的市场业绩良好，大排量进口豪华车增速减缓，交易量下降（见表 2）。小排量升大排量跌的原因：一是北京是进口车的流转集散地，其销售辐射周边省市的特点突出。以往北京 80%以上大排量豪华进口车销往外埠，随着跨国公司及合资汽车企业在二、三线城市建店布网，分流了原有外埠进京客户。同时受 2011 年货币紧缩的影响，经济增速下降，使外地来京购买大排量豪华进口车的客户明显减少。二是人民币汇率提高及跨国汽车企业战略调整，使小排量入门级进口车的价格下探。三是北京中产阶层品牌意识增强，置换升级拉动了 2.0L 以下小排量进口车的销售。

表 2 国产和进口车分排量环比增速对比

（单位：%）

排量	国产车环比增速	进口车环比增速
1.6L 以下	28.78	141.67
1.7L～2.0L	39.47	20.16
2.6L 以上	18.26	-11.55

注：数据来源于亚运村交易市场 2011 年 11 月份监测数据。

（2）在价位和排量上呈现明显的消费升级现象　亚运村交易市场出库数据显示：1.6L 以下排量经济型轿车所占比例从 2010 年末的 41.8%降至 2011 年 11 月份的 24.82%，下降了 17 个百分点。亚运村交易市场月度消费者调查显示：首次中签的消费者购买 10 万～15 万元车的比例从上年的 42.16%上升到 76.67%。

（3）合资品牌更受青睐，德系车独领风骚，日系车份额有所下降　亚运村交易市场消费者月度调查显示：83.3%的中签消费者及 75%的置换消费者预购合资品牌汽车（见图 3），较上年分别提高了 36.6%和 28.4%。

从车系选择意向上看，选择德系车的消费者从年初的 29%上升到 11 月份的 46%。日系车从 47.3%下降到 39%，屈居第二。从北京市月度销售排行榜看，稳居前五名的多是德系车，日系车难见身影（见表 3）。

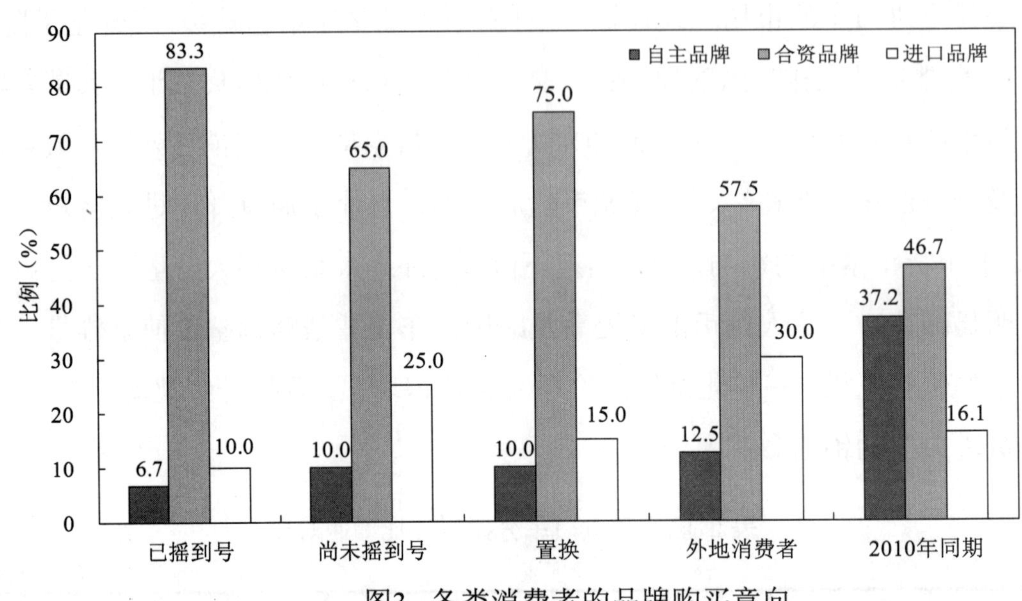

图3 各类消费者的品牌购买意向

表3 2011年北京市月度销售排行榜（TOP5）

排名	1月	2月	3月	4月	5月	6月
1	森林人	速腾	奥迪 A6L	奥迪 A6L	伊兰特	伊兰特
2	比亚迪 F3	宝来	宝来	宝来	宝来	高尔夫 6
3	宝来	迈腾	别克 GL8	速腾	奥迪 Q5	奥迪 A6L
4	一汽奥迪 A6L	高尔夫 6	速腾	伊兰特	奥迪 A4	迈腾
5	速腾	帕萨特领驭	伊兰特	高尔夫 6	奥迪 A6L	速腾
排名	7月	8月	9月	10月	11月	—
1	奥迪 A6L	索纳塔	伊兰特	奥迪 A6L	奥迪 A6L	—
2	伊兰特	奥迪 A6L	奥迪 A6L	伊兰特	伊兰特	—
3	高尔夫 6	伊兰特	高尔夫 6	索纳塔	速腾	—
4	迈腾	高尔夫 6	速腾	速腾	高尔夫 6	—
5	速腾	宝来	宝来	高尔夫 6	宝来	—

（4）传统自主品牌汽车企业受政策影响最明显　亚运村交易市场消费者调查显示：意愿购买自主品牌汽车的中签和置换消费者比例下降了30.5%和27.22%。原因缘自三个方面：①新政前传统自主品牌汽车企业多以数量规模冲击效益规

模，新政后，有限的增量资源使自主品牌汽车企业冲量困难。②优惠政策的退出，节能标准门槛的提高，以及使用费用的增加都使传统自主品牌汽车消费者的购车信心受到影响。③合资汽车企业推出的合资自主品牌低端车型抢占了传统自主品牌汽车的市场份额。

3．北京二手车市场的新变化

北京治堵新政及老旧机动车淘汰更新补贴《方案》的出台使北京二手车市场得到了长足的发展。2011 年全年北京市累计成交二手车 401000 辆，同比累计下降 22.2%，同比降幅低于新车 34 个百分点。北京二手车连续 5 个月超过新车销量，8～10 月份更是实现了同比正增长（见图 4）。新旧车交易比例也从新政前的 1：0.6 上升到 1:1，北京二手车市场进入了逐渐成熟的上升通道。二手车市场呈现五大变化。

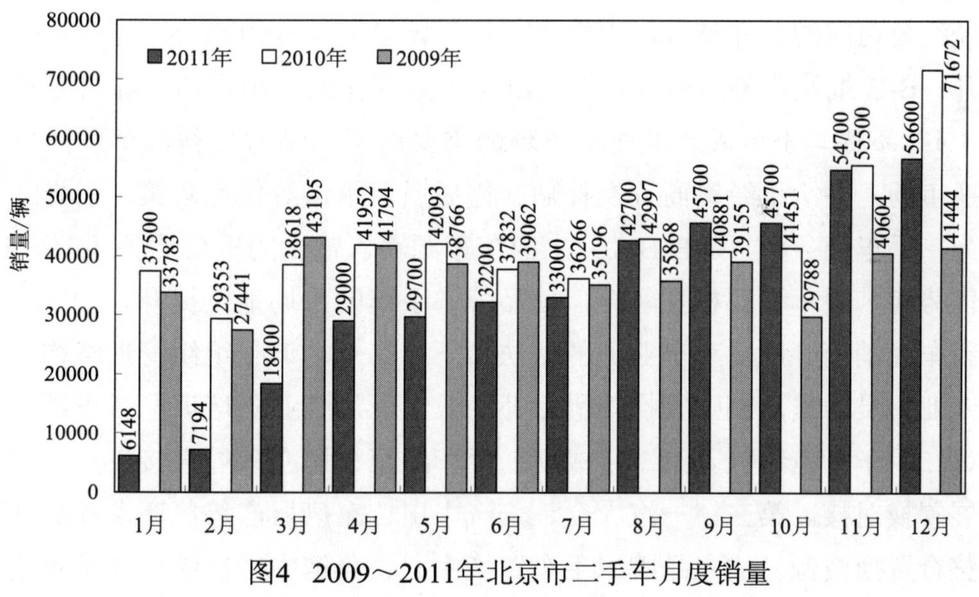

图4 2009～2011年北京市二手车月度销量

（1）*二手车流向及流转方式变化* 北京二手车交易流向由本市过户为主转变为外迁为主（见表 4），初步形成了低端车外迁，中端车京内流动，高端车北京全国集散的流向格局。二手车跨区域流转将成为未来趋势，传统的 C-B-C 方式开始转向 C-B-B-C 模式，二手车批发环节开始出现。新技术的广泛推广使二手车网上拍卖交易平台涌现，助推了二手车的外迁。

表 4　北京二手车本市过户与外迁比例表

（单位：%）

年份	本市过户比例	外迁比例
2010 年	90	10
2011 年	42	58

（2）新旧车市场对接融合　新政前是以新带旧，新政后是以旧促新，北京今后60%的新车销售依赖于旧车置换需求，置换车源成为二手车市场的主要来源，置换业务不仅带动新车销售，而且成为新车经销商的另一个盈利增长点。北京的4S 店和有形市场将形成新车、二手车并重，互为促进，共同发展的新的经营模式。

（3）二手车经纪公司面临转型与升级　部分经纪公司的业务重点转向与 4S 店合作，开展二手车的批发业务，即北京区域的业务以收车为主；销售业务则以拓展京外销售渠道为主。

经纪公司间的兼并整合，规模化经营开始显现并成为趋势，行业集中度将显著提升。B-B 批发业务的出现将彻底颠覆长期存在的“小作坊”经营方式。

（4）品牌二手车成为二手车市场的重要新军　新政使得汽车厂商更关注旧车置换市场，并给予经销商置换补贴、售后质保承诺等优惠政策，引导 4S 店逐渐成为二手车业务链（C-B-B-C）上旧车车源输入输出的重要业务环节。4S 店的品牌优势和二手车资源相互融合，使品牌二手车的市场地位提升。

新车经销商开展二手车业务的做法如下：第一，调整组织管理结构，充实二手车专业人员力量，制定置换规程、补贴政策，加强业务培训，新车销售顾问将新车、二手车打包销售。第二，成立二手车经纪公司在外埠直接设点，在公司内部开展置换对接。第三，一汽大众、一汽丰田、东风日产等厂商发挥品牌网络优势，整合置换资源，成立品牌二手车置换中心、分销中心，统一补贴政策和资源转出渠道，新旧车相互融合，互为促进。

（5）二手车交易市场功能地位面临重塑　二手车有形市场主体地位出现松动，表现在：车源比重出现下降，终端消费者直接交易比例出现回落，但二手车批发业务比例上升，有形市场的服务功能开始强化。

二手车诚信联盟的成立将促进全国二手车有形市场平台的经营对接，有利于推动二手车全国大流通的实现。

二、2012 年北京汽车市场展望

1. 2012 年北京汽车市场销售预测

（1）政策环境因素分析　北京市对汽车市场的政策定位：坚持控制总量、优化存量。即 24 万辆新增小客车总量控制政策将维持延续，但政策会有微调，会将摇号申请编码有效期从无限期调整为 3 个月有效期，降低摇号池中基数，有利于提高中签率，满足刚性需求。老旧机动车淘汰更新补贴《方案》将实施至年底。鼓励二手车市场发展的相关政策规章正在加紧研究。车辆保有及使用费用逐步提高，政府节能减排、推广新能源汽车等政策导向日趋明显。

（2）销量预测　北京汽车市场在政策环境总体不变的情况下，将延续 2011 年下半年的市场走势。汽车市场进入理性回调期，并呈现两个市场常态：①淡旺季温热平稳，新旧车月均销量将维持在 4 万辆以上，市场进一步恢复调整。②二手车销量将超过新车销量，二手车市场将进一步完善成熟。预计北京 2012 年新车及旧车的销量均有望接近 50 万辆，同比增速预计 25%左右，但结构会有一定调整。

2. 2012 年北京汽车市场趋向特征预判

实施治堵新政引发了北京汽车营销模式、渠道方法等方面的变革，开启了北京车市特殊的发展阶段。2012 年由于总量控制政策和淘汰更新补贴两个政策的延续，北京汽车市场从抱团取暖、谋求生存转变为抓拓展、强特色，资源共享，联合发展，在创新变革中谋求更大发展。2012 年将是优化创新、精益营销之年。

2012 年北京汽车市场的主要趋向特征表现为八个“突出”。

（1）突出一个“换”字　北京市小客车限购和淘汰更新补贴办法以及将要实施的国 V 排放标准都将进一步扩大置换资源，加速老旧机动车的淘汰更新速度，支撑 2012 年北京新车、二手车销售的平稳增长。以旧换新，以旧促新将贯穿全年，成为主要的目标市场。2012 年将加大收车力度及外迁渠道的建设，提高二手车外迁过户时效。受市场的推动和技术手段提升的影响，二手车营销模式将进一步创新，二手车检测、评估标准的统一及体系建设也将有所改观。品牌二手车置换中心将以树立品牌忠诚度为目标，开启汽车业务链有序拓展、衔接的战略通道。

但对 2012 年北京市二手车市场也有不利的因素，即全国 23 个省、自治区、直辖市，61个城市对二手车排放标准和使用年限提出了不予受理转入的要求，使外省市二手车迁入门槛提高，将进一步降低北京二手车外迁价格，迟缓老旧机动车的淘汰速度。

（2）突出一个“联”字　以满足客户需求、拓展业务、提高效益为目的，在产品资源供应、客户需求信息、营销实战活动、市场动态交流、媒体传播宣传等方面打破品牌区域界限，面向全国展开资源互补、信息共享的联盟平台建设，在创新拓展中联合发展。

（3）突出一个“转”字和“升”字　以满足消费者需求为焦点，打造优质服务的品牌形象，漫灌改滴灌，实现三个转变：即从新旧车经销商向运营服务商的转变，从资源型发展向内涵服务管理型发展转变，从一味追求增量效益向争取存量效益转变。强化构筑软实力，提高客户满意度及品牌忠诚度，实现真正的转型升级，支撑企业做大做强。

（4）突出一个“特”字　随着进口车及国产车厂家销售网络扩张和渠道下沉，以及各地大型汽车商贸园区的建设发展，汽车产品及交易市场模式的同质化和客户分流现象日趋严重。产品服务营销和人才的竞争更加激烈，在产品、环境、服务、手段、营销等方面寻求差异化、特色化经营是有形市场及经销商之间竞争的焦点。

（5）突出一个“洗”字　商务部关于促进汽车流通业“十二五”发展指导意见，倡导流通渠道扁平化、经营模式多样化、推动建立节约型汽车流通网络，汽车市场将呈现专卖店、独立展厅、有形市场、汽车商业贸易园区等多样化经营模式。汽车后市场将得到长足式发展。

受总量限制政策、消费升级等因素影响，强弱势品牌之间生存状态和差异已现端倪，实力弱且布网密集的品牌专卖店，特别是传统自主品牌经销商，面对增量资源减少和存量客户不断流失的状况会面临经营困难，经销商加速洗牌趋势日益明显。经销商集团谋求上市实行资本运作，强势品牌和强势经销商将抓住机遇兼并重组，提高区域市场份额。“十二五”期间主营业务收入超过100亿元的经销商将从目前的13家扩大到30家，北京汽车市场逐渐进入整合重组时期。

（6）突出一个“扩”字　进口车市场2012年仍将好于国产车市场，但随着进口车汽车企业的市场战略从提升品牌影响力向量产化经营的调整转变，豪华进口车渠道会进一步扩大和下沉；同时，更多新车型的引进和销售目标的提高将使经销商库存压力加大。车多、商多、成本费用提高将导致利润下滑，进口车市场竞争将更加激烈、残酷。

北京市经销商将加大京外二、三线城市多品牌汽车超市的建设力度；延伸汽车业务链，汽车金融服务将成为经销商主要的经营手段，多元化的增值服务收入将提高，经销商的抗风险能力也将加强。

（7）突出一个“融”字　随着汽车流通业的完善发展，经销商集中度将不断提高，经销商服务品牌与整机厂品牌将有效结合，共筑利益、事业、命运三个共同体，主机厂和经销商的关系将更趋融合平衡。

（8）突出一个“盼”字　①盼新能源及节能环保汽车在政府及企业支持努力下得到广泛的市场推广，引导消费者树立节能减排意识，营造新能源及节能汽车产品的消费氛围。②盼《汽车品牌销售管理办法》尽快修订出台，促进汽车流通业多样性多元化健康发展。③盼汽车服务“三包”规定尽快出台，维护消费者利益，促进汽车服务升级。④盼二手车车牌分离等相关政策规章讨论出台，推动二手车市场快速发展。

新政引发了北京汽车市场需求结构、营销模式、渠道方法、业务规程的调整和变化，新旧车交易量虽然占全国市场份额有所下降，但北京引领中国车市潮流的作用没有改变，北京汽车市场仍然是汽车厂商展示形象，营销推广，传播汽车品牌文化的最佳舞台，未来还将继续为中国汽车产业由大到强做出应有的市场贡献。

（作者　颜景辉）

2011 年天津汽车市场分析及未来发展趋势判断

天津是中国北方最大的沿海开放城市，在中国经济由华南向华东并最终向华北和中原地区转移的趋势中，天津占据着重要地位。尤其是作为华北经济增长的引擎，滨海新区已被称做继深圳特区、上海浦东新区之后中国经济增长的第三极。随着天津市区和滨海新区两大城市板块的形成，天津的私家车普及注入了新的增长动力。但随着北京限牌的龙头导向作用，作为东部三大直辖市惟一没有限牌的天津，其未来发展趋势值得关注。

一、天津汽车保有量变化分析

1．总量：较快增长，在直辖市中仅次于重庆

近年来，天津汽车保有量增长较快。从 2001 年的 45 万辆增长到 2010 年的 158 万辆，平均每年增长 15%。预计 2011 年有望突破 188 万辆（见图 1）。

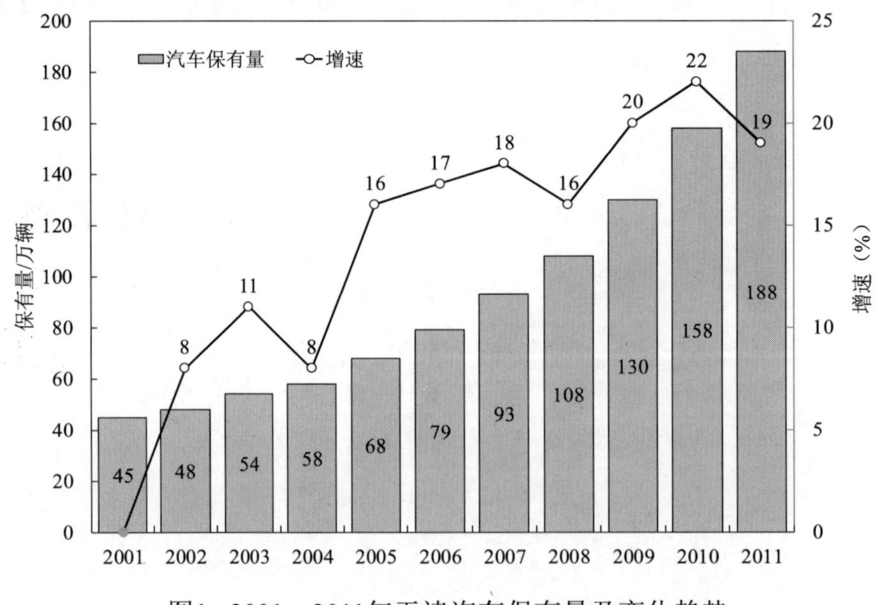

图1　2001～2011年天津汽车保有量及变化趋势

从增长特点来看，2009年到2010年是天津汽车市场增长的爆发年，增量分别达到22万辆和28万辆。而2008年和2004年的增长稍慢。2002年属于对私家车爆发的跟进速度较慢，主要的增长在2003年体现。而2004年的增长稍慢与商用车的保有量大幅下滑相关。2008年的天津汽车市场本应增速下滑，但因出租汽车更新的近3万辆增量而改变，并由此导致2009年的保有量增长不如其他省市突出，2011年的天津汽车市场增长较好，增量预计达到30万辆，较2010年的增量进一步增长。

在全国四大直辖市中，天津的汽车保有量增速仅次于重庆。四大直辖市汽车保有量增长趋势差距较大，其中重庆增长不稳定，近期加速较快，上海增速较低。而天津的增长属于东部地区最快的，2005年后的天津汽车保有量增速是四大直辖市惟一具有较稳定加速趋势的（见图2）。天津近几年来汽车保有量的增长速度不断加速，且呈现逐步加速的态势，其核心原因是天津发展的快速变化，经济增长对消费的拉动作用越来越强。

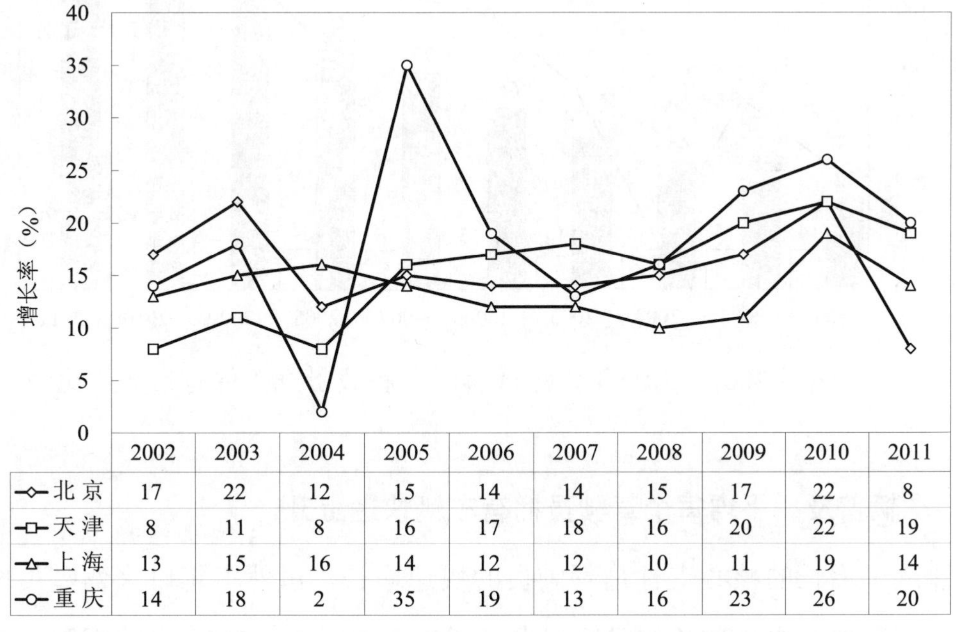

	2002	2003	2004	2005	2006	2007	2008	2009	2010	2011
北京	17	22	12	15	14	14	15	17	22	8
天津	8	11	8	16	17	18	16	20	22	19
上海	13	15	16	14	12	12	10	11	19	14
重庆	14	18	2	35	19	13	16	23	26	20

图2 2002～2011年四大直辖市汽车保有量增长比较

2．保有结构：载客车增速显著快于载货汽车

天津汽车保有量中载客汽车的增长异常突出，始终保持高速的增长，而载货汽车前几年不仅未能增长，而且随着时间的推移总量有逐步下降的趋势。从2002

年到 2010 年载客汽车的增长保持加速的增长态势，在 2002 年载客汽车增长只有 4 万辆，到 2010 年已经高达 26 万辆（见图 3）。这种增长的贡献当然是来自私人小型客车的增长，微型客车属于快速萎缩的状态。

天津载货汽车的减少包括农用车和货车两部分。在 2002～2004 年，载货汽车的保有量呈现下降趋势，这种情况在 2006 年以后有所改变，但保有量增量较小，主要来自于经济增长和能源、港口、重工业拉动效果。在 2009 年随着养路费取消，货车保有量大幅增长。

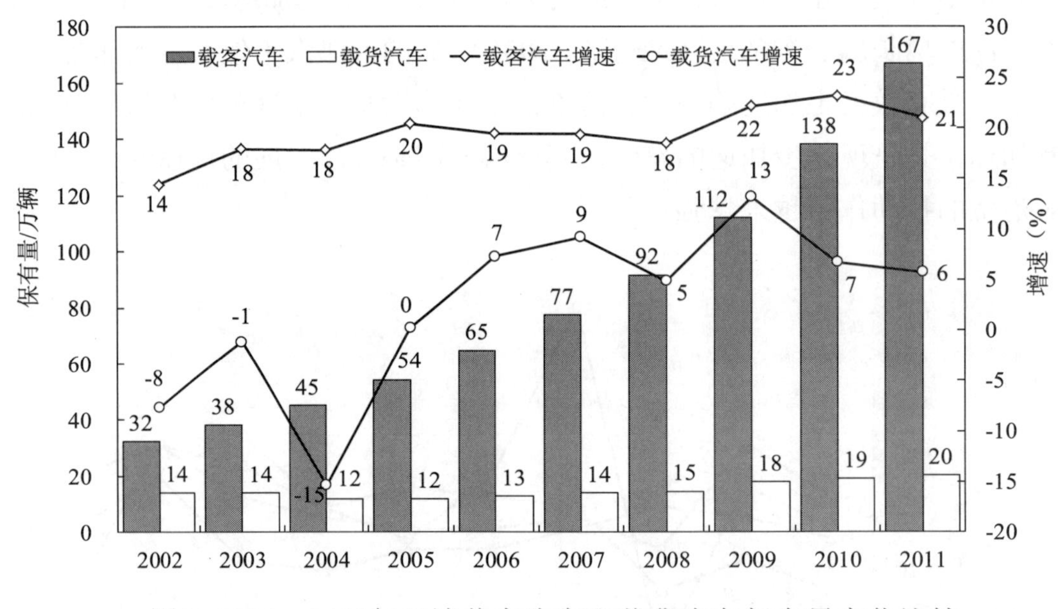

图3 2002～2011年天津载客汽车和载货汽车保有量变化比较

3．车辆普及：平均每个驾驶员拥有车辆快速上升

天津汽车增长的核心支柱是驾驶员的快速增长，虽然多年以来驾驶员增长明显慢于乘用车保有水平增长，但外来人口予以强力补充，2010 年的驾驶员增长数量仍持平于机动车增长数量，2011 年的驾驶员增长速度放缓。从车辆普及来看，2011 年，平均每个驾驶员拥有的车辆已经达到 0.72 辆，说明汽车的普及速度在加快（见图 4）。

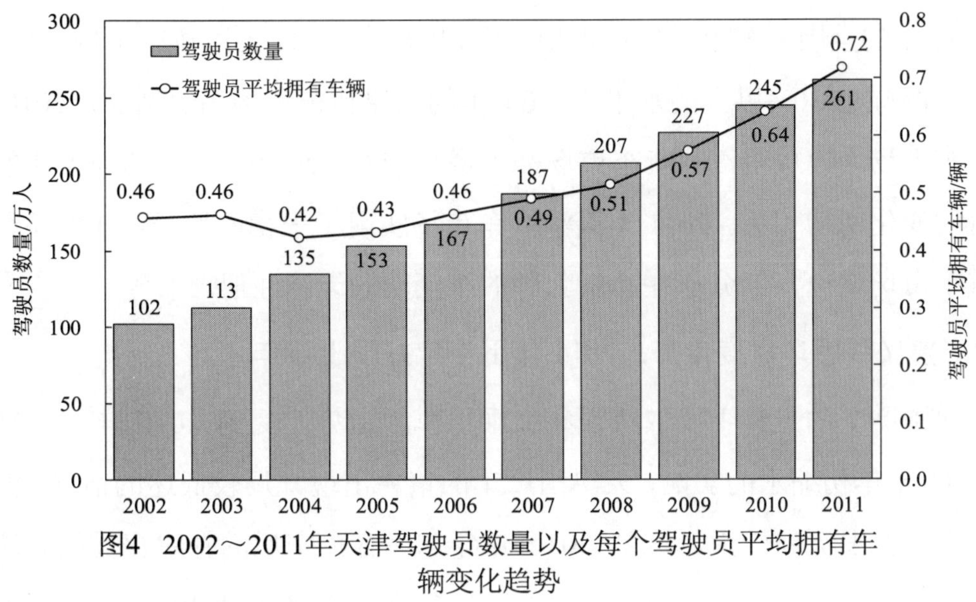

图4　2002～2011年天津驾驶员数量以及每个驾驶员平均拥有车辆变化趋势

二、天津汽车需求特征分析

1．需求量增速：2011 年增速下降，但高于全国平均水平

天津的汽车需求发展与全国的增长特征有所差异，这与天津的需求变化因素直接相关。从载客车辆角度看，2002～2004 年天津的载客车辆需求始终保持在较旺盛的增长态势，其增速保持在 30%左右，这与全国的乘用车市场增速特征反差较大，尤其是 2004 年和 2006 年的增速与全国相反（见图 5）。

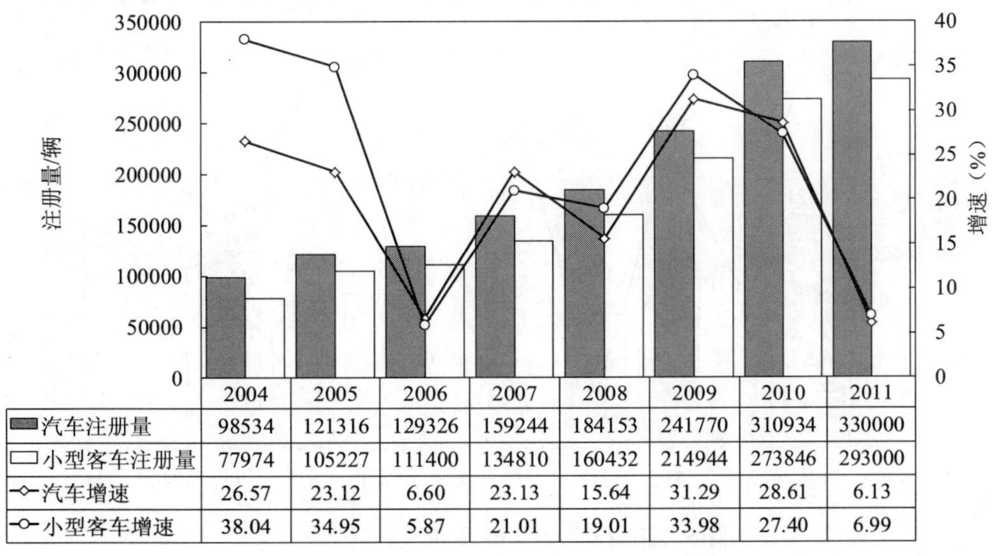

	2004	2005	2006	2007	2008	2009	2010	2011
汽车注册量	98534	121316	129326	159244	184153	241770	310934	330000
小型客车注册量	77974	105227	111400	134810	160432	214944	273846	293000
汽车增速	26.57	23.12	6.60	23.13	15.64	31.29	28.61	6.13
小型客车增速	38.04	34.95	5.87	21.01	19.01	33.98	27.40	6.99

图5　2004～2011年天津汽车注册量历史变化趋势

2004年的全国轿车市场增速大幅下滑，出现寒流，而天津轿车市场一枝独秀，轿车增长保持在30%以上的水平。2009年的天津轿车市场高速增长，2010年的天津轿车市场增速放缓，载货车市场需求增长较好。这种需求波动与天津的投资与消费的变化密切相关。2011年天津汽车市场实现了平稳的增长，其中轿车增速好于汽车市场增速，部分原在北京上牌的车辆回归天津注册。

2．狭义乘用车月度走势：2011年下半年好于上半年

天津国产车的走势主要取决于狭义乘用车的走势，受到2010年年末部分政策在2011年年初缩水的影响，天津国产车的销售出现开局较低迷的情况，但数据体现的天津批发流向较大，这是2010年年末库存掏空后的补库存过程。这与天津的需求结构偏向于小排量有一定关系。2011年4月的天津市场供给出现问题，这是丰田汽车等受地震影响的供给不足，但天津的需求在6～8月份处于相对较好的状态。9月份的节能车补贴带动零售市场启动，但厂家相对稳健，没有增加太大的压库动作，10月的补库存效果体现，而11月份的春节前备库和市场零售火爆的双重推动使销量提升（见图6）。

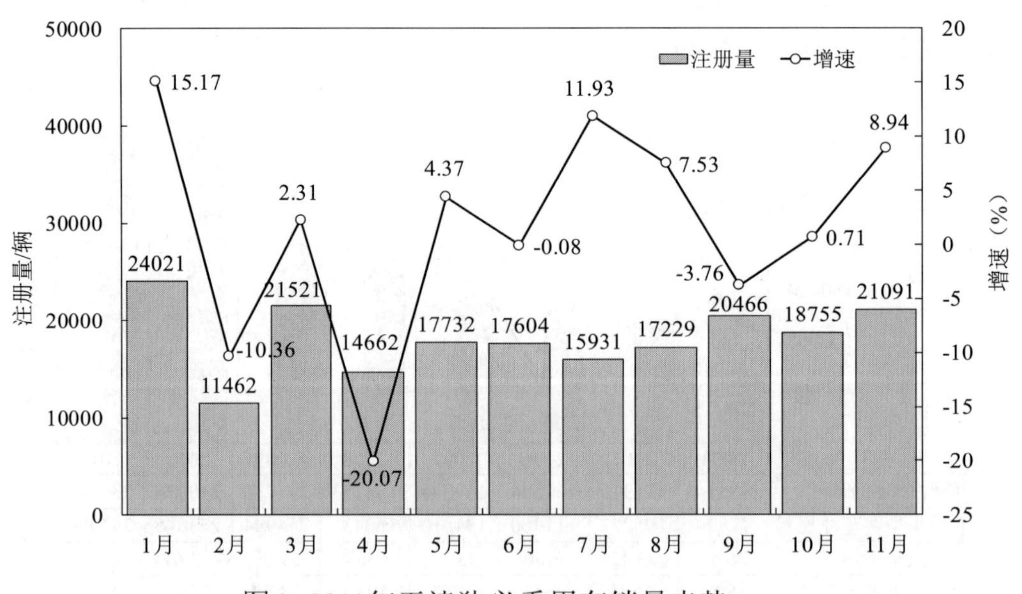

图6 2011年天津狭义乘用车销量走势

3．狭义乘用车需求结构：SUV 和中等级别轿车份额扩大

天津汽车市场的车型主要以 A0 级车为主，2003 年的 A0 级车占市场总量的 50%以上，2004 年达到 61%，随后就一路下滑，2010 年仅有 32%的份额，但 2011 年中等级别的 A0、A 级车增长较快。而此时的 SUV 车表现异军突起，天津的 SUV 市场在 2010 年回升较大，逐步接近全国水平。天津的 MPV 市场低速发展，2010 年规模增长超过全国水平，2011 年的走势并不理想，出现边缘化趋势，几个主流的 MPV 车型出现增长压力，而小型的 MPV 也受政策冲击较大（见表 1）。

表 1 天津的狭义乘用车车型需求结构分析

（单位：%）

	2003 年	2004 年	2005 年	2006 年	2007 年	2008 年	2009 年	2010 年	2011 年
轿车-A00 级	5	4	3	3	2	2	3	4	2
轿车-A0 级	53	60	58	52	44	37	35	32	35
轿车-A 级	17	17	22	25	31	39	40	39	39
轿车-B 级	18	13	11	13	15	14	13	13	12
轿车-C 级	2	1	2	3	3	2	2	2	1
MPV	2	2	2	2	2	3	3	3	1
SUV	3	3	2	2	3	3	4	7	10

4．狭义乘用车品牌结构：品牌集中度下降

天津汽车市场的乘用车主力品牌份额相对集中。前 15 位销量的主力车型的份额总和从 2003 年的 70%高位下降到 2011 年的 38%，分化速度很慢（见表 2）。这主要是本地品牌强势的结果。

2008 年前的天津汽车市场主要是夏利的主力市场，夏利和威志、威乐等经济型轿车具有优势地位。随着 2008 年天津出租汽车的更新结束，中级车的低端车型也进入主力销量行列。2011 年天津汽车市场的主力车型更强化本地特色，威志 V2 的良好表现使其成为销量前三的车型，这也是很不错的表现。天津的主力车型间的差距较大，大部分二线品牌处于较均衡状态。天津一汽和一汽大众的两强鼎立局面继续强化。

表2　天津狭义乘用车历年销量前15名的变化特征

（单位：%）

序号	2004年		2005年		2006年		2007年		2008年		2009年		2010年		2011年	
	品牌	份额	品牌	份额	品牌	份额	品牌	份额	品牌	份额	品牌	份额	品牌	份额	品牌	份额
1	夏利	40	夏利	43	夏利	29	夏利	22	夏利	20	夏利	13	夏利	13	夏利	11.8
2	捷达	4	凯越	3	威乐	6	威乐	5	威志	11	威志	5	捷达	3	宝来	3.3
3	桑塔纳	3	捷达	3	捷达	3	捷达	4	花冠	9	捷达	4	宝来	3	威志V2	2.7
4	豪情	3	伊兰特	2	花冠	2	威志	4	捷达	4	伊兰特	3	自由舰	2	捷达	2.5
5	雅阁	2	千里马	2	赛拉图	2	凯美瑞	3	卡罗拉	2	宝来	3	朗逸	2	速腾	2.2
6	帕萨特	2	桑塔纳	2	凯越	2	赛拉图	2	宝来	2	自由舰	3	威志	2	自由舰	2.1
7	桑3000	2	雅阁	2	帕萨特	2	骏捷	2	威乐	2	速腾	2	速腾	2	朗逸	1.9
8	千里马	2	威乐	2	伊兰特	2	速腾	2	速腾	2	F3	2	威乐	2	腾翼C30	1.7
9	飞度	2	宝来	2	威驰	2	雅阁	2	雅阁	2	赛拉图	2	F0	2	阳光	1.6
10	威驰	2	花冠	2	雅阁	2	波罗	2	凯美瑞	2	威乐	2	卡罗拉	2	威志	1.5
11	君威	2	飞度	2	QQ	2	福克斯	2	赛拉图	2	花冠	2	悦动	2	福瑞迪	1.4
12	赛欧	2	帕萨特	2	自由舰	2	凯越	2	海福星	2	卡罗拉	2	轩逸	1	悦动	1.3
13	宝来	2	威驰	2	桑塔纳	2	思域	2	伊兰特	2	凯美瑞	2	福瑞迪	1	花冠	1.2
14	威乐	2	QQ	1	奥迪A6	1	威驰	2	F3	2	雅阁	2	赛拉图	1	迈腾	1.2
15	凯越	1	福美来	1	桑3000	1	帕萨特	2	思域	2	朗逸	2	迈腾	1	福克斯	1.2
	合计	70	合计	70	合计	60	合计	54	合计	57	合计	47	合计	38	合计	38

三、天津汽车市场未来发展趋势判断

1. 从经济发展速度来看，天津汽车市场将继续高速发展

近几年天津经济发展速度较快。2003～2007 年的天津 GDP 增速均在 16%以上。2007 年全市实现地区生产总值（GDP）5050 亿元，按可比价格计算，比上年增长 16%，GDP 增长远高于绝大部分省份水平。2010 年全市生产总值达到 9100 亿元，增长 18%（见图 7），人均超过 1 万美元；地方财政收入跃上千亿元台阶，增长 28%；全社会固定资产投资 6500 亿元，增长 30%，连续 3 年增量超千亿元；社会消费品零售总额 2900 亿元，增长 19.3%；外贸出口 375 亿美元，增长 25%；实际直接利用外资突破 100 亿美元，增长 20%；城市居民人均可支配收入增长 13.3%，农村居民人均纯收入增长 10.5%；单位生产总值能耗比上年下降 1%，化学需氧量减少 0.8%。预计未来天津市的经济增速将继续保持较高水平，这将有利于汽车市场的发展。

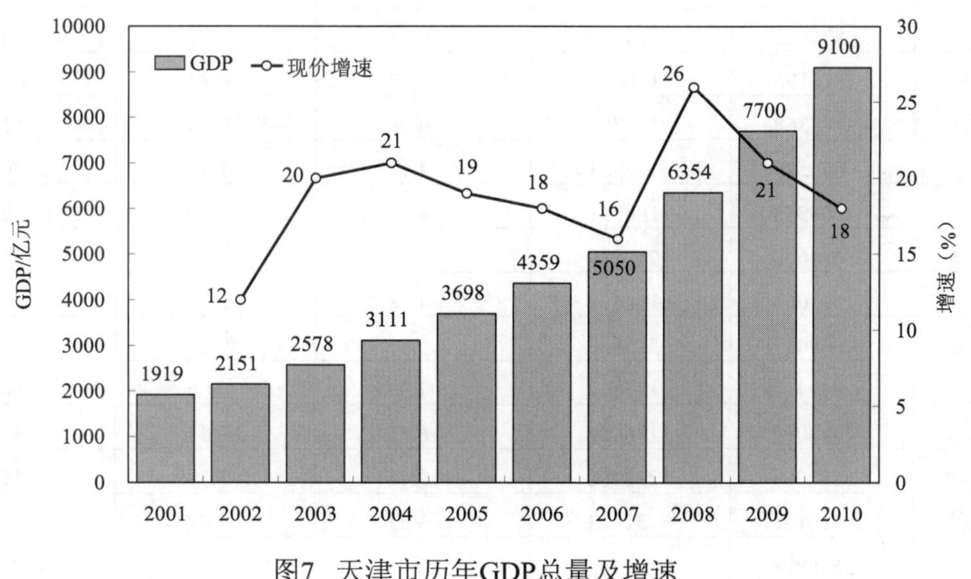

图7 天津市历年GDP总量及增速

2. 从土地压力来看，中心城区的高人口密度将制约其汽车市场进一步增长

从全市及各区县的常住人口（为普查登记的 2010 年 11 月 1 日零时的常住人口。常住人口包括，居住在本乡镇街道、户口在本乡镇街道或户口待定的人；居住在本乡镇街道、离开户口所在的乡镇街道半年以上的人；户口在本乡镇街道、

外出不满半年或在境外工作学习的人）变化来看，近 10 年变化趋势就是城市主城区人口下降，原来的郊区人口快速增长，富人外迁的比例增长较快，尤其是和平区的人口是持续 20 年的大幅下降，10 年间人口下降 18%，其中原因就是郊区的高档住宅发展较快，这导致主城区的销售比例不断下降，而郊区的豪华车和入门车型增长都很快。而南开区的人口增长速度慢主要是南开的边界管理滞后。

尽管人口有向郊区转移的趋势，但是中心城区的人口密度仍然较高，对汽车市场的普及有一定的不利影响（见表 3）。

表 3　天津各区人口变化及其密度

地区	2010 年人口数/人	较 2000 年增减/人	2000 年人口比重（%）	较 2000 年增减（%）	人口密度（人/平方公里）
全　市	12938224	2929156	100.00	0.00	1100
和平区	273466	-48826	2.11	-1.11	27347
河东区	860852	128188	6.65	-0.67	21722
河西区	870632	78915	6.73	-1.18	22905
南开区	1018196	146406	7.87	-0.84	26412
河北区	788368	142783	6.09	-0.36	26616
红桥区	531526	-7963	4.11	-1.28	25001
东丽区	569955	168591	4.41	0.40	1191
西青区	684690	242289	5.29	0.87	1209
津南区	593063	166677	4.58	0.32	1529
北辰区	669031	215620	5.17	0.64	1415
武清区	949413	125667	7.37	-0.86	603
宝坻区	799057	146466	6.18	-0.34	530
滨海新区	2482065	1292988	19.18	7.30	1112
宁河县	416143	51813	3.22	-0.42	321
静海县	646978	99482	5.00	-0.47	438
蓟　县	784789	-20941	6.07	-1.98	494

3．综合判断，未来天津的私家车普及具有较大的空间

虽然天津汽车市场发展的增速难以与汽车普及较低的各省份相比，但作为北京、上海之后的第三大直辖市，天津的汽车市场发展将比较微妙，北京的摇号限

牌和上海的拍卖模式都是天津汽车市场的重要参考。

虽然综合近期的天津经济发展和环境约束看，天津的汽车市场具备较大的发展空间，近期仍将保持较快的增速。但示范效应的风险较大，天津未来几年的汽车市场就将面临较大的限制性风险。而 2012 年的天津汽车市场注定是不平静的。

（作者：崔东树）

2011年上海汽车市场分析及2012年预测

2011年中国乘用车市场在2009年和2010年连续两年的高增长后，经历了刺激政策退出、北京市场限牌、宏观调控、通胀高企、日本地震等一系列负面影响，季节增速呈现出前高后低的特点，市场进入调整期，增速大幅下滑。预计2011年全年汽车市场需求（包括进口）1893万辆，同比增长4.8%。其中乘用车市场，由于节能车补贴政策的延续，表现略好于商用车，2011年全年预计内需量（包括进口）为1300万辆，同比增长9.5%。

从区域特点来看，2011年最特殊的地区当属北京，北京地区限牌政策无疑是对北京市场的致命打击，2011年北京整体乘用车需求从2010年的76万多辆，减少到33万辆左右，减少40多万辆，同比下滑超过50%（见图1）。除去北京这一特殊市场，2011年各种负面因素对不同地区的影响各有不同：宏观调控、日本地震对经济发达、日系车偏好较强的东南部地区影响较大，而刺激政策退出则对价格敏感度较高的中西部地区影响较大，因此，综合来看，2011年各大区域的增速较为平均。

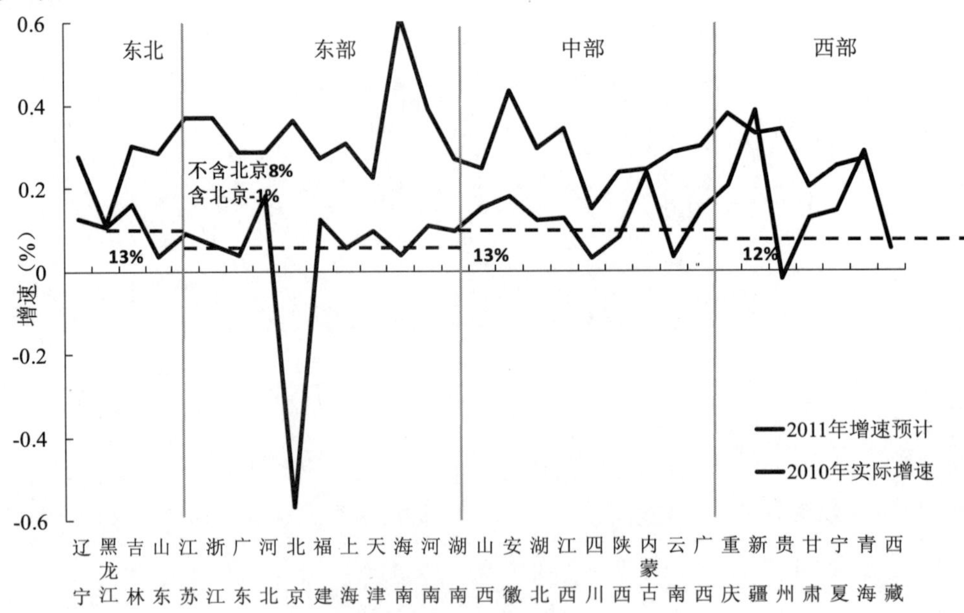

图1 2011年全国各区域市场增速

一、2011 年上海区域市场分析

在连续两年两位数的高增长之后，2011 年上海地区总体汽车需求预计 32.9 万辆，增长 6%左右，增速回落到个位数。其中乘用车约 28.8 万辆（见图 2），同比增长 6%；商用车 4.04 万辆，同比增长 1%，商用车占整体汽车市场的比重下滑到 12%。

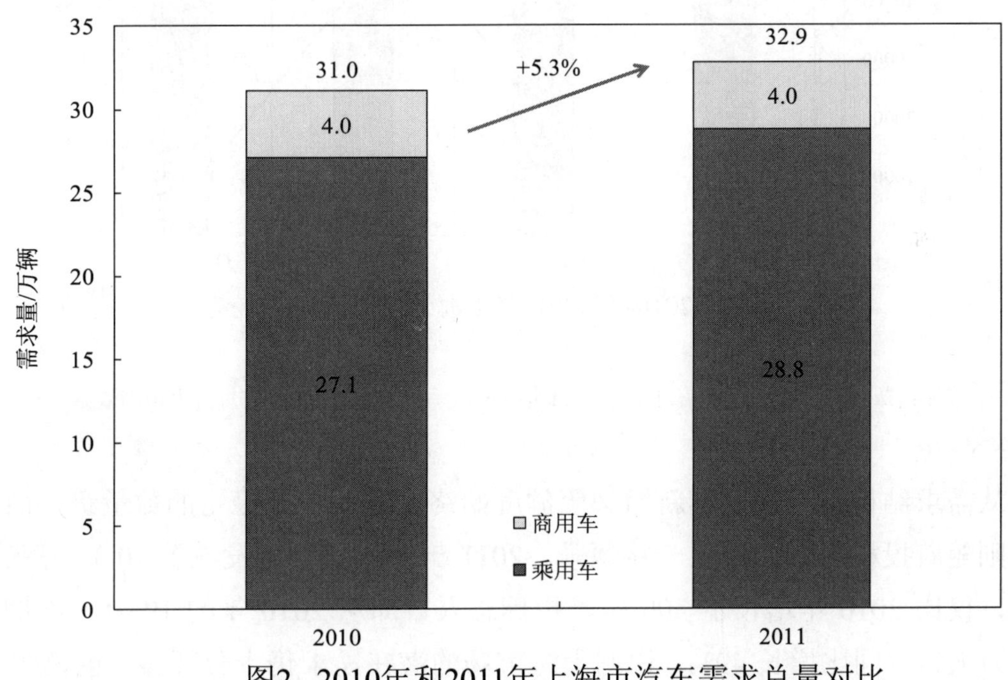

图2 2010年和2011年上海市汽车需求总量对比

（注：数据来源于上海市信息中心 2011 年 1～11 月份上牌数据，12 月份为预测数据）

从季节走势来看，2011 年上海汽车市场增速跌宕起伏， 一季度春节节前消费推动，同比增长 12%；二季度开始受宏观调控和日本地震的影响，增速快速下滑，同比增长仅 5%；三季度由于 9 月份老节能补贴标准到期，刺激了一波提前消费，增速飙升至 17%；四季度在上年高基数以及 10 月份新节能标准实施的影响下，增速再次回落至 4%（见图 3）。

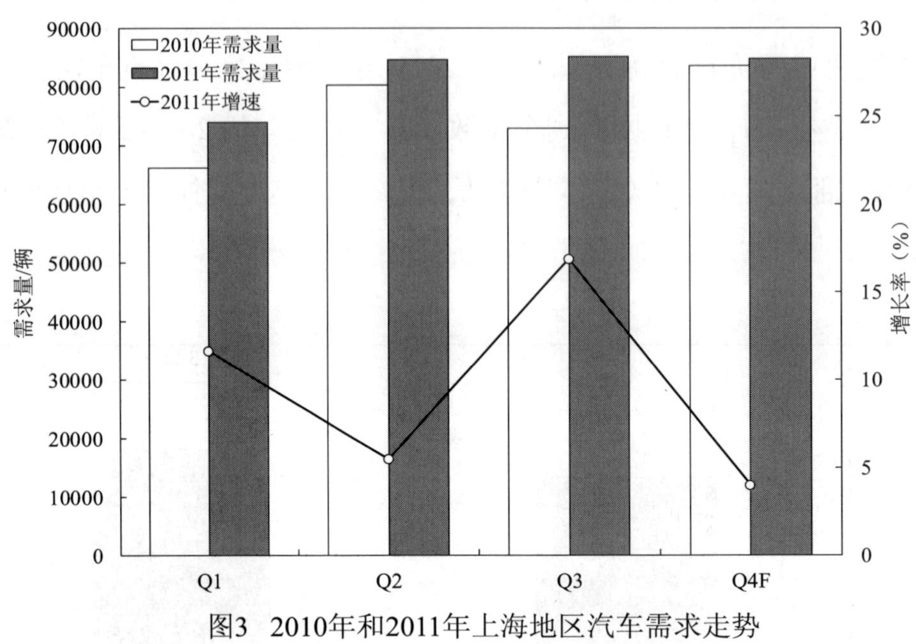

图3 2010年和2011年上海地区汽车需求走势

（注：数据来源于上海市信息中心 2011 年 1～11 月份上牌数据，12 月份为预测数据）

从需求结构来看，近年新增牌照额度始终控制在一个稳定的数量级，而牌照价格则随着投标人数的增长一路飙升。2011 年上海市政府发放了 10.35 万张牌照额度，仅比 2010 年增长了 300 张，投标总人数却从 2010 年的 19 万人次增长到 28.3 万人次，同比增长 49%，说明上海市场的潜在需求仍十分旺盛，也说明 2011 年行业刺激政策的退出对于供需不平衡的上海市场而言，影响不大，在这种“僧多粥少”的情况下，总牌照价格从 2010 年的 3.89 万元蹿升至 4.86 万元，增长 25%。除此之外，不受牌照额度影响的郊区沪 C 牌照仍然保持高速增长，预计全年约 8.2 万辆，同比增长 13%，高于上海地区整体增速。

从需求特征来看，上海地区细分市场继续两极分化，豪华车继续快速增长，而受刺激政策退出影响，低端车型需求出现负增长；家用普及车型快速增长，而中高级车型增速放缓，此外，三厢轿车市场需求继续向 SUV 等其他车身形式转移。

二、2012 年上海区域市场预测

2012 年全国形势经济将延续 2011 年回落的走势，预计 2012 年全年 GDP 增速将会进一步回落至8.7%左右。从三大需求来看，在发达国家主权债务危机的影响下，全球经济复苏乏力，出口将继续回落，物价回落，消费信心上升，2012年消费将会略好于2011年；受房地产调控、房地产投资下滑的影响，固定资产投资将会明显回落。但行业政策预计2012年会较为平稳，不会出台不利于汽车市场的政策，汽车市场环境和消费信心会有所改善。

1. 2012年上海汽车市场环境分析

（1）*宏观经济环境不容乐观，潜在增速继续走低* 2010年上海人均GDP 12700美元，是全国最高的省市，而过去五年上海平均人均GDP增速不到2%，这也意味着上海经济潜在增速较低，未来上海还面临着产业转移、房产调控和世界经济下滑的多重风险，经济增速将在较低水平徘徊。

（2）*产业转移* 和许多东部省份一样，上海面临着产业转移而升级产业动力不足的尴尬，从2009年开始，劳动密集型和资源密集型产业纷纷从上海向中西部转移，而高技术行业或第三产业难以在短时间内填补产业转出留下的空白。近几年，国家政策更偏向于扶持中西部的发展，许多东部城市尤其是人均GDP占全国首位的上海，几乎没有从中受益，未来这一趋势不会改变，中西部地区会得到更为实惠的政策，而上海只有在经济转型中，重塑自身优势，才能取得新的发展。

（3）*房产调控* 2010年开始的房产市场调控也让上海经济雪上加霜，房产投资占上海固定资产投资比重近50%，2011年房产投资增速从2010年35.5%下滑到7.1%，预计2012年国家对房产调控不会松动，但保障房的开工以及各地军令状的签署将保证房产投资正增长，但增速将继续保持低位。

（4）*世界经济下滑* 上海经济中出口和外商投资占比较高，目前弥漫于世界经济的美债、欧债危机对上海经济也有不小的影响，2012年全球经济难以快速复苏，甚至存在债务危机扩散、二次探底的风险，上海经济的前路也将迷雾重重。

（5）*汽车消费环境堪忧* 自2011年北京实施了摇号限牌政策，全国各大城市纷纷出台治堵方案，部分城市跟进或采取经济手段限制汽车消费或使用，因此，近几年上海的拍牌制度不会取消。事实上，众多限牌限行政策的背后是不堪重负的道路交通。数据显示，2010年上海城市人均拥有道路面积不到10平方米，为全国最低，而最能体现拥堵程度的车均道路面积为79平方米，远低于全国平均

125 平方米，无论从政府改善交通的目的，还是消费者车辆使用的角度，未来上海汽车市场的增长前景都不乐观。

2．2012 年上海乘用车市场需求总量预测

综上所述，2012 年上海车市的潜在增速会同上海经济一样，平稳回落，但政策环境会略好于 2011 年，且受到牌照发放额度的控制，预计实际增速会略高于 2011 年以及潜在增速，但仍将在个位数徘徊。预计 2012 年上海乘用车市场约 31.2 万辆，同比增长 8%左右（见图 4），其中出租车约 7500 辆。

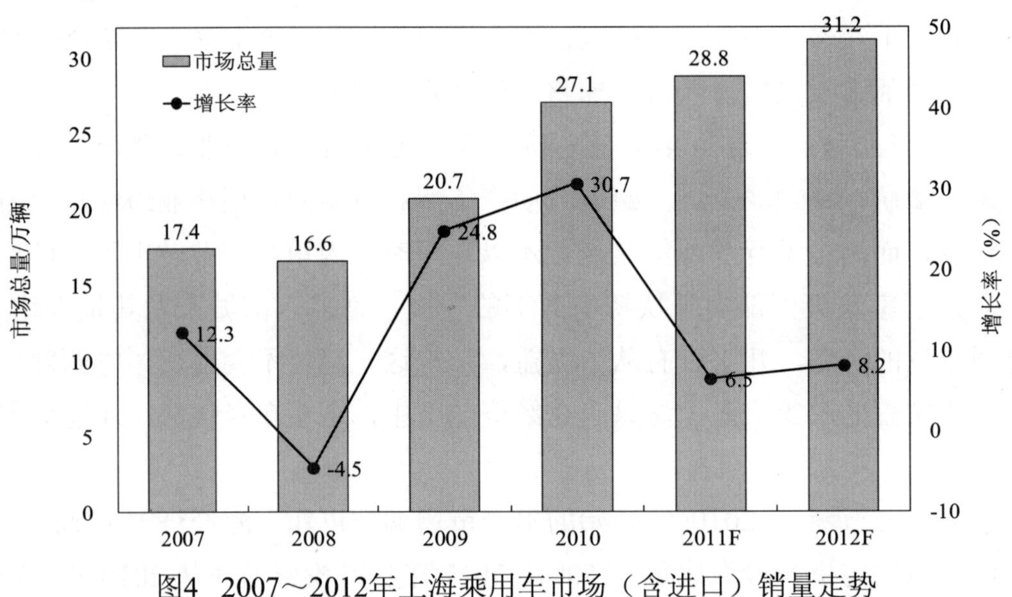

图4 2007～2012年上海乘用车市场（含进口）销量走势

（作者：汪海佳）

2011 年浙江省汽车市场回顾及 2012 年预测

一、2011 年浙江省经济情况及汽车市场回顾

1．2011 年浙江省经济发展情况回顾

2011 年，在世界经济增长放缓、宏观环境复杂多变等情况下，浙江省经济依然实现平稳较快发展，预计全年实现 GDP31800 亿元，增长 9%以上（见图 1），数据显示2011 年浙江省经济增长下行压力比较大。全省 2011 年前三季度生产总值同比增长 9.5%，与上半年相比下降了 0.4 个百分点。

此外，拥有 5443 万常住人口的浙江省，2011 年人均地区生产总值预计将超过 5.8 万元人民币，约合 9000 美元。收入方面，浙江省城镇居民人均可支配收入预计达 3 万元人民币左右，农村居民人均纯收入在 1.29 万元人民币左右，两者扣除价格因素实际分别增长 7%和 9%。

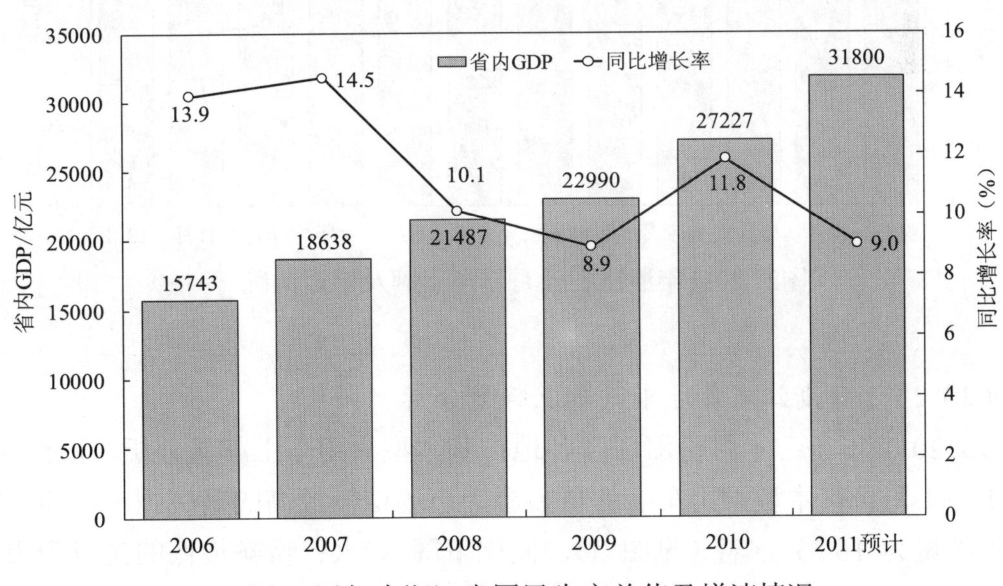

图1　近年来浙江省国民生产总值及增速情况

2. 2011 年浙江省汽车市场回顾

（1）2011 年浙江省汽车上牌情况分析 2011 年，国内汽车销量增速大幅度下滑，主要因素有两个：宏观方面，由于政府实行货币紧缩政策、整体经济增速下降，汽车行业所受冲击较大；产业方面，多个鼓励政策集体淡出无疑加剧了汽车行业增速的下滑速度。同样，2011 年对浙江省车市来说也是不平凡的一年。受宏观环境与行业环境的影响，浙江省汽车销售增速出现了一定的回落，2011 年全年浙江省汽车销量 121.8 万辆，同比下降 2.4%。

从 2011 年各月新车上牌情况来看（见图 2），与上年同期比较，只有 1 月份和 9 月份增速超过同期，主要是受年底消费旺季以及小批量政策的影响；而其余月份有 6 个月份是同比下跌，2 月份当月新车上牌 6.49 万辆，创出年内新车销量新低，而 12 月份当月创下当年增速最低。

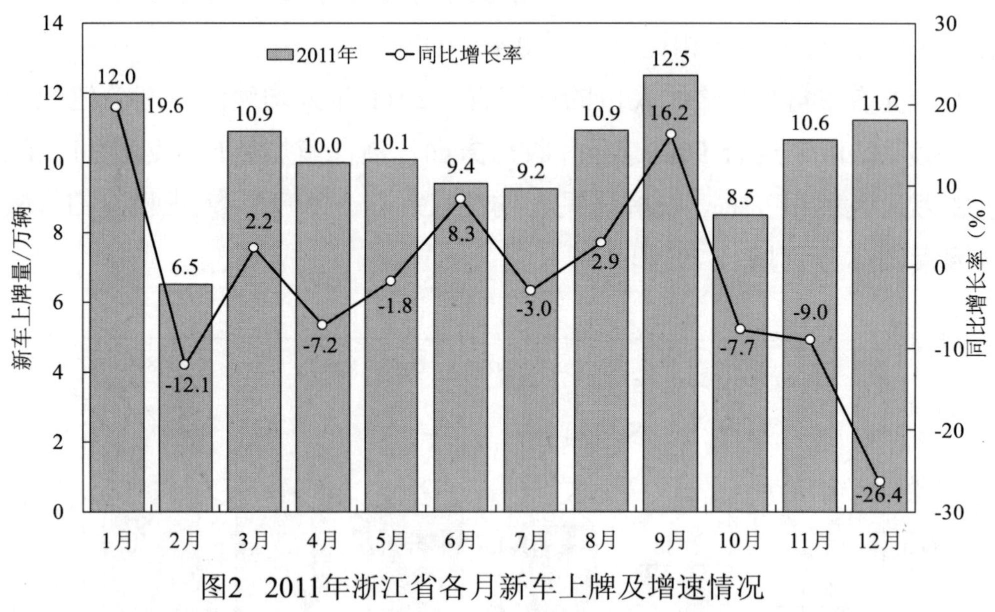

图2 2011年浙江省各月新车上牌及增速情况

（2）2011 年浙江省各地市汽车上牌量分析

1）2011 年 1～11 月份浙江省各地市基本型乘用车上牌量分析。浙江 11 个地市 1～11 月份基本型乘用车上牌量显示，市场份额最高的是杭州市，为 23%，新车上牌量为 16.25 万辆（见图 3），同比下降 8.5%；份额最低的是舟山市，为 1.0%，新车上牌量为 0.87 万辆，同比增长 4.8%。而杭、宁、温三地市场份额合计达 53.0%，同比下降 2 个百分点，说明了省内二三级汽车市场的份额在继续增大。

2）2011 年 1～11 月份浙江省各地市货车上牌量分析。浙江 11 个地市 2011 年 1～11 月份货车上牌量显示，市场份额最高的是杭州市，为 17.0%，新车上牌量为 2.35 万辆（见图 4）；份额最低的是舟山市，为 1.0%，新车上牌量为 0.19 万辆，与上年的 0.27 万辆相比有较大下滑。

3）2011 年 1～11 月份浙江省各地市客车上牌量分析。浙江 11 个地市 2011 年 1～11 月份客车上牌量显示，市场份额最高的是杭州市 21.0%，新车上牌量为 2.2 万辆（见图 5），同比下降 18.8%；份额最低的是舟山市 1.0%，新车上牌量为 0.09 万辆，同比下降 10.0%。

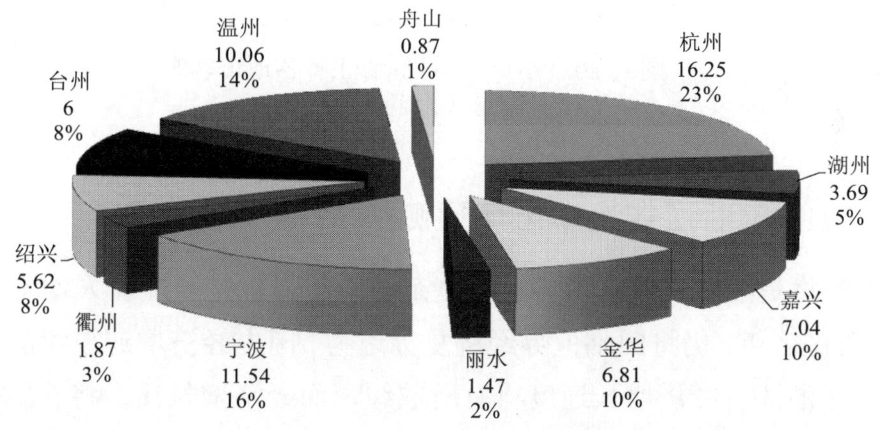

图3　2011年1～11月份浙江省各地市基本型乘用车上牌量（万辆）及占比

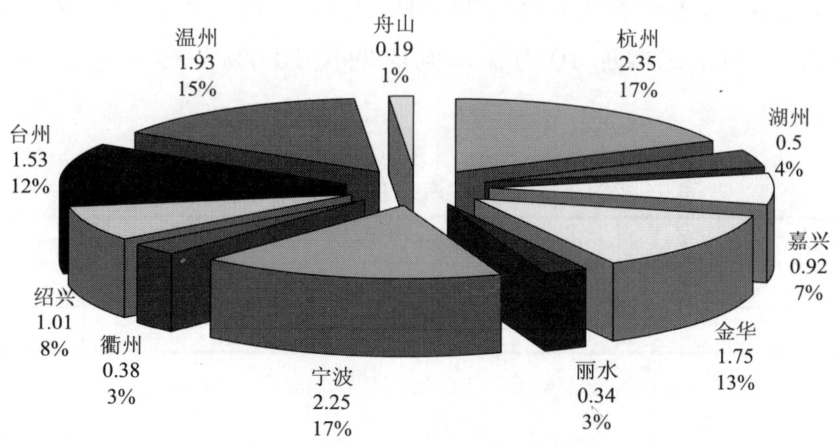

图4　2011年1～11月份浙江省各地市货车上牌量（万辆）及占比

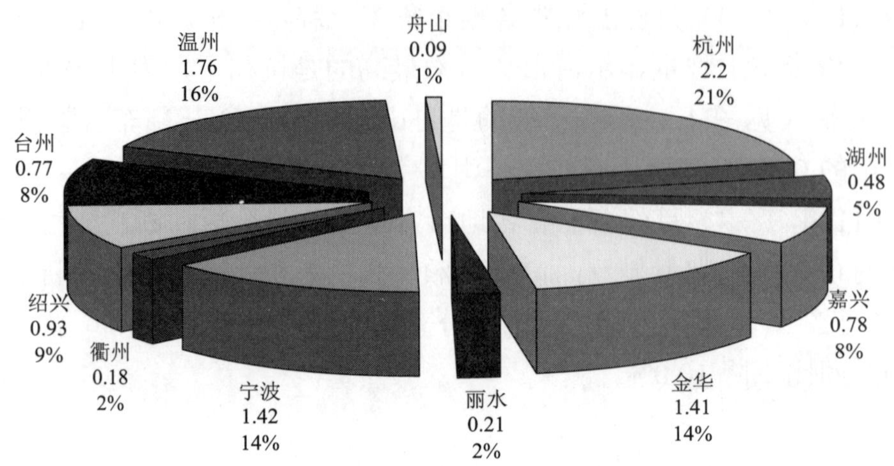

图5 2011年1～11月份浙江省各地市客车上牌量（万辆）及占比

二、2012 年浙江省汽车市场预测

2012 年将是国内外经济形势异常复杂的一年，也是浙江省人均 GDP 跨越 1 万美元的关键之年，仍将面临世界经济复苏乏力、国内经济增速放缓的严峻形势。预计 2012 年浙江省经济增长速度将有所放缓，而经济增长质量将有所提高。

2012 年，浙江省消费需求增长将保持平稳态势，预计全年浙江省新车销售增速为 10%左右。

预计 2012 年，浙江省汽车保有量将达到 770 万辆，与 2011 年的 660 万辆相比增加 110 万辆，同比增长 16.6%；而 2012 年浙江省汽车需求量为 132 万辆，与 2011 年的 120 万辆相比增加 10 万辆，同比增长 10.0%左右（见表 1）。

表 1　2012 年浙江省汽车保有量与需求量预测

项目	2011 年预计/万辆	2012 年预测/万辆	与 2011 年相比增加/万辆	同比增长率（%）
保有量	660	770	110	16.6
需求量	120	132	10	10.0

（作者：黄晓春）

2011 年山东省汽车市场回顾及 2012 年预测

一、2011 年山东省汽车市场回顾

1. 民用汽车保有量变化情况

（1）总量：平稳增长，但增速下降 2011 年年底，山东省民用汽车保有量（注：本文民用汽车数据口径均不含三轮汽车与低速货车）达到 851.12 万辆，较 2010 年增加 145.24 万辆，增长 20.6%，比 2010 年 27.5%的增速有所下降，但与 2000～2011 年的 20.2%的平均增速基本一致，这显示山东省的汽车保有量仍然在平稳增长（见图 1）。

山东省民用汽车保有量自 2000 年以来，基本呈阶梯式发展，大致分为两个阶段。一是 2000～2008 年二位数增量阶段，该阶段发展比较平稳，数值起伏不大，但 2008 年度增幅则十分明显；二是以 2008 年为节点，2009～2011 年的三位数增量阶段（见图 1）。

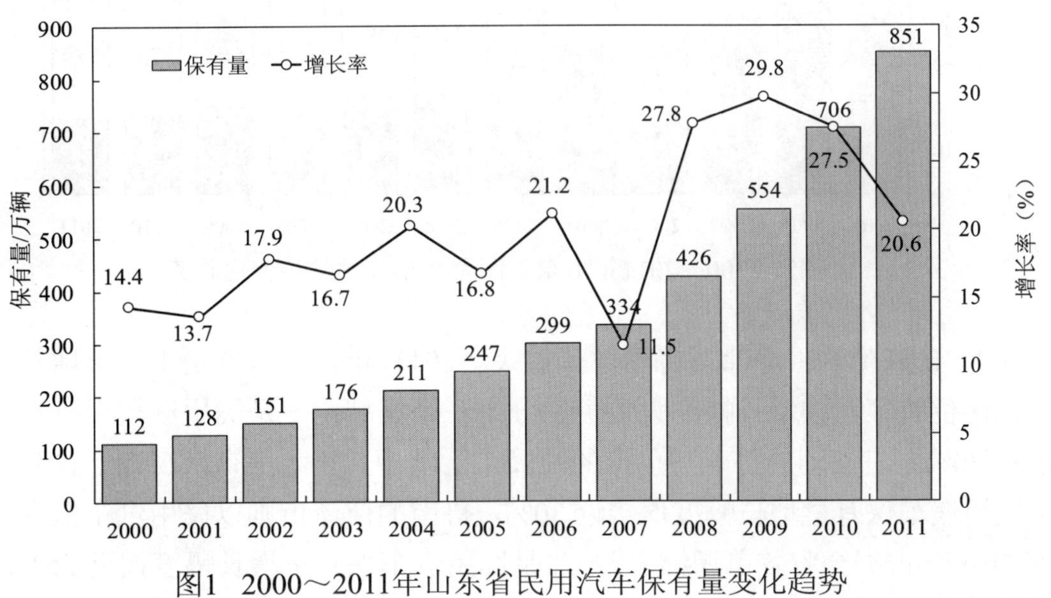

图1 2000～2011年山东省民用汽车保有量变化趋势

（2）车种结构：轿车份额继续上升　分车种来看，2011 年，轿车份额继续上升，比 2010 年提高 1.8 个百分点，其他车种的份额都有不同程度的下降（见图 2）。

从 2000 年至 2011 年，山东省民用汽车保有量的品种结构构成比例大致可分为两个阶段。第一个阶段是 2000～2004 年的轿车反超阶段。在这一阶段中，四大品种运行相对平稳，轿车从 2002 年起实现了对客车的反超，但幅度不大。四大品种的构成排序由货车、客车、轿车、其他汽车向货车、轿车、客车、其他汽车转化，货车、轿车、客车三大品种比例趋于聚合。第二个阶段是 2005～2011 年的轿车、客车分别反超阶段。在本阶段中，货车、轿车、客车三大品种比例由趋于聚合转向发散式发展，期间的 2005 年轿车完成对货车的反超，位居第一；2006 年客车完成对货车的反超，位居第二；而货车位次退居第三。经过第二阶段的发展，四大品种的构成排序，由货车、轿车、客车、其他汽车最终向轿车、客车、货车、其他汽车转化，并有相互间距离加大的趋势（见图 2）。

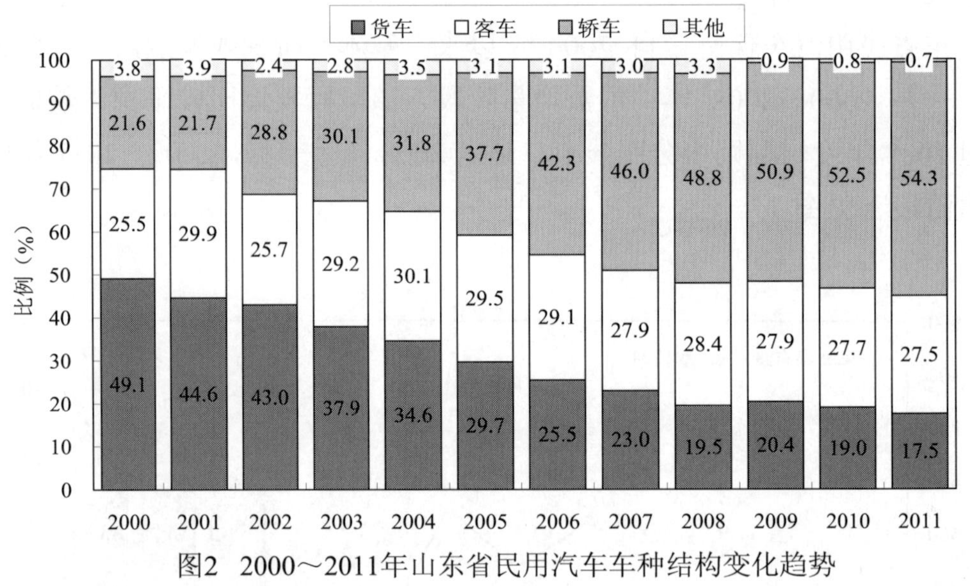

图2　2000～2011年山东省民用汽车车种结构变化趋势

（3）区域结构：鲁北与菏泽增长最快　2011 年，山东省民用汽车增长具有较强的区位特征，按增长幅度大致可以分为三个区域：一是民用汽车保有量增长幅度在 30%左右波动的鲁北与鲁南的菏泽市。其中，鲁北三市（滨州、德州、聊城）民用汽车保有量增长幅度均接近 30%，鲁南的菏泽市则以民用汽车保有量增长率 30.37%占据全省各市增幅之首。二是民用汽车保有量增长幅度接近 25%的鲁南四市（枣庄、济宁、日照、临沂）。三是民用汽车保有量增长幅度在 20%的鲁东三市（青岛、烟台、威海）和在19%左右波动的济南城市都市圈四市（济南、泰安、淄博、东营）。另外，民用汽车保有量增长幅度在16%以下的两市为莱芜和潍坊。其中，莱芜市民用汽车保有量增长幅度为15.99%，潍坊市则以增幅7.36%位居全省之尾（见表1）。

表1 2011年山东省各市民用汽车保有量变化情况

地区	济南	青岛	淄博	枣庄	东营	烟台	潍坊
保有量/万辆	88.77	112.55	50.01	29.5	34.47	78.47	89.8
比2010年增减/万辆	14.57	19.13	7.87	5.84	5.70	13.70	6.16
增长率（%）	19.64	20.48	18.68	24.68	19.81	21.15	7.36
地区	济宁	泰安	威海	日照	滨州	德州	聊城
保有量/万辆	47.22	29.56	36.17	23.57	33.05	36.45	33.34
比2010年增减/万辆	9.42	4.53	6.12	4.53	7.40	8.36	7.60
增长率（%）	24.92	18.10	20.37	23.79	28.85	29.76	29.53

2. 汽车保有量增量变化情况

（1）总量：由2008~2010年的高增长后转为负增长　2011年，山东省民用汽车保有量增量为145.24万辆，比上年减少了7.14万辆（见图3），这与全国的汽车市场变动情况基本一致，2011年全国汽车产销分别为1841.89万辆和1850.51万辆，产销仅分别增长0.84%和2.45%，比上年分别回落31.60个百分点和29.92个百分点，产销增速为13年来最低。

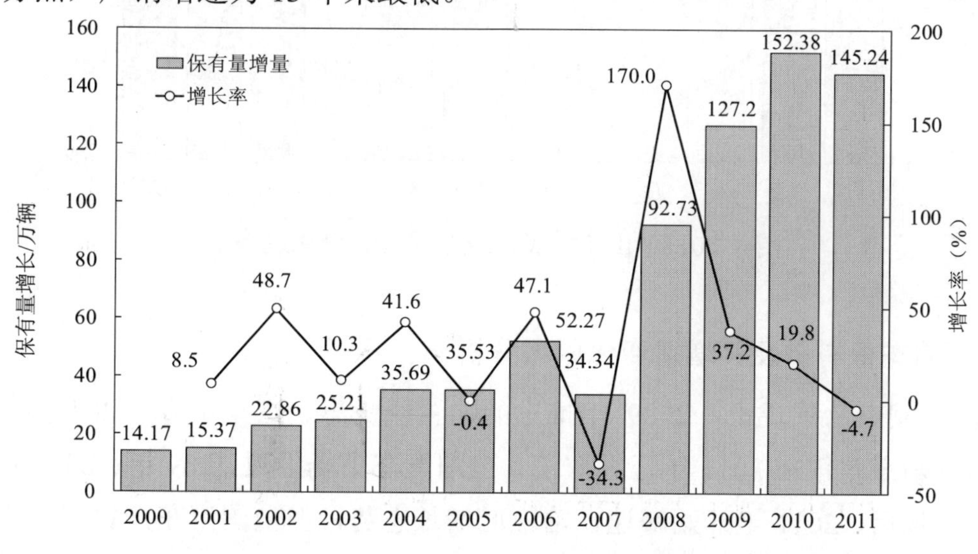

图3 2000～2011年山东省民用汽车保有量增量变化趋势

（2）月度走势：波动较大，多数季末出现较大负增长　2011年，山东省民用汽车保有量月度增量，全年有8个月突破10万辆，4个月增量低于10万辆。全年形成的五个高点呈现出季节性特点，1月份增量居高，有上年末国家汽车购置优惠政策退出和汽车厂家消化库存等因素的影响；8月份车市淡季不淡、增量逆势走高，与上年底超购因素的消化完毕出现新的需求反弹，以及和经销商促销力度加大相关，使9月份的部分增量提前释放（见图4）。

与2010年对比，2011年山东省民用汽车保有量月度增量有5个月呈现同比负增长。其中，2011年1月虚高至2月出现销量大幅下降；2011年6月为销售淡季，与2010年6月因促销获取返利而造成的高点形成反差；2011年9月车市因8月份的放量，并未出现“金九”小高峰；2011年11月和12月，相对于2010年年末由于受车辆购置优惠政策即将到期等因素影响而带来的销售高峰，该两个月同比增速大幅负增长（见图4）。

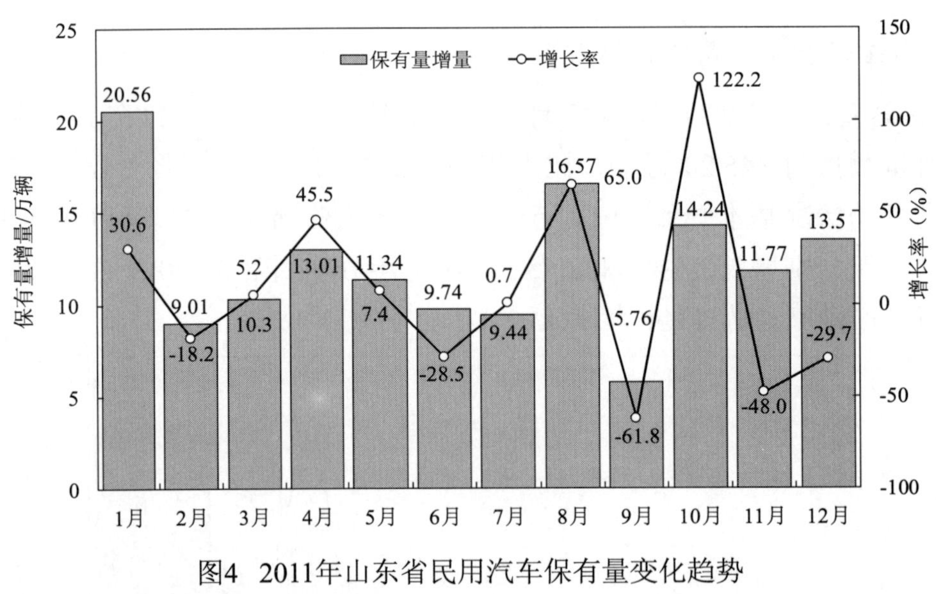

图4 2011年山东省民用汽车保有量变化趋势

3. 汽车保有量及其增量变化原因分析

（1）刺激政策退出 2009年推出的购置税优惠、汽车下乡、以旧换新三项汽车消费刺激政策在2011年已经取消，全国汽车市场经过2009年、2010年两年的高速增长后，2011年开始减速，始现低增长态势，但全国汽车产销下降幅度之大仍令人始料未及。山东省民用汽车市场和全国一样，在2008年世界金融危机暴发以来，随着国家和山东省经济启动政策的相继出台与后期调整，山东省汽车市场也出现了起伏波动的现象，但仍为合理范畴。

（2）经济平稳运行 2011 年山东省民用汽车保有量增量虽然负增长，但保有量同比增加 145.24 万辆、增长 20.58%，得益于山东省国民经济的健康运行。2011 年，山东省国民经济继续朝着宏观调控预期方向发展，全省经济总量、地方财政收入、对外贸易分别迈上了 4 万亿元、3000 亿元、2000 亿美元的新台阶，城乡居民收入增幅高于 GDP 增速，实现了“十二五”的良好开局，为全省汽车消费的健康发展打下了基础。主要体现在：千方百计稳定物价，是全国少数几个把物价增幅控制在 5%以内的省份；着力改善民生，增加城乡居民收入，增强居民消费能力；增强内需拉动作用，预计社会消费品零售总额增长 17%以上；投资较快增长，全社会固定资产投资增长 20%以上，其中服务业投资增长 25%；推进服务业跨越发展，预计服务业增加值在 1.7 万亿元以上、增长 11%，占生产总值的比重有望提高 2 个百分点；城乡统筹发展，预计全省城镇化率达到 50%以上，县域经济实力显著增强，全省过 20 亿元的县（市、区）将达到 40 个；提高开放型经济水平，预计全省外贸进出口总额达到 2300 亿美元、增长 22%，其中出口、进口分别增长 19%和 25%等等，以上为山东省民用汽车保有量的平稳增长提供了有力支撑。

二、2012 年山东省民用汽车市场预测

1. 2012 年汽车市场环境变化趋势预测

（1）宏观经济：平稳增长，将促进汽车市场稳定增长 2012 年是实施“十二五”规划承上启下的重要一年。根据山东省经济工作会议关于经济形势的分析，可以从国际、国内和山东三个方面，分析 2012 年山东省民用汽车市场运行的宏观环境：从国际看，欧债危机日趋恶化，重债国国内政治、经济矛盾交织，债务问题有蔓延扩大之势；美国失业率居高难下，经济复苏缓慢；新兴经济体面临经济增速放缓和通货膨胀的双重压力。国际金融危机的影响短期内很难消除，世界经济下行风险明显加大，复苏的长期性、艰巨性和复杂性更加凸显。针对我国的贸易和投资保护主义明显抬头，外部环境对我国发展的不利影响明显加大。从国内看，经济发展中不平衡、不协调、不可持续的问题依然突出，经济增速缓慢回落与物价仍处在高位相互交织，房地产市场处于僵持状态，宏观调控面临更多“两难”选择。从山东省看，经济运行中的突出矛盾还没有根本解决，物价过快上涨

的压力仍然很大。一些中小企业生产经营困难加重。住房、汽车等大宗消费拉动作用减弱，进一步扩大消费难度加大。国际市场需求低迷在相当长的时间内难以改变，保持出口稳定增长面临很大压力。高耗能高污染行业盲目扩张的惯性仍然很强，节能减排形势仍很严峻。就业和社会保障压力增大，社会管理、食品安全等领域的矛盾仍然突出。

笔者预测，2012年山东省宏观经济将稳中有降，促进汽车市场稳定增长：一是2011年山东省地区生产总值预计为4.5万亿元左右，增长11%左右，2012年计划增长9.5%，增长幅度较上年预计回落1.5个百分点。二是2011年预计山东省全社会固定资产投资增长20%以上，2012年山东省安排固定资产投资增长17%左右，增长速度较上年预计回落3个百分点。三是预计2011年山东省社会消费品零售总额增长17%以上，2012年计划增长15%以上，增长速度较上年预计回落2个百分点。四是预计2011年山东省实现外贸进出口总额2300亿美元左右，增长22%左右，2012年计划增长10%左右，增长速度较上年预计回落12个百分点。

（2）政策消费环境：有所变动，但对汽车市场总量影响不大　新年伊始，各类新的政策纷纷出台施行，如购置税征收管理办法、新车船税法、汽车流通业“十二五”发展的指导意见等，而汽车三包办法正在二次征求意见，成品油定价机制也有望出台，这些都或将对汽车消费环境产生一定的影响。但相对于2011年的政策变化，2012年汽车政策的变化对市场总量的影响有限。

2．2012年汽车市场预测

（1）总量：保有量和需求量平稳增长　在宏观经济平稳增长，政策没有大的调整的情况下，预计2012年山东省民用汽车保有量为988.58万辆，较上年增加137.46万辆，增长16.15%。预测2012年山东省民用汽车需求量为208.7万辆，较上年增加23.46万辆，增长12.66%（见表2）。

表2　2012年山东省民用汽车保有量与需求量预测表

项目	2011年实际/万辆	2012年预测/万辆	增量/万辆	增长率（%）
保有量	851.12	988.58	137.46	16.15
需求量	185.24	208.70	23.46	12.66

（2）分车种：都有所增长，但轿车份额继续提高　分车种来看，2012年山东省各类车种保有量将实现全面增长，轿车增长最快。其中：货车158.86万辆，

同比增加 9.80 万辆，增长 6.57%；客车 268.60 万辆，同比增加 34.83 万辆，增长 14.90%；轿车 555.09 万辆，同比增加 92.79 万辆，增长 20.07%；其他汽车 6.03 万辆，同比增加 0.04 万辆，增长 0.67%（见表 3）。

表 3 2012 年山东省民用汽车保有量分车种预测

车种	保有量总量/万辆		保有量变化情况		保有量结构（%）	
	2011 年实际	2012 年预测	增量/万辆	增长率（%）	2011 年实际	2012 年预测
货车	149.06	158.86	9.80	6.57	17.51	16.07
客车	233.77	268.60	34.83	14.90	27.47	27.17
轿车	462.30	555.09	92.79	20.07	54.32	56.15
其他	5.99	6.03	0.04	0.67	0.70	0.61
总量	851.12	988.58	137.46	16.15	100.00	100.00

从保有量结构来看， 2012 年山东省民用汽车四大品种结构比重仍为一增三减。其中，货车比重在前两年同比分别下降 1.34 个百分点和 1.54 个百分点的基础上，预测 2012 年将再度下降 1.44 个百分点；客车比重虽近年来亦有所下降，但幅度较小，不足 1 个百分点；客车比重三年来的降幅分别为 0.5 个百分点、0.19 个百分点、0.22 个百分点，预测 2012 年将下降 0.3 个百分点；轿车比重的升幅近年来小有波动，2008 年以来有所递减，2008 年至 2011 年的比重增量分别为：2.78、2.06、1.64、1.82，预测 2012 年将上升 1.83 个百分点；其他汽车基数较小，且近年来变化不大，预测 2012 年将下降 0.09 个百分点。

（作者：黄铭）

2012年广东省乘用车市场展望

一、2011年广东省经济回顾

2011年一到三季度广东省GDP总值为3.7万亿元，占全国GDP份额10.1%，一到三季度累计同比增长分别为10.5%、10.2%、10.1%，呈逐季递减趋势，但仍维持着平稳较快的增长。人均前三季度累计实际收入为22806元，较上年同期上涨12.2%，实现了人均收入的增长超过GDP的增长目标。

工业生产有所放缓。2011年1～11月份工业增加累计同比增长12.6%，增速较上年下降4.2个百分点，在外需低迷的情况下，其中工业品出口交货值增速低于内销增速。

固定资产投资基本稳定。2011年1～11月份固定资产投资达1.43万亿元，同比增长17.5%，其中房地产投资0.41万亿元，增长35.6%。虽然2011年全年房地产行业处于国家调控期，但保障房的建设抵消了房地产调控对经济的负面效应，房地产投资继续高速增长。

消费品市场略有回升。2011年1～11月份社会消费总额增长17.4%，略高于上年增速，且呈现逐季上升趋势，扣除5.47的消费者价格指数增幅，实际消费水平仍达到11.9%的增长。

进出口增速有所下滑并伴随着结构的改变。2011年1～11月份出口和进口总值分别达到0.48万亿美元和0.35万亿美元，同比增长18.8%和16.6%，增速较上年同期明显回落。贸易顺差1337亿美元，较上年同期上涨24.7%。2011年下半年以来由于欧美债务危机的困扰，西方主要市场增速减缓，对欧美出口影响较为明显，而对新兴市场进出口仍保持较快增速。在广东省前六大贸易伙伴中，除对我国香港地区进出口的增速为24.2%外，其余增幅均低于广东省整体增速，且增速呈较大幅度的回落。如对前三大贸易伙伴我国香港地区、美国和欧盟进出口的增幅分别比上半年回落17.3个百分点、8.2个百分点和4.4个百分点，对我国台湾省进出口的增幅也比上半年回落7.6个百分点。同期，广东省对拉美、中东地区和非洲等新兴市场的进出口总值分别为 338.8 亿美元、329.5 亿美元和 271.3 亿美元，分别增长 25.7%、30.6%和 68.8%。

二、2011 年乘用车市场分析

1. 乘用车总体市场概况

近几年来广东省乘用车的需求增速均低于全国需求增速（见图 1）。2009～2010 年由于国家对经济和汽车行业的刺激政策，乘用车维持了高位增长，在经历了 2010 年 28.9%的高速增长后，2011 年是汽车刺激政策（购置税优惠）退出的第一年，广东省乘用车增速出现明显回落，上半年注册数为 43.9 万辆，同比增长仅 3.9%，低于全国平均的增速 9.5%，占全国需求份额 8.4%。预计 2011 年全年广东省乘用车需求数为 97.1 万辆，相比 2010 年增长 2.75%，低于全国平均增速 3%。

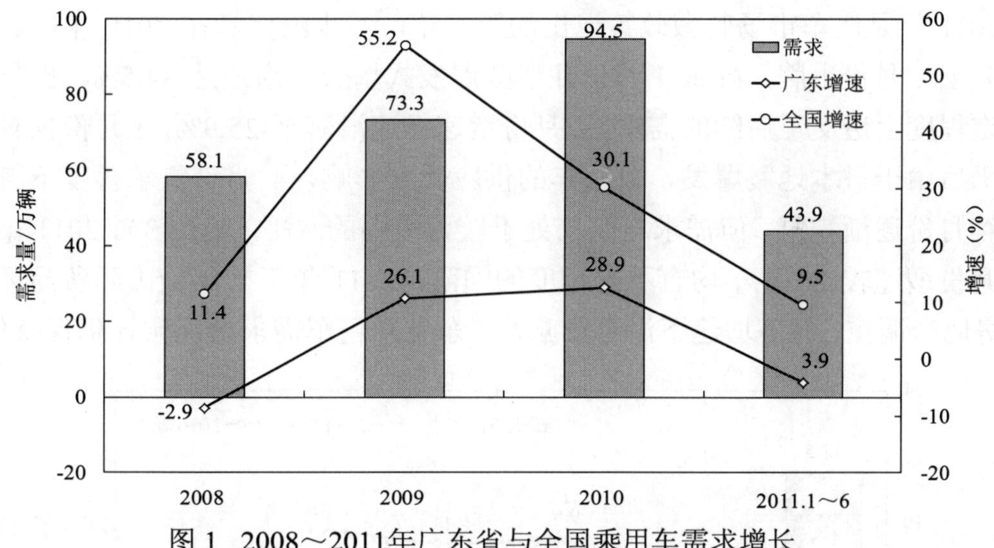

图 1　2008～2011年广东省与全国乘用车需求增长

（注：以上需求数据均为注册口径，含进口车注册数）

尽管 2011 年上半年广东省乘用车需求增速出现明显回落，但进口车仍保持着较高速度增长，达 24.8%，而国产车需求增速下滑至 2.0%（见图 2），进口车占乘用车的份额逐年增加，在 2011 年上半年达 10.2%，高于全国平均水平 7.7%。进口车高速增长的原因除了广东汽车市场对外开放的程度较高外，还因为该市场进入了汽车更新换代和需求升级阶段，对高端和个性化汽车的需求更为强烈。在汽车市场增速下滑的大环境下，国产车将面临更大的竞争和挑战。

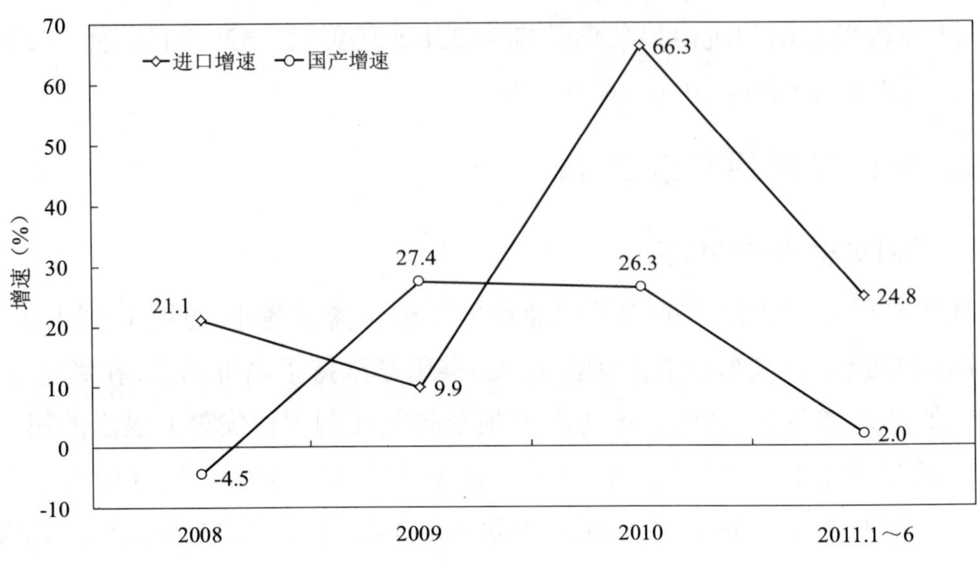

图2 2008～2011年广东省进口车和国产车需求增速

2011 年是汽车市场刺激政策退出的第一年，不少消费者在 2010 年年底提前购车并于 1 月份上牌，导致 1 月份注册数爆发式增长，增速达 34.5%，提前购买在一定程度上透支了后续的需求，2 月份增速迅速滑落至-25.9%，3 月份恢复到正常水平后由于日本地震爆发，乘用车的供应受到影响，4 月份需求再度下滑，尽管后续月份逐渐恢复，但需求增长仍处于较为疲弱的水平（见图 3）。2011 年上半年各月份增速较 2010 年均有不同程度的回落，2011 年下半年受国际贸易环境恶化、房地产调控、经济增速下滑等影响，广东省乘用车需求增速预计仍保持低位。

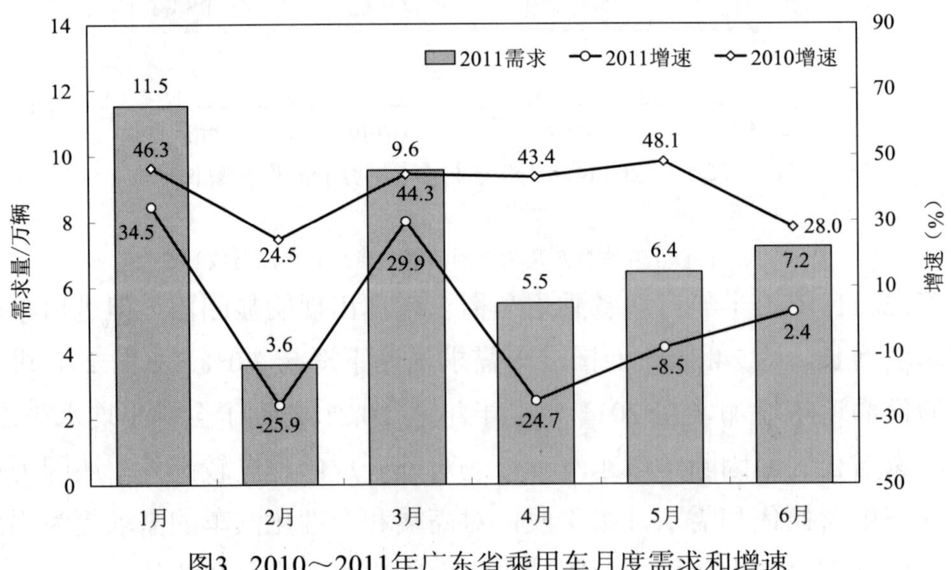

图3 2010～2011年广东省乘用车月度需求和增速

2．乘用车细分市场分析

2009 年以来广东省 A00、A0 级车的比重呈逐年下降的趋势，与之相对的 A 级车比重上升，其余车型份额大体保持稳定（见图 4）。2010～2011 年小微型车比重有较大幅度的下降，原因是购置税优惠政策的退出使小微型车的竞争优势变弱。

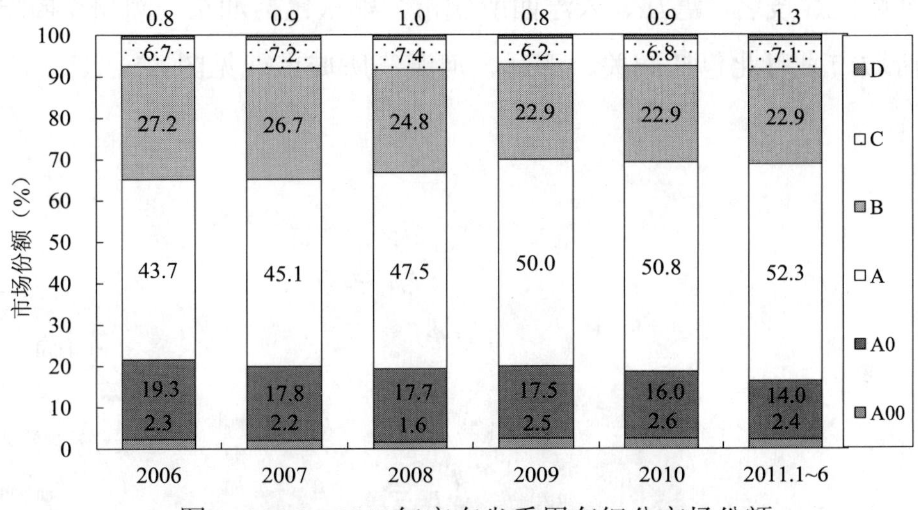

图4 2006～2011年广东省乘用车细分市场份额

与全国相比，广东省 B 级或以上车型比重高于全国（见图 5），小型车的比重则低于全国，特别是 A00 级车，比全国低了 3.4 个百分点。2011 年上半年 C 级车和 D 级车的份额也有一定幅度的增长，广东省城镇乘用车千人保有量已经达到 83.6 辆，根据国际经验，当千人保有量超过 70 辆时车辆需求有大型化趋势，乘用车高级化是广东省现阶段汽车市场的重要特征之一。

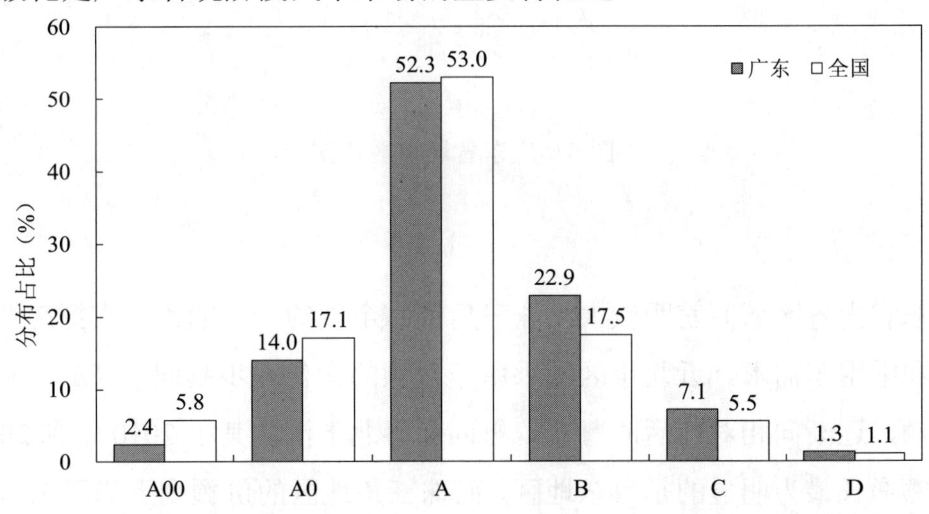

图5 2011年上半年广东省和全国车型分布比较

3．乘用车格局分析

将广东省分为四个大区，分别为珠三角、粤西、粤东和粤北地区，其中珠三角地区包括广州、深圳、珠海、佛山、中山、东莞、惠州、江门、肇庆九所城市，粤西包括阳江、茂名、湛江、云浮四所城市，粤东包括汕头、潮州、揭阳、汕尾、梅州五所城市，粤北包括韶关、清远、河源三所城市（见图6）。

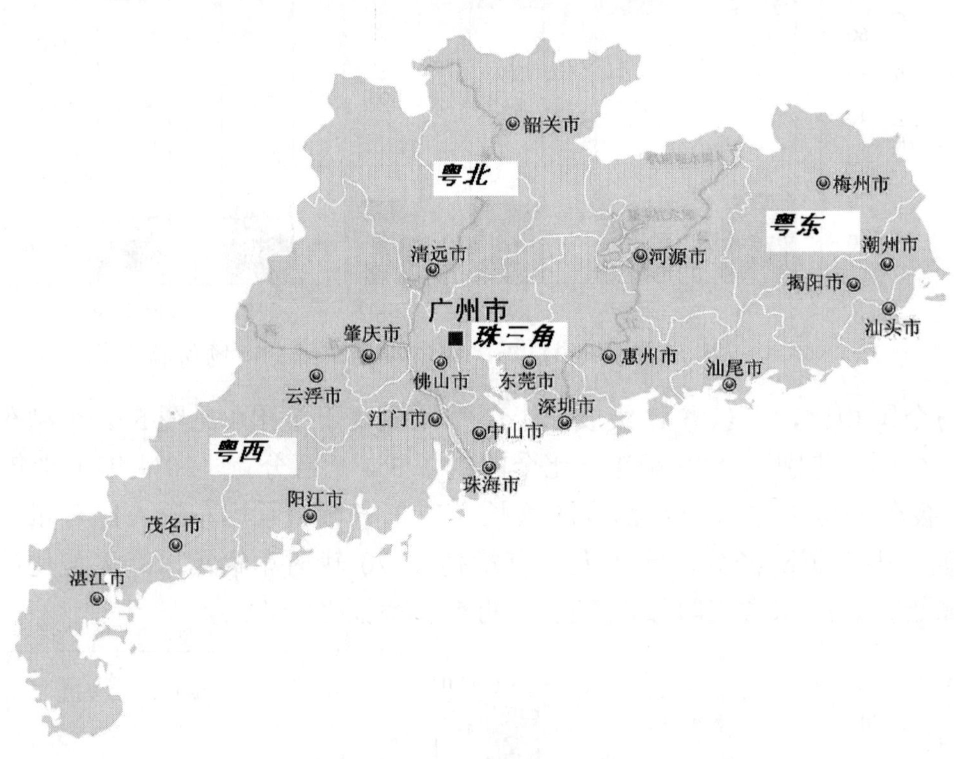

图6　广东省城市区位图

广东省内各区域间差距较大，珠三角依靠全省约一半的人口支撑起八成的经济总量和乘用车需求。近几年区域乘用车份额的变化逐步趋同于 GDP 和建成区面积份额，逐渐向相对落后的粤东、粤西和粤北下沉，其中2010年到2011年上半年份额增长最为明显的是粤东地区，而珠三角地区的份额则下降了1.1%（见图7），乘用车需求向广东省内经济相对落后的周围地区转移的趋势仍将维继。

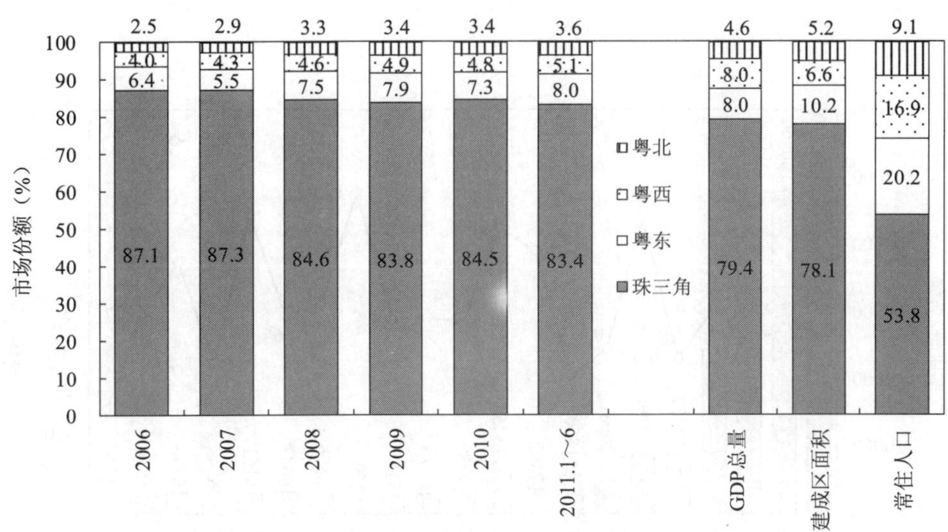

图7 2006～2011年广东省各大区乘用车需求份额

广东省各城市汽车需求量差距较大，2011 年上半年汽车需求主要集中在广州、深圳、佛山和东莞，仅这四个城市就占全省需求的 68%（见图 8）。

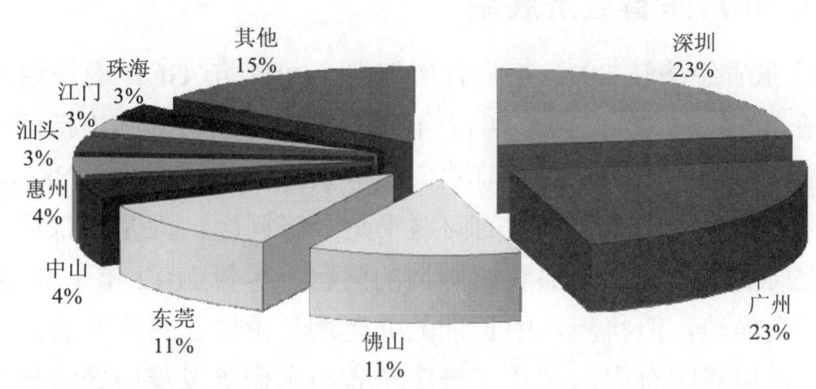

图8 2011年上半年广东省各大城市需求份额

珠三角大多数城市需求在 2 万辆以下，广州、深圳的需求最高（见图 9），处于较高的乘用车发展阶段，此时拉动乘用车需求的因素不仅与车型的供给和消费能力相关，还受到交通环境的制约，需求增速将有所放缓，增速维持在全省平均水平 3%左右。粤北、粤西和粤东多数城市千人乘用车保有量低于 20 辆，处于乘用车发展的初级阶段，此时乘用车需求主要受消费能力影响，收入的增长将为乘用车快速普及提供保证。2011 年上半年需求增长较快的城市有惠州、肇庆、汕头、汕尾、阳江。

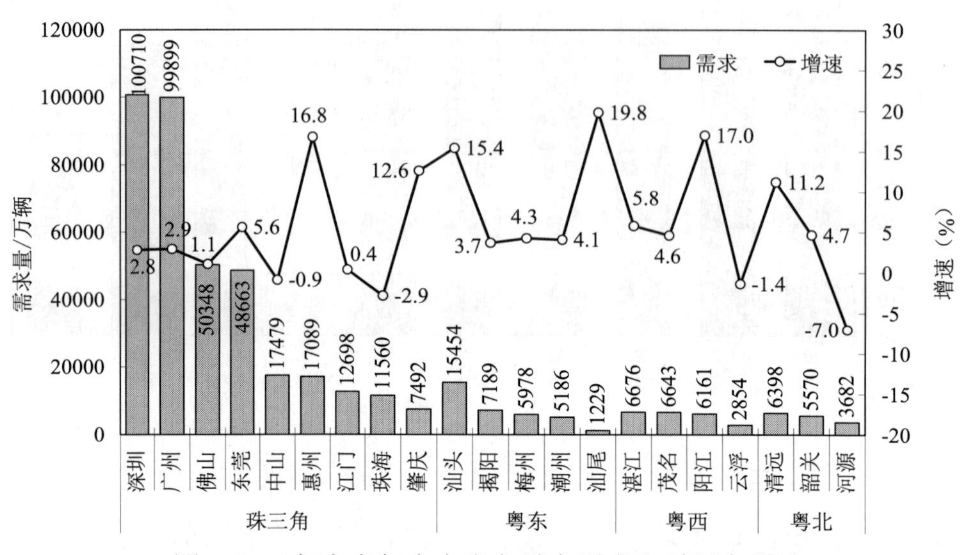

图9 2011年上半年广东省各城市需求和乘用车增速

三、2012 年广东省经济展望

2012 年广东省经济较 2011 年将有所下滑，2011 年 GDP 增长预计为 10%，2012 年预计在 8.5%～9.0%之间。2012 年广东省出口额将继续维持两位数增长。欧债危机拖累西方经济的增长，目前欧盟债务余额占其经济总量 88%，低于美国国债 100%的负担率，欧元区最大的问题不是经济问题，而是内部成员间利益的协调，以及政府支出和民众高福利间协调的问题，尽管 2012 年是其还债集中年，预计欧元区不会崩溃，但将步入中长期的低迷增长阶段，对广东省的出口会有一定程度的影响，但影响有限。这几年来广东省与东盟等发展中经济体贸易额加速增长，发展中经济体的壮大和高速增长仍能保证 2012 年广东省进出口贸易的繁荣，预计广东省 2012 年的出口仍能保持在两位数的增长，增长率约为 10%～15%。

投资方面增速仍将保持高位。理由如下：一是近年来广东省民营制造业“民工荒”的本质是外来务工人员在当地没有足够的医疗、教育和社保保障，也就是真正意义上的城镇化没能跟上工业化的步伐，导致民工不愿再留在城市而返乡，对广东省而言，解决“民工荒”的途径除了一些产业的升级和转移，更重要的是通过加大城镇投资力度改善外来务工人员的生活保障。预计 2012 年广东将会加大对城镇基础设施的投资，进一步加大城镇化和民生保障力度，让外来务工人员的生活逐步得到保障。二是保障房的投资也能拉动当地房地产投资，2011 年在楼市调控下广东省的房产投资仍能保持30%以上的增长，在保障房固定任务下预计2012年增速仍将保持高位。三是为了实现产业转移和技术升级，需要有足够的投资保证。四是2009～2010年伴随着国家4万亿元投资出台，全国不少省市地方债台高筑，然而广东省的债务负担相对较轻，以2010年为例，广东省预算赤字占全年GDP仅2%份额，远低于全国平均9%的份额，相对较轻的债务负担也使得广东省有能力持续大规模的投资，预计2012年的投资增长约为15%。

消费增速将略有提升。近两年广东省社会消费总额稳步增长，一直保持17%以上的增速。2011年9月1日起个人所得税降低，人均收入较高的广东省受益较大，人均收入提高幅度约5%，加之广东省提出人均增长与GDP增长挂钩，2012年随着个人收入的提高，消费仍将快速增长，预计2012年广东省消费增速为17%。

四、2012年广东省车市预测

根据前面对广东省汽车市场和经济的分析，我们预测广东省2012年汽车市场的需求量为101.3万辆，增长4.3%。其中增长最快的地区为粤东，增长高达8.6%，增长最慢的为珠三角地区，增速仅为3.7%（见图10），但其需求量仍主导着全省汽车市场。

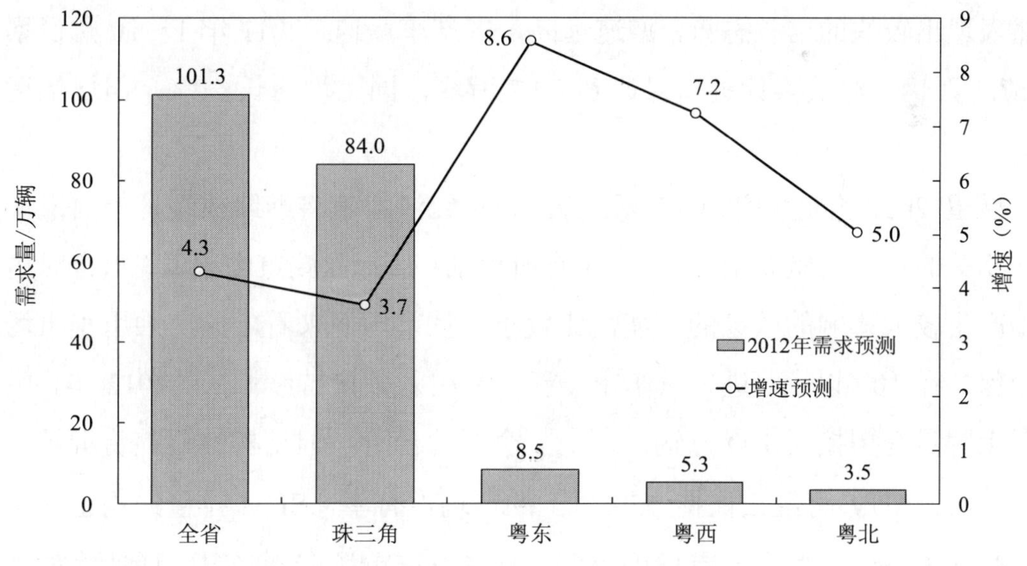

图10 2012年广东省乘用车需求预测

（作者：黄少艺 丁燕）

2011 年中国进口车市场分析及 2012 年展望

2011 年的中国汽车市场主要受到三个层面的影响：第一是宏观层面，受货币紧缩政策和房地产调控的持续影响，固定资产投资增速下滑；受欧债危机以及美国经济疲软的影响，出口形势持续严峻；消费增长虽然相对稳定，但消费增速整体回落，从而导致整个宏观经济增速逐季下滑。第二是刺激汽车消费的政策退出；第三是部分城市如北京、贵阳采取限制汽车购买的政策。在这三个层面的影响下，2011 年 1～10 月份，中国国产汽车销售 1516 万辆，同比增长 3.15%，增幅较上年同期大幅下滑，回落至个位数。其中国产乘用车销售 991 万辆，同比增长 9.4%。作为中国汽车市场的重要组成部分，中国进口汽车市场却依然表现出较快的增长态势，增速远高于国产车增速，2011 年 1～10 月份累计上牌 67.2 万辆，海关累计进口量达到 79.7 万辆，同比均增长 29%，但增幅逐季回落。

展望 2012 年进口汽车市场形势，宏观经济增速将继续放缓，但与汽车行业密切相关的货币政策有望比 2011 年有所松动；从行业政策面来看，出台对进口车市场产生较大影响的政策的可能性比较小；从市场面来看，国产乘用车市场增长将会保持在 10%以上。进口汽车市场新产品引入数量持续增长。2012 年，中国进口车上牌量有望接近 100 万辆，迈上一个新的台阶，但结构性调整将继续加大。

同时，SUV 将继续保持 55%以上的市场占有率，SUV 排量结构也在下移，旅行版和 Cross 车型进入市场培育期，豪华汽车市场有所降温，增速将放缓，入门级豪华汽车增速将超过整体进口车市场增速。另外，随着《乘用车燃料消耗量限值》第三阶段标准即将实施，进口汽车排量结构下调将进一步加快，掌握小排量增压核心技术的欧系品牌份额将会有所提高，同时，催生跨国汽车公司对品牌集团化整合运作的新趋势。

一、在中国经济增速逐季下滑的大背景下，2011 年中国汽车市场增长由高速增长回归理性增长

1．2011 年经济增长逐季回落，PMI 指数 11 月份跌破 50，下行风险延续

2011 年前三季度，国内生产总值 320692 亿元，按可比价格计算，同比增长 9.4%。分季度看，一季度同比增长 9.7%，二季度同比增长 9.5%，三季度同比增长 9.1%。分产业看，第一产业增加值 30340 亿元，增长 3.8%；第二产业增加值 154795 亿元，增长 10.8%；第三产业增加值 135557 亿元，增长 9.0%。从环比看，三季度国内生产总值增长 2.3%。11 月份，PMI 跌破 50，经济下滑势头延续。

2．在刺激消费政策退出，经济下滑的影响下，2011 年中国进口车增长也逐季回落

2011 年 1～10 月份，国产汽车销量累计 1516 万辆，同比增长 3.15%。2011 年 1～10 月份，进口车累计进口 79.7 万辆，同比增长 29%。2011 年，进口车市场依然保持较高的增长速度，但是受经济下滑的影响，进口车增速逐季下滑，增速高于国产车，主要是由于进口车多为豪华车，对经济下滑的反应比较慢，另外对经济下滑的抗压力比国产车强。

二、2011 年中国进口汽车市场的发展特点

1．总量：2011 年前 10 个月累计上牌量达 67.2 万辆，海关进口量达 79.7 万辆，同比均增长 29%，增幅明显高于国产汽车；从市场分季度表现来看，增速逐季回落，趋势值得关注

自 2009 年以来，汽车消费市场结构升级逐级加速，2011 年中国进口汽车市场 1～10 月份累计上牌约 67 万辆，同比增长 29.2%（见图 1）。相对国产乘用车销售 9.4%的增速，进口汽车市场表现突出，销售继续保持较高增长，市场抗压性较强，表现相对稳定。

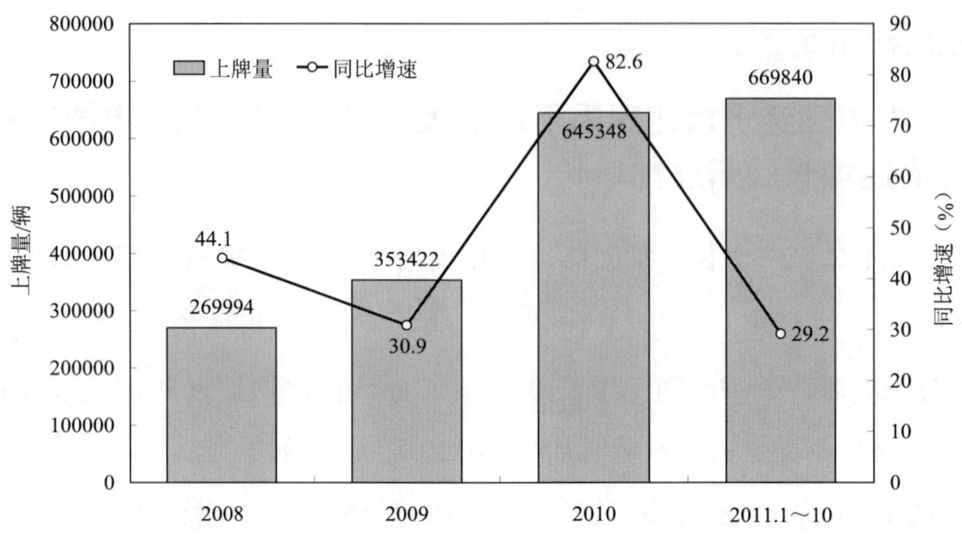

图1 2008～2011年1～10月份中国进口汽车上牌量及同比增速

（注：数据来源于中国进口汽车市场数据）

从海关进口量来看，2011 年 1～10 月份累计进口达到 79.7 万辆，同比增长 29%（见图 2）。

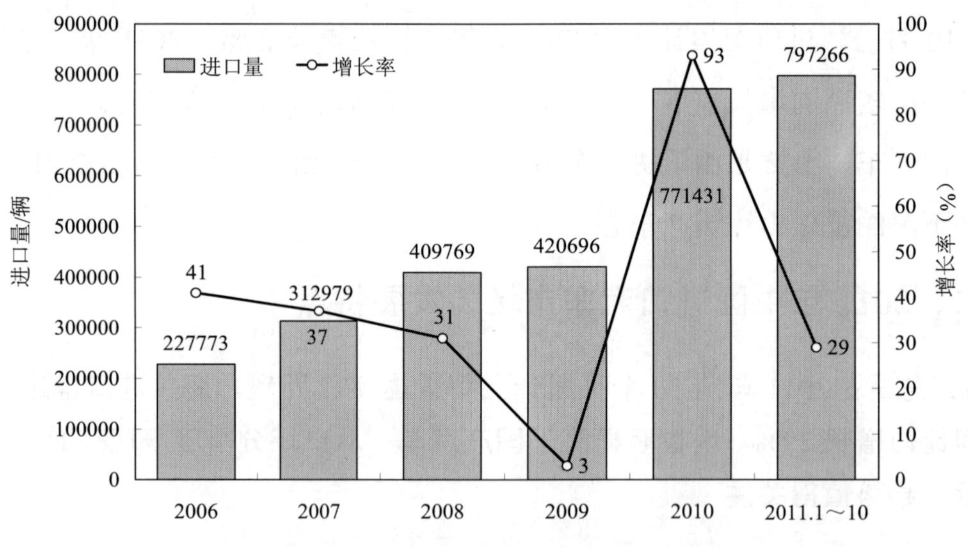

图2 2009～2011年1～10月份累计海关进口量

从 2011 年前三季度的分季度来看，中国进口汽车市场同比增长速度逐季回落，特别是从第三季度开始，受宏观经济增速放缓、货币紧缩政策以及外围国际环境等影响，进口汽车市场的消费信心受到一定冲击，进口汽车市场第三季度相比上半年 36%的增速有大幅的回落（见图 3）。

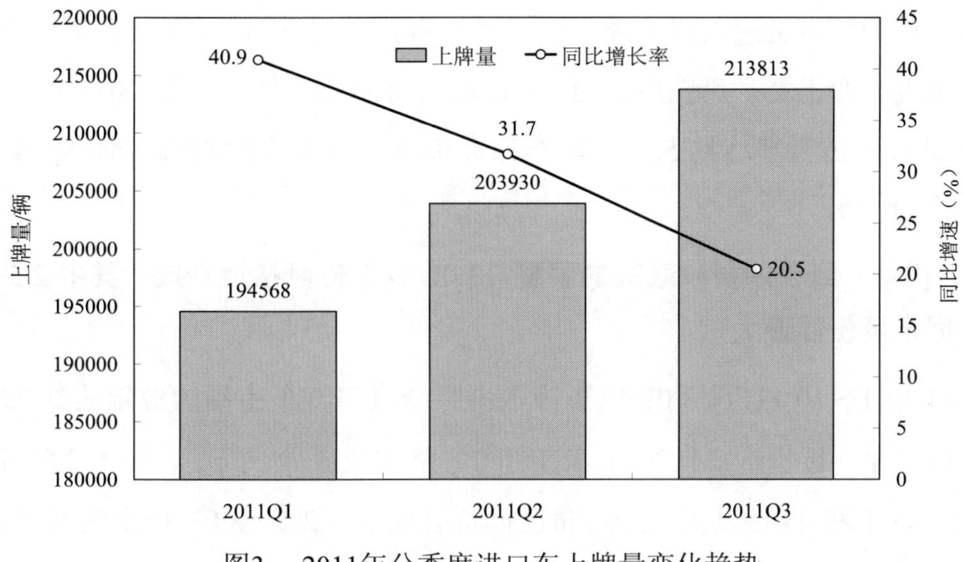

图3　2011年分季度进口车上牌量变化趋势

2．车型：乘用车是进口汽车市场的主力，其中 SUV 占进口车型 55%份额，且进口量增速最高，轿车和 MPV 的增速相对较低

乘用车作为海关进口汽车的主力，占总进口量的比例一直稳定在 98%。2011 年 1～10 月份，乘用车累计进口 777497 辆，同比增长 28%；其中 SUV 进口 429615 辆，同比增长 35%，轿车和 MPV 的增速相对较低，分别为 20%和 21%（见图 4）。

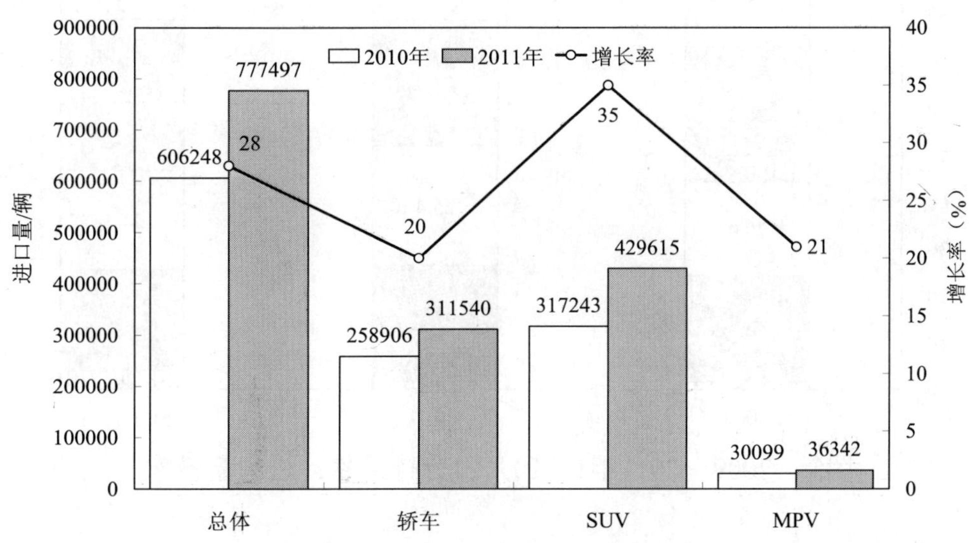

图4　2011年1～10月份乘用车分车型累计进口量

从分车型的海关进口量来看，受日本地震影响，2011 年第二季度 SUV 市场占有率呈现小幅下滑，第三季度 SUV 市场占有率有所恢复；至 2011 年 10 月份 SUV 累计市场占有率达到 55%；轿车累计市场占有率达到 40%，MPV 累计市场占有率达到 5%。

3．排量：缘于消费税政策的调整，3.0L 以下份额接近八成，其中 2.5～3.0L 排量区间市场份额最大

2011 年 1～10 月份，3.0L 以下排量占整个进口汽车市场的份额达到 79%，接近八成的水平，显示进口汽车市场的结构调整成效显著。其中，2.5～3.0L 排量区间、1.5L 以下和 4.0L 以上三个排量区间增长明显。2.5～3.0L 排量区间累计进口量 257441 辆，市场份额最大，占 32.3%（见图 5）。

进口汽车市场排量结构的变化主要受政策影响。财政部、国家税务总局决定从 2008 年 9 月 1 日起调整汽车消费税政策，提高大排量乘用车的消费税税率。跨国汽车公司应对政策调整，进口产品的调整也基本到位。

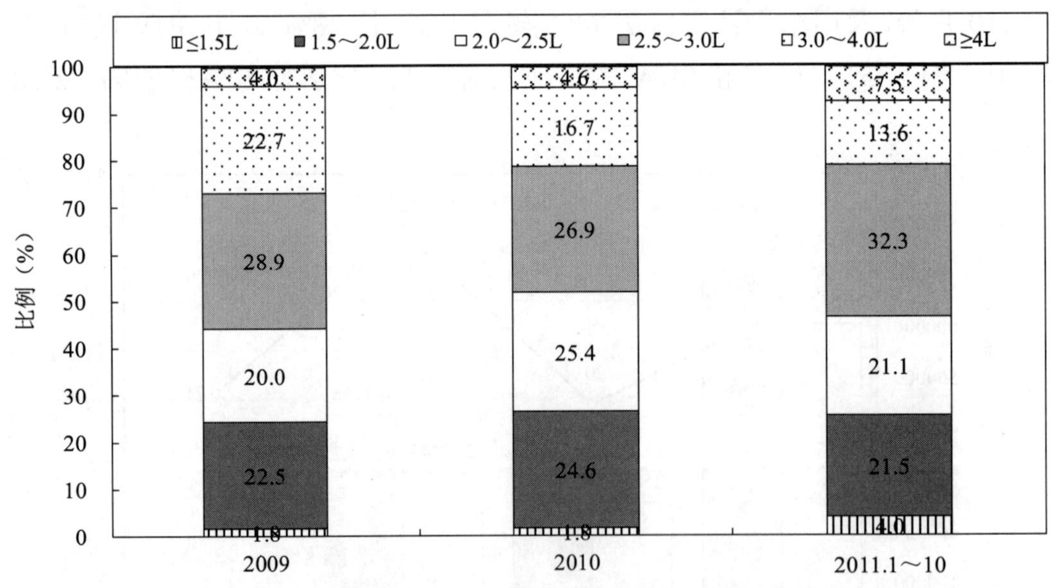

图5　2009～2011年1～10月份分排量累计进口量份额

4．品牌：宝马、奔驰排名前两位，奥迪在进口车战略带动下，进口车地位提升明显；加上大众进口车的持续提高，欧系品牌市场份额将近60%

从2011年1～10月份累计进口量来看，宝马、奔驰、奥迪、大众和雷克萨斯排名前五位。其中，奥迪排名大幅提升，斯巴鲁排名有所下降，且同比为负增长24%，主要是受日本地震影响（见表1）。在进口量前15位品牌中，有6个品牌同比增速超过50%，分别为奥迪、路虎、沃尔沃、雷诺、保时捷和卡迪拉克，其中5个为豪华汽车品牌。进口量前15位品牌占所有进口汽车市场的份额为82%，市场集中度相比上年同期的83.5%，有所下降。

表1 2010～2011年1～10月份累计进口量前15位品牌情况

品牌	2011年1～10月份进口量/辆	2010年1～10月份进口量/辆	同比增速（%）
宝马	127250	89150	42.7
奔驰	113163	99240	14.0
奥迪	50735	28933	75.4
大众	43640	36719	18.8
雷克萨斯	41628	41619	0.0
斯巴鲁	40384	51097	-21.0
丰田	37827	31389	20.5
现代	29759	25515	16.6
路虎	26871	17446	54.4
沃尔沃	26086	12737	104.8
起亚	26045	18523	40.6
雷诺	26026	12821	103.0
三菱	23611	21239	11.2
保时捷	21069	11268	87.0
凯迪拉克	19430	10488	85.3

从品牌来源来看，欧系品牌近三年市场份额逐步提升，从2009年的46.1%到目前的将近60%。缘于欧洲汽车厂商的技术，特别是小排量发动机和变速器技术的领先，比如涡轮增压、双离合变速器等，顺应了目前政策的调整方向，更好地平衡动力与油耗，未来的发展潜力巨大（见图6）。

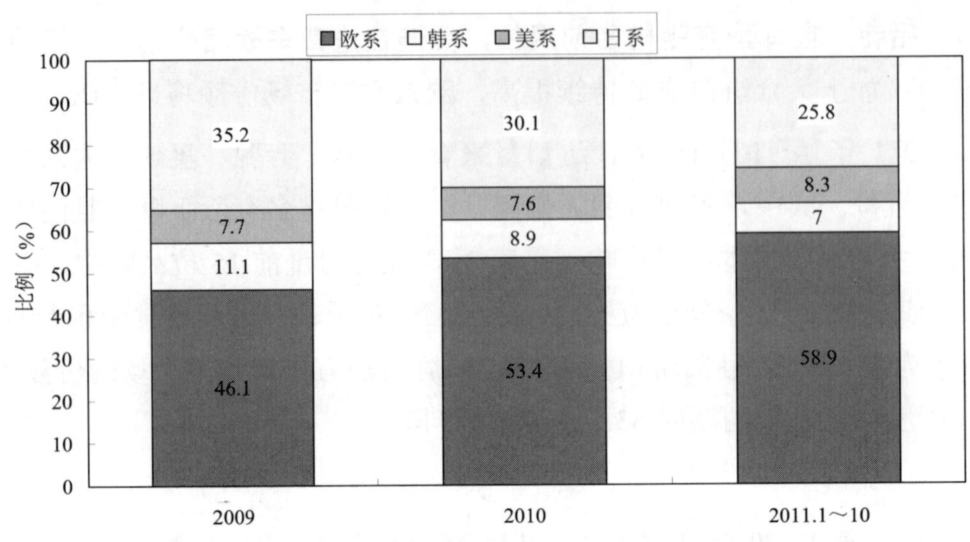

图6 2009～2011年1～10月份不同品牌来源份额变化

5．价格：虽然部分豪华SUV加价势头不减，但第三季度以来进口汽车市场平均优惠不断增加，显示了终端销售压力和车型结构性差异

2011年1～10月份，海关进口量和上牌量之间有12.5万辆的差额，显示进口汽车市场的库存量进一步加大，加上第三季度以来进口汽车市场增速有所回落，因而在终端市场的销售压力凸显。通过对进口汽车市场终端优惠价格的跟踪也得到了验证。2011年1～10月份进口车市场平均优惠指数先增后减，终端优惠指数不断增加，特别体现在8～9月份，显示终端市场销售压力较大（见图7）。

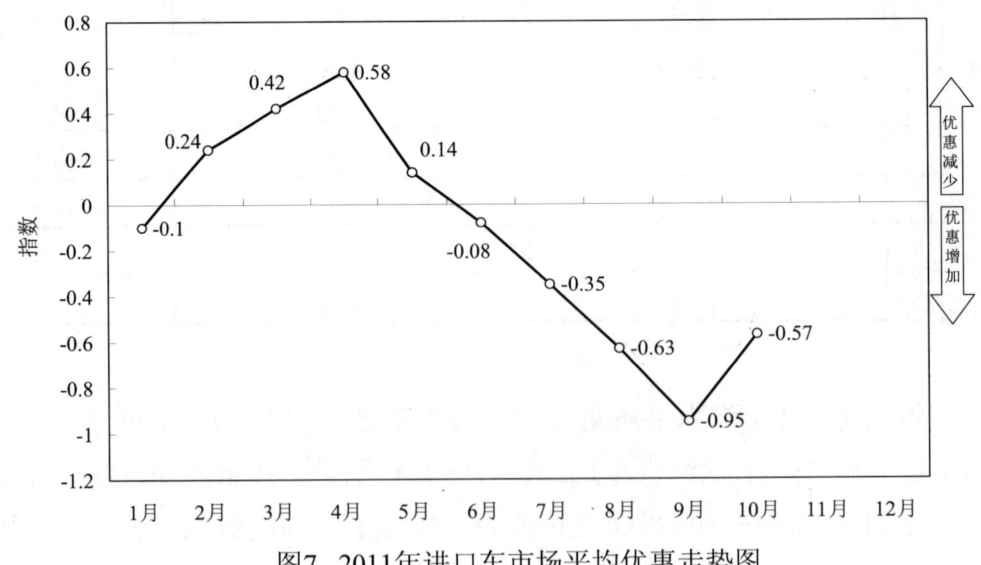

图7 2011年进口车市场平均优惠走势图

在整体进口汽车市场平均优惠不断加大的情况下，作为进口汽车市场的主力车型 SUV，在价格方面表现依然坚挺，特别是部分豪华 SUV，如宝马的 X5、X6，路虎的揽胜，仍处于加价局面，且加价数额逐月增加。2011 年 1～10 月份，进口 SUV 优惠指数呈逐月走高的态势，加价幅度逐月提高。10 月份 SUV 终端优惠指数为 2.16，环比上升 0.17，加价金额环比增加 1241 元（见图 8）。

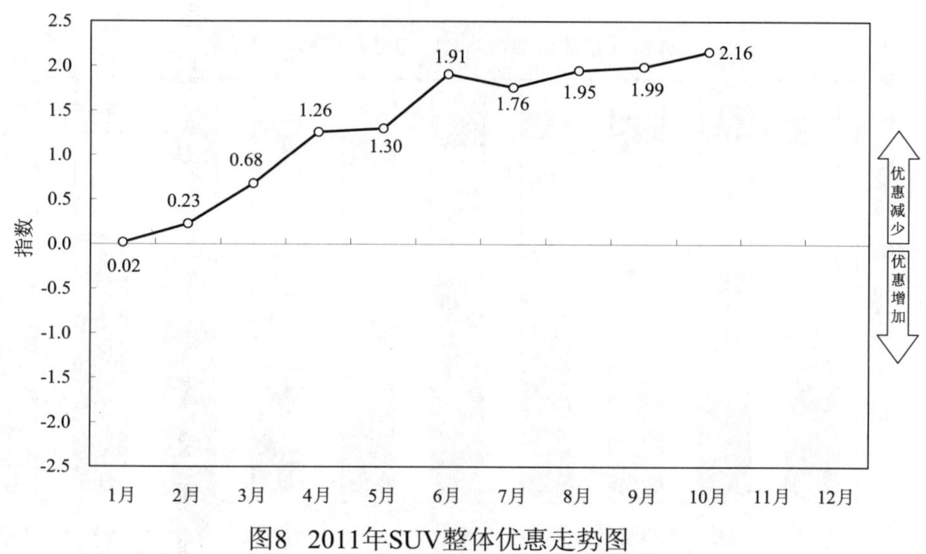

图8 2011年SUV整体优惠走势图

6. 日本地震影响：2011 年 5 月份日系进口乘用车份额触底，10 月份基本恢复正常份额

受日本地震影响，2011 年 4 月份日系进口乘用车市场同比增速为零（见图 9），8 月份市场增速基本恢复震前水平。

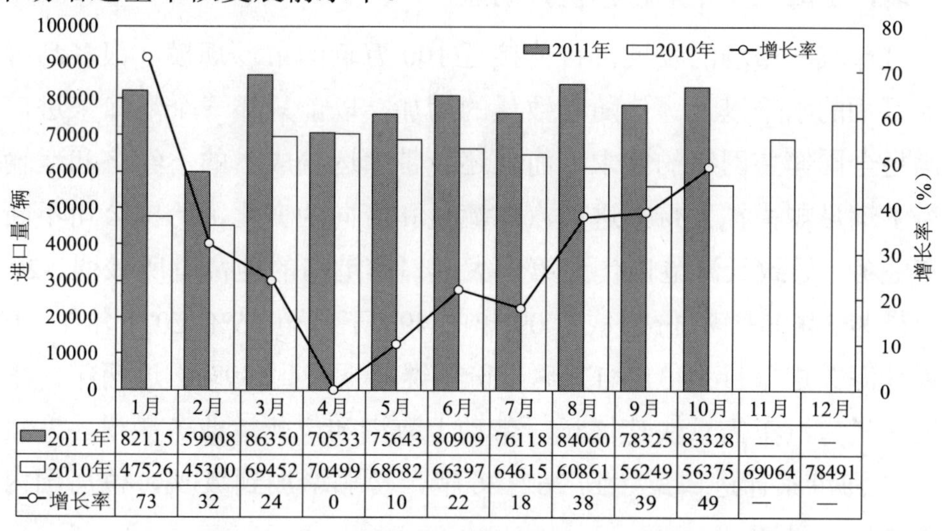

	1月	2月	3月	4月	5月	6月	7月	8月	9月	10月	11月	12月
2011年	82115	59908	86350	70533	75643	80909	76118	84060	78325	83328	—	—
2010年	47526	45300	69452	70499	68682	66397	64615	60861	56249	56375	69064	78491
增长率	73	32	24	0	10	22	18	38	39	49	—	—

图9 2010～2011年月度乘用车进口量及增长率

从日系品牌受影响来看，2011 年 4 月份日系品牌进口乘用车份额骤降到 18%。5 月份更为严重，仅占 10%；从 6 月份开始恢复。2011 年 10 月份原产地为日本的进口乘用车累计进口量为 167523 辆，累计市场份额为 26%（见图 10），基本恢复到正常市场份额，但是与 2010 年全年 29%的市场份额相比，依然少了 4 个百分点。

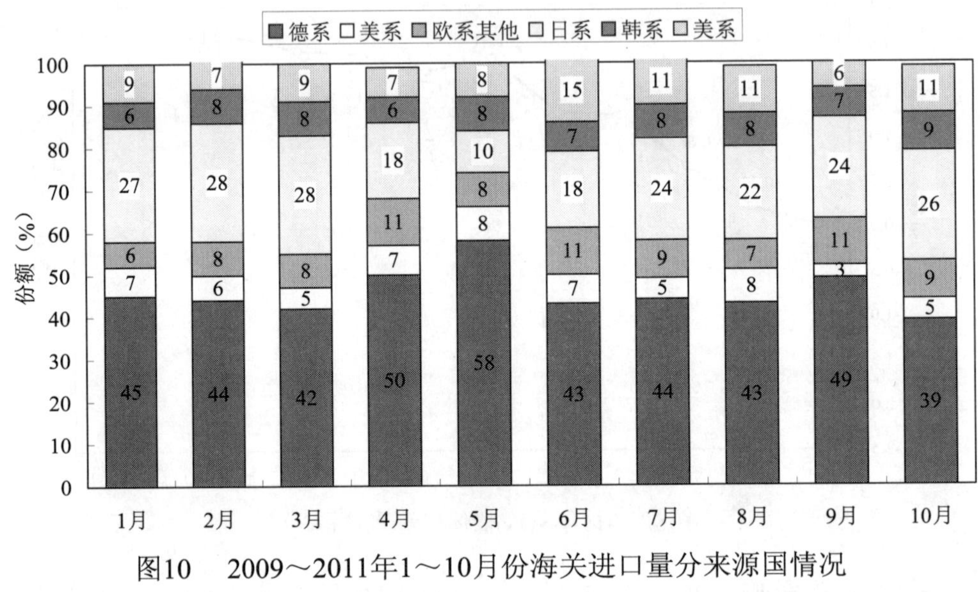

图10 2009～2011年1～10月份海关进口量分来源国情况

7．港口：进口汽车数量的提升带来进口汽车流量、流向的变化，引发天津港地位趋弱，上海、广州港份额提升明显

随着进口汽车市场的发展，目前接近 100 万辆的市场规模，很多品牌的销量也达到 5 万辆的水平以上。伴随着数量的增加，以前只靠一个港口来进口汽车已经不能满足全国销售网络的需求，而且还会带来运输成本的不经济和运输时间的加长。为了满足规模扩大带来进口汽车流量和流向的变化，跨国公司不断开拓新港进口车业务，导致天津港口作为第一大进口车港口的地位有所减弱。2010 年天津港进口量为 346061 辆，份额从 2009 年的 49%下降至 45%；2011 年 1～10 月份，天津港累计海关进口量为 313417 辆，份额继续下滑到 39%。近两年，华中、华南沿海地区进口汽车需求快速增长，带动上海港和广州港业务激增。2011 年 1～10 月份，上海港累计进口量达到 262126 辆，份额增加到 33%，位居国内第二大进口汽车港口（见图 11）。

另外，随着汽车进口量的不断地增长，西部市场的快速增长等因素的影响，西部沿海惟一的广西钦州保税港区已成为继天津、大连、上海、广州黄埔、深圳皇岗后的又一个沿海整车进口口岸，整车进口口岸设施预验收已顺利通过，2011年11月1日开始开展整车进口业务。

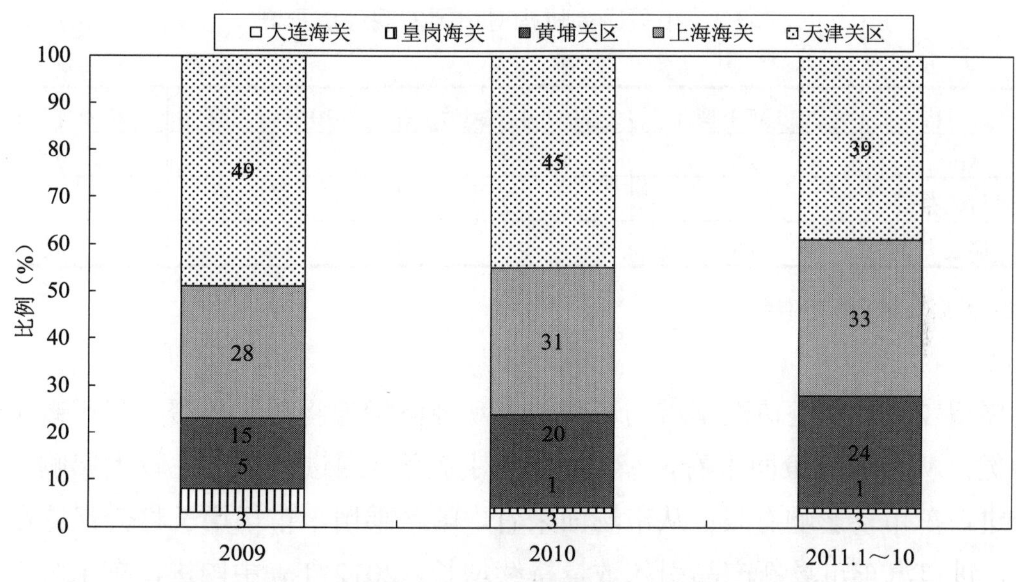

图11 2009～2011年1～10月份各港口进口量比例

三、2012年进口汽车及未来市场展望

根据中国进口车市场的发展规律，并综合考虑当前的经济形势，从经济层面、市场层面、产品供给和政策层面上综合分析未来中国进口车走势，预计2012年中国进口车上牌量有望冲击100万辆，进入一个全新的市场局面。市场增速预计在20%左右，是国产乘用车的2倍左右，处于相对正常的增长通道。

1．经济和市场层面：2012年宏观经济增速将会放缓，货币政策将以稳健为主，乘用车市场预计增速10%

2012年中国经济增速回落至9%以内已是基本被肯定的结论。一方面，在欧美经济深陷泥潭的情况下，出口将变得异常艰难，出口对经济发展的贡献将明显降低；投资在房地产调控延续以及流动性紧缩的情况下，将有可能进一步放缓；消费在物价通胀、楼市低迷以及社会保障不完善的情况下，表现乏力。另一方面，欧盟是否有能力摆脱欧债危机的不确定性在增加，外需短期回暖希望渺茫。鉴于此，2012 年中国政府采取适度宽松货币政策的可能性较大，同时在财政政策上将会采取刺激措施抵消外需疲软的影响，“积极”的刺激内需，综合考量上述两方面原因，即使 2012 年经济政策实行调整，但也只是在适度平衡经济框架下做调整，不可能大幅刺激经济，经济增速回落将是必然的（见表 2）。

表 2 相关研究机构对中国宏观经济预测

（单位：%）

研究机构	2011 年下调前	2011 年下调后	2010 年下调前	2010 年下调后
IMF	9.6	9.5	9.5	9.0
野村证券	9.5	9.2	—	—
瑞银	9.3	9.0	9.0	8.3

注：数据来源于新浪财经。

展望 2012 年进口汽车市场形势，宏观经济增速将继续放缓，货币政策将保持稳健；从行业政策面来看，“双反”将对原产美国进口车产生较大影响，但对整个进口车市场影响有限；从市场面来看，国产乘用车市场增长将会保持在 10% 以上。进口汽车市场新产品引入数量持续增长。2012 年，中国进口车上牌量有望接近 100 万辆，迈上一个新的台阶，但结构性调整将继续加大。

2．行业政策面：持续的贸易顺差导致发达国家逼迫人民币升值，这会降低进口车成本，对整体进口车市场有利，同时，由于中美贸易摩擦加深，中国商务部对美进口车实行“双反”，对美进口车不利

美国参议院 2011 年 10 月 11 日通过《2011 年货币汇率监督改革法案》。该法案的主要内容是要求美国政府对所谓“汇率被低估”的主要贸易伙伴征收惩罚性关税。此举主要针对中国，旨在逼迫人民币加速升值。该法案在得到参议院批准后，还需要在众议院获得通过，并由美国总统奥巴马签署后才能成为法律。中国商务部、外交部、央行均对此举提出抗议。此前，外交部副部长崔天凯曾警告：一旦通过针对人民币汇率的法案并成为法律，将会引发中美贸易战。商务部于 2011 年 10 月 19 日召开了例行发布会。针对美国参议院通过的人民币汇率法案，商务部认为，美国严重违反了国际贸易规则，中国随后将采取相应措施。2011 年 12 月 14 日商务部发布关于对美部分进口汽车实施反倾销和反补贴措施的公告，决定从 2011 年 12 月 15 日起，对原产于美国的排气量在 2.5L 以上的部分进口小轿车和越野车征收反倾销和反补贴税。实施期限两年，这对原产美国进口车是不利的。

3．新产品层面：进口新产品的不断引入和产品结构的调整，将助推中国进口汽车市场的相对快速增长

根据中国进口汽车市场数据库统计显示，2010 年新增进口量 295952 辆，其中新产品贡献约 98650 辆；2011 年 1～10 月份新增进口量 171249 辆，其中新产品贡献约 61335 辆，2010 年和 2011 年 1～10 月份新产品供给拉动 1/3 的销量增量。这一“新产品效应”也将进一步助推 2012 年中国进口汽车市场的持续、稳定发展。据不完全统计，截至 2011 年 11 月份，上市的全新产品有 31 款，换代和新增排量共 38 款，其中换代 15 款。在 31 款全新上市的产品中，其中包括 5 款 SUV 和 26 款轿车。

“新产品效应”将进一步助推中国进口汽车市场增长。据不完全统计，预计 2012 年仍有 28 款新车、12 款换代车上市，有 2 款车型国产。全新产品包括：奥迪 Q3，奥迪 A7/S7，奥迪 A3 三厢版，奥迪 S、RS 系列，宝马 5 系旅行版，奔驰 CLS，大众夏朗，大众 T5，大众高尔夫 R、Cross 和 Wagon，沃尔沃 V60，丰田 FT-86，西亚特 Leon 和 Ibiza，斯巴鲁翼豹 XV，雪佛兰 Volt 沃蓝达，讴歌 ZDX，路虎揽胜极光，菲亚特 Freemont，雪铁龙 DS4 和 DS5，雷诺拉古那古贝，萨博 9-3X，萨博 9-4X，阿尔法罗密欧 MiTo，卡尔森（奔驰改装）CGL45、CS60、CS60 ROYALE、C25L，路特斯 Evora 和 Elise。增加排量的包括：奥迪 A1 1.2TSI、高调教 1.4TSI、大众尚酷单涡轮 1.4T、大切诺基 SRT 8 6.4L、英菲尼迪 M 系加长版 3.5L、雷克萨斯 GS250。换代产品包括：全新 BMW M5（换代）、宝马 1 系（换代）、奔驰 B（换代）、奔驰 ML（换代）、大众新甲壳虫（换代）、日产新途乐、日产新一代贵士、保时捷全新 911、萨博 9-5、路虎发现、雷克萨斯 GS、现代新 Santa Fe。国产产品包括：宝马 X1、奔驰 GLK。

针对中国市场的发展趋势以及其独特的特点，跨国汽车公司与汽车经销商需要制定具有前瞻性的策略，密切关注市场动态，注重防范政策、市场等方面的潜在风险，及时明确、调整在中国市场的战略定位，通过加强品牌力、产品力、服务力、渠道力和应变力，及时、准确地修正、调整企业运营策略，实现企业、市场、行业的可持续发展。从战略和市场定位上，跨国汽车公司要结合政策导向和市场发展趋势，加快推进集团化运营和品牌整合运作，适应中国汽车市场包括进口汽车市场回归理性增长的大环境，及时、主动调整产品结构、排量结构和进货节奏。在产品策略上，加大传统石化能源汽车节能技术引入，下调产品排量结构；继续加大高端、豪华以及高性能产品引进力度，满足升级、替换需求，同时，顺应新一代消费者个性化需求，引入个性化细分市场产品满足市场需求；结合政策导向，关注新能源汽车，制定绿色节能产品引进计划，谋划未来市场格局。在渠道策略上，跨国公司应加快在华网络扩张，合理规划一级市场网络，抓住二、三级市场发展机遇，加大二、三线市场销售网络布局力度。

消费升级、增速放缓、结构调整，将成为今后及未来一段时期，汽车产业、特别是进口汽车市场的主旋律，跨国汽车企业应积极制定发展战略，适应中国进口车市场的变化。

（作者：中国进口汽车贸易有限公司）

2011 年汽车出口分析及 2012 年展望

一、2011 年我国汽车出口概况

近年来，我国汽车出口总体上呈快速上升趋势，2004～2007 年，年均增速达 90%以上。2008 年，我国汽车出口 68 万辆（含成套散件，下同）。2009 年，受国际金融危机的影响，我国汽车出口也出现了大幅下降的局面，全年出口 37 万辆，同比萎缩 46%。自 2009 年第四季度开始进入金融危机后的恢复期。2010 年，我国汽车累计出口 57 万辆，同比增长 53%。2011 年，我国汽车出口继续呈现出恢复性增长的良好势态。在国内汽车市场低迷的情况下，主要自主品牌汽车企业积极开拓国际市场，汽车出口创历史新高。根据海关统计，2011 年 1～11 月份，我国汽车整车（含成套散件）出口 78.16 万辆，同比增长 53.03%；出口金额 99.08 亿美元，同比增长 58.91%。其中，乘用车 43.3 万辆，同比增长 70.51%；实现出口创汇 30.48 亿美元，同比增长 83.66%。商用车出口 34.85 万辆，同比增长 35.74%；实现出口创汇 68.6 亿美元，同比增长 49.93%。汽车出口成为拉动 2011 年汽车产销增长的主要力量。2011 年 1～11 月份汽车出口对同期国产汽车增长的贡献度达 82.5%。预计 2011 年全年汽车出口量有望达到 85 万辆。2011 年 1～11 月份汽车出口月度统计表见表 1。

表1 2011 年 1～11 月份汽车出口月度统计表

统计值 月份	数量			金额		
	本月完成/辆	环比增长（%）	同比增长（%）	本月完成/亿美元	环比增长（%）	同比增长（%）
1 月	57786	3.40	59.55	6.88	-8.34	43.73
2 月	40963	-29.11	36.14	4.29	-37.62	9.26
3 月	65091	58.90	62.17	8.27	92.86	75.39
4 月	67546	3.77	55.69	8.18	-1.15	35.39
5 月	67283	-0.39	51.69	8.69	6.26	70.05
6 月	77713	15.50	38.16	9.77	12.44	44.24
7 月	88682	14.11	67.49	10.47	7.16	76.67

（续）

统计值 / 月份	数量			金额		
	本月完成/辆	环比增长（%）	同比增长（%）	本月完成/亿美元	环比增长（%）	同比增长（%）
8月	82773	-6.66	64.31	10.96	4.69	78.79
9月	79270	-4.23	54.24	11.08	1.04	85.24
10月	78247	-1.29	57.99	10.32	-6.81	79.31
11月	78345	0.13	41.46	10.35	0.32	44.04

注：数据来源于海关统计数据整理。

二、2011年我国汽车出口的主要特点

1．出口增速较快，但占整车产量比重仍然较低

2011年我国汽车出口迎来了较好的发展趋势，成为拉动国内汽车产销量的重要因素之一，值得肯定。但相对成熟的汽车大国而言，我国的汽车出口规模仍然很小，占产量比例依然较低，而且在汽车出口方面还没有足以和跨国大品牌竞争的强势品牌。2011年1～11月份，我国汽车产量达到1672.83万辆，而同期出口量仅为78.16万辆，汽车出口量占产量比重仅为4.7%（见表2）。而日、韩、德国等汽车产业大国汽车出口比重通常在50%以上（见表3）。

表2　2000～2011年汽车出口所占比例

年份	汽车出口量/万辆	占产量比例（%）	轿车出口量/万辆	占产量比例（%）
2000年	1.52	0.7	0.05	0.1
2001年	1.44	0.6	0.08	0.1
2002年	1.76	0.5	0.10	0.1
2003年	3.71	0.8	0.28	0.1
2004年	7.83	1.5	0.93	0.4
2005年	17.26	3.0	3.11	1.1
2006年	32.42	4.5	9.25	2.4
2007年	61.44	6.9	18.86	3.9
2008年	68.10	7.3	24.13	4.8
2009年	37.00	2.7	10.24	1.4
2010年	56.67	3.1	17.99	1.9
2011年1～11月份	78.16	4.7	33.97	3.7

注：数据来源于海关和中国汽车工业协会数据。

表3　2009 年主要国家汽车出口占产量的比例

国别	出口量/万辆	产量/万辆	出口量占产量比例（%）
中国	37.0	1379.1	2.7
日本	361.6	793.4	45.6
美国	120.7	573.0	21.1
德国	358.4	521.0	68.8
韩国	214.9	351.3	61.2
巴西	47.5	318.3	14.9
西班牙	188.3	217.0	86.8
英国	82.9	109.0	76.0
意大利	38.3	84.3	45.4

注：数据来源于世界自动车统计年报（2010 年）。

2．出口产品结构进一步得到改善，乘用车出口量占比已超过一半

长期以来，我国汽车产品出口一直以商用车为主，2005 年，商用车占整车出口比重为 72.7%。随着乘用车出口的快速增长，2010 年这一比例逐渐降为 50.1%。2011 年 1～11 月份，我国乘用车出口 43.3 万辆，同比增长 70.51%；商用车出口 34.85 万辆，同比增长 35.74%（见表 4）。在乘用车出口高速增长的同时，我国以商用车出口为主的局面已经得到改善，2011 年 1～11 月份，乘用车占整车出口的比重已经达到 55.4%，且出口增速远超过商用车。

表4　2011 年 1～11 月汽车分车型出口统计表

产品类型		出口数量/辆	同比增长（%）	出口金额/万美元	同比增长（%）
乘用车	小轿车	339670	114.86	234138.3	108.42
	四驱越野车	24183	18.01	22468.9	27.33
	9 座及以下小客车	56932	57.28	41365.0	54.43
	其他载人机动车	3074	70.87	3590.0	71.98
	未列名载人机动车	9197	-75.41	3269.6	-54.05
	合计	433056	70.51	304831.9	83.66
商用车	客车	38734	18.5	136554.1	47.75
	货车	295856	41.09	436569.2	53.2
	特种车	11302	43.99	105689.1	46.74
	汽车底盘	2687	-59.08	7198.9	-11.52
	商用车合计	348579	35.74	686011.3	49.93
汽车总计		781635	53.03	990843.2	58.91

在各车型中，2011 年 1～11 月份，小轿车已经超越载货车成为整车出口的第一大类产品，共出口 33.97 万辆，占整车出口比重的 43.46%。出口的小轿车主要是 2L 以下的车型，其中 1～1.5L 小轿车约占小轿车出口总量的 67.73%。载货车居第二位，共出口 29.59 万辆，占整车出口的 37.85%。其中，以 5t 以下的轻型载货车为主，占载货车出口量的 63.02%。

3．拉丁美洲成为第一大汽车出口市场，并且开始进入发达国家，出口市场仍然比较分散

现阶段，我国整车出口以满足发展中国家低端汽车市场需求为主。2011 年 1～11 月份，我国共向 188 个国家出口汽车。拉丁美洲已经超过亚洲、非洲成为我国第一大出口市场（见图 1），2011 年 1～11 月份，前三大汽车出口市场合计占全部汽车出口量的 82%。2011 年 1～11 月份，巴西、阿尔及利亚、俄罗斯三国成为中国汽车出口的前三大目标市场，其中对巴西的出口增长最为迅速，同比增长 359.97%，出口量占全部整车出口 13.32%（见表 5）。受益于中-智、中-秘自贸区协定的生效，对这两国的出口迅速增长，这两国分别成为中国第四大和第七大汽车出口目标国。国内汽车企业也在积极开拓新兴市场，如，对乌克兰、缅甸、尼日利亚出口分别增长了 577.22、180.45%、106.3%。除此之外，整车企业也开始小批量、探索性地进入发达国家汽车出口市场，如，长城汽车在通过欧标认证后，已开始向英国、意大利、保加利亚等国出口风骏系列皮卡和腾翼系列轿车产品。

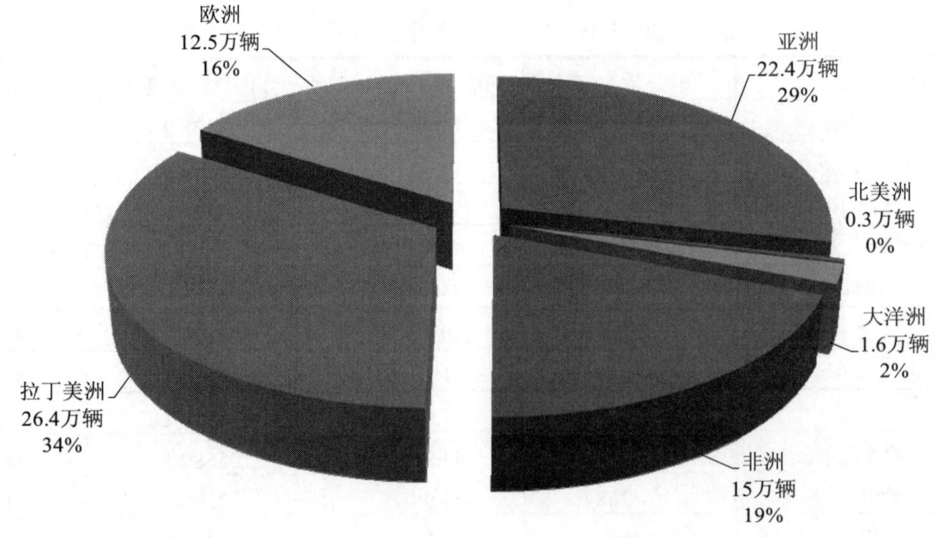

图1 2011年1～11月我国汽车出口分洲别情况

2011年1～11月份，我国汽车出口到188个国家和地区，其中全年出口量在万辆以上的出口国仅有19个，出口量在1000～10000辆的出口国为45个，而对124个国家的出口量不足千辆。2011年1～11月份，我国汽车出口上万辆的生产企业共16家，合计占生产企业出口量的96.5%，出口千辆的生产企业共8家，合计占生产企业出口量的3.2%，出口不足千辆的生产企业共8家。我国汽车企业出口规模虽然普遍得到了提升，但仍然存在出口相对分散的问题，在一定程度上也存在整顿的必要。

表5　2011年1～11月份我国汽车出口到前20位的国家

序号	国别	出口数量/辆	同比增长（%）	占整车出口的比重（%）
1	巴西	104096	359.97	13.32
2	阿尔及利亚	73002	70.51	9.34
3	俄罗斯联邦	67701	122.63	8.66
4	智利	49326	93.87	6.31
5	伊朗	41377	60.36	5.29
6	伊拉克	32053	48.82	4.10
7	秘鲁	28151	69.67	3.60
8	叙利亚	24121	-13.74	3.09
9	埃及	24011	-7.5	3.07
10	乌克兰	23608	577.22	3.02
11	乌拉圭	21177	29.68	2.71
12	越南	20968	-26.5	2.68
13	哥伦比亚	20874	96.66	2.67
14	南非	15153	-4.94	1.94
15	澳大利亚	13227	71.53	1.69
16	缅甸	11546	180.45	1.48
17	沙特阿拉伯	11103	122.91	1.42
18	厄瓜多尔	10563	117.21	1.35
19	委内瑞拉	10016	852.09	1.28
20	德国	9702	2.44	—

4．仍以一般贸易方式出口为主，占比进一步提高

与我国机电产品出口以“加工贸易”为主不同，多年来，我国整车出口的贸

易方式是以“一般贸易”为主的。2011 年 1～11 月份，以一般贸易出口整车 67.59 万辆，占比 86.47%，同比增长 63.31%（见表 6），较 2010 年同期占比增长了 5.5 个百分点；以加工贸易出口整车 8.77 万辆，占比 11.22%，同比增长 1.64%。曾被视为诟病，会对汽车出口秩序造成一定影响的“边境小额贸易”呈现出 132.94% 的快速增长，所占比重也由 0.56%增长到 0.86%。

表6 2011 年 1～11 月份中国汽车出口情况（按贸易方式分）

贸易方式	出口数量/辆	同比增长（%）	出口金额/万美元	同比增长（%）
一般贸易	675887	63.31	780420.6	64.39
国家间、国际组织无偿援助和赠送的物资	1665	150.75	5628.5	174.80
其他境外捐赠物资	9	-10.00	116.3	56.59
来料加工装配贸易	165	55.66	2278.2	62.40
进料加工贸易	87524	1.57	127654.0	30.83
边境小额贸易	6690	132.94	24660.0	168.57
对外承包工程出口货物	6589	8.71	37104.5	8.01
租赁贸易	9	-59.09	118.1	-60.36
保税仓库进出境货物	15	-69.39	15.1	-93.85
保税区仓储转口货物	2785	295.04	12100.8	284.82
其他	297	21.72	747.0	62.64
合计	781635	53.03	990843.2	58.91

5. 以自主品牌企业和国有企业出口为主，且增长最为迅速

与汽车行业国有资本占主导地位相对应，汽车出口也是以国有企业为主。国有企业、外资企业和私人企业是我国整车出口的三大主体，2011 年 1～11 月份出口数量分别占总出口量的 46.29%、30.16%和 22.46%，其中国有企业出口数量增长最为迅速，同比增长了 77.8%（见表 7）。从两大主力出口车型（轿车和货车）的出口企业构成看，出口排名前 10 位的轿车企业中，只有本田（中国）是外资企业，其余均为内资汽车企业，奇瑞、力帆和吉利占所有车企轿车出口总额的比重分别是 30.6%、14.5%和 13.6%；排名前 10 位的载货车企业中，均为内资汽车企业，东风、哈飞和长城占所有车企载货车出口总额的比重分别是 17.8%、13.5%和 13.7%。2011 年 1～11 月份主要汽车企业出口数据见表 8。

表7 2011 年 1～11 月份中国汽车出口情况（按企业性质分）

企业性质	出口数量/辆	同比增长（%）	出口金额/万美元	同比增长（%）
国有企业	361821	77.80	455319.8	60.05
中外合资企业	222233	48.00	223520.1	50.95
外商独资企业	13490	67.06	48882.7	92.53
集体企业	8319	-4.83	12319.9	31.76
私人企业	175584	25.51	250074.9	60.26
其他企业	188	157.53	725.8	488.26
合计	781635	53.03	990843.2	58.91

注：海关统计数据，外资企业统计范围为出口经营主体，包括外贸公司和一些自主品牌生产企业，如长城汽车在香港上市，外资占有一定股份，在此属于合资企业范畴。

表8 2011 年 1～11 月份主要汽车企业出口数据

企业名称	2011 年 1～11 月份/辆	2010 年 1～11 月份/辆	比同期累计增长（%）
奇瑞汽车股份有限公司	149463	83176	79.69
中国长安汽车集团股份有限公司	76298	59145	29.00
长城汽车股份有限公司	76031	50895	49.39
安徽江淮汽车集团有限公司	66080	20231	226.63
东风汽车集团	58906	42872	37.40
上海汽车工业（集团）公司	55447	15394	260.19
重庆力帆乘用车有限公司	42292	18202	132.35
北京汽车集团有限公司	40556	34018	19.22
浙江吉利控股集团有限公司	34286	17138	100.06
华晨汽车集团控股有限公司	31263	24077	29.85
广州汽车工业集团有限公司	26759	33052	-19.04
中国重型汽车集团	20405	11149	83.02
比亚迪汽车有限责任公司	16160	8619	87.49
厦门金龙汽车集团股份有限公司	13878	4307	222.22
河北中兴汽车制造有限公司	12346	14902	-17.15
第一汽车集团	11160	10117	10.31
陕西汽车（集团）有限责任公司	8779	5651	55.35
湖南江南汽车制造有限公司	4719	22674	-79.19
郑州宇通集团有限责任公司	3312	2767	19.70
丹东黄海汽车有限责任公司	2568	1184	116.89

（续）

企业名称	2011 年 1～11 月份/辆	2010 年 1～11 月份/辆	比同期累计增长（%）
包头北奔重型汽车有限公司	1330	1271	4.64
中通客车控股股份有限公司	1247	633	97.00
安徽华菱汽车股份有限公司	1112	873	27.38
天津天汽集团美亚汽车制造有限公司	1003	162	519.14
荣城华泰汽车有限公司	933	0	0.00
海马商务汽车有限公司	580	351	65.24
湖北三环专用汽车有限公司	473	160	195.63
海马轿车有限公司	377	52	625.00
扬州亚星客车股份有限公司	161	59	172.88
金华青年汽车制造有限公司	129	32	303.13
庆铃汽车（集团）有限公司	86	40	115.00
东南（福建）汽车工业有限公司	67	118	-43.22
成都大运汽车集团有限公司	54	0	0.00
四川南骏汽车有限公司	4	0	0.00
北京北方华德尼奥普兰客车股份有限公司	3	0	0.00
西安西沃客车有限公司	1	0	0.00
重庆恒通客车有限公司	0	2	-100.00
汽车企业总计	758268	483323	56.89

注：数据来源于中国汽车工业协会。

6．主要整车出口企业在销售和售后服务网络建设上取得一定成效

随着出口规模的不断扩大，整车出口企业的营销和服务意识不断加强。目前，主流整车出口企业均已初步建立了覆盖主要出口市场的营销网络和售后服务体系。长城、福田等汽车企业已经开始在主要战略市场建立品牌 4S 店，一些企业在战略市场建设配件库，同时辐射周边市场；成立了售后服务国际培训中心，不断提高海外经销商的维修技能；着手建立海外信息系统，完善客户档案，处理销售、维修、投诉、索赔等客户要求。这些措施使得产品的售后服务和配件供应得到了一定保障。企业售后服务体系的建设，与目标市场需求规模直接相关，对于产品需求较小的市场，整车企业仍然主要依靠经销商的渠道和资源进行销售和售后支持。

7. 开始加快资本和技术的对外输出

在汽车出口走出 2008 年金融危机的影响之后，我国自主品牌汽车企业的海外发展战略也由最初的一般性贸易，发展到了海外生产阶段。以奇瑞、江淮等为代表的一批先行者已经开始加速海外建厂，实现生产的本土化。2011 年 7 月份，奇瑞汽车巴西独资工厂已经奠基开工，未来几年内投资 4 亿美元，建设年产汽车 15 万辆的生产线，工程将于 2013 年 9 月份建成投产。8 月份江淮汽车巴西代理经销商 SHC 集团宣布，将投资 5.1 亿美元在巴西建厂，生产经济型汽车。以往汽车企业海外建厂多以海外组装生产为主，而随着出口持续升温，出口企业开始设计长远的海外发展规划，海外建厂的定位也开始由简单组装车间逐渐向生产基地、销售和品牌传播中心转变。此外，部分自主品牌企业积极开展海外并购，如，2011 年，海纳川收购了荷兰英纳法公司，均胜投资集团收购了德国汽车零部件供应商 Preh GmbH，中国航空汽车工业控股有限公司收购了美国耐世特汽车系统公司，重庆轻纺控股（集团）公司收购了德国萨固密集团，企业通过有目的的收购核心资产，可迅速掌握核心技术和提高市场份额，加快提升核心竞争力。

三、2012 年我国汽车出口面临的形势

2012 年的中国汽车出口市场机遇与挑战并存，我们要冷静分析，积极应对，化危机为机遇，在挑战中寻求发展。

1. 欧美经济仍陷低迷，新兴经济体将是世界经济和汽车需求增长的主要动力

2011 年以来，欧洲主权债务危机愈演愈烈。在债务危机与紧缩措施多重影响下，政府支出与公众福利下降、失业率上升，欧洲经济陷入低迷。美国经济在 2011 年虽然走出了危机，但增速只有 1.5%左右，失业率仍在 9%以上的水平徘徊，而且不时面临跌入二次衰退的威胁。根据 IMF 预测，2012 年发达经济体经济增长率将为 1.9%，新兴经济体仍将是世界经济增长的主要动力，经济增速约为 6.1%。汽车市场需求与国家经济表现直接挂钩，如有预测表示，受欧债危机影响，2012 年欧洲汽车销量将会减少 2%～6.5%。我国汽车出口主要集中于新兴市场。近年，随着人均收入水平的逐步提高，新兴市场开始进入汽车普及的快速发展阶段，对低档的轿车、商用车的需求在快速增长。“金砖四国”正在成为推动全球汽车销

量增长的主力军，新车销量占世界新车总销量的比例已经从 2005 年的 16.5%上升到了 2010 年的 42%。这些市场也为我国汽车产品提供了广阔的市场空间。

2．贸易保护主义以及“中国汽车威胁论”增加了中国汽车出口压力

部分国家和地区经常采用一些关税或非关税措施限制汽车产品进口，而这些国家和地区是我国汽车产品出口的主要市场。如 2011 年 9 月，叙利亚提高汽车关税，1.6L 以下的汽车关税从原来的 40%提高至 50%，1.6L 以上的汽车关税从原来的 60%提高至 80%；同月，巴西宣布大幅提高针对进口汽车的工业产品税税率，只有车企满足 65%以上零配件产自巴西和南美洲共同市场其他国家（阿根廷、乌拉圭和巴拉圭）的前提，才能获得关税豁免。此外，各国关于车辆排放限值、车辆安全性等方面的要求日趋严格。这些日渐升级的国际贸易和技术壁垒，无疑增加了我国汽车出口的难度。金融危机后，欧美经济体对制造业的重视日益加强。欧美纷纷制订制造业回归的“美国制造”、“法国制造”、“意大利制造”的具体措施，涉及战略规划、资金、补贴、政策倾斜等措施。欧美鼓励制造业回归的产业侧重于国内创造就业，一些劳动密集型产业回归本国，将与我国出口产品形成市场份额之争，贸易摩擦也有进一步加剧的可能。在美国汽车行业管理年度研讨会上，菲亚特兼克莱斯勒集团首席执行官马尔乔内抛出了“中国汽车威胁论”，表示西方与中国汽车企业的竞争将不可避免，西方汽车行业要对中国汽车行业随时保持警觉。“中国汽车威胁论”的论调，是众多西方汽车企业的共同感觉和心理，甚至某种程度上也是西方政府的担忧。可以预见，今后中国汽车进军海外市场必将面临更大的压力。

3．中东、北非地区政局不稳

部分海外市场政治局势不稳，为中国汽车企业走出去增加了极大的不确定性。海外市场社会稳定是汽车出口的基础和保障。我国目前汽车出口市场中有些国家政治、军事局势不太稳定，如中东、北非等，战争以及动乱直接会影响到市场的需求。动荡的社会局势迫使汽车产品出口订单暂停，资金的回收非常困难。如埃及一直是奇瑞公司的主要市场，但是 2011 年 1 月份发生的动荡对奇瑞产生了很大的影响，当月就产生了 1200 套 CKD 库存，并且后续的订单全部暂停。不仅如此，战争导致石油价格的上涨，影响到汽车价格体系的走向，大大削弱了消费者的购买欲望，这都大大减少了我国汽车的出口总量。

4. 人民币仍然面临较大升值压力，企业成本优势正在减小

过去5年以来，人民币对美元升值已经超过30%。2011年10月11日，美国国会参议院通过了《2011 年货币汇率监督改革法案》。该法案的主要内容是要求美国政府对“汇率被低估”的主要贸易伙伴征收惩罚性关税，此举旨在逼迫人民币加速升值。欧债危机导致人民币汇率大幅下跌，2011年以来，欧元兑人民币汇率已下跌约14.3%，这一局面在2012年仍将不会出现明显好转。人民币升值不仅会使企业遭受汇兑损失，更主要的是由于人民币升值将造成车价上涨，直接削弱了我国汽车产品出口的价格竞争优势，加大了我国汽车企业开拓国际市场的难度。

此外，随着我国经济的发展，生产要素构成不断完善，劳动力成本逐步上升，这对我国出口企业的生产成本构成了一定压力。另一方面，以印度、越南、泰国、东欧国家为代表的新兴国家汽车产业快速成长，这些国家更具生产要素优势，对我国的汽车出口发展形成竞争威胁。我国汽车出口的比较优势正在逐渐消失。

5. 中国汽车企业拓展海外市场意愿强烈

我国在经历了2009年和2010年汽车产业飞速发展之后，目前已进入理性回归阶段，2011 年 1～11 月份，我国汽车产量 1672.83 万辆，同比增长 2%。对于2012 年汽车市场走势，国家信息中心认为 2012 年国家不会出台大力度、全局性的刺激或限制政策，车市增长将恢复到常态运行。同时可以预期，中国车市再不可能呈现出 2009 年时的高速增长。在产销增幅回落的同时，汽车行业投资和扩能保持高速增长态势，产能过剩苗头有所显现，这种过剩需要企业通过不断寻找市场来解决，因此我国汽车出口的内在驱动力是强劲的。如奇瑞汽车表示，2011年通过在海外市场的热销，有效平衡了国内汽车市场的疲软，使得奇瑞的全球市场布局更加均衡和稳定，抗风险能力进一步提升。各大汽车企业集团都在积极制定出口战略，一汽集团计划2012年自主品牌出口超过18万辆；长城汽车计划到2012 年出口 12 万辆；上汽集团 2015 年海外销售目标 80 万辆；吉利汽车计划到2015年实现1/3出口。2011年，中国将继续保持世界第一大汽车生产国和销售国的地位，越来越多的跨国公司看好中国市场，我国汽车市场的投资环境逐渐趋好，这将有助于提升我国汽车产业的整体实力，为我国汽车企业海外拓展打下坚实

基础。

6. 国家基本方针支持企业“走出去”，出口门槛将进一步加严

2000年，“走出去”被中央正式确定为新时期的一项开放战略。2007年，党的十七大报告更是明确指出：“支持企业在研发、生产、销售等方面开展国际化经营，加快培育我国的跨国公司和国际知名品牌”。2009年商务部等六部委联合出台了《关于促进我国汽车产品出口持续健康发展的意见》，指出为应对国际金融危机的影响，我国汽车产业应该按照“保增长、扩内需、调结构”的总体要求，落实汽车产业调整和振兴规划，促进我国汽车及零部件出口持续健康稳定发展。2011年7月，商务部等部委发布了《关于“十二五”期间促进机电产品出口持续健康发展的意见》。这些都为我国汽车出口增强信心、克服困难、保持增长创造了有利的条件。

国家商务部机电与科技产业司副司长支陆逊曾在公开场合表示，2012年或将通过政策调整来规范我国的汽车出口秩序，或将在提高自主品牌出口资质标准、强化境外营销网络建设的标准和要求、加快汽车企业兼并重组等方面着手，优化汽车出口竞争主体，规范和促进汽车出口。此次政策调整势必将会有很多企业因无法满足新政的要求而丧失出口资质。长远来看，这将有利于汽车出口市场的良性发展，但短期内对寄希望于以出口改变销售困局的一些自主品牌企业而言，无疑将是一次严峻的挑战，甚至将引发汽车行业的一次大洗牌。

四、2012年我国汽车出口展望

综上所述，2012年国际经济形势仍然不明朗，影响汽车市场发展的不确定因素和限制因素的副作用将继续显现，但另一方面，我国汽车出口主要面向发展中国家，经济基本面相对较好，汽车市场蓬勃发展，在政策支持力度加大、外部环境趋好以及企业自身意愿强烈等积极因素影响下，可以预见2012年我国汽车出口将继续呈现良好的增长势头，预计全年增速将突破30%以上，乐观估计全年出口量有望达到110万辆。

2012年中国汽车出口企业的海外发展战略将全面升级，将进一步转向精细化运作，创新业务增长模式，由产品国际化向企业国际化转变，将会有越来越多的企业统筹考虑海外市场战略布局，在重要战略市场建厂将由KD工厂转向合资、独资建厂，营销网络和售后服务体系的建设将由依托经销商完成转向独立完成，

企业将逐步推进后市场工作，采取融入当地市场的策略，将企业的技术、品牌、企业文化输入到当地，做到真正植根于海外市场。目前，奇瑞、长城、江淮、北汽福田等企业都已在海外建立了多家生产工厂，2012 年中国汽车企业的海外产量将进一步提升。

出口产品品种结构将进一步得到优化。国外汽车市场需求以乘用车为主，各汽车企业越来越重视乘用车的海外销售，不断地丰富出口产品种类，而不再是简单地将国内已经退市而国外有需求的产品输出。如长城汽车出口的产品已由最初的只有皮卡，发展成了现在的三大品种全面开花——哈弗 SUV、腾翼轿车、风骏皮卡三大品类出口品种多达 60 多个。我国多年来以商用车出口为主的局面正在逐步改善，可以预见，2012 年乘用车出口比重还将进一步扩大，经济型轿车和轻型载货车仍将是我国汽车出口的主力车型。

出口市场结构将逐渐向高端推进。2012 年，亚洲、非洲和拉丁美洲仍将是我国汽车出口的主要目标市场，而在欧洲市场的表现也将是可圈可点的，如长城汽车正在稳扎稳打地开拓欧洲市场，长城哈弗在欧盟意大利、罗马尼亚都有很好的销售，今后将稳步向西欧等国家扩展；吉利帝豪EC7 以及上海汽车名爵MG6双获 EURO-NCAP 4 星评级，为产品进入欧洲市场铺平了道路；吉利汽车计划向英国市场推出帝豪 EC7，奇瑞汽车与以色列集团合资成立奇瑞量子公司，生产产品计划一半出口欧洲市场。

2012 年，增长的主体仍将是国有企业，民营企业的潜力将进一步发挥。而为应对全球范围内的激烈竞争，部分跨国公司也开始考虑合资企业批量出口问题。中国正逐步成为全球汽车生产的成本洼地。在欧美尤其是美国市场，在日韩汽车企业的步步紧逼下，本地汽车企业的市场份额正在不断下滑，这迫使这些跨国公司不得不重新审视和思考低成本的中国汽车合资企业产品出口问题。2011 年，除本田广州出口基地外，上海通用、东风日产、东风神龙、郑州日产都已实现合资品牌轿车出口，预计 2012 年这一数量还将呈增长态势。

（作者：曲婕　吴松泉）

2012年二手车市场值得期待的变化

2011年的汽车市场多少有些令人失望，中国的汽车行业一下子从甜蜜的美好生活坠落到了艰苦奋斗的日子里，汽车厂商和经销商们开始为越来越完成不了的销售任务而发愁，为越来越大的冗余库存而焦虑，为日益吃紧的流动资金而犯难，为经营利润大幅度下滑而揪心。年初时汽车行业内外都还沉浸在汽车丰年的喜悦之中，业内专家学者们纷纷猜测年度增长率将会在15%～20%之间，可汽车市场与专家们开了一个不大不小的玩笑，实际运行结果却是连预测的零头都不到，与预测相差甚远。据中国汽车工业协会发布的数据，2011年国产新车销售1850.51万辆，同比增长率为2.45%。其中，乘用车销售1447.24万辆，同比增长5.19%；商用车销售403.27万辆，同比下降6.31%。

与新车市场极度疲软相比，二手车市场总体来说还算说得过去。据中国汽车流通协会对全国400余家重点二手车交易市场统计的数据，2011年1～11月份，全国共交易二手车3859977辆，同比增长12.67%。这意味着时隔三年，二手车市场增长速度再次超过了新车，而且增速超出了10个百分点以上。预计全年二手车交易统计数据突破430万辆已无悬念，实际交易量将有可能突破600万辆（注：统计范围约占实际交易量的70%）。

一、2011年二手车市场的主要运行特征

据中国汽车流通协会发布的二手车交易数据显示，2011年1～11月份，全国共交易二手车386.0万辆，同比增长12.7%（见图1）。其中，乘用车共交易237.72万辆，同比增长13.11%；商用车共交易120.23万辆，同比增长10.23%；其他车交易28.04万辆，同比增长20.13%。全年市场运行呈现出如下七个特征。

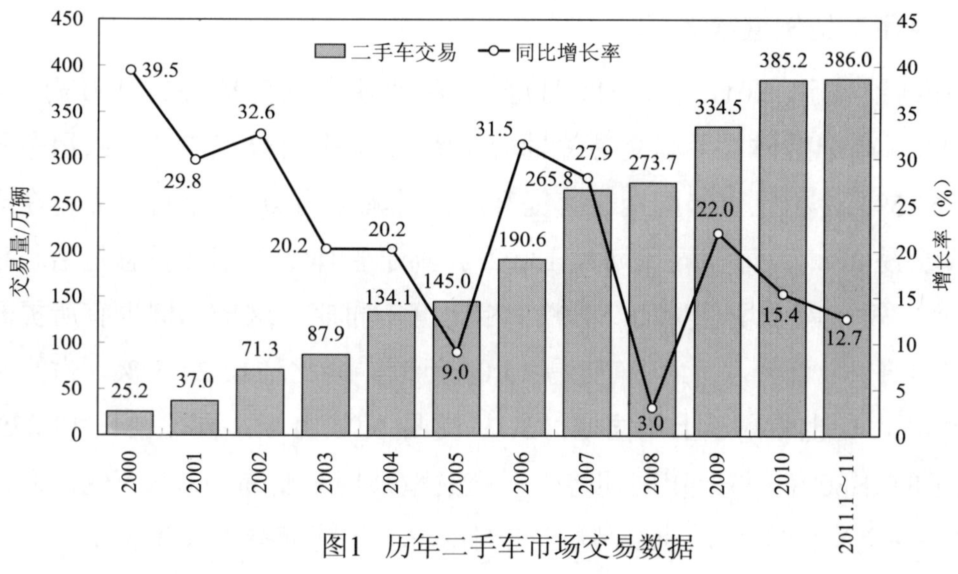

图1 历年二手车市场交易数据

1．交易量逐月攀升，历史高度再次被刷新

在 2009 年之前，当月度交易量突破 30 万辆时业内人士都感到欢欣鼓舞，然而随着时间的推移以及二手车市场的成长，当今，30 万辆的月交易量已经成为常态。2011 年除了前两个月份，其余各月份交易量都稳定在 35 万辆以上，11 月份以 435164 辆的交易量，突破了 2010 年 12 月份 435096 辆的历史最高纪录。根据二手车市场季节变化规律，每年的 12 月份二手车交易量会达到年度的最高点，预计 2011 年 12 月份的交易量还有可能继续上冲，极有可能实现单月突破 45 万辆（见图 2）。

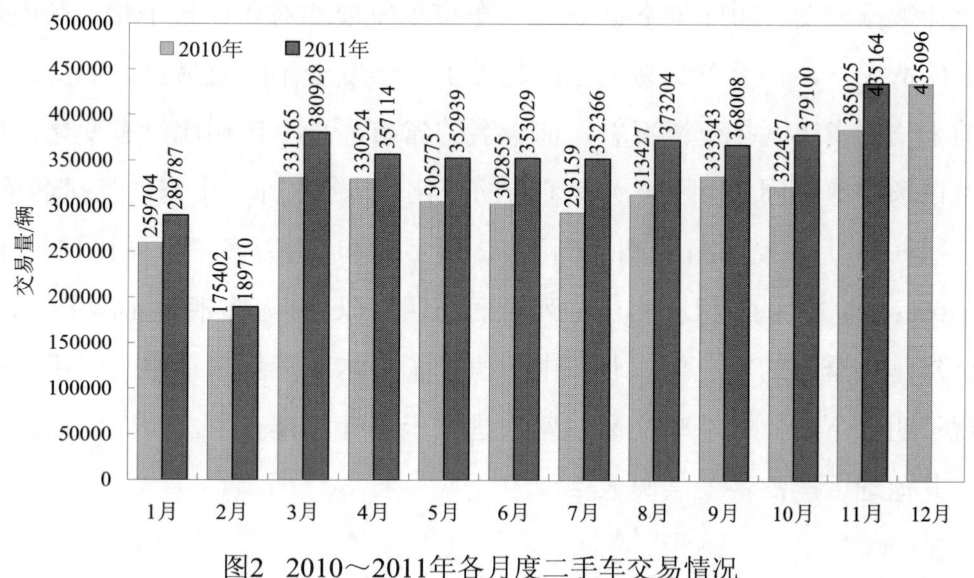

图2 2010～2011年各月度二手车交易情况

2．乘用车比例继续提高

统计结果显示，2011 年 1～11 月份，二手乘用车共交易 237.72 万辆，同比增长 13.11%，高于整体二手车交易总量增长率 0.44 个百分点，二手乘用车占交易总量的 61.59%，相比上年同期略有提升，提升幅度为 0.24 个百分点。在乘用车中，轿车交易 208.7 万辆，同比增长 13.02%，高于整体二手车交易总量增长率 0.35 个百分点，轿车占市场总量的 54.07，相比上年同期，这一比例也有所提升，提升幅度为 0.17 个百分点；MPV 交易 15.01 万辆，同比增长 24.67%，占交易总量的 3.89%，占比也略高于上年同期；SUV 交易 6.94 万辆，同比增长 12.22%，占交易总量的 1.80%，与上年同期持平；交叉型乘用车交易 7.07 万辆，同比增长 18.70%，占交易总量的 1.83%，这一比例也与上年同期持平（见表 1）。

表 1　2010 年和 2011 年 1～11 月份各车型占总交易量的份额表

（单位：%）

车型	乘用车				商用车		其他车	农用车	挂车	摩托车
分类	轿车	MPV	SUV	交叉型	货车	客车				
2011 年	54.07	3.89	1.8	1.83	15.02	16.13	2.81	0.49	1.0	2.96
2010 年	53.9	3.81	1.8	1.83	15.62	16.22	2.25	0.46	0.8	3.31

3．全国市场平稳增长，西部强于东部

统计数据表明，2011 年各区域二手车市场发展相对还比较平稳，在还差一个月数据的情况下，二手车交易量已经超过了上年度全年的交易量。从交易量排在全国前十位的省市区排位情况看，前十名的省市区与上年相比没有变化，但由于各区域市场增速不同，地区座次有了新的变化。其中广东、山东继续排名前两位，2011 年 1～11 月份交易量分别达到了 72 万多辆和 39 万多辆，同比增长 15.24%和 15.30%；继 2010 年超过北京位列第三的四川以 39 万多辆和 14.49%的同比增长率仍然排在全国的第三位；北京由于执行了限购政策新车销量与二手车交易量均出现了明显下滑，二手车交易量座次进一步下挫，排在了上海、河南之后位列第六，其他地区座次不变（见表 2）。

表 2　交易量排名在前 10 位的省市交易量与同比增长率

名次	省份	累计交易量/辆	同比增长率（%）
1	广东	727129	15.24
2	山东	393531	15.30
3	四川	391912	14.49
4	上海	292510	4.81
5	河南	255730	19.02
6	北京	242688	-20.59
7	浙江	224495	7.75
8	辽宁	200917	14.95
9	云南	154826	22.09
10	陕西	118810	19.52

然而，市场增长最快的区域却并不在这前十个地区之内，交易增长率排在前5位的区域分别为：青海增速为132.51%，广西增速为61.14%，贵州增速为46.97%，甘肃增速为 40.88%，海南增速为 29.77%。从该五个省所处的区位情况看，交易量增速的前 4 名，均在西部。

4．二手车平均交易价格继续攀升

统计结果显示，2011 年全国二手车平均交易价格约为 4.68 万元（见图 3），与上年同期相比增长了 2.41%。其中基本型乘用车（轿车）平均交易价格为 4.99 万元，与上年同期相比略有提高，提高幅度为 0.81%；MPV 平均交易价格为 6.58 万元，比上年同期增长了 8.22%；SUV 平均交易价格为 15.22 万元，比上年同期下降了 0.08 万元；交叉型乘车平均交易价格为 2.99 万元，比上年同期有了明显下降，降幅高达 11.25%。客车平均交易价格为 4 万元，比上年同期增长了 0.03 万元；货车平均交易价格为 3.75 万元，比上年同期增长了 0.43 万元，增幅明显。从各品种交易价格变动情况看，二手车交易价格总体变动幅度不大，主流品种的交易价格呈现逐年温和上升的趋势。2011 年度，只有交叉型乘用车与载货车的交易价格有了超过 10%的变化。

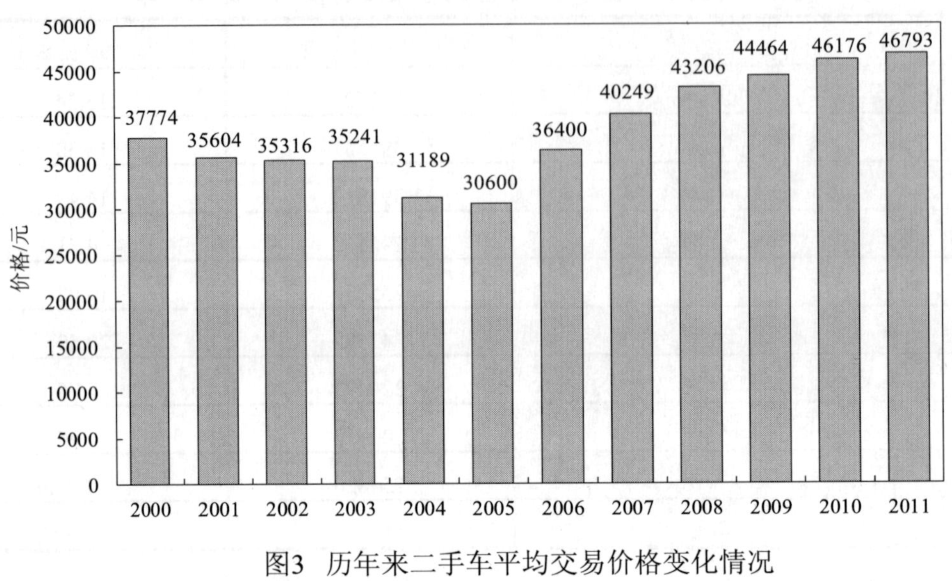

图3 历年来二手车平均交易价格变化情况

5. 各车龄段配比趋于稳定，“中青年”是大头

随着汽车消费经验的不断积累，广大消费者对于汽车消费的理念已经发生了较大变化，虽然不排除攀比消费以及身份象征意义消费的情况仍旧存在，但其交通工具的属性得以逐年强化，广大民众的汽车消费观念更加理性，二手车更新换代情况逐步稳定。统计结果显示，使用年限在3年以内的准新车比例为总交易量的18.74%，与上年同期相比高出了1.42个百分点；使用年限为3～10年的二手车占到总交易量的75.04%，这一数据与上年同期基本相当；使用时间超过10年的“老爷车”比例达到了6.22%，比上年同期下降了0.5个百分点（见图4）。以上数据表明，我国二手车市场产品结构、年限结构已经趋于稳定，使用年限在3至10年的“中青级”年限的二手车占有市场的绝大多数，近5年均保持在75%以上；而使用年限在3年以内的准新车的比例一般保持在15%～20%之间波动；10年以上的老旧车的比例一直在5%～7%之间徘徊。这从另一方面说明了当前我国汽车消费的特点：一是汽车消费趋于理性，新车从购买到更新的时间段比较集中；二是与我国汽车市场产品线丰富，新车型多，新技术应用快有关，汽车消费的更新换代频率较高；三是我国是一个新生市场，在汽车保有中老旧车比例不大。

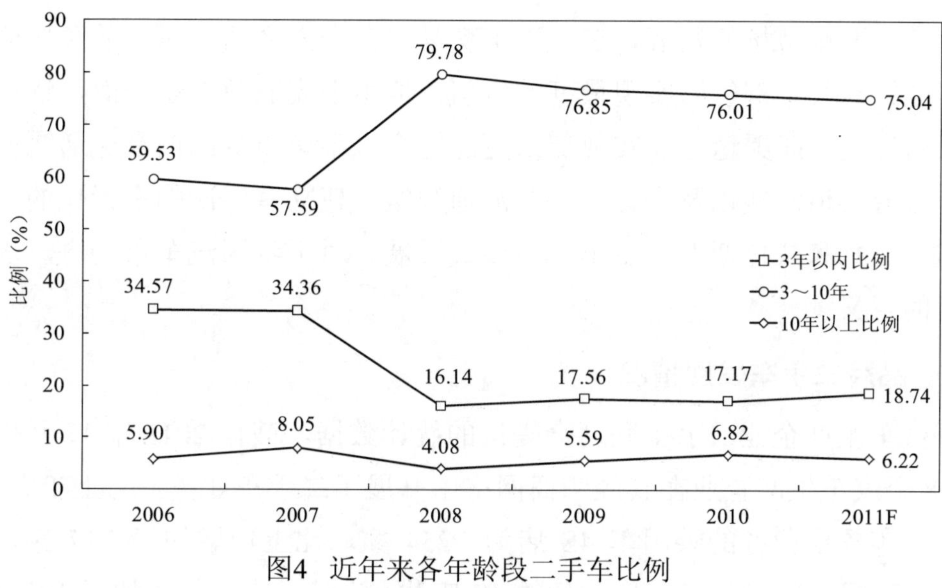

图4 近年来各年龄段二手车比例

6. 渠道流通渐成为二手车流通的主要通路

据统计，2011 年前 11 个月通过渠道企业实现的交易比例为 30.88%，与上年度的 29.56%相比，增长了 1.32 个百分点，与前些年 10%左右的比例相比，有了大幅度提高（见图 5）。实际上，这个比例还应该更高一些。在实际操作中有相当数量的经纪公司在二手车交易中，有一个“背车”环节，“背车”人可能是专业“背车”户，也有的是用公司员工的身份“背车”。因此，这种“背车”现象无法进入统计数据中。

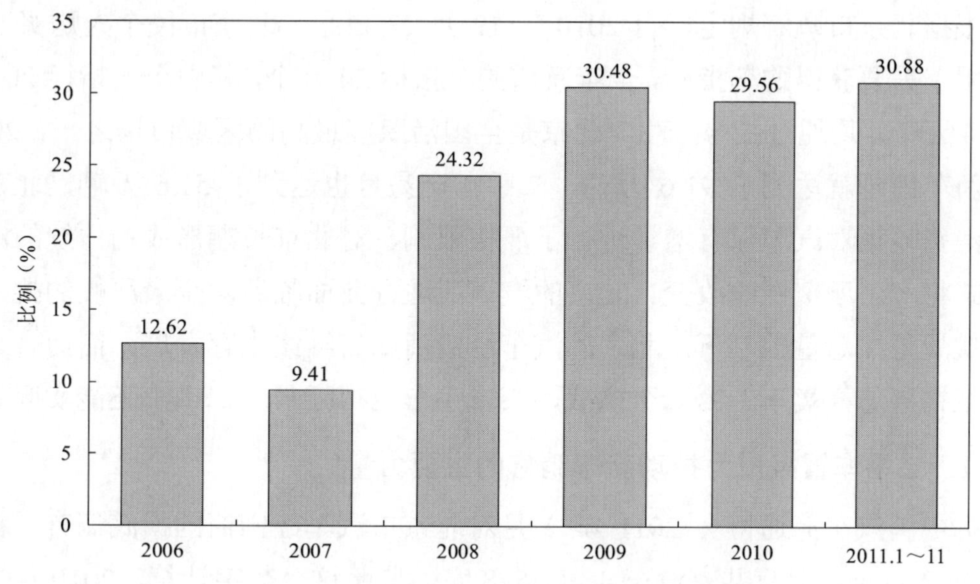

图5 近年来通过经营企业实现交易的比例

随着二手车市场的发展，在二手车交易中，个人之间一对一的直接交易形式虽然可能针对某个例能够实现最高的价值，但由于流通效率最低而呈逐年减少的趋势，而通过中间渠道企业实现交易更加符合二手车自身的商品流通属性。研究二手车流通渠道发展以及完善二手车流通政策，建立多层次的多元化的二手车流通渠道，鼓励和扶持新型二手车流通模式发展，对于我国汽车市场进一步发展具有深远的意义。

7. 品牌二手车发展情况

据汽车生产企业二手车联席会提供的统计数据，截止 2011 年 11 月份，全国共有 18 个汽车生产企业在其经销商网络中开展了二手车业务，与上年数量相同；开展二手车置换业务的乘用车 4S 店为 3254 家，比上年增加了 717 家，增长了 28.26%；开展认证二手车零售业务的 4S 店共 966 家，比上年增加了 182 家。2011 年 1～11 月份共置换二手车 236989 辆（上海通用填报的是认证二手车零售数量，实际置换数量应高于此数据），同比增长了 23.1%；二手车销售总量为 187218 台，同比增长 211%；认证二手车零售 27456 辆，同比增长 68.03%。新车经销商二手车置换数量在全国二手车交易量中占比达到了 6.14%，这一比例与上年同期相比提高了 0.52 个百分点，由此可见，新车经销商的二手车业务正在稳步推进。

二、北京二手车市场的新调整

根据北京市政府规定，自 2010 年 12 月 23 日起，北京市民个人购买 9 座以下乘用车需要获得购车指标，全年新增购车指标 24 万个，其中个人指标 20 万个，企业 4 万个，均通过摇号产生。北京是全国活跃度最高的区域市场之一，2010 年全年新车销量就达到了 91.6 万辆，二手车交易量也达到了 51.6 万辆，北京新的汽车消费政策对汽车保有增量进行了严格限制，对北京长期形成的传统的汽车消费方式将产生颠覆性的改变。北京的汽车流通行业面临着两个最严峻的挑战：第一个挑战是在总量控制下，北京的汽车经销商如何继续生存发展，简而言之，北京的经销商怎样卖车？第二个挑战，买二手车也得摇号，二手车还能卖吗？

1. 二手车置换成为拉动新车销售的主要力量

据中国汽车流通协会 2011 年 2 月对北京市汽车经销商的摸底调查，截止到 2011 年 2 月末，北京共有汽车 4S 店 578 家，按照这个数字计算，2010 年平均每家店销售新车在1500辆以上；假如按照24万辆新车销量计算，平均每家店销售新车也就是415辆。北京限购政策公布后，经销商们多少有些迷茫，如果真的如某些人说的那样一年一个店就销售400辆新车，按照当前4S店的服务链各环节的盈利水平，应该说半数以上企业将会出现亏损。于是，2011年初，北京乃至全国经销商开展了“变革”与“转型”的大讨论。得出的结论是，汽车经销商这个群体，经过十几年的成长，已经趋于成熟，应该思考自身的发展问题。汽车经销商也视时机从“卖车”向“服务商”转化，汽车经销商做好前端的新车销售非常重要，但服务链的后端同等重要。二手车、汽车金融、维修服务、汽车装饰美容、汽车俱乐部等汽车“后市场”将成为尚未开发的而且极具发展潜力的细分市场。如果说汽车服务链的前端即新车销售业务由汽车生产企业高度控制的话，则后市场各项业务，汽车经销商则具有更多的自由度和发挥空间，是汽车经销商树立自己服务品牌的重要阵地。北京的经销商，如果在市场总量恒定的前提下取得生存和发展，比较直观和容易着手的工作就是开展二手车置换业务，通过二手车置换，既可以将新车销量保持在正常水平，同时也可以通过二手车业务为企业带来经营利润。据笔者了解，截至2011年年末，几乎所有北京的汽车经销商已经自己独立开展或与专业二手车商联合开展了二手车业务，在业务的深度上也从年初的试探发展到年末的全面开展。

据厂家二手车负责人联席会对北京各4S店的销售数据统计，2011年11月份相当数量的品牌整车在北京地区的销售置换率超过50%，如奇瑞瑞麒G5达到67%，东风悦达起亚为63%，雪铁龙C5为61%，东风本田思铂睿为57.5%。

另据亚运村汽车交易市场发布的数据，亚运村汽车交易市场新车一站式更新上牌数占总上牌数从2月份不足5%，上升到11月份的60.87%。北京全年淘汰老旧机动车22.4万辆（含外迁与报废数量），而全年新车销量为40.35万辆，仅老旧车更新对新车销量的贡献度就达55.5%。由此可见，北京汽车市场在限购政策的作用下，正在逐步呈现成熟市场的特点，二手车置换成为拉动新车销售的重要力量。

2．二手车流通流向，从本地消化过渡到了外销为主

“买二手车也得摇号”，使得比较活跃的京城二手车市场一下子进入了冰点，二手车商们考虑的是收上来的二手车卖给谁；消费者们考虑的是好不容易摇中一个购车指标还买不买二手车；“二手车只能卖到外地去吗？”等等疑惑对北京的二手车市场一是个严峻的考验。于是有人说，北京实行限购政策，受打击最大的不是新车市场，而是二手车市场将面临着灭顶之灾。据北京旧机动车交易市场统计的数据，以往年份，北京二手车超过90%为本地购买，不足10%销往外地，而且这种比例已经相对稳定。依据这个数据与北京上年度二手车交易数据判断，北京 2011 年二手车交易量将会有近 90%的缩减。这个判断从北京年初的二手车交易数据上也得到了印证。据北京亚运村汽车交易市场发布的数据，2011 年 1 月份和 2 月份全北京二手车交易量分别为 6148 辆和 7194 辆，分别比上年同期下降 83.6%和 75.5%。由于通路受阻，二手车价格大幅度跳水，平均下探 30%。在这种情况下，在业内小有名气的、有外资背景的二手车经销商——“北京帅车二手车经纪公司”由于投资人撤资而宣布倒闭，从而引起了业内不小的震动。

面对如此严峻的形势，北京的二手车行业没有如大家想象的那样，二手车商大面积退出，而是以多种方式拓展渠道，积极寻求新的发展模式。“走出去”，与外地二手车经销商建立合作关系或到外地设立分支机构，打通二手车流通渠道，显然是北京二手车商们的第一选择。就连北京市旧机动车交易市场这样的龙头企业也萌生了到外地开市场为本地车商找出路的想法，并带领本市场的二手车商赴多地进行考察。从 2011 年北京二手车流向情况看，外销成为北京二手车市场的主要路径，据北京亚运村汽车交易市场发布的数据，2011 年北京二手车外迁率从上年度的 10%上升到 56%。

3．4S 店成为二手车的主要产生源

买车需要购车指标，而每月摇号所产生的 1.67 万个购车指标与购车需求还有相当的差距。据北京相关部门公布的数据显示，随着时间的推移，加入购车摇号的队伍越滚越大，2011 年 12 月摇号大军已经扩充到了 82 万之众，中签比例达到 1∶41，难度可见一斑，置换就成为老百姓购买新车的另一重要途径，从某种意义上讲，置换购车比摇号购车的人群会更大。据相关报道称，截止到 2011 年年底北京汽车保有量已经接近 500 万辆，如果以北京常住人口 2000 万人计算，平均 4 个人就有一辆汽车，也就是说，平均每个家庭就拥有一辆汽车，这也为置换提供了基础。在此背景下，各汽车生产企业以及经销商均针对北京特殊情况推出花式繁多的刺激措施，有力地推动了北京汽车经销商的二手车置换，彻底改变了过去买卖二手车到二手车交易市场找二手车商的传统做法，而是直接到 4S 店置换新车。对于广大消费者来说，到 4S 店置换不但可以享受厂家、经销商给予的优惠，经销商还能够给予旧车评估折价、生成购车指标、新车验车上牌等多项服务，省去很多麻烦，深受消费者欢迎。北京的 4S 店已经取代二手车市场成为二手车的主要生产源，也吸引着众多二手车企业与 4S 店建立合作关系。有相当数量的二手车经销商、拍卖行寄生在 4S 店，驻店（4S 店）经营、上门（4S 店）收购成为北京二手车企业发展的一大特色。

4．二手车拍卖出现转机

本世纪初，全球最大的二手车拍卖公司美瀚进入中国，并先后在上海、深圳、北京建立了三个合资二手车拍卖公司，但遗憾的是，最终因市场不够成熟而被迫退出。国内其他专业二手车拍卖公司也是举步维艰。因此许多业内人士一致认为，中国的二手车市场不成熟，因为它缺少了商品流通中的批发环节；同时，由于中国的二手车市场存在严重的供需矛盾，二手车“产能不足”，二手车商们没有多余的资源进入“批发”环节，二手车拍卖企业仅靠关系从政府里弄点车来拍卖，很难支撑企业的正常运转。北京实行限购政策，二手车不好卖了，过去车商们搭建的销售渠道已经难以满足新环境下企业生存的需要，自然就会找到拍卖公司寻求出口。同时，新车经销商置换业务的全面开花，也必然会出现大量的店内无法消化的二手车资源，走拍卖市场，是汽车经销商的理想选择。因此，北汽鹏龙、北京美奥等传统二手车拍卖公司，以及亚运村汽车交易市场的“车易拍”、北京旧机动车交易市场的“即时拍”等基于互联网的二手车拍卖平台受到市场的追捧，拍卖业务增长迅速，成为北京二手车市场的一大亮点。

5．新技术得到应用

如何用最短的渠道、最少的时间、最小的成本实现二手车交易，也就是说二手车的流通效率是新形势下北京二手车行业最需要迫切解决的问题。北京旧机动车交易市场的“即时拍”平台，是基于互联网技术的网上竞价系统，利用其交易市场的集客效应，吸引消费者个体将分散资源通过“即时拍”平台集中（即资源提供方），以市场内几千家二手车商户以及外省市合作单位的商户作为目标客户（即二手车买受人），通过网上竞价，而进行的 C2B 拍卖交易。其卖点有三，一是快捷，车随到随拍；二是多家竞买人通过互联网出价，使卖车的消费者获利最大，能够吸引更多的消费者选用这种方式卖车；三是外地的会员也可以参加竞价，不受地域限制。同时，北京旧机动车交易市场还有其母公司北京祥龙博瑞汽车集团旗下32家4S店作为“即时拍”平台终端资源采集点与竞买点，对平台形成了强有力的支撑。2011年全年“即时拍”平台共成交二手车约1.2万辆，其中2011年新推出的置换“即时拍”，共成交2513辆，拍卖成交率高达49.1%。

北京巅峰科技在北京亚运村汽车交易市场设立的基于互联网技术的“车易拍”平台，属于二手车网络市场，其做法是将触角延伸到4S店，协助有合作协议的4S店开展置换业务，并对该店收购无法消化的二手车通过“车易拍”平台分配给全国各地的会员。其两大亮点，一是先进的检测方法，有效地解决了二手车信息透明问题，即用先进的二手车检测设备和检测方法，对二手车进行全面技术检测，并以容易理解的表现方式将检测结果在互联网上进行描述，特别是该公司对检测报告负责的承诺，让二手车交易成为阳光工程，在国内首次做到了不用到现场实地看车就能对目标车辆的综合技术状况全面掌握，极大地鼓舞了合作单位的信心，减少了会员企业的运营成本，也最大限度地提高了运营效率。2011年全年在“车易拍”平台拍卖的车辆达3万余台次，拍卖成交7000余辆，会员分布在全国16个省、自治区、直辖市的60余个城市，成为我国二手车流通业升起的一颗新星。

6．二手车市场从迷茫到走上正轨，新旧车销量比达到1∶1

从北京亚运村汽车交易市场给出的数据反映出，北京的二手车市场经过迷茫、探索，终于走上了正常发展的轨道（见图6）。从图6中不难看出以下三个主要特点：

一是北京二手车市场没有了季节波动，呈现逐月攀升的运行轨迹，说明北京二手车市场在逐渐寻求适应新环境的发展方式；二是一年中有半数的月份二手车交易量超过新车销量，特别是年度后期，连续5个月二手车交易量超过新车销量，呈现出了成熟市场的发展特征，二手车市场成为支撑新车销量的重要砝码；三是全年新旧车市场趋于平衡，全年新车销量为40.35万辆，二手车交易40.1万辆，新旧车比例接近1∶1，而这一比例在2010年为1∶0.6，北京成为国内首个新旧车比例接近1∶1的城市，京城二手车市场进入逐渐成熟的上升通道。

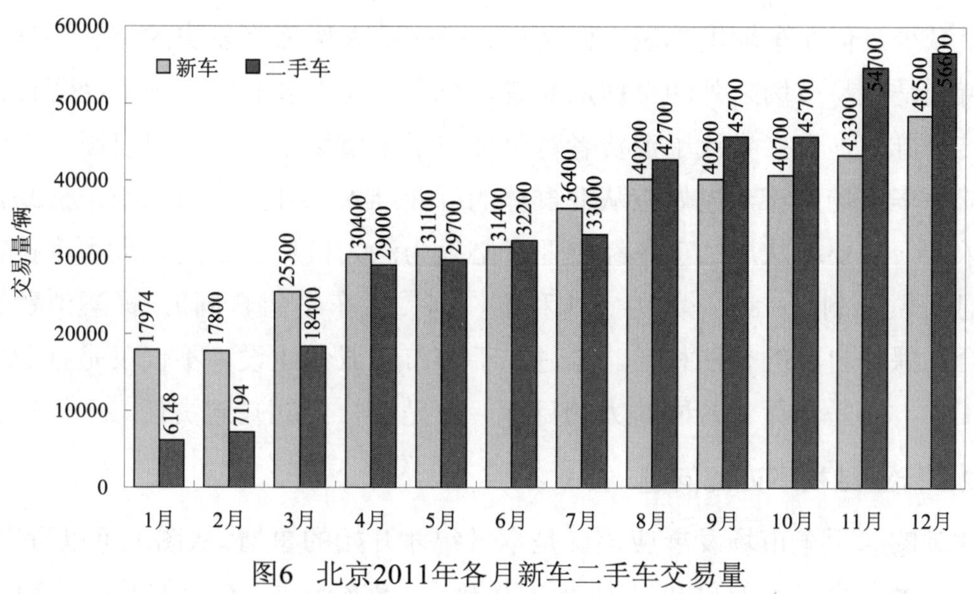

图6 北京2011年各月新车二手车交易量

三、二手车市场现阶段存在的主要问题

不得不承认，提到二手车，就会让人们联想到了“不透明”、“不诚信”、“不放心”等一系列让人头痛的问题，也会让读者们感到没什么新意，总是老生常谈。的确，虽然我国二手车市场一年比一年有变化，市场规模一年比一年大，但是我们看到的更多仅仅是量上的变化，并未出现广大消费者所期盼的明显的质的飞跃。但这些老问题需要经常谈，以引起社会的关注以及行业主管部门的重视，为早日解决这些问题提供线索和突破口。

1. 行业诚信仍是首要问题

其实在发达国家也曾经历过二手车市场诚信缺失的阶段，因而在一些国家把二手车比作“柠檬”，表面上看上去没有多大区别，实际上却存在很大差异，表面上看上去很好，可“心儿里”却已经烂掉了。笔者曾在各种场合不厌其烦地推广二手车信息表，而且《二手车交易规范》以及《二手车交易合同示范文本》均要求二手车经销商在销售二手车时要公示二手车质量信息，但收效不大。我们看到的大多数情况是在车辆的前风窗放上一张纸写上出厂日期，车况良好，价格面议之类的模糊概念，消费者所关心的车辆各重要机件及部位的技术状况以及真实的销售价格很少有企业明示。所以，消费者在购买二手车时不得不小心翼翼。虽然当前的大环境比过去要好了很多，公开欺行霸市、强买强卖、故意欺骗的情况大幅度减少，但在车辆里程表上做文章、隐瞒重大碰撞修复史的情况还是时有发生。特别是交易市场之外的个体从业者，总不能让人放心，不规范经营行为多来自于这个群体，直接导致了消费者对整体二手车市场不信任。建议国家主管部门加强二手车市场监管，先规范从业群体的行业准入，并按照《二手车交易规范》的要求。一是要求从事二手车经营业者必须为法人机构；二是加大力度推行二手车信息表填报制度；三是大力宣传和推广《二手车销售合同》，提醒消费者用好销售合同保护自己的合法权益。推进二手车市场诚信建设，不仅仅是行业协会的主要工作，还是全行业共同努力的目标，更是全社会的共同责任。

2．行业结构不匹配问题

我国的二手车市场发展应该说是本世纪才开始的事情，从图1可以看出，2000年全国二手车交易量的总和仅为25.2万辆，虽然经过了10年的发展，2010年二手车交易量已经达到一个比较高的数值（统计数量达到了385.2万辆），但仍然处于发展初期，行业结构的形成与完善还需要一个过程。这就决定了现阶段我国二手车市场存在如下三个方面的困扰：

第一，以小规模的经纪公司以及从事二手车买卖的个体业者为市场主流。我国二手车源基本上都分散在消费者个体手中，收集这些资源客观上决定了分散在民间的小作坊式的经营方式成本最低。同时，由于我国经济发展的不平衡，各地区、各城市之间的差异性，相当数量城市的二手车市场还处于萌生期，行业从业者几乎全部是未经注册登记的个体工商业者，交易形式也是集贸市场形式。

第二，市场中存在的“潜规则”，让正规企业饱受困扰。在二手车买卖中的“体外循环”已司空见惯，油水大的买卖自己做，“瘦活儿”留给公司交差。在这种市场环境下决定了小规模、家庭式的小经纪公司能够取得较好的经济收益，而一旦企业上规模、开始注重品牌建设，则企业就会面临成本成倍增长，管理难度大幅度提高的怪圈。难怪很多以现代企业制度成立的所谓的独立品牌二手车经销商举步维艰，赚钱的少，吆喝的多。

第三，二手车资源匮乏，难以支撑大企业成长。有车就不愁卖，再加上汽车租赁业的短板，二手车拍卖尚未发展起来，少了商品流通中的“批发”环节，二手车经营企业单位时间内获取大批量二手车难以实现，客观条件有利于小企业的存活而不利于大企业的发展。形成跨地区的大型二手车经营企业还需要三个重要先决条件：一是政策鼓励和扶持，如近两年二手车交易市场升级改造示范工程那样，向大型规范运作的二手车经销商提供发展扶持资金；二是汽车租赁业进一步发展，当前已经有大型汽车租赁企业出现，为大型二手车企业生存发展提供支撑；三是资本开始青睐二手车市场。

3．市场软环境滞后的问题

关于这一问题，在很多的文章中都有涉及，笔者就不想再多说些什么了，主要有以下五个方面：第一，没有行业准入标准，市场鱼龙混杂；第二，税收政策不配套，正规的二手车经营公司税赋高于不正规的经纪公司；第三，二手车鉴定评估无标准，买车不放心；四是资源渠道单一，汽车金融不普及，汽车租赁市场不活跃，导致二手车经营资源严重紧缺；五是二手车经营管理人才储备不足等等。

四、二手车市场可期待的变化

笔者在写二手车市场分析文章时，习惯性地先谈一点对新车市场的观点，并拿新车市场与二手车市场进行比较，在 2009 年、2010 年撰写《中国汽车市场展望》稿件时就用了比较大的篇幅阐述新车市场发生了井喷，二手车市场为什么不喷。当笔者看到我国新车市场连续出现超高速增长之时，也充满了对二手车市场的期待，这一点可能许多业内人士会有相同的感受。曾经在 2010 年年初的一次行业聚会上，一位来自二手车行业的人士表达了对国产新车市场46%增速的惊叹，笔者对其说了这样一个概念“您知道这 1300 万辆车是给谁买的吗？是为你们二手车商啊！再过两年，这一千多万辆汽车会陆陆续续流入二手车市场。”在刚刚过去的 2011 年，当汽车专家们在分析为何中国汽车市场从超高速发展状态突然制动的时候，笔者本文的话题则变成了“当新车市场理性回归时，为啥二手车市场还能保持较高的增速”。笔者也翻阅了在 2011 年《中国汽车市场展望》中的撰稿，提出了两个观点都得到了印证。一个是“2011 年新车销量增速将会出现明显回落”，另一个是“预计 2011 年二手车市场增速将会达到约 20%”。虽然从 2011 年前 11 个月的数据看没有那么高，但保持两位数的增长已成定局。2011 年已经成为历史，二手车市场在新车市场出现萎靡之时仍然保持了较理想的运行状态，那么 2012 年二手车行业又将有哪些变化值得我们来期待呢？

1．与二手车市场发展相关的行业政策可期待

早在2009年国务院颁布的《汽车产业调整和振兴规划》就在政策措施中明确了应完善二手车流通政策。从规划的文字中可以看出，国家拟完善的行业政策有五项：一是“建立二手车鉴定评估国家标准”；二是建立临时产权登记制度；三是调整二手车交易的增值税征收方式；四是取消二手车交易市场的不合理收费；五是严格经营主体市场准入。由于种种原因，该五项政策均没有出台。2011年12月份，商务部发布了《关于促进汽车流通业“十二五”发展的指导意见》，明确了二手车市场发展目标以及主要保障措施。指出二手车市场已经进入了全新的发展时期，二手车流通已经成为新车市场的重要支撑力，2015年二手车交易量将超过1000万辆，比“十一五”末翻一番，年均复合增长率将保持在15%以上。为确保这一目标的实现，国家主管部门将加快相关配套政策的制定，为二手车市场的健康发展提供良好的政策环境。其中提到的有关促进和规范二手车市场发展的政策标准有3项，分别为二手车鉴定评估规范，二手车交易增值税征收政策，以及二手车临时产权登记制度，与《汽车产业调整和振兴规划》所提到的建立和完善的二手车政策法规的前三项完全一致。因此，我们完全有理由相信，决定二手车市场进一步健康发展的，与企业前途命运息息相关的，行业期盼已久的二手车流通三大政策将浮出水面。

第一项是二手车鉴定评估规范，按照《汽车产业调整和振兴规划》的提法应该是国家标准。该项国家标准主要解决二手车信息公开的问题。即通过对二手车技术鉴定环节的流程、方法以及鉴定结果按照统一的语言进行描述和标准化，不但方便二手车的流转，而且还能够让广大消费者通过实施该项标准，了解车辆的技术性能，做到放心消费。

第二项是二手车交易增值税征收政策。二手车交易增值税征收政策形成于2002年，当时我国二手车市场刚刚萌发，企业形态仅有交易市场一种，二手车交易基本上是一对一的直接交易，二手车流通只有平台（二手车交易市场），而没有渠道（二手车销售公司）。而随着2005年《二手车流通管理办法》的实施，企业形态以及二手车流通方式多了起来，除了二手车交易市场之外，多出了二手车经纪公司、经销公司、拍卖公司等，而这些企业在经营过程中发现存在增值税征收不合理的问题，正规二手车经营企业反而税赋要比个体经营户以及经纪公司高。因此，研究和出台新的增值税政策是确保我国二手车市场是不是向前发展的

重大课题。这个问题解决好了，将改变当前二手车流通中税收不平等的问题，为品牌二手车发展扫清障碍。

第三项是建立二手车临时产权登记制度。其实说白了就是在二手车流通过程中实行车牌分离。按照现行的《机动车登记规定》(2008 年 5 月 27 日公安部部长令第 102 号)，机动车转移登记实行车体与牌照分离，即二手车交易成功后，原牌照上交车管所，如果牌照登记时间超过 3 年，原机动车所有人保留牌照；但此时买家不管是否为经销商，也不管买方用途是为了销售还是自用均在上交牌照的同时申领新的牌照。如果对现行的《机动车登记规定》稍加改动，前端的上交牌照不变，只在登记端加以改动，变为“如果买方为从事二手车销售的法人，则不需要申领新牌照，而是仅进行产权临时登记；只有当买方变为自然人或无二手车销售业务的法人时，再申领新牌照，并对机动车进行登记”，就能省去很多麻烦。其实二手车临时产权登记的做法属于国际通行做法，当机动车进行流通环节后，在日本叫做临时注销，在德国干脆就直接注销，等到最终进入消费端，再予以登记。这样可以实现二手车与车牌的分离，还二手车本来的商品属性，将有力地促进二手车全国大流通、减少流通成本和环节手续。

2．二手车行业结构变化值得期待

在上一部分谈到我国二手车市场存在的主要问题时，提到了行业结构不合理，小规模经纪公司以及个体经营业者为当下市场的主要力量。但这种情况正在逐渐发生变化，这一点从商务部发布的《关于促进汽车流通业“十二五”发展的指导意见》(以下简称《指导意见》)中以及整体二手车市场发展趋势中可以看得非常清楚。《指导意见》针对二手车行业结构不合理的问题提出了“二手车置换、经销、拍卖等多种经营模式协调发展”的总体思想，并专门用一个比较大的篇幅分三个层次阐述如何“积极培育二手车市场”。

(1)《指导意见》从三个层次提出要“大力发展品牌二手车经营” 一是鼓励和支持汽车供应商开展的品牌置换和认证二手车业务。根据发达国家汽车行业的发展经验，当汽车市场进入饱和阶段，维持新车销售市场的三个支柱分别为置换、租赁和报废更新，而从我国的北京、深圳、广州、上海等一线城市汽车市场表现看，虽然新车市场还没有进入饱和阶段，但由于受道路、停车等资源的制约，已经表现出增长乏力的态势，而且全国汽车市场 2011 年也出现了滞涨。在这种情

况下，二手车置换就成为拉动新车销售的主要力量。各品牌为了保持市场份额，均采取了多种形式在其网络中推广置换业务，而且，随着各企业二手车业务经验的积累，以及经销商对二手车运营规律的逐渐掌握，二手车置换、零售以及认证二手车业务均取得了较大的进步。据汽车生产企业二手车联席会提供的截止2011年11月份的统计数据，二手车置换量同比增长了23.1%；二手车销量同比增长了211%；认证车零售量同比增长了 68.03%。因此，可以预见，以汽车供应商为主导的品牌置换与认证业务将会在 2012 年度加快推进速度，二手车置换量与二手车总交易量的比例将会进一步提升，并成为我国二手车市场的重要力量。

二是鼓励有条件的汽车经销商集团发展二手车业务。汽车经销商集团，特别是形成区域优势的汽车经销商集团实现“转型、升级”比较容易操作的战略步骤就是建立起独立的二手车营销体系。我国实际国情表明，任何商品，当然也包括二手车，如果没有规模很难对消费者形成吸引力。这就可以解释为什么二手车交易市场生意总是很火爆，这是因为交易市场这种模式把若干分散的小的二手车商聚合在一起，形成了一定的规模。而有许多 4S 店二手车业务也开展了多年，但就是长进不大，这是由于一个经销店的二手车库存量太少，消费者可选择余地太小，不足以对消费者产生吸引力。而经销商集团则不同，它可以把一个区域内多家经销店的资源整合在一起，用一个二手车中心解决本区域内集团所属经销店的二手车置换与认证问题，实现资源有效整合以及效率最大化。从笔者掌握的情况看，大部分上规模的经销商集团正在研究方案，也有部分集团已经开始实施。如浙江元通、浙江康桥、正通集团、上海永达、上汽销等企业集团均在其网络比较集中的区域设立了二手车分销中心。相信随着经销商集团“转型升级”进程的深入，加上国家政策的引导，以经销商为主导的品牌二手车服务体系将开始逐渐形成，成为广大消费者又一理想选择。

三是鼓励有条件的企业“开展二手车连锁经营”，建设“品牌二手车卖场”，“打造品牌二手车专营精品店”。如何引导资本进入二手车市场，怎样打造品牌二手车卖场及精品店，要依靠企业自发建设和国家政策的必要引导。从中我们可以看出，国家很有可能出台相关措施予以扶持。至于是何种鼓励措施尚不可知，但有一点可以肯定，对于致力于打造二手车服务品牌的经销商来说，绝对是一个利好因素。抛开国家扶持政策不谈，我们看到我国品牌二手车连锁经营业务虽然推进速度不够快，但却在艰难前行。在上年度《中国汽车市场展望》中笔者曾经提到过百优卡、优适得等5个品牌二手车企业名字，除其中的帅车公司因故关闭外，其余几家品牌二手车连锁企业发展非常健康，西安的易车汇已经把连锁店开到了北京。另外，北京的卓杰行除了北京的旗舰店业务量在2011年成倍增长外，第一家外埠连锁店在河北省石家庄市开业；深圳澳康达二手车一口价销售模式开始受到消费者认可；在2011年最具轰动效应的事件是拥有1.5亿元的超高投资金额，1000辆的超大库存，60个品牌的超多选择，提供买车、卖车、置换、延保、金融等一体的上海车王二手车超市总店于2011年11月23日在嘉定江桥高调开业。值得关注的是，在该二手车连锁超市的股东名单中赫然出现了前国美电器董事局主席陈晓的名字，预示着国际风险投资资金开始关注我国的二手车市场。相信笔者列举的企业名字，只是致力于打造品牌二手车企业的极小部分，也坚信2012年会有更多的品牌二手车超市、精品店、连锁店活跃在二手车市场中，也会有更多的国际、国内资本涉足二手车流通业，我国的二手车行业结构将得到逐步确立和完善。

（2）《指导意见》将引领二手车交易市场优化升级，现阶段在我国二手车市场发展中占主导地位的二手车交易市场将全面进入新的发展时期　自2009年下半年，由商务部、财政部扶持的重点二手车交易市场升级改造示范工程开展以来，全国31个省、自治区、直辖市的150家二手车交易市场进行了软件、硬件的升级改造，从而带动了全国性的二手车交易市场进入升级阶段。表面上，二手车交易市场升级改造就是配备一些信息化设备，改造二手车交易大厅，其实更重要的是通过二手车交易市场的软件和硬件的升级，带动其服务意识、服务功能、服务能力和服务水平的升级，使传统的交易市场摆脱旧的作业方式，引进先进的理念与现代化的管理方式，从而焕发出应有的活力，继续在二手车市场中发挥重要作用。同时，通过使用商务部免费配发的二手车交易市场管理系统软件，为下一步实现全国范围的二手车交易市场信息互联、交易互动、构建全国统一大市场与大流通打下基础。如《指导意见》所述，“完善交易服务设施，规范交易流程和管理制度，增加交易透明度，简化交易手续，降低交易成本，发挥其车辆集散、信息引导、价格发布、金融服务、消费集聚的优势和作用。”

（3）《指导意见》鼓励二手车流通方式创新，新观念、新模式、新技术将成为2012年我国二手车市场变革的主要方向　《指导意见》指出“鼓励有条件的企业建立二手车拍卖平台，发展网上即时拍等多种形式拍卖业务，拓展企业间二手车流通渠道，逐步构建全国性的二手车拍卖流通网络，推动二手车社会资源整合和规模经营。积极探索二手车网上交易平台的应用。”

如前所述，由于我国汽车租赁业未发展起来，二手车源绝大多数都集中在消费者个体手中，如何让有置换需求或出售需求的消费者在最短的时间内以最高的价格将二手车变现，是解决当前二手车收购成本过高的重要突破口。前面提到的北京旧机动车交易市场的“即时拍”（包括“置换即时拍”就是把消费者的二手车集中起来由二手车商通过网络竞价形式实现 C2B 交易。之所以“即时拍”业务在 2011 年得到迅速发展，除有市场不断成熟方面的因素外，更主要的因素是由于车随到随拍，时间响应力强，操作灵活，受到了广大消费者以及二手车商的认可；北京亚运村交易市场的“车易拍”是将“车易拍”平台所有触角接触到的二手车在“车易拍”平台集中，用“车易拍”检测技术对车辆技术状况进行检测，将检测报告以电子文档形式通过互联网在“车易拍”平台展示并竞价。“车易拍”的优势是面向全国不受地域限制，也是以 C2B 交易为主。“即时拍”、“车易拍”、“开新拍”等新业务模式均体现了四个特点：一是实现了新技术与传统业务的无缝嫁接，二是低成本高效率，三是广域性，四是直观亲民容易被消费者接受。更重要的是这种创新型二手车交易模式，完全符合国家关于二手车市场发展战略思想，也符合信息化时代对于二手车市场发展的要求，同时也为二手车拍卖的兴起提供助推力。相信类似上述二手车经营的创新方式会在 2012 年层出不穷，成为我国二手车市场发展的闪亮点。

3．市场经营环境值得期待

“二手车市场诚信缺失”一直是二手车行业被诟病的噱头。然而，仔细观察不难发现二手车市场在诚信建设方面正在发生着变化，这个变化体现在三个方面：一是主打诚信牌的品牌经销商，在生产企业的推动下，品牌二手车成长速度正在加快，这一点从品牌经销商置换量占市场总量的比例上看得非常清楚，6.14%看起来比例不太大，可连年的递增意味着这一股力量随着时间的推移发挥的作用越来越大。随着已经开展二手车置换业务的品牌经销商的示范作用越来越大，以及经销商自身发展的需要，从事二手车经营的汽车品牌经销商群体将不断壮大，二手车置换比例将会在 2012 年有比较大的提升。特别是由汽车经销集团为主线的二手车服务体系建设，将极有可能成为 2012 年二手车行业发展的一大亮点。二是以诚信经营、质量保证为主要突破口的独立二手车经销商的连锁经营业务仍在稳步推进。如前所述的易车汇、卓杰行、车王超市、百优卡、优适得、澳康达等，为致力于品牌建设的二手车商树立了榜样，2012 年品牌二手车的连锁经营业务将逐步走向成熟，成长为受广大消费者欢迎的市场模式。澳康达的“一口价”表明了广大有长远发展目标的二手车经销商敢于亮出自己的底牌，展现出自己的真诚。三是由中国汽车流通协会倡议发起的二手车市场诚信体系建设也将会在 2012 年得到进一步的推进。二手车经纪公司在过去是被很多人认为是不讲诚信的群体，中国汽车流通协会在 2010 年在二手车交易市场层面开展的“诚信等级市场评定”活动的基础上，于 2011 年在全国二手车经纪公司、经销商层面推出了“二手车诚信联盟”，全国约 400 余家二手车经销商积极响应，自觉接受《诚信公约》的约束，在“2011 中国汽车流通行业年会上”发表了《诚信宣言》，向全社会表达了诚信经营的决心，受到社会的广泛关注。这也充分说明了，中国的二手车市场已经发展到质变的前夜，二手车经营主体中最基础元素开始从原始业态向更高层次进化。经纪公司打诚信牌，这在以前闻所未闻。

4．市场增速值得期待

对于未来市场的预测是一个敏感而又非常有难度，但又不得不面对的话题，预计 2012 年中国二手车市场仍将保持两位数的增速，如果不出意外，这个增速将有可能会保持在 15%左右。

（1）汽车保有量在不断增长，二手车市场也将随之“水涨船高” 据国家统计局公布的 2010 年统计公报显示，2010 年年末我国汽车保有量达到了 7802 万辆，已经超过了日本的 7500 万辆，成为汽车保有量的第二大国。但是二手车交易量与日本常态下的 800 万辆相比，还有近一倍的差距。这个数据预示着即使我国汽车保有量不再增长，二手车交易量还有约 400 万辆的增长空间。这近乎翻一番的差距看似遥不可及，但是就在两年间，新车销量已经实现了翻番，相信这种翻番的神话极有可能就在近年发生在二手车市场。另据中国汽车工业协会发布的数据，2011 年我国实现新车销售 1850 万辆，扣除生产企业虚报的数量以及报废数量，预计 2011 年我国汽车保有量新增量将会达到 1200 万辆左右，预计 2011 年年末，我国汽车保有量将有可能达到 9000 万辆，预计 2012 年将突破 1 亿辆。有巨量保有量的强大支撑，二手车市场保持强劲增长成为必然。笔者在《2010 中国汽车市场展望》撰稿中曾提出了二手车交易量与汽车保有量比例关系的说法，根据统计规律，这个比例关系现阶段大致稳定在 7%左右。根据这个说法，2011 年的二手车交易量将会达到 550 万辆，统计数据达到 410 万辆（统计数据约占实际交易量的 75%左右），2012 年二手车交易量将达到 630 万辆，统计数据达到 480 万辆，同比增长 17%。

（2）**二手车市场与新车市场的联动效应，预示二手车市场将有 15%左右的增长** 众所周知，二手车之所以称之为“二手”，必然与“一手”相对应，也就是说，二手车交易量在某些方面与新车销量存在一定的关联，笔者曾经对十余年的数据进行研究，将国产新车增长率与二手车市场增长率进行对比，图 7 所示为国产新车销量增长率与二手车增长率曲线。可能从图 7 中还很难看出两个市场增长率之间的关系，但根据二手车市场滞后新车市场这一客观规律，我们将二手车市场增长率曲线向前移，或将新车市场增长率曲线向后移位 4 年，发现两条曲线重合度非常高（见图 8）。

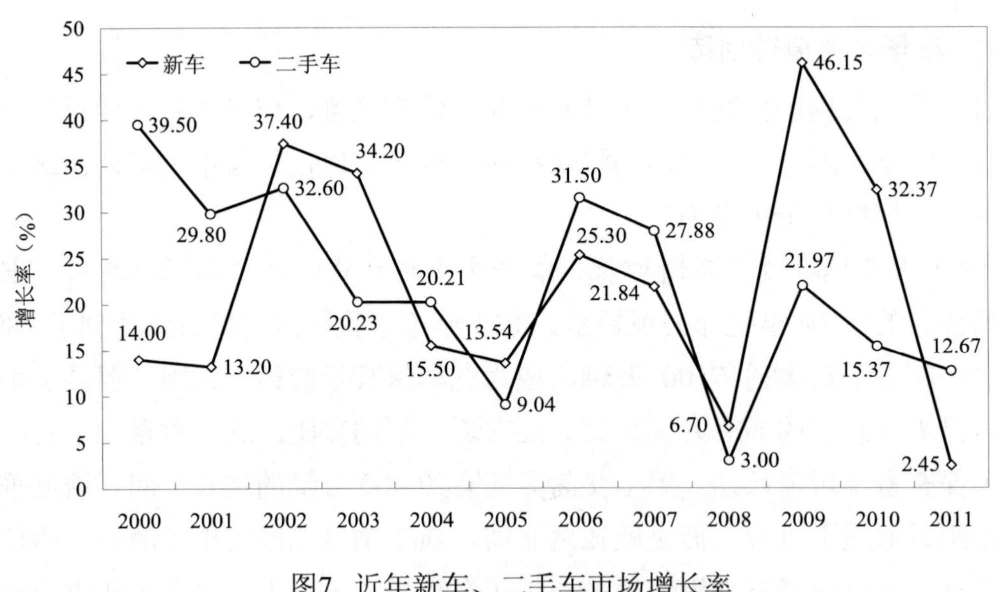

图7 近年新车、二手车市场增长率

如果按照二手车市场增长率滞后新车市场增长率 4 年的说法，2012 年二手车市场增长率应该为 2008 年新车增长率 6.7%附近。从图 8 上也不难看出，二手车增长率与新车延后 4 年的增长率虽然近似，但均存在一定的偏差，这个偏差值在

2009 年之前约为 5 个百分点，而从 2010 年至 2011 年大约有 10 个百分点。因此，从这个变化规律上，预计 2012 年二手车增长率约为 15%左右。

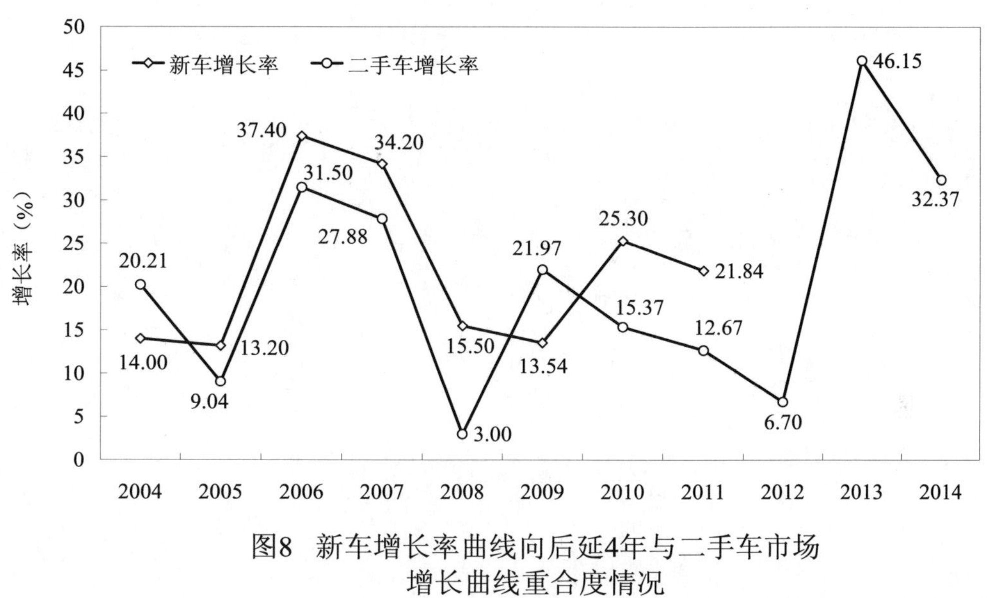

图8　新车增长率曲线向后延4年与二手车市场增长曲线重合度情况

（3）宏观经济形势与汽车消费相关政策将对二手车市场发展影响巨大

2011 年之所以新车市场走出了与专家们分析相悖的轨迹，是因为宏观经济形势发展存在着诸多不可控因素，在“调控”、“紧缩”的压力下，汽车市场走向一定会朝着负面的方面发展。可以预见，2012 年国际经济形势将逐渐明朗，欧债危机出现转机，我国宏观经济形势的压力趋缓，市场能量将会得到进一步的释放，特别是在 2011 年被压抑了的消费能量会有部分解困，因此许多业内人士预测，2012 年汽车市场增长率将会达到 10%。二手车市场同样也不例外，必定会呈现出比新车市场更加突出的走势。尤其是如前所述一系列针对二手车市场健康发展的政策、法规以及标准，将引领二手车市场逐步走向更加健康、更加快速的发展轨道。二手车市场井喷行情离我们越来越近。

（作者：罗磊）

市场预测篇

上海大众产品市场调查报告

一、2011 年上海大众市场总体表现

2011 年受宏观调控及产业鼓励政策集体退出等影响，中国汽车市场总体增速放缓，市场竞争却越发激烈。上海大众汽车面对严峻的市场形势，在产品开发、产能提升、品牌营销、渠道建设和服务满意度等方面投入了巨大努力，实现了稳步的增长。2011 年共实现销售 1150097 辆，同比增长率 14.9%（见图 1），远高于总体市场增速。上海大众 VW 品牌共实现销售 930008 辆，蝉联全国单一品牌年度销量冠军；上海大众斯柯达品牌年度累计销量突破 22 万辆，获得了市场的高度认可。上海大众的双品牌战略又一次获得了成功。

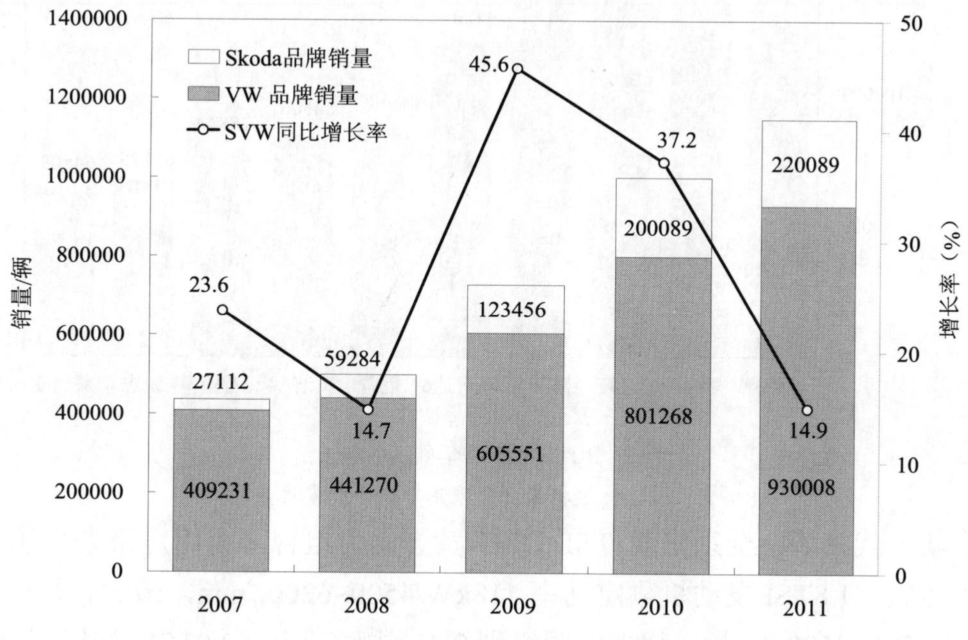

图1　2007～2011年上海大众销量及同比增长率

1．VW 品牌

2011 年全年 VW 品牌的零售总销量 930008 辆，同比增长 16%，继续保持全

国单一品牌销量冠军。其中，作为上海大众 VW 品牌 2011 年的战略级旗舰车型——全新帕萨特在 B 级市场上一路高歌猛进；TIGUAN 途观、POLO 家族、LAVIDA 朗逸、新途安等系列产品，也以不断提升的产品价值与品牌影响力，在各自的细分市场处于领先地位。

（1）**全新帕萨特** 2011 年 4 月份，全新帕萨特上市。1.8TSI、2.0TSI 首批入市销售，上市仅三个月，便一举跃入万辆俱乐部；2011 年 9 月份全新帕萨特推出 1.4TSI 车型，其中 1.4TSI DSG 尊荣版还作为仅有的几款 B 级车列入了国家节能惠民补贴名单。2011 年 11 月份再次推出 V6 车型，形成对 B 级车市场的全覆盖。凭借产品的精准定位和前瞻科技，全新帕萨特受到消费者的一致追捧，2011 年销量达到 161806 辆，上市至今累计销量已突破 89000 辆，稳居 B 级车细分市场销量冠军（见图 2）。

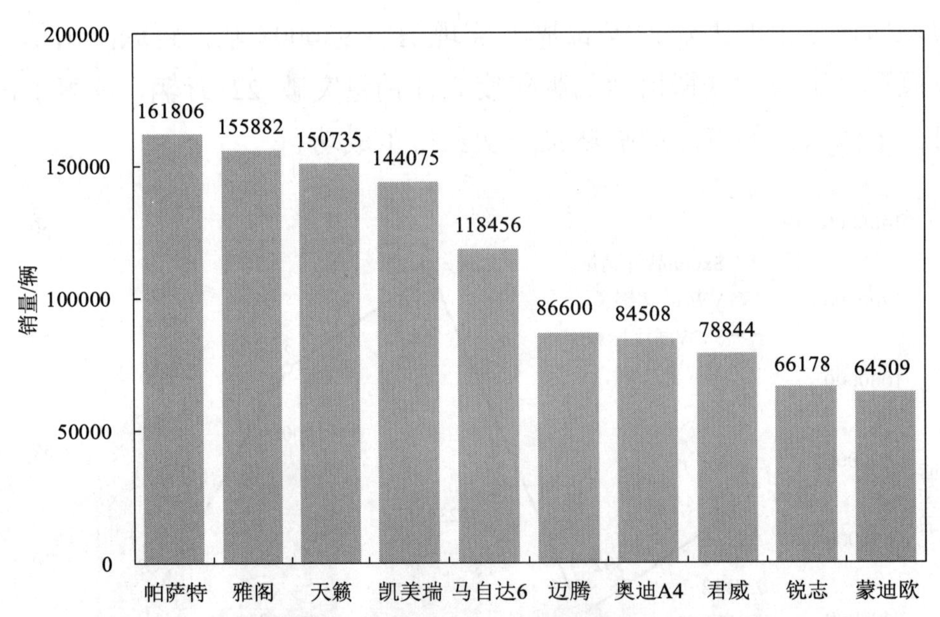

图2 2011年B级车销量排行

（注：数据来源于乘用车联合会零售数）

全新一代帕萨特全系搭载 TSI+DSG 黄金动力组合，为用户带来高端豪华车的动力体验。1.8TSI 发动机额定功率 118kW/4500~6200r/min，最大扭矩达到 250 N·m / 1500~4500 r/min，相当于同级别 2.4L 排量动力；2.0TSI 发动机额定功率达到 147kW/5100~6000 r/min，最大扭矩达到 280 N·m / 1700~5000 r/min，达到同级 2.8L 的动力水平。配合高效发动机，同时配备 DSG 双离合变速器，带来极其顺畅的换挡反应，让发动机的动力被持续充分利用，由此带来的油耗表现甚至优于手动变速车型。

主动安全方面，全新一代帕萨特配备最新版全能 ESP 车身动态电子稳定系统，配合 HBA 紧急制动力辅助系统、DSR 驾驶员转向提示、智能胎压监测系统等系列前瞻安全技术，安全水准丝毫不亚于豪华车。被动安全方面，全车 60%以上结构采用高强度钢板，28%甚至采用超高强度钢板；车顶及侧围采用激光焊接技术，焊接强度比传统点焊提高 30%，而车顶无缝焊接使得外观更加平滑，成为科技与美观结合的技术典范。

全新一代帕萨特不仅拥有豪华车的超大空间，更为后排乘客提供了一整套尊享系统。后排乘客可以轻松调控空调，开启后排座椅电加热，调节副驾驶席座椅位置。而便捷的后风挡电动遮阳帘以及隐私尊享后排车窗玻璃，不但可有效遮挡阳光及紫外线，亦可提供独特的私密空间。同时，一系列智能舒适科技的运用进一步提升了新一代帕萨特的豪华层级：无钥匙进入/一键起动系统，驾驶席座椅智能记忆/EasyEntry 迎宾功能，带倒车影像的 PLA 自动泊车辅助系统，“离家”智能大灯点亮“回家”大灯延迟熄灭功能，先进的 EPB 电子驻车制动系统、Auto Hold 自动驻车系统等。全新帕萨特外观和内饰图见图 3。

帕萨特品牌从 2000 年进入中国以来已经 12 个年头，累计销量也已超过 120 万辆。除了争取更大的市场份额外，发展更高端车型、完成品牌价值的向上突破，是帕萨特品牌今后的长期目标

图 3 全新帕萨特外观和内饰图

（2）新途安 与 2011 年车市整体增长率不高形成鲜明对比的是，长期以来不温不火的 MPV 车型在 2011 年逆势上扬。究其原因， MPV 车型的主要消费者正由单位用户逐渐转向私人用户（见图 4）；消费升级过程中消费者选择日渐成熟，

对家庭用车体面化的形象需求逐步过渡到功能化的实用需求上来；更加实用、更加节能、更具科技前瞻性的多功能车成了年轻家庭追捧的对象，从而家庭 MPV 市场逐渐得到扩张。上市刚满一周年的新途安，正是瞄准了车主们对大空间、多用途、高舒适性车型的热切需求，成功抢占了家庭 MPV 市场的先机，2011 年全年实现销量 31082 辆。

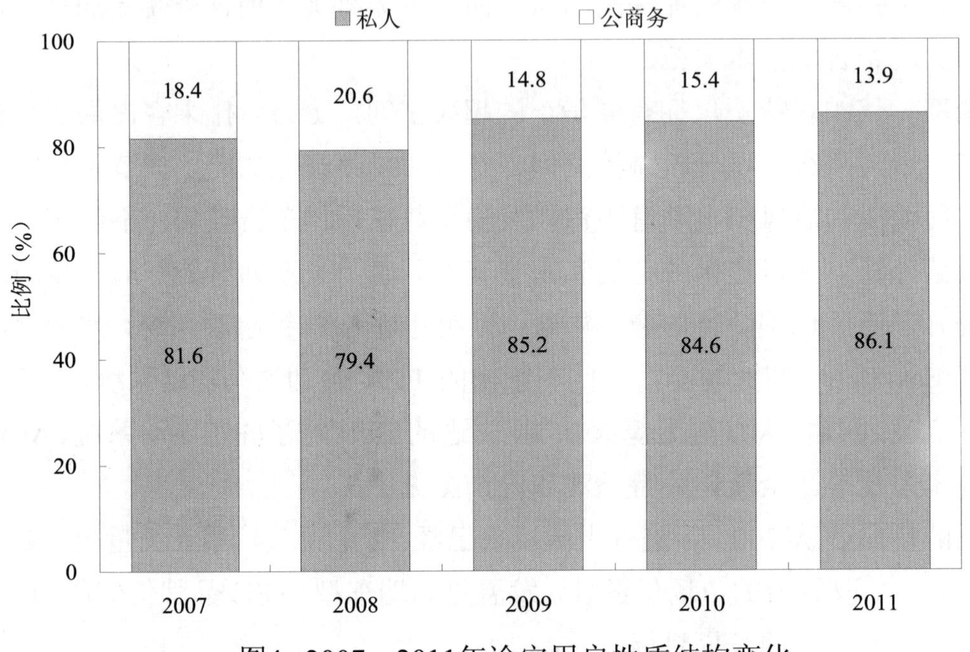

图4 2007～2011年途安用户性质结构变化

2003 年问世的 Touran 途安是大众汽车集团 PQ35 轿车平台上的 MPV 车型。2010 年，在途安全球销量突破 110 万辆之际，上海大众新一代途安登场。新途安在保留了原有途安空间优势的基础上，融入了更多大众汽车集团的最新设计理念，采用了绿色环保的动力总成，并配备了各种前瞻的智能科技以及领先的安全配置。在动力上，大众引以为傲的 1.4TSI 发动机，配合七速 DSG 双离合及五速手动两种变速器，兼顾了驾驶乐趣与经济环保。在车内空间安排上，考虑到中国“4+2+1”模式家庭的日渐增多，新途安除了提供 5 座传统 MPV 布局外，还极具前瞻性的准备了 7 座（选装）布局方案，可以在 2～7 个之间任意调节。新途安空间设计的灵活实用还体现在行李箱上，基本行李箱容积已达 620L；将第二排座椅折叠后的行李箱容积更高达 1900L，轻松满足各种家庭运载需求。相信，随着家用 MPV 市场的进一步升温， 新途安在此细分市场上的表现将越来越好。

2．斯柯达品牌

上海大众斯柯达品牌在 2011 年继续全面发力，呈现出产品持续热销，品牌知名度、用户口碑不断攀升的局面，年度累计销量突破 22 万辆（见表 1）。旗舰车型昊锐终端累计销量超过 45000 辆。主力车型明锐车系在高端中级车市场的号召力进一步提升，月均销量过万辆，全年累计销量 126317 辆，并四度卫冕中国汽车行业用户满意度冠军；精品小车晶锐车型销量 48766 辆，同比增长 13%。

表 1　2011 年上海大众斯柯达品牌车型分月销量

（单位：辆）

车型＼月份	1 月	2 月	3 月	4 月	5 月	6 月	7 月
晶锐	3398	2220	3297	3342	3388	3527	4006
明锐	10006	8005	9290	9481	9669	9691	9642
昊锐	4603	2578	4020	4029	4112	4260	3035
总计	18007	12803	16607	16852	17169	17478	16683
车型＼月份	8 月	9 月	10 月	11 月	12 月	总计	—
晶锐	4080	4639	4020	5100	7749	48766	—
明锐	10552	12207	10056	12170	15548	126317	—
昊锐	3168	3420	4026	5008	2747	45006	—
总计	17800	20266	18102	22278	26044	220089	—

2011 年 12 月 26 日，上海大众斯柯达品牌旗舰车型昊锐 2012 款正式上市，共推出 8 款车型，新增璀璨金和午夜蓝两个全新车身颜色，并新增多项配置。与此同时，昊锐的价格体系也进行了优化调整，性价比优势进一步凸显（见表 2）。

表 2　2012 款昊锐车型价格

2012 款昊锐车型	价格/元
1.4TSI MT 智雅版	171900
1.4TSI DSG 智雅版	185900
1.4TSI DSG 优雅版	199900
1.8TSI MT 优雅版	195900
1.8TSI AT 优雅版	207900
1.8TSI AT 贵雅版	217900
2.0TSI AT 典雅版	222900
2.0TSI AT 尊雅版	243900

为了实现品质与质量的完美结合，斯柯达昊锐采用了大量世界一流的制造工艺与技术：超高强度的钢板材料、领先的激光焊接工艺、模块化制造的装配理念都保证了产品的高质量。性能上，斯柯达昊锐搭载了大众全球领先的 1.4TSI、1.8TSI、2.0TSI 三款发动机，采用了燃油缸内直喷技术和涡轮增压技术等多项尖端科技，不仅性能表现出色，而且有着极佳的燃油经济性。在新的国家节能补贴政策出台后，昊锐 1.4TSI+DSG 车型榜上有名，是享受国家节能补贴的罕见 B 级车型之一。空间上，车辆前部采用紧凑的发动机舱横置布局，把前后座的间距调至最优，让昊锐车内空间实现最大化，前后排头部空间分别为 988mm、956mm，前后排腿部空间最大分别可达 1166mm、1134mm，在同级别车中优势明显。除此之外，斯柯达昊锐继承了德系车在安全方面一贯的高标准。早在 2009 年 Superb 昊锐就在欧洲 E-NCAP 碰撞测试中获得了五星安全标准；而在 2010 年 C-NCAP 碰撞测试中，Superb 昊锐更是以 46.2 分的优异成绩，荣膺了五星安全评价。无论是制动力强劲的 16in 大型盘式制动器，还是 EPS 电子精确控制动力转向系统和 ESP 电子稳定系统，都成为昊锐在安全方面卓越品质的最佳体现。另外值得一提的是昊锐的独门武器——TwinDoor 双段式开启行李箱。这一创新设计让 Superb 昊锐可以在优雅的三厢轿车和实用的五门掀背式轿车之间轻松自如切换，行李箱既可以像传统三厢轿车一样开启，满足日常生活使用需求，也可以像掀背式轿车一样连同后风窗玻璃一起打开，方便地放入大件物品。

斯柯达品牌的另外两款明星车在 2011 年的表现也格外瞩目。2011 年 8 月 22 日，明锐 2012 款车型上市，价格区间为 12.34 万～18.05 万元。新增了舒适与性价比兼具的逸杰版车型，以丰富的配置、极具亲和力的价格更好地满足了消费者多样化的需求。2011 年 9 月 27 日，中国质量协会正式在北京颁布“2011 年中国汽车行业用户满意度”报告，斯柯达明锐以 82 分的佳绩再次摘得 15 万～20 万元中型车细分市场冠军，这是明锐自 2008 年荣获该细分市场用户满意度冠军后第四次夺冠，充分体现了这款实力车型的卓越品质和良好用户口碑。

2011 年 10 月 17 日，上海大众斯柯达新 Fabia 晶锐正式上市，售价区间为 7.89 万～11.46 万元。作为上海大众斯柯达争夺年轻消费群体的主战武器，新 Fabia 晶锐提供了四种不同配置的 7 款车型，搭载 1.4L 和 1.6L 排量两款发动机，匹配 5 挡手动变速器和 Tiptronic 6 速手自一体变速器。

斯柯达在中国短短五年，伴随着斯柯达品牌知名度和美誉度的不断提升，产品保有量的不断扩大，产品口碑效应的持续释放，品牌形象日益清晰，为斯柯达品牌新一轮发力打下了良好的基础。

二、2012 年展望

目前，上海大众汽车已经形成覆盖 A0、A、B、SUV、MPV 的全方位产品布局。2012 年，面对日益激烈的市场竞争，上海大众汽车将继续坚持准确的定位、可靠的质量以及科技领先的产品，深入推进双品牌战略，为中国汽车消费者提供更好的产品和服务。

（作者：吕小磊）

一汽-大众（大众品牌）产品调查报告

2011 年在经历了利好政策退出、北京等地治堵政策出台以及日本地震等大事件后，乘用车市场增速大幅回落，但仍保持了 8.1%的增长。一汽-大众总销量历史性的突破百万辆，产能深度挖掘、成都轿车三厂落成、佛山分公司成立，一汽-大众在 20 周年华诞之际，百万辆产销规模和体系能力成效凸显。在“两大计划”和高质量销售的持续推进下，一汽-大众销售与服务满意度、经销商满意度大幅提高，品牌形象位列行业领先水平。

2011 年，一汽-大众（大众品牌）全年实现销售 748188 辆，同比增长 12.7%，净增量达到 84411 辆，稳居乘用车品牌销售第一阵营，市场份额达到 6.0%。全年新增网络 70 家，网络数量达到 460 家。大众品牌旗下各车型品牌形象均领先于核心竞争对手，SSI（销售满意度）保持在第 3 名，CSI（客户满意度）由第 12 位升至第 9 位，各项指标均表现较好。全新迈腾成功上市，加强了产品竞争力，巩固了一汽-大众在 B 级车的市场地位，同时优化了一汽-大众（大众品牌）的产品结构，增强了均衡性。图 1 所示为一汽-大众 2010 年和 2011 年各产品销量情况。

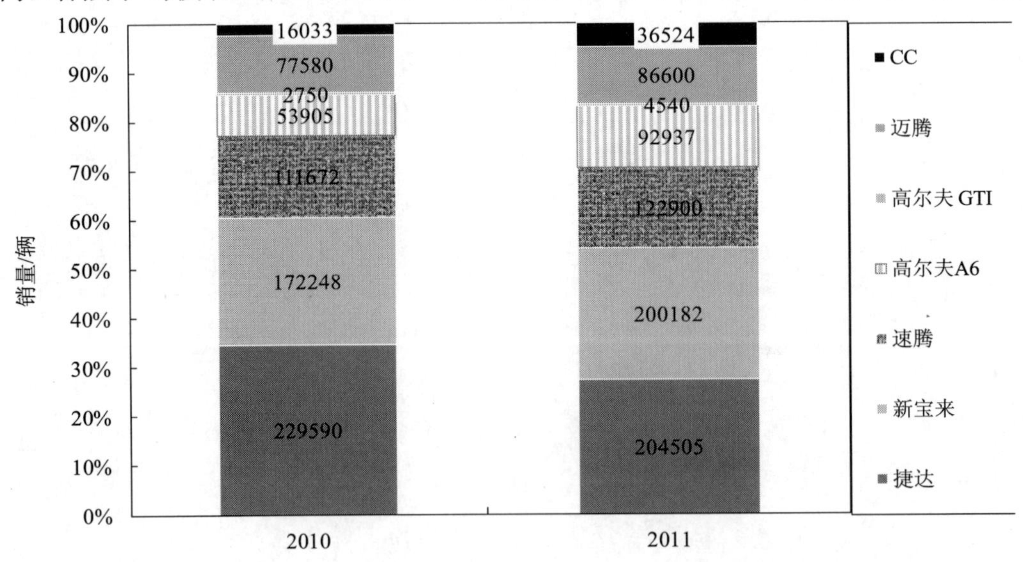

图1　一汽-大众（大众品牌）2010年和2011年各产品销量情况

一、捷达（Jetta）

为了纪念捷达销售200万辆，在2011年成功地打造了捷达200万辆纪念版，并限量发售。无论是全新的开罗金外观，还是车内的全新座椅面料，更人性化的设计和更多现代元素融入其中，细节的改变和突破足以让消费者耳目一新。这款车的诞生是一汽-大众对钟爱捷达的消费者的感恩回报，从而再度打响了捷达在市场中的声音。2011年捷达总销量较2010年有所下降，一汽-大众在产能存在瓶颈的条件下，缩减低附加值且处于生命周期末端的捷达产量，但其销量仍然在20万辆水平，可见捷达生命力之旺盛，“车坛常青树”这个称号更是实至名归。

二、宝来（Bora）

2011年，宝来成为继捷达之后第二款年销20万辆的车型，累计销售200182辆，同比增长16.2%，在受到产能限制的情况下，销量依然较上年净增27934辆，细分市场排名由2010年的第7位升至2011年的第6位（见图2），稳居普及型轿车市场销售第一阵营。2011年对于宝来是意义非凡的一年，作为主打家庭理念的宝来已经伴随我们走过了十年风风雨雨，在这十年中宝来受到越来越多的车主青睐，在秉承前几代车型的辉煌同时，不断注入时代新元素，相信未来它将成为更多用户们的首选之车。

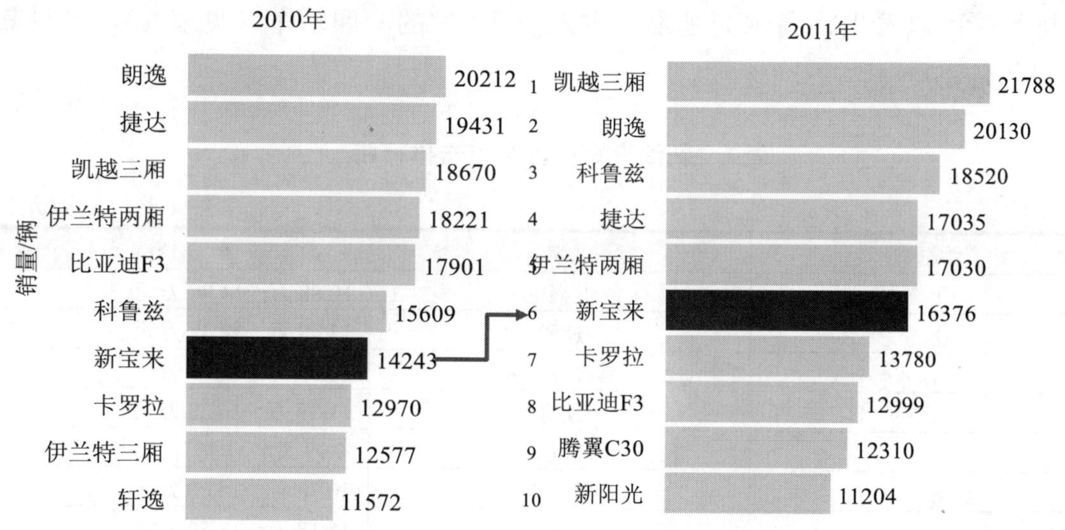

图2 2010～2011年普及型三厢轿车月均销售排名

三、速腾（Sagitar）

2011年，速腾销量稳中有升，全年累计销售122900辆，月均销量突破万辆大关。2012年全新速腾即将登场，该车采用了更加时尚运动的大众全新家族设计，内饰设计基本沿用海外原版的大众式的简单结构，轴距增加使得内部空间进步一拓展，全新速腾必将给现有的A级高端市场造成较大冲击，更期待这款车能冲击细分市场销量冠军，成为该级别的标杆性车型。

四、高尔夫（Golf）

2011年，高尔夫成功进入两厢车市场第一阵营，自4月份产能倾斜开始，高尔夫月均销量达到9000辆，2011年累计销售92937辆，同比上年提升72.4%，远远超出市场增速。随着中国年轻一代消费者的崛起，他们需要一款能够表达他们积极向上、充满激情的进取精神，同时又能引领时尚风潮的汽车产品，高尔夫无疑更加契合了中国年轻消费者的这一需求。毋庸置疑的是，高尔夫在37年发展中所积累起来的品牌文化已经成为不可逾越的软性竞争力。高尔夫的越级品质成为同级车的最高标杆，无论是当时咄咄逼人的英朗XT还是如今来势汹汹的新骐达，当市场新进者来到烙有高尔夫印记的两厢车细分市场时，均不约而同选择高尔夫作为比较的对象，这于新车是一种营销推广策略，而对高尔夫而言，从不主动参与任何一场沽名钓誉的PK，它早已习惯被人追赶的脚步。从新浪的最新点击排行榜可以看出，高尔夫是唯一进入前10位的两厢轿车（见表1），可见其关注度之高。

表1　新浪汽车中型车点击排行榜

（单位：万元）

排名	车型	销售价格
1	世嘉三	10.88万～14.90万元
2	速腾	13.28万～18.48万元
3	科鲁兹三厢	10.89万～15.99万元
4	朗逸	11.28万～16.28万元
5	凯越	9.99万～11.79万元
6	新宝来	10.78万～14.60万元
7	思域	13.18万～18.50万元
8	明锐	12.34万～18.00万元
9	高尔夫	11.88万～16.68万元
10	卡罗拉	12.38万～19.98万元

五、迈腾（Magotan）

源自大众第七代纯正 B 级车、充满创新与豪华感的全新迈腾，于 2011 年 7 月 28 日闪亮登场。全新迈腾的上市，不仅对于一汽-大众具有重要战略意义，而且对于整个中国B级车市场具有积极的示范效应——只有那些具备行业最新科技水平，并能够引领未来发展趋势的产品，才能成为真正的市场领导者。作为一款创新豪华的德系高级轿车，全新迈腾以长轴距版第七代大众 B 级车的纯正血统入主中国市场，为稳健且富有远见、创新并值得信赖的社会精英和成功人士提供了全新的座驾选择。在动力系统方面，全新迈腾装备了被誉为“黄金组合”的当今汽车行业最先进的动力总成系统——TSI 涡轮增压缸内直喷发动机搭配DSG双离合自动变速器，除原有的 1.4TSI/1.8TSI/2.0TSI 发动机外，全新上市了 V6 3.0 发动机，为用户提供了更多可选组合。迈腾的上市唤醒了低迷的中高级轿车市场，打破了原有的 B 级车产品结构，新迈腾月均销量更是达到了 8869 辆（见图 3），较第六代迈腾增加 41%，跻身同级别前五强。

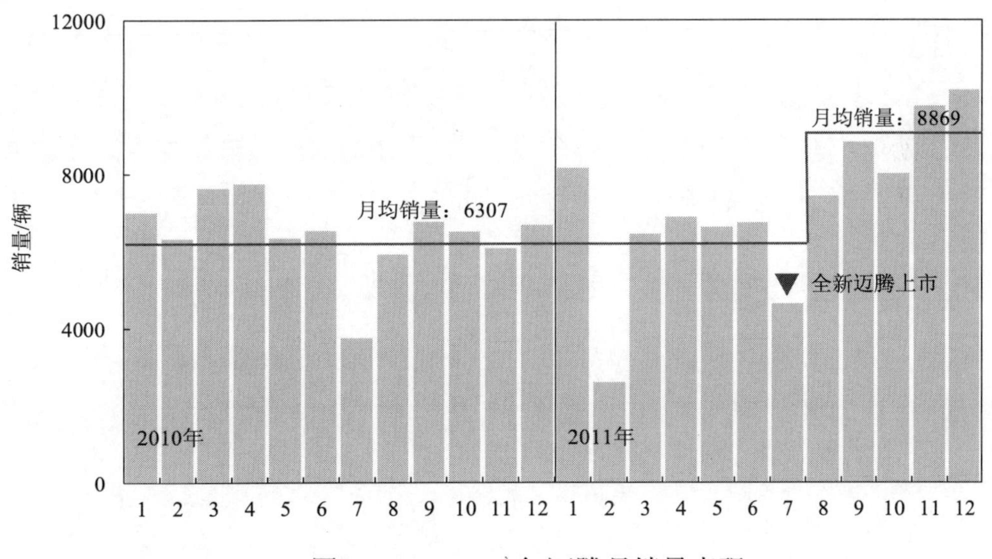

图3 2010～2011年迈腾月销量表现

六、CC

为了满足不同消费者的用车需求，2011 款新上市的 CC 标配成五座版，更加实用的五座版和极具运动个性的四座版车型的同时销售，更大地提升了 CC 的市场适应性。而在舒适性上，2011 款 CC 有了全面提升。新款 CC 增加了座椅和后视镜的记忆功能，并在后排增加了中央头枕，驾乘感受会更加舒适。同时，新款 CC 后排的隐私玻璃为用户提供了更加私密的乘车环境。而 ESP 按键和多功能方向盘按键图标的变化、换挡球头的改变则显示出一汽-大众对于 CC 的重视和精益求精。迫于产能压力，CC 在销量上一直没能有更大的突破，但在同级别轿车中的标杆性地位已经明确树立，在消费者的购车选项中已经可以与进口车或者高端豪华车相媲美。

（作者：许琳）

Prado 用户调查报告

2010年6月22日，全新LAND CRUISER PRADO上市，秉承LAND CRUISER血统，在保留原有的越野通过性、耐久性和可靠性的基础上，进一步强化了都市风格，以满足用户不断增长的豪华感和舒适性的需求，更豪迈、更智能、更先进，给用户带来更加完美的驾驭感受。

全新 Prado 自 2010 年 6 月份上市以来，到 2010 年年底销量基本达到上市之初厂家定下的 1 万辆的半年度计划。进入 2011 年，全新 Prado 同样顺利实现了销售 2.2 万辆的年初目标。根据 2011 年年中进行的调查，发现 Prado 用户有如下典型特征。

一、用户背景特征

Prado 用户以男性为主，年龄主要集中在 31～45 岁之间，80%以上的用户已婚有小孩，教育程度以大专以上为主，主要为私/民营企业主，国有企业中层管理人员和私/民营企业高层管理人员等，个人月平均收入为 1.4 万元左右。

新款 Prado 用户中，个人用户占比 49%，个人用户的比例相对旧款 Prado 有所上升，个人用户以男性用户为主，年龄主要集中在 31～45 岁之间；法人用户包括企业、事业单位和政府机关等，合计占比 51%，又主要以企业用户为主。

1．Prado 法人用户特征

Prado 法人用户的男性比例为 89% ，年龄主要集中在 31～45 岁之间，平均年龄为 38.9 岁；80%以上的人已婚有小孩；用户以高学历为主，教育程度大专以上的比例为 88%；法人用户主要为私营和民营企业主，国有企业中层管理人员和私/民营企业高层管理人员等，从事行业以制造业、建筑业和交通运输为多；个人月平均收入为 1.4 万元左右；主要采取在家休息、看电视、国内旅行、拜访或招待朋友和开车兜风等方式度过节假日。

2．Prado 个人用户特征

Prado 个人用户主要以男性为主，比例达到 82%。年龄主要集中在 31～45 岁之间，平均年龄为 37.8 岁；84%的人已婚有小孩；80%的用户教育程度在大专以上；Prado 个人用户主要为私营和民营企业主，个体户老板和私营或民营企业高层管理人员等，主要行业集中在建筑、批发零售、制造和房地产业；个人月平均收入为 2 万元左右；喜欢以国内旅行、在家休息、看电视、开车兜风等方式度过节假日；个人用户更希望被社会和周边的人接受和尊重，更渴望成功，喜欢参与休闲活动，工作中的成就令他们感到自豪。

二、购车情形及保有车辆情况

从购车情形来看，Prado 的法人用户更多的是增购用户，且替换前和增购后的车辆数量主要在 3 辆及以下。个人用户换购前保有车型前四名分别为：雅阁、普拉多、宝来和帕萨特；而 Prado 的法人用户换购前保有车型前四名分别为：普拉多、捷达、奥迪 A4 和奥迪 A6。个人用户增购后同时兼有的车型前四名分别为：雅阁、奥迪 A6、帕萨特和凯美瑞；而法人用户增购后同时兼有的车型前四名分别为：奥迪 A6、雅阁、帕萨特和奥迪 A4。

三、购车重视点

1．法人用户购车重视点

1)Prado 法人用户购车时最关注的车本身的因素前五位依次为：价格/性价比、越野行驶性能（off road)、行驶时的稳定性、款式/外观设计、底盘高/通过性强。

2）Prado 法人用户购车时最关注的车以外因素前五位依次为：生产厂商的品牌形象、生产厂商的品牌口碑、朋友和熟人的推荐、品牌知名度和档次、生产厂家值得信赖。

2．个人用户购车重视点

1）Prado 个人用户购车时最关注的车本身的因素前五位依次为：底盘高/通过性强、安全性配置、价格/性价比、款式/外观设计、越野行驶性能。

2）Prado 个人用户购车时最关注的车以外的因素前五位依次为：生产厂商的

品牌形象、生产厂商的品牌口碑、朋友和熟人的推荐、品牌知名度和档次、生产厂家值得信赖。

四、购车动机

Prado 法人用户购车动机排名前五位分别为更适合外出/野外作业、操控性好、工作需要、更能体现个性、安全性更好。而 Prado 个人用户购车动机排名前五位分别为更能体现个性、适合外出/野外作业、喜欢 SUV 的外形、操控性和驾驶视野更开阔。

五、购车预算

接近 70%的 Prado 用户有购车预算，个人用户的预算和可承受超出的预算范围均比法人用户的高。

六、比较车型回顾

超过 70%的 Prado 用户“只与 On Road 车比较”，主要比较车型为宝马 X5、途锐和 Q5；法人用户“只与 Off Road 车比较”，主要比较车型为帕杰罗。购车时的比较研究，Prado 法人用户比个人用户更多的是没进行过车型的比较研究，且超过 70%以上的用户在考虑对比 Prado 型号时不清楚具体的型号。31%的 Prado 法人用户在购车时没有进行过车型比较研究；Prado 法人用户考虑对比品牌的 TOP5 分别是进口奥迪 Q5、沃尔沃 XC60、宝马 X5 和途锐；与法人用户相比，仅 16%的 Prado 个人用户在购车时没有进行过车型比较研究；Prado 个人用户考虑对比品牌的 TOP5 分别为途锐、神行者、宝马 X5、进口奥迪 Q5 和国产奥迪 Q5。

法人用户因为价格放弃比较车型的比例高于个人用户；个人用户因 Off Road 性能放弃比较车型的比例高于法人用户。法人用户放弃考虑品牌的原因有两点：一是车本身的因素，包括价格/性价比、款式/外观设计、汽车本身的吸引力不够、价格不符合预算、油耗高、车身风格不适合；二是车以外的因素，包括交付车的时间长、品牌口碑、朋友没有推荐、品牌形象。个人用户放弃考虑品牌的原因也有两点：一是车本身的因素，包括价格/性价比、款式/外观设计、汽车本身的吸引力不够、油耗高、排气量大、车身小、底盘不够高；二是车以外的因素，包括生产厂商的品牌形象、交付车的时间、朋友/熟人推荐。

最初考虑级别时，接近 80%的被访者表示不清楚型号；最终购买时，Prado 法人用户购买最高配型号（VX NAVI）的比例明显高于 Prado 个人用户。底盘高、通过性强是最高配用户（VX NAVI）购买考虑的第一因素，其他型号主要是因为款式/外观设计而购买。不同级别用户对比考虑的车型存在一定的差异，但奥迪 Q5、宝马 X5 和途锐是最主要的对比车型。

七、购车信息渠道

朋友介绍和经销店看车是影响决策最重要的渠道；用户在了解车辆信息时会通过朋友/熟人介绍、经销店看车和坐朋友车体验、经销商和厂商官方网站等了解信息。

八、购车用途

Prado 法人用户的购车用途主要用于日常接送客户、上下班代步、长短途公务旅行、日常接送领导和接送客户视察等；恶劣道路使用时的主要用途：接送客户/领导到工地视察，长短途公务旅行。而 Prado 个人用户购车主要用于上下班代步、长/短途旅行、日常生活代步、接着孩子/家人和朋友聚会等；恶劣道路使用时的主要用途：长/短途旅行。

九、使用评价

Prado 法人用户对通过性能、复杂地形的驾驶性能以及在恶劣道路上行驶能力的评价较高；而 Prado 个人用户对乘载人数、内部空间、行李箱空间、装载行李方便性及排量大的评价较高。

（作者：吴楠）

2011 年广汽本田产品市场调研报告及 2012 年市场展望

中国乘用车市场经历了不平凡的 2011 年。在宏观经济方面，出口受阻、房地产投资增速下降、高企的 CPI 引发严厉的货币政策，GDP 增速下降；在政策方面，购置税减免的退出、节能汽车标准的提高使得消费者购车意愿下降，北京、贵阳的限购政策直接抑制了新车需求；对于日系企业来说，在 4～6 月份更是经历了日本地震带来供应链断裂的考验。2011 年国内乘用车市场增速由 2010 年的 37%剧降至 7.2%，甚至低于 2008 年次贷危机的增长水平。

面对错综复杂的外部环境，广汽本田制定了高质、稳健的发展目标。主力车型第八代雅阁蝉联中高级轿车市场销量“四连冠”；锋范在竞争最为激烈的中级车市场中继续延续热销势头；投放市场不到一年的理念 S1 销售稳步增长，实现了预期的销售目标。2011 年，广汽本田实现销售 36.2 万辆，成立至今累计销量达 267.7 万辆（见图 1）。在权威调查机构 J.D.Power 亚太公司发布的售后服务满意度 CSI 中，广汽本田再次摘得桂冠。可以说，2011 年的广汽本田“Honda”和“理念”双品牌齐头并进，持续保持品质、服务的领先水平，以扎实、高质的发展赢得了市场认可和消费者信赖。

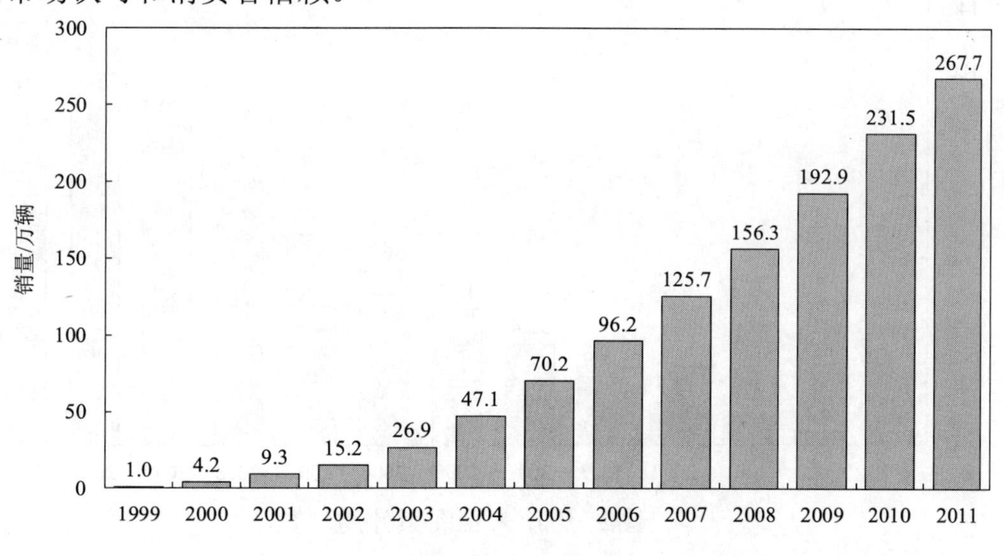

图1　广汽本田成立以来历年累计销量

一、2011 年广汽本田产品的市场表现

1. 雅阁

中高级轿车市场历来是汽车厂家的必争之地，2011 年，中高级轿车市场新品层出不穷，竞争空前激烈。来自中国汽车工业协会数据显示，广汽本田第八代雅阁凭借强大的产品力、服务力、品牌力，以 160735 辆的销量蝉联国内中高级轿车“四连冠”，摘得 2011 年中国车市含金量最高的一块金牌。

作为拥有 36 年历史、历经八代进化、畅销全球的车型，雅阁的卓越性能、至臻品质已经深入人心。雅阁获得的荣誉更是不胜枚举：2008 年，第八代雅阁以总分 50.3 分的成绩荣膺 C-NCAP 五星+的最高安全认证，成为同级别轿车中第一款获得五星+评价的车型；在 2011 年 J.D.Power 新车质量调研（IQS）中，第八代雅阁获得了细分市场第二名的佳绩；在历年 J.D.Power 的新车魅力指数调研（Apeal）中，雅阁也始终保持着同级别领先的水平。

随着消费者用车经验的丰富，增购、换购用户的比例逐渐提高。产品的口碑、售后服务的满意度，油耗和零部件等保有环节费用越来越成为二次购买用户关注的焦点。作为广汽本田最宝贵的财富，雅阁拥有国内最大的中高级车用户群体——达 135 余万人之多（见图 2）。

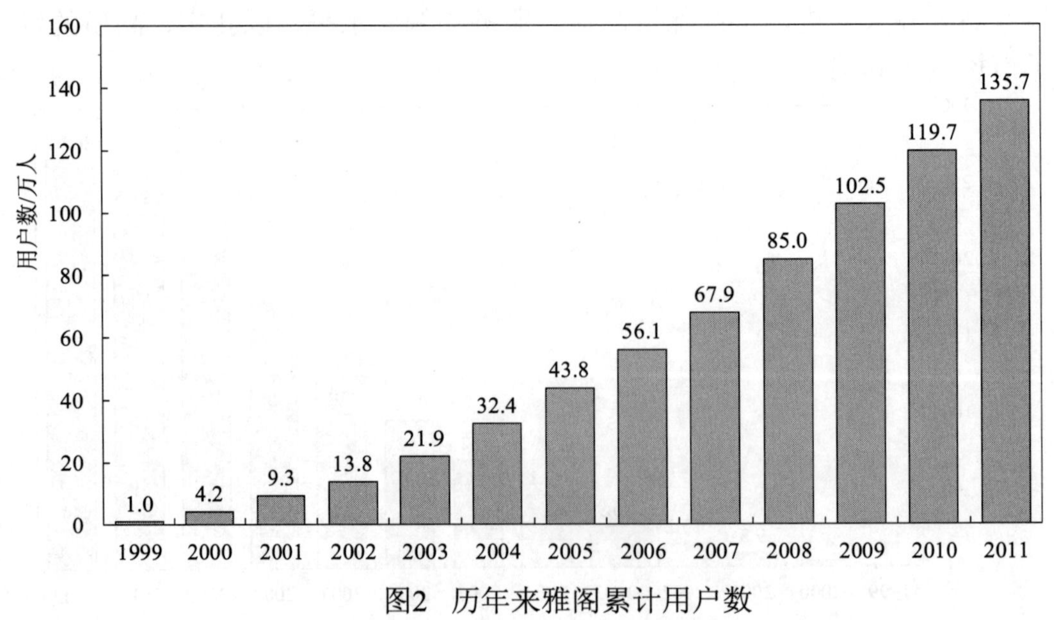

图2 历年来雅阁累计用户数

如此庞大的客户群，为雅阁品牌和广汽本田特约店口碑的传播，起到了积极

的作用。增购、换购雅阁的用户比例越来越高，其中第八代雅阁的增购用户从 2009 年 1 月份的 3.8%上升到 2011 年 5 月份的 20.7%（如图 3）。

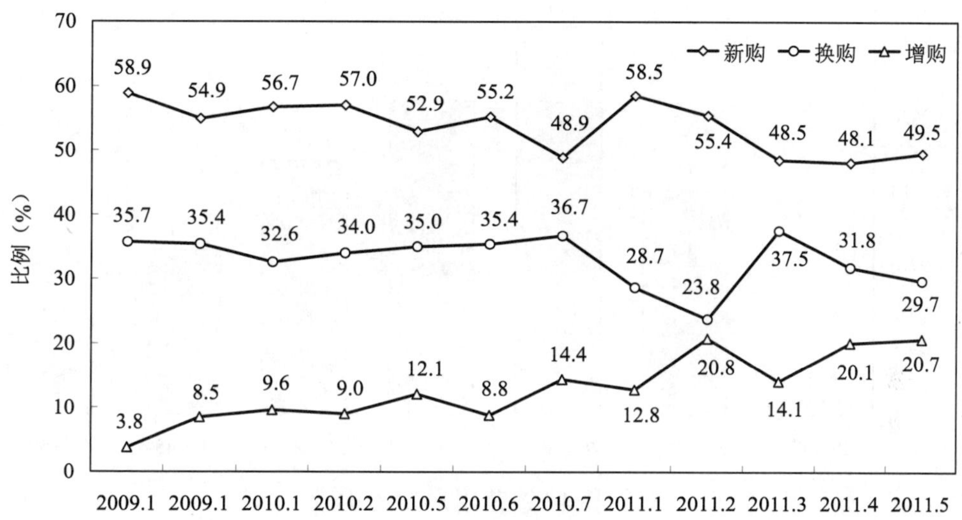

图3 雅阁用户构成

2．奥德赛

奥德赛（ODYSSEY）以打造最具轿车化的 MPV 为出发点，自上市以来颇受中高级企业管理人员或私营业主的青睐。然而，对于从事外贸出口以及投资房地产相关产业的管理人员和私营业主来说，2011 年是艰难的一年。受欧债危机和紧缩的货币政策影响，奥德赛的主要市场广东、江苏、浙江、山东的出口形势急转直下，不少地区也出现了中小企业经营困难的情况，使得奥德赛的市场表现受到了很大的影响。2011 年奥德赛销售 3 万辆，较 2010 年有较大程度的下滑。

3．锋范

作为广汽本田倾力打造的中级车，锋范凝聚了广汽本田人性化的设计风格、可靠的制造工艺，上市以来单月平均销量稳定在万辆以上，2011 年销售 123501 辆。锋范的目标消费者锁定于最富活力、最具创造力的 26～30 岁都市青年才俊（见图 4）。他们奋发有为，正处于事业的上升期；他们锋芒毕露、时尚大气，从不轻易放弃自己的目标；他们努力工作，又懂得享受生活，坚持走自己的路。在他们的身上，完美体现了CITY锋范“锋芒毕露、时尚大气”的品牌主张。

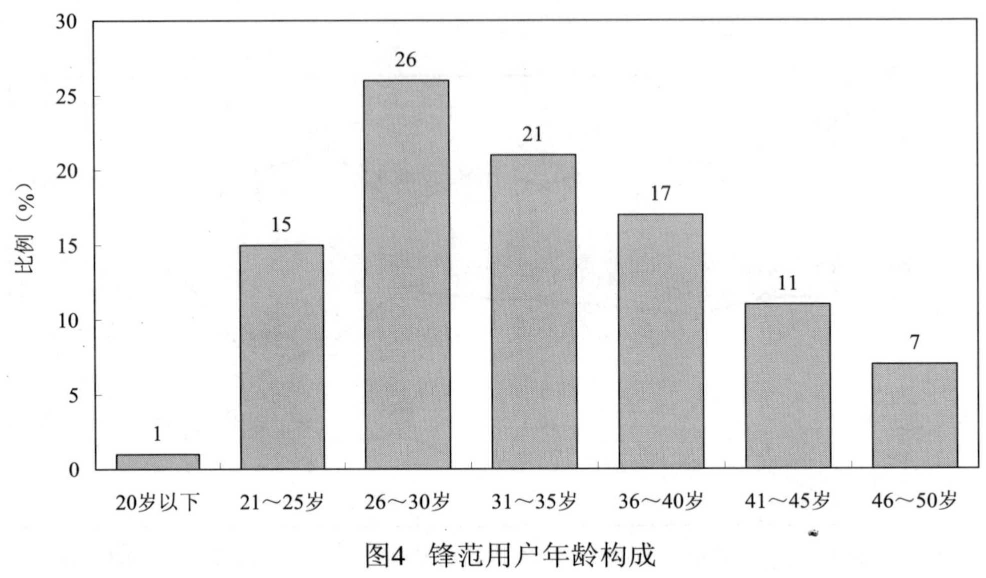

图4 锋范用户年龄构成

4．飞度（FIT）

作为Honda全球三大战略车型之一，飞度（FIT）自2001年推出以来，已在全世界115个国家售出，年均销量近40万辆，成为了名副其实的全球小型车的佼佼者。2004年9月份，飞度（FIT）两厢轿车在广汽本田正式投产，凭借其独特的中置油箱布局，实现了多种模式的后部空间变化，大幅增加了飞度的实用性。2008年7月2日，新一代飞度（FIT）轿车在中国全新上市，它继承了Honda著名的“MM理念”（Man Maximum，Mechanism Minimum，即乘员享受空间最大化、机械占用空间最小化），在外形设计、内部空间、驾乘视野、驾驶乐趣、环保节能、安全装备、产品品质等方面均按全球最高标准打造，立志成为全方位领先的两厢车。2011年3月份，2011款飞度（FIT）1.5L车型在同级车中率先推出全景天窗版，进一步实现了全方位的视野提升。原装日本进口0.68㎡的全景天窗与超大的前风窗玻璃连成一片，大大增强了车内的采光通透性及时尚感，构成了超大的驾乘视野。透过全景天窗，无论是行驶在霓虹灯灿烂的街道上，或者去郊外旅游去看夜晚的繁星，都给用户带去难忘的使用体验。2011款全景天窗版飞度还为消费者增加了全自动空调、侧裙边、运动型尾翼等全新装备，MSRP售价为12.98万元，大致有6%的用户选择了此版本飞度（见图5）。

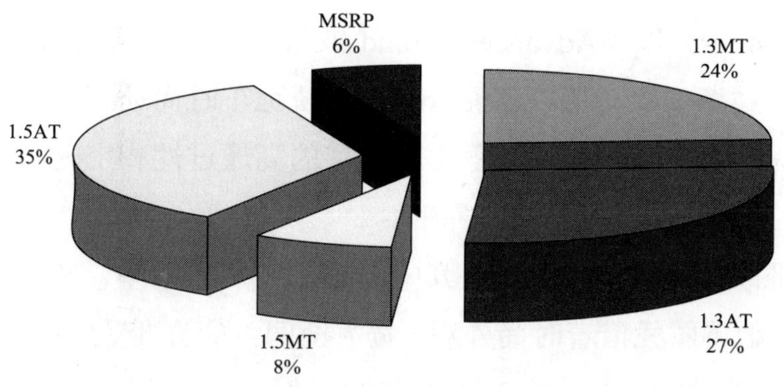

图5 2011款飞度销售比例

5．理念 S1

2011 年 4 月 17 日，国内首个合资企业自主品牌汽车“理念”（EVERUS）的第一款量产车型——理念 S1 上市。理念 S1 延续了广汽本田“世界品质，一脉相承”的高起点，以“技术同步、品质同源、服务同网”为核心优势，是一款为中国消费者打造的“新基准国民车”。新生代消费者对家用轿车的需求也更趋理性：造型大气、品质可靠、空间舒适、使用成本低，成为他们对一款家用轿车的基本需求。理念 S1 充分考虑到了这群新生代消费者的审美需求和使用习惯，并在品牌、使用成本等方面得到了首批用户的认可。2011 年理念 S1 自 4 月上市以来共销售 2.8 万辆，除了在广东等优势市场保持热销外，贵阳、西安、郑州等中西部地区也成为 S1 的主要市场（见图 6）。

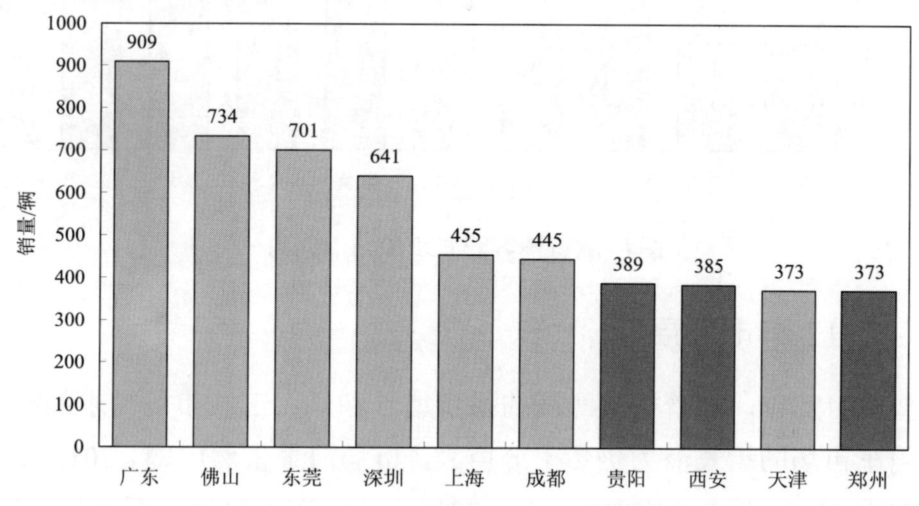

图6 理念S1首批客户TOP10城市流向

6．**歌诗图**（Crosstour）

歌诗图（Crosstour）以“Advanced Grand Tourer”为设计理念，整车洋溢着浓厚的现代感和科技感。歌诗图（Crosstour）将轿跑车时尚动感流线外观和敏捷精准操控、豪华轿车的宽大空间及舒适性、SUV 的高通过性和空间组合便利性等三种典型价值，“三位一体”地完美跨界融合。

2011 年歌诗图共销售 1900 余辆，其中北京、广州、天津、武汉、成都是主要市场（见图 7）。歌诗图凭借着时尚外观、宽大空间，发动机受到用户高度喜爱，特别是“全球十佳发动机”之一的 3.5L 智能变缸发动机，其最大功率为 206kW，最大转矩为 339N·m。随需而变的气缸运作能够在 3 缸、4 缸和 6 缸之间自如切换，油耗水平达到 7.5L/100km（90km/h 等速行驶），综合工况油耗也仅为 10.4L/100km，大大低于同等排量车型，强劲动力与低碳节油的完美结合给用户留下了深刻印象。

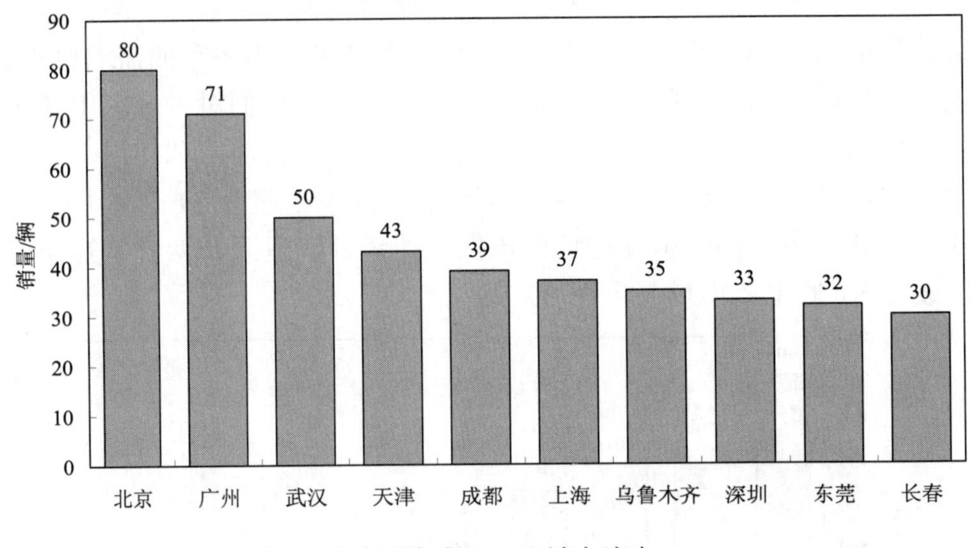

图7 歌诗图客户TOP10城市流向

二、2012 年市场展望

展望 2012 年，随着中国经济的稳步增长和二、三线市场需求的持续释放，中国乘用车市场的增长潜力仍然十分巨大，市场前景依然广阔。2012 年是广汽本田积淀实力、酝酿再腾飞的重要一年。2012 年，广汽本田将全面强化和提升研发、采购、生产、销售、服务体系，强化双品牌运营战略，加大现地化的推进力度，提升企业竞争力，为未来产品线的扩容做准备；同时，加快 CR-Z、FIT Hybrid 和 Honda 电动车等新能源车型的导入步伐，率先开启新能源时代；与此同时，广汽本田还将继续坚持企业品牌建设，积极履行安全、环保等社会责任，为行业、为社会创造更大的价值！

（作者：董小轶）

2011年东风日产产品报告

一、销量突破，新一代骐达续写传奇

2011年，天籁、逍客、新TIIDA（骐达）、轩逸、阳光五款车型年销量齐齐超过10万辆（见表1），组成了最耀眼的全明星阵容，成为东风日产冲击80万辆挑战目标的最有力支持。其旗舰车型天籁，继2010年迈入三甲的余威，在2011年全程领跑中高级车市场。此外，TIIDA也蝉联IQS中型车细分市场的冠军，并在2011年CCTV年度车型评选中荣获了“年度紧凑型乘用车”的荣誉，完美续写了中级两厢车的王者传奇。

表1　东风日产主要产品2011年销量、增速及市场份额

车型	级别	2011年销量/辆	2011年市场份额（%）	2010年销量/辆	2010年市场份额（%）	同比累计增长率（%）
天籁	D+	156165	1.3	119885	1.1	30.3
阳光	B+	156954	1.3	—	0.0	—
骐达	C+	110078	0.9	70242	0.6	56.7
逍客	SUV	111304	0.9	54417	0.5	104.5
骊威	B+	98770	0.8	90522	0.8	9.1
轩逸	C+	125427	1.0	117380	1.0	6.9
奇骏	SUV	28264	0.2	26524	0.2	6.6
玛驰	B+	16225	0.1	8918	0.1	81.9
骏逸	MPV	2713	0.0	3415	0.0	-20.6
楼兰	SUV	858	0.0	—	0.0	—

新骐达自从2011年5月末上市后，迅速继承了旧款骐达的光荣传统，吸引了广大消费者的眼球。外形上，新骐达一改前代的可爱，变身动感型人，更长、更宽、更低矮，新的X形日产家族前脸外加炯炯有神的氙气前照灯，却同时依靠巧妙的特征线条，保留了前代骐达的神韵。消费者远远看到这款车，目光就情不自禁被它吸引。前代骐达相对可爱的造型一直广受好评，但也造成了女性客户比

例偏高的市场结果，而新一代骐达在造型上的完美平衡，使得它真正成为男女老少的大众情人。

在产品上，新骐达还有很多亮点。首先是超大的空间，在前代骐达的空间饱受客户称赞的情况下，新骐达没有止步，反而将这一中国消费者真正关心、真正依赖的特点又发扬到了新的高度。轴距从 2600mm 加长了足足 100mm，达到了同级最高的 2700mm，后排腿部可以有两拳以上的空间。

此外，全新推出的新骐达 GTS 搭载了日产在中国首次采用的 1.6L 缸内直喷，涡轮增压发动机，240kW 的惊人功率足以匹敌大多数 2.4L 的发动机。上市之初，就造成了轰动的市场效应。很多消费者都在好奇，到底是骐达的 T 更迅猛，还是惯用 T 的欧系两厢车更犀利？毫秒之间的胜败并不重要，重要的是，消费者的眼球已经被吸引，档次和性能已经被认可。1.6T 的性能当然是超强的，但对于普通家庭来说，全新升级的 1.6L 自然吸气双喷射发动机毕竟是更为贴切的选择。最受市场欢迎的新骐达智能型，搭载了这款先进高效的发动机，同时采用新一代 CVT 变速器，以其超低的 6.2L/百公里的综合油耗，不仅领先同级两厢车，甚至打破了人们心中“自动挡比手动挡费油”的常识，领先于骐达 1.6L 手动版本。

二、布局领先，新贵士尊荣登场

2011 年也是东风日产不断开拓新市场的一年。世界首款豪华跑车型 SUV 的楼兰，为东风日产打响了抢占高端 SUV 市场的第一枪；刚上市的新奇骏，凭借“智驱、智观、智享”三大核心优势开创了城市 SUV 的智酷全能新风潮；日产旗下最高端的豪华 MPV贵士，以气势不凡、运筹帷幄、张弛有度的独有产品特性，为新一代高端商务人士提供了最尊享的驾车体验。

日产旗下最高端的豪华 MPV——QUEST 贵士。定位为“旗舰柒人座”的贵士，凭借“气势不凡的外观设计，运筹帷幄的配置及动力和张弛有度的商务空间”，必将成为国内豪华 MPV 市场的领导者。贵士外观强悍大气，其雕刻流线造型设计与轩昂外观，呈现动态稳重感及精湛的细节，彰显车主生而不凡的气势风范。贵士 VQ35 发动机与 CVT 无级变速器组成顺畅澎湃的铂金动力组合，与 12 扬声器 BOSE 音响系统、双屏 DVD 等尊享配备相得益彰，让车主畅享运筹帷幄的商务旅程。贵士车身尺寸为 5100 mm×1971 mm×1854mm，轴距达 3000mm，为同级别车型之最。为人体提供优化支撑的独立座椅、张弛自如的超大尊属商务空间，再加上同级别最大的行李箱空间，能够令贵士车主随心应对各种高端的商务场合。

首批贵士将在 11 个省、自治区、直辖市的 13 家专营店启动预售，预售价格为 70 万元左右。业内专家表示，凭借奢华配置和非凡的档次感，贵士不仅在北美声名显赫，在国内客户中也有着一流的口碑。可以肯定的是，豪华 MPV 贵士导入之后，必将和楼兰、天籁一道，构筑起东风日产的高端旗舰车型阵营。

至此，东风日产“高端领军、中部崛起、小车爆发”的合理产品布局已正式形成。它在全面覆盖汽车用户各种需求的同时，也为东风日产日后的继续腾飞打下了坚实的基础。

三、双品牌战略起飞创造销量“奇迹”

2011 年，面对车市低迷、日本大地震等诸多不利因素，东风日产依然保持着强劲的上升势头，凭借不断“创新”铸就出强大的体系竞争力，并创造出另一行业“奇迹”——用 8 年时间完成了 300 万辆的产销量，打破了所有合资企业的最快纪录。

东风日产并没有止步于 NISSAN 品牌的发展，经过多年酝酿，其自主品牌“启辰”终于破茧而出。2011 年 4 月 20 日上海车展启辰概念车亮相，10 月 28 日在深圳启辰首家专营店落成，11 月 21 日启辰首款量产车 D50 亮相广州车展，意味着启辰品牌已经初步完成了从“概念”到“实体”的重大转变，东风日产“双品牌”战略真正落地。“NISSAN”加“启辰”的双品牌战略不仅是基于进一步满足越来越细分的中国汽车消费市场的需要，更是东风日产向第一阵营发展的重要战略。“启辰品牌应中国客户需求而生、循中国客户需求而动，它和 NISSAN 品牌没有高低之分，只有分工不同，双品牌好比是企业的‘双核’，共同发力确保东风日产提速更快、发展更稳健。”

在品牌定位上，两个品牌各自具有清晰的个性形象：NISSAN 品牌体现的是“深思熟虑，大胆创新”，即以更出色的表现、更人性化的先进技术赢得消费者的信赖；而启辰品牌则体现的是“亲和近人，至善践行”，以“尊重”为信念，以“亲和力”、“信赖感”为品牌特征，为中国消费者提供更具价值感的产品与服务，实现其“让每一个人都能享受愉悦的高品质汽车生活”的定位宣言。

双品牌战略的实施代表着东风日产从一个制造基地上升为完整意义的汽车

企业，东风日产的自主研发实力得到了真正的验证和提升，真正地把自己手里的资源转化成生产力，全价值链体系由此更加完整。东风日产的事业发展由此进入了新的阶段，不仅拥有全新的产品线和营销渠道，可以向更宽广的市场、更广泛的目标消费群体渗透。更重要的是，它意味着东风日产战略布局的拉开和再启程，意味着东风日产在全价值链核心竞争力上的进一步锻造和成熟。从运作好一个全球化品牌到培育好一个全新的品牌，东风日产将攀爬中国合资汽车公司发展的新高度。

开创了东风日产事业新格局的启辰首款量产车在业内可谓瞩目已久，在广州车展它也正式完成了自己的处女秀，命名为“D50”。作为双品牌战略的第一个成果，启辰 D50 承载了全体东风日产人乃至包括上下游产业链合作伙伴的所有中国汽车人的智慧与心血。基于“启辰”品牌的造型设计理念“羿”（soar），D50 从中汲取灵感融入整体造型设计，赋予产品一气呵成的律动流线，凝练上扬的进取气势和极致顺畅的舒展张力。东风日产将启辰 D50 的目标消费群定义为“小康悦享族”。他们乐于享受和睦温馨的家庭温暖，同时也希望拥有个人空间；他们能够按自己的想法简单轻松地生活，同时也向往没有压力、丰富多彩的品质生活。东风日产启辰 D50 以“高品质宽适轿车”为定位，车身长宽高为 4530 mm×1695 mm×1535mm，轴距达 2600mm。出众的宽适大空间，足以满载温馨惬意，令车主的生活乐趣轻松可及。

东风日产从启动自主品牌项目之初就认定，高品质是启辰的必由之路。唯有高品质，才能真正满足市场需求，才能够真正做到尊重消费者——正如任勇所说，启辰将成为同级别中最具竞争力、最高品质的车型。按照计划，启辰 D50 将于 2012 年上半年上市，而包含电动车在内的启辰后续车型已经有明确的时间表——预计到 2015 年，启辰品牌将投放 5 款新车，销量将达到 30 万辆。

（作者：孙方圆）

2011年神龙汽车市场调查报告

进入2011年以来，中国汽车市场几乎是厄运不断，从上年年底的北京限牌、限行，到年初的三大优惠政策集中退出，紧接着是一系列的房产限购打压措施，央行6个月内连续六次上调存款准备金率，三次上调存贷款利率，三次上调油价，日本地震形成大面积的零部件短缺，北京市区上调停车费引起社会强烈反响，锦湖轮胎事件一度引起恐慌，节能补贴标准加严将400多款受益车型缩小到40多款，党政机关公务配车细则发布几乎把所有的合资厂家排除在外，欧债危机、人民币升值、通货膨胀等内忧外患一直困扰着中国的经济社会。可以说刚刚过去的2011年是中国汽车史上不利因素最集中爆发的一年

在这种背景下，2011年1～11月份乘用车累计销售（国产内销部分）了1077万辆，同比增长7.4%。预计2011年全年总量将达到1194万辆，同比增长7.6%，市场增速将是近10年以来，第二个出现个位数增长的年份。

在各种严峻的市场环境面前，神龙公司克难奋进，以市场占有率为第一经营目标，围绕客户满意，力拓市场，严抓质量，大力改进改善，各项工作都取得了重大突破：2011年全年公司产销突破40万辆，实现历史性新跨越；成功投放东风标致508和东风标致308两款全新车型，产品结构进一步优化；战略绩效管理取得阶段性成果，精益管理进一步在全价值链上延伸；P2+2降成本和PQ365质量改善行动继续深化；劳动生产率和质量水平不断攀升；第三工厂和新发动机项目开工，能力建设项目稳步推进；整车批量出口实现历史性突破；经营质量稳健提升，各项经营指标再创历史新高。

一、产销突破40万辆，市场占有率稳中有升

2011年，神龙公司产销双双突破40万辆（见图1），实现了历史性的跨越，全年实现整车销售40.4万辆，同比增长8.24%，高于狭义乘用车平均增速，高于基本型乘用车增速5个百分点。国内市场占有率达到了3.38%，连续3年实现了市场占有率稳中有升的上升势头，是在排名前15名的乘用车厂家中7个市场占

有率上升的厂家之一，在竞争日趋激烈的市场形势下，能够实现市场占有率的上升实属不易。2011 年，神龙公司月度销量呈现比较均衡的态势（见图 2）。神龙公司稳扎稳打，稳中求进，向董事会确定的 5A 计划（在 2015 年实现市场占有率 5%）的目标又成功地迈进了一步。

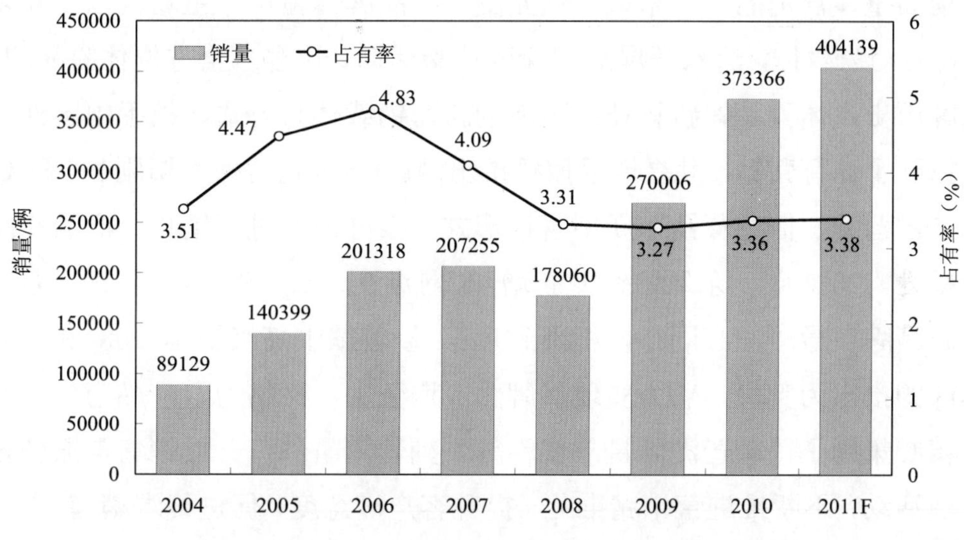

图1　神龙汽车历年销量及市场占有率变化趋势图

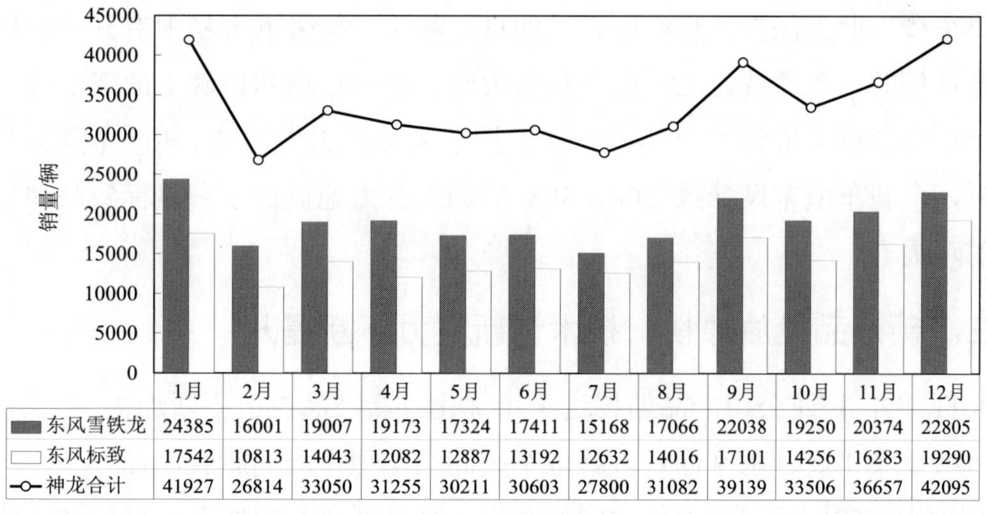

	1月	2月	3月	4月	5月	6月	7月	8月	9月	10月	11月	12月
东风雪铁龙	24385	16001	19007	19173	17324	17411	15168	17066	22038	19250	20374	22805
东风标致	17542	10813	14043	12082	12887	13192	12632	14016	17101	14256	16283	19290
神龙合计	41927	26814	33050	31255	30211	30603	27800	31082	39139	33506	36657	42095

图2　2011年神龙汽车分品牌月度销量趋势图

二、营销能力进一步提升，双品牌比翼齐飞

2011 年，神龙公司不断强化“区域聚焦、产品聚焦、客户聚焦”，进一步确立和重申了公司营销领域系列的基本原则和主张，强化销售终端管理，进一步打造优秀销售团队；出台 P500 计划，大力拓展县域蓝海市场，进一步提升了公司抢占市场的整体营销能力。东风雪铁龙围绕“品牌体验年”主题，以“新东方之旅”系列活动为载体，深入开展品牌深度体验活动，让客户全方位体验品牌内涵，体验品牌历史，体验品牌新科技；不断创新营销载体与方式，携手中国羽毛球队进一步拓展了体育营销，世嘉携手搜狐推出网剧、C5 完美植入舞剧“心随 C 舞”，开拓了艺术营销、情感营销等新型营销形式，很好地促进了销售、产品和品牌力的持续提升。2011 年，东风雪铁龙新增 4S 网点 91 家、3S 网点 17 家。东风标致发布全新品牌口号“同心同行，标新致远”，以首款中高级轿车 508 和风尚中级轿车 308 的推出为契机，着力实现品牌力、服务力、网络力、产品力和营销力的提升。精心策划了“勒芒洲际挑战赛”等系列营销事件，开展销售与服务技能培训和竞赛活动，不断推进营销精准化，提升客户满意度，促进终端销售。2011 年，东风标致新增网点 200 家，其中 4S 网点为 70 家。一系列务实有效的行动，确保了双品牌保持持续稳步增长的势头。2011 年全年东风雪铁龙销售整车 23 万辆，“明星车型”世嘉保持“月销过万”的良好势头；新爱丽舍稳中有升；承担着品牌提升重任的东风雪铁龙 C5 更是频获大奖，取得市场和口碑上的双丰收。东风标致全年实现整车销售 17.4 万辆，在保持东风标致 207、307、408 车型销量稳定的同时，全新车型东风标致 508、308 的加入有力地促进了东风标致品牌形象和销量的双提升。

三、新产品投放加快，技术创新实力不断提升

2011 年，神龙公司产品结构进一步优化，新产品投放不断加快（见图 3）。2011 年 7 月 10 日，东风标致首款进军中高级车型市场的旗舰产品——东风标致 508 在杭州荣耀上市。2011 年 10 月 20 日，高品质风尚中级车东风标致 308 在上海隆重上市。东风标致产品系列全面迈入了“8 时代”。另外，C5、世嘉、新爱丽舍和东风标致 408、307、207 分别推出了年型款或改型款，使公司两个品牌的产

品布局更加均衡，产品竞争力进一步增强。2011 年，神龙公司获中国汽车工业科技进步奖 1 项、武汉市重大成果转化贡献奖 1 项、武汉市科技进步奖 1 项、东风公司科技进步奖 16 项、省市企业管理现代化创新成果奖 17 项、国家专利授权奖 37 项。公司连续第六年雄踞东风研发体系技术创新工作评价第一名。

东风标致 508

东风标致 308

图 3　神龙汽车 2011 年投放的两款新车型

1．东风标致 508

东风标致 508，承袭了标致品牌百年造车精髓，以及东风标致严谨与激情的独特品牌理念，全方位地展现出全新中级豪华车所应有的全面优秀品质。大气优雅的外观设计、卓越周到的安全性能、超越同级的舒适配备，以及东风标致 508 怡然随心的控制科技、从容自如的驾控性能，再加上和谐质感的静谧空间，为追求自在生活、乐于品质享受的新时代知性成功者带来了可感知的尊贵体验。

（1）大气优雅的外形设计　东风标致 508 从前到后 10 条特征线条形似水滴被风吹散后的发散效果，体现出凝固的动态美，在优雅中体现运动感，充分流露出流体力学的美感。机罩的鼻翼通过渐变的镀铬件配合引擎盖表面特征线，形成 U 型，整体设计理念表露无疑。总体外观前后比例协调，动静结合、相得益彰，低调中尽显奢华。

（2）卓越周到的安全性能　东风标致 508 汲取了法国标致 120 年造车历程中有关汽车安全的全部经验以及最先进的技术，全系标配 BOSCH 8.1 ESP 系统，拥有领先同级的 ULE 高强度钢车身以及后排电控儿童安全门锁等周到的儿童安全保障体系，这些体贴完备的安全配置使得东风标致 508 安全性的各项指标都达到了一流水准。

（3）超越同级的舒适配备　东风标致 508 为驾驶者提供了众多舒适配备，VTH 彩色抬头显示屏、组合仪表综合信息显示屏、宽屏多媒体导航系统等让驾驶者在追逐驾驶乐趣的同时，也得到了体贴入微的关怀。多角度舒颈头枕、电动可调舒压驾驶座以及后排公务舱座椅系统为驾乘人员带来最舒适的驾乘感受。四区空调、高保真剧院 3D 环绕音响系统等超越同级别的高端配置则为用户带来完美的用车体验。

（4）怡然随心的控制科技　为用户最大程度地提供便利，让驾乘者能随心驾驭、尽在掌握，是东风标致 508 在设计之初就重点考虑的方面。为此，东风标致 508 精心为用户配备了最先进的控制科技，如 Info-Drive 系统集成控制旋钮、i-START 一键起动系统、智能旋钮控制多功能方向盘等，这些智能科技，不仅为驾乘者带来怡然随心的便利享受，也让驾乘者能尽情感受东风标致 508 无穷的科技魅力。同时，东风标致 508 还配备了双控后窗电动遮阳帘。后窗电动遮阳帘使用非常便捷，副仪表板和后排扶手均设置有开启开关，前后乘客都可轻松使用。

（5）从容自如的驾控性能　东风标致 508 选用 EW 系列 2.0L 和 2.3L 黄金排量的高效组合汽油发动机，满足了市场的主流需求，2.3L 匹配 6 速手自一体变速器，2.0L 匹配 5 速手动变速器，实现了动力性、愉悦性与经济性的完美统一。

（6）和谐质感的静谧空间　东风标致 508 采用顶尖的 NVH 三维静音工程，360 度隔绝车外噪声，精心为驾乘者打造出一车一世界的静谧空间。剧院环绕式 LED 氛围照明，采用标致品牌专有琥珀橙色，在东风标致 508 内营造出独有的雅致世界。东风标致 508 全系标配顶灯处 LED 环境照明灯，为驾驶者提供柔和的琥珀色照明，加上前、后门护板扶手后的琥珀色发光二极管，进一步提升内部的舒适度及档次感。所有的灯光效果一起，为 508 驾乘人员营造出环绕式的剧院氛围，让人心悦神怡。

2．东风标致 308

东风标致的另外一款高品质风尚中级车——东风标致 308 于 2011 年 10 月 20

日在上海隆重上市。此次上市的东风标致 308 包括两个排量 7 款车型，售价区间为 10.39 万～14.19 万元。

东风标致 308 完美运用标致品牌全新的设计语言，在线条起伏间闪烁光影魅力，在流线勾勒里演绎流行时尚，在筋线奔放中挥洒势能力量。作为标致品牌献给广大用户的最新杰作，东风标致 308 不仅展现出别具一格的“雕塑感”造型设计，指尖淬炼的精湛造诣更让人叹为观止，如钟表刻度般刻画每一处细节，内外彰显越级品质。

东风标致 308 的主要卖点在于具有雕塑感的时尚造型、精致舒适的越级品质、值得信赖的完美操控、全方位的安全防护以及科技领先的绿色环保，竞争对手主要瞄准一汽丰田卡罗拉、一汽-大众新宝来、东风雪铁龙世嘉三厢、雪佛兰科鲁兹、北京现代悦动、斯柯达明锐等经济型家用车。

四、首次整车批量出口，国际市场开拓实现新突破

2011 年 6 月 23 日，首批 120 辆东风标致 408 整车从武汉经济技术开发区汽车滚装码头起航，远销埃及。这是公司首次整车批量出口，标志着公司海外市场开拓实现历史性跨越和取得阶段性重大成果。2011 年，公司充分利用两大股东在国际市场上的品牌、技术、网络等资源优势，进一步转变出口方式，大力开拓出口外销市场，扩大整车及零部件出口份额。2011 年全年整车（含折合当量）出口突破 3000 辆；出口创汇超过 2.3 亿元人民币，出口市场由原来的法国等少数几个国家拓展到法国、阿根廷、巴西、俄罗斯、埃及、尼日利亚等十多个国家。国际市场开拓的新突破，也对推动公司销量持续快速增长和经营质量的提升起到了重要的补充作用，为下一步国际市场的拓展奠定了良好的基础。

五、区域市场重点突破

2011 年，一线城市逐步进入饱和，北京由于限牌的原因，市场出现衰退，销量同比大幅下滑。本着产品聚焦、客户聚焦、区域聚焦的营销手法，神龙公司抓住传统重点区域市场的同时，也在增速较快的 二、三线市场排兵布阵，加强了对河北、河南、安徽、湖北、重庆等中西部地区市场的投入，取得了较大的突破（见图 4）。神龙汽车 2011 年 1～11 月份分车型地区流向（见表 1）。

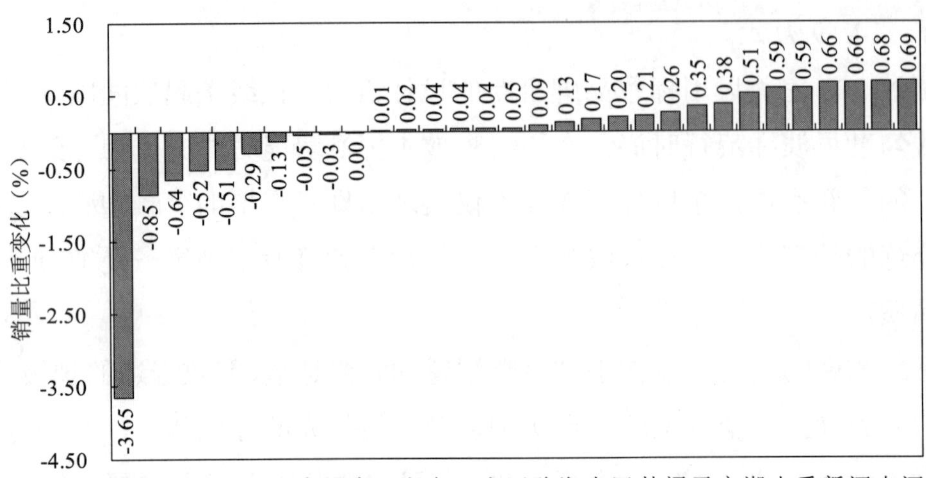

图4 神龙汽车2011年1～11月份分地区销量比重变化情况

表1 神龙汽车2011年1～11月份分车型地区流向

（单位：辆）

车型 地区	爱丽舍	世嘉	C2	C5	凯旋	标致307	标致207	标致308	标致408	标致508
安徽	691	3017	205	603	1	917	767	92	1098	226
北京	3272	4261	137	2514	69	2691	3685	119	2985	1534
福建	786	2078	186	741	1	2183	1531	145	2744	832
甘肃	933	1160	77	246	0	474	517	39	602	122
广东	2170	3393	162	1750	0	2622	1153	226	3403	962
广西	971	1759	199	456	1	847	755	70	941	280
贵州	1280	1958	156	652	0	488	659	48	656	154
海南	376	382	17	107	0	49	49	4	118	38
河北	5023	5556	1357	1412	3	1792	2410	211	1414	384
河南	2507	5085	369	1238	3	1893	2306	127	2160	399
黑龙江	414	931	50	377	0	228	317	48	403	131
湖北	16046	10267	323	2595	203	2528	750	203	2589	621
湖南	1838	3696	193	931	1	1386	780	122	1919	324
吉林	132	485	118	173	0	212	306	22	179	59

（续）

地区\车型	爱丽舍	世嘉	C2	C5	凯旋	标致307	标致207	标致308	标致408	标致508
江苏	1660	13851	588	3375	39	6763	3178	403	6695	1489
江西	358	1966	157	339	4	617	637	53	875	172
辽宁	455	1660	127	644	1	433	441	50	613	279
内蒙古	833	1506	184	348	5	486	895	61	577	190
宁夏	193	617	38	182	0	333	334	26	449	69
青海	158	86	12	19	2	145	177	3	128	34
山东	6864	11999	931	2286	3	3992	5100	307	3552	854
山西	1850	2139	463	402	8	605	1271	71	688	232
陕西	1901	2443	211	717	0	1076	889	82	711	218
上海	765	3523	169	1355	1	1937	629	103	1985	509
四川	2365	6247	1447	1898	1	2788	4637	227	2951	747
天津	297	2443	271	771	2	1384	2224	70	921	238
西藏	14	87	11	8	1	36	68	6	64	19
新疆	2780	3001	84	357	0	543	318	58	790	155
云南	600	3044	291	779	6	430	739	80	563	205
浙江	838	6677	502	2110	1	4447	2525	274	3304	1028
重庆	630	2369	233	1070	0	2106	594	96	1946	419
其他/直销	63	155	1	200	13	151	109	0	179	57
出口	0	0	0	0	0	0	0	0	1173	0
合计	59063	107841	9269	30655	369	46582	40750	3446	49375	12980

六、PQ365 深入推进，质量管理水平再上新台阶

2011 年，公司坚持以“客户满意”为宗旨，深入推进 PQ365 行动计划，着力加强质量文化建设，实施了一系列系统性的质量改善，大力提升了各部门质量改善的协同效应，促使产品使用质量大幅改善、新项目质量进一步提升、用户质量问题的反应速度进一步加快。同时，公司着力推行卓越绩效模式，不断创新质量管理方法，建立了 OEBYA 质量作战室，启动了质量体系成熟度评价方法，接受了湖北省“长江质量奖”的评审。质量管控水平大幅提升，先后荣获“全国实施卓越绩效模式先进企业”、“全国质量守信企业”等一系列荣誉。标致 508 的新

车投放故障率 CRI 创公司新车投放质量历史最好水平；售后三个月保用故障率处于历史最低，一年期可靠性质量调查 QAS 显示公司质量进步幅度已接近竞争对手的最好水平。服务质量稳步提升，三个月滚动售时总体满意度超过 80%，售后总体满意度超过 75%。J.D.Power 售后服务质量 CSI 调研结果显示——东风雪铁龙名列第四，东风标致名列第六。2011 年全年 QC 课题立项 498 项，完成 468 项，取得了显著的经济效益。其中，三个 QC 小组获得全国优秀质量管理小组称号；两项 QC 成果获得了第 35 届国际质量小组 “失效预防类 QC 成果卓越奖”和“质量改进类 QC 成果卓越奖”。

（作者：李锦泉）

北京现代产品市场调查报告

2011 年北京现代旗下瑞纳、雅绅特、悦动、伊兰特、i30、名驭、第八代索纳塔、途胜、ix35 等 9 款车型销量达到 73.98 万辆（见图 1），环比增长 5.2%，在购置税优惠退出、节能惠民政策门槛提高、北京限购等大背景下实现了销量逆市上扬。并于 2011 年 8 月份，累计销量突破 300 万辆，成为该阵营排名第四的成员。

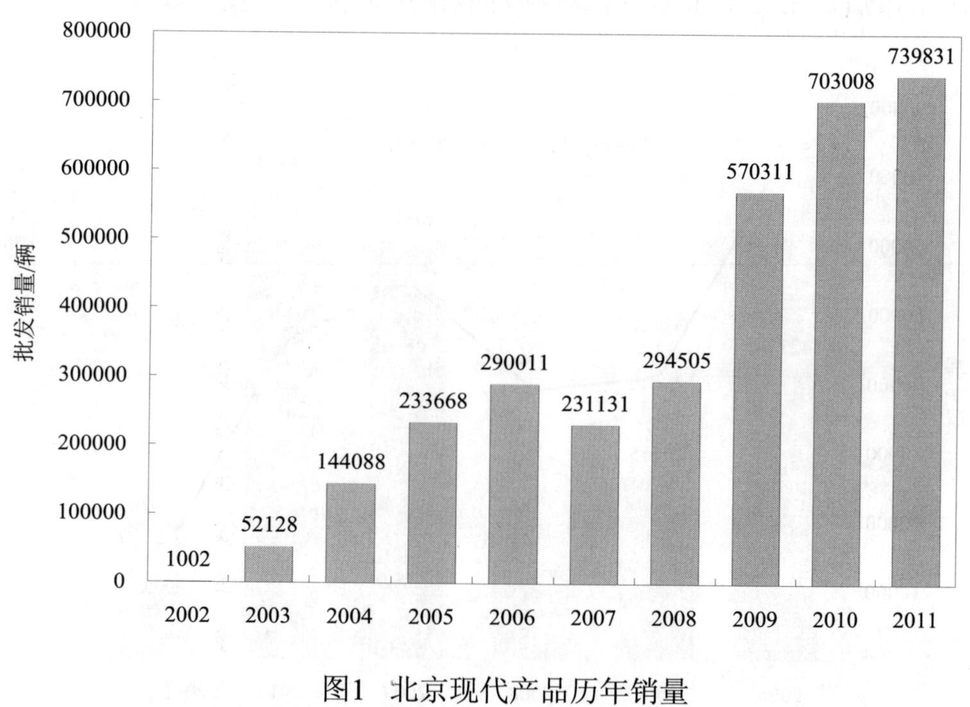

图1　北京现代产品历年销量

2011 年 4 月份，北京现代战略车型第八代索纳塔正式上市，一路高歌猛进，并于 2011 年 9 月份突破 1 万辆，此后连续 4 个月销量过万辆，成为该级别的一匹黑马；从车市后起的“新势力”成功跻身市场“新主流”。为北京现代实现“D+S”（中高级车）战略、提升北京现代品牌做出了突出贡献。伊兰特/悦动市场表现稳定，领翔跻身主流车型，瑞纳及 ix35 分别稳居级别前 5 位；北京现代在实现销量增长的同时，切实做到了结构调整，使得销量分布更为均衡，发展的步子更稳。

2011 年，北京现代销售网络进一步覆盖，4S 店达到 498 家，其中新建 105 家；卫星店 213 家，其中新建 57 家。满意度方面，2011 年北京现代取得了长足的进步，SSI 得分 859 分，排名上升 24 名；CSI 得分 849 分，排名上升 3 名；IQS 得分 126 分，排名上升 9 名。

一、2011 年北京现代各车型市场表现

1．雅绅特/瑞纳

雅绅特自 2006 年上市后，市场表现平平（见图 2）；2009 年受购置税优惠政策对小排量车型的影响，月均销量跃升至 5000 辆，份额开始回升。2010 年 8 月份，瑞纳上市后，销量节节攀升，雅绅特的市场地位逐渐被其取代。

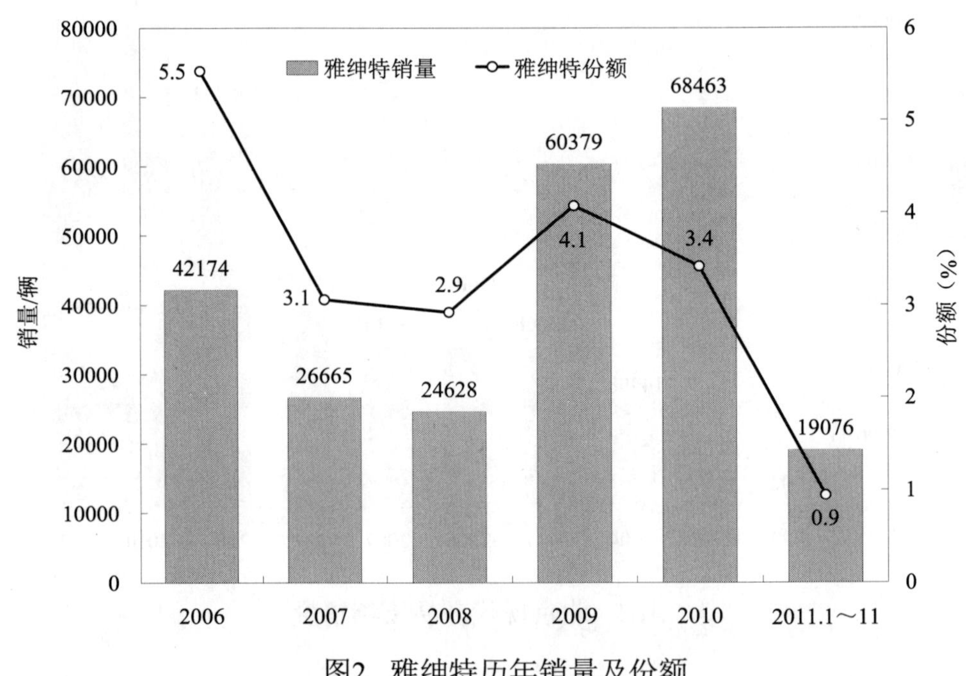

图2 雅绅特历年销量及份额

2010 年 8 月，瑞纳上市后，凭借其时尚动感的外观、富有科技感的配置、良好的节油性能，迅速赢得了年轻消费者的青睐。2011 年，其月均销量更是由 2010 年的 8000 辆跃升至 1.1 万辆（见图 3），稳居该级别第 4 位，成为该级别的主力车型。

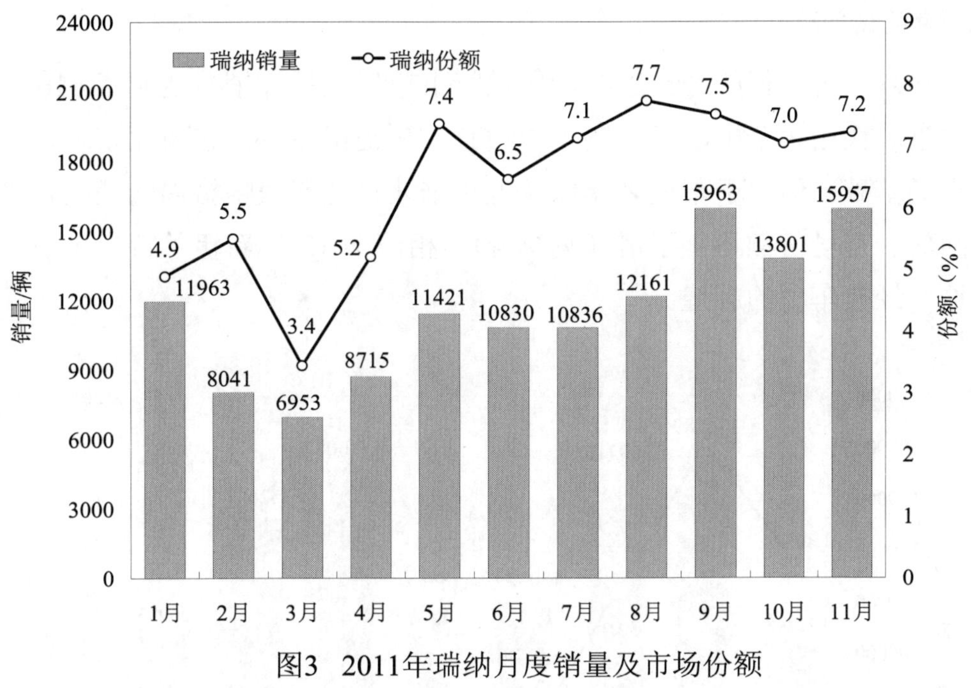

图3 2011年瑞纳月度销量及市场份额

外观上，流体雕塑概念的运用让线条的使用充满艺术感。瑞纳前脸线条丰富，类似X型的设计锋利，大灯造型犀利，富有很强的视觉冲击力。侧面的运动感来自丰富的线条设计。锋利上扬的腰线一直贯穿至尾灯处，使得整车视觉重心上移，车门底部设计用一条褶皱弧线增加了车身侧面动感元素。瑞纳的尾部设计短小，行李箱微微上翘不仅更为美观而且起到了扰流板的作用。尾灯造型棱角分明，与前照灯呼应。节油性能上，瑞纳 1.4L 手动挡车型的综合工况百公里油耗仅为 6.1L，自动挡车型为 6.5L。而 1.4L blue 版车型由于采用 EPS 电动助力转向系统、可变空调压缩机和电源管理系统等节油技术，手动挡和自动挡综合工况百公里油耗分别为 5.7L 和 6.2L。瑞纳 1.6L 自动挡综合工况百公里油耗为 6.6L。瑞纳特别配备了 ECO 经济驾驶模式提醒功能，时时提醒驾驶者节能驾驶，养成良好的驾驶习惯。动力上，采用全新的 1.4L/1.6L 伽玛发动机，并有 blue 版车型，适用各种低油耗技术。配置上，采用了真皮座椅、6 喇叭扬声器、USB+IPOD 接口、EPS 电动助力转向、发动机防盗、方向盘音响遥控、电动天窗、倒车雷达等一系列科技配备。2570mm 的轴距居于同级领先，具有空间优势。价格上，瑞纳定价合理。相信瑞纳凭借其时尚讨巧的外观以及优异的性能必将在 2012 年谱写出更优异的成绩。

2．伊兰特/悦动

作为一款不可多得的经典家轿，伊兰特上市以来累计销量达到了 110 万辆以上，在北京现代已售车中，每三辆车中便有一辆是伊兰特。它为北京现代建立了牢固的市场基础。但由于车型老化以及近年来北京现代战略格局的调整，老伊兰特销量回落，市场份额逐年下滑（见图 4）。相信 2012 年新伊兰特上市后，将重新铸造这一经典车型的辉煌。

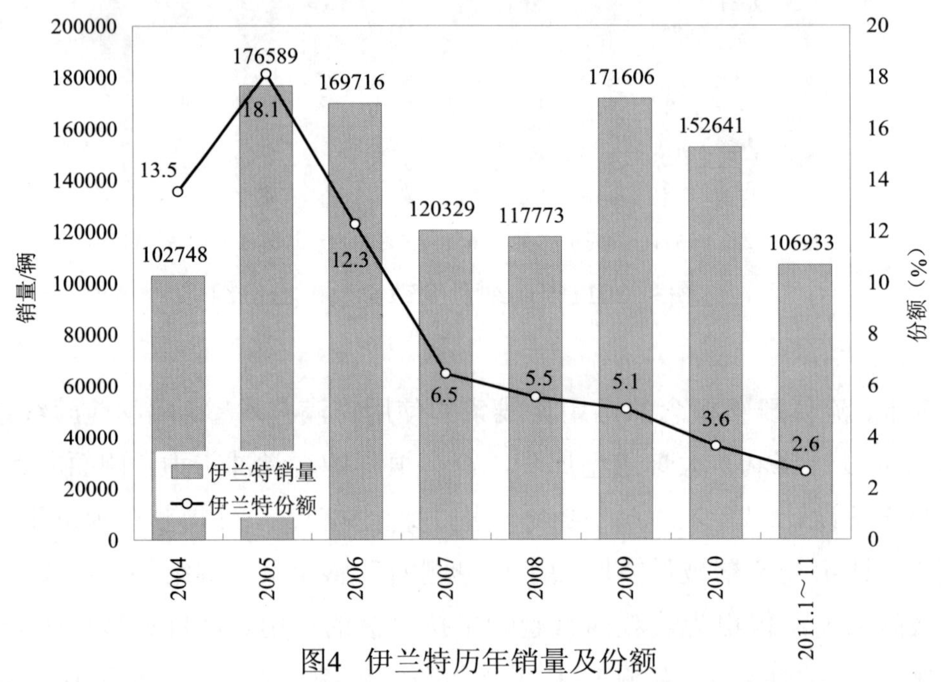

图4 伊兰特历年销量及份额

2011 年 9 月份，新悦动热销 18800 辆（见图 5），上市不足 4 年（3 年 5 个月）实现了累计销售 70 万辆的突破，再现了中级车市场的速度神话。2011 年 5 月份上市的新悦动经过悦动品牌上市三年来力度最大的一次改进，增加了 4 款车型，产品结构更加丰富，同时各款车型在外观、内饰、安全及配置等方面也进行了全面升级，“流体雕塑”设计理念的加入和诸多智能科技配置都为其加分不少。外观方面，新悦动在造型上大胆进行动感和时尚化改造，秉承“流体雕塑”风格，应用了更多硬朗的线条，使得新悦动的前脸更符合现代汽车新的设计趋势，“家族化”脸谱风格日渐成熟。

同时，作为一款主打“家庭使用”的中级车，新悦动在“实用”方面的优势更是突出：空间方面，新悦动可谓A级车领域的“领头羊”，长4543mm、宽1777mm、高1490mm的超大车身，长达2650mm的轴距，远远超越同级车型，甚至堪与很多B级车媲美。舒适便捷性方面，新悦动配备了一键起动、超级仪表盘、双开启电动天窗、真皮座椅以及同级车中罕见的自动空调，驾乘便捷性和舒适度进一步提升，让坐在后排的家人也能享受到更愉悦的乘车时光。

此外，新悦动在节油方面的优势也不容忽视，为车主节省油钱、降低用车成本立下汗马功劳。它搭载MDPS电动助力转向、AMS电源管理、ECO经济驾驶模式提醒等节油技术，与γ节能环保发动机相辅相成，实现了堪比A0级车的超低油耗。来自工业和信息化部的数据显示，新悦动1.6L手动挡和自动挡车型的百公里综合工况油耗仅为6.5L和6.8L，堪称同级别车中最优的燃油经济性。

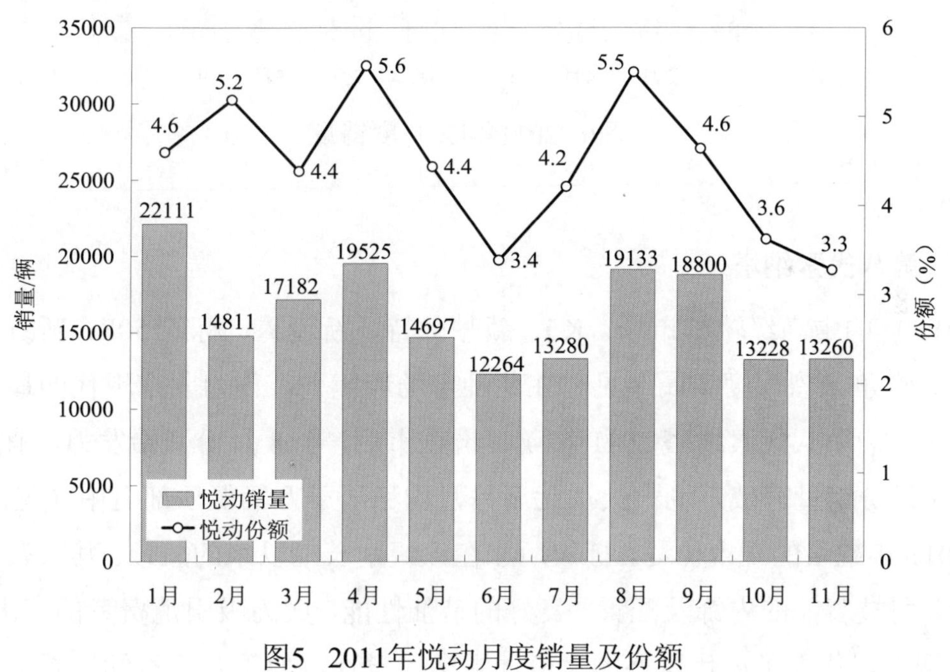

图5 2011年悦动月度销量及份额

3．i30

由于i30市场定位偏差，再加上中国人的消费习惯异于热衷于两厢车的欧洲消费者，该级别两厢车市场规模较小，i30销售乏力（见图6）。要想改变目前的困境，需要突破产品和营销上的瓶颈。

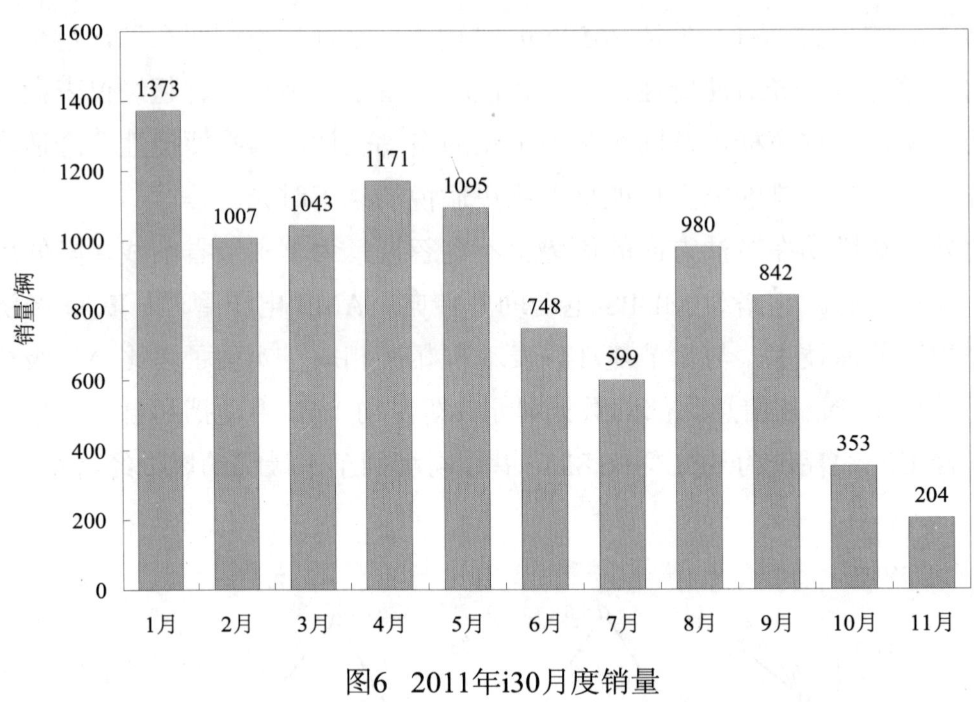

图6 2011年i30月度销量

4. 第八代索纳塔

2011年的中高级轿车市场，K5、新帕萨特、新迈腾、标致508、新凯美瑞相继上市，竞争激烈程度实属罕见。在此种市场环境下，作为北京现代的最为重要的战略车型，第八代索纳塔2011年4月份上市后，于8月份开始发力，销量节节攀升，9月份销量突破万辆大关，此后每月均稳居于万辆俱乐部之中（见图7），成为2011年耀眼的车市黑马，打破厂家在该级别长期以来的瓶颈。其富有未来感的外形、科技智能的内饰及配置、良好的节油性能，成为吸引消费者的三大利器。

外观上，代表了现代风格的“流体雕塑”设计，使第八代索纳塔看上去流畅与动感、时尚与品味、实用与审美兼备。内在品质上，第八代索纳塔更是卓尔不群，从动力强劲、燃油经济的发动机技术，到全系标配6速手自一体变速器、TPMS胎压监测、VSM车辆稳定控制系统；从全景天窗、智能迎宾灯光系统、前风挡自动除雾、ESS紧急刹车提醒、双预紧安全带到18in铝合金轮毂、定速巡航等配置，第八代索纳塔拥有同级别B级车型中领先的智能科技优势。

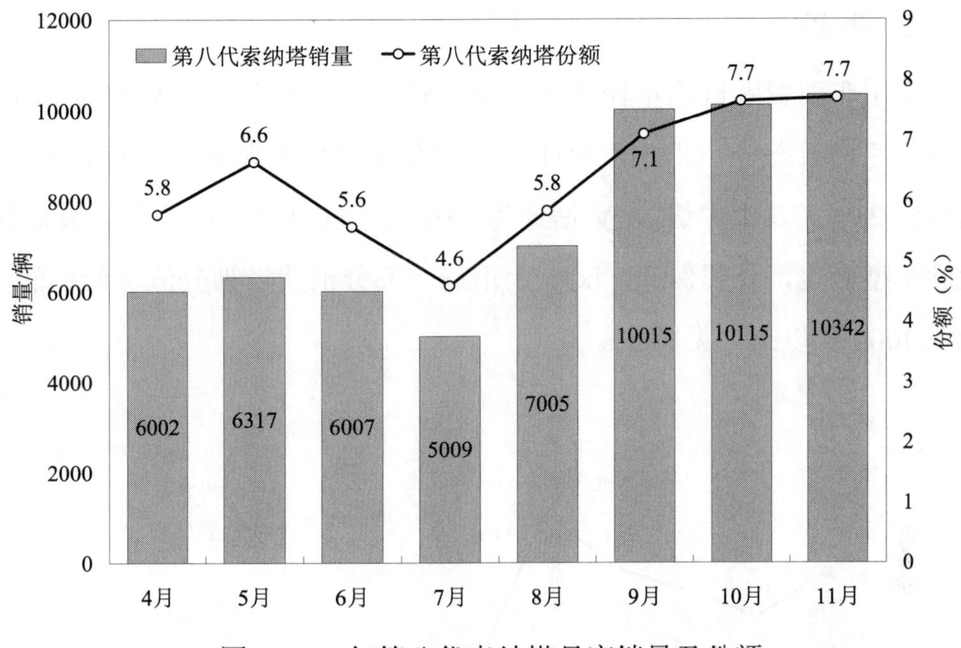

图7 2011年第八代索纳塔月度销量及份额

5．名驭/领翔

名驭、领翔车型老化，2011 年市场表现不佳（见图 8），目前主要销售对象为公商务、出租客户。需要对产品重新进行调整，以改变局面。

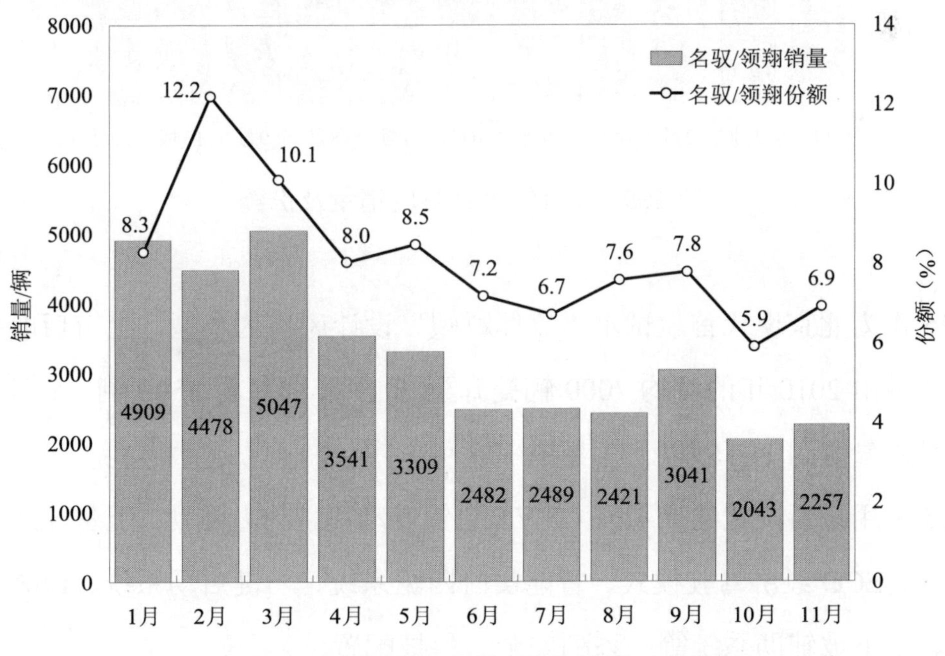

图8 2011年名驭/领翔月度销量及份额

6．途胜/ix35

由于乘用车消费者日趋年轻化，以及消费喜好的转变，SUV 销量 2011 年来一直呈现高速增长态势。即使在 2011 年乘用车销量增速大幅回落的情况下，SUV 增速仍高达 21%，其中中级 SUV 增速为 28%（2011 年 1～11 月份批发同比）。

途胜车型老化，外观保守，ix35 上市后，部分消费者被分流，但仍然保持月均销量在 4000 辆以上（见图 9）。

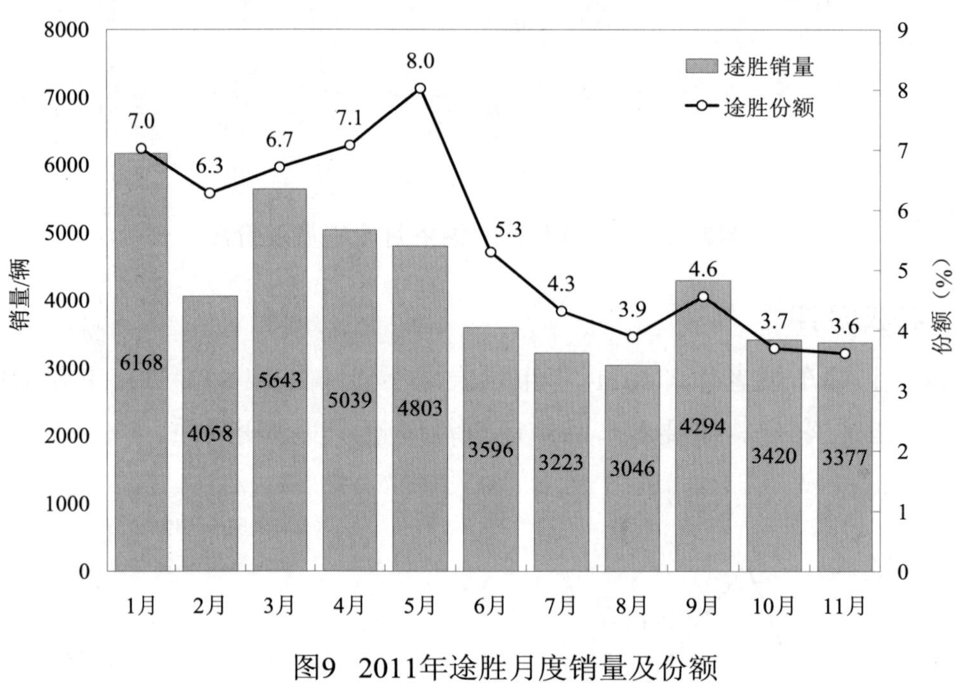

图9 2011年途胜月度销量及份额

ix35 作为北京现代首款试水“流体雕塑”设计风格的车型，上市后取得巨大成功，销量由 2010 年的月均 7000 辆提升至 2011 年的月均 8500 辆。1 月份、11 月份单月销量达到 1 万辆以上（见图 10）。

ix35 采用最新一代的 θ -II双 CVVT 全铝发动机，动力强劲；配备 6 速手自一体变速器、ECO 经济驾驶模式、智能实时四驱系统、一键启动系统、ESP 车身稳定系统、上下坡辅助系统等一系列安全、科技配置。

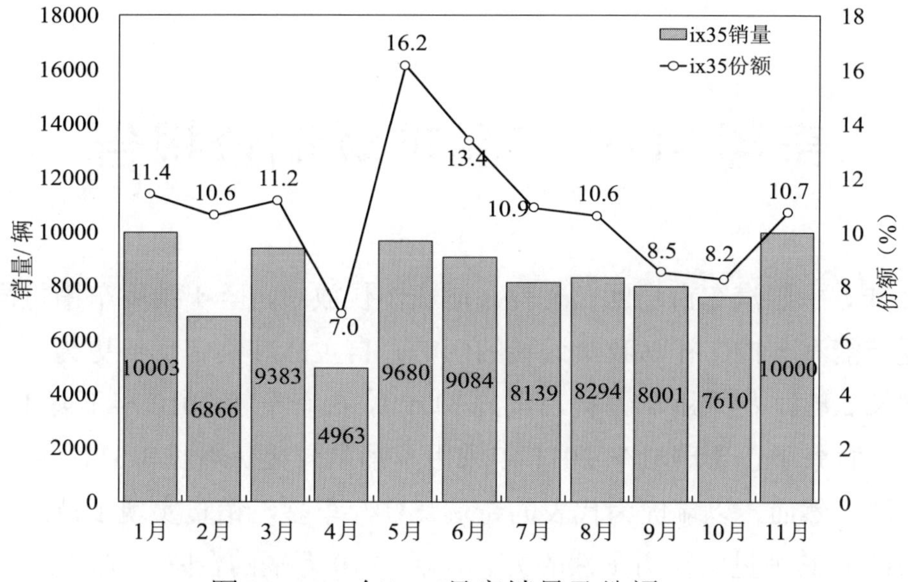

图10 2011年ix35月度销量及份额

二、北京现代销量流向

由图 11 可以看出，北京现代分省、自治区、直辖市的销量不太均衡，其中山东、浙江、江苏销量位居前三甲；北京受限牌影响，销量下滑。预计受结构调整影响，2012 年北京现代流向将日趋均衡。

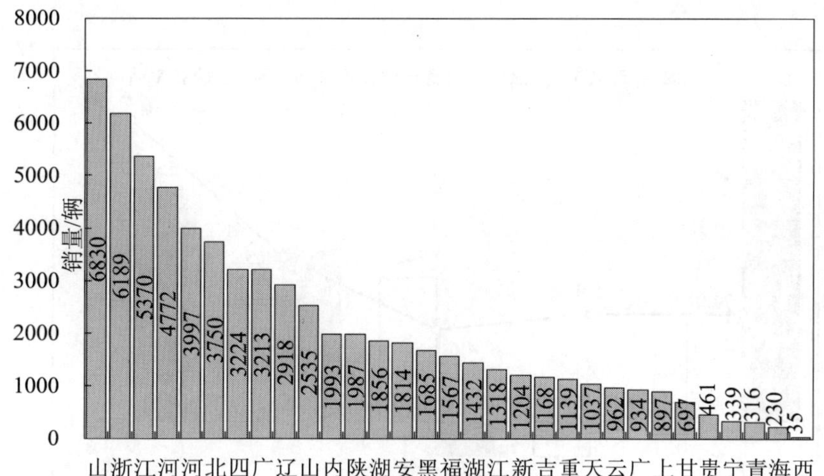

图11 2011年1～11月份北京现代分省、自治区、直辖市销售流向

（作者：徐斌）

奇瑞 SUV 产品市场调查报告

2011 年，中国汽车市场回归理性，增长步伐放缓，全年乘用车销量同比增长 8.8%。受节能汽车推广补贴政策调整的影响，自主品牌销售形势更为严峻，销量同比仅增长 2.8%，占乘用车销售总量的 31.6%，占有率较 2010 年下降 1.8 个百分点。在此大背景下，奇瑞汽车 2011 年乘用车销量同比负增长 1.3%，多款车型销量出现下滑。然而，以瑞虎为代表的奇瑞 SUV 车型，销量实现了持续、快速的增长，2011 年其销量取得历史性的突破，跃上 10 万辆的台阶（见图 1），较 2010 年大幅增长 55.9%，增速远超整体乘用车市场。受旗下 SUV 销售形势影响，奇瑞产品结构出现了一个明显变化：SUV 车型销量占比持续扩大，2011 年已达 17.17%（见图 2）。

目前，奇瑞在售的 SUV 车型有两款：瑞虎（2005 年上市）和威麟 X5（2010 年上市），其中瑞虎是奇瑞 SUV 的主力车型，销量占比高达 98%。下文将从产品简介、销售业绩、用户特征、销量区域流向以及用户反馈等方面介绍瑞虎。

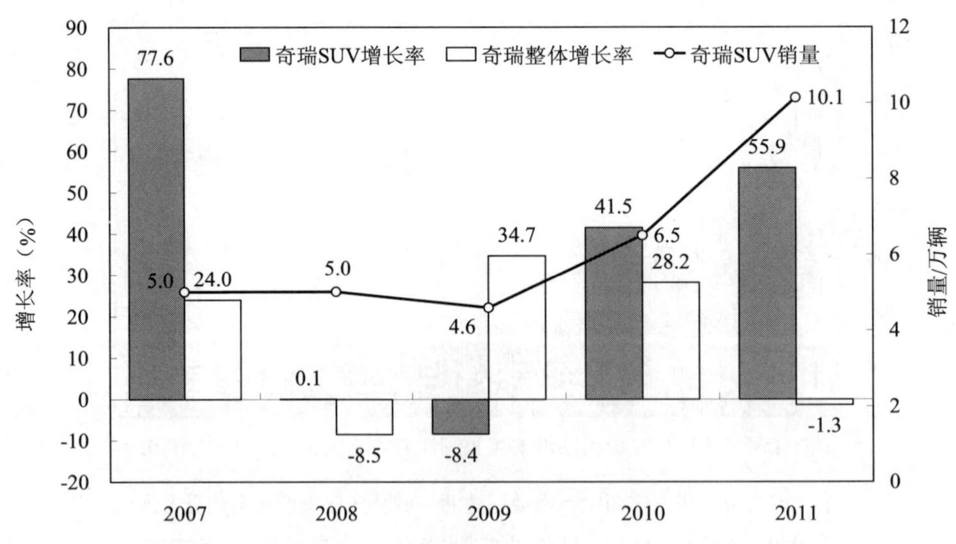

图1　近5年奇瑞SUV销量及增长率

（注：数据来源于乘用车联席协会）

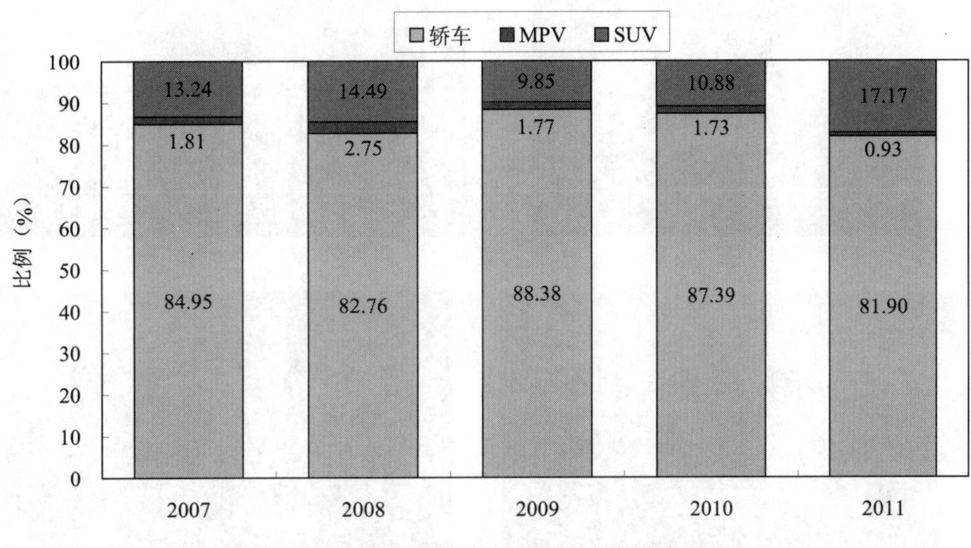

图2 近5年奇瑞各类车型销量占比

（注：数据来源于乘用车联席协会）

一、瑞虎产品简介：新产品更时尚、大气，具备更好的动力总成

近年来，SUV 车型备受国内消费者青睐，其市场占有率不断提升，自主品牌汽车企业相继推出自己的 SUV 产品，市场竞争程度加剧。为了应对市场的变化，在保留老版瑞虎的同时，奇瑞于 2010 年 9 月推出了具备新感观、新品质、新动力等特点的新瑞虎，又于 2011 年 6 月份推出了 1.6DVVT 车型，增强了奇瑞 SUV 车型的竞争力。新老瑞虎组合符合中国多元、多层级的 SUV 用户需求，这是 2011 年瑞虎销量再次快速增长的产品基础。

新瑞虎的价位在 8.98 万～11.58 万元，外形动感、时尚、大气（见图 3）；长、宽、高、轴距分别为 4390 mm 、1765 mm、1705 mm 、2510mm；动力总成为 1.6DVVT-MT、1.6S-MT、1.8-AMT、2.0-MT；最大功率（1.6S）为 110kW/（5500r/min），最大扭矩（1.6S）为 205N · m/（3500～4500 r/min）。

a）正前　b）前45°

c）正侧　d）后45°

e）正后　f）内饰

图3　新瑞虎各部位图片

相比老版来说，新瑞虎产品竞争力有较大的提升，主要表现在以下方面。

1．新瑞虎的内“芯”更强大有力

2010年9月份，新瑞虎推出1.6S增压发动机车型，这款发动机是奇瑞全新开发成功的机械增压发动机，在老款1.6L瑞虎SQR481F发动机的基础上增加机械增压装置而来，在核心部件上它使用了伊顿罗茨机械增压器，通过向发动机内泵入更多的空气从而提升了发动机的扭矩和功率。由于机械增压发动机的运转特性，它在低转速时便能输出更强的扭矩，比较适合SUV车型使用。2011年6月份，1.6DVVT发动机的搭载无疑是又一款最新力作，1.6DVVT发动机是一款结合了双可变气门正时和可变进气歧管技术的最新产品，其 DVVT+VIS 的组合让瑞虎的节能效果更进一步，同时还成功兼顾部分动力提升需要，是目前市场上比较先进的一款发动机产品。

2. 新瑞虎前脸更加大气和时尚

前格栅虽然依然采用了倒梯形的设计，不过内嵌了"V"形镀铬装饰条，奇瑞车标的位置也略略向上提升。此外，新瑞虎的前照灯、雾灯和保险杠等位置也进行了相应的修改，整个前脸相对现款会更加动感一些。

3. 新瑞虎的车身尺寸有所加长

新瑞虎的车身长度达到了 4390mm（老款瑞虎的长度为 4285mm），整车尺寸为 4390 mm×1765 mm×1705mm。

二、瑞虎销售业绩：2011 年销量再次攀升，达到新高

作为国内首款自主 SUV，奇瑞瑞虎颇受国内年轻消费者的青睐，自 2005 年上市以来一直有着不错的销量，瑞虎目前的市场保有量已达 34.3 万辆。回顾历史，瑞虎销量主要经历了三个阶段（见图 4）。

第一阶段（2005 年～2007 年）：瑞虎上市，市场无竞品，销量快速增长。瑞虎 2005 年上市，市场上同价位同类型的产品基本没有。瑞虎很好地满足了 10 万元目标人群汽车消费的多元化需求，市场知名度和认可度快速上升，带动销量不断增长，2007 年销量跨上了 4000 辆/月的台阶，成为低价位 SUV 车型的典型代表。

第二阶段（2008 年～2009 年）：行业政策引爆市场需求，市场竞品增多，瑞虎销量增长停滞。2008 年全球遭遇金融危机，2009 年国家为应对危机出台汽车行业振兴规划和一系列的汽车消费优惠政策，极大地促进了自主品牌汽车的发展。在此背景下，各自主品牌汽车企业相继推出了自己的 SUV 产品，市场竞争加剧，导致瑞虎销量增长停滞。

第三阶段（2010 年～2011 年）：新瑞虎入市，产品竞争力大幅提升，销量再次攀升。2011 年瑞虎销量接近 10 万辆，达到历史新高。同期，市场上同等价位的自主 SUV 车型仍不断涌现，市场竞争日益加剧。新瑞虎销量不断攀升，与成功的产品改进分不开。

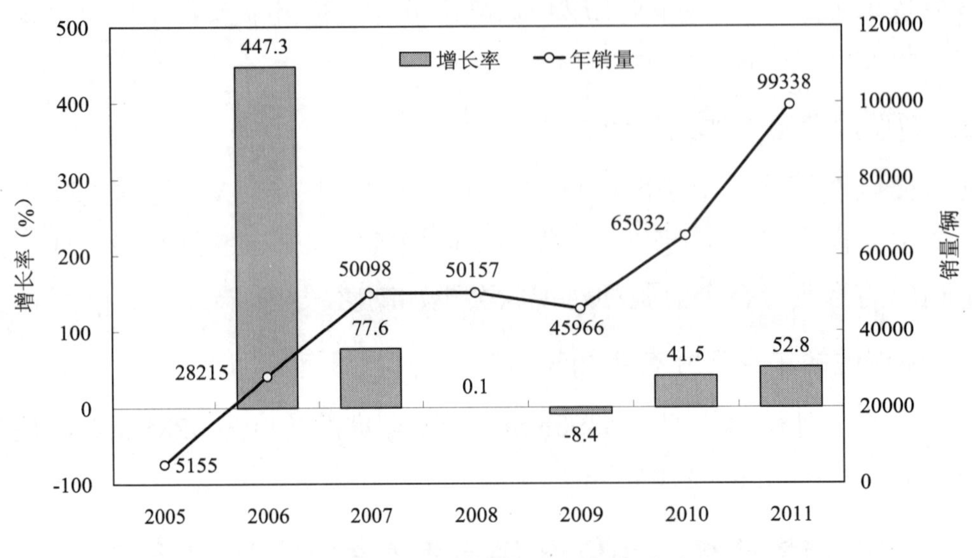

图4 瑞虎历年的销量和销量增速

（注：数据来源于乘用车联席协会）

三、瑞虎用户特征：追求驾驶乐趣，兼顾预算和油耗，男性用户为主

新瑞虎在产品改进研发期内，对目标人群进行了更进一步的、清晰的选择和界定：为年轻的、活力的、较高学历的、有一定事业基础的社会精英人群而打造的外出休闲、郊游的代步工具。

从实际的消费者特征情况看：在购车用途上，瑞虎的绝大多数为私人使用；80%的消费者年龄集中在26～45岁之间，且以男性为主；在购车考虑因素上，瑞虎消费者表现出即追求越野车的驾驶乐趣，也考虑购车预算与油耗，瑞虎全新的1.6DVVT发动机满足了这部分群体的消费需求，因为它不仅可以保证良好的燃油性，而且在动力输出上毫不逊色。

可以说，瑞虎作为一款自主品牌SUV，与目前市场上使用轿车化的底盘加SUV车壳的车型一样，是完全指向城市的SUV产品，它很大程度地满足了消费者在驾乘时的心理舒适和生理舒适的需求。

四、瑞虎区域流向：四、五、六级地区的销量占比增长迅速

瑞虎作为定位于中小型城市的国内首款自主SUV，上市初期，销售的区域重点为一、二、三级地区。但随着中国三线城市的成长壮大，近五年瑞虎的主要销售区域由一、二、三级地区向更低级别的四、五、六级地区转移。前三个级别地区的销量占比由2007年的76%下降为2011年的50%，相应的，三、四、五级地区的销量占比由2007年的24%上升为2011年的50%，瑞虎销售结构向低级别区域不断下沉的迹象明显（见图5）。相信，随着中国汽车市场的进一步发展、增长，四、五、六级别地区的销量比例仍将不断扩大，尤其五、六级地区的销量增长会相当迅速。

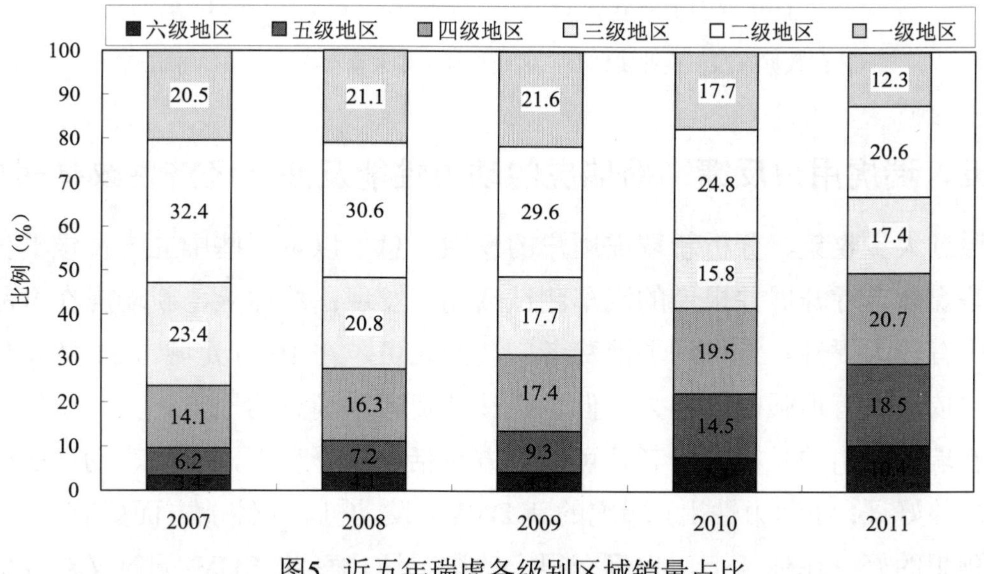

图5 近五年瑞虎各级别区域销量占比

（注：数据来源于企业实销数；区域划分主要依据市场容量和经济情况）

此外，从瑞虎销量的各省（自治区、直辖市）的流向上看（见图6），目前集中度较高，瑞虎主要销往山东、安徽、四川、浙江、江苏、广东、河南以及黑龙江八省，2011年这八省的销售占比合计达到51%。随着瑞虎未来在四、五、六级地区销量比例的不断扩大，目前瑞虎销量较集中的情况将逐渐改善。

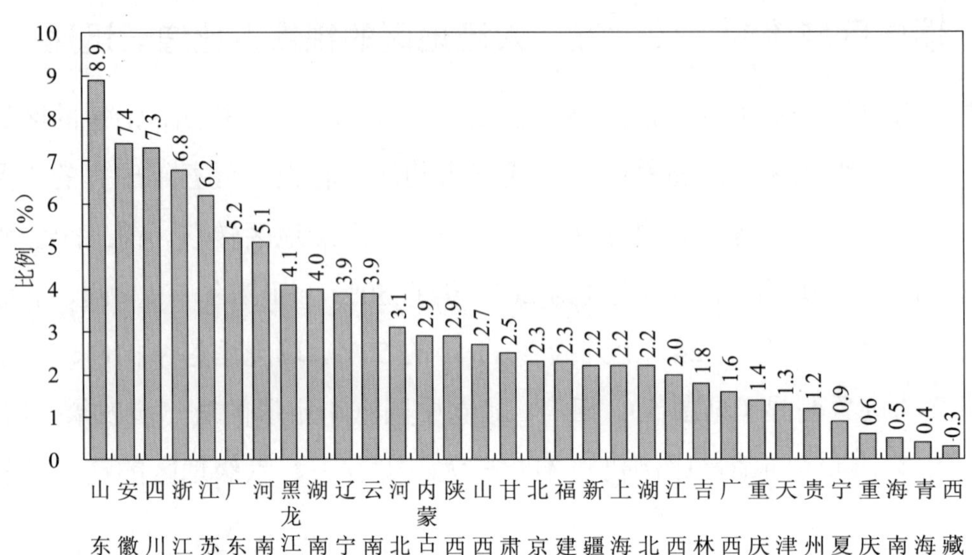

图6 2011年瑞虎各省（自治区、直辖市）的销量占比

（注：数据来源于企业实销数；区域划分主要依据市场容量和经济情况）

五、瑞虎用户反馈：新瑞虎的动力性能及油耗经济性改善明显

通过大量收集、分析新瑞虎用户的反馈信息，以及一些中立方反馈的信息，如一些媒体自行开展并报道的汽车测试活动，发现：总体上，新瑞虎在产品竞争力上确有较大提升，且得到了消费者广泛的认可，在 10 万元城市 SUV 车型阵营中，它依然具有很强的影响力，但也有让消费者不满意的地方。

新瑞虎突出的且被消费者认可的地方包括：在外观上，时尚、动感的外观得到用户的好评；在动力性上，瑞虎的新 DVVT 发动机，在性能方面确有很大改进，且比预想的好；在油耗上，也确有很大改进，这让喜欢 SUV 同时又对油价敏感的工薪阶层有了新选择。

新瑞虎仍需提升的地方：钣金接缝、内饰做工仍让一些消费者不满意。面对越来越挑剔的消费者，瑞虎在品质、细节方面需处理的更加到位。

在 2012 年，面对市场上的竞争，搭载 CVT 变速器的瑞虎将上市，这款车型的推出，不仅将丰富瑞虎的产品线，为消费者提供了更多的选择，同时还可以获得更好的燃油经济性，这将继续巩固瑞虎在细分市场的地位。

（作者：蒲晖）

夏利产品市场调查分析报告

在政策环境极其不利于自主品牌发展的 2011 年，夏利赢得了自主品牌乘用车销量冠军的称号，充分体现出只有持续的自主创新才能获此殊荣。

作为中国第一个自主品牌的经济型轿车企业，天津一汽是中国经济型轿车的摇篮。1986 年 9 月 30 日，以“CKD”方式引进生产的第一辆两厢轿车下线，时任天津市长的李瑞环同志将其取名为“夏利”，寓意“华夏得利”。在 24 年的发展中，天津一汽秉承“造小车精品、做小车大师、建和谐企业”的发展愿景，始终坚持自主发展道路，坚定实施自主创新战略，成功地走出了一条“引进、消化、吸收、再创新”的成长之路，全力打造中国人自己的国民车。

一、夏利的市场表现及原因分析

1. 夏利销量走势

夏利产品有 20 多年的历史，近 10 年来销量走势跌宕起伏。2002～2005 年持续保持强势增长，2006～2008 年又出现持续下滑，2009 年后受政策的拉动，夏利恢复较快的增长态势，并实现了连续 3 年的较快增长。2011 年 1～11 月份的夏利市场销量达到近 18 万辆（见图 1），成为自主品牌销量行业第一。

图1 夏利历年批发销量走势

从月度走势看，夏利销量的绝大部分增量是由一季度贡献的，4～7月份销量持续走低，8月份后则持续走高（见图2），特别是9～10月份的销量没有受到节能补贴政策标准提升的影响，夏利N5与夏利低端车型共同实现高增长，实现了8月份以来的持续拉升，成为低油耗高性价比的明星车型。

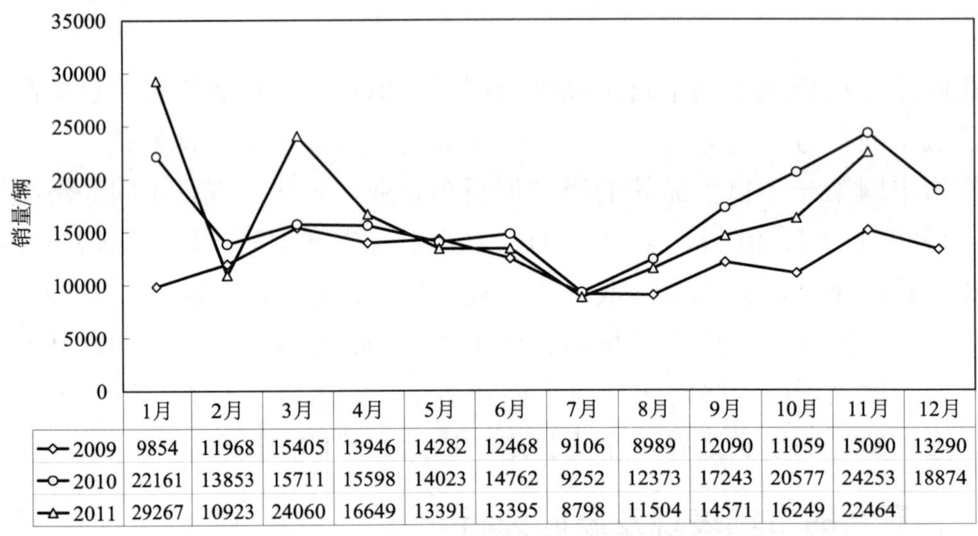

	1月	2月	3月	4月	5月	6月	7月	8月	9月	10月	11月	12月
2009	9854	11968	15405	13946	14282	12468	9106	8989	12090	11059	15090	13290
2010	22161	13853	15711	15598	14023	14762	9252	12373	17243	20577	24253	18874
2011	29267	10923	24060	16649	13391	13395	8798	11504	14571	16249	22464	

图2 近三年夏利的月度销量走势

夏利在2011年仍维持轿车品牌销量前六的位置（见表1），虽然与2001年～2007年夏利稳居前四的市场地位存在差距，但当前的竞争环境与前些年相比不可同日而语。随着市场上轿车新品的快速推进和技术的不断提升，夏利面临着严峻的市场压力，但夏利从未停止努力，走出了2008～2009年新老产品交替的困难时期，迎来了2010年的夏利销量大幅回升的市场局面，2011年仍保持2010年轿车品牌销量前六的地位，并赢得了自主品牌销量第一的殊荣。

表1 历年轿车品牌销量排位（TOP10）

（单位：辆）

排名	1	2	3	4	5
2001年	桑塔纳	捷达	桑3000	夏利	帕萨特
	109037	95008	78093	74698	54951
2002年	捷达	桑塔纳	桑3000	夏利	帕萨特
	121286	98667	95356	84741	79054
2003年	捷达	桑塔纳	帕萨特	夏利	桑3000
	143132	122663	122445	100009	92892
2004年	捷达	桑塔纳	夏利	雅阁	伊兰特
	153916	132719	112919	105395	102749

（续）

排名	1	2	3	4	5
2005 年	夏利	伊兰特	捷达	凯越	QQ
	182466	176589	152293	150832	115960
2006 年	捷达	凯越	伊兰特	夏利	QQ
	176844	176450	169716	161858	132280
2007 年	捷达	凯越	凯美瑞	夏利	QQ
	201131	196742	170294	132544	130186
2008 年	捷达	凯越	雅阁	卡罗拉	凯美瑞
	202303	175417	170517	165271	153532
2009 年	F3	凯越	悦动	捷达	雅阁
	290963	241109	239449	224857	175361
2010 年	F3	朗逸	悦动	捷达	凯越
	263947	251615	233344	224523	222494
2011 年 1～11 月份	凯越	朗逸	科鲁兹	捷达	宝来
	239668	223404	203719	201467	187770
排名	6	7	8	9	10
2001 年	富康	雅阁	奥拓	新旗云	赛欧
	52878	51058	33221	28160	28128
2002 年	赛欧	富康	宝来	新旗云	奥拓
	55782	53183	51610	50155	48823
2003 年	君威	雅阁	宝来	奥拓	奥迪 A6
	89988	80450	78068	61302	53108
2004 年	凯越	桑 3000	飞度	帕萨特	君威
	92225	90339	80200	74877	72903
2005 年	雅阁	桑塔纳	飞度	帕萨特	花冠
	113999	104197	89224	70521	67392
2006 年	雅阁	帕萨特	新旗云	桑 3000	桑塔纳
	123183	113762	102007	82617	80291
2007 年	福克斯	帕萨特	伊兰特	雅阁	福美来
	124991	120462	120333	118024	114009
2008 年	QQ	F3	**夏利**	伊兰特	福克斯
	133387	131146	**120969**	115719	112552
2009 年	伊兰特	QQ	卡罗拉	凯美瑞	**夏利**
	171605	168554	157457	156270	**147547**
2010 年	**夏利**	科鲁兹	宝来	福克斯	卡罗拉
	198680	187737	172537	172270	172053
2010 年 1～11 月份	**夏利**	赛欧	悦动	福克斯	F3
	181271	179028	178291	172336	168123

2. 夏利良好市场表现的原因分析

夏利取得良好市场表现的原因是多方面的，外部的环境变化是重要的催化剂，但更重要的是企业内在的变化。

（1）*夏利具有独特的资源优势* 夏利汽车拥有丰田的技术优势，并不断进行技术改进，使车辆更加适应中国复杂的地理环境和使用条件。目前夏利车系的国产化率已经接近100%，形成了我国第一个拥有完全自主知识产权的轿车平台。

天津一汽拥有一汽集团和丰田两大资源优势，在资金、技术、研发等领域得天独厚，拥有产品持续改进的坚实基础。而背靠一汽集团还使天津一汽更能洞悉国内车市消费的风向，整合本土资源，以经济、省油、耐用的优良品质及其便捷的维修服务，牢牢捍卫着中国经济型轿车的领军品牌地位。

（2）*快速的产品换型保证了产品的竞争力* 夏利的老车型改款方式已成为业内老车型改进的参照模式，2009年合资品牌老三样的产品改进都与夏利的改进特点极为相似。

夏利从中国经济型轿车的先驱成长为行业细分市场的领跑者，其发展的根本立足点在于始终保持强有力的产品竞争力，不断地满足市场需求。从最早引进日本大发车型为起点，夏利产品的自主研发、自我完善之路越走越广阔。开过夏利的消费者，普遍评价都是“好开”。能够让消费者感觉好开的车，不仅要具有人本的设计理念，而且还要在整体设计、总成匹配、车辆调教等诸多方面具有深厚的技术功底和经验累计。

中国轿车产品换型以夏利频次最多，变化最大，夏利的产品换型改进已经成为整个产销体系中的常态，从最初引进两厢夏利到自主开发的三厢夏利及90年代末推出的局部改进的夏利产品，2002～2007年又依次推出静雅型、A系列、N3系列、A+系列、B+系列等产品，2009年年末更是推出了融合国际领先制造技术，拥有五大创新的夏利N5。依靠自主研发与科技创新，夏利已发展成可搭载1.0L、1.1 L、1.3 L、1.4 L等不同排量动力总成的“人丁兴旺”的名门望族。在装备方面，电动门窗、中控门锁、助力转向、自动变速器等技术装备的采用，使夏利的技术水准基本与国内轿车发展水平保持了同步。

快速换型的背后体现出产品研发设计能力的快速提升，2008年以来天津一汽对原有的TJ376QE发动机进行了技术升级改造，开发出了全新的CA3GA2三缸12气门发动机。该发动机采用了现在常用的每缸四气门结构、使用了顶置双凸轮轴、对进气道重新设计，在提高进气量、提高功率输出的同时兼顾了中低转速扭矩。与老款发动机相比，CA3GA2 最大功率和最大扭矩分别提高 18%和 16%，而最低油耗率却降低了 3.5%，且排放指标达到欧III水平，还可升级到欧IV水平。

（3）夏利品质不断提升　由于天津一汽特殊的资源优势，能够将“德国式的严谨与日本式的精细”很好地应用在生产环节中，使夏利的产品品质不断提升。从 1986 年第一辆夏利两厢车下线，夏利已经走过了 24 年的春秋岁月，累计超过 200 万辆的销量奠定了其在国内经济型轿车的市场地位。虽然夏利也曾有着岁月不饶人的困扰，但是天津一汽不断地根据市场需求推陈出新，不断用新技术赋予这个老品牌更强劲的竞争力，特别是夏利品质的稳步提升、技术的越发成熟以及售后服务方面的与时俱进，使夏利愈老弥坚，焕发出强大的生命力。

（4）夏利网络快速调整　为进一步促进夏利销量提升，天津一汽对市场进行了详细的调研与科学分析，及时发现潜在消费者的购买习惯，转变分销模式，将行业内普遍推广的大型 4S 店模式逐步转变成以 4S 为主店、销售服务便利店为依托的单元体经销商为主体的分销模式，构造一个运营低成本、具有规模效益、更贴近目标市场的网络体系。

为了树立良好的终端形象，天津一汽以“金属未来”的概念重塑 4S 店的新形象，一改过去在视觉感受和身心体验上有所欠缺的老形象，更好地诠释天津一汽的品牌形象以及对未来的寄望。第一家按照规划高标准打造的首家新形象店——保定力宇店已于 2011 年 11 月 25 日开业运营。此后，“金属未来”新形象店将在全国范围内逐步推广，届时，天津一汽的品牌形象和品牌价值大幅提升。

对于经销商队伍的建设，天津一汽始终秉承“One team（一个团队）One dream（一个梦想）One family（一个家庭）”的合作理念，根据自身的产品结构和营销策略，引进第三方专业培训公司，打造了一套全方位的、操作性好的、针对性强的培训模块组合——全面普训、岗位认证、特训营、现场辅导，通过全方位的培训提升其经营管理能力，从而使市场终端成为消费者喜欢来、乐意买的市场突破点，增强了企业的盈利能力。

天津一汽注重通过打造终端的“软实力”来营造健康、有效的多渠道网络。连续 6 年举办的服务技能大赛就是一个具体的措施，此举不仅展现了各地经销商优良的服务意识和精湛的技术水平，更重要的是打造了高水准的优质服务品质，达成了厂家与经销商“赢在终端”的共同目标。

根据天津一汽公布的“十二五规划”，到 2015 年，天津一汽经销商数量将达到 600 家。天津一汽未来的销售网络，将是“城乡并举、南北均衡、品牌提升、保障有力”的大格局的营销网络，它将成为天津一汽未来竞争中最大的资本，也将在更大范围内传播良好的品牌形象，使夏利品牌价值将获得更大程度地实现。

二、夏利的销售结构分析

1．车型结构

夏利的销售结构向两端扩散，2009 年以前 1L 三厢夏利占夏利销售总量的 80%以上，2010 年下降到的 46.6%，2011 年则继续降至 37.7%（见图 3）。2011 年夏利的增长得益于节能补贴产品基本到位，7103U 份额得到快速提升。

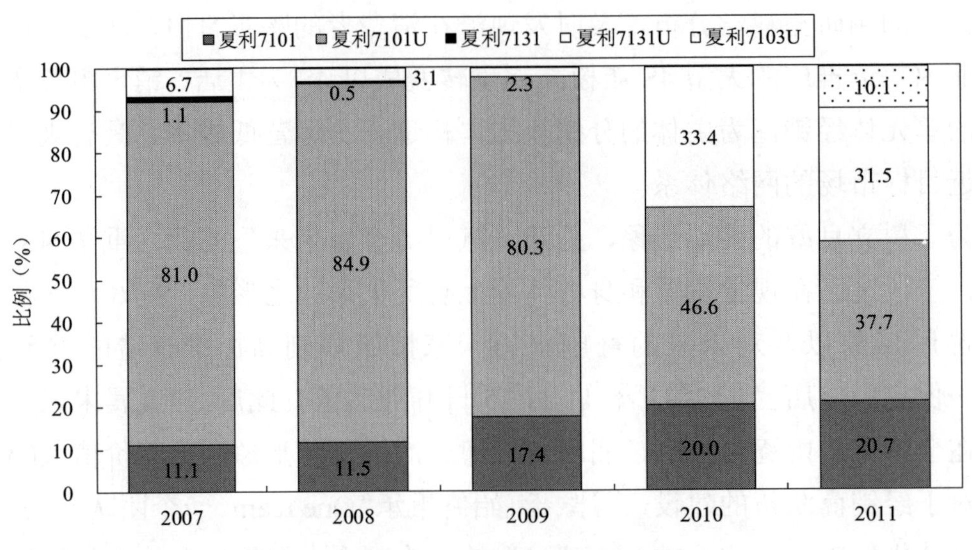

图3 2007～2011年夏利的车型结构

2．用户流向结构

2001 年前出租车需求在夏利轿车总销量中所占的比例一般都在 85%以上，私人购车所占的比例还不足 10%。随着 2002 年私人轿车市场的有效启动，夏利系列轿车的市场结构发生了巨大的变化，私人用户的比例目前已达到了 95%左右，而出租车需求仅为 5%左右（见图 4）。这种市场结构的重大改变，说明天津一汽及经销商的销售理念、手段、方法、技巧已经发生了相应的转变，特许经销店已经从紧盯出租车市场不放的传统销售套路中脱离出来，将市场开拓的重点转移到了方兴未艾的私家车市场，基本完成了由出租车市场为主向家用车市场为主的重大战略性转移。

2011 年天津一汽努力拓展北方地区的出租车市场，利用新上市的夏利 N5 系列 1L 车型实现对北方地县市场的有效开拓。

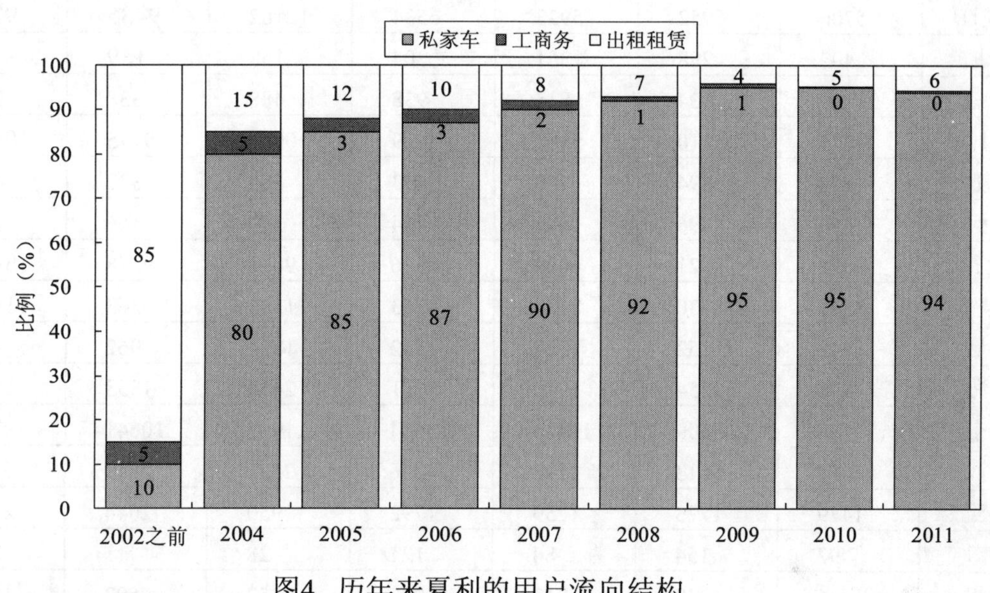

图4　历年来夏利的用户流向结构

3. 区域市场结构

夏利产品主力销售区域为华北、东北和华东，占全部销售份额的 80%（见表 2）。其中夏利 1.3L 销量的提升对均衡区域市场起到了明显的作用。

表 2　夏利产品区域流向

（单位：辆）

夏利 1.0L							
地区	2005 年	2006 年	2007 年	2008 年	2009 年	2010 年	2011 年
安徽	1997	1763	1313	1561	491	140	199
北京	17237	12934	7393	10315	9529	5336	1179
福建	1070	550	460	513	326	228	143
甘肃	2473	2435	3089	2803	5116	2604	1912
广东	3002	2683	1788	2269	1050	563	489
广西	691	372	221	301	169	58	202

（续）

夏利1.0L							
地区	2005年	2006年	2007年	2008年	2009年	2010年	2011年
贵州	1828	1516	1590	1576	2512	2740	1793
海南	345	163	185	177	136	57	48
河北	14629	11717	15608	13867	13319	10980	10249
河南	2177	1549	1412	1503	1173	1279	1092
黑龙江	5706	6952	5923	6534	12162	9435	9248
湖北	402	298	301	304	158	139	52
湖南	1120	1034	815	938	488	338	206
吉林	4875	5110	5588	5429	10007	9175	10872
江苏	1194	894	786	853	385	332	405
江西	646	396	499	454	270	166	117
辽宁	9071	8221	6609	7526	9011	9588	13699
内蒙古	8899	8730	8439	8713	11513	9363	11498
宁夏	942	1152	1827	1512	1824	962	407
青海	598	1254	1940	1621	2430	1353	1550
山东	19188	15509	11416	13664	11997	10641	9762
山西	4078	5613	3798	4776	2582	2919	5584
陕西	1479	1773	1759	1792	1950	2044	2176
上海	92	154	84	121	28	11	2
四川	1446	1249	913	1097	1352	593	1364
天津	34001	23669	26838	25631	22507	21928	21573
西藏	30	82	89	87	128	63	43
新疆	2014	2259	2842	2589	2829	3024	3785
云南	8276	5883	4997	5521	4526	3722	3758
浙江	1283	719	475	606	186	236	235
重庆	56	127	1	65	55	0	0
其他	2333	1565	3607	2625	1011	0	120
合计	153178	118560	112124	117066	131220	110017	113662

夏利1.3L							
地区	2005年	2006年	2007年	2008年	2009年	2010年	2011年
安徽	64	347	76	40	41	746	523
北京	4470	4410	416	455	237	3898	1417
福建	379	401	81	45	35	531	143
甘肃	112	147	56	19	67	3302	4136
广东	1820	1589	419	189	138	1792	646
广西	309	296	91	36	37	557	564

（续）

夏利 1.3L							
地区	2005 年	2006 年	2007 年	2008 年	2009 年	2010 年	2011 年
贵州	163	321	79	38	46	1760	758
海南	130	117	30	14	10	159	29
河北	2117	2659	846	330	281	11125	12277
河南	471	709	109	77	100	1602	1483
黑龙江	163	443	113	52	174	3067	3208
湖北	39	59	66	12	18	284	215
湖南	648	556	191	70	55	618	389
吉林	240	332	100	41	124	3457	3798
江苏	657	466	147	58	33	721	466
江西	117	163	127	27	13	456	171
辽宁	727	1231	357	150	139	4133	4176
内蒙古	393	530	145	64	168	4483	5609
宁夏	27	42	54	9	30	882	755
青海	32	62	67	12	24	1345	2700
山东	3330	4641	1479	577	451	10494	9179
山西	935	1331	190	143	69	1515	2421
陕西	315	338	80	39	54	693	1051
上海	178	126	9	13	5	36	9
四川	370	291	26	30	86	1585	888
天津	9355	10134	3523	1287	466	7506	7981
西藏	6	14	4	2	1	5	30
新疆	52	181	75	24	30	674	708
云南	591	498	329	78	124	1917	1688
浙江	582	410	21	41	24	197	106
重庆	15	19	4	2	11	8	23
其他	481	669	630	122	0	40	62
合计	29288	31877	9555	3903	3091	69588	67609

京津市场始终是夏利最重要的市场，2011 年由于受北京限购的影响，北京市场的夏利销量下滑 83%，使夏利在特大型市场受到严重的冲击，直接导致其在该市场的份额下滑 7 个百分点，而在中等及小型城市、县乡市场的份额均有所提升。县乡市场是夏利的重点市场，2011 年县乡市场份额占总体市场的 41.4%（见图 5）。

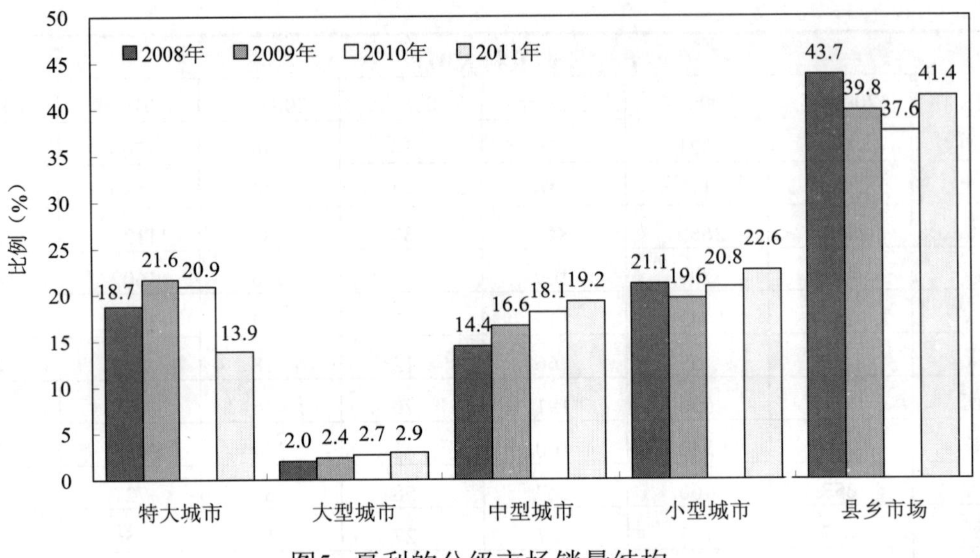

图5 夏利的分级市场销量结构

4. 用户结构

（1）男性比例保持高位 夏利新品是经济型的家用轿车，其目标消费群是刚工作的都市白领，收入稳定，教育程度高。这与老夏利为普通市民的代步用车有所区别。由于目前没有高端两厢车型上市，因此男性群体占绝对主体，女性群体的比例保持在30%左右（见图6）。与老产品相比，新产品在用户的性别结构上有所改善，说明新产品对女性消费者的拉动较好。

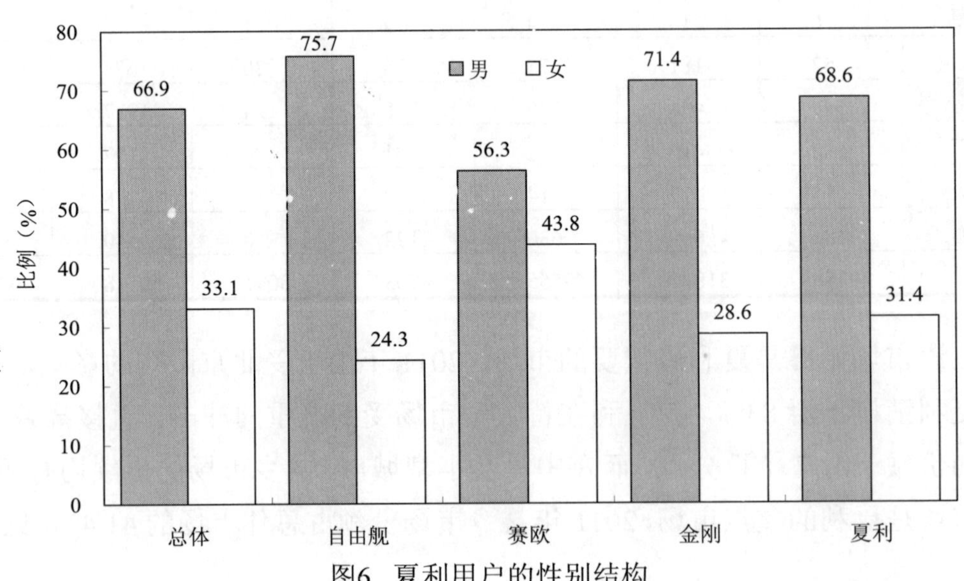

图6 夏利用户的性别结构

（2）年龄结构呈现两端化　夏利消费群体与总体市场的反差较为明显，即两端群体突出，中间群体比例偏低。夏利的消费群体在 25 岁以下的比例明显高于总体市场（见图 7），这体现出夏利作为入门级产品的特点。随着年龄的增长，50 岁以上的消费群体选择夏利作为代步用车的比例也相对较高。这种年龄结构两端化的特征与其他主流家庭用车的结构仍有明显差距，说明夏利产品仍有较大的拓展空间。

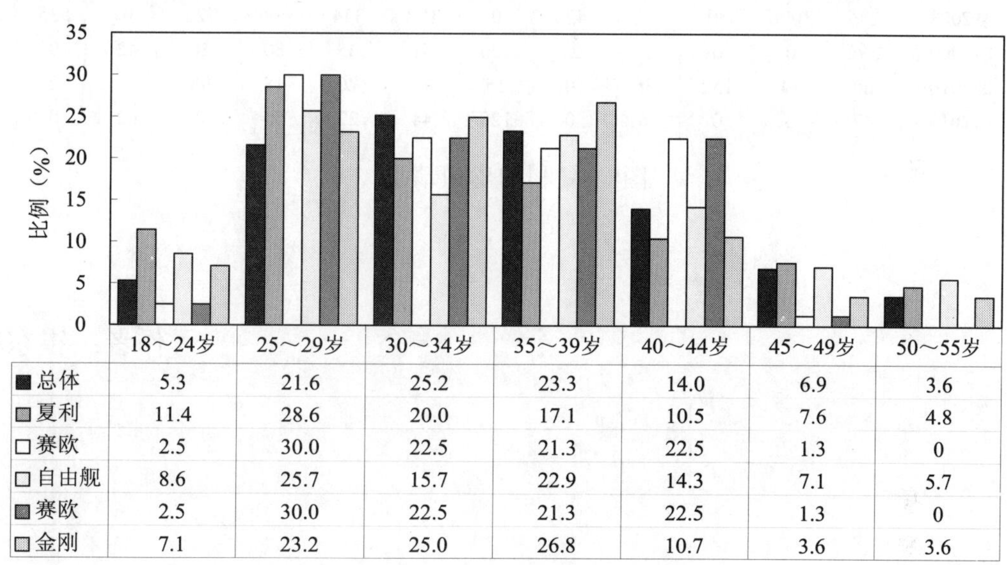

	18～24岁	25～29岁	30～34岁	35～39岁	40～44岁	45～49岁	50～55岁
■总体	5.3	21.6	25.2	23.3	14.0	6.9	3.6
■夏利	11.4	28.6	20.0	17.1	10.5	7.6	4.8
□赛欧	2.5	30.0	22.5	21.3	22.5	1.3	0
□自由舰	8.6	25.7	15.7	22.9	14.3	7.1	5.7
■赛欧	2.5	30.0	22.5	21.3	22.5	1.3	0
□金刚	7.1	23.2	25.0	26.8	10.7	3.6	3.6

图7　夏利用户的年龄结构

5．出口市场

2008 年以来的夏利出口市场同样遇到严重的环境危机，2011 年仍没有明显回升。2008 年随着一汽墨西哥项目的启动，国内很多厂家也进入墨西哥寻求北美市场的曲线突破，但 2009 年墨西哥市场也同样遇到严重的市场下滑。因此夏利的出口又回到传统区域。2010 年夏利的出口仍没有大的起色，2011 年逐步改善，出口的批量订单增加较多，尤其是 6 月份开始，夏利的出口又进入了新的稳定增长期（见图 8）。

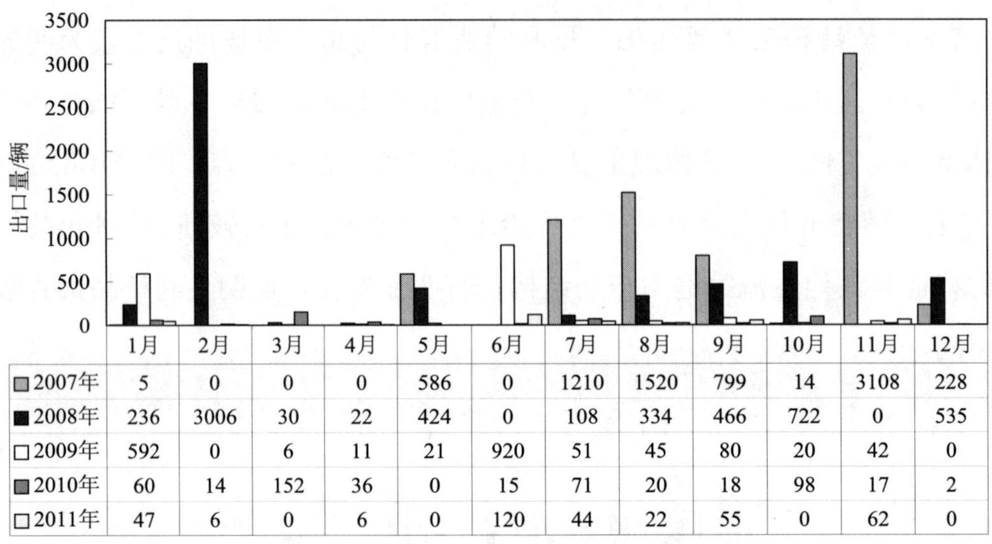

	1月	2月	3月	4月	5月	6月	7月	8月	9月	10月	11月	12月
2007年	5	0	0	0	586	0	1210	1520	799	14	3108	228
2008年	236	3006	30	22	424	0	108	334	466	722	0	535
2009年	592	0	6	11	21	920	51	45	80	20	42	0
2010年	60	14	152	36	0	15	71	20	18	98	17	2
2011年	47	6	0	6	0	120	44	22	55	0	62	0

图8　夏利的出口情况

（作者：崔东树）

2011年荣威及MG产品市场调研报告

2011年乘用车市场环境错综复杂，在多种不利因素的影响下，全年乘用车内需销量预计在1295万辆左右，增速为9.1%，与2010年的37.6%相比，增速大幅回落。如果再剔除上年年底向2011年的销量转移，2011年的市场增速会更低。

从历史经验来看，乘用车市场发展和其他行业一样，具有一定的周期性，周期一般在4年左右，由此判断2011年乘用车市场进入了第三次调整时期（见图1）。

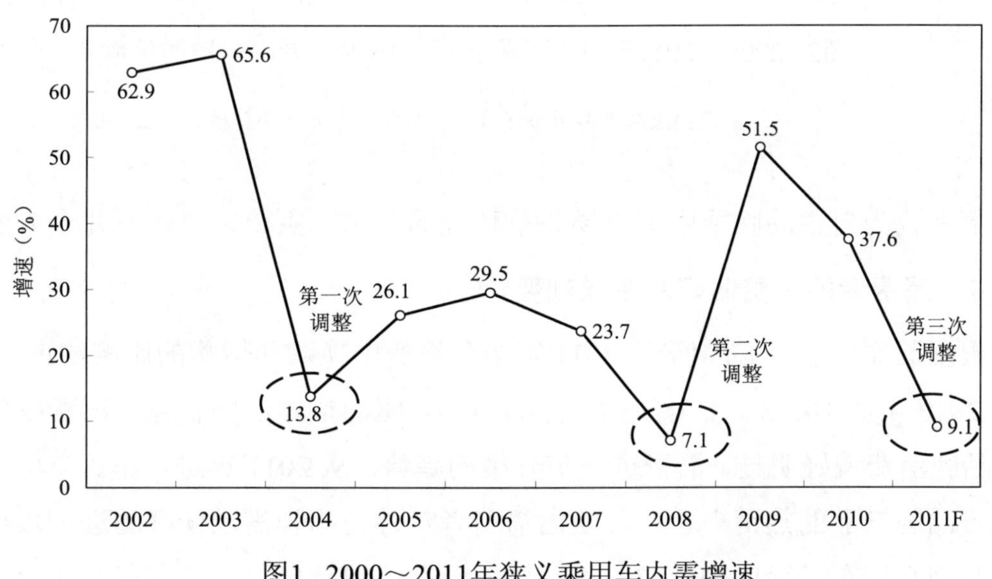

图1 2000～2011年狭义乘用车内需增速

（注：数据来源于国家信心中心和上海汽车分析）

一、上海汽车市场表现

在乘用车整体市场不断回落的背景下，自主品牌乘用车的压力陡现。国内市场整体自主品牌乘用车市场占有率由2010年的30.1%下降到2011年前11个月的

27.2%，下降 2.9 个百分点（见图 2）。在市场增速回落，市场结构大调整，合资品牌营销下探的背景下，自主品牌的竞争环境显得更加恶劣。

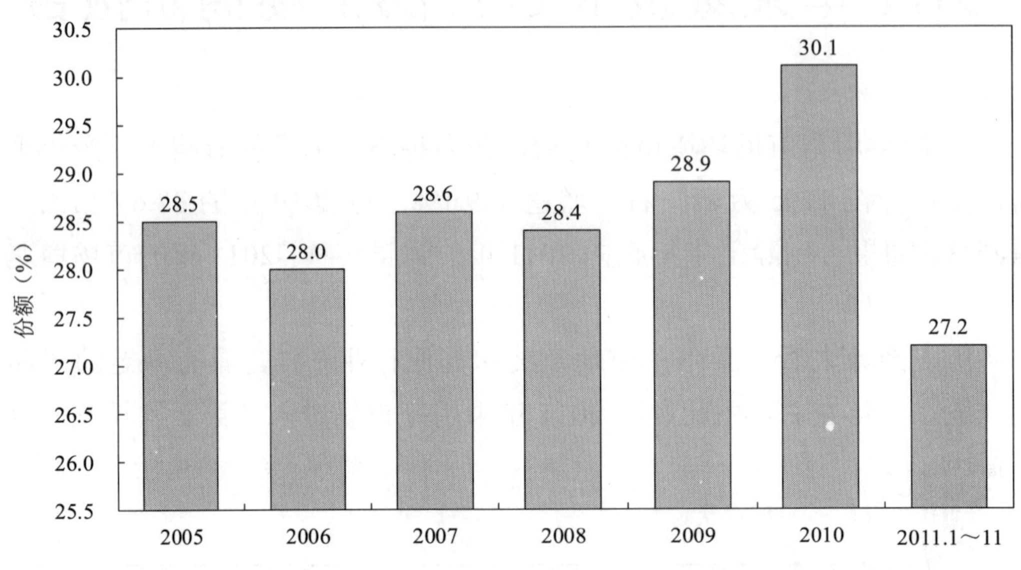

图2 2005～2011年自主品牌乘用车国内销量占内需的份额

（注：数据来源于乘用车联合会、海关，上海汽车分析）

笔者认为自主品牌乘用车市场竞争环境的恶劣，主要来自以下几个方面。

1．消费者的消费偏好发生深刻变化

根据国家信息中心的研究，2011 年新车消费中换购和增购的比例约占 17.5%，相比 2010 年的 10.6%，上升了约 7 个百分点，驱动整体市场表现出消费成熟度增加、品牌消费偏好明显、消费进一步升级的趋势。从 2011 年进口车、豪华车和强势合资品牌产品的热销来看，反映出消费者对外资品牌需求偏好的进一步增加。自主品牌乘用车长期以来形成的“低质低价”认知是自主品牌汽车企业改善品牌形象，特别是打造中高端品牌形象的重要障碍。根据国家信息中心的调查，目前仅 25%左右的消费者坚定地支持自主品牌乘用车。可以说，目前自主品牌乘用车的消费环境更加恶劣。

2．消费者年轻化趋势明显

随着 80 后开始成立家庭、进入育儿阶段以及 90 后开始步入社会，年轻消费者的比例日渐增多。根据国家信心中心的研究，2011 年 80 后和 90 后消费者的比例达到 44.4%，比 2010 年增加 3.3 个百分点，消费群体规模将达到 560 万人。年轻消费者对于前沿消费观念和新兴事物的接受程度较高，他们对于网络、手机和互动媒体等新兴传媒接触习惯具有独特的偏爱，这些都给自主品牌汽车企业的品牌传播带来巨大挑战。

3．市场竞争态势日趋激烈

随着合资品牌产品供给的丰富、价格的下探，自主品牌产品的发展空间不断受到挤压，特别是中高端自主品牌产品。近年来合资企业推出自主品牌产品已成为一个新的趋势。由于合资自主品牌与合资企业固有的联系，再加上中国消费者对于合资及国外品牌根深蒂固的偏爱，传统、纯自主品牌汽车企业将面临更加严峻的挑战。调查显示，用户对合资企业推出的自主品牌汽车的偏好更接近于合资品牌汽车，明显高于传统自主品牌汽车。合资企业推出的自主品牌汽车将使自主品牌汽车的中高端之路更加困难。

另外，从区域市场发展来看，三、四线市场增速已超过一、二线市场，总量接近，成为主要增量市场。随着合资品牌汽车企业不断推出针对三、四线市场的产品，如新赛欧、阳光等，传统自主品牌在三、四线市场的优势也不断丧失，竞争日趋激烈，这进一步加剧了三、四线城市优势营销资源的争夺。

4．政府采购对于自主品牌的支持有待加强

2009 年国务院会议审议并原则通过了汽车产业和钢铁产业的“调整和振兴规划”，其中明确提出“从 2009 年开始，各级政府和公共机构配备、更新公务用车，自主品牌汽车所占比例不得低于 50%”。由于在执行过程中标准太过模糊、宽泛和笼统，对于自主品牌汽车的支持有限。根据国家信息中心的调查，2010 年中央国家机关公务车采购来源的前五名企业均是合资品牌企业，且大部分地方政府的公务车采购也明显地偏爱合资品牌（见表 1）。政府部门作为汽车消费的用户，同样对自主品牌汽车缺乏信心，阻碍了采购自主品牌汽车的贯彻力度。2012 年，虽然政府相关部门出台了《党政机关公务用车选用车型目录管理细则》，但目录中绝大部分有利于自主品牌汽车的核心指标均是首次出现和采用，实际落实和执行效果有待进一步观察。

表 1 中央和地方政府公务车采购来源企业排名

<table>
<tr><td>中央国家机关公务车采购来源</td><td colspan="2">2010 年采购量 TOP5：
上海通用、上海大众、一汽大众、广汽集团、一汽丰田</td></tr>
<tr><td rowspan="7">地方政府公务车采购来源</td><td>省份</td><td>2009 年 1.4（含）～2.0L 轿车采购规模较多的厂家或品牌</td></tr>
<tr><td>河南</td><td>北京现代、上海大众、上海通用、一汽大众、丰田、广汽本田、一汽轿车（红旗）</td></tr>
<tr><td>福建</td><td>东南汽车、丰田、上海大众、东风雪铁龙</td></tr>
<tr><td>云南</td><td>上海大众、丰田、一汽大众、广汽本田</td></tr>
<tr><td>黑龙江</td><td>上海大众、广汽本田、丰田、北京现代、奇瑞汽车、上海通用雪佛兰</td></tr>
<tr><td>安徽</td><td>上海大众、上海通用、广汽本田、丰田、北京现代、奇瑞汽车</td></tr>
<tr><td>湖南</td><td>上海大众、丰田、广汽本田、上海通用、一汽大众、北京现代、东风日产</td></tr>
</table>

注：数据来源于国家信息中心。

在整体自主品牌汽车市场增长乏力、甚至产销大幅度下降的情况下，上海汽车自主品牌顶住压力，主动调整节奏，全年完成 16.2 万辆的销售目标，实现四年年均复合增长率达到 77.0%（见图 3）。

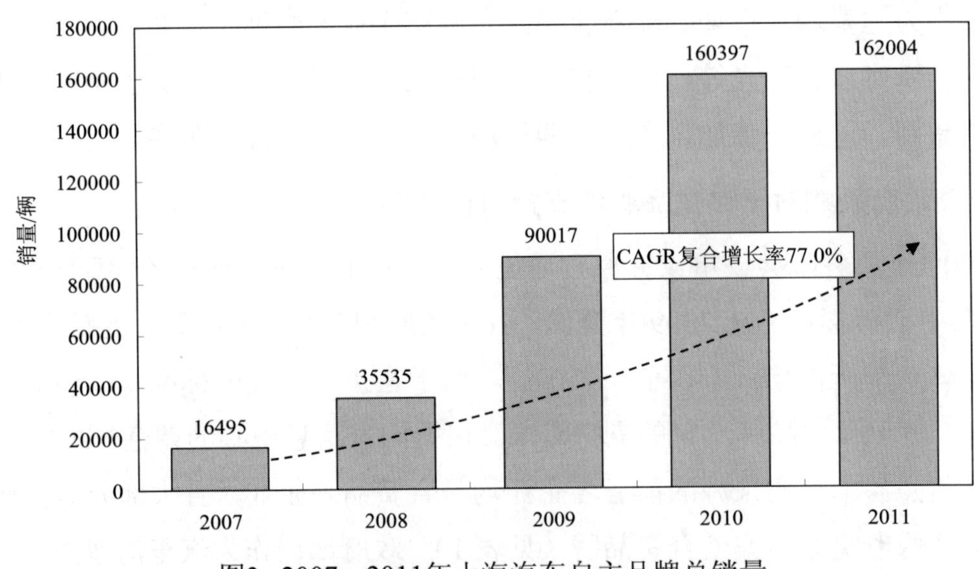

图3 2007～2011年上海汽车自主品牌总销量

（注：数据来源于上海汽车）

与过去三年复合增长率超过 100%的高速发展相比，2011 年上海汽车自主品牌无论是从销量，还是增长率都不理想，经历连续快速增长后面临回调。上海汽车自主品牌在发展中同样面临制约中高级自主品牌汽车发展的一些共性因素：一是从上海汽车自主品牌自身来看，其虽定位中高端，但与强势的合资企业的同类产品相比，上海汽车第一代产品综合竞争力不强。二是从市场环境看，用户对自主品牌汽车的接受程度较低。荣威与 MG 虽定位于中高端，但同样面临国内的自主品牌汽车负面口碑的影响，用户相对更容易接受合资品牌汽车。

二、重点产品介绍

2011 年上半年，新一代 MG3 上市，进一步增强了上海汽车在 A0 级汽车细分市场的竞争力，再加上特别版的 MG6 Magnette 和 MG3 Xross 车型的推出，共同为 MG 品牌的销量提升奠定了坚实基础。下半年，上海汽车首款中型 SUV——荣威 W5 成功上市，荣威品牌也充分借助 W5 新车上市的契机，塑造热点，以新车提振品牌关注度，提升展厅温度，带动荣威品牌全系产品的销量提升。再加上 2012 年款荣威 350、荣威 550 的超值上市，进一步增强了荣威产品的竞争力。

截至 2011 年 11 月份，荣威品牌完成销售 10 万辆，预计全年的销量将达到 11.2 万辆。MG 品牌已经完成销量 4.4 辆，同比增速达到 64.5%，预计 2011 年的总销量将达到 5 万辆，增速有望达到 77%；其中，MG3 的销量将达到上年的 3 倍（见表 2）。

表 2 上海汽车各类产品 2010～2011 年的销量

品牌		2010 年销量合计/辆	2011 年 1～11 月份销量合计/辆	2011 年 1～11 月份增速（%）
荣威	荣威 750	6774	3948	-39.50
	荣威 550	81790	36869	-51.50
	荣威 350	42437	56642	54.10
	W5	—	3285	—
荣威合计		131001	100744	-15.60
MG	MG 7	1637	841	-45.90
	MG 6	21195	24130	28.00
	MG 3	6564	19401	195.70
MG 合计		29396	44372	64.50
总计		160397	145116	-0.80

注：数据来源于上海汽车。

1．全时在线中级轿车——荣威350

2012款荣威350在2011年下半年上市，从外观上来看，进气格栅装饰条由老款的一条增加至两条，前保总成进行了重新设计，另外前雾灯也采用了新造型，让整个外观显得更加年轻、运动。从车型数量上来看，新款350在保留原来五款车型的基础上，增加了超值版车型——迅捷版（手动）、迅悦版（自动），两款车型与迅达版相比，增加了真皮座椅、一键式天窗、驾驶座手动调节腰部支撑、乘坐席多功能储物盒、后排中央扶手带杯托等高客户感知价值的配置，让350的性价比优势更加突出。另外，原来的五款车型，也在配置方面得到升级，例如迅驰版增加16in铝合金轮毂、倒车雷达，迅智版增加了TPMS胎压检测系统和真皮方向盘、带USB输入和6碟CD的音响系统、带音量控制的多功能真皮方向盘、蓝牙免提系统、驾驶座六向电动调节真皮座椅和全自动空调等。

此外，在2011年的广州车展上，上海汽车再次将荣威350独有的inkaNet智能网络行车系统升级到3.0版本，其全球首创的汽车语音交互技术—语音云驾驶ivoka，率先为中国消费者带来量身定制的人机交互行车体验。

荣威350自2010年上市至今，上海汽车在探索行车科技智能化上的努力与成果得到了业界的一致认可，从inkaNet1.0实现一键导航，到inkaNet2.0实现行车娱乐化，再到inkaNet3.0实现人机语音交互，inkaNet的三度科技升级，较好地诠释了荣威“品味、科技、实现”的品牌精髓。

2．全时数字化轿车——荣威550

荣威550 自从2008年上市以来已经接近四年没有大的改款，产品竞争力有所下降，特别是随着竞争车型不断更新上市，荣威 550 显得有点“力不从心”。2011年8月份，2012款年度产品上市，在一定程度上弥补了由于产品老化所带来的产品竞争力的不足。新款车型与老款相比，在内外饰方面，新增Hyde Blue海德蓝车身颜色，Shark Gill鲨鱼鳃进气口，全新设计的集成LED转向灯的外后视镜，以及升级至第五代Navi-Pro自律航法高精准导航系统，使荣威550的价值感更强。特别值得一提的是，在安全性配置方面，新款荣威550的倒车雷达根据障碍距离远近分9个报警等级，而同级车平均水平只有7个报警等级，同时伴有渐变心跳式”滴滴”声音提示，轻松获知距离变化。

3．跨领域专业 SUV——荣威 W5

经过五年左右时间的打磨，在北京奥运会成功举办三周年的纪念日——2011年8月8日，以五款车型和17.18万元～29.88万元的价格区间，上海汽车自主品牌首款SUV战略车型——荣威W5正式上市。W5以全尺寸空间、全路况越野通过性和全天候专业配置的“全时征服”精神，为SUV主流阵营开辟了“跨领域专业SUV”的新蓝海。这款全新战略车型的亮相，不仅意味着上海汽车进一步完善了覆盖国内主流市场的产品矩阵；同时以自主品牌中高端SUV的定位和极具竞争力的价格，助推上海汽车在“中国市场、全球竞争”的格局下刷新中国汽车SUV制造水准的新高度。

在造型设计上，荣威W5通过“云梯”式盾形镀铬格栅，全包覆式钛银质感前包围，“探照灯”雾灯，超广角越野前照灯等具有“野性”又不失“城市”的设计将越野型SUV的霸气和城市型SUV的都市风格巧妙结合起来，给人以阳刚、时尚的感觉；在空间方面，荣威W5拥有2740mm的轴距，为消费者提供了宽敞舒适的内部空间；在操控体验方面，W5拥有适合大排量发动机布置形式的纵置发动机，再经过欧洲研发中心的英国工程师基于欧式运动风格的调校，不但路感极佳，而且换挡感清晰。此外，W5拥有欧洲原装进口的3.2L Tornado XGI高性能发动机，不但动力强劲、输出澎湃，而且可以在各种路况中尽最大可能节省油耗。

在越野性能方面，W5拥有“人所不能”的特性。W5配备双叉臂式前悬架系统和五连杆后悬架系统，越野型SUV独有的超高强度MATRIX纵梁结构，以及HFA高强度车体结构（HFA高强度车体结构具有刚性车架，车身强度高，车身抗扭变性强，在面对严苛路况时相对于传统轿厢式车身安全性更高），极大地增强了车辆的通过性、抗冲击性。此外，W5还配备了只有专业SUV才具备的P-4WD专业级全模式四驱系统。众多科技的应用，让荣威W5的越野通过性在同级车型中优势较大，193.5mm的整车最小离地间隙，25.4°接近角和25.5°离去角的优化设计，41.3°的最大侧翻角，其涉水深度及最大爬坡度更是达到了520mm和35.72°。

4．传奇英伦精品小车——MG3

全新第六代MG3是MG品牌纳入上海汽车旗下后推出的第一款小型车。全新的 MG3 在延续原 MG 品牌 DNA 的同时，深入强化 MG 品牌“个性、气质、创造力”的品牌精髓。第六代 MG3 不仅肩负着上海汽车在 A0 级汽车细分市场攻城略地的重要使命，还肩负着进一步强化消费者对 MG 品牌的认知、信任及喜好度的责任，以及为 MG 品牌扩大市场份额、奠定用户基础的重任。

MG3 的主力消费人群应该是介于 20～30 岁之间，女性应该略多于男性，他们多是受过高等教育拥有大学专科或本科以上学历，多数属于新婚不久的年轻夫妇或即将走入结婚殿堂的情侣，亦或是渴望独立与自我实现的单身人士。

从外观设计上来看，MG3 拥有 MG 独有的家族式前格栅，熏黑的鹰眼前大灯，双色平面车顶，运动风格轮辋；从内饰设计来看，MG3 拥有独具创新、别出心裁的 IPOD 风格白色内饰，运动仪表，多功能信息显示功能，防潜滑运动型座椅，运动型方向盘等。此外，MG3 还通过英国 10 万英里（16 万 km）整车耐久性试验、G5 底盘强化耐久性试验、澳大利亚沙漠高温试验（50 摄 ℃ 以上）、黑河冬季低温试验（-30 ℃ 以下）、格尔木高原试验（海拔 5000m）等严格的试验标准和严苛的试验过程，累计里程达到 300 万 km，从而有效保障了 MG3 的产品质量。

5．新基准轿车——MG6

MG6 与荣威 550 同平台，是上海汽车 IP2X 平台的第二款产品。MG6 采用与豪华品牌相同的造型设计——斜背设计，具有领先同级别的内部空间，配备领先于同级别的动力总成，经过英国专家的高水平调教，使得 MG6 具有打造新基准轿车的资本。

在造型方面，Fast-Back 轿跑风格，让 MG6 具有最性感美背、拥有最优化空气动力学表现；高腰线小玄窗设计；Air-Flow Tuner 一体式扰流板；短前悬，长后悬，略微上扬的腰线，配合完美的车顶曲线，营造出极富贴地感和俯冲感的车身姿态。在空间方面，2705mm 的轴距在 A+级市场中标定了新基准；超大行李箱容积 429～1379 L，令出游和购物不再顾虑重重；多达 16 处置物空间，精心设计，伸手可及，令物品能分类有序地放置，方便寻找。在调教方面，接近 50∶50 的黄金前后配重比，行进中姿态更敏捷，更精准，更稳定；由 50 位资深专家在 Silver Stone 银石赛道上历时 28 个月调教的顶尖底盘；5 速手自一体自动变速器搭载源自 F1 赛车运动的 Paddle Shift 方向盘换挡拨杆，更令驾乘变得乐趣无穷。

三、产品的用户结构

从用户构成来看，荣威及 MG 产品用户主要在个人及公商务用车市场，目前尚未进入出租车市场；从客户性别比例来看，目前荣威与 MG 的大部分车型的客户群以男性为主，男女比例基本为 2∶1，但 MG3 的消费者女性略多于男性；从客户年龄比例来看，绝大部分车型消费群在 18～25 岁年龄段比例最高，显示上海汽车的目标消费群年轻人的比例较大，这与荣威及 MG 的品牌诉求贴合年轻消费者的产品需求相关。

四、荣威和 MG 产品的区域流向

从区域流向来看，荣威与 MG 销量主要集中在江苏、浙江、山东、四川、广东、上海等经济较为发达的地区。其中，荣威上牌量 TOP3 均集中在东部沿海地区，而 MG 在四川地区的表现则尤为突出（见图 4 和图 5）。

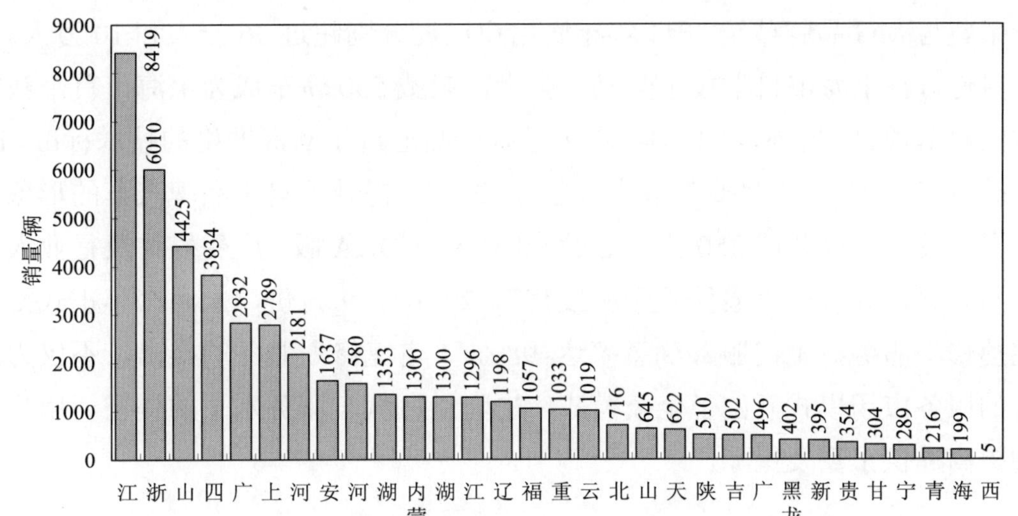

图4 2011年1～6月荣威区域流向

（注：数据来源于公安部上牌量）

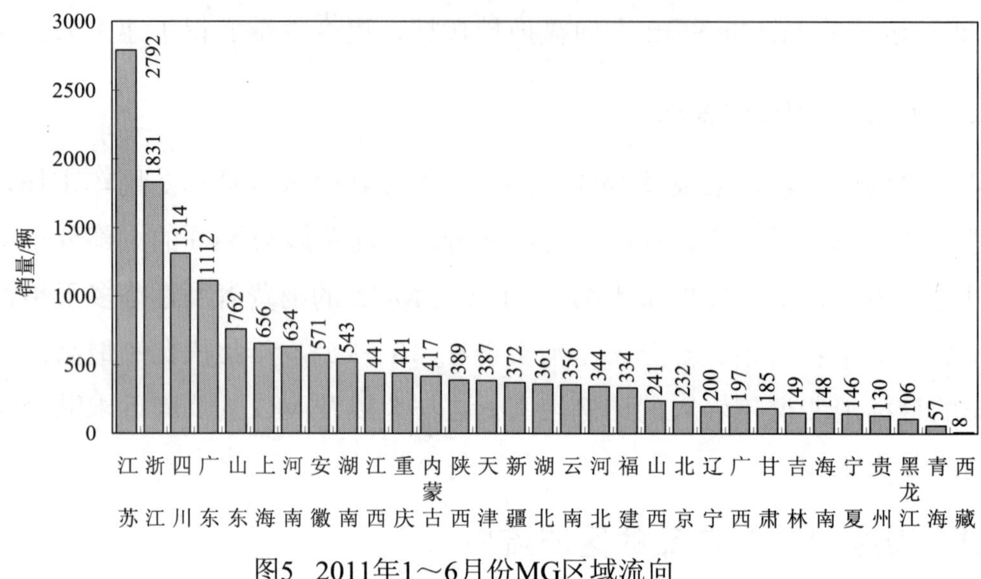

图5 2011年1～6月份MG区域流向

（注：数据来源于公安部上牌量）

五、用户评价

荣威与MG品牌截至2011年年底用户已经分别超过36万人和10万人。2011年4月份，在上海市科学技术奖励大会上，荣威550轿车成为上海市首个获得一等奖的整车项目。另外，2011年，自主品牌产品通过了欧洲严格的技术标准，IP2X平台获得“WVTA欧盟整车型式认证”，进一步提升了自主品牌汽车的形象。广州车展上发布的以荣威350为核心的inkaNet-iVOKA版，广受媒体及行业人士的关注与好评，并获得“最佳领先科技奖”。2011年9月份，上海汽车正式推出的“宅捷修”服务，上门服务满意率达98%。“宅捷修”服务的推出，不仅为汽车行业的服务市场模式开创了全新模式，也为上海汽车服务水平的提升、用户忠诚度的提高提供了重要保障。

（作者：常远祥）

2011年华晨汽车
上市车型及未来产品市场调查报告

一、2011年华晨产品开发成果

在过去的五年中，中国汽车市场呈现出井喷式的高速发展，更成功地使世界汽车市场格局进行了重新洗牌。作为中国自主品牌的主力军——华晨汽车，以创新求发展，五年间实现整车销售165万辆，销售收入2333.2亿元、税金总额268.8亿元，分别是“十一五”前21年总和的160%、216%和280%。可以说，华晨汽车过去五年的发展，不仅是其自身不断深化以品牌创新、研发创新、资本创新为核心内容的“华晨模式”和坚持自主精品战略取得的硕果，更折射出自主汽车企业在中国汽车市场愈战愈勇的强劲发展势头。

得益于高速发展带来的积累，华晨汽车在“十二五”开局之年率先发力，以多款精品车型抢占发展先机。2011年华晨汽车先后推出了中华H530、中华V5和金杯S50三款全新车型，获得了可喜的成绩。

1．中华H530

中华H530是中华品牌在全新中级车平台开发的首款产品。它在外观、动力、数字化配置方面均实现越级而立，是华晨汽车“十二五”发力中级车市场的首款拳头产品，也是树立自主中级车品质的标杆之作。整体看来，意大利平尼法瑞那（Pininfarina）设计公司赋予中华H530更多时尚、潮流、动感理念，堪称中级车造型艺术的标杆。在此基础上，它匹配了五速自动变速器，前有麦弗逊独立悬架、后有扭力梁半独立悬架，完美打造了中级车的豪华驾乘感受。同时，中华H530还拥有MSR发动机直接扭矩控制、MASR加速防滑系统、一键起动等多项高科技配置，打造出了豪华的主被动安全体系。

2．中华V5

中华V5作为华晨汽车依托“高品质技术联盟”的又一力作，完美实现了对国际顶级技术的“引进、消化、吸收、再创新”。它不仅为消费者带来了释放心灵、自由奔放的“SUV 生活新主张”，更集时尚造型、越级安全、自由操控和经济节油四大优势于一身，是一款荟萃领先设计与科技的精品都市 SUV。“中华 V5 象征了中华品牌对品质精益求精的追求，象征了中华不断为消费者打造‘高品质精品车’的决心和实力。它将为追求时尚、品味生活、关注心灵感受和实用价值的消费者，提供一个全新的选择。”

3．金杯 S50

金杯 S50 作为一款宜商宜家、一车多用的全能型 SUV，它传承了金杯品牌纯正的血统，紧扣时尚脉搏、吐纳动感气息，塑造出磅礴与优雅并济的“能者”风范。富有极强视觉冲击力的动感外观，融入了时下 SUV 设计的流行元素，彰显了欧系车风范，给人稳重、大气的感觉，为稳健高效的商务人士和休闲娱乐的温馨家庭提供了全新的座驾选择。

身为中国自主品牌主力军的华晨汽车，始终贯彻“品质先，方敢天下先”的企业理念，在产品技术、质量、产能和品牌建设等多方面均实现了跨越式发展。特别是旗下的金杯品牌，更一直在创新求变中保持着商用车市场的领先地位，是自主品牌的典范。

二、华晨乘用车市场表现

1．华晨乘用车现有产品状况

华晨现有乘用车车型有尊驰、骏捷、酷宝、骏捷 FRV、骏捷 FSV、阁瑞斯和 2011 年上市的中华 H530、中华 V5、金杯 S50，覆盖 B 级车、A 级车市场和 MPV、SUV 市场，2011 年 1～11 月份累计销量达到 142158 辆，同比下降 16.5%（见表 1）。

2011 年华晨汽车的乘用车销量不近人意，老款车型下降很大，而新车型上市使华晨汽车有了新的生机。中华 H530 9 月份上市仅 3 个月的时间销量就达到了 12735 辆，市场表现火爆，某些型号车型供不应求；中华 V5 市场反应更为强烈，但由于刚刚上市，市场没有现车，所以销售数据没有体现出来。

表 1　2011 年 1～11 月份华晨乘用车细分车型产销量

车型	2011 年 1～11 月份产量/辆	2010 年 1～11 月份产量/辆	增长率（%）	2011 年 1～11 月份销量/辆	2010 年 1～11 月份销量/辆	增长率（%）
H530	14474	0	—	12735	0	—
V5	95	0	—	77	0	—
骏捷	14293	28338	-49.6	12220	28474	-57.1
尊驰	1974	7514	-73.7	2026	7131	-71.6
骏捷 FRV	54470	80380	-32.2	62185	78378	-20.7
骏捷 FSV	41126	35260	16.6	35531	38421	-7.5
酷宝	131	509	-74.3	9	802	-98.9
阁瑞斯	15333	15878	-3.4	16991	16582	2.5
S50	738	0	—	384	0	—
合计	142634	167879	-15.5	142158	169788	-16.5

2．华晨乘用车未来规划车型

丰富产品平台是华晨汽车“十二五”的规划目标之一，在“十二五”期间，华晨中华可形成 C 平台、B 平台、A 平台、A0 平台四大平台下的多个车型，涵盖 C 级、B 级、A 级、A0 级、SUV、MPV 车市场。在国家“十二五”刚刚开局的 2011 年就已经完成了中华 V5 和金杯 S50 两款 SUV 车型上市。两款不同品牌、不同造型、不同用户定位的 SUV 车型丰富了华晨汽车的产品线，为华晨汽车的两个品牌注入了新的血液，增加了新的活力。

随着规划车型的进一步明确，2012 年华晨汽车将推出全新车型之一的 A0 平台的 A0 级轿车，全新平台、全新造型的 A0 级轿车，将是华晨众多产品中又一个全新的亮点

三、华晨未来规划车型 A0 级车型市场定位

1．A0 级车型市场竞争态势

调研结果显示，从现有产品市场竞争态势看，价格在 4 万～7 万元，车长约 3600～4200mm 左右的微型汽车细分市场产品竞争仍较薄弱，存在极大的市场机会。

2. A0级车用户购买关注及用车习惯

（1）*用户购车关注* 用户对购车的关注可分为理性关注与感性关注两种，其中感性关注点更多地作用于用户在初步购车选择时，理性关注点更多地作用于用户在购车最终决策时。用户最重要的感性关注点为外观，而在理性关注点方面，经济性（包括油耗和价格）的重要性明显上升。

（2）*用户用车习惯及感受* 第一，副驾驶座椅、后排座椅的乘坐情况符合购买经济型家用轿车人群的用车习惯。其中副驾驶座椅有人乘坐的频率较高，而后排座椅有人乘坐的频率较低。副驾驶座椅、后排座椅更多情况下会由同龄人（同龄家属、同事、同学、朋友等）乘坐。

第二，用户在用车的过程中经常携带或放置的物品有手包、公文包、食品饮料、车辆清洁用品。手包、公文包习惯放置在副驾驶座上，食品饮料和车辆清洁用品习惯放置在行李箱里。

3. 目标人群出入场所及购车用途

调研结果显示，目标人群出入场所符合目前中青年白领阶层较典型的生活方式，上下班代步、出行代步等用途体现了购买经济型家用轿车人群的主要购车目的。

除大型超市、商场等日常生活和休闲场所外，研究表明此类车型目标人群更多地偏好户外、居家、影院、健身俱乐部、体育馆、茶楼、酒吧、KTV、迪厅等场所，其活动范围符合目前中青年白领阶层较典型的生活方式。在购车用途方面，除上下班代步外，与日常生活和购物等有关的出行代步、家人/朋友休闲、自驾游位居第二，体现了购买经济型家用轿车人群的主要购车目的。

4. 目标人群特征

调研结果显示，年轻的工薪阶层更有可能把A0级车辆作为代步工具。年龄在35岁以下，大专及以上学历，家庭人口数为2～3人，家庭月收入在5000元以上的上班族是A0级车型主要的目标人群。

围绕目标用户特征及用户关注点等市场反馈结论，华晨汽车开发的全新A0级车型将会以全新面貌展示给用户，赢得市场的认同。

（作者：李清）

专题篇

2011年世界汽车市场综述

2011年，全球汽车市场呈现复杂的形势。经历十年高速增长的中国市场终显疲态，只有2.5%的增长，但是依然是全球第一大新车市场。欧洲由于经济复苏缓慢，2011年又有债务危机的袭扰，汽车市场略有下降。美国汽车市场却意外地高速增长，得意洋洋。

国内媒体评选的全球汽车十大新闻：第一，日本超强地震重创日本汽车企业，重新洗牌全球车市。第二，欧债危机伤及欧洲车市和通用欧洲业务，通用暗示可能出售欧宝。第三，中国汽车企业纷纷拓展海外市场，扩建海外生产基地。第四，中国企业并购萨博失利，萨博宣告破产。第五，大众-铃木联盟解体，铃木要求大众放弃所持股权。第六，丰田与宝马合作，开发柴油发动机及混动车电池。第七，宝马与大众竞购SGL西格里碳纤维股份。第八，美国建立2025年CAFE企业燃效标准。第九，雷诺陷身电动车技术间谍门事件，媒体将矛头直指中国。第十，沃蓝达等电动车遭遇电池起火隐患。

一、欧洲汽车市场下降1.7%

2010年年底，J.D. Power发布报告称，由于欧洲经济复苏缓慢，财政紧缩、高失业率等因素都将使消费者在大宗商品的购买上犹豫不决，2011年在政府不出台更大刺激政策的情况下，汽车市场将小幅下滑。这个预测不幸言中，根据欧洲汽车制造商协会ACEA发布的2011年欧洲市场乘用车注册量数据，欧盟27国（包括法国、德国、意大利、荷兰、比利时、卢森堡、英国、丹麦、爱尔兰、希腊、西班牙、葡萄牙、奥地利、瑞典、芬兰、塞浦路斯、匈牙利、捷克、爱沙尼亚、拉脱维亚、立陶宛、马耳他、波兰、 斯洛伐克、斯洛文尼亚、罗马尼亚和保加利亚）乘用车总销量为1311万辆，同比下降1.7%，连续第四年出现总销量下跌。如果按照欧盟加上欧洲自由贸易联盟EFTA概念计算，增加冰岛、挪威和瑞士3个北欧国家，2011年全年欧洲乘用车总注册量为13573550辆，比上年同期的13768401辆下降1.4%。

欧洲最重要的 4 个单一市场是德国、法国、英国和意大利，但是这四个市场形势完全不同。德国销量仍旧领跑欧洲，并保持较高增幅，乘用车总注册量为 3173634 辆，比上年同期提高 8.8%。法国市场略有下降，乘用车总注册量为 2204229 辆，比上年同期下降 2.1%。英国乘用车总注册量为 1941253 辆，比上年同期下滑 4.4%。意大利在各主要单一市场中跌幅最大，乘用车总注册量为 1748143 辆，比上年同期下跌 10.9%。

从企业角度看，大众集团仍然保持了欧洲市场最大汽车企业的地位，并且市场份额有所扩大。2011 年，大众集团在欧盟 加 EFTA（七国集团）市场乘用车总注册量为 3045000 辆，比上年增长了 7.5%，市场份额从 21.2%增大到 23.2%。位居第二的 PSA（标致雪铁龙）销量出现明显的下滑。2011 年 PSA 乘用车总注册量为 1643160 辆，比上年下跌了 9.0%，市场份额从 13.5%减少到 12.5%。雷诺汽车 2011 年乘用车总注册量为 1272560 辆，比上年下跌了 8.4%，市场份额从 10.4 %减少到 9.7%。通用汽车在欧洲总注册量为 1141380 辆，比上年下跌了 2.0%，市场份额维持在 8.7%水平。福特在欧洲全年销量虽然减少，但 2011 年 12 月份已经出现回涨迹象。2011 年全年在欧洲总注册量为 1046711 辆，比上年减少了 3.2%，市场份额从 8.1%减少到 8.0%。菲亚特 2011 年全年在欧洲总注册量为 1056399 辆，比上年下跌了 12.1%，市场份额从 7.9%减少到 7.1%。

欧洲商用车市场形势比较好。2011 年 1～11 月份，商用车注册量 1838416 辆，同比增长 10.8%。其中轻型商用车注册量 1508434 辆，同比增长 8.0%。

据美国的一家汽车研究中心 CAR 预测，由于欧洲债务危机造成经济疲软，2012 年西欧新车销量将下降 67.1 万辆（同比下降 5.3%）。2012 年将成为西欧车市 18 年来最糟糕的一年。

二、金砖国家市场俄罗斯形势最好

1. 中国

2011 年，受国家宏观调控力度加大，汽车相关鼓励政策退出等诸多不利因素影响，中国汽车产销结束了连续两年高速增长，2011 年全年实现汽车产销 1841.89 万辆和 1850.51 万辆，同比分别微增 0.84%和 2.45%，增幅较上年分别回落 31.60 个百分点和 29.92 个百分点，产销增速 13 年来首次低于 3%，但中国汽车产销总量继续居全球第一位。其中乘用车产销分别为 1448.53 万辆和 1447.24 万辆，同比增长 4.23%和 5.19%。商用车市场表现较为低迷，共销售 403.27 万辆，同比下降 6.31%。

2011 年，通用汽车在华（包括中国内地和香港地区）销量共达 2547171 辆，再度刷新历史纪录，增长 8.3%。上汽通用五菱销量 121.79 万辆，在乘用车企业中排名第一，同比增长 4.8%。上海通用销量为 118.56 万辆，同比增长 16.2%。其中，别克品牌销售 645537 辆，同比增长 17.4%；雪佛兰品牌销量同比增长 9.4%，达到 595068 辆；凯迪拉克品牌销量为 30008 辆，同比增幅高达 72.8%。欧宝销量为 4864 辆，增长了 51.1%。五菱品牌创下有史以来最好的销售业绩，达 1193708 辆，同比增长 3.9%。

2011 年，大众汽车在华（包括中国内地和香港地区）总销量为 226 万辆，同比增长 17.7%。其中大众品牌在中国市场总销量为 172 万辆，同比增长 13.8%。中国市场的总销量几乎与欧洲市场销量相当。奥迪销量达到 313036 辆，同比增长 37%。进口车总量为 57888 辆（不含香港地区），同比增长 89%。斯柯达共实现销量 220089 辆，同比增幅达 10%。上海大众零售量达到了 1150097 辆，同比增长 14.9%；一汽大众 2011 年首次突破年产百万辆大关，达到 103.49 万辆。

截至 2011 年 11 月份，现代一起亚汽车集团在华（包括中国内地和香港地区）年销量达 1061016 辆，比 2010 年更早实现了“百万辆里程碑”的突破。

2011 年，丰田汽车在华（包括中国内地和香港地区）总销量达 895000 辆，同比增长 4%，略低于上年年初提出的 90 万辆目标。2011 年 3 月份，日本遭遇大地震，丰田汽车产能一度受到影响。一汽丰田和广汽丰田 2011 年 6 月份恢复产能后，展开了一系列营销活动，2011 年下半年开始销量持续上扬。此外，丰田汽车已宣布，2012 年将与一汽丰田、广汽丰田一起努力，计划在中国市场的销量达到 100 万辆以上，同比增长 10%以上。

另外，2011 年东风日产在华（包括中国内地和香港地区）全年销量达 80 万辆，同比增长 21%。福特汽车在华（包括中国内地和香港地区）累计销量 519390 辆，同比增长 7%。其中，长安福特销量为 320658 辆，同比增长 5%。江铃汽车销量达 194588 辆，同比增长 9%。

2011 年，乘用车自主品牌总体表现不如上年，共销售 611.22 万辆，同比下降 2.56%；占乘用车销售总量的 42.23%，占有率比上年下降 3.37 个百分点。虽然国内汽车需求减缓，但汽车出口继续保持较快增长，汽车企业共出口各类汽车 81.43

万辆，同比增长49.45%。

2．俄罗斯

俄罗斯似乎重演了2009年的中国市场疯狂增长的喜剧，2011年汽车销量（包括轿车以及轻型商用车）为265万辆，同比增长39%，2011年前10个月的销量已经超过了2010年全年190万辆的销量，并且全年实际高于之前预计的260万辆。

2011年1～11月份，俄罗斯市场上轿车以及轻型商用车销量共计240万辆，12月份的销量同比增长23%，达到251400辆，2011年全年销量共计265万辆左右。2011年全年，俄罗斯市场上最畅销的品牌为伏尔加汽车公司的拉达，其次是通用雪佛兰和现代。本土汽车制造商伏尔加2011年在俄罗斯的销量同比增长了11%。2008年，俄罗斯市场的汽车销量已经达到290万辆，但是由于金融危机冲击，致使俄罗斯车市当年的销量减半，很多业内人士认为，2012年俄罗斯汽车市场的销量将恢复至经济大萧条之前的290万辆。

3．印度

2010年印度汽车市场的乘用车销量同比大幅增长31%，达到187万辆。与2010年的销量增幅相比，2011年印度汽车销量明显疲软，据印度汽车制造商协会SIAM的数据，2011年印度的新车销量为195万辆，同比略增4.3%。业内人士预期，2012年印度车市销量增幅将有所提升。印度马鲁蒂铃木的销量同比下降8.4%，现代印度的销量同比增长13%，塔塔汽车公司的销量同比增长40%。

4．巴西

据巴西全国汽车经销商协会统计，2011年巴西汽车销量达到3425596辆，同比上涨2.9%，不过低于该协会此前预期的4.2%的增幅。该协会还预测2012年巴西车市销量将同比增长4.5%。占据市场份额前三位的汽车企业分别是：菲亚特销量为754212辆，占22.02%；大众销量为698326辆，占20.39%；通用销量为632102辆，占18.45%。

2011年中国汽车企业在巴西市场取得了明显进展，主要由江淮、奇瑞和哈飞领衔。江淮销量23747辆，市场份额占0.69%；奇瑞销量21682辆，市场份额占0.63%；哈飞销量16725辆，市场份额占0.49%；三者分列巴西市场2011年销量前20的汽车企业中的第14至16位，总计占据超过1.81%的市场份额。

5．南非

据南非汽车制造商协会NAAMSA统计，2011年南非汽车销量564372辆，比上年同期增长13.37%。南非市场销量最高的汽车制造商依次是丰田、大众、通用、日产。

一位分析家认为："美国现在是同印度、中国等新兴市场一样高速增长的市场。五年前，最糟糕的事情莫过于在美国造汽车和卖汽车，而现在，这是最赚钱的。"据底特律新闻网报道，由于人们对经济复苏信心的增强，美国汽车2011年12月份销量增长势头依然强劲，底特律汽车三巨头的销量整体上升12%。但是七大汽车销售商中的丰田和本田公司表示，由于日本的地震海啸造成的核危机以及泰国洪水的严重影响，其2011年美国整体销量下滑了7%。2011年美国车市轻型车和轻型商用车总销量为12737436辆，同比销量上涨10.2%，这是自1998年以来美国市场增速首次超过中国。美国车市2011年总销量排行榜上，福特F系皮卡销量稳居首位，售出584917辆；第二位为通用silverado皮卡，售出415130辆，与轻型车销量榜首位凯美瑞308510辆的总销量相比较，不难看出美国的汽车文化特点。

2011年通用汽车在美国销量为2503820辆，同比增长13.0%，市场占有率大约提高0.5个百分点，达到19.6%。为通用汽车10年以来首次在美提升市场份额。乘用车销量同比增幅达到12%，但跨界车则下跌了14%，涵盖全尺寸皮卡、微型货车和SUV在内的货车车型销量同比增长13%。其中雪佛兰品牌销量1775812辆，同比增长13.4%；GMC品牌销量397986辆，同比增长18.8%；别克品牌销量177633辆，同比增长14.3%；凯迪拉克销量152389辆，同比增长3.7%。

福特在美销量为2148806辆，同比提升11%，在次贷危机重创美国汽车业之后首次回归到年销量200万辆的行列。其中轿车销量为722501辆，同比提升3.7%；SUV销量为616063辆，同比增长19.6%；货车销量为810242辆，同比提升12.0%。福特品牌在美销量突破200万辆，为2062915辆，同比提升17.4%；林肯在美销量略下降0.2%，水星品牌在2011年仅售出248辆即宣告停止销售。

克莱斯勒集团2011年全年在美累计销量1369114辆，同比提高26%，集团旗下克莱斯勒、道奇、吉普和Ram（公羊）品牌均实现增长，而克莱斯勒2011年开始代理销售的菲亚特500也计入总体销量中。克莱斯勒品牌销量为221346辆，提高12%；道奇品牌销量为451040辆，提高18%；吉普品牌销量为419349

辆，提高 44%；Ram 品牌销量为 257610 辆，提高 21%。菲亚特 500 车型销量为 19769 辆。

丰田汽车 2011 年在美销量为 1644661 辆，同比下降 6.7%。不过 2011 年 12 月份丰田美国销量共计 178131 辆，同比增长 0.4%，从 2011 年第四季度开始已经显示出止跌迹象。其中，丰田品牌销量为 1446109 辆，同比下降 5.7%；雷克萨斯品牌销量为 198552 辆，同比下降 13.4%。

日产汽车 2011 年在美国市场的销量共计 1042534 辆，同比增长 14.7%。其中日产品牌在美国的销量为 944073 辆，同比增长 17.3%；英菲尼迪品牌在美国的销量为 98461 辆，同比下降 4.8%。

2011 年本田在美国市场的销量共计 1147285 辆，同比下降 7.1%。2011 年本田品牌在美国最畅销的车型是雅阁，销量为 235625 辆；其次，思域，销量为 221235 辆；CR-V，销量为 218373 辆。

现代-起亚 2011 年在美国市场的销量突破 100 万辆，为 1131183 辆，同比增长 27%。其中现代汽车的销量为 645691 辆，同比增长 20%；起亚销量 485492 辆，同比增长 36.3%。

大众集团 2011 年在美国的销量共计 324402 辆，同比增长 26.3%（不含奥迪品牌）。销售主力车型为捷达，而帕萨特则保持了最高的增幅。戴姆勒汽车 2011 年全年在美国销量为 266811 辆，同比增长 16%。宝马汽车 2011 年美国市场销量为 305418 辆（包括宝马和迷你品牌），同比增长 14.9%。在雷克萨斯受创之后，宝马品牌成为美国销量最高的豪华车。戴姆勒汽车销量为 266811 辆，同比提升 16%。

三、亚太市场一片低迷

1. 日本

日本汽车产业在 2011 年频遭灾难的困扰，日本大地震毁坏了日本汽车企业的供应链，泰国洪灾让还没有完全恢复的日本汽车企业再次进入更大的生产困扰。日元持续的升值行动，给了日本汽车企业更大的打击。据预测，2011 财年丰田公司将因日元升值损失 2900 亿日元。日产汽车这一数字为 1475 亿日元，同样，本田因此损失 1376 亿日元。2011 年，日本乘用车销量为 2386036 辆，同比下降 18.5%；货车销量为 292387 辆，同比增长 1.1%。日本主要公司销量统计见表 1。

表 1 日本主要公司销量统计

（单位：辆）

车型	乘用车	货车	客车	总计
丰田	1032245	115473	3357	1151075
日产	392326	51240	2371	445937
本田	378211	319	0	378530
马自达	130419	14033	0	144442
铃木	76765	0	0	76765
斯巴鲁	73806	0	0	73806
雷克萨斯	42365	0	0	42365
五十铃	1	41098	997	42096
三菱	52597	2354	0	54951

2．韩国

2011 年，韩国汽车产量同比增加 9%，达 4656762 辆。

3．澳大利亚

据澳大利亚汽车工业联合会 FCAI 统计的数据，2011 年澳大利亚的新车销量为 1008437 辆，下降 2.6%。丰田是澳大利亚汽车市场最畅销的品牌，销量共计 181624 辆，但是同比下降 15.4%，市场份额为 18%；其次是霍顿，销量共计 126095 辆，同比下降 5.1%，市场份额为 12.5%。福特在澳大利亚市场上销量为 91243 辆，同比下降 4.2%，市场份额为 9%。澳大利亚汽车工业联合会预计，2012 年澳大利亚汽车销量仍将为 100 万辆。

4．印度尼西亚

据印度尼西亚汽车制造商协会统计的数据，2011 年印度尼西亚的汽车销量为 894180 辆，同比增长 16.9%，与 2010 年的销量增幅 57.3%相比明显下降。政府推行的燃料补贴限制政策以及银行贷款利率的提高，将使 2012 年印度尼西亚的汽车销量增幅持续疲软的态势。丰田汽车公司 2011 年在印度尼西亚市场的销量为 310674 辆，同比增长了 10.7%；本田汽车公司在印度尼西亚的销量为 45416 辆，同比下降 26%。尽管印度尼西亚汽车市场销量疲软，一些汽车制造商，包括丰田、日产、铃木、大发以及通用等均有在印度尼西亚建新厂的计划。塔塔汽车公司日前也表示，其正在考虑在泰国、印度尼西亚以及缅甸建厂的可能性。

四、南美洲市场快速增长

1．智利

据智利全国汽车协会统计数据显示，2011 年 1～11 月份，智利汽车销量同比增长 24%，预计全年新旧家用车销量将达到 103.5 万辆，创历史最高纪录。到 2012 年年底，智利新车销量达 33 万辆，新车和二手车总销量同比将增加 17%。新旧车销量突破 100 万辆意味着智利平均每四个家庭就有一个新购或者更新车辆。

2．秘鲁

秘鲁汽车协会（AAP）称，2011 年汽车销量为 144485 辆，2012 年秘鲁市场新车销量将达到 18 万辆，增长 25%。2011 年中国汽车在秘鲁市场销量继续增长，已占到该市场新车总销量的 14.4%，仅次于日本车和韩国车。

（作者：贾新光）

发达国家/地区乘用车市场需求结构演变对中国的启示

近年来，我国乘用车市场扩张迅猛。市场规模从 2002 年的 130 万辆跃升至 2011 年的 1200 多万辆，增长了近 10 倍。产品供给也从相对单一走向了极为丰富。车型方面除传统轿车外，其他各种车型，诸如 SUV、MPV 等也纷纷进入市场。级别方面，原来基本都是属于 A 级别的老三样，现在各种 B 级车、C 级车，甚至豪华车也都不缺乏供应。庞大的市场总量和丰富的产品供应，给各种车型、各个级别的市场提供了很好的发展空间。但是，从消费者的需求来讲，未来到底哪些车型、哪些级别会成为消费热点？这些消费方向是否符合各种外部环境，比如能源、交通、环保的要求？

通过对发达国家/地区乘用车市场发展历史的研究，我们总结出以下三条关于乘用车市场需求结构的演变规律。

一、需求结构的转变与乘用车市场发展阶段紧密相关，市场相对成熟阶段是需求结构发生重大转变的关键阶段

乘用车市场的发展可分为四个阶段，依次为导入期、孕育期、普及期和饱和期。

导入期，千人保有量低于 5 辆，汽车还没进入家庭，主要是企业等法人单位购买。孕育期，千人保有量为 5～20 辆，汽车开始进入家庭，但主要是少数富裕家庭购买。普及期，千人保有量从 20 辆到 250 辆，乘用车大规模进入普通家庭，达到户均 1 辆。饱和期，千人保有量超过 250 辆，多数家庭开始复数保有。其中，普及期根据购买情形的不同，又可以分成两个阶段。首先是以新购为主的初期阶段，之后是以更新换购为主的相对成熟阶段。

从初期阶段到相对成熟阶段，人们的汽车消费观念会发生较大的转变，相应地，乘用车需求结构也随之产生较大转变。初期阶段，人们普遍都还没有车，对

车也完全不了解，是实现家庭乘用车保有“从无到有”的阶段，因此对车的需求层次比较低，仅仅是有辆车就行，至于是辆什么车，基本上没有要求，跟周围人差不多就行，因此需求结构往往比较单一。所谓的“国民车”也是由此而产生的，即这一阶段，某一类车就能满足绝大多数家庭的需求。

从发达国家/地区的历史来看，他们在这个阶段都有“国民车”现象。美国的国民车是 T 型车，几乎每户 1 辆；德国是以甲壳虫为代表的低价小型车，甲壳虫一度占到德国轿车总产量的 40%；法国是以雷诺 4、雪铁龙 2CV 为代表的低价微型车，当时 1L 以下微型车在全部轿车销售量中的比例达到 70%；日本是以花冠为代表的 A 级轿车，占需求的比例达到 50%；韩国是以起亚普莱德的 A0 级轿车、我国台湾省是以速利 303 为代表的 A 级轿车，占全年乘用车销量的 60%～70%。

到了相对成熟阶段，人们的基本需求已经得到满足，对车也已经比较了解，汽车消费观更为成熟。因此，在更新换购时，会更多考虑自己的需求，对汽车也有了更高的要求，不再仅仅是把自己从 A 处送到 B 处的工具，驾驶体验、功能实现变得越来越重要。在这样的背景下，需求结构开始由单一向多元转变。

二、乘用车市场相对成熟阶段，车型需求开始多样化，RV（Recreation Vehicle）车型成为消费热点

发达国家/地区在市场进入相对成熟阶段时，都出现了车型需求的多样化，普遍表现为一种 RV 车型快速成长，成为消费热点，极少数国家/地区表现为多种 RV 车型共同繁荣。

美国市场上，20 世纪 90 年代初，SUV 车型快速兴起（见图 1）。当时，从供给角度讲，主要是日本汽车厂商大举进攻美国市场，用低价策略对美国国内汽车厂商形成了巨大的威胁，使得在轿车市场上，美国国内汽车厂商已经无利可图。为寻求新的利润增长点，他们开始设计一种与轿车完全不同的车型，即 SUV。福特、通用都相继推出了 SUV 产品。从需求角度讲，当时美国乘用车市场的千人保有量已经达到 500 辆，市场已相当成熟，消费者对传统轿车已经感到厌倦，对新功能、新造型充满渴望。SUV 车型粗犷的造型风格、强大的装载能力和良好的越野性能，对充满冒险精神、自由不羁的西部牛仔来说，显然是再合适不过。高油耗对低油价的美国来说，也完全不是问题。所以 SUV 车型一经推出，立即引

起了消费热潮，市场份额持续攀升。目前，美国乘用车市场上，SUV 的市场份额已经达到近 30%。

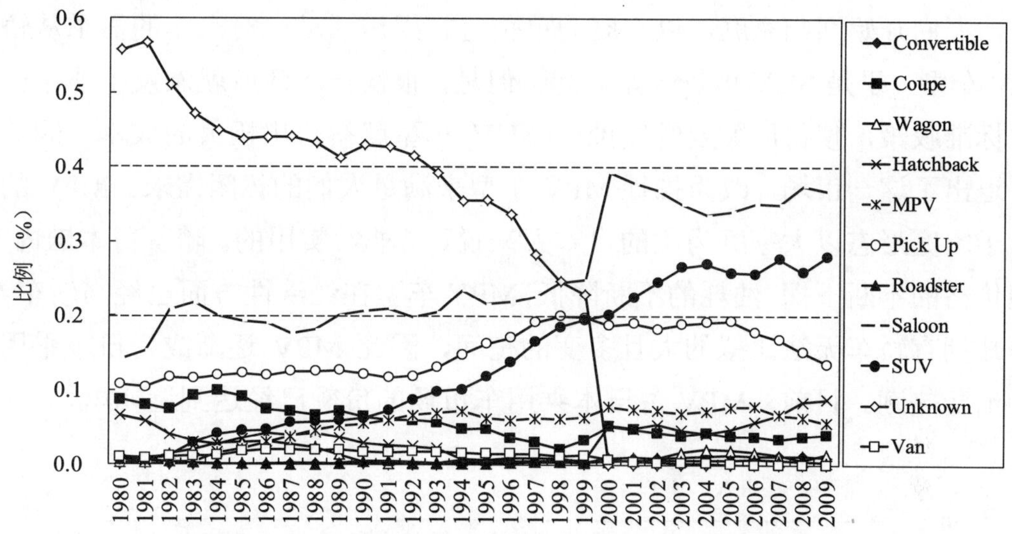

图1 近30年来美国乘用车市场车型结构变化

德国市场上，从上世纪 90 年代初期开始，旅行轿车快速兴起（见图 2）。旅行轿车既具备轿车的操控性，又具备 MPV 的装载能力，对于习惯了在不限速高速路上驰骋，又喜欢到处旅行的德国人来说，是最合适不过的选择。而德国的高油价更是提升了旅行轿车在所有 RV 车型中的竞争力。目前，旅行轿车在德国乘用车市场中的份额已经达到近 20%。

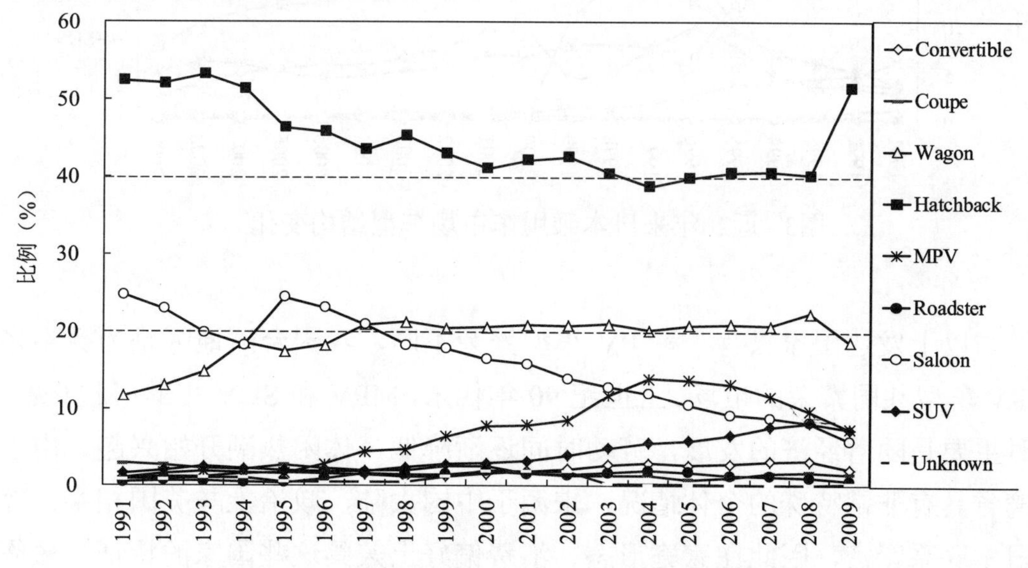

图2 近20年来德国乘用车市场车型结构变化

日本市场上，上世界90年代中期，MPV车型快速兴起（见图3）。主要是当时日本的泡沫经济破裂后，进入长期萧条。经济不景气使得失业增加、劳动时间减少，人们开始回归家庭，以家庭为单位进行娱乐活动。对汽车的需求从轿车转向RV车型。于是SUV市场开始兴起。但是，很快日本政府就颁发了非常严格的排放标准政策，使得厂家要继续推广SUV车型就得付出极大的成本，因此厂家很快退出了这一市场，改为推行MPV车型来满足人们的休闲需求。MPV的大空间对于家庭形态以大家庭为主的日本人来说，是非常实用的。随着日本国内MPV车型价格的不断下探、油耗的不断降低，MPV车型在经济性方面已经与轿车看齐，但是却拥有轿车无法比拟的大且多变的空间，因此MPV逐渐成为日本乘用车市场的消费热潮。目前，MPV占日本乘用车市场的份额已经达到近40%。

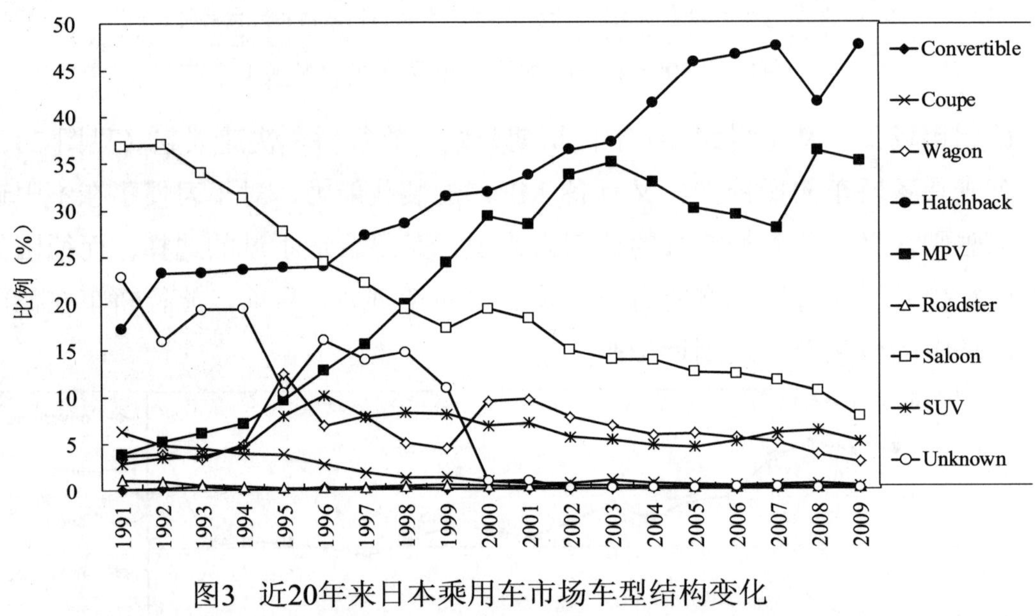

图3 近20年来日本乘用车市场车型结构变化

与以上发达国家只有一种RV车型繁荣不同，我国台湾地区是为数不多的多种RV车型共同繁荣的市场。上世纪90年代末，MPV和SUV相继兴起（见图4）。当时主要是随着经济的发展，劳动时间逐渐降低，休闲热潮开始兴起。由于我国台湾省具有非常特殊的个体情况，来源于中国大陆，政治上与美国相亲，经济上与日本联系紧密，因此在家庭形态、消费偏好上兼具这些国家的特征，最终形成SUV、MPV共同繁荣的局面。

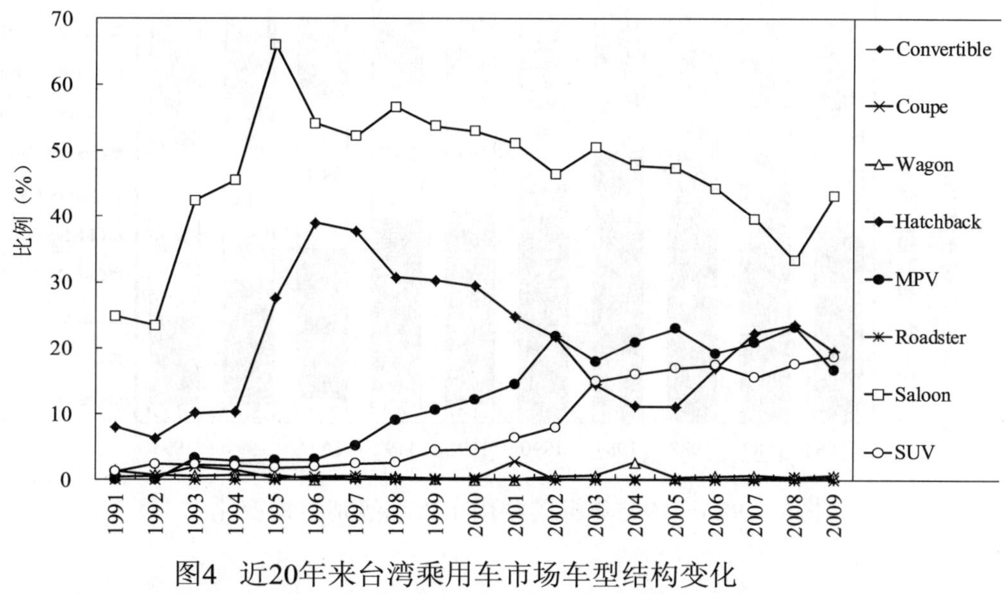

图4 近20年来台湾乘用车市场车型结构变化

综上可见，随着乘用车市场的逐渐发展和经济的不断增长，车型需求的多样化是必然趋势，RV 车型的繁荣则是这种多样化的具体表现。具体哪种 RV 车型会成为消费热点则因国家/地区的具体情况而异。

三、乘用车市场相对成熟阶段，级别需求开始高级化，大型车、豪华车成为消费热点

发达国家/地区进入乘用车市场相对成熟阶段时，普遍出现了需求级别的高级化趋势，具体表现为大型车、豪华车占乘用车需求的比例上升。

美国于 1923 ～1959 年进入需求高级化阶段。当时，随着汽车工业的进步，以及收入水平的提高，人们不再是单纯将汽车视为代步的工具，需求开始转向舒适化、个性化、多样化。豪华车、高性能跑车开始出现。德国上世纪 70 年代进入高级化阶段，以 Passat 为代表的中高级别市场兴起，豪华品牌也开始提供奔驰 E 级、Audi80、Audi100 级别的车型。日本在 1974～1986 年开始高级化，雅阁、皇冠级别市场份额上升，同时豪华车增加。韩国在 1986～1997 年开始高级化，B 级别、C 级别市场份额快速上升（见图 5）。我国台湾地区则于 1987～1995 年开始高级化，B 级车和豪华车份额快速上升（见图 6）。

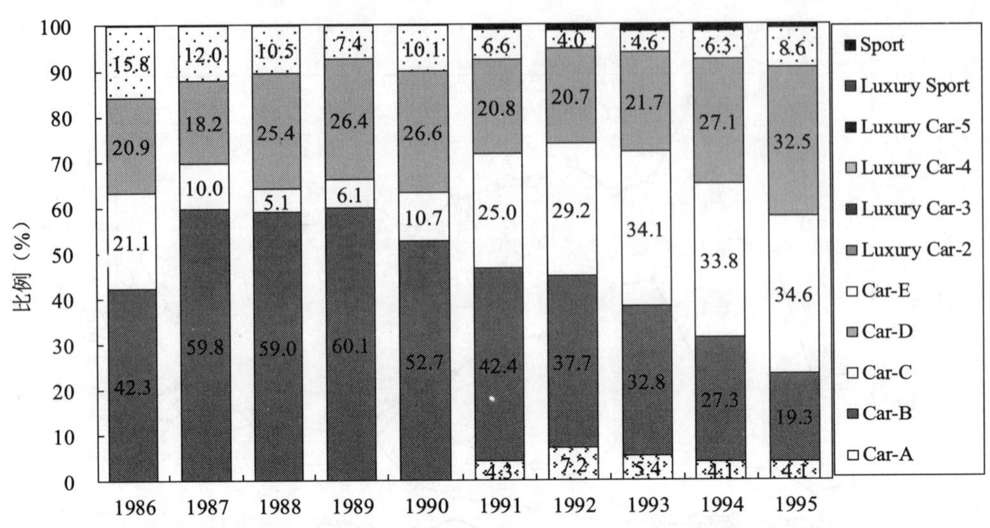

图5 1986～1995年韩国乘用车市场级别结构变化

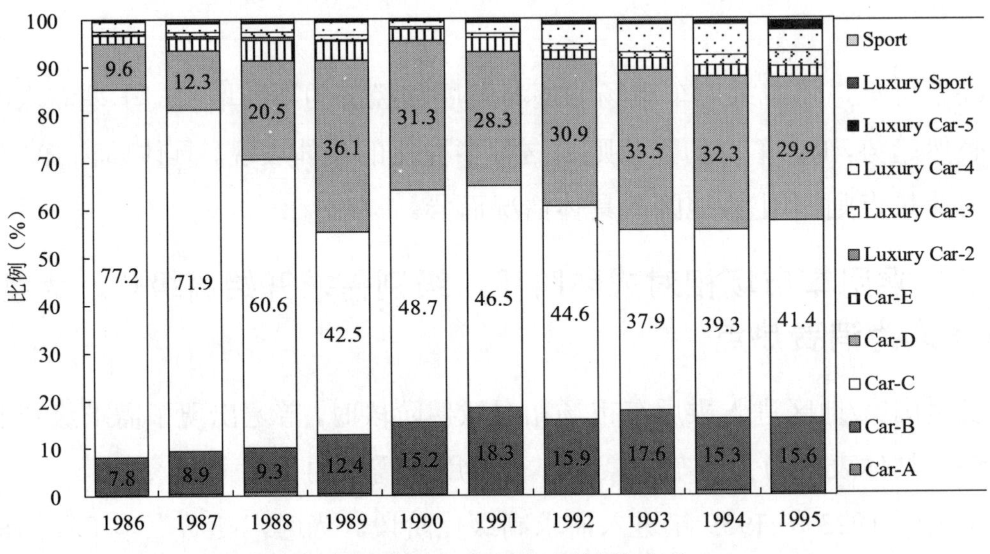

图6 我国台湾地区乘用车市场级别结构变化

需求的高级化是乘用车市场发展到相对成熟阶段的必然产物。这一阶段，人们已经结束了乘用车保有的“从无到有”，更新换购时对车的需求层次必然提高，需求点在于“从有到好”，而“好”无非是“小车变大车”和“普通车变豪华车”。

四、发达国家/地区普及期的需求结构转变对中国的启示

2008 年，我国乘用车千人保有量已经达到 21 辆，市场进入普及期的发展初

期阶段。经过 4 年的快速发展，如今千人保有量已经达到 35 辆，距离市场相对成熟期已经不远，需求结构的转变也已经初露端倪。车型结构上，SUV 快速兴起；级别结构上，豪华车份额逐渐扩大。但是，由于我国跟发达市场有很多特征上的差异，因此，未来需求结构的转变并不能简单类比发达市场。

第一，发达市场在这一时期的需求结构演变多是以消费者需求为主导，而我国由于特殊的国情，交通、能源、环保方面的压力已经开始显现，对需求结构的影响已经不可忽视。第二，我国与发达市场的另一个重要差异是贫富差距较大，地区乘用车市场发展不平衡。东部发达地区已经进入乘用车市场相对成熟阶段，开始需求结构的转变，而广大中西部地区却刚刚进入乘用车市场初期，需求结构相对单一。这种区域需求结构演变的非同步性，汇总到全国层面上，会使得全国需求结构的转变变得更为复杂。

此外，即使简单类比发达市场，发达市场也有不一样的发展模式。比如，车型结构的演变是跟多数发达市场一样，以一种 RV 车型为主，还是像我国台湾地区一样，多种 RV 车型共同繁荣？

总而言之，发达市场的经验只是给我们提供一些借鉴，中国乘用车市场未来的需求结构变化还有很多问题需要探讨。

（作者：孙兰芳）

2011 年国际乘用车市场新动向

2011 年，全球乘用车市场分化更加明显，一方面，发达国家市场在日本地震、欧洲债务危机、各国政府的换购救市政策陆续到期的多重打击下，陷入了新一轮衰退；另一方面，中国、印度、巴西等新兴国家虽然增速放缓，但乘用车需求仍然保持了 4%以上的增长，而俄罗斯则给世界一个惊喜，销量增长接近 40%。随着国际乘用车竞争格局的变化，国际乘用车市场也出现了一些新变化，本文将就这些新变化进行阐述。

一、西欧 SUV 市场出现较大幅度增长

传统观念认为，欧洲市场，特别是西欧四国（德国、法国、意大利、英国）市场，由于节能环保理念深入人心，且停车、道路环境不适合 SUV 发展，SUV 销量不会有好的表现，但从 2011 年以来，虽然欧洲整体乘用车市场出现了销量下滑，但 SUV 细分市场销量却出现了超过 25%的增长，销量已经连续两年出现 20%以上的高速增长（见表 1），成为低迷的 2011 年西欧乘用车市场的新亮点。

表 1　西欧四国乘用车分类型销量

（单位：辆）

车型	2009 年		2010 年		2011 年	
	销量/辆	同比增长率（%）	销量/辆	同比增长率（%）	销量/辆	同比增长率（%）
轿车	7991686	11.5	6816051	-14.7	6425641	-5.7
MPV	1120495	-12.2	1103562	-1.5	1160678	5.2
SUV	773607	9.6	996934	28.9	1251872	25.6
跑车	368573	-12.7	350307	-5.0	342707	-2.2
其他	2572	49.3	3455	34.3	3801	10.0
总计	10256933	7.2	9270309	-9.6	9184699	-0.9

西欧四国的 SUV 市场之所以出现较大幅度的增长，与欧洲厂家近年来加大

基于轿车底盘的都市型 SUV 的推广力度有着密不可分的关系， 从 SUV 分级别销量（见表 2）看， B 级以下的 SUV（多数都是基于轿车底盘开发）正是带动西欧四国 SUV 市场销量高速增长的主要原因。

表 2　西欧四国 SUV 分级别销量

（单位：辆）

级别	2009 年		2010 年		2011 年	
	销量/辆	同比增长率（%）	销量/辆	同比增长率（%）	销量/辆	同比增长率（%）
A00 级	4024	95.7	2557	-36.5	2340	-8.5
A0 级	31410	15.5	34534	9.9	58596	69.7
A 级	473736	11.7	639558	35.0	823367	28.7
B 级	155716	50.1	195771	25.7	240948	23.1
C 级	108613	-26.7	124384	14.5	126501	1.7
D/E 级	108	-53.4	130	20.4	120	-7.7
总计	773607	9.6	996934	28.9	1251872	25.6

从产品看，欧洲 SUV 市场出现了新的分化趋势，一方面，日产逍客等较为传统的都市型 SUV 产品年销量已经超过 10 万辆，牢固占据了 SUV 市场的主导地位；另一方面，新上市的标致 308、宝马迷你 COUNTRYMAN 等，融合轿车、MPV 和 SUV 等多种车型特点，满足了消费者对空间、舒适性、通过性和越野性等更多的消费诉求，市场表现非常抢眼，已经成为西欧 SUV 市场新的增长点（见表 3）。

表 3　西欧四国 SUV 分车型销量排名

（单位：辆）

排序	车型	级别	2008 年	2009 年	2010 年	2011 年
1	日产逍客	A	78528	87168	103026	109965
2	达契亚 DUSTER	A	—	—	36600	95033
3	标致 308	A	152	32824	82991	84283
4	大众途观	A	60568	74292	73142	80573
5	日产 JUKE	A	—	—	14200	69812

（续）

排序	车型	级别	2008年	2009年	2010年	2011年
6	宝马 X1	B	—	6371	50284	59610
7	福特 KUGA	A	18513	42735	47338	46478
8	奥迪 Q5	B	4105	44941	45219	44457
9	宝马迷你 COUNTRYMAN	A0	—	—	9847	42665
10	宝马 X3	B	33855	21442	15671	40861
11	现代 IX35	A	—	—	23931	37331
12	斯柯达 YETI	A	—	4480	24035	32208
13	起亚狮跑	A	12117	11886	16169	30328
14	丰田 RAV4	A	36533	27160	31651	27905
15	沃尔沃 XC60	B	2179	19566	20944	23513

二、日本新能源市场日趋成熟，引领全球新能源汽车市场发展

2010年4月，日本发布《下一代汽车战略2010》作为下一代汽车发展的指导性文件，其中对新能源进行了定义（见图1）。

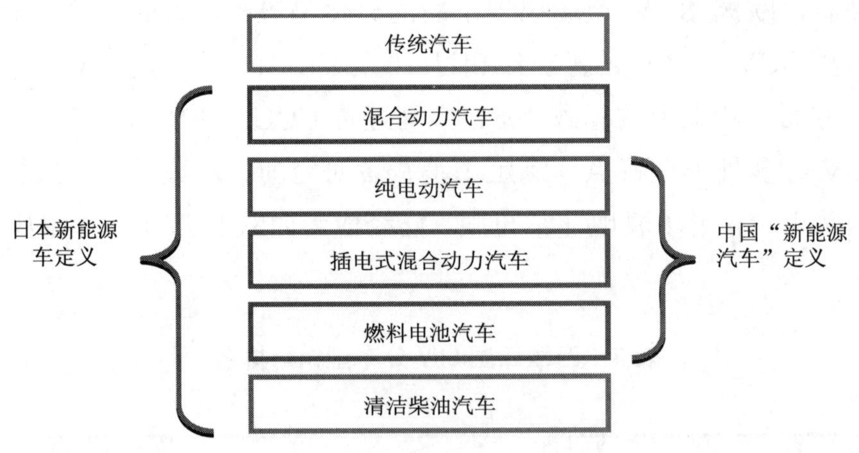

图1 日本新能源车定义

同时日本制定了新能源车型的普及目标，目标是到2030年新能源汽车占乘用车比例达到50%～70%（见表4），并根据技术发展设计了应用路线图（见图2）。

表 4 日本新能源乘用车市场普及目标

（单位：%）

类别		2020 年	2030 年
传统汽车		50~80	30~50
下一代汽车		20~50	50~70
其中：	混合动力汽车	20~30	30~40
	纯电动汽车/插电式混合动力汽车	15~20	20~30
	燃料电池汽车	≤1	≤3
	清洁柴油汽车	≤5	5~10

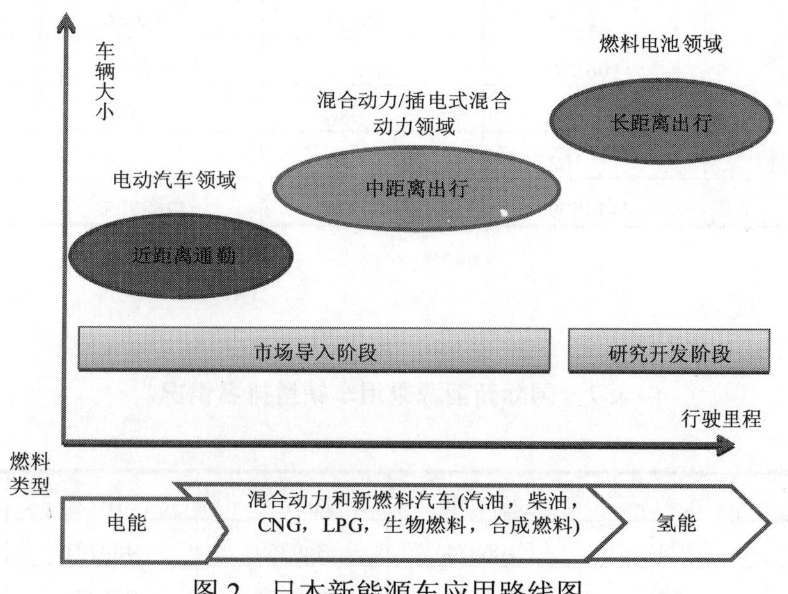

图 2 日本新能源车应用路线图

为了鼓励新能源产品的推广，日本政府推出了“机动车吨位税”及“机动车购置税”减免措施，鼓励消费者购买节能环保汽车，日本新能源乘用车税费鼓励政策见表 5。

表 5 日本新能源乘用车税费鼓励政策

车型	税种	税率	减免率	执行时间	适用期限
电动汽车	机动车吨位税	6300 日元/0.5t·年（乘用车）	免税	2009 年 4 月 1 日～2012 年 4 月 30 日	3 年
燃料电池汽车					
混合动力汽车①	机动车购置税	购置价格的 5%	免税	2009 年 4 月 1 日～2012 年 3 月 31 日	—

①车辆总质量 3.5t 以下为，比 2005 年排放限值降低 75%且达到 2010 年度油耗标准+25%以上水平的汽车；3.5t 以上为，NOx 和 PM 比 2005 年排放限值降低 10%以上且达到 2015 年度油耗标准的汽车。

在政府的大力推广下，日本新能源乘用车市场增长迅速，截至2011年年底，日本仅混合动力车的销量就已经接近50万辆（见表6），已经成为全球最大的新能源乘用车市场（见表7）。

表6 日本新能源乘用车销量情况

（单位：辆）

燃料类型	2008年	2009年	2010年	2011年
汽油	4298610	3642883	3747133	3089823
柴油	39217	30754	36945	31972
混合动力	106870	348373	482342	442871
纯电动	4	986	2359	12679
汽油+液化石油气	108	40	4	1
总计	4444809	4023036	4268783	3577346

表7 国际新能源乘用车销量排名情况①

（单位：辆）

排名	国家	2008年	2009年	2010年	2011年
1	日本	106874	349359	484701	455550
2	美国	320626	290851	271778	290849
3	英国	15501	14692	22310	24525
4	韩国	637	2491	5266	19109
5	德国	6153	8178	10656	14095
6	法国	8487	10165	10195	12502

①为保证数据可比性，国际新能源乘用车销量排名只涉及混合动力、燃料电池、电动车，不含酒精和柴油车。

从具体产品看，丰田普锐斯、飞度Hybrid等车型，年销量已经超过5万辆（见图3），具备了汽车业界公认的5万辆盈利门槛，为企业继续研发新一代车型提供了充足的信心。

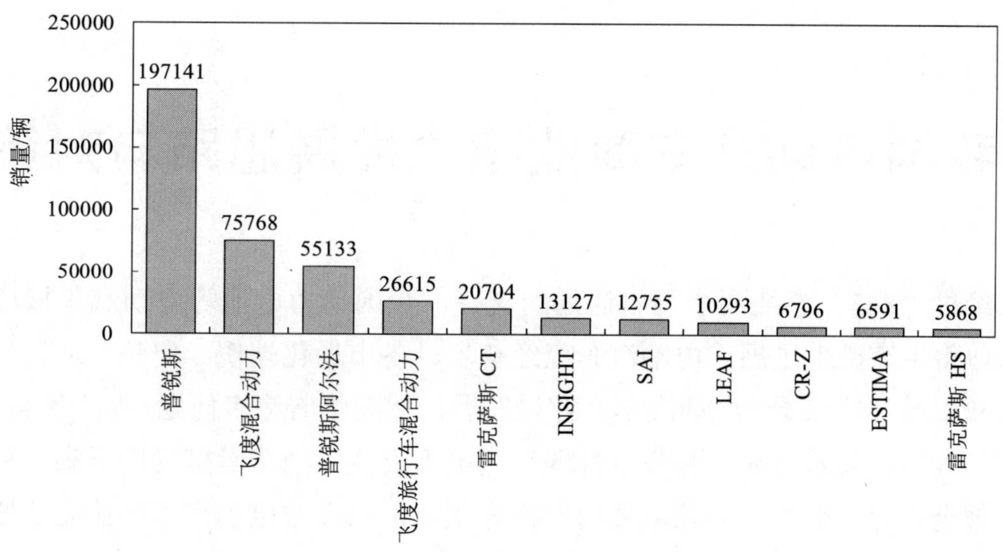

图3 日本最畅销的新能源车型

更为可喜的是，日本汽车市场的消费者已经充分认识到新能源车的环保作用（见图 4），并愿意为此买单，这对新能源车型在日本下一步的推广有着积极的作用。

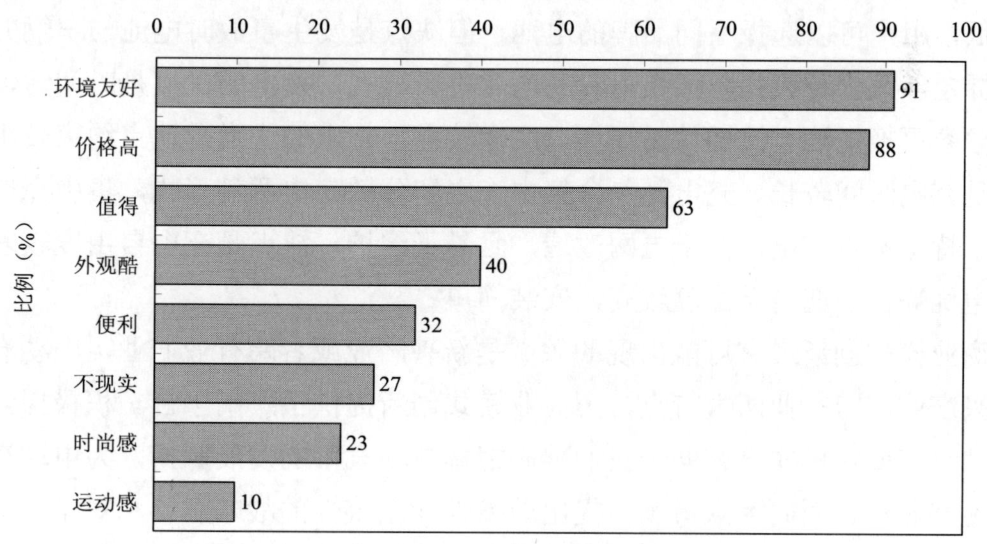

图4 日本消费者对新能源车型的看法

（作者：方志刚）

我国电动汽车商业模式发展思路与对策

经过“863”连续两个五年计划的支持，我国动力电池等电动汽车核心关键技术取得了突破性进展，电动汽车已经初步具备市场化端倪。但是，从目前技术条件和市场环境来看，电动汽车产业化发展仍然面临着诸多问题，如：价格偏高、续驶里程短、技术可靠性和安全性弱、充电不方便、消费者接受度不高、标准法规不健全等等。因此，必须重视商业模式创新，以突破电动汽车产业化的瓶颈制约，加快电动汽车市场化推进步伐。

电动汽车商业模式主要涉及两大核心问题：一是购买和使用模式；二是能源供给模式。第一种模式包括租赁和购买两种子模式。租赁的优势在于短时、方便，缺点在于租赁价格较高；购买的优势在于所有权完整，缺点在于消费者承担车辆风险。购买又包括整车购买和裸车购买+电池租赁两种形式，整车购买的缺点在于价格较高，优点在于所有权完全转让；裸车购买+电池租赁的优点在于购买成本较低，用户可以选择不同品牌的电池，但缺点是发生事故时电池与车辆的责任很难界定。第二种模式包括换电和充电两种子模式。换电的优点是时间短，缺点是需频繁更换电池，接插件易损坏，成本较高；充电的优点是地点约束较小，但缺点是充电时间较长。充电又包含集中充电和分散充电两种形式，集中充电的优势在于特定地点充电，便于电网改造，且易于维护，缺点是充电自由度较差；分散充电优势在于充电自由度较高，安装简单。

商业模式创新最有可能出现的领域是新兴产业或者跨行业产业，电动汽车兼具新兴产业和跨行业两大特点，为商业模式创新提供了广阔平台。积极探索和创新电动汽车商业模式，有助于我们准确把握电动汽车的发展脉搏，为电动汽车尽快实现产业化、面向大众市场，提出前瞻性和系统性的战略思路和对策。

一、商业模式推广现状

我国现有电动汽车商业模式是在 2009 年启动的 25 个“十城千辆”示范城市项目中进行摸索和推广的。目前国内电动汽车商业化运作主要有三种模式，以城市特点划分，分别是以电池租赁为代表的深圳普天模式、以整车租赁为代表的杭州短时租赁模式和以整车购买为代表的合肥定向购买模式。三种模式市场切入点各不相同，各具特色和优点，为我们下一步推广商业模式提供了借鉴经验。

1. 深圳普天模式

普天模式主要采用电池租赁模式，并对电池进行实时监控，目前重点应用于电动公交车领域。普天公司先整体将电动公交车买下，然后将车和电池分开销售给公交公司，公交公司只需支付裸车（不含电池）的价格，电池则以租赁方式分 8 年付款，公交公司由于无需一次性承担电动汽车的高昂价格，大大缓解了资金压力。实时监控是融资租赁后的衍生服务，普天通过实时监控系统，监测电动公交车的行驶状况、充电状况、电池状况，保证了电动公交车的安全运营，实际上是给客户提供一种全新的服务和体验。

从普天模式的上述特点来看，该模式比较适合于政府批量采购并且需要保证运营安全的公共服务领域，如城市邮政车、城市物流车、市政环卫车等。

2. 杭州分时租赁模式

分时租赁模式属于整车租赁模式。杭州 Evnet“分时自助租车系统”在浙大科技园、赛博创业工场、浙江传媒学院、兰庭国际公寓、阿里巴巴滨江园区，设立租车点，共投放 20 辆车，包括 Smart、MG3、熊猫 AT、比亚迪 F3DM 等车型。会员通过网上预订、刷卡用车、方便快捷。分时租赁模式的优点在于方便、价格便宜，以 Smart 为例，9 点到 17 点租金为 27 元/小时，17 点后可提供“上下班”服务，租金为 60 元，再加上里程费（一般是 0.5 元/km），这比传统汽车租赁以及打车要便宜很多。

对一些年轻白领来说，既有用车需求，又承担不起养车费用，分时租车模式较好地满足了这部分消费者的用车需求。旅游城市也可拓展电动汽车租赁业务，旅游城市流动人口较多，租赁用车需求较大，电动汽车租赁既符合环保需要，又保证方便快捷，比较容易为市场所接受。

3. 合肥定向购买模式

定向购买模式属于整车购买模式。合肥市江淮集团通过定向购买，销售了 585 辆同悦电动汽车，主要面向内部员工和供应商。每辆车国家补贴 4.5 万元，合肥市政府补贴 1 万元，江淮补贴 3 万元，补贴后车价在 6.5 万元左右，基本与同级别传统内燃机汽车价格相当，但电动汽车每百公里费用节省率高达70%。

定向购买模式的优点在于企业针对特定消费者销售电动汽车。消费者的用车路线固定，用途相对单一，如仅上下班使用，并且充电地点相对固定，便于车辆集中充电，只要在固定地点设置充电桩，就能满足消费者绝大部分充电需求。这种模式在一定程度上解决了电动汽车目前的性能不足以及充电困难等问题。政府公务车领域、大集团员工等细分市场都比较适合推广定向购买模式。

上述三种商业模式主要集中于电动汽车购买和使用模式的探讨，电动汽车商业模式还包括能源供给模式，即充电和换电模式的选择。目前，企业界对充电和换电还未达成一致，整车企业主张充电模式，电网企业主张换电模式，从全国推广应用的情况来看，选择充电模式的电动汽车较多。事实上，充电和换电并没有严格的好坏之分，无论是充电还是换电，关键是要与电动汽车的技术特点以及市场需求结合起来。

二、商业模式推广面临的问题和障碍

1. 地方政府缺乏科学的商业模式系统规划

目前，电动汽车商业模式的推广由各地方政府主导，主要考虑当地整车企业利益，普遍缺乏一套科学和系统的规划作为指导。各地方政府在选择商业模式的时候，往往没有结合本地区的特点进行详细论证，制定综合规划，只是简单地选择充电或换电模式进行推广，也没有关注和研究电动汽车商业模式推广与城市建设、交通规划、电网改造、土地供应、补贴资金等各个环节相结合的问题，如果这些问题不考虑，不分析清楚，商业模式就很难获得进一步的推广。地方政府缺乏科学的商业模式推广规划，一方面导致目标和方向不明确，进展缓慢，另一方面又容易造成盲目投资，乱上项目，导致资源浪费。

2. 围绕商业模式运营的利益分配机制还未形成

商业模式运营的利益主体较多，涉及供电企业、运营企业、配套企业、整车企业、电池企业，企业之间对商业模式的推广和运营模式还达不成一致，整车企业与电网在充换电模式上存在分歧，运营服务企业对供电保障还存在顾虑，换电模式下如何分配政府补贴资金，充电设施运营利润分配还不明确，这些问题归根结底是我们目前还没有围绕商业模式运营，建立一套使各方受益的利益分配机制。利益分配机制的缺乏，影响企业的积极性，企业相互之间不能形成合力，商业模式推广的内生动力减弱，最终将制约电动汽车产业化的发展进程。

3. 地区之间商业模式缺乏统一协调机制

现阶段，我国缺乏针对不同地区推广商业模式的统一协调机制。充电和换电模式所需要的基础设施完全不同，如果充电模式区域和换电模式推广区域缺乏有效衔接，一旦大规模推广开来，将大大制约我国电动汽车产业化进程。相邻城市在地域环境、城市面积、人口规模、经济水平、文化理念等方面的相似点较多，各城市在选择本地商业模式时，需要考虑与其他城市商业模式的兼容和衔接，进行统一规划和统一协调，使电动汽车在更大范围内推广和使用。

4. 充电设施建设与城市建设规划对接不足

充电基础设施对电动汽车本身以及商业模式都至关重要，如果基础设施不完善，纵使有再好的商业模式，也难以落实。充电基础设施要与城市规划紧密结合和衔接。城市定位、功能区分布、CBD 规模、居民住宅建设等方面将影响城市充电基础设施总量和区域分布，土地供应、电力供应、小区物业、公共停车场、公交场站的分布等方面将影响充电设施的运行保障。这些问题的解决早期需要政府统一规划和协调，由政府主导，通过完善相关法律法规，使充电基础设施与城市建设和发展相匹配。

三、商业模式的发展思路

电动汽车商业模式是具有高度商业价值观的基本逻辑，是一种为全行业所共同认同的、经典的、系统的、具有可仿效性和较长时限性的商业范式。

建立适应我国国情的现代电动汽车商业模式综合体系是我国电动汽车产业化发展的目标之一，在这个过程中需要把握以下几个原则和方向。

第一，前瞻性。新技术出现以及外部环境变化都将给电动汽车的商业模式创新提供巨大的机遇，促使商业模式创新发生质的变化。如城铁和高铁的通车将替代城市间的汽车出行需求，为电动汽车租赁业务带来新的发展机遇。

第二，系统性。电动汽车商业模式的发展必须紧跟电动汽车行业的发展，还必须考虑到其他行业的发展，即跳出汽车产业自身的范畴，使电动汽车商业模式的发展充分借助各行业的力量，把现代电动汽车产业建设成为一项社会化的系统工程。例如IT产业、车联网、娱乐产业的发展将给电动汽车提供新的战略机遇。

第三，多样性。电动汽车商业模式在不同地域、不同领域的推广上不能搞一刀切，要具体情况具体分析。我国地域广阔，地形复杂，不同区域地形、气候、文化和习惯差异较大，同时，我国二元经济社会结构也决定了城乡之间存在较大差异，电动汽车商业模式的推广需要有针对性地进行创新，具体来说，公共领域与私人领域的商业模式可以不同，城市与城市之间的商业模式可以不同。

第四，阶段性。大多数的商业模式创新都是基于现有技术基础进行的，而技术是不断进步的，任何技术的突破都可能给电动汽车的发展带来质的变化，进而带来商业模式的革新，针对电动汽车不同发展阶段的技术水平，商业模式创新和推广也需要分阶段进行，不能鼠目寸光，也不能变成空中楼阁。

第五，实践性。电动汽车产业的发展是一个长期、复杂的过程，在不同阶段、不同地区、不同领域的发展都不尽相同，要经过反复实践，总结经验教训，在实践中找出适合中国电动汽车发展的商业模式。我国已经在深圳、杭州和合肥等城市率先尝试推广不同的商业模式，需要在实践过程中不断发现问题、总结经验，并持续改进，为我国全面进行商业模式的推广和创新提供强有力的实践支持。

在综合考虑电动汽车特点和市场定位的基础上，结合不同地区和不同领域的特点，提出我国电动汽车商业模式的发展思路如下。

1. 大城市商业模式推广思路

（1）电动公交车可选择充换结合、电池租赁的模式　大城市电动公交车的能源供给模式选择充电还是换电应根据公交场站的实际情况而定。对有固定公交场站的电动公交车可以采用换电模式，便于在场站建设换电站。对没有固定公交场站的应选择充电模式，建设充电桩对场地要求较低，便于公交车就地充电，没有固定公交场站的不适合换电模式，即使换电采取电池配送的方式，运营成本也较高，安全性可能也没有保障。

电动公交车的购买模式更适合选择电池租赁模式。电动公交车价格昂贵，关键是电池价格较高，大约占总成本的一半以上，而一般公交公司经费有限，很难一次性支付电动公交车的购买成本，而且，公交车使用频率较高，电池消耗较快，如果由公交公司完全承担电池成本，显然是不经济的。因此，电动公交车适合选择租赁电池，由厂家或第三方提供电池租赁服务，以降低采购成本和维护成本，电池维护、回收都由专人负责，公交公司无需担心电池质量问题。

（2）**电动出租车在条件允许的情况下适合换电模式，集中换电** 大城市市区范围较大，居民出行路线不固定，出行距离较长，而电动出租车受续驶里程的限制，一天至少要充2～3次电，慢充需6小时，快充也要30分钟左右，很难被出租车驾驶人所接受。如果采用换电模式的电动出租车，能有效解决上述状况，换电时间短，一次换电不超过5分钟，与传统汽车加油时间差不多。

大城市电动出租车选择换电模式的另外一个原因是，大城市出租车车型基本固定，换电运营企业可提高效率，降低成本。以北京为例，基本只有捷达和现代两款出租车，车型固定使电池大小和型号也基本固定，换电运营企业只需配置1~2种型号的电池就可以满足出租车的换电需求，便于规模化经营，提高效率，降低运营成本。

（3）**私人电动汽车以整车购买为主，裸车+电池租赁为辅，分散充电** 目前，消费者购买传统汽车大多是全款购车，使用分期付款或融资租赁购买私家车的消费者较少。电动汽车又是一种新鲜事物，代表先进技术，一般家庭收入较高的人群才会考虑购买电动汽车，这部分人群不太关注电动汽车的价格，而是关注电动汽车给他们带来的附加效用。因此，大城市私人购买电动汽车可以考虑以推广整车购买模式为主。除整车购买之外，裸车购买+电池租赁也是一种较为有效的购买模式。消费者无需一次性承担电池的高昂成本，使电动汽车初期购买价格与传统汽车基本相当，消费者无需担心电池的质量问题，电池相关的维修、保养、回收等方面的风险和成本，完全由第三方或厂家承担，这种推广模式对消费者初期接受电动汽车具有一定的优势。需要注意的是，裸车+电池租赁模式可能更加适合于南方大城市。从地域文化特点来看，南方大城市创新意识较强，消费者对新鲜事物的接受度较高，便于推广裸车购买+电池租赁模式，而北方大城市的消费者对待新鲜事物更加慎重，而且该模式在事故责任界定、保险理赔上还存在盲点，一旦推广开之后出现问题，容易引起纠纷，对社会造成负面影响。

大城市私人电动汽车分散充电以路边充电桩为主，公共场所充电为补充。大城市人口密度大、土地道路资源紧缺，很多老旧小区没有配备停车位，新建小区的停车位大多不固定，充电比较困难，路边充电桩可以有效解决部分消费者充电难问题，车辆晚上或白天都可充电，同时在公园、医院、学校等公共场所建设一些公用充电设施作为补充。

（4）市政环卫和公务通信电动汽车适合采用集中充电模式　垃圾运输车、路面清洁车等市政环卫车辆以及公务通信车辆的运行路线和地点相对固定，运行距离较短，对车辆的续驶里程要求不高，而且车辆每天使用频率较低，作业结束之后可以在单位进行集中充电，使充电变得更为方便。因此市政环卫和公务通信电动汽车比较适合选择充电模式。

（5）城市核心商务圈可推广电动汽车租赁服务，固定地点充电　城市核心商务圈如CBD、产业园等特定区域内的企业众多，企业员工在工作期间的业务用车需求量较大，而且相对集中，租赁电动汽车比打出租车便宜，也比传统汽车租赁便宜，可以为企业节约大量用车成本，而且业务租赁用车的单次出行距离路线明确，业务结束后仍返回原地，具备点对点服务的优势，便于租赁公司集中管理和维护，因此推广电动汽车租赁模式可以较好地满足城市核心商务圈的业务用车需求。

2．中小城市商业模式推广思路

（1）电动公交车和出租车可采用充电模式　中小城市城区面积较小，居民出行半径不大，对电动公交车和电动出租车的续驶里程要求相对较低。

中小城市公交车单次往返大约40km左右，一天4～5次，日均出行距离基本不超过200km，而且夜间9～10点钟公交车就基本停运。以目前的技术水平来看，电动公交车一次充满电，基本就能满足日常行驶里程需求，车辆白天无需频繁充电，只需利用夜间空闲时间在公交场站集中进行充电即可，因此，中小城市电动公交车适合于充电模式。中小城市在购买电动公交车时与大城市的购买模式基本相同，既可以选择整车购买模式，也可以选择裸车购买+电池租赁模式。

中小城市出租车日均行驶距离虽然比大城市要低，但一般也在 200～300km之间。然而部分中小城市由于经济水平和生活习惯的原因，居民夜间活动较少，对出租车夜间需求较小，这样，政府可以适当减少夜间出租车的数量，使部分只在白天运行的出租车日均行驶距离控制在200km以下，这部分电动出租车白天就无需充电，一次充电即可满足日常行驶里程需求，并可在夜间停运时段分散进行充电，减少了因充电时间给出租车驾驶人运营带来的问题，因此中小城市的部分电动出租车可以采用充电模式。

（2）私人电动汽车可采用整车购买模式，分散充电　与传统汽车相比，电动汽车性价比不高，对普通消费者的吸引力不足。中小城市多数消费者购车选择时比较关注价格因素，需求价格弹性较高，电动汽车由于价格偏高，很难被大众消费者所接受。中小城市购买电动汽车的消费人群，应该是收入水平较高，价格不敏感，购买电动汽车主要是体现其身份和地位的象征，这部分人群不会考虑以电池租赁的方式购买电动汽车，因此，整车购买商业模式更适合在中小城市推广。

中小城市土地资源相对不紧缺，居住空间和居住环境比较宽松，居民住宅拥有自家停车位的比率较高，而且中小城市的居民生活节奏相对较慢，下班后空闲时间较多，因此，消费者完全可以自主选择在家里对电动汽车进行充电。如果城市建设规划中明确，在新建居民住宅小区按照一定的比例配建充电桩，那么就能基本满足电动汽车消费者的充电需求。

3．旅游城市商业模式推广思路

旅游城市可主推电动汽车整车租赁业务。旅游城市对环境保护的要求较高，大力推广电动汽车符合旅游城市特点。旅游城市人口以流动人口为主，推广电动汽车整车租赁模式是比较理想的商业模式，通过建立一站式租车服务，刷卡消费，消费者在城市的各个交通枢纽以及旅游景区都可以及时、便捷地租用电动汽车，使用完之后将车辆还至指定地点，可自动充电，无需自己充电。考虑到电动汽车目前的性能特点，电动汽车应鼓励短时租赁，实行差别定价，租赁超过一定小时的收费标准应逐级增加。

4．农村商业模式推广思路

农村更适合推广充电模式的小型纯电动汽车。农村的用户对电动车续驶里程、最高车速要求不高，可以大幅度降低电动汽车的生产成本。而且，农村用户大都拥有独立的停车场地（院子、车库等），有独立的电源，充电更加方便。小型纯电动汽车特别是低速电动车具有速度适中、价格便宜、使用费用低、易操作等优点，深受农村消费者欢迎，农村市场前景较好。

四、政策建议

1．中央应尽快制定指导各地区商业模式推广的统一规划

在总结现有商业模式成功经验的基础上，找出针对不同城市和不同领域特点的商业模式推广规律，并制定指导各地区商业模式推广的统一规划，进一步明确

商业模式的目标和方向，加强引导投资，创造良好的商业模式推广环境。规划应在区域统一、能源供给、产品准入和充电标准等方面提出指导意见，重点解决目前商业模式推广过程中遇到的，仅靠地方政府无法自行解决的一些问题，如地区间不同商业模式的衔接和兼容问题、运营企业与能源供给企业的协调、电动汽车企业和产品准入、充电国家标准等问题。

2．开展电动汽车商业模式创新试点工作

开展电动汽车商业模式创新试点的目的，一方面是通过试点来验证我们对商业模式提出的发展思路，如充换电模式的适用性、电动汽车租赁的可行性、私人购买电动汽车的市场定位、公交电动化大范围推广、城市接驳电动汽车等一系列问题，另一方面是在实践中进一步发现好的、新的商业模式。商业模式试点城市可以在“十城千辆”的城市中进行选择，也可以选择新的试点城市，关键是要覆盖不同类型的城市，包括东中西部城市、大中小城市、旅游城市、资源型城市、不同气候和海拔的城市等。

3．实行电动汽车商业模式特许经营制度

目前电动汽车行业壁垒较高，企业进入比较困难，政府需进一步放宽管理模式，引导和鼓励更多社会力量参与电动汽车商业模式的创新，防止行业垄断。地方政府通过立法对电动汽车商业模式实行特许经营制度，对在商业模式创新过程中出现的新的专业机构，如专门运营电池的、专门提供能源的、专门提供汽车的、专门回收电池的、专门配送电池的、专门提供充电设备的、专门提供监控服务的、专门提供电动汽车租赁的等企业，颁发特许经营执照。政府对于商业模式中出现的新企业应及早研究，本着创新的原则，与各方专家和机构一起制定准入规模和标准，积极支持这些企业的发展。

4．利用财税支持手段培育电动汽车租赁市场

政府通过财政补贴、税收减免等优惠政策，鼓励和支持电动汽车租赁企业拓展业务，积极培育和发展电动汽车租赁市场。旅游城市等地方性城市可根据本地区实际情况，进一步加大对电动汽车租赁企业的支持力度，如提供环保补贴、土地免费供应、专用停车位等地方性支持政策。

（作者：李强）

我国汽车节能管理制度发展动向

2010年我国汽车保有量约为7800万辆，消耗成品油约为1.6亿t，占国内80%的汽油消耗量和40%的柴油消耗量。同时，我国石油对外依存度到2010年年底已经超过50%。如果到2020年汽车保有量超过2亿辆，那么国家对其燃油消耗的总量将是难以承受的。

近年来中国从产业政策上加大了新能源汽车的推广力度，有媒体将中国发展新能源汽车解读为中国要以此为突破口进行技术赶超。但从目前中国汽车产业耗能情况来看，与其说是为了技术赶超，不如说是为了汽车行业的可持续发展和国家能源安全。我国汽车节能不能单单依靠大力发展新能源车，2015年以前保有量巨大的传统燃料车的节能更应受到重视。这样来看，制定一套完善的，能够从整体上控制汽车能耗的节能管理制度就显得尤为重要。

事实上，建立一套科学完善的汽车燃料经济性标准是控制交通领域石油需求和温室气体排放最有效的方法之一。从国外经验来看，汽车节能管理制度一般由三个要素组成，包括燃油消耗量标识制度、汽车燃油经济性指标体系（由试验方法和限值标准组成）以及与燃油经济性指标相挂钩的奖惩制度。其中汽车燃油经济性指标体系是该制度的核心。

一、主要国家汽车节能管理政策发展趋势

目前世界许多国家都制定并实施了相关的燃料经济性标准。尽管在标准设定、测试工况和测量单位等方面千差万别，但其制度核心都是建立了一套以油耗或CO_2排放为基础的汽车税费体系。其中以美国、欧洲和日本等国家和地区的燃油经济性标准最有代表性。

1. 美国

美国采用企业平均燃料经济性（Corporate Average Fuel Economy，简称CAFE）要求，对不能满足要求的汽车企业进行惩罚。

CAFE标准从诞生之初就是为削减能耗而设定的。1975年为应对石油危机，

美国国会通过《能源政策和节约储备法案》，以达到削减美国对进口石油的依赖。该政策规定美国企业的平均燃料经济性以英里/加仑（MPG，即汽车消耗1加仑汽油所行驶的里程数）为单位。汽车制造商以每年销售的乘用车（或轻型卡车）各车型销量为权重，对车型的燃料经济性进行加权平均，得到每个企业的平均燃料经济性，该值必须满足当年法规限值要求（见表1）。这一规则的最大好处是，政府只需设置一个企业平均燃油经济性要求，即可达到整体控制汽车燃料消耗总量的目的，而无需对每个厂家生产的车型进行个别干预和约束。

表1 美国乘用车、轻型卡车 CAFE 限值

年份	乘用车限值（MPG）	年份	轻型载货车限值（MPG）
1978年	18.0	1982年	17.5
1979年	19.0	1983年	19.0
1980年	20.0	1984年	20.0
1981年	22.0	1985年	19.5
1982年	24.0	1986年	20.2
1983年	26.0	1987～1989年	20.5
1984年	27.0	1990年	20.0
1985年	27.5	1991～1992年	20.2
1986年	26.0	1993年	20.4
1987年	26.0	1994年	20.5
1988年	26.0	1995年	20.6
1989年	26.5	1996～2004年	20.7
1990年	27.5	2005年	21.0
1991年	27.5	2006年	21.6
1992～2007年	27.5	2007年	22.2

近年来，美国燃油经济性标准一直在持续加严。2006年美国交通部对CAFE方案中的轻型卡车标准进行了修改，通过引入“车辆脚印”面积（轴距与前后平均轮距的乘积），加严了用于个人交通的轻型卡车（如SUV）燃料经济性的目标值。2010年4月份，美国政府公布了新CAFE标准，规定在美国销售的2016款轻型车（包括轿车、SUV、皮卡及小型厢式车）平均燃油经济性由2011年款车型的27.3英里/加仑，提升为35.5英里/加仑，燃油经济性增幅约为30%。美国汽车专家预测，为实现这一目标，汽车企业未来几年需投入520亿美元，消费者购车

费用将增加 9260 亿美元。2011 年 11 月份，美国环保局和交通部正式推出提案，拟议的 CAFE 标准要求，2021 年的燃油经济性要达到 40.1MPG，2025 年的汽车要达到 49.6 MPG，同时还对碳排放做出了单独规定。

CAFE 标准在惩处方面也是非常严厉的，具体方式是对未达到 CAFE 要求的汽车制造商进行罚款，汽车制造商平均燃油经济性每低于标准 0.1MPG，就要收取 5.5 美元乘以车型年度内该制造商全部车型产量的罚金。统计表明，从 1983 年到 2004 年，汽车制造商们为此支付了 6.18 亿美元的罚款。

2．欧盟

起初，欧盟的燃料经济性标准也主要考虑的是燃料的消耗量，但在《京都议定书》之后，就改为对车辆 CO_2 排放进行控制。其雏形是 1998 年欧洲三大汽车制造商组织签订的欧盟 ACEA 协议，该协议是一个自愿性的集体承诺，参与的 OEM 承诺自愿削减在欧盟销售机动车的碳排放率。协议约定到 2008 年，在欧洲销售的新机动车要达到每公里行驶排放 140g CO_2 的目标。但该减排效果并不理想。随后在 2009 年 4 月，欧盟通过了乘用车 CO_2 排放的强制性立法准则。新的方案提出到 2012～2015 年期间，欧洲所有 OEM CO_2 排放必须达到 130g/km 的标准。该标准分阶段实施，2012 年达到目标值的 65%，2013 年达到 75%，2014 年达到 80%，2015 年达到 100%。

值得注意的是，这里的 130g/km 只是一个平均值，不同 OEM 目标值根据其每年卖出车型的平均质量不同而有所差异，原则是平均质量越大的车型，允许排放的水平也越高。

欧洲在燃料经济性标准执行上的灵活性是其方案设计的一大亮点。这种灵活性体现在如下几个方面：第一，对排放低于 50g/km 的车型可以以 1 抵多；第二，对 E85 混合燃料车放宽限值标准；第三，允许 OEM 厂商进行联合以应对标准要求；第四，设置积分制度，对企业每年燃油经济性的结余，允许结转；最后，对年度销量低于 1 万辆的小 OEM 给予法规豁免保护等等。

在惩处措施上，欧盟采取了更为激进的累进罚则。即从 2012 年到 2018 年，排放超出标准的第一个单位（g/km）罚款 5 欧元，第二个单位罚款 15 欧元，第三个单位罚款 25 欧元，第四个单位以后每个单位罚款 95 欧元。

3．日本

日本对于燃油经济性标准的规定最早见于 1976 年颁布的《合理利用能源法案》。该法案几经修订，最终于1985年将该标准应用于新注册的乘用车。目前在用的燃油经济性衡量方法始于1998年，被称为“领跑标准”（Top runner）。即首先确定目前市场上不同车重范围内“最优”燃料经济性的汽车，并以其燃料经济性水平作为本车重范围内汽车的燃料经济性目标。政策的实施将促使所有生产企业不断提高汽车燃料经济性和技术水平。

日本燃油经济性指标的衡量单位是公里/升，其对不同车重分段内的车型有不同的燃油经济性要求。汽车制造商必须确保在其财政年度内生产的车型要符合该车型所处质量段的燃油经济性要求。这一制度同样给了厂家一定的灵活性，即允许厂家将一个质量段上燃油经济性的节余用于抵消另一个质量段上超标的部分。

在惩处措施上，日本对达不到燃油经济性的企业罚款较轻。其对企业提高燃油经济性的激励是通过额外的财税激励措施实现的，如对购买低油耗和低排放的车型给予消费者额外减税等等。

总体来看，技术标准是世界各国广为采用的推动汽车产品技术进步、提高燃料经济性的重要措施。近年来，各国都在进行新一轮的汽车节能标准法规制定和加严活动。汽车节能将是今后一段时期国际汽车工业技术发展和市场竞争的重点。

二、我国汽车节能管理政策进展

我国汽车产品的节能管理从属于国家的节能减排政策。“十一五”期间我国正式提出节能减排目标，此后各行各业开始制定各自的节能减排计划。也是从那时起，汽车节能管理才开始得到充分重视。2008年国务院下达《关于进一步加强节油节电工作的通知》，明确要求“完善汽车燃油经济性标准，建立并实施强制性汽车燃料消耗量申报、公告、标识制度”。在此之后，汽车节能管理制度的构建工作取得了巨大进展。

1．燃料消耗量标识制度

2009 年 7 月，工业和信息化部发布了《轻型汽车燃料消耗量标示管理规定》，明确了轻型汽车燃料消耗量检测与申报、标识备案、标示、公布、监督处罚等各项规定。它要求所有最大设计总质量在 3500kg 以下的乘用车和轻型商用车在销售时都必须粘贴《汽车燃料消耗量标识》，并标注由国家指定检测机构按照统一的国家标准测定的市区、市郊、综合三种工况的燃料消耗量，以便于消费者根据购车后的预期使用情况参照相应的燃料消耗量选择车辆。2010 年 1 月，工业和信息化部门户网站开设了“轻型汽车燃料消耗量通告”栏目，标志着我国汽车产品燃料消耗量公示制度正式建立。

汽车产品燃料消耗量公示制度是实施汽车燃料消耗量评价体系和政策体系的基础，是我国汽车产品节能管理体系的重要组成部分，对于引导节能汽车产品消费，推动汽车产业结构调整、技术进步具有重要意义。

2．汽车燃油经济性标准体系（限值规定）

我国汽车燃油经济性标准体系已经初步建立。2004 年以来，国家先后制定并实施了针对乘用车、轻型商用车和营运客、货车以及重型商用车等多种车型的限值规定。《乘用车燃料消耗量评价方法及指标（第三阶段）》也已于 2011 年 12 月 30 日发布，并于 2012 年 1 月 1 日开始实施。

（1）乘用车第一、二阶段限值实施情况及评价 2004 年公布的《乘用车燃料消耗量限值》是我国最早的针对汽车燃油经济性做出的标准设定。该标准分两个阶段实施：对于新认证车，第一阶段的执行日期为 2005 年 7 月 1 日，第二个阶段的执行日期为 2008 年 1 月 1 日；对于在产车，在形式核准日基础上给予了延后一年的时限，以便生产企业和销售商消化库存。

在标准设计上，我国的乘用车燃料消耗量限值标准借鉴了日本按照整备质量分组的模式，我国的乘用车按照整备质量共分成 16 个区段，每个质量段内的车辆设定统一的单车最高燃料消耗量限值；同时考虑某些特殊技术和结构对燃料消耗量的不利影响，允许符合规定的特殊结构车辆采用略微宽松的燃料消耗量限值（见表 2）。

表 2 乘用车燃料消耗量（第一、二阶段）限值规定

整车整备质量（CM）/kg	燃料消耗量（L/100km）			
	第一阶段	第二阶段	第一阶段[①]	第二阶段[①]
CM≤750	7.2	6.2	7.6	6.6
750＜CM≤865	7.2	6.5	7.6	6.9
865＜CM≤980	7.7	7.0	8.2	7.4

（续）

整车整备质量（CM）kg	燃料消耗量（L/100km）			
	第一阶段	第二阶段	第一阶段①	第二阶段①
980＜CM≤1090	8.3	7.5	8.8	8.0
1090＜CM≤1205	8.9	8.1	9.4	8.6
1205＜CM≤1320	9.5	8.6	10.1	9.1
1320＜CM≤1430	10.1	9.2	10.7	9.8
1430＜CM≤1540	10.7	9.7	11.3	10.3
1540＜CM≤1660	11.3	10.2	12.0	10.8
1660＜CM≤1770	11.9	10.7	12.6	11.3
1770＜CM≤1880	12.4	11.1	13.1	11.8
1880＜CM≤2000	12.8	11.5	13.6	12.2
2000＜CM≤2110	13.2	11.9	14.0	12.6
2110＜CM≤2280	13.7	12.3	14.5	13.0
2280＜CM≤2510	14.6	13.1	15.5	13.9
2510＜CM	15.5	13.9	16.4	14.7

①指具有以下一种或多种结构特征的车辆：a）装有自动变速器；b）具有三排或三排以上座椅；c）符合GB/T15089—2001中3.5.1规定条件的M1G类汽车。M1类指包括驾驶员座位在内，座位数不超过9座的客车。M1G指M1类越野车，即指包括驾驶员座位在内，座位数不超过9座的越野客车。

我国《乘用车燃料消耗量限值标准》第一、二阶段实施的是节能的个体约束，即要求每辆汽车的油耗都必须满足各自对应整备质量区段的限值要求，满足不了油耗限值的车型无法上公告和生产销售。

乘用车燃料消耗限值的实施取得了一定成效。首先，限值的实施提高了乘用车产品综合燃料经济性，达到了节能减排的预期效果。根据中国汽车技术研究中心2007年所做的评估，我国乘用车平均燃油消耗量从2002年的9.11L/100km降低到了2006年的8.06L/100km，降低幅度约为11.5%左右，期间累计节省燃料达118万t，减少CO_2排放384万t。其次，限值的实施促进了高能耗车型的淘汰，鼓励了先进技术的应用。燃料消耗量限值标准在我国作为政府对汽车产品准入管理的技术依据，其直接效果就是淘汰高油耗落后产品。国家发展和改革委员会、工业和信息化部等部门先后发布多批汽车燃料消耗量公告，共有近千个不符合限值标准的车型被取消公告；在这种淘汰机制的压力下，诸如VVT、CVT、多气门等技术的应用明显加快。

但从第一、二阶段限值实施的情况来看，也存在比较突出的问题。

首先，尽管总体油耗下降明显，但乘用车结构节能发展滞后，标准对整备质量结构的约束力较为有限，最突出的是尚未很好地建立节能减排目标值与约束值之间的联系。我国乘用车燃料消耗限值的加严，对于不同整备质量区段是有所区别的，总体上对于整备质量较小的区段的百分比降幅有所放宽，这在一定程度上促进了整体结构节能的发展，但其作用还较为有限，还没能扭转整体整备质量增大的趋势，从而造成整体单车平均燃料消耗量降幅有限。

其次是限值标准在国产车上执行较好，但进口车却处于执行空白。由于我国燃料消耗限值规定采用了国家强制性标准的形式，而非独立的法规。因而当标准执行涉及多个部门协调配合时，往往会出现执行缺位。乘用车燃料消耗限值执行 6 年多来，以大排量和高油耗为特征的进口汽车产品本应得到更严格的约束，但在实际执行中却一直不受该限值标准的限制，这不得不说是一大遗憾。根据工业和信息化部油耗通告统计，目前进口车中约有近 1/5 的车型达不到现行第二阶段限值要求。

（2）乘用车第三阶段限值的引入和实施进展　为了修正第一、二阶段限值实施过程中出现的各种问题，引入科学的燃油经济性评价方法，进一步提高我国汽车产品燃油经济性水平，从 2008 年起我国开始了乘用车第三阶段燃料消耗限值的制定工作。并于 2011 年年底公布了《乘用车燃料消耗量评价方法及指标》。

第三阶段限值既包含对单车的评价体系，也引入了针对企业平均燃油消耗量的全新评价方法。

对单车的评价体现出了一定的延续性和灵活性。延续性体现在，继续沿用整车整备质量作为基准参数、按质量段分别设定目标值，基准质量段（1205kg～1320kg）内目标值设定为 6.9L/100km，较上一阶段限值提高了 15%；其灵活性体现在，法规并不要求单车必须要达到燃料消耗量目标值，其仅是作为计算企业平均燃油消耗量目标值的依据和单车节能方向的参考，但作为最低要求，全部单车则必须要满足第二阶段限值。

我国企业平均燃油消耗量指标（CAFC）的构建照搬了美国 CAFE 指标的形式。在我国，它被定义为以产量为权重、企业生产的各型号车型实际油耗的加权平均值。当第三阶段限值完全实施以后，它需要达到企业平均燃油消耗量目标值的要求，这一点上与美国直接设定具体目标油耗值不同。

我国的CAFC指标评价方法尽管在核心指标构成方式上与美国相似，但其目标设定却是依据每个企业的产品结构来确定的。因此就效果而言，较之前的单车指标评价方法不是变得苛刻，而是更加宽松了，给了企业更大的弹性。旧方法下，企业生产的所有单车必须符合该车型所处质量段的限值要求。生产企业采取同样的做法在新方法下也能达标，此外，新方法还允许企业在整体平均油耗不超标的前提下生产不能满足单车目标油耗的车型。这样的制度设计实际上使那些生产大排量、大型车的企业获得了相比小排量、小型车企业更宽松的排放要求。这并未从制度上解决一直以来限值体系在整体结构减排方面滞后的缺陷，对于引导市场结构向小排量、小型化、轻量化发展缺乏必要的约束力。

第三阶段限值的实施设置了导入阶段，即不要求制造商在标准公布第一时间满足根据车型燃料消耗量目标值和对应产量确定的企业平均燃料消耗量目标值，而是给予一定的灵活性，允许制造商的企业平均燃料消耗量超出目标值一定幅度，并在此后各年度逐年改善，并最终达到要求，直至2015年开始要求各制造商必须满足企业平均燃料消耗量目标值的要求。

3．与燃油经济性指标相挂钩的奖惩制度

与燃油经济性指标挂钩的奖惩制度目前有关部门仍在紧张的制定和论证当中。但在这方面也并非是完全空白。2010年5月26日，财政部、国家发展和改革委员会、工业和信息化部联合下发了《关于印发“节能产品惠民工程”节能汽车（1.6L及以下乘用车）推广实施细则的通知》，对排量在1.6L以下，且满足一定燃料消耗限值要求的汽、柴油乘用车，给予一次性3000元的定额补贴（下称“节能补贴”）。节能补贴是我国首个针对汽车燃油经济性指标制定的财税补贴制度，为进一步制定与燃油经济性指标相挂钩的财税奖惩措施奠定了基础。节能补贴与已经公布的第三阶段限值政策共同构成了目前我国汽车节能制度中的激励与约束机制，对于支持高效节能产品的推广使用，扩大高效节能产品市场份额，提高用能产品的能源效率水平具有重要意义。

节能补贴实施以后，截至2011年9月30日，共有6批、33个厂家的427款车型入围补贴目录。根据国家信息中心测算，2011年1～6月份节能车的市场份额已经超过乘用车市场（不含微型客车）总规模的1/3。

短短一年时间内，节能车份额由补贴初期的7.2%上升至接近40%。乍看之下，

节能补贴政策效果非常显著。但实际效果并没有看上去那么理想。这一年期间内节能车市场份额的增长主要是通过不断加入新批次实现的。这一方面说明目前阶段企业主要依靠调整已有成熟产品来享受补贴，节能补贴门槛设置偏低；另一方面也表明消费者并未被节能车节油的特性所吸引，与政策制定初衷有一定差异。

鉴于补贴范围迅速扩大，补贴资金使用额度超出预期，2011 年 10 月 1 日起，有关部门对节能车补贴政策进行了调整。具体调整方式是将节能车油耗标准在此前基础上提高 8%左右，同时严格限定油耗在 6.9L/km 以下的车型方能享受补贴。这一政策实施之后，原节能车目录中 80%以上的车型被排除在新标准之外，享受补贴车型数量也从 427 个下降到 49 个。通过新限值的车型呈现出明显的技术特征，如涡轮增压车型、排量<1L 的小型车、轻微混合动力车型、日韩系以轻量化为特点的车型等，未来具有这一类技术特性的车型将是节能车的主角，而仅仅依靠简单发动机调教享受补贴的情况将会越来越少。

在本次节能补贴政策调整时，相关部门也透露了拟将节能补贴政策长期化，并形成节能车标准的动态调整机制等政策思路。考虑到有关部门正在制定的与燃油经济性挂钩的奖惩措施，节能补贴未来可能会以奖励先进节能车的方式得以延续。

三、对汽车节能管理制度发展趋向的看法

我国汽车节能管理制度发展至今已经初步具备了制度基本框架体系。“十二五”期间将是制度框架进一步细化和完善的关键时期。目前欧美日等国家都在进行新一轮的汽车节能标准法规修订和加严活动，通过提高节能标准保护本国能源安全，促使本国企业在汽车节能这个长期战略性主题上取得技术积累优势和市场竞争先导地位。从这个角度出发，我国在制定相关方面标准的过程中也应从严，并效法其他国家将标准的制定与新能源车推广、促进企业兼并重组、鼓励企业新技术应用等多重目标结合起来，制定出一套有利于我国汽车产业可持续健康发展的综合管理制度。

首先，CAFC 方案中应考虑引入行业统一的企业燃油经济性目标值。这样做的好处是可以将节能减排目标值与约束指标直接联系起来，并能够有效解决整体结构减排问题。近年来，我国以 SUV 为代表的大排量、高油耗车型成为汽车消费热点，同时购置税减半政策退出后，轿车结构大排量化、豪华化的趋势也非常

明显。这一发展趋势与我国日益紧张的交通、能源环境形成了强烈反差。引入统一的企业燃油经济性目标值，可以从整体上控制汽车产品能耗，并迫使那些追逐高利润的大排量车生产企业调整产品结构，实现整体市场排量结构的下移。

其次，应尽快扭转进口车不受燃油经济性标准约束的现状。近年来，我国进口车产品大排量、高油耗、超豪华的特点越来越突出。然而进口车却因政策执行缺位而得不到油耗强制性标准的约束。一方面是国家花巨资补贴国产车推动节能降耗，另一方面却是在高利润的驱动下进口油老虎们不费吹灰之力进入国内市场，轻而易举地将行业节能减排的努力成果毁于一旦。因此，国家有关部门应尽早明确标准执行归口，将进口车纳入燃油经济性标准约束，取消进口车的超国民待遇。

再次，应抓紧制定与燃油经济性标准相挂钩的奖惩制度并提早公布，给汽车生产企业预留调整产品结构的时间。与燃油经济性标准相挂钩的奖惩制度是整个节能管理制度能否实现预期效果的根本保障，恰当合理的奖惩设计才能够达到事半功倍的效果。根据以往经验，相关制度公布越晚、奖惩措施越不明确就越容易导致法规和标准在执行层面推进困难。提早公布有利于制度更好地贯彻执行。

最后，应该利用制定节能管理制度的契机，将燃油经济性指标的达成与新能源车推广、促进企业兼并重组、鼓励企业新技术应用等多重目标结合起来，制定出一套以节能为核心的有利于我国汽车产业可持续健康发展的综合管理制度。

（作者：王光磊）

附录

附录A　与汽车行业相关的统计数据

表A-1　主要宏观经济指标（绝对额）

指　　标	2003年	2004年	2005年	2006年	2007年	2008年	2009年	2010年
国内生产总值（GDP）/亿元	135823.0	159878	183868	210871	266411.0	314045.4	340902.8	401202.0
全社会固定资产投资/亿元	55566.6	70477.4	88773.6	109998.2	137323.9	172828.4	224598.8	278121.9
社会消费品零售总额/亿元	52516.3	59501	67176.6	76410	89210	108487.7	132678	156998.4
出口总额/亿美元	4382.3	5933.2	7619.5	9689.4	12177.76	14306.9	12016.1	15777.5
进口总额/亿美元	4127.6	5612.3	6599.5	7914.6	9559.5	11325.6	10059.2	13962.4
财政收入/亿元	21715.25	26396.47	31649.29	38760.2	51321.78	61330.35	68518.3	83101.5
财政支出/亿元	24649.95	28486.89	33930.28	40422.73	49781.35	62592.66	76299.9	89874.2
城镇家庭人均可支配收入/元	8472.2	9421.6	10493	11759.5	13785.8	15781	17175	19109.4
农村家庭人均年纯收入/元	2622.2	2936.4	3254.93	3587	4140.4	4760.6	5153	5919.0
城乡居民储蓄存款年末余额/亿元	103617.7	119555.4	141051	161587.3	172534.2	217885.4	260772	303302.2
全国零售物价总指数（上年＝100）	99.9	102.8	100.8	101	103.8	105.9	98.8	103.1
居民消费价格指数（上年＝100）	101.2	103.9	106.9	108.5	113.7	105.9	99.3	103.3

表A-2　主要宏观经济指标（增长率）

（单位：%）

指　　标	2003年	2004年	2005年	2006年	2007年	2008年	2009年	2010年
国内生产总值（GDP）	10.0	10.1	10.4	11.1	11.9	17.9	8.6	17.7
全社会固定资产投资	27.7	25.8	26.0	23.9	24.8	25.9	30.0	23.8
社会消费品零售总额	9.1	13.3	12.9	13.7	16.8	20.0	15.5	18.3
出口总额	34.6	35.4	28.4	27.2	25.7	17.5	-16.0	31.3
进口总额	39.8	36.0	17.6	20.0	20.8	18.5	-11.2	38.8
财政收入	14.9	21.6	19.9	22.5	32.4	19.5	11.7	21.3
财政支出	11.8	15.6	19.1	19.1	23.2	25.7	21.9	17.8
城镇家庭人均可支配收入（现价）	10.0	11.2	11.2	12.1	17.2	14.5	8.8	11.3
农村家庭人均年纯收入（现价）	5.9	12.0	8.4	10.2	15.4	15.0	8.2	14.9
城乡居民储蓄存款余额	19.2	15.4	18.0	15.3	6.8	26.3	19.7	16.3
全国零售物价总指数（上年＝100）	-0.1	2.8	0.8	1.0	2.8	2.0	-6.7	4.4
居民消费价格指数（上年＝100）	1.2	3.9	1.8	1.5	3.2	1.0	-6.2	4.0

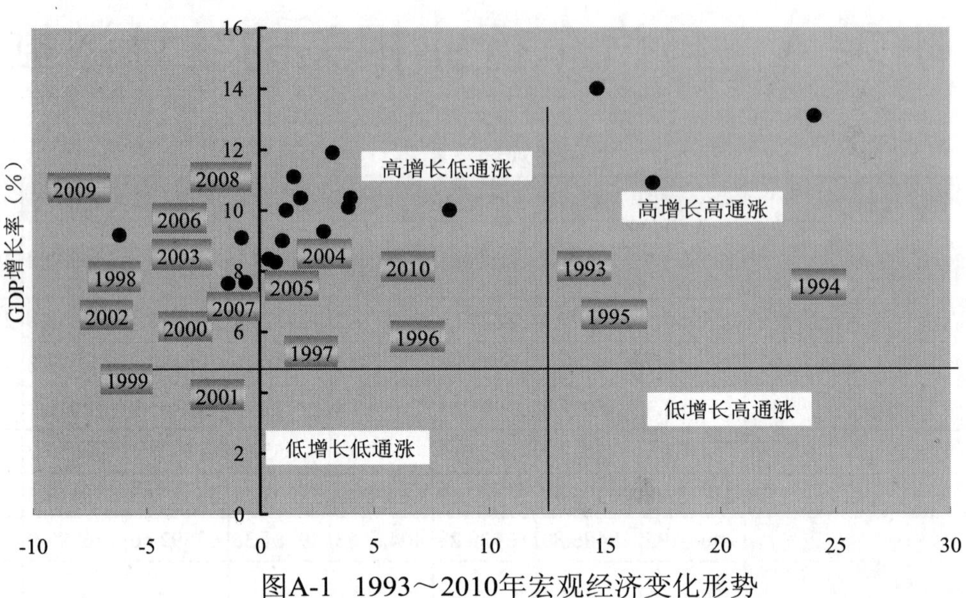

图A-1 1993～2010年宏观经济变化形势

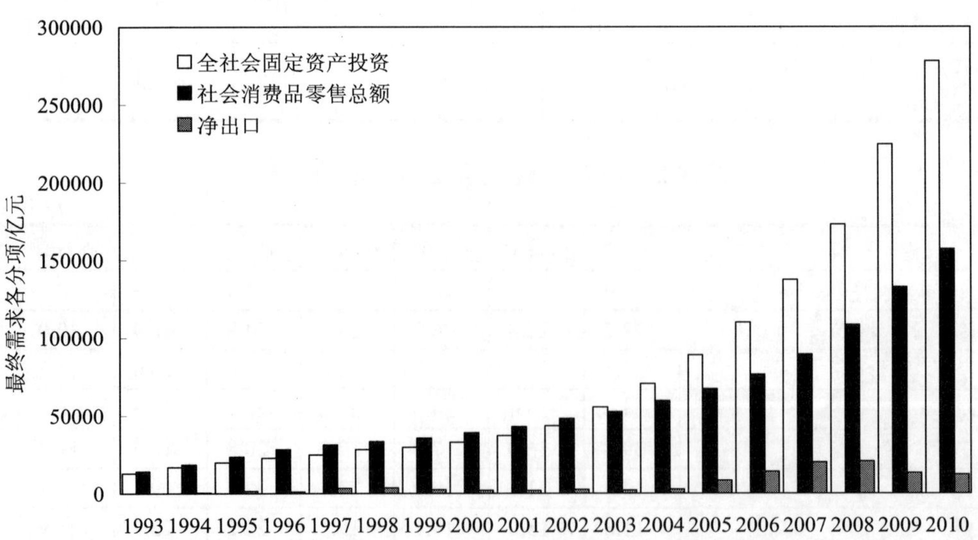

图A-2 1993～2010年社会消费品最终需求变动情况

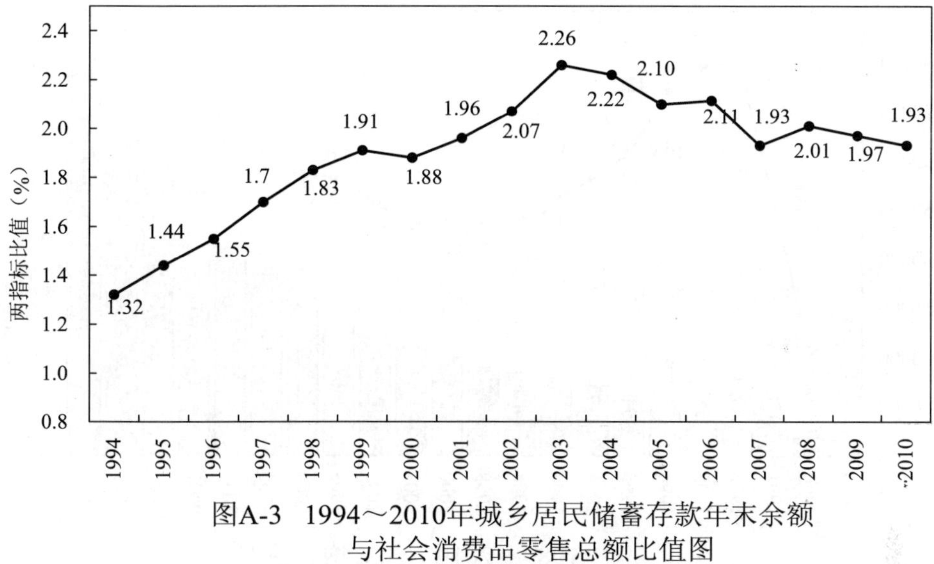

图A-3　1994～2010年城乡居民储蓄存款年末余额与社会消费品零售总额比值图

表 A-3　现价国内生产总值

年份	国民生产总值/亿元	国内生产总值/亿元	第一产业	第二产业			第三产业	人均国内生产总值/元
					工业	建筑业		
1993	35260	35334	6887	16454	14188	2266	11992	2998
1994	48108	48198	9471	22445	19481	2965	16281	4044
1995	59811	60794	12020	28679	24951	3729	20094	5046
1996	70142	71177	13886	33835	29448	4387	23456	5846
1997	77653	78973	14265	37543	32921	4622	27165	6420
1998	83024	84402	14618	39004	34018	4986	30780	6796
1999	88189	89677	14548	41034	35861	5172	34095	7159
2000	98000	99215	14716	45556	40034	5522	38942	7858
2001	108068	109655	15516	49512	43581	5932	44627	8622
2002	119096	120333	16239	53897	47431	6465	50197	9398
2003	135174	135823	17068	62436	54946	7491	56318	10542
2004	159587	159878	21413	73904	65210	8694	64561	12336
2005	184739	183868	23070	87365	77231	10134	73433	14185
2006	211808	211924	24737	103162	91311	11851	82972	16500
2007	251483	257306	28095	121381	107367	14014	100054	20169
2008	315275	314045	33702	149003	130260	18743	131340	23708
2009	341401	340903	35226	157639	135240	22399	148038	25608
2010	403260	401202	40534	187581	160867	26714	173087	29992

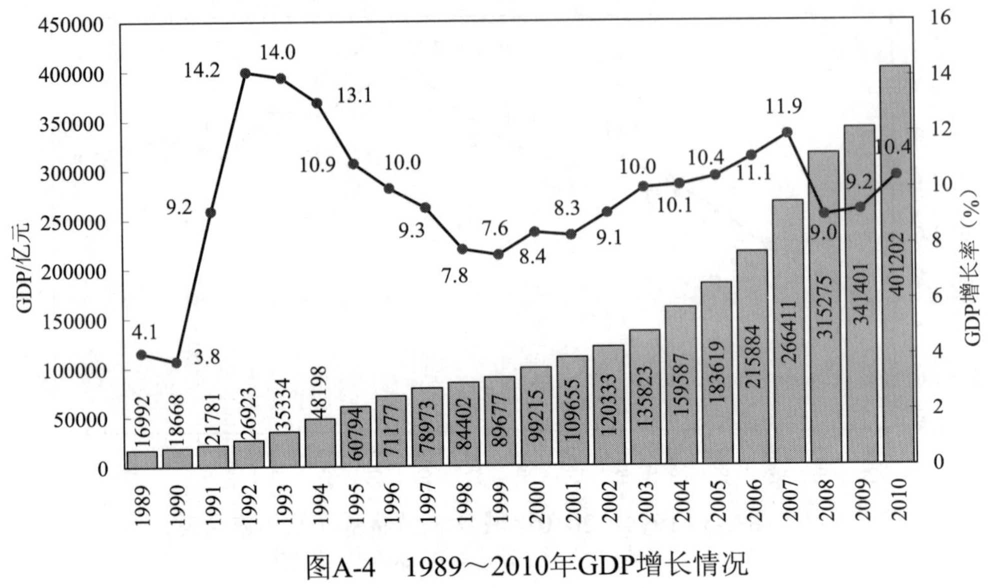

图A-4 1989～2010年GDP增长情况

表 A-4 国内生产总值 GDP 增长率（不变价）

（单位：%）

年份	国民生产总值	国内生产总值	第一产业	第二产业			第三产业	人均 GDP
					工业	建筑业		
1994	13.1	13.1	4	18.4	18.9	13.7	11	11.8
1995	9.3	10.9	5	13.9	14	12.4	9.8	9.7
1996	10.2	10.0	5.1	12.1	12.5	8.5	9.4	8.9
1997	9.1	9.3	3.5	10.5	11.3	2.6	10.7	8.2
1998	7.9	7.8	3.5	8.9	8.9	9.0	8.3	6.8
1999	7.6	7.6	2.8	8.1	8.5	4.3	9.3	6.7
2000	8.9	8.4	2.4	9.4	9.8	5.7	9.7	7.6
2001	8.1	8.3	2.8	8.4	8.7	6.8	10.2	7.5
2002	9.5	9.1	2.9	9.8	10.0	8.8	10.4	8.4
2003	10.6	10.0	2.5	12.7	12.8	12.1	9.5	9.3
2004	10.4	10.1	6.3	11.1	11.5	8.1	10.0	9.4
2005	11.2	10.4	5.2	11.7	11.6	12.6	10.5	9.8
2006	11.1	11.1	5.0	13.0	12.9	13.7	10.8	10.5
2007	12.2	11.9	3.7	13.4	13.5	12.6	12.6	11.4
2008	8.9	9.0	5.5	9.3	9.5	7.1	9.5	8.4
2009	9.3	9.2	4.2	9.9	8.7	18.6	9.3	8.6
2010	10.8	10.4	4.3	12.4	12.2	13.7	9.6	9.9

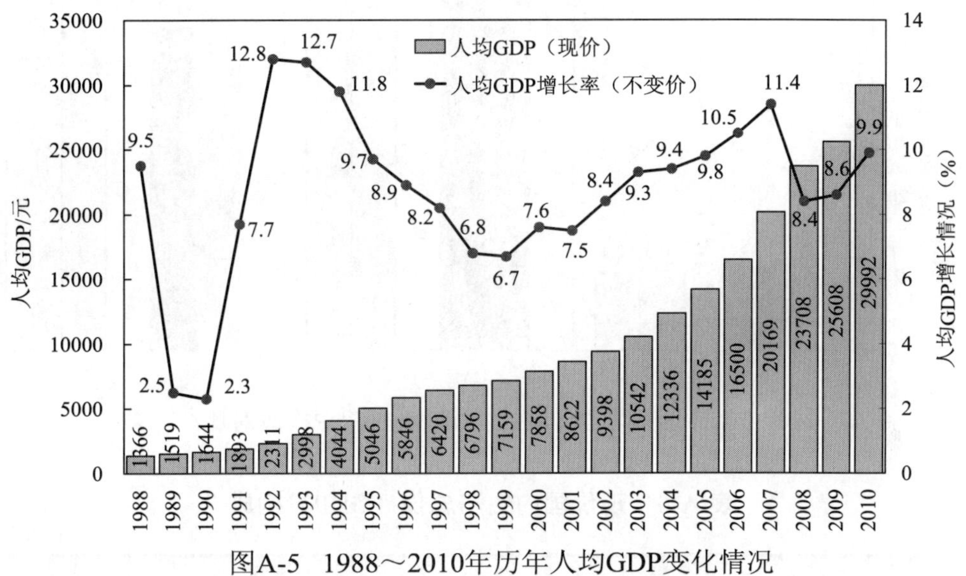

图A-5　1988～2010年历年人均GDP变化情况

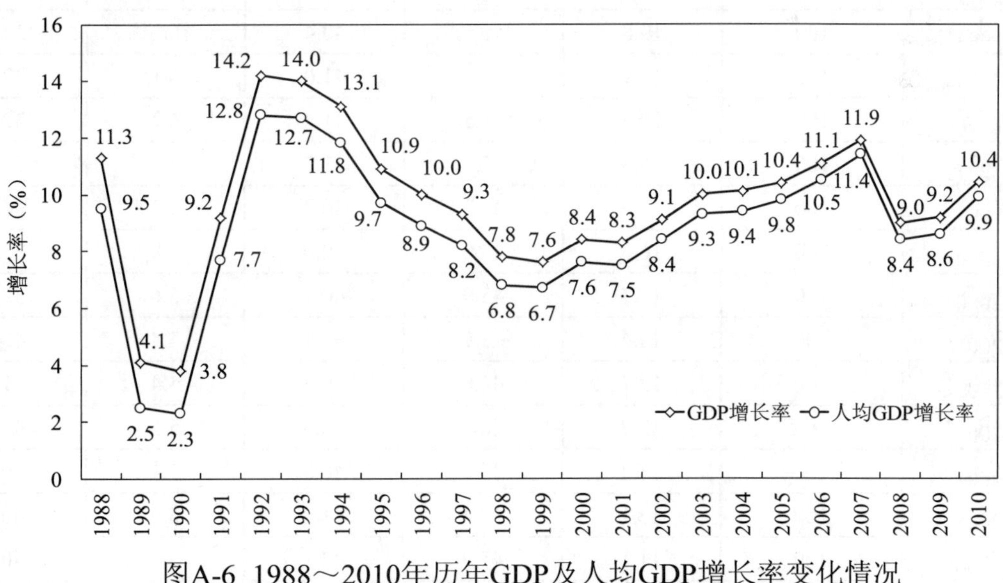

图A-6　1988～2010年历年GDP及人均GDP增长率变化情况

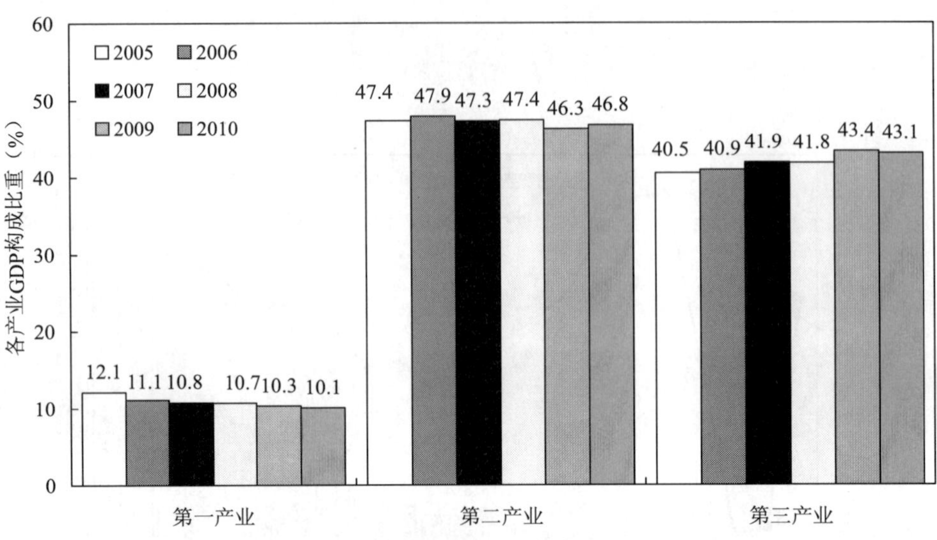

图A-7 2005～2010年全国GDP构成对比

表 A-5 现价国内生产总值（GDP）构成

（单位：%）

年份	国内生产总值	第一产业	第二产业			第三产业
				工业	建筑业	
1993	100	19.7	46.6	40.2	6.4	33.7
1994	100	19.8	46.6	40.4	6.2	33.6
1995	100	19.9	47.2	41.0	6.1	32.9
1996	100	19.7	47.5	41.4	6.2	32.8
1997	100	18.3	47.5	41.7	5.9	34.2
1998	100	17.6	46.2	40.3	5.9	36.2
1999	100	16.5	45.8	40.0	5.8	37.7
2000	100	15.1	45.9	40.4	5.6	39.0
2001	100	14.4	45.1	39.7	5.4	40.5
2002	100	13.7	44.8	39.4	5.4	41.5
2003	100	12.8	46.0	40.5	5.5	41.2
2004	100	13.4	46.2	40.8	5.4	40.4
2005	100	12.1	47.4	41.8	5.6	40.5
2006	100	11.1	47.9	42.2	5.7	40.9
2007	100	10.8	47.3	41.6	5.8	41.9
2008	100	10.7	47.4	41.5	6.0	41.8
2009	100	10.3	46.3	39.7	6.6	43.4
2010	100	10.1	46.8	40.1	6.7	43.1

表 A-6　各地区国内生产总值（现价）

（单位：亿元）

地区	2001 年	2002 年	2003 年	2004 年	2005 年	2006 年	2007 年	2008 年	2009 年	2010 年
北京	3710.52	4330.40	5023.77	6060.28	6886.31	7870.3	9353.3	10488.0	12153.03	14113.6
天津	1919.09	2150.76	2578.03	3110.97	3697.62	4359.2	5050.4	6354.4	7521.85	9224.5
河北	5516.76	6018.28	6921.29	8477.63	10096.11	11660.4	13709.5	16188.6	17235.48	20394.3
山西	2029.53	2324.80	2855.23	3571.37	4179.52	4752.5	5733.4	6938.7	7358.31	9200.9
内蒙古	1713.81	1940.94	2388.38	3041.07	3895.55	4791.5	6091.1	7761.8	9740.25	11672.0
辽宁	5033.08	5458.22	6002.54	6672.00	8009.01	9251.2	11023.5	13461.6	15212.49	18457.3
吉林	2120.35	2348.54	2662.08	3122.01	3620.27	4275.1	5284.7	6424.1	7278.75	8667.6
黑龙江	3390.13	3637.20	4057.40	4750.60	5511.50	6188.9	7065.0	8310.0	8587.00	10368.6
上海	5210.12	5741.03	6694.23	8072.83	9154.18	10366.4	12188.85	13698.2	15046.45	17166.0
江苏	9456.84	10606.85	12442.87	15003.60	18305.66	21645.1	25741.2	30312.6	34457.3	41425.5
浙江	6898.34	8003.67	9705.02	11648.70	13437.85	15742.5	18780.4	21486.9	22990.35	27722.3
安徽	3246.71	3519.72	3923.10	4759.32	5375.12	6148.7	7364.2	8874.2	10062.82	12359.3
福建	4072.85	4467.55	4983.67	5763.35	6568.93	7614.6	9249.1	10823.1	12236.53	14737.1
江西	2175.68	2450.48	2807.41	3456.70	4056.76	4670.5	5500.3	6480.3	7955.18	9451.3
山东	9195.04	10275.50	12078.15	15021.84	18516.87	22077.4	25965.9	31072.1	33896.65	39169.9
河南	5533.01	6035.48	6867.70	8553.79	10587.42	12496.0	15012.5	18407.8	19480.46	23092.4
湖北	3880.53	4212.82	4757.45	5633.24	6520.14	7581.3	9230.7	11330.4	12961.1	15967.6
湖南	3831.90	4151.54	4659.99	5641.94	6511.34	7568.9	9200.0	11156.6	13059.69	16038.0
广东	12039.25	13502.42	15844.64	18864.62	22366.54	26204.5	31084.4	35696.5	39482.56	46013.1
广西	2279.34	2523.73	2821.11	3433.50	4075.75	4828.5	5955.7	7171.6	7759.16	9569.9
海南	558.41	621.97	693.20	798.90	894.57	1052.9	1223.3	1459.2	1654.21	2064.5
重庆	1765.68	1990.01	2272.82	2692.81	3070.49	3491.6	4122.5	5096.7	6530.01	7925.6
四川	4293.49	4725.01	5333.09	6379.63	7385.11	8637.8	10505.3	12506.3	14151.28	17185.5
贵州	1133.27	1243.43	1426.34	1677.80	1979.06	2282.0	2741.9	3333.4	3912.68	4602.2
云南	2138.31	2312.82	2556.02	3081.91	3472.89	4006.7	4741.3	5700.1	6169.75	7224.2
西藏	146.04	166.56	189.09	220.34	251.21	291.0	342.2	395.9	441.36	507.5
陕西	2010.62	2253.39	2587.72	3175.58	3675.66	4523.7	5465.79	6851.3	8169.8	10123.5
甘肃	1125.37	1232.03	1399.83	1688.49	1933.98	2276.7	2702.4	3176.1	3387.56	4120.8
青海	300.13	340.65	390.20	466.10	543.32	641.6	783.6	961.5	1081.27	1350.4
宁夏	337.44	377.16	445.36	537.16	606.10	710.8	889.2	1098.5	1353.31	1689.7
新疆	1491.60	1612.65	1886.35	2209.09	2604.19	3045.3	3523.2	4203.4	4277.05	5437.5

表 A-7　各地区国内生产总值占全国比例

（单位：%）

地　区	2001年	2002年	2003年	2004年	2005年	2006年	2007年	2008年	2009年	2010年
北　京	3.42	3.59	3.61	3.62	3.48	3.41	3.39	3.21	3.32	3.23
天　津	1.77	1.78	1.85	1.86	1.87	1.89	1.83	1.94	2.06	2.11
河　北	5.08	4.99	4.97	5.06	5.10	5.05	4.97	4.95	4.71	4.67
山　西	1.87	1.93	2.05	2.13	2.11	2.06	2.08	2.12	2.01	2.11
内蒙古	1.58	1.61	1.72	1.81	1.97	2.07	2.21	2.37	2.66	2.67
辽　宁	4.64	4.53	4.31	3.98	4.05	4.00	4.00	4.11	4.16	4.22
吉　林	1.95	1.95	1.91	1.86	1.83	1.85	1.92	1.96	1.99	1.98
黑龙江	3.12	3.02	2.91	2.83	2.79	2.68	2.56	2.54	2.35	2.37
上　海	4.80	4.76	4.81	4.82	4.63	4.49	4.42	4.19	4.12	3.93
江　苏	8.71	8.80	8.94	8.95	9.26	9.37	9.34	9.26	9.42	9.48
浙　江	6.35	6.64	6.97	6.95	6.79	6.81	6.81	6.57	6.29	6.34
安　徽	2.99	2.92	2.82	2.84	2.72	2.66	2.67	2.71	2.75	2.83
福　建	3.75	3.71	3.58	3.44	3.32	3.30	3.36	3.31	3.35	3.37
江　西	2.00	2.03	2.02	2.06	2.05	2.02	2.00	1.98	2.18	2.16
山　东	8.47	8.52	8.67	8.96	9.36	9.56	9.42	9.50	9.27	8.96
河　南	5.10	5.01	4.93	5.10	5.35	5.41	5.45	5.63	5.33	5.28
湖　北	3.57	3.49	3.42	3.36	3.30	3.28	3.35	3.46	3.55	3.65
湖　南	3.53	3.44	3.35	3.37	3.29	3.28	3.34	3.41	3.57	3.67
广　东	11.09	11.20	11.38	11.26	11.31	11.34	11.28	10.91	10.80	10.53
广　西	2.10	2.09	2.03	2.05	2.06	2.09	2.16	2.19	2.12	2.19
海　南	0.51	0.52	0.50	0.48	0.45	0.46	0.44	0.45	0.45	0.47
重　庆	1.63	1.65	1.63	1.61	1.55	1.51	1.50	1.56	1.79	1.81
四　川	3.96	3.92	3.83	3.81	3.73	3.74	3.81	3.82	3.87	3.93
贵　州	1.04	1.03	1.02	1.00	1.00	0.99	0.99	1.02	1.07	1.05
云　南	1.97	1.92	1.84	1.84	1.76	1.73	1.72	1.74	1.69	1.65
西　藏	0.13	0.14	0.14	0.13	0.13	0.13	0.12	0.12	0.12	0.12
陕　西	1.85	1.87	1.86	1.89	1.86	1.96	1.98	2.09	2.23	2.32
甘　肃	1.04	1.02	1.01	1.01	0.98	0.99	0.98	0.97	0.93	0.94
青　海	0.28	0.28	0.28	0.28	0.27	0.28	0.28	0.29	0.30	0.31
宁　夏	0.31	0.31	0.32	0.32	0.31	0.31	0.32	0.34	0.37	0.39
新　疆	1.37	1.34	1.35	1.32	1.32	1.32	1.28	1.28	1.17	1.24
合　计	100	100	100	100	100	100	100	100	100	100

表 A-8　各地区国内生产总值增长率

（单位：%）

地　区	2002 年	2003 年	2004 年	2005 年	2006 年	2007 年	2008 年	2009 年	2010 年
北　京	11.5	11.0	14.1	11.8	12.8	13.3	12.1	15.9	16.1
天　津	12.7	14.8	15.8	14.7	14.5	15.2	25.8	18.4	22.6
河　北	9.6	11.6	12.9	13.4	13.4	12.8	18.1	6.5	18.3
山　西	12.9	14.9	15.2	12.6	11.8	14.4	21.0	6.0	25.0
内蒙古	13.2	17.6	20.9	23.8	18.7	19.1	27.4	25.5	19.8
辽　宁	10.2	11.5	12.8	12.3	13.8	14.5	22.1	13.0	21.3
吉　林	9.5	10.2	12.2	12.1	15.0	16.1	21.6	13.3	19.1
黑龙江	10.2	10.2	11.7	11.6	12.1	12.0	17.6	3.3	20.7
上　海	11.3	12.3	14.2	11.1	12.0	14.3	12.4	9.8	14.1
江　苏	11.7	13.6	14.8	14.5	14.9	14.9	17.8	13.7	20.2
浙　江	12.6	14.7	14.5	12.8	13.9	14.7	14.4	7.0	20.6
安　徽	9.6	9.4	13.3	11.6	12.8	13.9	20.5	13.4	22.8
福　建	10.2	11.5	11.8	11.6	14.8	15.2	17.0	13.1	20.4
江　西	10.5	13.0	13.2	12.8	12.3	13.0	17.8	22.8	18.8
山　东	11.7	13.4	15.4	15.2	14.8	14.3	19.7	9.1	15.6
河　南	9.5	10.7	13.7	14.2	14.4	14.6	22.6	5.8	18.5
湖　北	9.2	9.7	11.2	12.1	13.2	14.5	22.7	14.4	23.2
湖　南	9.0	9.6	12.1	11.6	12.2	14.5	21.3	17.1	22.8
广　东	12.4	14.8	14.8	13.8	14.6	14.7	14.8	10.6	16.5
广　西	10.6	10.2	11.8	13.2	13.6	15.1	20.4	8.2	23.3
海　南	9.6	10.6	10.7	10.2	12.5	14.8	19.3	13.4	24.8
重　庆	10.2	11.5	12.2	11.5	12.2	15.6	23.6	28.1	21.4
四　川	10.3	11.3	12.7	12.6	13.3	14.2	19.0	13.2	21.4
贵　州	9.1	10.1	11.4	11.6	11.6	13.7	21.6	17.4	17.6
云　南	9.0	8.8	11.3	9.0	11.9	12.5	20.2	8.2	17.1
西　藏	12.9	12.0	12.1	12.1	13.3	14.0	15.7	11.5	15.0
陕　西	11.1	11.8	12.9	12.6	12.8	14.6	25.3	19.2	23.9
甘　肃	9.9	10.7	11.5	11.8	11.5	12.3	17.5	6.7	21.6
青　海	12.1	11.9	12.3	12.2	12.2	12.5	22.7	12.5	24.9
宁　夏	10.2	12.7	11.2	10.9	12.7	12.7	23.5	23.2	24.9
新　疆	8.2	11.2	11.4	10.9	11.0	12.2	19.3	1.8	27.1

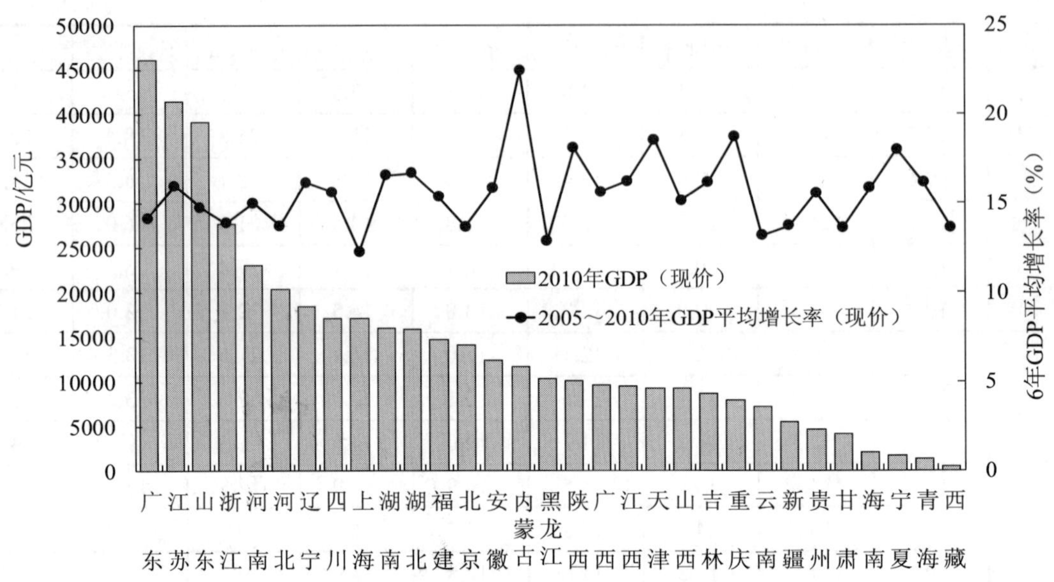

图A-8 2010年分地区GDP总值及变化情况

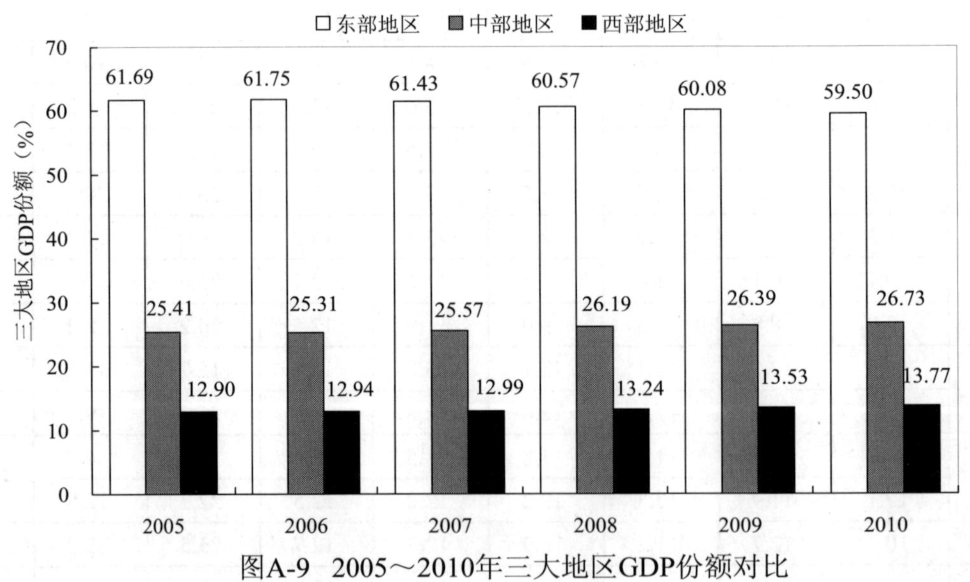

图A-9 2005～2010年三大地区GDP份额对比

表 A-9　全部国有及规模以上非国有工业企业总产值（当年价）

企业分类	项　目	2005 年	2006 年	2007 年	2008 年	2009 年	2010 年
国有及国有控股工业企业	企业单位数/个	27477	24961	20680	21313	20510	20253
	工业总产值/亿元	83749.92	98910.45	119685.65	143950.02	146630.00	185861.02
	工业增加值/亿元	27176.67	32588.81	39970.46	—	—	—
私营工业企业	企业单位数/个	123820	149736	177080	245850	256031	273259
	工业总产值/亿元	47778.2	67239.81	94023.28	136340.33	162026.18	213338.57
	工业增加值/亿元	12855.55	18735.86	26382.18	—	—	—
“三资”工业企业	企业单位数/个	56387	60872	67456	77847	75376	74045
	工业总产值/亿元	79860.23	100076.51	127629.31	149794.17	152686.62	189917.11
	工业增加值/亿元	20468.28	25545.8	32129.72	—	—	—

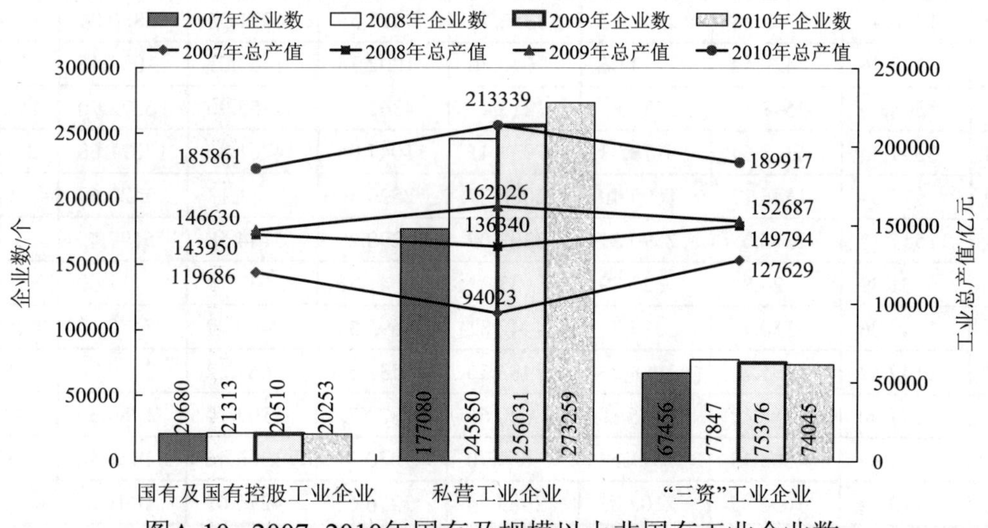

图A-10　2007~2010年国有及规模以上非国有工业企业数及工业总产值对比图

表 A-10 各地区工业总产值（现价）

（单位：亿元）

地区	2003年	2004年	2005年	2006年	2007年	2008年	2009年	2010年
北京	3810.36	5974.70	6946.07	8210.00	9648.38	10413.09	11039.13	13699.84
天津	4049.61	6119.08	6774.1	8527.70	10075.07	12503.25	13083.63	16751.82
河北	5708.76	10194.40	11008.12	13489.80	17054.78	23030.73	24062.76	31143.29
山西	2439.3	4173.93	4850.91	5902.84	7791.71	10023.87	9249.98	12471.33
内蒙古	1355.7	2327.48	2995.59	4140.05	5812.96	8740.18	10699.44	13406.11
辽宁	6112.96	9140.61	10814.51	14167.95	18249.53	24769.09	28152.73	36219.42
吉林	2662.27	3551.72	3791.96	4752.72	6486.01	8406.85	10026.55	13098.35
黑龙江	2909.98	3955.70	4714.91	5440.17	6143.17	7624.54	7301.60	9535.15
上海	10342.82	14594.15	15767.51	18573.13	22259.94	25120.92	24091.26	30114.41
江苏	18036.74	29476.66	32707.09	41410.40	53316.38	67798.68	73200.03	92056.48
浙江	12864.23	21227.20	23106.76	29129.94	36073.93	40832.10	41035.29	51394.20
安徽	2610.03	4236.39	4567.23	5915.59	7945.17	11162.16	13312.59	18732.00
福建	4953.74	7516.05	8135.98	10005.08	12517.91	15212.81	16762.82	21901.23
江西	1472.33	2736.69	2978.88	4245.49	6194.18	8499.58	9783.96	13883.06
山东	15379.54	24678.50	30522.86	38780.10	49873.00	62958.53	71209.42	83851.40
河南	5365.65	9236.80	10487.38	13889.77	20442.21	26028.41	27708.15	34995.53
湖北	4030.11	5329.23	6066.96	7454.07	9601.52	13454.94	15567.02	21623.12
湖南	2611.45	4341.88	4754.86	6131.18	8464.08	11553.31	13507.64	19008.83
广东	21513.46	31519.61	35942.74	44674.75	55252.86	65424.61	68275.77	85824.64
广西	1436.43	2242.26	2547.32	3356.76	4587.35	6071.98	6880.04	9644.13
海南	333.46	429.42	473.06	640.26	1002.78	1103.07	1057.45	1381.25
重庆	1588.00	2598.84	2525.87	3213.45	4363.25	5755.90	6772.90	9143.55
四川	3387.43	5303.64	6178.03	7934.41	11047.04	14761.86	18071.68	23147.38
贵州	977.64	1546.17	1690.40	2066.77	2520.36	3111.13	3426.69	4206.37
云南	1557.17	2344.07	2596.21	3393.09	4298.29	5144.58	5197.45	6464.63
西藏	21.39	24.85	27.29	33.33	41.36	48.19	51.60	62.22
陕西	1879.26	3150.79	3397.71	4442.81	5692.33	7480.79	8470.40	11199.84
甘肃	1147.52	1695.79	1988.26	2483.56	3231.52	3667.52	3770.38	4882.68
青海	247.90	388.12	486.86	640.66	822.72	1103.10	1080.35	1481.99
宁夏	352.81	605.19	671.54	859.70	1070.71	1366.46	1461.58	1924.39
新疆	1113.14	1656.02	2102.53	2683.44	3296.61	4276.05	4001.12	5341.90

表 A-11　各地区工业总产值占全国的比例

（单位：%）

地　区	2002 年	2003 年	2004 年	2005 年	2006 年	2007 年	2008 年	2009 年	2010 年
北　京	2.86	2.68	2.69	2.76	2.59	2.38	2.05	2.01	1.96
天　津	3.00	2.85	2.75	2.69	2.69	2.49	2.46	2.39	2.40
河　北	3.88	4.01	4.59	4.37	4.26	4.21	4.54	4.39	4.46
山　西	1.55	1.71	1.88	1.93	1.86	1.92	1.98	1.69	1.79
内蒙古	0.90	0.95	1.05	1.19	1.31	1.43	1.72	1.95	1.92
辽　宁	4.41	4.30	4.11	4.30	4.48	4.50	4.88	5.13	5.18
吉　林	1.96	1.87	1.60	1.51	1.50	1.60	1.66	1.83	1.87
黑龙江	2.25	2.05	1.78	1.87	1.72	1.52	1.50	1.33	1.36
上　海	6.99	7.27	6.56	6.27	5.87	5.49	4.95	4.39	4.31
江　苏	12.52	12.68	13.26	13.00	13.08	13.16	13.36	13.35	13.18
浙　江	8.83	9.04	9.55	9.18	9.20	8.90	8.05	7.48	7.36
安　徽	1.92	1.83	1.91	1.82	1.87	1.96	2.20	2.43	2.68
福　建	3.32	3.48	3.38	3.23	3.16	3.09	3.00	3.06	3.14
江　西	1.07	1.03	1.23	1.18	1.34	1.53	1.67	1.78	1.99
山　东	10.38	10.81	11.10	12.13	12.25	12.31	12.41	12.99	12.00
河　南	3.88	3.77	4.15	4.17	4.39	5.05	5.13	5.05	5.01
湖　北	3.24	2.83	2.40	2.41	2.35	2.37	2.65	2.84	3.10
湖　南	1.90	1.84	1.95	1.89	1.94	2.09	2.28	2.46	2.72
广　东	14.79	15.12	14.18	14.28	14.11	13.64	12.89	12.45	12.29
广　西	1.07	1.01	1.01	1.01	1.06	1.13	1.20	1.25	1.38
海　南	0.24	0.23	0.19	0.19	0.20	0.25	0.22	0.19	0.20
重　庆	1.11	1.12	1.17	1.00	1.02	1.08	1.13	1.24	1.31
四　川	2.47	2.38	2.39	2.46	2.51	2.73	2.91	3.30	3.31
贵　州	0.72	0.69	0.70	0.67	0.65	0.62	0.61	0.62	0.60
云　南	1.19	1.09	1.05	1.03	1.07	1.06	1.01	0.95	0.93
西　藏	0.02	0.02	0.01	0.01	0.01	0.01	0.01	0.01	0.01
陕　西	1.36	1.32	1.42	1.35	1.40	1.40	1.47	1.54	1.60
甘　肃	0.93	0.81	0.76	0.79	0.78	0.80	0.72	0.69	0.70
青　海	0.19	0.17	0.17	0.19	0.20	0.20	0.22	0.20	0.21
宁　夏	0.24	0.25	0.27	0.27	0.27	0.26	0.27	0.27	0.28
新　疆	0.83	0.78	0.74	0.84	0.85	0.81	0.84	0.73	0.76
全　国	100	100	100	100	100	100	100	100	100

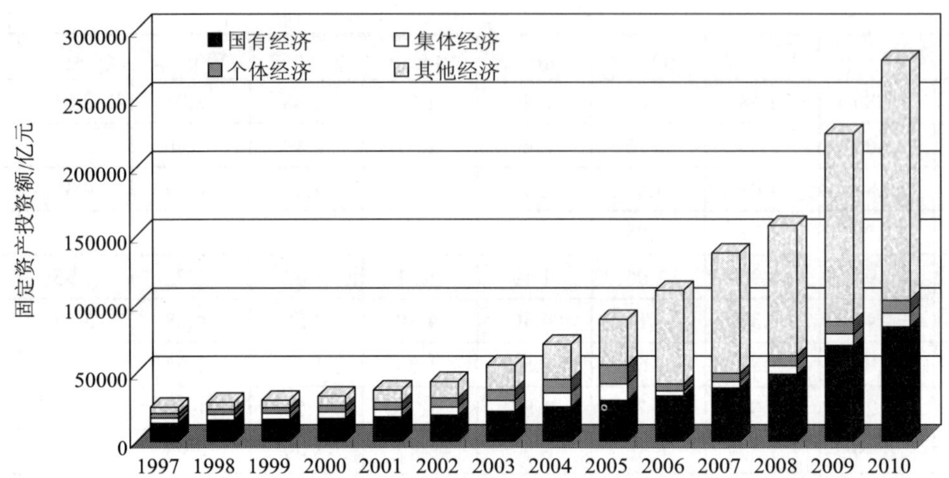

图A-11 1998～2010年分经济类型固定资产投资情况

表 A-12 历年各种经济类型固定资产投资

（单位：亿元）

年 份	合计	国有经济	集体经济	个体经济	其他经济
1999	29854.7	15947.8	4338.6	4195.7	5372.7
2000	32917.7	16504.4	4801.5	4709.4	6902.5
2001	37213.5	17607.0	5278.6	5429.6	8898.3
2002	43499.9	18877.4	5987.4	6519.2	12115.9
2003	55566.6	21661.0	8009.5	7720.1	18176.0
2004	70477.4	25027.6	9965.7	9880.6	25603.5
2005	88773.6	29666.9	11969.6	13890.6	33246.4
2006	109998.2	32963.4	3604.1	5163.9	68266.8
2007	137323.9	38706.3	4637.4	6058.7	87921.5
2008	157421.4	48704.9	6297.3	7190.8	95228.4
2009	224598.8	69692.5	8483.0	8891.7	137531.6
2010	278121.9	83316.5	10041.9	9506.7	175256.8

注：根据 1994 年房地产快速调查结果，对 1990 年以来的全社会固定资产投资数据进行了调整。

表 A-13　各地区全社会固定资产投资（现价）

（单位：亿元）

地区	2001年	2002年	2003年	2004年	2005年	2006年	2007年	2008年	2009年	2010年
全国合计	37213.49	43499.91	55566.61	70477.4	88773.61	109998.2	137323.9	172828.4	224598.8	278121.9
北京	1513.32	1796.14	2169.26	2528.20	2827.23	3296.4	3907.2	3814.7	4616.9	5403.0
天津	705	807.51	1039.39	1245.70	1495.14	1820.5	2353.1	3389.8	4738.2	6278.1
河北	1912.53	2020.38	2477.98	3218.80	4139.69	5470.2	6884.7	8866.6	12269.8	15083.4
山西	663.58	813.36	1100.86	1443.90	1826.58	2255.7	2861.5	3531.2	4943.2	6063.2
内蒙古	503.63	707.91	1174.66	1788.00	2643.60	3363.2	4372.9	5475.4	7336.8	8926.5
辽宁	1421.19	1605.55	2076.36	2979.60	4200.45	5689.6	7435.2	10019.1	12292.5	16043.0
吉林	701.7	834.23	969.03	1169.10	1741.09	2594.3	3651.4	5038.9	6411.6	7870.4
黑龙江	963.58	1046.17	1166.18	1430.80	1737.27	2236.0	2833.5	3656.0	5028.8	6812.6
上海	2004.64	2213.72	2499.14	3050.30	3509.66	3900.0	4420.4	4823.1	5043.8	5108.9
江苏	2823.2	3450.12	5233.00	6557.10	8165.38	10069.2	12268.1	15300.6	18949.9	23184.3
浙江	2834.94	3477.47	4740.27	5781.40	6520.07	7590.2	8420.4	9323.0	10742.3	12376.0
安徽	893.37	1074.46	1418.69	1935.30	2525.11	3533.6	5087.5	6747.0	8990.7	11542.9
福建	1172.91	1253.08	1496.37	1892.90	2316.72	2981.8	4287.8	5207.7	6231.2	8199.1
江西	631.84	889.04	1303.22	1713.20	2176.60	2683.6	3301.9	4745.4	6643.1	8772.3
山东	2788.68	3483.31	5315.14	6970.60	9307.30	11111.4	12537.7	15435.9	19034.5	23280.5
河南	1544.06	1725.93	2262.97	3099.40	4311.63	5904.7	8010.1	10490.6	13704.5	16585.9
湖北	1486.55	1605.06	1809.45	2264.80	2676.58	3343.5	4330.4	5647.0	7866.9	10262.7
湖南	1174.3	1347.96	1590.32	2072.60	2629.07	3175.5	4154.8	5534.0	7703.4	9663.6
广东	3484.43	3850.78	4813.20	5870.00	6977.93	7973.4	9294.3	10868.7	12933.1	15623.7
广西	655.63	750.33	921.30	1236.50	1661.17	2198.7	2939.7	3756.4	5237.2	7057.6
海南	213.32	225.41	280.02	317.10	367.17	423.9	502.4	705.4	988.3	1317.0
重庆	697.03	899.26	1161.50	1537.10	1933.16	2407.4	3127.7	3979.6	5214.3	6688.9
四川	1617.52	1902.76	2336.30	2818.40	3585.18	4412.9	5639.8	7127.8	11371.9	13116.7
贵州	536.01	632.97	748.12	865.20	998.25	1197.4	1488.8	1864.5	2412.0	3104.9
云南	738.45	814.61	1000.10	1291.50	1777.63	2208.6	2759.0	3435.9	4526.4	5528.7
西藏	83.26	106.58	133.96	162.40	181.39	231.1	270.3	309.9	378.3	462.7
陕西	773.43	915.35	1200.68	1508.90	1882.18	2480.7	3415.0	4614.4	6246.9	7963.7
甘肃	460.37	526.21	619.82	733.90	870.36	1022.6	1304.2	1712.8	2363.0	3158.3
青海	196.35	232.35	255.62	289.20	329.81	408.5	482.8	583.2	798.2	1016.9
宁夏	191.08	226.98	317.99	376.20	443.25	498.7	599.8	828.9	1075.9	1444.2
新疆	706.00	800.09	973.39	1147.20	1339.06	1567.1	1850.8	2260.0	2725.5	3423.2
不分地区	1121.61	1464.87	962.22	1182.5	1677.90	1947.6	2530.8	3734.9	5779.7	6759.1

注：本表“全国”指不含港、澳、台地区的内地各省、直辖市、自治区。以下各表的“全国”同此注。

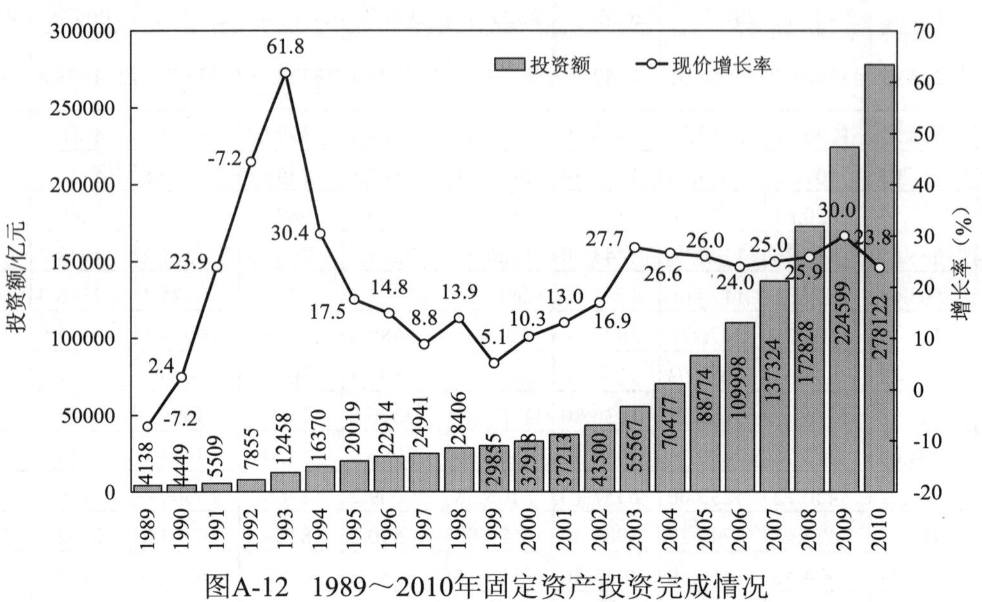

图A-12 1989～2010年固定资产投资完成情况

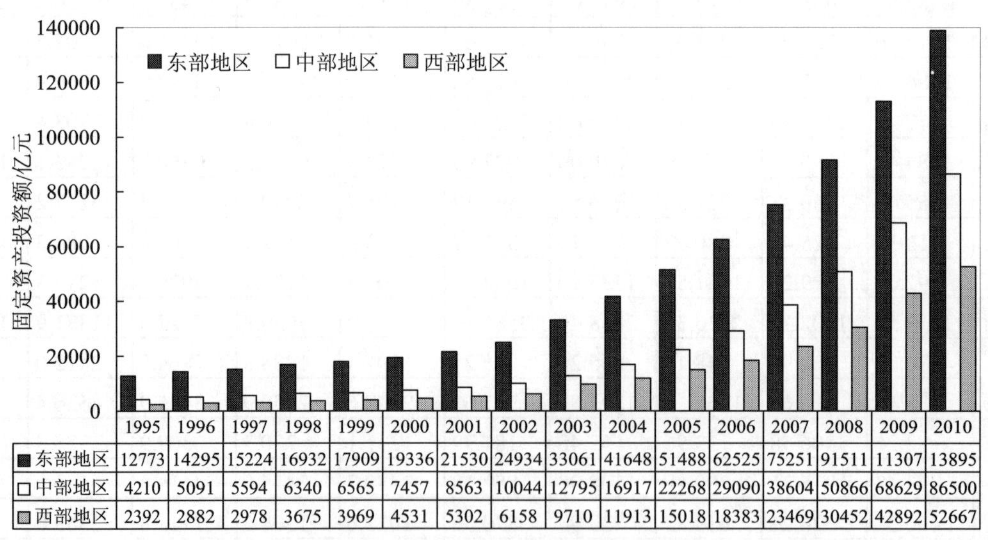

	1995	1996	1997	1998	1999	2000	2001	2002	2003	2004	2005	2006	2007	2008	2009	2010
■东部地区	12773	14295	15224	16932	17909	19336	21530	24934	33061	41648	51488	62525	75251	91511	11307	13895
□中部地区	4210	5091	5594	6340	6565	7457	8563	10044	12795	16917	22268	29090	38604	50866	68629	86500
▨西部地区	2392	2882	2978	3675	3969	4531	5302	6158	9710	11913	15018	18383	23469	30452	42892	52667

图A-13 1995～2010年三大地区固定资产投资变化图

表 A-14 各地区固定资产投资占全国的比例（全国＝100%）

（单位：%）

地区	2000年	2001年	2002年	2003年	2004年	2005年	2006年	2007年	2008年	2009年	2010年
北京	3.89	4.07	4.13	3.90	3.59	3.18	3.00	2.85	2.21	2.06	1.94
天津	1.86	1.89	1.86	1.87	1.77	1.68	1.66	1.71	1.96	2.11	2.26
河北	5.52	5.14	4.64	4.46	4.57	4.66	4.97	5.01	5.13	5.46	5.42
山西	1.67	1.78	1.87	1.98	2.05	2.06	2.05	2.08	2.04	2.20	2.18
内蒙古	1.29	1.35	1.63	2.11	2.54	2.98	3.06	3.18	3.17	3.27	3.21
辽宁	3.85	3.82	3.69	3.74	4.23	4.73	5.17	5.41	5.80	5.47	5.77
吉林	1.83	1.89	1.92	1.74	1.66	1.96	2.36	2.66	2.92	2.85	2.83
黑龙江	2.53	2.59	2.40	2.10	2.03	1.96	2.03	2.06	2.12	2.24	2.45
上海	5.68	5.39	5.09	4.50	4.33	3.95	3.55	3.22	2.79	2.25	1.84
江苏	7.81	7.59	7.93	9.42	9.30	9.20	9.15	8.93	8.85	8.44	8.34
浙江	7.14	7.62	7.99	8.53	8.20	7.34	6.90	6.13	5.39	4.78	4.45
安徽	2.44	2.40	2.47	2.55	2.75	2.84	3.21	3.70	3.90	4.00	4.15
福建	3.38	3.15	2.88	2.69	2.69	2.61	2.71	3.12	3.01	2.77	2.95
江西	1.57	1.70	2.04	2.35	2.43	2.45	2.44	2.40	2.75	2.96	3.15
山东	7.69	7.49	8.01	9.57	9.89	10.48	10.10	9.13	8.93	8.47	8.37
河南	4.19	4.15	3.97	4.07	4.40	4.86	5.37	5.83	6.07	6.10	5.96
湖北	4.07	3.99	3.69	3.26	3.21	3.02	3.04	3.15	3.27	3.50	3.69
湖南	3.08	3.16	3.10	2.86	2.94	2.96	2.89	3.03	3.20	3.43	3.47
广东	9.55	9.36	8.85	8.66	8.33	7.86	7.25	6.77	6.29	5.76	5.62
广西	1.77	1.76	1.72	1.66	1.75	1.87	2.00	2.14	2.17	2.33	2.54
海南	0.6	0.57	0.52	0.50	0.45	0.41	0.39	0.37	0.41	0.44	0.47
重庆	1.74	1.87	2.07	2.09	2.18	2.18	2.19	2.28	2.30	2.32	2.41
四川	4.31	4.35	4.37	4.20	4.00	4.04	4.01	4.11	4.12	5.06	4.72
贵州	1.21	1.44	1.46	1.35	1.23	1.12	1.09	1.08	1.08	1.07	1.12
云南	2.08	1.98	1.87	1.80	1.83	2.00	2.01	2.01	1.99	2.02	1.99
西藏	0.19	0.22	0.25	0.24	0.23	0.20	0.21	0.20	0.18	0.17	0.17
陕西	1.99	2.08	2.10	2.16	2.14	2.12	2.26	2.49	2.67	2.78	2.86
甘肃	1.2	1.24	1.21	1.12	1.04	0.98	0.93	0.95	0.99	1.05	1.14
青海	0.46	0.53	0.53	0.46	0.41	0.37	0.37	0.35	0.34	0.36	0.37
宁夏	0.48	0.51	0.52	0.57	0.53	0.50	0.45	0.44	0.48	0.48	0.52
新疆	1.85	1.90	1.84	1.75	1.63	1.51	1.42	1.35	1.31	1.21	1.23
不分地区	3.1	3.01	3.37	1.73	1.68	1.89	1.77	1.84	2.16	2.57	2.43

表 A-15　各地区进出口商品总值（按经营单位所在地分）

（单位：万美元）

地区	2009 年			2010 年		
	进出口	出　口	进　口	进出口	出　口	进　口
全国合计	220753500	120161181	100592320	297399832	157775431.5	139624400.6
北京	21473305	4837932	16635373	30172155	5543621	24628534
天津	6383123	2989272	3393852	8210005	3748483	4461522
河北	2962725	1568890	1393835	4206037	2255644	1950393
山西	856903	283746	573158	1257623	470282	787341
内蒙古	677407	231548	445859	872974	333443	539532
辽宁	6293438	3341493	2951945	8071215	4309871	3761344
吉林	1174241	312494	861747	1684518	447585	1236933
黑龙江	1622951	1008213	614739	2551542	1628079	923463
上海	27771361	14179603	13591758	36895065	18071398	18823667
江苏	33873970	19919919	13954051	46579896	27053869	19526027
浙江	18773086	13301295	5471791	25353466	18046478	7306987
安徽	1567773	888649	679124	2427337	1241289	1186048
福建	7964959	5331911	2633048	10878329	7149313	3729016
江西	1277878	736849	541030	2161918	1341606	820311
山东	13905337	7949071	5956266	18915629	10422560	8493069
河南	1347642	734538	613104	1783151	1052937	730214
湖北	1725102	997880	727222	2593211	1444180	1149032
湖南	1014947	549203	465743	1465639	795599	670040
广东	61109405	35895489	25213916	78489612	45319116	33170496
广西	1425473	837537	587936	1773891	960307	813583
海南	488163	130863	357300	864858	232033	632825
重庆	771252	428007	343245	1242707	748894	493814
四川	2416865	1416945	999920	3269386	1884063	1385324
贵州	230421	135661	94760	314680	192018	122662
云南	804760	451325	353434	1343012	760577	582435
西藏	40210	37547	2663	83607	77103	6504
陕西	840539	398815	441724	1210168	620822	589347
甘肃	386555	73551	313004	740295	163779	576517
青海	58679	25188	33491	78896	46620	32276
宁夏	120248	74293	45955	195999	117000	78999
新疆	1394783	1093456	301327	1713011	1296865	416146

表 A-16　各季度各层次货币供应量

年份	季　度	广义货币供应量 M2		狭义货币供应量 M1		流通中现金 M0	
		季末余额/亿元	同比增长率（%）	季末余额/亿元	同比增长率（%）	季末余额/亿元	同比增长率（%）
2003	第 1 季度	194487.3	18.50	71438.8	20.10	17106.5	10.10
	第 2 季度	204907.4	20.80	75923.2	20.20	16956.9	12.30
	第 3 季度	213567.1	20.70	79163.9	18.50	18306.4	12.80
	第 4 季度	221222.8	19.60	84118.6	18.70	19746.0	14.30
2004	第 1 季度	231654.60	19.10	85815.60	20.10	19400.40	13.40
	第 2 季度	238427.49	16.20	88627.10	16.20	19017.58	12.20
	第 3 季度	243756.88	13.90	90439.05	13.70	20524.17	12.10
	第 4 季度	253207.7	14.63	95970.8	13.58	21468.3	8.70
2005	第 1 季度	264588.90	14.00	94743.20	9.90	21239.00	10.10
	第 2 季度	275785.53	15.70	98601.25	11.30	20848.76	9.60
	第 3 季度	287438.27	17.90	100964.00	11.60	22272.92	8.50
	第 4 季度	298755.48	17.60	107278.57	11.80	24031.67	11.90
2006	第 1 季度	310490.65	18.80	106737.08	12.70	23472.03	10.50
	第 2 季度	322756.35	18.40	112342.36	13.90	23469.08	12.60
	第 3 季度	331865.36	16.80	116814.10	15.70	25687.38	15.30
	第 4 季度	345577.91	16.94	126028.05	17.48	27072.62	12.65
2007	第 1 季度	364104.66	17.27	127881.31	19.81	27387.95	16.68
	第 2 季度	377832.15	17.06	135847.4	20.92	26881.09	14.54
	第 3 季度	393098.91	18.45	142591.57	22.07	29030.58	13.01
	第 4 季度	403401.3	16.73	152519.17	21.02	30334.32	12.05
2008	第 1 季度	423054.53	16.19	150867.47	17.97	30433.07	11.12
	第 2 季度	443141.02	17.29	154820.15	13.97	30181.32	12.28
	第 3 季度	452898.71	15.21	155748.97	9.23	31724.88	9.28
	第 4 季度	475166.60	17.79	166217.13	8.98	34218.96	12.81
2009	第 1 季度	530626.71	25.43	176541.13	17.02	33746.42	10.89
	第 2 季度	568916.20	28.38	193138.15	24.75	33640.98	11.46
	第 3 季度	585405.34	29.26	201708.14	29.51	36787.89	15.96
	第 4 季度	610224.52	28.42	221445.81	33.23	38246.97	11.77
2010	第 1 季度	649947.46	22.49	229397.93	29.94	39080.58	15.81
	第 2 季度	673921.72	18.46	240580.00	24.56	38904.85	15.65
	第 3 季度	696471.50	18.97	243821.90	20.88	41854.41	13.77
	第 4 季度	725851.79	18.95	266621.54	20.40	44628.17	16.68

表 A-17　各地区农村居民家庭年人均纯收入

（单位：元）

地区	2000 年	2001 年	2002 年	2003 年	2004 年	2005 年	2006 年	2007 年	2008 年	2009 年	2010 年
全国平均	2253.42	2366.40	2475.63	2622.24	2936.40	3254.93	3587.04	4140.36	4760.62	5153.17	5919.01
北京	4604.55	5025.50	5398.48	5601.55	6170.33	7346.26	8275.47	9439.63	10661.92	11668.59	13262.29
天津	3622.39	3947.72	4278.71	4566.01	5019.53	5579.87	6227.94	7010.06	7910.78	8687.56	10074.86
河北	2478.86	2603.60	2685.16	2853.38	3171.06	3481.64	3801.82	4293.43	4795.46	5149.67	5957.98
山西	1905.61	1956.05	2149.82	2299.17	2589.60	2890.66	3180.92	3665.66	4097.24	4244.10	4736.25
内蒙古	2038.21	1973.37	2086.02	2267.65	2606.37	2988.87	3341.88	3953.10	4656.18	4937.80	5529.59
辽宁	2355.58	2557.93	2751.34	2934.44	3307.14	3690.21	4090.40	4773.43	5576.48	5958.00	6907.93
吉林	2022.5	2182.22	2300.99	2530.41	2999.62	3263.99	3641.13	4191.34	4932.74	5265.91	6237.44
黑龙江	2148.22	2280.28	2405.24	2508.94	3005.18	3221.27	3552.43	4132.29	4855.59	5206.76	6210.72
上海	5596.37	5870.87	6223.55	6653.92	7066.33	8247.77	9138.65	10144.62	11440.26	12482.94	13977.96
江苏	3595.09	3784.71	3979.79	4239.26	4753.85	5276.29	5813.23	6561.01	7356.47	8003.54	9118.24
浙江	4253.67	4582.34	4940.36	5389.04	5944.06	6659.95	7334.81	8265.15	9257.93	10007.31	11302.55
安徽	1934.57	2020.04	2117.56	2127.48	2499.33	2640.96	2969.08	3556.27	4202.49	4504.32	5285.17
福建	3230.49	3380.72	3585.83	3733.89	4089.38	4450.36	4834.75	5467.08	6196.07	6680.18	7426.86
江西	2135.3	2231.60	2306.45	2457.53	2786.78	3128.89	3459.53	4044.70	4697.19	5075.01	5788.56
山东	2659.2	2804.51	2947.65	3150.49	3507.43	3930.55	4368.33	4985.34	5641.43	6118.77	6990.28
河南	1985.82	2097.86	2215.74	2235.68	2553.15	2870.58	3261.03	3851.60	4454.24	4806.95	5523.73
湖北	2268.59	2352.16	2444.06	2566.76	2890.01	3099.20	3419.35	3997.48	4656.38	5035.26	5832.27
湖南	2197.16	2299.46	2397.92	2532.87	2837.76	3117.74	3389.62	3904.20	4512.46	4909.04	5621.96
广东	3654.48	3769.79	3911.90	4054.58	4365.87	4690.49	5079.78	5624.04	6399.79	6906.93	7890.25
广西	1864.51	1944.33	2012.60	2094.51	2305.22	2494.67	2770.48	3224.05	3690.34	3980.44	4543.41
海南	2182.26	2226.47	2423.20	2588.06	2817.62	3004.03	3255.53	3791.37	4389.97	4744.36	5275.37
重庆	1892.44	1971.18	2097.58	2214.55	2510.41	2809.32	2873.83	3509.29	4126.21	4478.35	5276.66
四川	1903.60	1986.99	2107.64	2229.86	2518.93	2802.78	3002.38	3546.69	4121.21	4462.05	5086.89
贵州	1374.16	1411.73	1489.91	1564.66	1721.55	1876.96	1984.62	2373.99	2796.93	3005.41	3471.93
云南	1478.60	1533.74	1608.64	1697.12	1864.19	2041.79	2250.46	2634.09	3102.60	3369.34	3952.03
西藏	1330.81	1404.01	1462.27	1690.76	1864.31	2077.90	2435.02	2788.20	3175.82	3531.72	4138.71
陕西	1443.86	1490.80	1596.25	1675.66	1866.52	2052.63	2260.19	2644.69	3136.46	3437.55	4104.98
甘肃	1428.68	1508.61	1590.30	1673.05	1852.22	1979.88	2134.05	2328.92	2723.79	2908.10	3424.65
青海	1490.49	1557.32	1668.94	1794.13	1957.65	2151.46	2358.37	2683.78	3061.24	3346.15	3862.68
宁夏	1724.3	1823.05	1917.36	2043.30	2320.05	2508.89	2760.14	3180.84	3681.42	4048.33	4674.89
新疆	1618.08	1710.44	1863.26	2106.19	2244.93	2482.15	2737.28	3182.97	3502.90	3883.10	4642.67

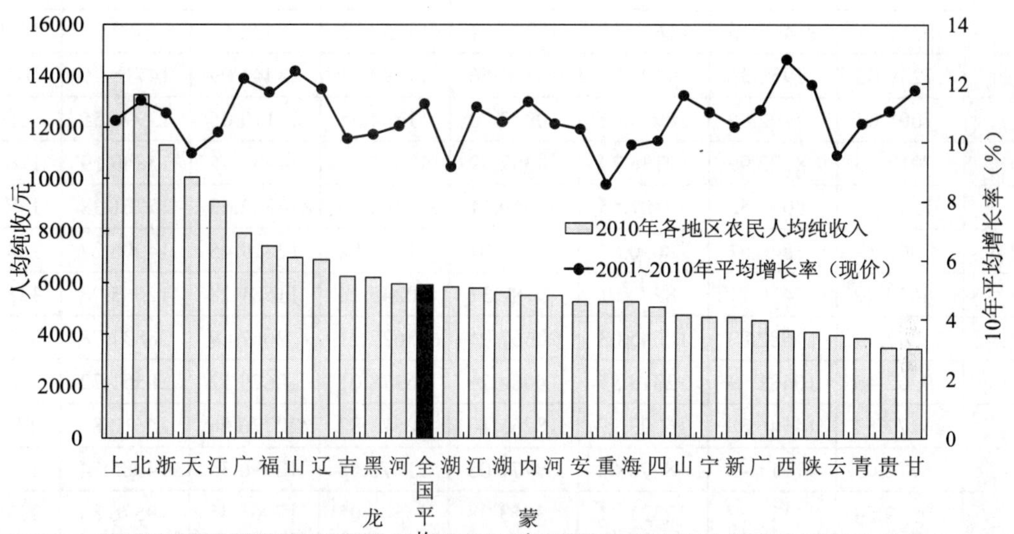

图A-14　2010年各地区农民人均纯收入

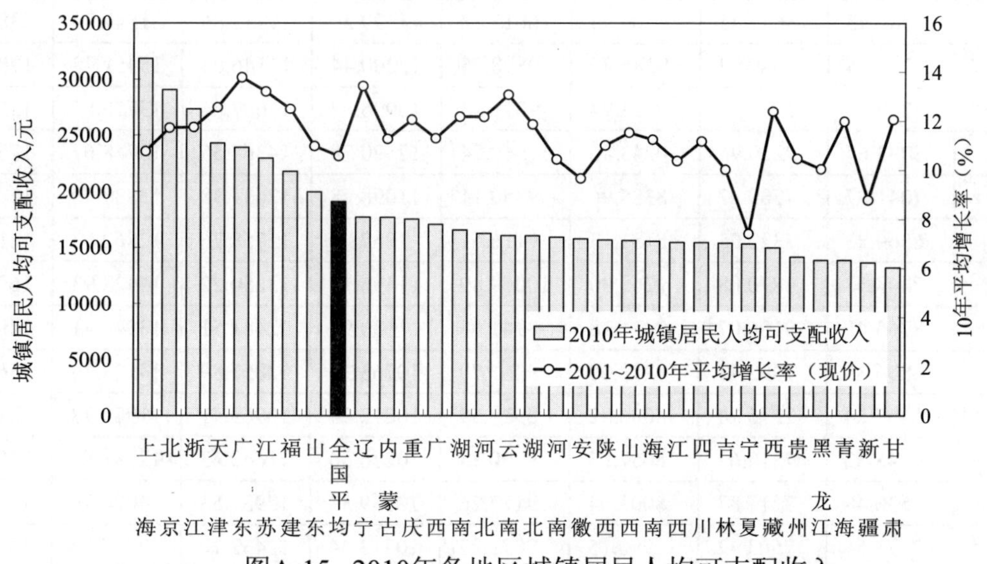

图A-15　2010年各地区城镇居民人均可支配收入

表A-18 各地区城镇居民家庭年人均可支配收入

（单位：元）

地 区	2003年	2004年	2005年	2006年	2007年	2008年	2009年	2010年
北 京	13882.62	15637.84	17652.95	19977.52	21988.71	24724.89	26738.48	29072.93
天 津	10312.91	11467.16	12638.55	14283.09	16357.35	19422.53	21402.01	24292.60
河 北	7239.06	7951.31	9107.09	10304.56	11690.47	13441.09	14718.25	16263.43
山 西	7005.03	7902.86	8913.91	10027.70	11564.95	13119.05	13996.55	15647.66
内蒙古	7012.90	8122.99	9136.79	10357.99	12377.84	14432.55	15849.19	17698.15
辽 宁	7240.58	8007.56	9107.55	10369.61	12300.39	14392.69	15761.38	17712.58
吉 林	7005.17	7840.61	8690.62	9775.07	11285.52	12829.45	14006.27	15411.47
黑龙江	6678.90	7470.71	8272.51	9182.31	10245.28	11581.28	12565.98	13856.51
上 海	14867.49	16682.82	18645.03	20667.91	23622.73	26674.9	28837.78	31838.08
江 苏	9262.46	10481.93	12318.57	14084.26	16378.01	18679.52	20551.72	22944.26
浙 江	13179.53	14546.38	16293.77	18265.10	20573.82	22726.66	24610.81	27359.02
安 徽	6778.03	7511.43	8470.68	9771.05	11473.58	12990.35	14085.74	15788.17
福 建	9999.54	11175.37	12321.31	13753.28	15506.05	17961.45	19576.83	21781.31
江 西	6901.42	7559.64	8619.66	9551.12	11451.69	12866.44	14021.54	15481.12
山 东	8399.91	9437.80	10744.79	12192.24	14264.70	16305.41	17811.04	19945.83
河 南	6926.12	7704.90	8667.97	9810.26	11477.05	13231.11	14371.56	15930.26
湖 北	7321.98	8022.75	8785.94	9802.65	11485.80	13152.86	14367.48	16058.37
湖 南	7674.2	8617.48	9523.97	10504.67	12293.54	13821.16	15048.31	16565.70
广 东	12380.43	13627.65	14769.94	16015.58	17699.30	19732.86	21547.72	23897.80
广 西	7785.04	8689.99	9286.70	9898.75	12200.44	14146.04	15451.48	17063.89
海 南	7259.25	7735.78	8123.94	9395.13	10996.87	12607.84	13750.85	15581.05
重 庆	8093.67	9220.96	10243.46	11569.74	12590.78	14367.55	15748.67	17532.43
四 川	7041.87	7709.87	8385.96	9350.11	11098.28	12633.38	13839.40	15461.16
贵 州	6569.23	7322.05	8151.13	9116.61	10678.4	11758.76	12862.53	14142.74
云 南	7643.57	8870.88	9265.90	10069.89	11496.11	13250.22	14423.93	16064.54
西 藏	8765.45	9106.07	9431.18	8941.08	11130.93	12481.51	13544.41	14980.47
陕 西	6806.35	7492.47	8272.02	9267.70	10763.34	12857.89	14128.76	15695.21
甘 肃	6657.24	7376.74	8086.82	8920.59	10012.34	10969.41	11929.78	13188.55
青 海	6745.32	7319.67	8057.85	9000.35	10276.06	11640.43	12691.85	13854.99
宁 夏	6530.48	7217.87	8093.64	9177.26	10859.33	12931.53	14024.70	15344.49
新 疆	7173.54	7503.42	7990.15	8871.27	10313.44	11432.10	12257.52	13643.77
全国平均	8472.20	9421.61	10493.03	11759.45	13785.81	15780.76	17174.65	19109.44

表 A-19　2010 年年底各地区分等级公路里程

（单位：km）

地　区	公路里程	等级路	其中			等外路
			高速	一级	二级	
全国总计	**4008229**	**3304709**	**74113**	**64430**	**308743**	**703520**
北　京	21114	20920	903	924	3196	193
天　津	14832	14832	982	1040	3165	—
河　北	154344	146053	4307	4037	15872	8291
山　西	131644	127664	3003	1939	14163	3980
内蒙古	157994	144395	2365	3387	12443	13598
辽　宁	101545	84757	3056	2876	17135	16789
吉　林	90437	81002	1850	1855	9087	9435
黑龙江	151945	118917	1357	1451	9063	33028
上　海	11974	11974	775	335	3065	—
江　苏	150307	141706	4059	9514	21328	8601
浙　江	110177	105851	3383	4293	9101	4326
安　徽	149382	142341	2925	499	10504	7042
福　建	91015	70655	2351	603	7373	20360
江　西	140597	101455	3051	1386	9340	39142
山　东	229859	227719	4285	8088	23862	2140
河　南	245089	182560	5016	564	24040	62529
湖　北	206211	187812	3674	2210	16159	18400
湖　南	227998	184045	2386	838	8018	43953
广　东	190144	170144	4839	10126	19082	19999
广　西	101782	81239	2574	876	8646	20543
海　南	21236	21012	660	278	1382	224
重　庆	116949	77175	1861	561	7474	39773
四　川	266082	205983	2682	2637	13074	60099
贵　州	151644	72557	1507	153	3578	79087
云　南	209231	158120	2630	733	5771	51111
西　藏	60810	36229	—	—	956	24581
陕　西	147461	134498	3403	787	7235	12964
甘　肃	118879	85733	1993	161	5768	33147
青　海	62185	47604	235	209	5351	14582
宁　夏	22518	21198	1159	669	2531	1320
新　疆	152843	98560	843	1399	10979	54283

表 A-20　历年货运量及货物周转量

年　份	货运量/万 t		公路比例（%）	货物周转量/亿 t・km		公路比例（%）
	全社会	公路		全社会	公路	
1993	1115902	840256	75.30	30525	4070.5	13.34
1994	1180396	894914	75.81	33275	4486.3	13.48
1995	1234937	940387	76.15	35909	4694.9	13.07
1996	1298421	983860	75.77	36590	5011.2	13.70
1997	1278218	976536	76.40	38385	5271.5	13.73
1998	1267427	976004	77.01	38089	5483.4	14.40
1999	1293008	990444	76.60	40568	5724.3	14.11
2000	1358682	1038813	76.46	44321	6129.4	13.83
2001	1401786	1056312	75.35	47710	6330.4	13.27
2002	1483446	1116324	75.25	50686	6782.5	13.38
2003	1561422	1159957	74.29	53859	7099.5	13.18
2004	1706412	1244990	72.96	69445	7840.9	11.29
2005	1862066	1341778	72.06	80258	8693.2	10.83
2006	2037892	1466347	71.95	88952	9754.2	10.97
2007	2275822	1639432	72.04	101419	11354.7	11.20
2008	2587413	1916759	74.08	110301	32868.2	29.80
2009	2825222	2127834	75.32	122133	37189.0	30.45
2010	3241807	2448052	75.52	141837	43389.7	30.59

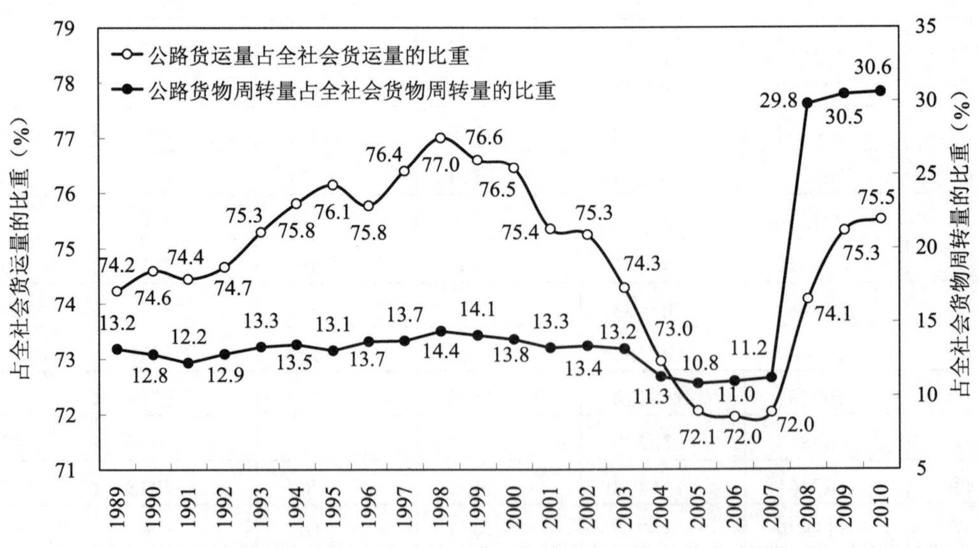

图A-16　1989～2010年公路货运地位变化曲线图

（注：从1985年起，包括私营运输完成的数量）

表 A-21　历年客运量及客运周转量

年份	客运量/万人		公路比例	客运周转量/亿人·km		公路比例
	全社会	公路	(%)	全社会	公路	(%)
1994	1092883	953940	87.29	8591	4220	49.12
1995	1172596	1040810	88.76	9002	4603	51.13
1996	1245356	1122110	90.1	9165	4909	53.56
1997	1326094	1204583	90.84	10056	5541	55.11
1998	1378717	1257332	91.20	10637	5943	55.87
1999	1394413	1269004	91.01	11300	6199	54.86
2000	1478573	1347392	91.13	12261	6657	54.30
2001	1534122	1402798	91.44	13155	7207	54.79
2002	1608150	1475257	91.74	14126	7806	55.26
2003	1587497	1464335	92.24	13811	7696	55.72
2004	1767453	1624526	91.91	16309	8748	53.64
2005	1847018	1697381	91.90	17467	9292	53.20
2006	2024158	1860487	91.91	19197	10131	52.77
2007	2227761	2050680	92.05	21593	11507	53.29
2008	2867892	2682114	93.52	23197	12476	53.78
2009	2976898	2779081	93.35	24835	13511	54.40
2010	3269508	3052738	93.37	27894	15021	53.85

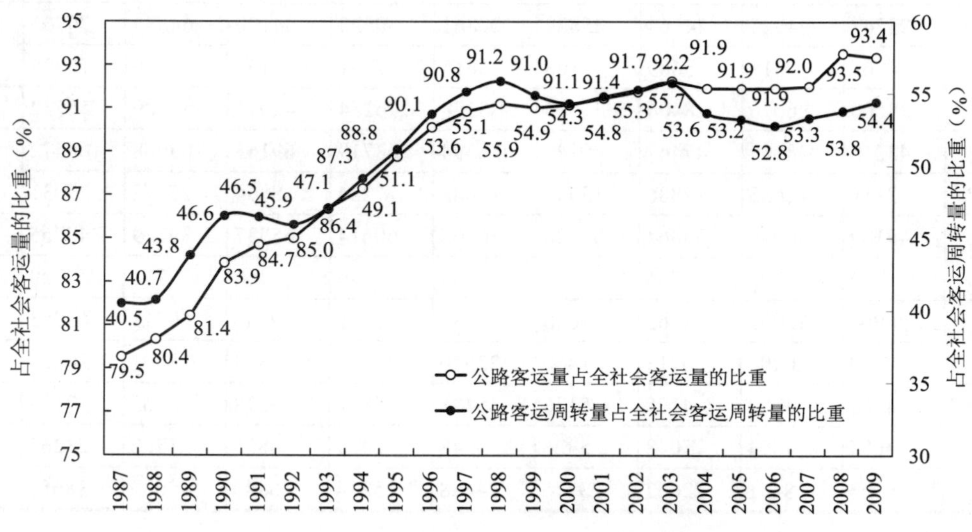

图A-17　1987～2009年公路客运地位变化曲线图

表A-22 各地区公路货运量

（单位：万t）

地 区	2001年	2002年	2003年	2004年	2005年	2006年	2007年	2008年	2009年	2010年
全国合计	1056312	1116324	1159957	1244990	1341778	1466347	1639432	1916759	2127834	2448052
北 京	28007	28375	28361	29256	30050	30953	17872	18689	18753	20184
天 津	19382	19554	20072	19650	19850	20290	23500	18160	19800	20855
河 北	63696	66655	61570	66227	68652	73263	79822	91342	106530	135938
山 西	61489	65097	67671	72621	76201	78513	82084	66710	54786	60819
内蒙古	36145	37239	38532	42697	51020	58978	73300	60941	70832	85162
辽 宁	63281	64104	65981	70164	74799	82142	90387	92938	105088	127361
吉 林	23649	24777	25211	26659	27441	28965	31573	23558	27032	33013
黑龙江	40135	40317	39031	40712	44376	48389	51996	35424	36486	40582
上 海	28869	29759	30678	31554	32684	33799	35634	40328	37745	40890
江 苏	59058	60299	64321	69058	76301	84319	97474	95625	104002	123500
浙 江	55706	63532	70907	78540	81448	89342	98742	91625	95802	103394
安 徽	32018	37164	39918	43468	49614	54717	62065	140381	157991	183658
福 建	23193	24023	23884	25964	27579	29806	34829	38367	40317	45575
江 西	19240	20301	21047	23223	25025	27477	30032	70270	75200	88445
山 东	83791	91571	97977	106887	120455	136750	163959	216604	251587	264366
河 南	53596	55743	56100	58147	62684	69898	83537	118198	151343	183291
湖 北	31160	28777	30348	31584	33481	35361	39568	52759	59563	71020
湖 南	41823	42982	51136	60291	67040	72457	85432	98759	111351	127635
广 东	60960	72242	73087	81792	84861	97461	112611	101429	125433	140689
广 西	23747	24325	24164	25822	27861	30525	34190	64884	75766	93552
海 南	4969	5518	5689	6168	6615	7981	10158	9489	10839	13947
重 庆	24600	26076	28406	31515	33378	36254	42011	54589	58532	69438
四 川	43218	48154	47467	49143	56594	63719	69163	103068	106472	121017
贵 州	12114	12685	12886	13541	15082	17284	18834	25272	27031	30834
云 南	49189	50649	53864	54326	56702	60614	65537	39119	40765	45665
西 藏	172	201	266	246	356	346	360	711	920	952
陕 西	26964	28002	28165	30038	33282	35811	39736	60713	67963	77123
甘 肃	20179	20408	20713	21460	22520	23826	25325	18201	20812	24050
青 海	4305	4450	4795	5136	5491	5864	6278	6805	7173	7962
宁 夏	4694	4894	5048	5326	5648	6029	6583	21762	23263	25453
新 疆	16963	18451	22662	23775	24688	25214	26840	40039	38657	41682

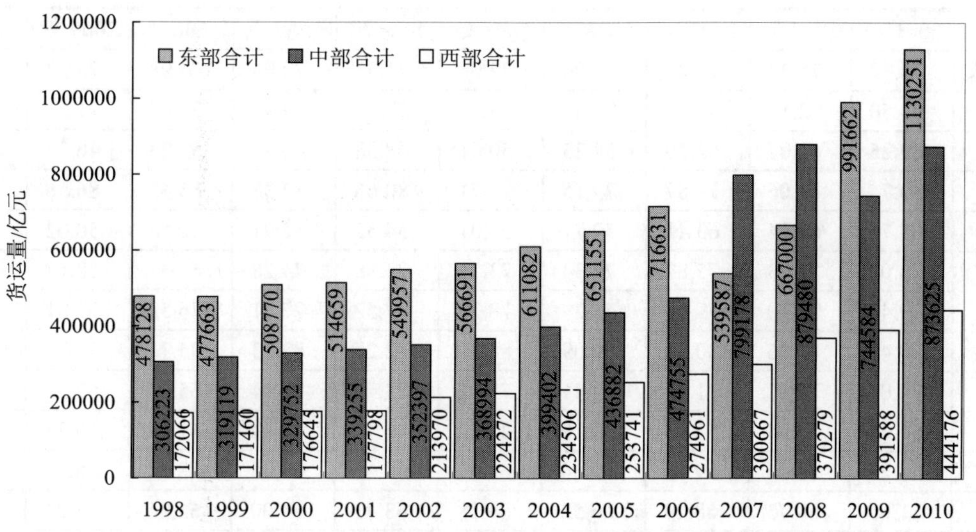

图A-18　1998～2010年三大地区公路货运量变化曲线图

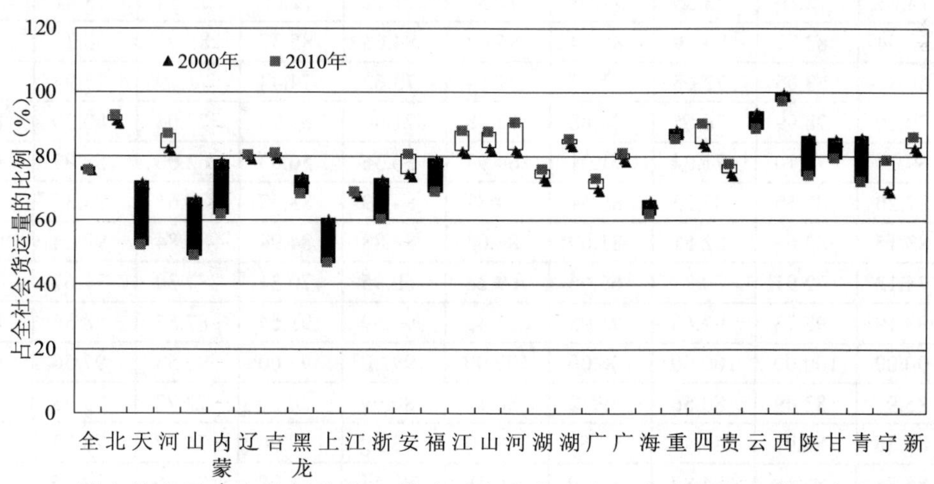

图A-19　2000年和2010年公路货运量占本地区
全社会货运量比例变化情况

表A-23 各地区公路货运量占本地区全社会货运量的比例

（单位：%）

地 区	2001年	2002年	2003年	2004年	2005年	2006年	2007年	2008年	2009年	2010年
全国平均	75.39	75.29	74.29	72.96	72.06	71.95	72.04	74.08	75.32	75.52
北 京	91.50	92.13	92.29	93.41	93.58	93.77	89.91	91.05	91.61	92.75
天 津	69.25	65.07	62.70	54.23	50.61	48.38	46.76	53.23	46.78	52.12
河 北	80.74	81.06	79.87	79.15	77.71	80.66	82.38	85.43	86.56	86.81
山 西	65.75	65.24	63.41	59.71	57.01	54.52	52.91	52.58	50.02	48.90
内蒙古	78.07	77.03	75.82	74.34	73.74	73.38	74.28	61.37	62.18	62.06
辽 宁	79.48	79.10	79.00	78.29	78.28	77.52	77.31	76.59	77.81	80.36
吉 林	80.49	80.86	80.20	80.09	80.33	82.26	83.23	75.74	77.74	81.06
黑龙江	74.04	74.12	71.81	71.41	71.81	73.49	74.14	65.63	67.31	68.42
上 海	56.74	55.04	52.43	50.10	47.62	46.70	45.49	47.78	49.23	46.86
江 苏	68.28	68.66	69.28	69.66	68.60	68.55	69.05	68.44	68.16	68.99
浙 江	71.05	69.73	68.29	66.52	64.18	63.41	64.00	65.86	63.21	60.45
安 徽	73.72	73.52	73.05	73.81	73.91	73.80	74.45	77.92	80.34	80.52
福 建	73.68	73.27	69.40	67.87	66.94	66.45	67.94	67.07	69.32	68.97
江 西	79.59	77.81	75.96	72.74	73.61	73.24	73.39	86.83	87.38	87.89
山 东	82.33	83.11	83.70	82.84	83.24	83.32	83.97	88.56	88.56	87.74
河 南	81.93	81.22	80.50	79.95	79.65	80.76	82.43	85.38	89.06	90.31
湖 北	74.61	73.89	73.55	71.98	71.59	71.72	72.06	73.38	75.41	76.02
湖 南	83.04	82.79	84.79	85.74	86.47	84.65	85.37	85.03	86.37	85.35
广 东	68.85	73.05	72.68	71.25	71.14	73.62	74.44	71.19	73.94	73.14
广 西	79.20	78.99	76.65	74.88	72.88	71.00	69.98	78.06	80.20	81.01
海 南	69.24	72.10	71.04	71.91	64.97	56.36	56.83	62.00	58.93	62.11
重 庆	87.20	87.55	87.23	85.51	84.87	84.29	83.57	85.61	85.37	85.33
四 川	83.15	83.63	82.51	81.69	84.03	84.88	84.94	89.84	90.04	90.11
贵 州	74.12	72.91	70.71	69.66	69.28	69.95	70.31	77.30	77.67	77.60
云 南	93.19	92.73	92.60	91.95	91.43	91.59	91.64	87.55	88.54	88.56
西 藏	100.00	100.00	100.00	100.00	100.00	99.00	97.00	96.53	97.56	96.95
陕 西	85.97	83.49	80.56	79.12	80.10	80.99	80.80	72.72	73.43	73.86
甘 肃	85.36	84.98	84.41	83.55	84.49	83.59	82.96	76.67	78.23	79.45
青 海	85.38	85.18	84.82	82.69	80.56	80.65	77.98	74.66	72.65	72.01
宁 夏	68.81	69.36	68.74	67.82	66.22	64.43	62.46	83.18	79.55	78.74
新 疆	81.09	82.34	83.69	82.67	82.18	80.91	82.16	86.88	85.82	86.01

表 A-24　各地区公路货物周转量

（单位：亿 t・km）

地　区	2002 年	2003 年	2004 年	2005 年	2006 年	2007 年	2008 年	2009 年	2010 年
全国合计	6782.5	7099.5	7840.9	8693.2	9754.2	11354.7	32868.2	37188.8	43389.7
北　京	83.6	79.0	82.3	85.5	88.6	79.3	84.1	87.9	101.6
天　津	65.8	68.2	72.0	74.0	75.8	88.0	178.3	205.9	231.2
河　北	632.4	591.6	658.6	691.5	748.9	843.2	2548.0	2998.5	4011.2
山　西	327.7	336.2	367.2	392.8	402.8	427.5	1102.2	906.4	969.9
内蒙古	231.4	241.9	269.8	322.3	384.1	492.0	1637.4	1885.3	2261.1
辽　宁	221.7	226.5	327.0	415.5	474.7	568.1	1354.2	1550.5	1930.3
吉　林	92.9	90.6	95.9	98.8	106.3	124.0	563.6	596.2	683.1
黑龙江	167.5	163.1	203.8	227.6	252.1	289.9	653.2	657.1	762.4
上　海	65.0	68.8	70.8	73.4	79.8	84.8	253.0	229.6	265.9
江　苏	351.9	365.0	386.9	459.2	542.1	638.6	885.1	971.1	1149.1
浙　江	293.6	313.7	353.6	372.7	431.1	493.6	1114.5	1188.7	1298.7
安　徽	299.6	318.4	349.9	422.7	464.2	542.8	3773.3	4237.2	5004.9
福　建	194.0	193.5	216.1	238.3	266.3	317.4	483.6	507.2	578.3
江　西	155.6	162.1	179.4	186.5	224.2	240.6	1494.2	1536.5	1850.2
山　东	477.2	527.6	596.1	711.8	845.1	1069.3	5117.9	6045.0	6216.8
河　南	398.9	405.2	422.0	467.0	538.8	681.9	2995.2	3927.1	4860.6
湖　北	211.5	223.9	235.6	251.2	266.1	302.1	789.4	930.1	1079.1
湖　南	356.0	455.5	513.5	538.6	592.4	682.7	1085.1	1259.7	1539.4
广　东	551.3	553.4	604.9	646.5	742.7	906.8	1225.3	1518.4	1735.4
广　西	218.5	217.1	235.6	258.4	286.8	320.1	800.0	934.7	1173.4
海　南	42.7	45.5	51.6	55.9	66.6	85.4	66.4	79.4	90.8
重　庆	89.9	107.3	128.3	149.1	172.6	205.4	453.2	503.3	610.3
四　川	213.8	219.6	230.9	263.7	311.1	343.4	827.8	851.3	985.1
贵　州	74.2	76.6	84.3	94.2	114.5	128.0	230.4	241.6	286.7
云　南	333.2	357.6	365.1	382.0	409.5	450.8	468.6	496.1	548.5
西　藏	22.3	27.1	23.1	40.7	36.6	37.5	28.8	25.4	26.6
陕　西	174.7	180.8	195.2	207.8	228.6	255.2	904.5	1032.4	1195.9
甘　肃	118.5	123.7	130.0	137.3	146.5	156.5	474.8	489.7	524.1
青　海	39.8	42.8	45.3	48.3	51.4	55.6	186.6	198.7	227.5
宁　夏	61.5	63.1	64.6	67.8	72.1	78.2	477.9	497.0	538.3
新　疆	215.7	253.9	281.5	312.4	331.9	366.2	611.9	600.9	653.0

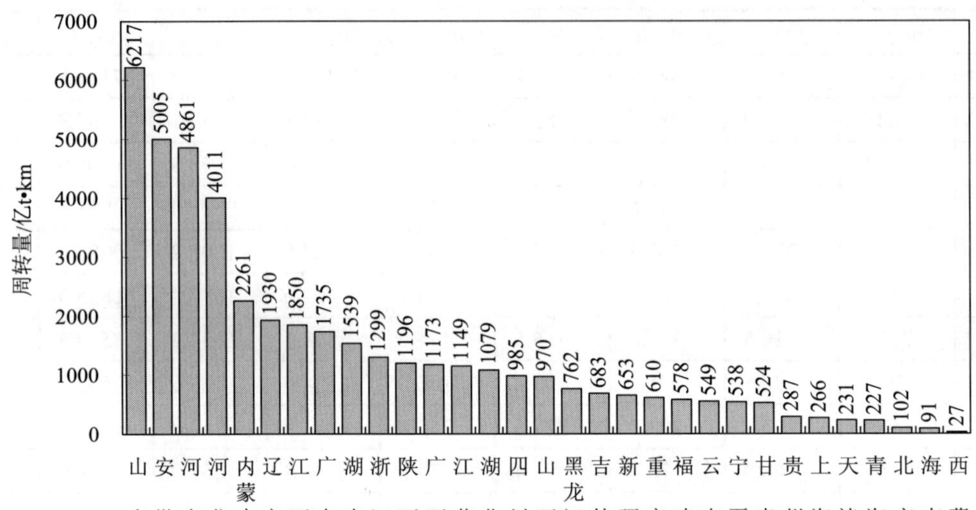

图A-20　2010年各地区公路货物周转量

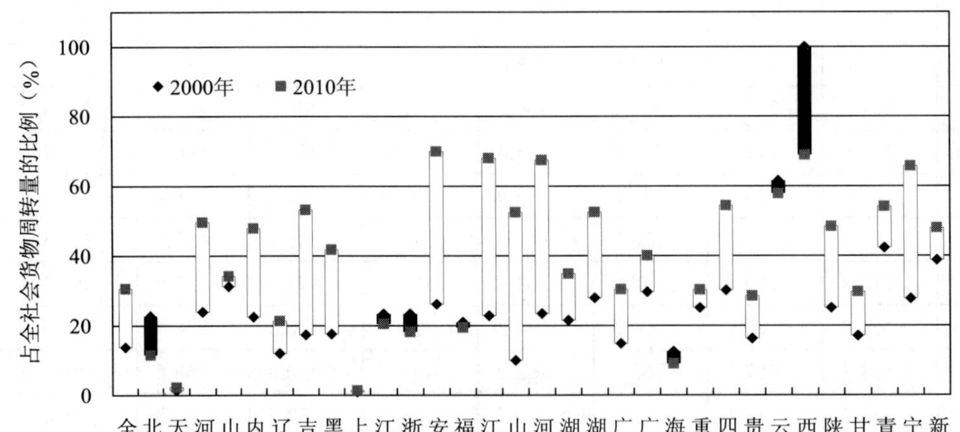

图A-21　2000年和2010年公路货物周转量占全社会货物周转量的比例变化情况

表 A-25　公路货物周转量占全社会货物周转量的比例（分地区）

（单位：%）

地　区	2001 年	2002 年	2003 年	2004 年	2005 年	2006 年	2007 年	2008 年	2009 年	2010 年
全国平均	13.30	13.42	13.18	11.29	10.83	10.97	11.20	29.80	30.45	30.59
北　京	20.99	20.31	17.08	15.31	14.69	13.56	10.94	11.08	12.01	11.59
天　津	1.26	1.04	1.05	0.64	0.59	0.62	0.58	6.59	2.14	2.30
河　北	22.05	21.73	18.35	16.35	13.64	13.48	14.04	43.00	46.81	49.70
山　西	30.11	29.48	26.70	25.90	23.23	23.23	23.24	43.02	37.92	34.15
内蒙古	22.38	21.48	20.85	20.57	22.42	22.42	24.32	44.75	45.79	47.98
辽　宁	11.98	11.91	9.50	11.09	12.40	11.74	9.77	19.25	20.00	21.38
吉　林	17.20	18.49	17.06	16.09	16.30	17.37	18.93	48.68	51.08	53.28
黑龙江	17.19	17.62	16.45	18.58	19.50	20.83	22.61	38.63	39.95	41.75
上　海	0.90	0.88	0.81	0.71	0.61	0.58	0.53	1.58	1.60	1.41
江　苏	23.13	23.42	20.59	16.48	15.34	15.28	16.01	20.58	20.77	20.56
浙　江	20.58	18.16	15.32	13.09	10.91	9.88	9.95	22.40	21.00	18.25
安　徽	23.68	24.48	23.97	24.03	26.99	27.26	27.30	64.58	67.03	69.97
福　建	19.00	19.33	15.82	15.45	15.15	14.02	15.25	20.18	20.52	19.43
江　西	22.34	21.68	21.09	20.62	21.06	23.55	23.38	65.38	65.83	68.04
山　东	9.14	11.50	13.50	12.54	12.82	13.23	16.67	50.63	54.84	52.54
河　南	22.76	23.09	21.42	20.03	19.85	22.10	24.91	57.99	63.81	67.49
湖　北	21.00	19.45	18.46	17.03	17.74	17.87	18.37	31.24	36.24	34.84
湖　南	28.43	29.35	33.73	33.08	33.07	33.98	35.51	46.18	50.12	52.60
广　东	16.07	17.68	17.52	15.72	16.75	18.36	21.13	27.67	31.83	30.38
广　西	28.82	27.82	25.14	23.60	23.53	23.50	22.79	38.48	39.99	40.09
海　南	16.18	17.89	18.15	21.86	12.46	10.14	10.37	11.11	10.02	9.13
重　庆	23.74	26.65	29.18	24.79	23.83	20.93	19.53	30.41	30.49	30.28
四　川	28.31	28.85	28.58	27.58	28.78	32.11	32.42	52.44	53.52	54.49
贵　州	16.03	15.27	14.00	13.80	14.56	16.81	17.74	28.60	26.09	28.50
云　南	61.75	60.17	58.41	56.10	56.12	58.98	56.25	57.06	57.18	57.90
西　藏	100.00	100.00	100.00	100.00	100.00	95.61	90.12	81.13	71.95	68.93
陕　西	23.69	22.49	21.29	20.26	20.20	21.14	21.42	44.62	46.53	48.52
甘　肃	16.78	16.91	16.75	14.80	13.97	14.05	13.61	29.77	30.24	29.71
青　海	39.38	36.78	34.46	33.02	32.82	35.66	31.52	55.59	54.56	54.20
宁　夏	26.32	25.53	25.81	26.64	26.56	25.97	26.81	67.92	66.23	65.75
新　疆	35.69	38.77	39.88	38.68	38.73	37.16	38.31	48.07	47.85	48.06

表 A-26 1999～2010 年年末全国民用汽车保有量

（单位：万辆）

年份	全社会民用汽车保有量				营运汽车保有量[2]			私人汽车保有量		
	合计	载客汽车[1]	载货汽车	其中：普通载货汽车	合计	载客汽车	载货汽车	合计	载客汽车	普通载货汽车
1999	1452.94	740.23	676.95	655.74	501.77	92.14	409.62	533.88	304.09	228.68
2000	1608.91	853.73	716.32	697.59	702.82	216.81	486.02	625.33	365.09	259.09
2001	1802.04	993.96	765.24	740.98	764.39	255.12	509.27	770.78	469.85	298.95
2002	2053.17	1202.37	812.22	—	826.34	289.55	536.78	968.98	623.76	341.29
2003	2382.93	1478.81	853.51	—	924.64	352.19	572.45	1219.23	845.87	367.35
2004	2693.71	1735.91	893.00	—	1067.18	439.09	628.09	1481.66	1069.69	402.82
2005	3159.66	2132.46	955.55	—	733.22	128.40	604.82	1848.07	1383.93	452.11
2006	3697.35	2619.57	986.30	—	802.58	161.92	640.66	2333.32	1823.57	494.91
2007	4358.36	3195.99	1054.06	—	849.22	164.73	684.49	2876.22	2316.91	539.45
2008	5099.61	3838.92	1126.07	—	930.61	169.64	760.97	3501.39	2880.50	596.39
2009	6280.61	4845.09	1368.60	—	1087.35	180.79	906.56	4574.91	3808.33	753.40
2010	7801.83	6124.30	1597.55	—	1132.32	83.13	1050.19	5938.71	4989.50	931.52

①小轿车包括在载客汽车中。

②营运汽车保有量 1999 年以前仅为公路部门营运汽车保有量，1999 年为全国营运汽车保有量。公路部门营运汽车总计中含公路部门直属企业营运汽车。

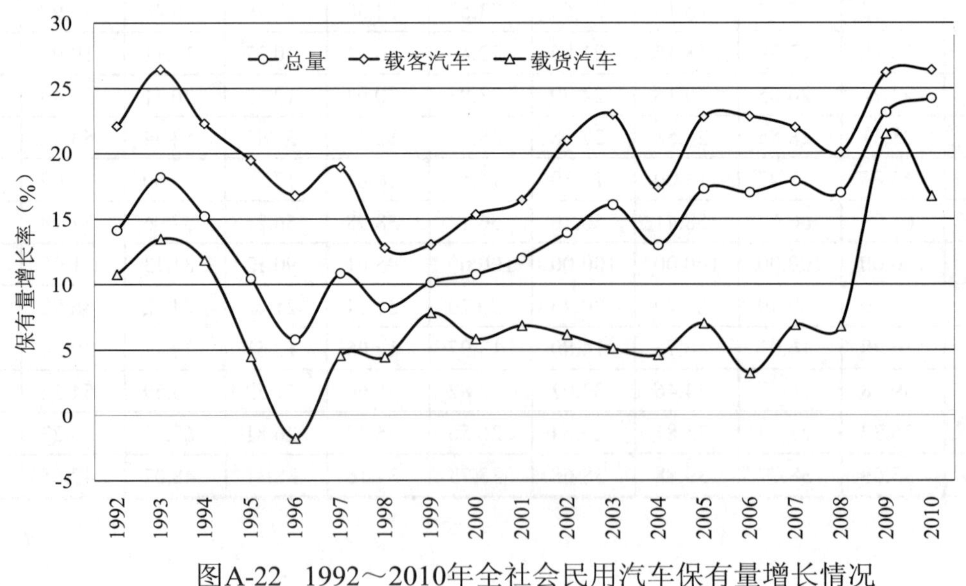

图A-22 1992～2010年全社会民用汽车保有量增长情况

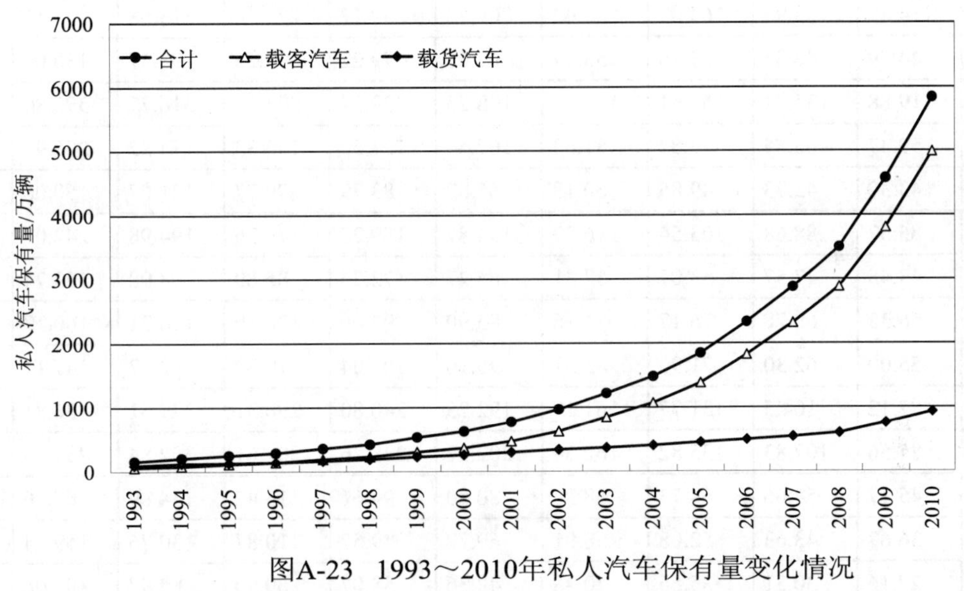

图A-23　1993～2010年私人汽车保有量变化情况

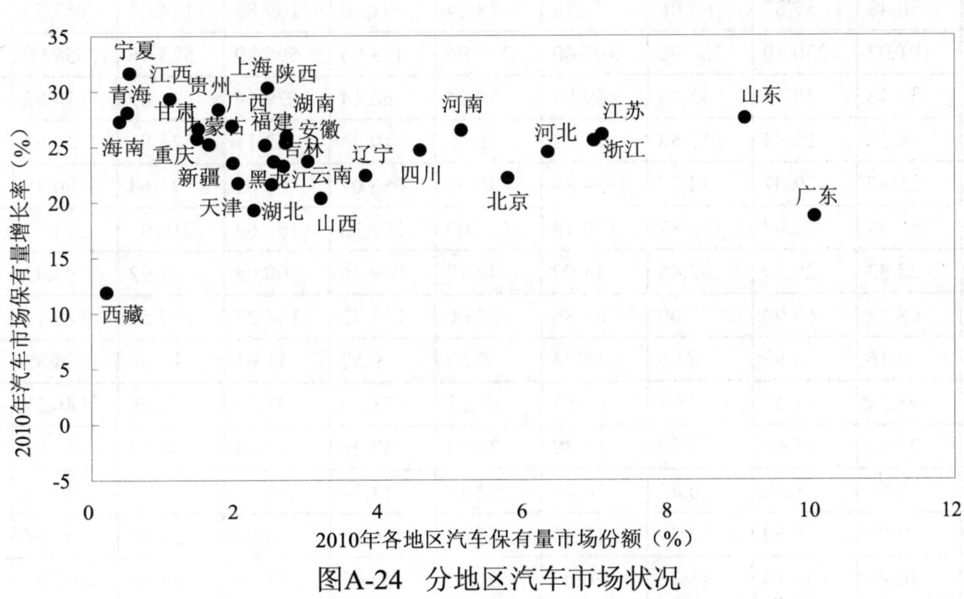

图A-24　分地区汽车市场状况

表 A-27 各地区历年民用汽车保有量

（单位：万辆）

地 区	2001年	2002年	2003年	2004年	2005年	2006年	2007年	2008年	2009年	2010年
北京	114.47	133.93	163.07	182.42	209.73	239.12	273.36	313.68	368.11	449.72
天津	44.79	48.33	53.78	58.34	67.68	79.22	93.25	108.47	130.00	158.24
河北	119.88	135.74	155.61	180.91	198.23	229.34	273.25	316.77	395.80	492.88
山西	59.37	63.85	73.82	81.63	107.44	121.55	144.33	174.22	205.95	247.89
内蒙古	43.30	42.73	49.85	60.18	65.82	83.79	99.77	121.07	150.06	187.80
辽宁	85.57	88.68	103.54	116.27	134.87	159.22	171.36	194.98	242.07	296.32
吉林	43.48	47.57	53.07	57.31	65.27	72.25	86.80	98.98	123.74	152.89
黑龙江	56.33	60.28	76.17	74.16	85.90	94.00	108.10	126.21	160.17	194.79
上海	55.00	62.30	71.90	83.51	95.16	107.04	119.70	132.12	147.11	175.51
江苏	87.12	104.5	131.77	161.19	192.25	240.80	296.31	349.51	436.81	550.80
浙江	85.56	107.83	135.82	162.34	202.92	248.36	301.61	352.84	431.73	542.05
安徽	45.17	54.66	64.73	68.28	80.50	94.61	113.42	134.89	167.36	209.81
福建	36.67	43.63	52.08	58.01	69.79	89.57	110.87	130.76	159.34	197.08
江西	27.16	30.31	35.56	40.48	48.36	58.07	69.90	82.97	107.08	137.43
山东	127.67	150.53	175.74	211.43	246.96	299.23	359.59	426.31	553.51	705.89
河南	92.46	105.82	119.75	130.97	152.17	183.38	210.32	249.04	316.07	399.73
湖北	52.33	62.33	72.86	77.83	86.24	98.74	115.46	136.86	168.32	207.49
湖南	50.43	57.67	65.08	71.78	78.34	91.76	109.83	134.04	167.59	211.06
广东	191.92	230.89	257.96	305.40	372.96	428.95	505.29	573.46	658.90	782.26
广西	35.43	40.14	43.44	49.07	59.14	66.14	79.64	94.89	119.85	152.06
海南	8.28	10.94	12.58	14.55	16.40	19.23	22.11	25.81	30.64	39.24
重庆	25.47	29.07	34.25	34.84	46.93	56.07	63.63	73.64	90.89	114.30
四川	85.39	98.97	113.87	126.78	138.00	157.23	183.62	219.05	284.69	354.97
贵州	28.33	29.29	32.46	34.09	46.77	49.36	60.05	71.92	91.43	115.76
云南	68.22	69.94	77.09	88.86	103.60	114.72	133.23	153.57	189.10	233.91
西藏	5.16	5.87	6.06	8.24	7.07	9.82	11.61	12.86	14.85	16.62
陕西	45.34	48.34	54.01	62.53	63.21	75.70	91.13	111.66	146.27	190.64
甘肃	23.87	25.68	27.39	19.39	33.74	37.26	43.04	50.57	65.75	85.04
青海	8.60	8.63	10.47	10.45	12.18	13.34	15.60	20.25	24.35	30.99
宁夏	9.07	9.59	12.39	12.40	15.63	16.86	20.09	24.35	31.54	41.52
新疆	40.20	45.15	46.76	50.07	56.42	62.63	72.10	83.86	101.53	127.14
全国合计	1802.04	2053.17	2382.93	2693.71	3159.66	3697.35	4358.36	5099.61	6280.61	7801.83

表 A-28　各地区民用货车保有量

（单位：万辆）

地 区	2001 年	2002 年	2003 年	2004 年	2005 年	2006 年	2007 年	2008 年	2009 年	2010 年
北 京	21.43	18.38	18.59	17.69	17.73	17.69	17.56	18.13	18.30	19.39
天 津	15.44	14.26	14.09	11.93	11.96	12.82	14.00	14.68	16.62	19.15
河 北	58.48	60.50	63.59	70.64	70.86	70.39	75.07	79.92	104.36	121.50
山 西	30.68	29.39	31.89	32.44	37.96	36.29	38.72	42.65	48.54	55.82
内蒙古	18.05	18.30	20.23	24.06	24.88	28.43	30.52	33.80	42.20	48.51
辽 宁	34.30	35.13	35.94	38.89	42.39	47.31	42.46	44.00	56.79	67.42
吉 林	17.83	17.72	17.63	17.21	17.91	17.62	20.80	22.29	27.73	32.85
黑龙江	21.35	23.51	26.67	23.93	26.28	25.80	27.96	30.77	41.27	48.98
上 海	15.98	17.21	17.87	18.82	19.16	19.98	20.78	21.39	22.19	23.81
江 苏	34.93	37.39	41.79	44.36	43.35	44.90	47.99	49.82	61.23	72.50
浙 江	41.40	46.97	48.30	51.86	55.90	59.74	63.81	66.90	76.65	87.29
安 徽	23.02	25.86	30.17	29.83	33.21	36.45	40.58	44.37	56.60	66.34
福 建	17.71	19.82	21.43	22.18	23.14	27.23	30.70	32.85	38.46	45.11
江 西	14.04	15.71	16.61	18.10	19.89	21.96	24.69	27.23	33.42	40.17
山 东	56.92	64.79	66.56	72.17	72.89	76.44	79.36	83.03	112.87	134.45
河 南	39.48	44.50	46.97	47.31	49.17	51.88	57.16	59.25	76.35	90.75
湖 北	22.04	26.94	29.25	29.79	30.96	30.96	33.92	38.54	46.07	53.29
湖 南	24.73	26.57	27.40	29.55	27.97	29.46	31.85	35.35	41.07	48.22
广 东	89.39	97.39	93.79	101.07	118.84	118.88	122.68	122.97	133.24	147.53
广 西	14.41	15.99	17.01	18.43	19.48	18.76	21.66	24.48	30.10	36.82
海 南	3.17	4.51	4.91	5.44	5.61	5.86	6.24	6.32	7.00	8.58
重 庆	10.67	13.45	15.36	14.62	20.09	22.61	23.86	25.47	29.30	34.03
四 川	34.36	36.99	39.26	40.66	39.39	40.33	44.37	49.78	61.24	70.45
贵 州	15.32	13.49	14.46	14.57	17.56	16.68	19.10	22.26	27.29	32.73
云 南	34.15	31.42	32.32	35.98	40.38	39.38	43.00	47.16	54.55	63.39
西 藏	2.47	2.72	2.30	3.27	3.96	4.19	5.04	4.62	5.74	6.32
陕 西	15.33	14.62	17.88	19.02	18.82	17.76	19.89	22.08	28.97	36.32
甘 肃	11.15	11.66	11.79	8.88	13.62	13.60	14.71	16.36	20.91	26.37
青 海	3.82	3.50	4.49	4.39	4.85	4.83	5.25	6.15	7.42	8.99
宁 夏	4.65	4.31	5.97	5.78	6.90	6.63	7.15	8.11	10.75	13.52
新 疆	18.52	19.22	18.99	20.15	20.46	21.45	23.17	25.35	31.38	36.96
全国合计	765.24	812.22	853.51	893.00	955.55	986.30	1054.06	1126.07	1368.60	1597.55

表A-29 各地区民用客车保有量

（单位：万辆）

地区	2001年	2002年	2003年	2004年	2005年	2006年	2007年	2008年	2009年	2010年
北京	91.6	112.84	141.41	161.4	188.31	217.56	251.63	291.02	345.44	425.74
天津	28.35	32.43	38.24	45.06	54.27	64.82	77.40	91.71	112.04	137.64
河北	59.87	71.61	87.39	103.05	119.98	149.52	185.31	219.99	286.07	365.36
山西	27.64	33.32	40.67	47.76	67.77	83.28	102.86	127.23	155.53	189.93
内蒙古	24.14	23.77	28.65	34.14	38.46	51.34	64.36	81.19	106.15	137.19
辽宁	49.78	52.42	64.59	73.50	89.62	107.34	124.13	144.88	182.41	225.67
吉林	24.27	29.68	34.91	39.44	46.56	53.42	64.29	74.47	94.92	118.78
黑龙江	34.00	35.93	48.00	48.59	57.67	65.84	77.01	91.09	117.00	143.66
上海	37.19	45.09	54.03	64.69	76.00	87.06	98.92	110.73	124.91	146.24
江苏	50.18	65.17	87.33	113.09	144.63	190.73	241.49	291.75	370.58	472.78
浙江	42.61	58.78	84.84	107.48	143.51	184.47	232.93	280.41	351.47	450.83
安徽	21.55	26.73	31.92	35.51	43.64	53.52	66.78	83.27	108.38	140.99
福建	17.44	22.69	29.40	35.46	44.96	60.14	77.40	94.73	119.25	150.30
江西	11.57	13.83	18.08	21.32	27.18	34.46	43.11	53.18	72.24	95.65
山东	65.8	82.14	104.20	132.27	166.40	213.58	268.63	329.04	435.84	566.09
河南	51.15	58.97	69.29	78.41	98.88	121.29	146.38	180.31	236.67	304.90
湖北	28.21	33.87	41.87	46.25	53.40	65.39	78.62	94.41	119.81	151.52
湖南	25.16	31.09	36.79	41.25	49.46	60.73	75.26	94.87	125.11	161.23
广东	99.05	130.29	159.74	198.73	247.44	302.49	373.68	440.60	520.38	629.30
广西	19.33	23.21	25.32	29.68	38.00	45.52	55.67	67.71	87.77	113.13
海南	4.94	6.25	7.47	8.89	10.54	12.56	15.52	19.07	23.27	30.23
重庆	14.4	14.88	18.00	19.38	26.07	32.21	38.39	46.66	60.04	78.54
四川	49.38	60.93	73.42	83.26	97.13	115.14	137.13	166.61	220.84	281.60
贵州	12.58	15.66	17.84	19.27	26.25	32.20	40.36	48.95	63.4	82.19
云南	33.16	38.18	44.30	52.31	62.49	74.46	89.17	105.17	133.38	169.08
西藏	2.60	3.12	3.74	4.94	3.11	5.63	6.43	8.18	8.92	10.15
陕西	26.6	32.38	34.99	41.84	42.84	56.13	68.53	85.84	115.01	151.64
甘肃	12.29	13.49	15.02	10.07	19.31	22.71	27.18	32.89	43.86	57.52
青海	4.55	4.99	5.78	5.87	7.08	8.18	9.94	13.54	16.49	21.45
宁夏	4.11	4.89	5.96	6.04	8.04	9.51	11.82	14.81	20.11	27.23
新疆	20.43	23.73	25.64	26.95	33.47	38.37	45.63	54.59	67.79	87.56
全国合计	993.96	1202.37	1478.81	1735.91	2132.46	2619.57	3195.99	3838.92	4845.09	6124.13

表 A-30　2010 年各地区城市公共汽（电）车、出租汽车情况

地　区	公交电汽车数量/辆	出租汽车/辆	运客总数/万人次
全　国	**374876**	**986190**	**6867497**
北　京	21548	66646	689789
天　津	7121	31940	115148
河　北	14630	46016	178559
山　西	6609	28848	110135
内蒙古	5771	37131	89963
辽　宁	19416	79890	409429
吉　林	10203	54933	151879
黑龙江	13567	61129	212581
上　海	17455	50007	469164
江　苏	27195	46075	398716
浙　江	21589	32532	302932
安　徽	9626	36681	181876
福　建	10306	16782	197723
江　西	6266	10854	121628
山　东	27752	57687	371800
河　南	16096	44525	229237
湖　北	16428	31325	284481
湖　南	12344	23778	241463
广　东	40509	59972	711137
广　西	6839	13566	141942
海　南	1964	3978	36470
重　庆	7552	14021	166508
四　川	15186	27022	290691
贵　州	4584	9091	113505
云　南	7135	15164	138213
西　藏	940	1357	5296
陕　西	9953	21288	223729
甘　肃	4382	19309	85327
青　海	2175	7119	38964
宁　夏	2382	12978	27130
新　疆	7353	24546	132084

表A-31 2010年各地区私人汽车保有量

（单位：万辆）

地区	汽车总计	载客汽车	载货汽车	其他汽车
全国	5938.71	4989.50	931.52	17.69
北京	371.51	363.13	7.56	0.82
天津	125.70	112.99	12.38	0.33
河北	404.16	323.27	79.08	1.81
山西	186.60	154.14	31.96	0.50
内蒙古	147.47	115.59	31.12	0.77
辽宁	198.81	170.75	27.53	0.54
吉林	114.49	94.20	19.98	0.31
黑龙江	139.65	110.24	29.02	0.39
上海	103.71	103.57	0.11	0.02
江苏	418.13	383.94	32.87	1.32
浙江	431.52	376.53	54.46	0.53
安徽	136.85	107.82	28.50	0.52
福建	151.93	122.57	29.04	0.33
江西	87.38	69.63	17.43	0.32
山东	577.11	485.36	90.03	1.73
河南	294.76	244.76	48.67	1.33
湖北	148.65	115.37	32.75	0.53
湖南	169.24	130.65	38.04	0.56
广东	628.12	536.79	90.06	1.27
广西	108.33	88.01	20.00	0.32
海南	28.09	21.57	6.42	0.10
重庆	74.15	59.86	14.00	0.29
四川	280.95	234.22	45.98	0.76
贵州	87.81	64.14	23.44	0.23
云南	185.57	135.87	49.27	0.42
西藏	11.03	6.28	4.75	—
陕西	144.11	121.01	22.42	0.68
甘肃	52.74	36.74	15.77	0.23
青海	19.95	14.37	5.48	0.10
宁夏	30.94	21.14	9.54	0.25
新疆	79.25	64.98	13.86	0.41

表 A-32　历年汽车产量

（单位：辆）

年份	汽车产量合计	其　中					
		载货汽车	越野汽车	其中：轻型越野汽车	客　车	轿　车	汽车底盘
1978	149062	96103	19382	12943	—	2640	28970
1979	185700	119501	24355	17181	—	4152	34585
1980	222288	135532	28034	20382	—	5418	48321
1981	175645	108261	19536	15452	—	3428	39986
1982	196304	121789	18883	15326	—	4030	42541
1983	239886	137100	22510	18247	6211	6046	62263
1984	316367	179846	21588	16553	6990	6010	85348
1985	443377	236934	25173	20747	11897	5207	114069
1986	372753	218863	23739	21891	9189	12297	81262
1987	472538	299356	27781	27351	20461	20865	92260
1988	646951	364000	36384	35978	50922	36798	136234
1989	586935	342835	48934	48291	47639	28820	103896
1990	509242	269098	44719	44348	23148	42409	90574
1991	708820	361310	54018	53371	42756	81055	122873
1992	1061721	460274	63373	61747	84551	162725	199162
1993	1296778	623184	59257	57057	142774	229697	171769
1994	1353368	613152	72111	70317	193006	250333	169106
1995	1452697	571751	91766	89765	247430	325461	162713
1996	1474905	537673	77587	73233	267236	391099	167651
1997	1582628	465098	59328	56547	317948	487695	178644
1998	1629182	573766	43608	38423	431947	507861	206325
1999	1831596	581990	36944	33602	418272	566105	229113
2000	2068186	668831	41624	35508	671831	607455	252063
2001	2341528	803076	41260	33247	834927	703525	317946
2002	3253655	1092546	43543	34232	1068347	1092762	425601
2003	4443522	1228181	86089	78622	1177476	2037865	381116
2004	5070452	1514869	79600	72245	1243022	2312561	398351
2005	5707688	1509893	—	—	1430073	2767722	381183
2006	7279726	1752973	—	—	1657259	3869494	442201
2007	8883122	2157335	—	—	1927433	4797688	558673
2008	9345101	2270207	—	—	2037540	5037334	530271
2009	13790994	3049170	—	—	3270630	7471194	596657
2010	18264667	3920363	—	—	4768414	9575890	791635

注：本表不含改装车产量；轿车产量已包含切诺基 BJ2021。

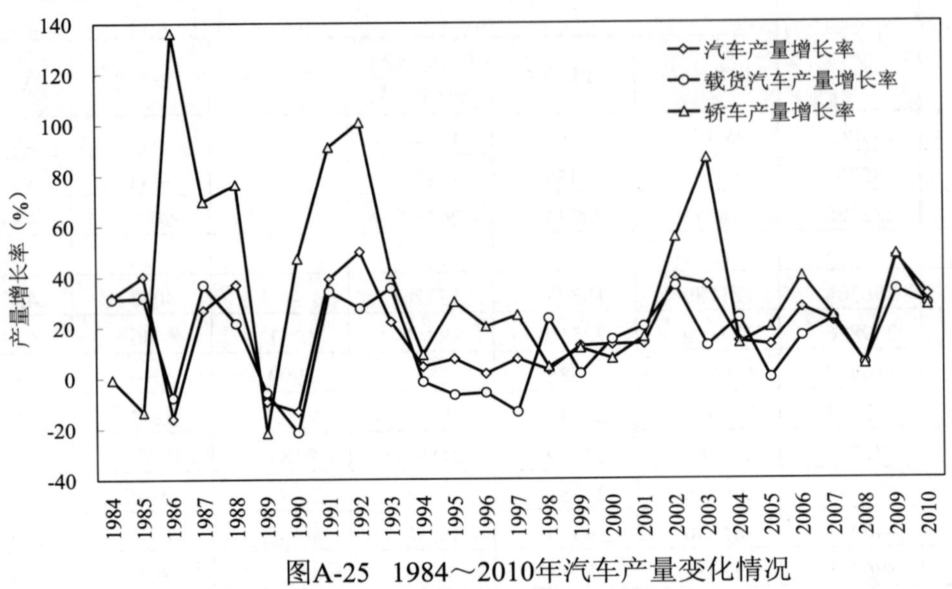

图A-25 1984～2010年汽车产量变化情况

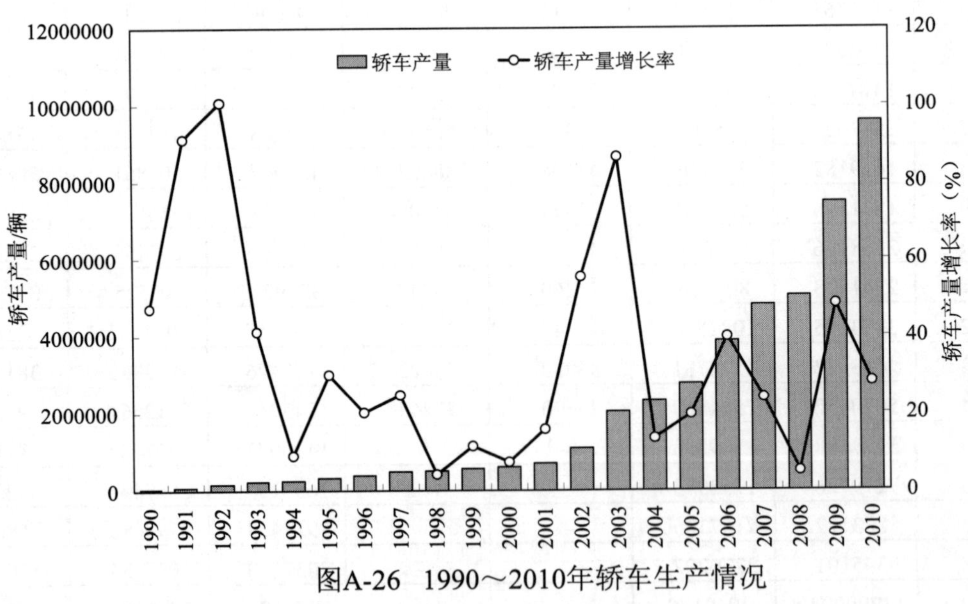

图A-26 1990～2010年轿车生产情况

表 A-33 2010 年汽车分车型产销量

车型		产量/辆			销量/辆		
		总计	国内制造	CKD	总计	国内制造	CKD
汽车总计		18264667	17941833	322834	18061936	17740443	321493
乘用车合计		13897083	13575215	321868	13757794	13437259	320535
其中1	基本型乘用车（轿车）	9575890	9386048	189842	9494269	9305033	189236
	多用途乘用车（MPV）	451028	438417	12611	445407	433608	11799
	运动型多功能乘用车（SUV）	1337947	1218532	119415	1326036	1206536	119500
	交叉型乘用车	2532218	2532218	0	2492082	2492082	0
其中2	排量≤1.0L	2036595	2036595	0	2006391	2006391	0
	1.0L<排量≤1.6L	7526853	7526853	0	7454372	7454371	1
	1.6L<排量≤2.0L	2881563	2709667	171896	2854755	2685144	169611
	2.0L<排量≤.5L	1206407	1077819	128588	1197800	1068321	129479
	2.5L<排量≤3.0L	207307	207306	1	205686	205685	1
	3.0L<排量≤4.0L	32143	16877	15266	32535	17241	15294
	排量>4.0L	6215	98	6117	6255	106	6149
其中3	手动挡	9390669	9370381	20288	9308220	9288120	20100
	自动挡	4136973	3965085	171888	4087035	3916129	170906
	其他挡	369447	239749	129698	362539	233010	129529
其中4	柴油汽车	126610	126610	0	125567	125567	0
	汽油汽车	13757096	13435228	321868	13619456	13298922	320534
	其他燃料汽车	13377	13377	0	12771	12770	1
商用车合计		4367584	4366618	966	4304142	4303184	958
其中1	柴油汽车	3551003	3550037	966	3496075	3495117	958
	汽油汽车	809229	809229	0	800950	800950	0
	其他燃料汽车	7352	7352	0	7117	7117	0
其中2	客车	358645	358645	0	356177	356177	0
	货车	2854778	2854778	0	2831295	2831295	0
	半挂牵引车	362526	362526	0	354623	354623	0
	客车非完整车辆	88576	88555	21	86874	86853	21
	货车非完整车辆	703059	702114	945	675173	674236	937

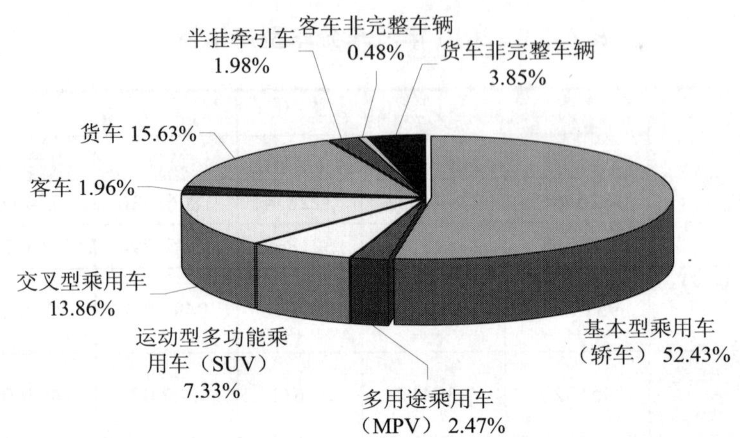

图A-27 2010年分车型产量构成情况

表 A-34 2002～2010 年全国改装汽车产量分类构成

（单位：辆）

车　　型	2002 年	2003 年	2004 年	2005 年	2006 年	2007 年	2008 年	2010 年
汽车总计	**489982**	**457860**	**548449**	**437972**	**550947**	**649607**	**631428**	**965399**
载货汽车	56701	21275	38839	45877	38434	60099	69912	76114
重型	121	2313	4032	3182	2472	8040	4882	5918
中型	602	565	4403	15413	3052	9907	9978	1641
轻型	55039	18004	30404	27282	32910	42152	54250	68555
微型	939	393	0	0	0	0	802	0
越野汽车	2425	499	7207	418	763	443	3706	2057
自卸汽车	116735	88711	89040	92030	120240	155608	162032	269623
矿用	58593	48441	40688	42323	—	—	—	—
重型	33663	29025	29881	37624	62408	90779	112941	207623
中型	24479	11245	18471	11810	41318	36465	21780	27526
牵引汽车	40426	46423	89202	53730	—	—	—	—
载客汽车	157713	162812	177994	146120	147437	121404	101315	96497
特大型	381	347	90	2153	888	—	—	—
大型	10027	13800	685	17199	16517	121325	17318	18826
中型	58637	44766	12079	39183	52070	46827	36597	22500
轻型	79236	90753	46102	85324	74447	54943	46311	55000
微型	9432	13146	109065	2261	3515	3105	771	149
厢式专用车	55612	65527	9973	45845	72710	70972	64100	137051
罐式专用车	20710	33735	32807	21656	30906	44557	44220	87044
专用自卸汽车	3192	7305	12537	4475	6287	8955	8805	15228
起重举升专用车	9417	12359	13138	14210	19089	27538	30286	50253
仓栅式专用车	2235	3547	1414	2751	8818	2511	6015	1627
特种结构专用汽车	11340	14227	9990	23407	10708	15244	15705	—

表 A-35　历年低速货车产销情况

（单位：辆）

年份	产销量	低速货车合计	低速货车	三轮汽车
2005	产量	1899834	422923	1476911
	销量	1895116	418881	1476235
2006	产量	2103633	463161	1640472
	销量	2096068	459416	1636652
2007	产量	2144147	443787	1700360
	销量	2144450	448343	1696107
2008	产量	2008539	424139	1584400
	销量	2005782	422013	1583769
2009	产量	2231679	499916	1731763
	销量	2216478	493570	1722908
2010	产量	2431542	528620	1902922
	销量	2422684	525223	1897461

表 A-36　汽车行业综合指标与全国工业企业的比较

（单位：亿元）

指　　标		2004 年	2005 年	2006 年	2007 年	2008 年	2009 年	2010 年
销售收入	汽车工业	9134.3	10108.4	13818.9	17201.4	18767	23817.5	29964.03
	全国工业企业	187814.77	248544	313592.45	399717.06	500020.07	542522.43	697744.00
	汽车/全国（%）	4.86	4.07	4.41	4.3	3.75	4.39	4.29
总产值	汽车工业	9463.16	10223.3	13937.5	17242	18780.5	23437.8	30248.60
	全国工业总计	201722.2	251619.5	316589	386747	507448	548311.42	698590.54
	汽车/全国（%）	4.69	4.06	4.4	4.46	3.70	4.27	4.33
增加值	汽车工业	2187.8	2209.9	3362.7	4141.40	4104.1	5378.7	6759.72
	全国工业总计	54805	72187	91075.73	117048.40	—	—	—
	汽车/全国（%）	3.99	3.06	3.69	3.54	—	—	—
产品销售税金及附加	汽车工业	183.65	216.52	303.3	364.47	365.77	453.78	635.70
	全国工业企业	2467.09	2997.34	3746.35	4772.08	6277.28	8995.95	11183.11
	汽车/全国（%）	7.44	7.22	8.1	7.64	5.83	5.04	5.68
利润总额	汽车工业	575.51	430.44	738.2	1027.04	923.58	1687.65	2598.60
	全国工业企业	11341.64	14802.54	19504.44	27155.18	30562.37	34542.22	53049.66
	汽车/全国（%）	5.07	2.91	3.78	3.78	3.02	4.89	4.90
固定资产投资	汽车工业	641.31	734.25	780.89	867.96	772.26	921.8	1278.12
	全社会	70477.4	88773.6	109998.2	137323.9	172828.4	224845.6	278139.80
	汽车/全社会（%）	0.91	0.83	0.71	0.63	0.45	0.41	0.46
汽车增加值占 GDP 比例（%）		1.6	1.2	1.59	1.66	1.37	1.58	1.68

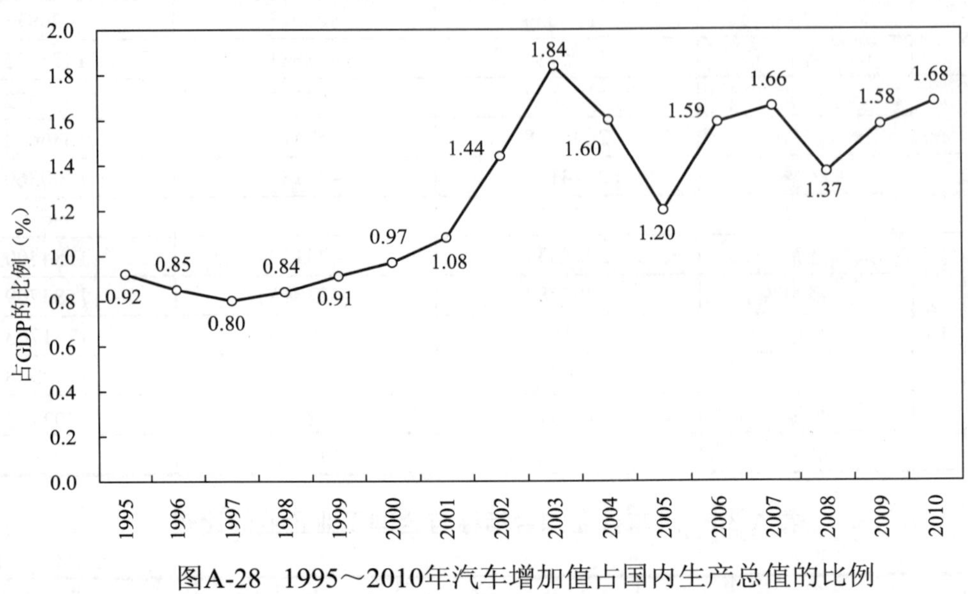

图A-28 1995～2010年汽车增加值占国内生产总值的比例

表 A-37 汽车行业效益指标与全国工业企业的比较

指	标	2004 年	2005 年	2006 年	2007 年	2008 年	2009 年
工业增加值率	汽车工业（%）	23	24.38	28.77	25.69	—	—
	全国工业企业（%）	26	28.69	28.77	28.89	—	—
	汽车/全国	0.88	0.85	0.86	0.89	—	—
工业成本费用利润率	汽车工业（%）	6.77	4.49	5.74	6.34	5.22	—
	全国工业企业（%）	6.50	6.30	6.60	7.00	5.90	6.91
	汽车/全国	1.04	0.71	0.87	0.91	0.88	
流动资产周转次数	汽车工业/（次/年）	1.79	1.87	2.14	2.30	2.22	2.40
	全国工业企业/（次/年）	2.20	2.30	2.50	2.50	2.60	2.43
	汽车/全国	0.81	0.81	0.86	0.92	0.85	0.98

注：表中数据为全部国有及规模以上非国有工业企业口径。

表 A-38　能源生产总量及其构成

能源构成		2004 年	2005 年	2006 年	2007 年	2008 年	2009 年	2010 年
能源生产总量/万 t		196648	216219	232167	247279	260552	274618	296916
原油/万 t	进口	12281	12682	14518	16317	17888	20379	23931
	出口	549	807	634	389	416	507	303
成品油/万 t	进口	3787	3143	3638	3380	3885	3696	3688
	出口	1146	1401	1235	1551	1703	2504	2688
原油产量/万 t		17587.33	18135.29	18367.60	18631.80	18973.00	27187.18	29097.77

表 A-39　2004～2010 年分车型汽车进口数量

（单位：辆）

品　种	2004 年	2005 年	2006 年	2007 年	2008 年	2009 年	2010 年
总计（含底盘品种）	175654	161324	227773	314130	409769	420696	813345
一、乘用车	164570	156170	218312	301239	395799	409225	791126
1．大客车（30 座以上）	123	91	117	73	—	—	—
2．中型客车（10～30 座）	2366	1236	1694	45	—	1902	5092
3．旅行车（9 座以下）	10510	12326	18422	19144	24674	35693	89919
4．其他机动小客车	174	—	—	—	—	—	—
5．越野车	35308	65966	86273	142228	215062	207381	351408
6．轿车	116085	76542	111777	139867	154521	164837	343653
7．机坪客车	4	9	29	6	—	—	—
二、载货汽车	8078	3032	5582	7980	10171	8201	14977
柴油：总重＜5 t	72	70	93	158	253	119	65
5 t＜总重＜14 t	297	349	362	385	418	213	146
14 t＜总重＜20 t	179	282	424	435	289	140	60
总重＞20 t	7286	2085	4210	6389	6461	6038	11454
汽油：总重＜5 t	152	132	347	272	1268	607	1599
总重＞5 t	2	4	5	2	16	1	8
未列名货车	90	110	141	339	1466	—	—
三、专用车	962	552	625	435	498	1314	333
四、底盘	429	515	304	894	990	375	—

表A-40　历年汽车进口数量及金额

年份	汽车进口数量/辆			进口金额合计/万美元	汽车配件金额/万美元
	总　量	其中			
		载货汽车	轿　车		
1982	16077	7730	1101	22511.8	6080.2
1983	25156	8445	5806	43259.2	13576.2
1984	88743	28047	21651	104821.2	16651.7
1985	353992	111492	105775	293689.9	28848.4
1986	150052	64570	48276	195459.5	27708.5
1987	67182	17554	30536	121431	41885
1988	99233	14201	57433	161240	33913
1989	85554	12587	45000	132732	34750
1990	65430	18395	34063	120293.3	43740
1991	98454	18578	54009	165992.3	58263
1992	210087	42005	115641	353523.5	87071.6
1993	310099	72935	180717	535143	97065.7
1994	283060	68269	169995	471482.6	68794.4
1995	158115	12037	129176	257549.8	85469
1996	75863	6256	57942	250018.5	107757
1997	49039	7077	32019	207821	92800
1998	40216	4373	18016	205789	80492
1999	35192	2685	19953	258018	100425
2000	42703	3085	21620	404750	211281
2001	71398	3138	46632	470326	261767
2002	127513	6692	70329	659985	231236
2003	171710	9862	103017	1483964	738430
2004	175480	8078	116085	1686001	867960
2005	161324	3032	76542	1543392	768494
2006	227773	5582	111777	2127410	1052519
2007	314130	7980	139867	2676775	1421523.8
2008	409769	10171	154521	3222993	1268125
2009	420696	8201	164837	3419834	1457311
2010	813345	14977	343653	5818595	2116655

注：1. 1981～1999年数据来源于海关总署《统计报表》，1999年以后数据来源于《汽车工业年鉴》。

2. 本表将进口汽车散件归入进口整车中、车身归入零部件中。

3. 1992～1994年进口金额合计中含发动机、摩托车、挂车进口额，发动机中含部分非汽车、摩托车用发动机。

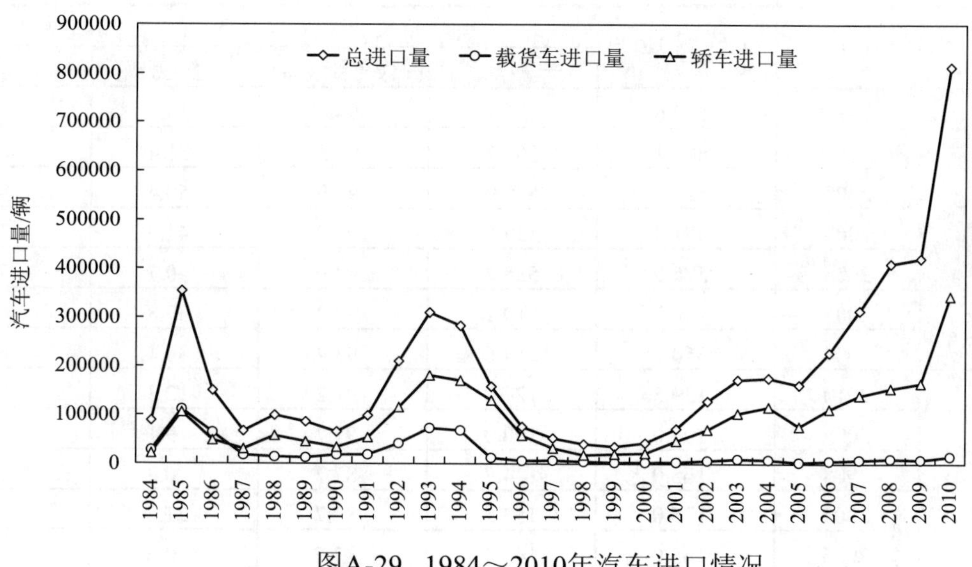

图A-29　1984～2010年汽车进口情况

表 A-41　主要国家历年汽车产量及品种构成

国别	年份	总产量/万辆	乘用车		商用车	
			产量/万辆	占总产量（%）	产量/万辆	占总产量（%）
美国	2010	773.0	274.5	35.5	498.5	64.5
	2009	870.5	377.6	43.4	492.9	56.6
	2008	1078.1	392.4	36.4	685.7	63.6
	2007	1121.2	436.9	39.0	684.3	61.0
	2006	1192	431.5	36.2	760.5	63.8
	2005	1199	423.0	35.3	776	64.7
	2004	1204.5	451.0	37.4	753.5	62.6
日本	2010	962.9	831.0	86.3	131.9	13.7
	2009	1156.4	991.6	85.7	164.8	14.3
	2008	1159.6	994.5	85.8	165.1	14.2
	2007	1148.4	975.6	85.0	172.8	15.0
	2006	1080	901.7	83.5	178.3	16.5
	2005	1051.2	827	78.7	224.2	21.3
	2004	1022.5	847.8	82.9	174.7	17.1

（续）

国别	年份	总产量/万辆	轿车		商用车	
			产量/万辆	占总产量（%）	产量/万辆	占总产量（%）
德国	2010	590.6	555.1	94.0	35.5	6.0
	2009	604.1	552.7	91.5	51.4	8.5
	2008	621.3	570.9	91.9	50.4	8.1
	2007	581.4	539.5	92.8	41.9	7.2
	2006	575.9	535.2	92.9	40.7	7.1
	2005	557	519.2	93.2	37.8	6.8
	2004	550.7	514.6	93.4	36.1	6.6
英国	2010	139.5	127.2	91.2	12.3	8.8
	2009	109.0	100.0	91.7	9.1	8.3
	2008	165.0	144.7	87.7	20.3	12.3
	2007	175.0	153.5	87.7	21.5	12.3
	2006	165.0	144.4	87.5	20.6	12.5
	2005	180.3	159.6	88.5	20.7	11.5
	2004	185.6	164.7	88.7	20.9	11.3
法国	2010	193.8	166.6	85.9	27.2	14.1
	2009	210.4	186.5	88.6	23.9	11.4
	2008	256.9	214.6	83.5	42.3	16.5
	2007	301.9	255.4	84.6	46.5	15.4
	2006	279.0	234.4	84.0	44.6	16.0
	2005	320.3	280.2	87.5	40.1	12.5
	2004	366.6	322.7	88.0	43.9	12.0
意大利	2010	84.3	57.3	68.0	26.2	31.0
	2009	84.3	66.1	78.4	18.2	21.6
	2008	102.4	71.7	70.0	30.7	30.0
	2007	128.4	91.1	71.0	37.3	29.0
	2006	121.2	89.3	73.7	31.9	26.3
	2005	103.9	72.6	69.9	31.3	30.1
	2004	114.2	83.4	73.0	30.8	27.0
加拿大	2010	206.4	97.1	47.1	109.3	52.9
	2009	149.4	82.2	55.0	67.2	45.0
	2008	207.8	119.5	57.5	88.3	42.5
	2007	257.8	134.2	52.1	123.6	47.9
	2006	256.8	138.9	54.1	117.9	45.9
	2005	268.7	135.4	50.4	133.3	49.6
	2004	271.1	133.5	49.2	137.6	50.8

注：资料来源于日本《主要国汽车统计》。2006年之前表中的乘用车为轿车的概念。

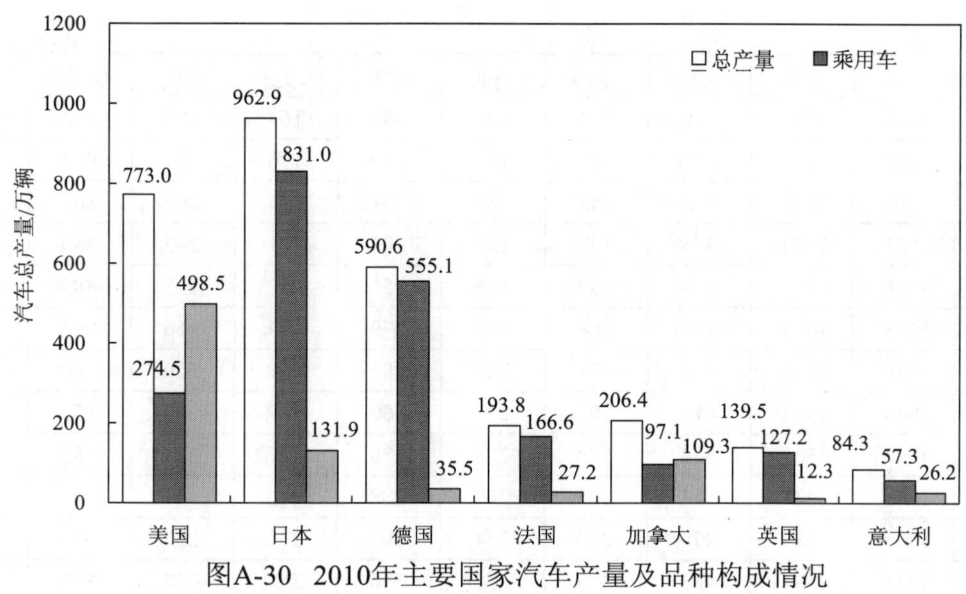

图A-30　2010年主要国家汽车产量及品种构成情况

表 A-42　2006～2010 年世界主要国家轿车生产量排序

（单位：万辆）

排序	2010 年		2009 年		2008 年		2007 年		2006 年	
	国别	产量	国别	产量	国别	产量	国别	产量	国别	产量
1	中国	1389.7	日本	1038.4	日本	991.6	日本	994.5	日本	976
2	日本	830.7	中国	686.2	中国	673.8	德国	638.1	德国	540
3	德国	555.2	德国	496.5	德国	552.7	中国	570.9	美国	523
4	韩国	386.6	美国	315.8	美国	377.6	美国	392.4	中国	437
5	巴西	282.8	韩国	257.7	韩国	345.0	韩国	372.3	韩国	349
6	印度	281.5	法国	224.9	法国	256.1	法国	255.4	法国	272
7	美国	273.1	巴西	216.6	巴西	214.6	巴西	238.8	西班牙	209
8	法国	192.2	西班牙	182.1	西班牙	194.3	西班牙	219.6	巴西	208
9	西班牙	191.4	印度	181.2	印度	182.9	印度	170.8	英国	147
10	墨西哥	139.0	英国	99.9	英国	146.9	英国	153.5	加拿大	144

注：资料来源于日本《自动车统计月报》。

表 A-43 1980～2010 年主要国家商用车产量

（单位：千辆）

年份	美国	日本	法国	西班牙	巴西	德国	意大利	英国	俄罗斯	瑞典
1980	1637	4005	440	153	224	358	167	389	872	56
1981	1687	4206	408	132	194	319	176	230	874	55
1982	1910	3850	372	142	186	301	156	269	866	54
1983	2422	3960	375	147	122	293	181	245	880	52
1984	3161	4392	349	132	185	255	162	225	885	59
1985	3463	4624	384	188	208	279	184	266	900	60
1986	3501	4450	422	251	241	286	159	229	900	66
1987	3805	4358	411	302	237	260	199	247	870	70
1988	4097	4501	474	368	286	279	227	317	885	76.5
1989	4025	3973	511	407	282	288	249	327	844	81.7
1990	3703	3539	474	320	251	292	231	257	929	60.6
1991	3444	3484	423	305	255	356	245	217	807	75.3
1992	4119	3069	438	331	276	330	209	248	518	63.1
1993	4917	2734	319	262	291	237	150	193	650	58
1994	5649	2753	383	321	334	262	194	228	254	82
1995	5635	2585	424	375	333	307	245	233	192	102
1996	5749	2482	443	471	346	303	227	238	179	96
1997	6196	2484	479	552	392	345	254	238	—	115
1998	6452	1994	351	609	329	379	290	227	188	133
1999	5648	2585	424	375	333	307	245	233	192	—
2000	7235	1781	418	667	322	395	316	185	—	—
2001	6293	1053	395	614	215	248	265	181	170	113
2002	7227	948	367	585	194	346	303	191	—	35
2003	7535	1747	37	63	78	361	292	189	—	117
2004	7759	1792	439	609	454	378	309	209	275	140
2005	7606	1783	401	654	506	407	313	206	286	145
2006	6843	1728	446	699	519	421	319	206	325	134
2007	6857	1651	465	694	548	504	373	215	376	162
2008	4929	1648	423	599	659	514	315	203	321	—
2009	3495	1072	239	358	584	245	182	91	125	87
2010	4985	1319	272	474	792	355	262	123	196	147

注：资料来源于日本《自动车统计月报》。

附录B　国家信息中心汽车研究与咨询业务简介

国家信息中心（简称SIC）于1986年开始进行汽车市场预测分析及调查研究工作，至今已有26年的历史，汽车研究与咨询业务不断扩大，目前这项工作由国家信息中心下属的经济咨询中心负责。

一、主体业务

国家信息中心汽车研究与咨询业务主要分为三大板块。

1．产业研究板块

（1）　*产业与政策研究*　产业与政策研究的重点方向和领域为：自主创新与自主品牌建设、新能源汽车研究、国际化和汽车零部件产业研究。

新能源汽车是近几年的研究重点，研究的课题包括：未来5～10年新能源汽车发展趋势判断、国家“十城千辆”新能源示范工程推进状况调研、全国车用动力电池材料产业化调研、新能源车商业推广模式研究（2010～2013）科技部863项目、新能源汽车材料产业调研、主要国家和主要跨国汽车集团新能源汽车发展状况研究等。

在汽车零部件方面完成的研究包括对汽车零部件产业的调查，对关键零部件、总成系统的调查，新能源汽车零部件调查等。

此外，就汽车产业发展中的问题也进行了相关的研究，包括汽车产业可持续发展，汽车产业兼并重组研究，合资企业可持续发展研究等。

（2）　*经济与政策研究*　每月跟踪宏观经济及相关政策的变化，包括各种宏观经济指标，宏观经济政策、汽车重大相关政策及社会重大事件等，研究经济的变化或重大事件对汽车市场的影响，研究各种政策出台的背景、目的、作用对象，并对政策效果进行评价。

（3）　*汽车产品与技术研究*　及时跟踪了解全球市场最新的产品与技术的发展动态，把握汽车产品与技术发展趋势。分析研究国内市场产品的表现，以及新产品、新技术在国内市场的前景。

（4） 其他相关研究 包括二手车市场、汽车金融、汽车租赁市场等汽车后市场的研究；对企业的生产管理模式、竞争优劣势、产品上市规律研究；对运输业、物流业等汽车相关产业的研究。

2. 市场预测研究板块

SIC 市场预测研究业务涵盖三个层次：第一，总量市场预测，包括国产车总体，进口、出口车总体，乘用车总体，商用车总体等。第二，细分市场预测，如按车型细分的重、中、轻、微型货车，大、中、轻、微型客车，轿车、皮卡、MPV、SUV 12 类车型，按区域细分市场及按用户细分的市场，如私人用户、公务车用户、出租租赁等。第三，目标市场预测，包含一些更细分的市场，如女性市场、两厢车市场、1t 级市场、广东市场等。市场预测研究主要包含以下业务模块。

（1） 乘用车短期研究 SIC 自 2003 年开始组织专门的研究小组对乘用车市场进行短期预测，每月对乘用车市场的月度走势进行分析与评价，发现乘用车市场运行的新特点和新变化，对当期的市场热点问题进行深入分析，并评价各企业、各车型在市场中的表现，对未来各月的市场走势作出判断。

（2） 乘用车中长期研究 中长期市场预测业务是 SIC 历史最久的业务。目前每年都要对乘用车市场进行十年滚动预测，并承接来自客户的有关总体市场及细分市场的中长期预测研究课题。主要研究未来 3～5 年或 5～10 年，甚至未来 20 年的乘用车市场发展趋势。包括对总量市场，乘用车分车型、分级别、分价位市场的全方位预测，也可以根据客户的要求做到分用户或目标市场的预测。中长期预测的基本手段是利用 SIC 各种中长期预测模型建立外生变量与内生变量的关系，并研究各种环境因素对关键变量的影响及其变化趋势，从而对总量市场及各种细分市场进行预测。

（3） 商用车研究 SIC 设有专门的商用车短期分析组和中长期预测组专注于商用车的研究。主要研究商用车整体市场、分车型市场（客车、货车、皮卡）、细分市场（重、中、轻、微型货车和大、中、轻、微型客车八大车型）的现状、特征与未来走势。包括对商用车市场的月度分析与评估，对商用车及其细分市场的中长期预测分析，对某专业物流市场的用车需求研究，对中重型货车市场的国际比较研究等。

（4）　豪华车与进口车研究　对豪华车和进口车的整体市场进行月度跟踪分析与中长期预测分析，并对豪华车进行分级别、分车型、分豪华程度、分进口和国产的细分市场的分析和预测。

（5）　区域市场研究　该项研究主要帮助企业解决三方面问题：第一，制定销售网络发展规划；第二，年度销售任务分配；第三，制定区域营销策略。目前区域市场研究的车型范围包括乘用车和商用车，研究的内容包括地区市场分级、地区市场特征研究、地区市场预测、地区市场营销方式研究、地区市场专题研究等。其中地区市场预测可以做到分大区、分省、分地级市多个层次，在时间维度上可以做到分月、分季度、分年度、中长期预测。

（6）　出口与海外市场研究　主要包括以下三项内容：

1）针对先导国家的国际比较研究：总结研究汽车市场发展的内在规律，研究市场发展环境及其影响因素，研究市场快速发展的条件等，并依据先导国家的规律，对中国市场的发展轨迹做出判断。

2）出口市场的研究：出口量的历史分析和前景预测，研究各厂商的出口现状与未来走势，主要出口市场的研究，包括出口国、出口量、车型及价格等，各主要厂商（包括国内和跨国公司）出口战略的现状和未来趋势，厂商的海外生产和扩张计划。

3）主要出口目的国研究：研究某特定的出口目的国的经济、社会、人口发展情况，研究其乘用车需求量与需求特征、需求偏好，研究针对它出口的商务政策、出口市场的潜力和目前存在的问题等。

3．市场调查研究板块

SIC 每年执行大量的定量调查，包括各类消费者调查、机构用户调查等，这些调查是与我们在全国 70 多个城市的调查代理共同完成的。这些代理与 SIC 有多年的合作关系，并积累了丰富的汽车市场调查经验。

除了大量的定量研究外，SIC 每年还执行非常广泛的定性调查，甚至有些项目完全采用大样本量的深访进行。而所有的深访调查的执行者都是 SIC 的研究员，这种深入一线的面对面的调研，对我们理解用户、理解市场、深度分析具有极大的帮助。

SIC 的市场调查业务主要分为三类：需求动向基础调查、需求动向延展类调查、产品企划专项调查。

（1） 需求动向基础调查　是具备地域覆盖广、样本量大、全面性、持续性的基础类调查，重点调查消费者汽车保有情况，购买和使用行为，消费者需求偏好，用户人群特征等，以积累消费者动态信息。这类调查可以针对不同的调查对象展开，如新车购买者、换购用户、三线市场用户、县域市场用户等，可以针对不同车型用户展开调查，如轿车用户、中重型货车用户、微型客车用户等。

（2） 需求动向延展类调查　在需求动向基础调查的基础上就某一项内容进行深入调查，这类调查属需求动向延展类调查。SIC 做得比较多的是配置调查、品牌健康度调查、产品需求偏好调查、人群分类研究等。

（3） 产品企划专项调查　围绕企业的产品企划而进行的一系列调研，包括新产品市场机会调研，产品概念测试，产品定位研究和产品上市后评价。在这类业务中 SIC 可以将细分市场预测方面的优势延伸到产品企划领域，使企业的产品企划与市场前景紧密结合。

二、汽车市场研究的支撑体系

1．模型方法

国家信息中心自从开展汽车研究和咨询业务以来，花费了大量的人力物力进行汽车市场研究手段的建设，研制了一批汽车市场研究与预测模型。特别是近年来，通过与多家国际知名汽车厂商的合作，在模型方法创新方面取得了很大的进展。SIC 的主要模型工具有以下几种。

1987 年开发的《中国汽车市场预测模型》，此模型为计量经济模型，并在 1990 年和 1994 年进行了两次改版。

1999 年与美国通用公司合作研制了《中国汽车工业发展模型》。此模型参考美国、巴西、波兰等国家的汽车预测模型，并连续十年会同美国的模型专家对模型进行持续改进调整，使该模型成为国内乃至国际上高水平的产业模型。SIC 每年都会针对模型所需的输入变量展开一次大规模的消费者调查，2011 年更是在十多年调查数据的基础上进行了大量的实证研究，将模型中细分市场预测部分进一步完善。

2002 年开发了《中国大中型客车市场预测模型》、《中重型货车预测模型》、《地区市场预测模型》，并在以后的几年内连续改进；2003 年引进并开发了《出租车市场预测模型》和《公务车需求预测模型》；2005 年开发了乘用车短期预测模型，并在近年的实际应用中持续改进，特别是 2009 年形成了 TSCI 的评估预测框架体系，并开发了乘用车市场景气监测指标体系配合短期预测的展开。

2010～2011 年，开发了豪华车和进口车的总量及细分的预测模型，还开发了乘用车、中重型货车、轻型车及微型车的 N+3 模型，商用车的分地区预测模型等，使 SIC 的预测模型体系更加细分化。

同时，在市场研究方面也积累和开发了大量的研究模型，包括用户满意度模型，品牌健康度模型，产品竞争力模型，配置与客户价值分析模型，企业产品表现评估模型，产品特征分析模型，消费者细分模型等。

2．数据库系统

为了支持汽车咨询业务的顺利展开，SIC 近年加大了数据库的建设，分别形成了宏观经济数据库、乘用车产销与注册数据库、商用车产销与注册数据库、地区市场数据库、地区经济数据库、厂商与产品数据库、价格跟踪数据库、汽车进出口数据库、汽车零部件企业数据库、经销商数据库、用户调查信息数据库等。SIC 的各业务模块组持续跟踪和加载、维护各种数据库，并增加了多种分类变量，便于各种维度的分析。

3．资源体系

SIC 建立了十大资源体系，分别是政府关系系统、专家系统、经销商调查系统、跨国公司关系网络、横向合作系统、国内厂商关系网络、大用户系统、零部件厂商系统、汽车金融系统、媒体关系系统，这些系统同样是各研究咨询项目顺利开展的保证。SIC 定期针对各资源系统组织了以下相应的活动。

（1）*每月定期做经销商调查* 针对乘用车和商用车的经销商做调查，了解当月的市场情况及变化原因，为 SIC 的月度市场评估分析与预测服务。

（2）*定期召集汽车市场研讨会* 从 1992 年起，国家信息中心每年在年中和年底召集两次国内汽车厂家及行业市场分析专家参加的“宏观经济与汽车市场形势”高级研讨会，目前这个会议已经成为汽车界了解汽车市场发展趋势，切磋对市场的看法，进行各种信息交流的平台。

（3）定期组织跨国公司交流平台的活动　国家信息中心从2007年起开始搭建乘用车跨国公司交流平台，2008年第四季度又成立了商用车跨国公司交流平台。全球主要的汽车跨国公司均加入了交流平台。两个平台每个季度分别开展一次活动，大家对当前的宏观经济形势与汽车市场形势进行广泛的交流。

（4）每月邀请专家讲座　通过请进来、走出去的方式每月与多名专家进行交流，借助外脑及时跟踪了解经济、政策、市场动态及专家对形势的判断。

（5）参加政府组织的各种会议　参加国家发展和改革委员会、工业和信息化部、商务部等汽车主管部门组织的有关规范和促进中国汽车市场发展的研讨会、政策分析会、五年规划会等，为政府制定政策出谋划策。

三、国家信息中心近五年来承接的部分专项咨询项目（见表B-1）

表B-1 国家信息中心近五年来承接的部分专项咨询项目

项目名称	主要内容	完成时间/年
1. 货车新车购买者调查	连续对货车车主进行调查，了解货车个人用户和单位用户购车行为与需求变化	2007
2. 皮卡市场调查	对皮卡用户的购车行为与特征进行调查，分析整个皮卡市场发展变化的状况与趋势，分析用户需求特征	2007
3. 二手车用户调查	对3个城市250个二手车用户的调查，了解他们购买二手车的原因、需求状况、使用状况等	2007
4. 产品与技术热点月度研究	跟踪国内外产品与技术的发展动态，对新产品竞争力、新技术应用前景进行分析	2007
5. ××厂商区域市场季度分析与预测	对各省汽车市场的运行状况进行分析，并对分省市场进行季度滚动预测	2007

（续）

项目名称	主要内容	完成时间/年
6. ××厂商配置需求调查	通过CAPI的方式对消费者进行调查，了解他们对配置的需求意向和价格接受度	2007
7. ××厂商月度市场评估	分析月度乘用车市场的走势和新的变化特征，分析××厂商及其产品的月度市场表现，并提出相关建议	2007
8. 北京、上海、广州市区与郊县市场研究	研究这三个重点市场乘用车需求的转移趋势，对郊县市场的发展现状与潜力进行分析预测	2007
9. 北京租赁市场研究	通过对北京市租赁公司和租赁用户的深入调查，研究北京汽车租赁市场现状、发展中的问题，发展前景和需求特征，为××企业进入租赁市场提供决策支持	2007
10. 乘用车市场发展与消费者意识调查	通过6个城市4000多个消费者的调查，并结合经销商调查和用户焦点小组、专家调查，对中国乘用车市场2007年的变化进行全方位的了解，包括对厂商及其品牌形象的认知、车辆的购买与使用、用户特征等，分析产生变化的原因，对未来市场需求进行预测	2007
11. 轻型货车有形市场调查	了解轻型货车主要品牌的有形市场规模、政策及执行状况，为××企业制定有形市场政策服务	2007
12. 细分市场消费者需求偏好研究	通过对4个城市1400多个用户的调查，了解重点细分市场用户需求偏好的变化方向，为企业进行产品规划、产品开发提供决策依据	2007
13. VAV和SUV市场研究	分析研究中国VAV和SUV市场的发展里程、供需情况、市场竞争状况、主流产品及用户特征等，对未来市场规模进行预测	2007
14. 高端车市场研究	分析研究轿车高端市场的发展里程、供需情况、市场竞争状况、主流产品及用户特征等，对未来市场规模进行预测	
15. 中国汽车出口及主要厂商海外拓展计划	研究中国汽车出口市场的发展状况，对出口国、产品出口结构、出口量、对象国的政策、出口厂商的海外市场推展计划等方面进行深入分析，对未来我国汽车出口市场的走势进行分析判断	2007
16. ××厂商2007年区域市场研究	对全国18个重点城市市场进行调查，研究各城市市场的特征、用户特征、品牌表现、营销特点等，对未来两年的市场需求、需求结构进行预测。同时对全国近300个地级市市场进行分类研究和需求预测	2007
17. 中国汽车市场中长期发展趋势预测	分析研究中国经济社会的变化，分析影响未来汽车市场变化的因素，对未来10～20年中国汽车市场特别是乘用车市场的发展趋势、需求总量进行预测	2007
18. 宏观经济形势季度分析	跟踪宏观经济指标的季度变化，对经济走势、经济政策及其对汽车市场的影响进行分析	2007

（续）

项目名称	主要内容	完成时间/年
19. 2007年乘用车新产品的市场表现分析	对一年来上市的新产品的市场表现进行综合评估，包括产品的特征、销售情况、对市场的影响等	2007
20. 汽车政策月度评估	跟踪汽车市场相关政策动态，对政策背景、政策目的、政策实施效果、政策影响等方面进行分析	2007
21. 中国零部件行业调查	对中国汽车零部件行业进行全面的调查，了解行业现状、各类企业的产品技术、产品价值现状，为主管部门制定零部件长期发展规划服务	2007
22. 全国乘用车需求动向调查及10年滚动预测	经济咨询中心联合国内十几家骨干汽车厂家，通过对60个城市的私人用户、集团用户和出租租赁用户的调查，了解不同类型用户需求的变化，并对未来10年乘用车总需求、不同区域的需求、分价位需求结构、分级别需求结构等细分市场进行预测	2007
23. SUV产品实车测评调查	为某跨国公司SUV新品进入中国市场进行前期调研，在三个重点城市调查300个用户，了解他们对车型的接受程度和改进建议	2007
24. 轻型客车市场研究	对轻型客车市场的发展现状、竞争格局、用户特征及未来趋势进行深入的研究，对××公司开发的新产品进行图片测试，了解用户的接受度和改进建议，为企业进入轻型客车市场提供决策依据	2007
25. PV/CV市场滚动预测	对未来5～10年的中国乘用车市场和商用车市场进行预测	2008
26. 2008年度产品与技术热点月度分析	跟踪2008年全年的产品与技术发展动向，对产品和技术的热点、市场前景进行分析判断	2008
27. 汽车市场月度分析	对每月汽车整车市场、乘用车市场及商用车市场的运行态势进行分析，并对下月的市场走势进行判断	2008
28. 政策月度分析	对宏观经济政策、汽车行业政策及社会重大事件对车市的影响进行分析与评估	2008
29. 海外物流市场研究	分析美国物流市场的发展状况和特征及其对我国物流市场的发展和其对物流用车市场的启示	2008
30. 2008年北京轿车市场分析及××品牌市场策略的研究	研究2008年北京奥运及其配套的相关政策措施对北京乘用车市场的影响，并针对某品牌的营销策略	2008
31. 混合动力产品的市场前景研究	针对微混、轻混、全混等各种混合动力技术进行消费者调研，分别了解各种混合动力技术的用户接受度，分析和判断各种技术的市场前景	2008
32. 区域市场研究	分析经济环境等因素对地区市场的影响，对2009年各省、地级市乘用车市场进行预测	2008

（续）

项目名称	主要内容	完成时间/年
33. 细分市场消费者偏好研究	通过对不同细分市场消费者的定量定性调查，了解用户需求偏好的变化	2008
34. 配置调查	通过CAPI的方式对消费者进行配置需求调查，了解用户对配置的需求、价格认知和接受度，为厂商产品开发设计及产品定价提供决策依据	2008
35. 轿车内饰颜色/风格趋势研究	通过制定个性研究法了解消费者的轿车内饰颜色与车型风格的偏好，并结合深入的案头研究，分析内饰色彩与车型风格的发展趋势，为企业产品设计提供有力的依据	2008
36. 某品牌区域管理模式研究	通过相关厂商和经销商的调查，了解经销商区域管理模式的种类、特征、优劣势，为某品牌确定区域管理模式提出建设性的意见	2008
37. 商用车市场的中长期预测	分析影响我国商用车市场需求的因素，利用预测模型对商用车市场需求进行中长期预测	2008
38. 广东、山东市场政策性影响因素评估	2008年年初由于受宏观调控政策的影响，企业效益受到很大影响，特别是一些沿海市场受到的影响更大。本项目通过对广东、山东两个省市场的走访和调查，分析与评估宏观调控政策对市场的影响	2008
39. 某轻型客车产品目标市场及定位研究	通过深入的案头研究和对大量轻型客车用户的深访调查，分析未来5年轻型客车总体市场及细分市场的需求变化，对某产品的目标市场规模、用户特征和市场定位进行分析研究，为厂商引进产品提供决策依据	2008
40. 中国SUV市场研究	对SUV市场的需求变化情况、市场竞争格局、用户需求偏好进行深入研究，并对未来走势进行预测	2008
41. 轻型货车市场未来5年发展趋势及用户需求变化研究	通过轻型货车各吨位级市场的用户深访调查及深入的经济社会变化研究、市场影响因素研究，预测未来5年轻型货车市场总量及各吨位级细分市场的需求走势，为企业进行新一代产品规划服务	2008
42. 乘用车月度市场评估	分析月度乘用车市场的走势和新的变化特征，分析××厂商及其产品的月度市场表现，并提出相关建议，对月度市场的热点情况进行分析	2008
43. 80后消费者特征研究	研究新一代消费者的价值观、消费观及其消费特征	2008
44. 中国整车出口形势季度分析及主要厂商海外市场拓展计划	对中国整车出口数据库进行更新维护，并对每季度的出口形势进行分析，包括出口总量、分国别、分车型等的分析，并分析主要出口厂商的海外发展战略	2008
45. 中国汽车市场10年滚动预测	研究影响未来10年汽车市场走势的因素，并对汽车市场未来10年的需求进行预测	2008

（续）

项目名称	主要内容	完成时间/年
46. 2008年全国乘用车市场需求动向调查及10年滚动预测	SIC联合国内十几家骨干汽车厂商，通过对60个城市的私人用户、集团用户和出租租赁用户的调查，了解不同类型用户需求的变化，并对未来10年乘用车总需求、不同区域的需求、分价位需求结构、分级别需求结构等细分市场进行预测	2008
47. MPV市场研究	通过对MPV用户的定量定性调查及深入的案头研究，分析MPV市场发展变化的原因，预测MPV整体市场的规模和各细分市场的需求走势，为企业推出MPV新品提供依据	2008
48. 出口政策研究	研究国内合资企业汽车出口方面的政策与规定，为某跨国公司开展汽车出口业务提供决策依据	2008
49. 中国汽车市场与交通运输中长期预测	研究中国汽车市场和交通运输业的中长期发展趋势	2008
50. 某企业区域市场研究	对各地级市的乘用车市场进行需求预测，并对某企业的重点市场进行消费调研，了解各地市场的竞争环境、用户特征等，为厂商制定各地的营销策略提供支持	2008
51. 豪华车市场研究	分析研究豪华车市场的特征与发展规律，探寻影响豪华车市场需求的因素，并对未来豪华车市场的走势进行预测	2008
52. 微型客车市场分析与预测	2009年微型客车市场飞速发展，是什么因素导致这样的增长速度？中央一系列的促进汽车消费的政策对微型客车市场造成多大的影响？未来微型客车市场如何发展？这个项目就是为解决这些问题而设立的	2009
53. 宏观经济监测与分析	经济对汽车市场的影响是显而易见的。近几年经济变化较大，既有来自国际经济环境变化的影响，也有来自国内经济政策调整的影响。经济变化的背景复杂化了，所以需要及时对经济进行监测和分析，以帮助企业及早发现经济变化，采取相应措施	2009
54. 2010～2020年中国乘用车及商用车市场预测	对未来10年影响乘用车和商用车市场的因素进行分析与判断，并对乘用车、商用车总量市场和细分市场进行预测	2009
55. 2010年乘用车市场年度预测	对2010年的市场环境、政策变化进行判断，对乘用车市场总量与结构进行预测	2009
56. 乘用车市场月度评估	分析月度乘用车市场的走势和新的变化特征，分析××厂商及其产品的月度市场表现，并提出相关建议，对月度市场的热点情况进行分析，并滚动预测未来各月的市场走势	2009
57. 2009年豪华车市场发展趋势研究	研究影响中国豪华车市场的关键因素，分析豪华车市场的用户特征，并对未来中国豪华车市场的发展趋势进行判断	2009

（续）

项目名称	主要内容	完成时间/年
58. 中国汽车出口及OEM扩张计划	研究中国汽车出口的现状，发展及变化，了解出口方向、车型和数量，研究各主要出口厂商在海外的OEM计划	2009
59. 区域市场预测	对中国乘用车市场地区发展格局及其变化进行研究，分析影响地区市场变化的因素，对31个省284个地级市的乘用车需求进行预测	2009
60. 轻型车区域市场分析与预测	研究轻型客车、轻型货车、皮卡的地区市场发展特征，并寻求影响各类车型地区市场变化的关键因素，对近三年三类车型的地区市场需求进行预测	2009
61. 豪华车分产品预测	针对整个乘用车市场进行细分研究，特别针对豪华车市场进行再细分研究，对豪华车的各类产品进行预测	2009
62. 中国汽车消费者调查	了解中国乘用车消费者保有量、保有车型特征、使用特征及其用户本身的特征	2009
63. 进口车需求意向调查	利用北京进口车博览会的时机对观展用户进行调查，包括进口车用车、非进口车用户、无车用户，了解他们购买或不购买进口车的原因，对进口车的看法与评价等	2009
64. 区域市场研究	对各地级市的乘用车市场进行需求预测，并对某企业的重点市场进行消费调研，了解各地市场的竞争环境、用户特征等，为厂商制定各地的营销策略提供支持	2009
65. 换购车用户调查研究	针对有过两次以上购车经历的用户调查，包括某品牌的现有和早期用户，了解现有用户中哪些是忠诚用户，忠诚的原因。哪些是从其他品牌转移过来的用户，转移的原因。针对该品牌早期用户的调查主要了解这些用户的转移方向，了解转走的原因。通过这个调查为企业制定有针对性的营销策略服务	2009
66. 配置调查及客户价值研究	通过CAPT的方式对消费者进行调查，了解用户对配置的需求和对配置价值的认知与接收度，为企业合理进行产品的配置规划服务	2009
67. NTBS(货车新车购买者调查)	对重、中、轻、微型货车的新购用户调查，了解新购用户需求偏好的变化及使用购买行为的变化，了解各品牌的产品满意度等	2009
68. NCBS（轿车新车购买者调查）	不同于一般性的轿车新车购买者调查，本调查注重对同品牌在不同地区级别市场的消费者进行对比分析。了解新车购买者的购买使用行为在一到三线市场的差异，为企业制定差异化的营销策略服务	2009
69. 驾校学员调查	了解驾校学员学车的原因，购车的意向，并针对这群人做持续的跟踪调查，了解他们购车意向的变化及其原因	2009
70. 乘用车消费者需求偏好调查	通过对不同细分市场消费者的定量定性调查，了解用户需求偏好的变化	2009

（续）

项目名称	主要内容	完成时间/年
71. 月度政策评估	对宏观经济政策、汽车行业政策、汽车行业相关政策及社会重大事件进行及时跟踪与评估，分析其对汽车市场的影响	2009
72. 汽车产品与技术热点追踪	跟踪国内外汽车产品与技术的发展动态，分析产品与技术的发展趋势，对其中热点的产品及技术进行深入分析，判断这些产品或技术的前景和对市场的影响	2009
73. 新能源汽车零部件产业调查	对电池、电动机、电控及电附件企业进行深入的调查，了解中国新能源零部件产业化水平和技术发展现状，为政府制定新能源企业发展战略服务	2009
74. 中国汽车市场中长期预测	在对各种影响乘用车和商用车的因素分析、走势判断的基础上，对未来 10 年中国乘用车、商用车总量市场和细分市场进行预测	2010
75. SUV 需求动向调查与未来趋势研究	在对 SUV 用户进行定量、定性调查的基础上，对国内外 SUV 市场的现状、走势、影响因素进行深入细致的分析，从而获得对中国 SUV 整体市场、分级别市场、分价位市场、分驱动型式市场的未来预测	2010
76. 三线城市需求偏好调查	在对三线城市乘用车用户进行定量调查的基础上，SIC 研究人员还深入三线城市进行了大量的用户和经销商的深访，获得了非常丰富的一手资料。揭示了三线市场消费者在汽车消费方面的行为、特征与偏好，分析了三线市场与一二线市场消费行为的差异，并对三线市场的前景进行了判断	2010
77.西南市场调研	针对西南市场进行注册数据的案头研究，并在此基础上对案头研究中的疑问在西南市场进行有针对性的用户及经销商调查。该研究分析了西南各车型市场的现状、增长状况、特征、竞争环境及竞品的优劣势等，对某企业开拓西南市场提供了决策依据	2010
78. 区域市场需求预测	通过注册数据分析并结合对各地经济专家、经销商的调查，并利用 SIC 地区对分省、分地级市乘用车市场进行预测分析，为企业制定各区域销售计划服务	2010
79. 微型发动机行业调查	对国内微型发动机行业及主流企业的现状、技术水平与未来走势、竞争格局、配套模式等方面进行研究	2010
80. 中型高端商务客车研究	通过深访调查了解高端中型商务车用户的购买原因、使用行为、具体的用途、领导偏好及对车的评价，并分析目标车型市场的历史走势、主流车型特征及未来走势，为企业产品决策提供依据	2010
81. 改装车市场调查	通过对中重货改装车专家及企业的调查，了解改装车行业的发展概况与趋势，了解改装车企业的发展现状及战略、兼并与收购情况、管理模式、技术研发状况等，总结分析专用车营销特征、客户特征及需求，为企业进入改装车行业提供帮助	2010

（续）

项目名称	主要内容	完成时间/年
82.乘用车市场月度评估	每月对乘用车市场的月度走势进行分析与评价，发现乘用车市场运行的新特点和新变化，对当期的市场热点问题进行深入分析，并评价各企业、各车型在市场中的表现，对未来各月的市场走势作出判断	2010
83.小型 CUV 市场研究	通过对小型 CUV 市场的现实和潜在用户的调查，并基于对 CUV 市场数据的分析，总结 CUV 市场的特征、目标用户群特征与偏好，并对目标市场规模进行预测，为企业开发小型 CUV 产品提供支持	2010
84.汽车油耗调查	针对汽车中的所有车种进行油耗调查，以推算汽车用油的需求量	2010
85.微型汽车满意度与需求偏好调查	作为基础性调查，SIC 连续开展微型客车和微型货车的用户满意度和需求偏好调查，为某企业持续性地跟踪微型汽车市场与产品变化，提升自身产品竞争力服务	2010
86.推动产业兼并重组实现产业结构优化升级的政策措施	该课题是工业和信息化部、国务院国有资产监督管理委员会和财政部联合委托的，课题组先后对国内主要兼并重组、海外并购案例进行调查研究，借鉴国外企业经验和教训，针对我国汽车产业提出了相关政策建议	2010
87. 新能源汽车“十城千辆”示范活动跟踪研究	跟踪各省市新能源车示范活动的规划与实施情况，包括示范活动范围、车型、具体的步骤措施等	2010
88.乘用车需求结构国际比较研究	是 SIC 第二次进行的乘用车市场国际比较研究项目，本项目重点研究了轿车分级别的国际比较、乘用车分车型（轿车、SUV、MPV、WAGON 等）的国际比较，分析了这些车型或级别市场发展的条件，并提出了对中国需求结构变化趋势的启示	2010
89.中国二手乘用车市场研究	该项目同样借助了国际比较的方法，研究了日本、美国等先导国家二手车市场的发展历史、经验与市场成长的轨迹与条件，并通过对二手车经营主体和用户的调查，详细地分析了中国二手乘用车市场的发展现状与趋势、二手车流通体系的现状与特征，为企业经营二手车提出了建议	2010
90.宏观政策滚动监测及行业政策报告	每个月连续地跟踪宏观经济政策和汽车行业相关政策，对政策进行适时的解读，对政策热点问题进行深入研究，对各种政策对市场的影响进行判断	2010
91.商用车市场未来十年预测	在细分历史走势及原因的基础上，通过对影响商用车的各种因素的分析判断，对商用车整体市场、分车型（客车、货车）市场及各细分市场（重中轻微、大中轻微）进行未来 10 年的需求预测	2010
92.某重型货车产品的商品企划调研	通过对重型货车市场和产品的分析以及对用户的调查，获得支撑企业新产品研发的各种信息，为企业下一代产品的研发提供支持	2010

（续）

项目名称	主要内容	完成时间/年
93.中轻型货车市场研究与预测	该项研究对中轻型货车整体市场及细分市场发展现状进行了分析，对中轻型货车所处的政策环境、竞争环境进行了分析，并对未来5年的发展趋势进行了预测	2010
94.重型货车市场研究	该项目对重型货车市场进行了分析预测，并对重型货车用户及产品的近年变化进行了总结，对产品竞争状况、厂家优劣势、产品线等进行了深入的分析，为某企业进入重型货车市场提供决策依据	2010
95.潜在用户固定样组调查	通过对潜在用户一年三次的跟踪调查，了解用户购车的想法、偏好以及对购车时机的看法，了解各类环境政策变化对用户购车想法的影响，并通过跟踪调查了解消费者购车计划的实现情况、计划变更的原因等	2010
96.农村用户调查	在SIC深入农村进行用户深访调查之后进行了大规模的农村用户的定量调查，了解他们出行方式、所依赖的交通工具、家庭保有的交通工具，对车的购买意向和偏好等	2010
97.消费者需求偏好调研	通过对不同细分市场消费者的定量定性调查，了解用户需求偏好的变化	2010
98.新能源汽车现状与前景研究	研究中国新能源汽车的发展状况，以及国家和地方政府鼓励新能源汽车的发展政策，对主要汽车跨国集团在新能源汽车上的发展战略与策略进行分析，并对中国新能源车的发展前景进行预测	2010
99.纯电动轿车市场调研	通过纯电动车现实用户和潜在用户的调查以及相关部门和专家的调查，了解市场对纯电动车的看法、用户接受度、购买使用行为及对纯电动车的偏好等，在分析纯电动车在中国的发展前景的基础上，为企业开发纯电动轿车提出建议	2010
100.豪华车市场预测	在豪华车用户调查的基础上，对豪华车市场、用户特征进行分析，并对豪华车分价位、分车型、分豪华程度等细分市场进行前景预测	2010
101.重型货车满意度及需求偏好调查	作为基础性调查，SIC开展了重型货车，包括牵引、自卸、普货各种车型的用户满意度和需求偏好调查，为某企业持续性地跟踪重型货车市场与产品变化，提升自身产品竞争力服务	2010
102.中重型货车月度市场分析	对每月中重型货车市场进行分析和评价，判断影响中重型货车市场因素的未来走势，并对中重型货车月度走势进行滚动预测	2011
103.商用车市场的季度评估	对货车市场和客车市场的总量和细分市场进行季度分析，在相关影响因素分析的基础上对商用车市场的季度变化进行分析预测	2011
104.汽车市场中长期预测	对乘用车、中重型货车、轻型车（含轻型货车和轻型客车）、微型车（含微型货车和微型客车）市场进行分析，通过模型法对各细分市场和商用车、乘用车及汽车总体市场进行N+3滚动预测和未来10年的预测	2011

（续）

项目名称	主要内容	完成时间/年
105.俄罗斯市场研究	针对某企业计划到俄罗斯投资设厂的需求，了解俄罗斯经济、环境、政策等相关要素的现状及发展变化历程，分析中重型货车市场需求和投资环境，为企业投资决策提供依据	2011
106.西部10省、自治区、直辖市商用货车市场调研	分析西部10省、自治区、直辖市货车市场特征，用户需求、购买与使用特征、竞争格局等方面的总体特征和分省、自治区、直辖市特征，为某企业针对西部市场进行有针对性的产品改进和营销服务	2011
107.豪华车市场预测	对中国豪华车市场的需求总量和分区域需求进行分析预测，为某豪华车品牌在中国市场的战略布局提供依据	2011
108.专用车市场进入的可行性研究	通过对注册数据的详尽分析和专家调查对中国专用车市场的发展历史、现状进行分析，对专用车产品进行细分，并对其未来发展趋势进行判断	2011
109. 进口车市场预测	通过模型法对进口车总量市场、细分车型市场、细分区域市场进行预测	2011
110. 中国汽车出口形势和海外市场研究	对中国汽车出口市场进行季度跟踪分析，包括出口量、增长情况、出口目的国变化等，并对中国汽车的重点海外市场进行分析	2011
111.乘用车区域市场预测	对全国31个省354个地级市的乘用车市场需求进行持续的滚动预测，以帮助企业进行科学的网店布局和销售任务分配	2011
112.福建及周边地区市场研究	对海峡西岸经济区的划定给福建、浙江、江西、广州四省带来的新变化、新机会进行分析，以便企业在该地区进行网店规划	2011
113.新政下的北京市场研究	面对北京限购政策的出台，对北京市场需求总量和需求结构的影响进行深入分析和估算	2011
114.推动企业兼并重组实现汽车产业结构优化升级的政策措施	该项目是工业和信息化部的课题，主要探讨如何通过发挥市场机制和宏观调控手段推动企业兼并重组。该项目深入研究和分析了我国汽车产业兼并重组过程中存在的问题、难点和发展趋势，总结国外企业行业兼并重组的成功经验，并结合中国国情提出符合实际的兼并重组的战略思路、重点任务以及具有可操作性和前瞻性的政策措施，为国家有关部门决策提供参考	2011
115.中外合资汽车企业现状与可持续发展趋势研究	该项目是工业和信息化部的课题，主要探讨在开放经济环境以及深化利用外资的背景下，如何促使中外合资汽车企业可持续发展。该项研究认真总结世界汽车工业合资以及中国汽车工业合资的发展历程、现状、模式和问题，分析中外合资汽车企业不稳定性及其原因，研究在外部环境变化和不同政策情景下，中外合资汽车企业可持续发展的思路和路径，并提出有针对性的政策建议和措施	2011

（续）

项目名称	主要内容	完成时间/年
116.我国电动汽车商业模式的比较研究	该项目是国家科委 863 课题，通过跟踪研究国内外电动汽车运营模式，调研中国典型城市居民出行特征，总结电动汽车商业化发展的影响因素，全面探索我国电动汽车市场化综合商业模式，针对不同城市特点、不同车型领域特点，提出符合中国国情的国家层面的电动汽车商业模式推广的思路和政策建议，推动落实“十二五”电动汽车发展目标	2011
117.我国新能源汽车发展战略研究	该项目是国家自然科学基金课题，该课题系统分析新能源汽车发展与能源供给和价格、车用动力电池、相关基础设施与服务、商业模式、市场需求之间的关系，理清我国新能源汽车的发展思路，提出新能源汽车技术、产品发展与市场及全产业链发展路线图和发展战略，为制定科技规划、产业政策和行业管理规则，指导“十城千辆”工程的示范推广等提供依据	2011
118.国际新能源汽车发展研究	该课题是 SIC 组织的联合课题，研究 6 个主要国家新能源汽车的政策动向、技术进展和产业化应用状况；研究 12 个主要汽车生产企业的新能源汽车研发、产业化进展和战略动向，为我国汽车生产企业制定新能源汽车发展战略提供决策参考	2011
119.中国锂离子电池材料产业化调查	该项目是国家发展和改革委员会课题，通过对我国锂离子电池材料产业（正极材料、负极材料、隔膜、电解液）的发展现状、产品结构、研发能力、工艺装备水平等方面进行摸底调查，研究和分析我国车用动力锂离子电池材料产业化水平、存在的问题和障碍以及未来产品供给能力，为相关部门制定政策提供参考依据	2011
120. 高端 MPV 市场研究	研究高端 MPV 市场的机会、用户特征和购买使用习惯，对高端 MPV 市场的现有产品进行诊断，挖掘用户未被满足的需求，为某企业进入高端 MPV 市场进行产品开发提供依据	2011
121.RV 市场研究	对 RV 市场进行定义，并研究 RV 市场的发展历程，市场细分特征，研究 RV 车型特征及用户购买吸引点、用户使用行为差异，分析 RV 车型的未来市场前景和竞争环境变化，为某企业进入 RV 市场提供前期分析	2011
122.换购车市场调查	该课题是 SIC 组织的联合课题，通过超大样本的 Cati 调查进行换购人群的筛选和了解换购行为在品牌车型间的转换关系，再配合第二阶段的对换购人群的定量定性调查深入了解换购人群的特征、换购动机、换购需求偏好等行为，分析换购需求与首购需求的差异	2011
123.某企业品牌健康度调查	系统地调查某品牌及其所在细分市场的主要竞品的品牌知名度、熟悉度、美誉度、推荐度及品牌形象等，通过品牌漏斗分析等技术手段，找出企业在品牌定位、传播等方面存在的问题，为企业打造品牌、提高品牌知名度、树立品牌形象提供策略建议	2011

（续）

项目名称	主要内容	完成时间/年
124.配置需求与顾客价值调查项目	通过 CAPT 的方式对消费者进行调查，了解用户对配置的需求和对配置价值的认知与接收度，为企业合理进行产品的配置规划服务	2011
125.A 级三厢车市场商品企划研究	为某企业开发 A 级三厢车市场进行的专项研究，包括对 A 级三厢车市场特征与前景的研究，A 级三厢车拳头产品特征研究。并对消费者进行深入的定量定性调查，了解用户对目标产品的需求偏好、接受度等，为企业进行产品企划提供依据	2011
126.重型货车满意度调查	这是连续性的调查项目，目的是持续跟踪重型货车新车购买者对产品的满意度和需求动向，为企业把握用户需求动向、检测产品质量、性能满意度，及时发现问题进行产品改进服务	2011
127.潜在消费者固定样本组调查	该课题是 SIC 组织的联合课题，通过对驾校学员的调查，了解他们的购车意愿和计划。并在半年后和 9 个月后对这群人进行两次跟踪调查，了解他们的购车实现情况和购车计划变更情况	2011
128.用户出行行为调查	了解中国人出行方式、习惯、所利用的工具、出行里程等方面的信息，为企业进行新能源车的设计提供变量	2011
129.消费者分类及需求偏好研究	对消费者进行两维分类，刻画不同类别消费者的特征和购买使用行为的差异。同时对不同细分市场的人群构成进行对比分析，深入挖掘不同细分市场的人群特征与需求偏好	2011
130.国际乘用车市场跟踪研究	该课题是 SIC 组织的联合课题，通过定期对 13 个主要国家的汽车注册数据的分析，把握国际乘用车市场的变化趋势，并对北美市场、欧洲市场、日韩市场和新兴市场进行重点分析，了解这些市场的变化和跨国公司在各个市场的表现	2011
131.乘用车市场饱和点和发展路径国际比较研究	该课题是 SIC 组织的联合课题，通过对已经达到饱和点的先导国家进行国际比较研究，分析饱和状态的特征，影响饱和点的因素和达到饱和点的不同路径。同时对中国影响饱和点的因素进行分析，判断中国乘用车市场的饱和点状态	2011
132.县域市场调查	该课题是 SIC 组织的联合课题，通过对中国的县及县级市进行定量定性调查。了解目前县域乘用车市场的发展状态、用户特征及其购买使用行为，县域汽车市场网店模式、营销方法等，指导企业开拓县域市场，进行有针对性的营销	2011
133. 煤炭物流行业调查	通过对煤矿、洗选煤厂、运输站点港口、煤炭直接用户等机构的调查，掌握从煤炭的生产源头到最终消费地的整个煤炭物流情况，并对各个环节的运输环境、用车特征、需求偏好进行详尽的调查，为企业针对煤炭物流系统进行产品的开发改进提供支持，同时对未来煤炭运输对载货车的需求量作出预测	2011

（续）

项目名称	主要内容	完成时间/年
134.乘用车月度市场评估	这是 SIC 持续性研究项目，目前多家企业委托这项研究。每月对乘用车市场的月度走势进行分析与评价，发现乘用车市场运行的新特点和新变化，对当期的市场热点问题进行深入分析，并评价各企业、各车型在市场中的表现，对未来各月的市场走势作出判断	2011
135.月度经济政策分析	这是 SIC 持续性研究项目，目前多家企业委托这项研究。研究内容包括对每月的经济状况进行分析，特别是经济对汽车市场的影响分析。同时及时关注政策出台及重大事件的发生，并对政策和事件对汽车市场的影响进行及时分析	2011
136.浙江轻型货车市场调查	通过对浙江的 4～5 个城市轻型货车用户的定量调查、跟车深访调查，重点了解高端轻型货车用户的特征、车辆的使用行为、购车关注点及对车辆的改进措施。为企业开发新产品和进入浙江市场提供决策依据	2011
137.乘用车需求动向调查及未来十年滚动预测	该课题是 SIC 组织的联合课题，通过对 60 个城市的私人用户、集团用户和出租租赁用户的调查，了解不同类型用户需求的变化，并对未来 10 年乘用车总需求、分价位需求结构、分级别需求结构等细分市场进行预测	2011
138.货车新车购买者调查	这是 SIC 连续 8 年执行的基础性调查，针对货车新车用户进行的全方位的调查，包括用户特征、购买使用行为、购车信息来源、关注因素、成本盈利情况、车辆的基本特征与需求偏好等	2011

国家信息中心经济咨询中心的通信地址和联系电话

地址：北京市西城区三里河路 58 号国家信息中心大楼 A 座 704 房间

邮编：100045

传真：68557465

电话：68558704　68558531　E-mail：panzhu@mx.cei.gov.cn